KB065016

# 어정대학유의 연구

『御定大學類義』의 편찬·교감·간행 및
반사에 관한 연구

# 어정대학유의 연구

『御定大學類義』의 편찬·교감·간행 및
반사에 관한 연구

강순애 저

보고사
BOGOSA

# 머리말

『어정대학유의(御定大學類義)』는 정조가 『대학』의 원편에 송 진덕수(眞德秀, 1178~1235)의 『대학연의(大學衍義)』와 명 구준(丘濬, 1420~1495)의 『대학연의보(大學衍義補)』에서 특히 중요하고 감계(鑑戒)가 될 만한 내용을 세자 시절부터 교정과 평즐(評騭)한 것을 모았다가 정조 5년(1781)에 다시 비점을 찍고 정조 20년(1796)에 다시 권점을 찍었다. 각신 이만수(李晩秀)와 윤행임(尹行恁)이 권점을 찍는 데 참여하였고, 초계문신들이 나누어 엮어서 비점의 초안을 필사하였으며, 내각과 근밀제신들이 초교를 하였다. 호남의 경의(經義) 공령생(功令生)들이 재교를 하였고, 서형수(徐瀅修)와 윤광안(尹光顔)이 삼교 및 편찬을 담당하였다. 이와 같은 과정을 거쳐 『어정대학유의』는 정조 23년(1799)에 필사본으로 완성되었고, 순조 2년(1802)에 간행을 위한 저본이 권수 1권, 본권 21권, 총 22권 10책으로 편집되었다. 규장각의 이문원이 순조 5년(1805)에 정리자로 인출하여 반사하였다.

정조의 저서인 『홍재전서(弘齋全書)』 권56 「제대학유의(題大學類義)」에 의하면, 이 책의 제목을 『대학유의』라 한 이유는 "보배로운 교훈이 높이 하늘 가운데 게시되어 있으니, 인군(人君)이 된 자가 이 책을 읽으면 태평스러운 교화의 기틀을 마련할 수 있고, 인신(人臣)이 된 자가 이 책을 읽으면 정치에 참여하여 돕는 공을 이룰 수 있을 것이다. 인해서 명명(命名)하기를 『대학유의(大學類義)』라 하였는데, 그것은 대체로 유(類)를 모아 편집하였기 때문이다.[『弘齋全書』 卷56 雜著 3 題大學類義 "寶訓高揭中天 爲人君者讀此書 可以基太平之化 爲人臣者讀此書 可以做參贊之功 因命名曰大學類義 蓋以類而爲編也"]"라고 하였다.

이 책의 구성은 권1에는 『대학』의 경1장(經一章)·전수장(傳首章)·전2장·전3장·전4장의 원문과 주희의 주석, 『대학연의』에서 제왕위치지서(帝王爲治之序)·제왕위학지본(帝王爲學之本)을 실었다. 권2에는 『대학』의 전5장과 주석, 『대학연의』의 격물치지지요(格物致知之要)인 명도술(明道術) 상을 실었다. 권3에는 『대학연의』의 격물치지지요인 명도술(明道術) 하·변인재(辨人材)·심치체(審治體)·찰민정(察民政)을 실었다. 권4에는 『대학』의 전6장·전7장과 『대학연의』의 성의정심지요(誠意正心之要)인 숭경외(崇敬畏)·계일욕(戒逸欲)과 『대학연의보』의 성의정심지요(誠意正心之要)인 심기미(審幾微)를 실었다. 권5에는 『대학』의 전8장과 『대학연의』의 수신지요(修身之要)인 근언행(謹言行)·정위의(正威儀)를 실었다. 권6에는 『대학』의 전9장과 『대학연의』의 제가지요(齊家之要)인 중배필(重配匹)·엄내치(嚴內治)·정국본(正國本)·교척속(教戚屬)을 실었다. 권7과 권8에는 『대학』의 전10장과 『대학연의보』의 치국평천하지요(治國平天下之要)인 정백관(正百官), 권9에는 고방본(固邦本), 권10에는 제국용(制國用), 권11에는 명예악(明禮樂) 상, 권12에는 명예악 하, 권13에는 질제사(秩祭祀), 권14에는 숭교화(崇教化), 권15에는 비규제(備規制) 상, 권16에는 비규제 하, 권17에는 신형헌(愼刑憲), 권18에는 엄무비(嚴武備) 상, 권19에는 엄무비 하, 권20에는 어이적(馭夷狄)을 실었고, 권21에는 치국평천하지요의 끝에 '공업과 교화를 이룬다'는 성공화(成功化)를 보충하여 실었다.

『어정대학유의』는 정조가 부활시키려 했던 탕평정치의 새로운 군주상을 지향한 정치이념이 제시되어 있어 정조·순조조에 차지하는 비중이 매우 컸음에도 불구하고 이 책에 대한 편찬, 교감, 간행 및 반사에 대한 종합적인 연구는 이루어지지 않았다.

필자는 2021년부터 2023년까지 『서지학연구』에 발표했던 원고들을 정리하여 수정하였고, 2장 정조와 『어정대학유의』를 새로 기술하여 보완함으로써 『어정대학유의』 연구의 완성본을 마련하게 되었다.

필자는 한성대학교에서 2020년 8월에 은퇴하였고 송파로 이사하였다. 딸 채연이 2021년에 결혼을 했고 2023년 12월 12일에는 황이나와 황유나가 태어났다. 코로나로 힘들고 긴장된 시간 속에서 나름 축복 같은 선물이었다. 2024년은 내 삶의 뜻깊은 한 해가 되었다. 나는 70세의 고희를 맞았다. 이 글은 부족하지만 돌아가신 스승 천혜봉 교수님과 돌아가신 부모님 및 사랑하는 가족들에게 바친다. 끝으로 이 책을 출판하는 과정에서 도움을 주신 보고사 김흥국 사장님과 편집부 직원들, 교정에 도움을 준 제자 곽동화 박사에게도 진심으로 감사의 인사를 전한다.

2024년 8월 송파에서

지은이

# 차례

## 일러두기

1. 『어정대학유의』의 편찬, 교감, 간행 및 반사에 관한 연구를 종합하였다.
2. 2장에서는 『어정대학유의』의 중요성을 밝혔다.
3. 3장에서는 『어정대학유의』 편찬자의 지침과 편찬 과정을 밝혔다.
4. 4장·5장에서는 『어정대학유의』의 교감을 다루었다. 4장은 『어정대학유의』에 나타난 『대학연의』 교감에 대해 기술하였고, 5장은 『유의평례』에 나타난 「대학연의보」의 교감에 대해 기술하였다.
5. 6장에서는 『어정대학유의』의 간행과 반사를 종합하였다.
6. 부록에서는 4장과 5장에서 『어정대학유의』 교감록인 『유의평례』에 나타난 교열 내용 및 결과를 분석한 표들을 모아 한 번에 볼 수 있도록 종합하였다.
7. 한글과 한자를 표기하는 경우는 초출에만 병기하였고, 다음에는 한글만 표기하였다.

# 1. 서론

『어정대학유의(御定大學類義)』는 정조가 『대학(大學)』의 원편에 송 진덕수(眞德秀, 1178~1235)의 『대학연의(大學衍義)』와 명 구준(丘濬, 1420~1495)의 『대학연의보(大學衍義補)』에서 특히 중요하고 감계(鑑戒)가 될 만한 내용을 세자 시절부터 교정과 평즐(評騭)한 것을 모았다가 정조 5년(1781)에 다시 비점(批點)을 찍고 정조 20년(1796)에 다시 권점(圈點)을 찍었다. 권점을 찍는 데 참여한 이는 각신 이만수(李晩秀)와 윤행임(尹行恁)이고, 나누어 엮어서 비점을 필사한 이들은 신구선(新舊選) 초계문신이며, 모여서 교열한 이는 호남의 경의(經義) 공령생(功令生)이고, 재교를 보고 책으로 엮은이는 초계문신 서형수(徐瀅修)와 윤광안(尹光顔)이다.[1)]

『어정대학유의』 권수 범례를 보면, 필사와 교정에 관한 내용이 좀 더 구체적으로 제시되어 있다. 초계문신들이 초안을 필사하였고, 내각과 근밀제신들이 초교를 하였다. 호남 공령생들이 재교를 하였고, 서형수와 윤광안이 삼교 및 편찬을 담당하였다.[2)]

이와 같은 과정을 거쳐 『어정대학유의』는 정조 23년(1799)에 필사본으로 완성되었고, 순조 2년(1802)에 간행을 위한 저본이 권수 1권, 본권 21권, 총 22권 10책으로 편집되었다. 규장각의 이문원이 순조 5년(1805)에 정리자(整理字)로 인출(印出)하여 반사

---

1) 정조, 『홍재전서(弘齋全書)』 권182 「羣書標記」 4, 御定 4, 「大學類義」 20권. "… 此書取眞德秀大學衍義 丘濬衍義補 節略其最切要尤鑑戒者 而手批以采輯之者也 予自在春邸 酷好是書 行間之丹鉛交乙格上之評騭殆遍 晝漏晨鐘 靡間寒暑者 且數十年矣 特以篇帙浩瀚 學者望洋 思有以撮約之 辛丑手批之 丙辰 更圈之 與聞圈役者 閣臣李晩秀 尹行恁也 分編謄批者 新舊選抄啓文臣也 會同校閱者 湖南經義功令生也 至于再校而編成者 抄啓文臣徐瀅修 尹光顔也 …"

2) 『어정대학유의(御定大學類義)』 권수 범례. "此書朱批之鈔寫 皆畀抄啓文臣 而其分任初校 則內閣及近密諸臣也 其會同再校 則湖南之經義功令生也 其三校而至于編成 則臣瀅修臣光顔也 …"

(頒賜)하였다.

정조는 『어정대학유의』 편찬 과정에서 1년(1777)에 구준의 『대학연의보』의 문류(門類)에 따라 그 정영(精英)을 한데 모아 『경설고연기(瓊屑糕緣起)』라 하고, 내각 대교(待敎) 서용보(徐龍輔)에게 대교(對校)하도록 하여 필사본 1책으로 펴냈다.[3] 또한 서형수와 윤광안에게 명하여 『어정대학유의』를 삼교할 때, 첨삭한 부분에 각각 첨지를 붙여 그들의 의견을 올리게 하였다. 정조가 다시 그들의 의견을 취사하여 『유의평례(類義評例)』 2책으로 엮었다.[4]

『유의평례』는 『어정대학유의』의 교감에 대한 실무적 내용을 정리한 의례(義例)로 『홍재전서(弘齋全書)』 권127과 권128에 수록되었다. 『홍재전서』 권182 「군서표기(羣書標記)」 4에는 『유의평례』의 교감자, 교감방법, 제목의 명명에 대한 내용이 나타나 있다.[5]

정조는 서형수와 윤광안에게 명하여 『어정대학유의』를 재교(실제는 삼교)할 때, 첨삭한 부분에 각각 종이로 표지를 붙여 그들의 의견을 올리게 하였다. 정조가 다시 직접 옆에 표지를 붙여서 하나하나 취사(取捨)한 이유를 쓰되 마치 문답하는 것처럼 하여 수백여 항목을 기록하여 『유의평례』 2책을 필사본으로 엮었다.

『유의평례』 권1과 권2의 권수첨부터 22권첨까지의 총 235항목이 검토되었다. 정조의 단독첨은 35항목, 서형수의 단독첨은 18항목, 윤광안의 단독첨은 129항목, 서형수와 윤광안의 공동의견첨은 45항목, 각 권첨에서 1항목에 2건 이상의 의견이 제시된 것은 8항목 15건이었다.

『유의평례』에는 『어정대학유의』의 편집과정에서 진행된 진덕수의 『대학연의』와

---

3) 정조, 『홍재전서』 권54 雜著1 「瓊屑糕緣起」. "… 於是依其門類 撮其精英 常置座右 用作茶飯 此是書之所以得名也 凡數晝數夜而書成 內閣待教徐龍輔 …"

4) 정조, 『홍재전서』 권182 「羣書標記」 4, 御定 4, 「유의평례(類義評例)」 2권. "… 大學類義之命徐瀅修尹光顔再校也 此添彼刪 各以紙籤 獻其同異之見 予復親付旁籤 一一疏其從違之所以然 如答問之爲者數晝夜而竟其帙 凡累百餘籤 列錄之爲二編 …"

5) 정조, 『홍재전서』 권182 「羣書標記」 4 御定 4 「유의평례(類義評例)」 2권. "評例者 評騭編摩之義例也 大學類義之命徐瀅修 尹光顔再校也 此添彼刪 各以紙籤 獻其同異之見 予復親付旁籤 一一疏其從違之所以然 如答問之爲者 數晝夜而竟其帙 凡累百餘籤 列錄之爲二編 雖其短語零句 若無統紀 原書刪錄之義例 卽此乎可見 故名曰類義評例"

구준의 『대학연의보』에 대한 교감 내용이 구체적으로 들어 있다. 이러한 교감 내용의 중요성에도 불구하고 이 내용을 구체적으로 다룬 논문은 거의 없었다.

필자는 2021년 3월에 『어정대학유의』의 편찬과 간행 및 반사에 관한 연구에 논고를 발표하였다.[6] 이어 『어정대학유의』 교감록인 『유의평례』의 교감과 관련된 본격적인 연구를 진행했는데, 『유의평례』에 나타난 『대학연의』의 교감 연구에서는 교감자인 정조, 서형수, 윤광안에 대해 살펴보고, 『대학연의』의 교감 세부내용 및 결과들에 대해 여러 기록들을 연계하여 총 8권첨 53항목을 분석하였다.[7] 『대학연의보』의 교감 연구에서는 '심기미', '정조정', '정백관', '고방본', '제국용', '명예악', '질제사', '숭교화', '비규제', '신형헌', '엄무비', '어이적', '성공화' 13세목의 검토 항목이 182항목이고, 내용이 방대하여 세목별로 나누어 구성, 교감 과정과 내용을 연구하였다.[8]

필자는 2021년부터 2023년까지 『서지학연구(書誌學硏究)』 제85집, 제87집, 제89집, 제90집, 제91집, 제92집, 제93집, 제94집, 제95집에 발표했던 원고를 보완하였고, 이어 2장 정조와 『어정대학유의』는 새로 집필하여 단행본으로 엮어내게 되었다.

본 연구는 정조와 『어정대학유의』, 『어정대학유의』의 편찬, 『어정대학유의』의 교감 : 『유의평례』에 나타난 『대학연의』의 교감, 『어정대학유의』의 교감 : 『유의평례』에 나타난 『대학연의보』의 교감, 『어정대학유의』의 간행 및 반사의 순으로 진행하고자 한다.

이 연구의 결과는 서지학, 기록관리학, 역사학 분야에 가장 기본적인 연구 성과로 활용될 것이다.

---

6) 강순애, 「『御定大學類義』의 편찬과 간행 및 반사에 관한 연구」, 『서지학연구』 85, 2021, 5~35쪽.
7) 강순애, 「『類義評例』에 나타난 『大學衍義』의 교감에 관한 연구」, 『서지학연구』 87, 2021, 67~114쪽.
8) 강순애, 「『類義評例』에 나타난 『大學衍義補』의 체재와 '審幾微'의 교감에 관한 연구」, 『서지학연구』 89, 2022, 5~26쪽; 강순애, 「『類義評例』에 나타난 『大學衍義補』의 '正朝廷'과 '正百官'의 교감에 관한 연구」, 『서지학연구』 90, 2022, 33~73쪽; 강순애, 「『類義評例』에 나타난 『大學衍義補』의 '固邦本'과 '制國用'의 교감에 관한 연구」, 『서지학연구』 91, 2022, 5~34쪽; 강순애, 「『類義評例』에 나타난 『大學衍義補』의 '明禮樂', '秩祭祀'와 '崇教化'의 교감에 관한 연구」, 『서지학연구』 92, 2022, 5~53쪽; 강순애, 「『類義評例』에 나타난 『大學衍義補』의 '備規制'와 '愼刑憲'의 교감에 관한 연구」, 『서지학연구』 93, 2023, 77~118쪽; 강순애, 「『類義評例』에 나타난 『大學衍義補』의 '嚴武備'의 교감에 관한 연구」, 『서지학연구』 94, 2023, 25~58쪽; 강순애, 「『類義評例』에 나타난 『大學衍義補』의 '馭夷狄'과 '成功化'의 교감에 관한 연구」, 『서지학연구』 95, 2023, 5~32쪽.

## 2.
# 정조와 『어정대학유의』

영조와 정조는 숙종 때 박세채(朴世采, 1631~1695)에 의해 제기된 '황극탕평(皇極蕩平)'[9] 국왕으로서 '군사(君師)'[10]의 역할을 자임하였다. 영조는 이상적인 군주로서 노론과 소론의 세력적 균형을 유지하는 탕평을 통해 정치적 안정을 꾀하면서 영조 32년(1756) 1월 1일 신하들로부터 '體天建極聖功神化'의 휘호가 가상되어 황극(皇極)을 재확인시켰다.[11] 또한 균역(均役)으로서 백성들의 부담을 줄임으로써 이전의 질서를 넘어서서 왕-민의 새로운 체제를 만들려고 하였다. 이러한 체제는 후왕인 정조에 의해 계승되면서 18세기 조선의 전성시기를 만드는 데에 크게 기여하였다.[12]

---

9) 이민정, 「박세채(朴世采)의 황극(皇極) 인식과 군주상(君主像)」, 『한국사론』 57, 2011, 127~128쪽에 의하면, "'황극'이란 개념은 군주의 행위와 관련된 정치적 성격이 상당히 강한 개념이다. 주희가 '황극'의 '황'을 '군주'를 가리키는 것으로 정의한 후에 더더욱 황극은 군주에만 해당하는 고유한 용어가 되었다. 예를 들어 '황극'이 '국왕이 지켜야 할 도리'를 의미하는 용어로 쓰이기도 하고, 고려시대에는 '국왕의 자리' 그 자체를 나타내기도 하였다. 조선시대에는 '황극'이 주로 군주의 수신을 강조하기 위한 맥락에서 쓰였는데, 역시 국왕의 정치적인 행위와 자세를 의미하는 말이었다. '황극'이라는 말이 사용된 용례로 판단한다면, 조선후기에 '탕평'과 함께 언급되던 '황극'은 국왕이 탕평한 정치를 이루기 위해 취해야 할 태도나 자세로 보아도 무방하다."고 하였다.

10) 『대학장구(大學章句)』 서문 "一有 聰明睿智 能盡其性者 出於其間 則天必命之 以爲億兆之君師 使之治而教之 以復其性 此伏羲神農黃帝堯舜 所以繼天立極 而司徒之職 典樂之官 所由設也(이에 그들 가운데 총명하고 예지가 있어 그의 본성을 다할 수 있는 자가 나오면, 하늘은 반드시 그에게 명하여 만민의 군사(君師)로 삼게 하고, 그로 하여금 백성들을 다스려 교화하게 하여 그들의 본성을 되찾도록 하였던 것이다. 이것이 복희·신농·황제·요·순과 같은 임금들이 하늘의 뜻을 이어 법칙을 세우고 사도의 직책과 전락의 관직을 마련하였던 까닭인 것이다.)"; 『대학장구』 서문에 나오는 군사는 임금과 스승이라는 두 개념이 아니라 정치적 실권자와 도덕적 완성자가 합치된 상태를 의미하는 임금이자 스승이라는 하나의 개념이다.

11) 『영조실록(英祖實錄)』 87권, 영조 32년 1월 1일 기사 1번째 기사. "朔己巳 上受尊號 … 於是 群臣加上殿下徽號曰體天建極聖功神化 …"

정조는 "정치를 하는 도리는 황극보다 큰 것은 없다. 기자(箕子)가 널리 펴서 알리고부터 다시 수천 년이 지났는데 아직 황극을 건립한 자가 있었느냐? … 오직 선왕이 이것을 염려하여 상처가 난 곳을 감싸 주고 반목하는 이들을 불러 모아 크게 황극이란 두 글자를 그 서민들에게 펴 주었다. … 내 어찌 앞서 선대왕이 애써 계획한 사업에 유종의 미를 거두지 않을 수 있겠느냐."[13]라며 영조의 황극정치를 본인이 계승하여 이루어 낼 것을 선언했다. 즉, 정조는 황극의 가치를 채침(蔡沉)의 『황극내편(皇極內篇)』에 기반하고, 황극정치의 근원을 영조에게 둔 것이다.[14]

정조의 황극관은 정조 22년(1798) 12월 3일에 쓴 「만천명월주인옹자서(萬川明月主人翁自序)」에 명백하게 드러난다.

> "만천명월주인옹은 말한다. 태극(太極)이 있고 나서 음양(陰陽)이 있으므로 복희씨(伏羲氏)는 음양을 점괘로 풀이하여 이치를 밝혔고, 음양이 있고 나서 오행(五行)이 있으므로 우(禹)는 오행을 기준으로 하여 세상 다스리는 이치를 밝혀 놓았으니, 물과 달을 보고서 태극, 음양, 오행에 대해 그 이치를 깨우친 바 있었던 것이다. … 하늘과 땅이 오직 올바른 것을 우리에게 보여 주고, 해와 달이 오직 밝음을 보여 주며, 모든 물건들이 서로 보는 것은 남방의 괘(卦)이다. 밝은 남쪽을 향하고 앉아 정사를 들었을 때 세상을 이끌어 갈 가장 좋은 방법을 나는 터득할 수가 있었다. 그리하여 무(武)를 숭상하던 분위기를 문화적인 것으로 바꾸고 관부(官府)를 뜰이나 거리처럼 환하게 하였으며, 현자(賢者)는 높이고 척신(戚臣)은 낮추며, 환관(宦官)과 궁첩(宮妾)은 멀리하고 어진 사대부를 가까이하고 있다. 세상에서 말하는 사대부라는 이들이 반드시 다 어질다고는 할 수 없겠지만, 그래도 금세 검었다 금세 희었다 하면서 남인지 북인지 모르는 편폐(便嬖)·복어(僕御)와는 비교가 안 될 것 아닌가. … 공 부자가 『주역(周易)』의 계사전(繫辭傳)을 쓰면서 맨 첫머리에 태극을 내세워 후인들을 가르치고, 또 『춘추(春秋)』를 지어 대일통(大一統)의 뜻을 밝혀 놓았다. 구주(九州) 만국(萬國)이 한 왕(王)의 통솔하에 있고, 천 갈래 만 갈래 물길이 한 바다로 흐르듯이 천자만홍(千

12) 정재훈, 「영조의 제왕학과 국정운영」, 『한국사상과 문화』 77, 2015, 144쪽.

13) 『홍재전서』 권50, 「策問三·皇極」. "爲治之道 莫京於皇極 而自箕子之發之 更後數千載 尙有能建其有極者乎 … 惟先王有憂之 煦濡於斬伐之餘 聚會於側睨之際 誕將皇極二字 … 以遺我太平萬世者也 予曷其不于前寧人圖功攸終"

14) 박제균, 「정조의 군사론(君師論) 연구」, 『유교사상문화연구』 88, 2022, 81~82쪽.

紫萬紅)이 하나의 태극으로 합치되는 것이다. … 내가 바라는 것은 성인을 배우는 일이다. 비유하자면 달이 물속에 있어도 하늘에 있는 달은 그대로 밝다. … 그 물의 원뿌리는 달의 정기(精氣)이다. 거기에서 나는, 물이 세상 사람들이라면 달이 비춰 그 상태를 나타내는 것은 사람들 각자의 얼굴이고 달은 태극인데, 그 태극은 바로 나라는 것을 알고 있다. 이것이 바로 옛사람이 만천(萬川)의 밝은 달에 태극의 신비한 작용을 비유하여 말한 그 뜻이 아니겠는가. 그리고 또 나는, 저 달이 틈만 있으면 반드시 비춰준다고 해서 그것으로 태극의 테두리를 어림잡아 보려고 하는 자가 혹시 있다면, 그는 물속에 들어가서 달을 잡아 보려는 것과 다를 바 없는 아무 소용없는 짓임도 알고 있다. 그리하여 나의 연거(燕居) 처소에 '만천명월주인옹'이라고 써서 자호(自號)로 삼기로 한 것이다."라고 하였다.[15]

위의 내용에서 정조는 태극이 곧 자신임을 선언하고, 군주의 자리는 잡으려 해도 잡을 수 없는 지위에 있음을 밝힌다. 그는 사대부의 상징인 주희(朱熹)가 집대성한 관념적인 성리학의 이기론(理氣論)보다 군사인 우임금으로부터 비롯된 실재적인 상수학(象數學)의 황극론을 내세움으로써 계통적·존재론적으로 우위를 점하고 이를 활용하여 탕평 정국을 실현하는 정치적 효과도 함께 이루고자 했다. 이러한 정조의 작업은 군(君)으로서의 위상을 확립하였고, 그 결정체는 만천명월주인옹으로 나타난 것이다.[16]

정조는 만천명월주인옹인 군으로서의 위상을 확립한 후에 '사(師)'로서의 책임과 역할을 다하기 위해서 새로운 패러다임에 걸맞은 '수기치인(修己治人)'과 '전체대용(全體大用)'의 학문체계를 수립하고자 하였다.

---

15) 『홍재전서』 권10, 序引 3 萬川明月主人翁自序. "萬川明月主人翁曰 有太極而後有陰陽 故羲繇以陰陽而明理 有陰陽而後有五行 故禹範以五行而喇治 觀乎水與月之象 而悟契於太極陰陽五行之理焉 … 夫天地之道 貞觀也 日月之道 貞明也 萬物相見 南方之卦也 南面而聽 嚮明而治 予因以有得於馭世之長策 革車變爲冠裳 城府洞如庭衢 而右賢而左戚 遠宦官宮妾 而近賢士大夫 世所稱士大夫者 雖未必人人皆賢 其與便嬖僕御之伍 … 夫子著易繫 首揭太極 以詔來人 又作春秋 而遂明大一統之義 九州萬國統於一王 千流百派 歸於一海 千紫萬紅 合於一太極 … 予所願者 學聖人也 譬諸在水之月 月固天然而明也 … 摠其水之大本 則月之精也 吾知其水者 世之人也 照而著之者 人之象也 月者太極也 太極者吾也 是豈非昔人所以喩之以萬川之明月 而寓之以太極之神用者耶 以其容光之必照 而儻有窺測乎 太極之圈者 吾又知其徒勞而無益 以異於水中之撈月也 遂書諸燕居之所曰萬川明月主人翁以自號"

16) 박제균, 「정조의 군사론(君師論) 연구」, 『유교사상문화연구』 88, 2022, 86쪽.

『대학』은 유학의 강목과 틀을 제시하고 있는 경전이다. 주자(朱子)는 『대학장구(大學章句)』에서 『대학』 삼강령인 '명명덕(明明德)', '친민(親民)', '지어지선(止於至善)' 중에서 '친민'을 '신민(新民)'으로 수정하였다. '친민'은 임금과 백성이라는 관계가 수직적인데 비해, '신민'은 임금과 백성의 관계가 수평적인 관계가 되어 먼저 깨달은 자가 아직 깨닫지 못한 자에 대한 '제도(濟度)'의 의미를 담고 있다.[17] 주자는 『대학장구』에서 『대학』의 내용을 다시 팔조목으로 정리하고, 이를 다시 '수기(修己)'를 체(體)로, '치인(治人)'을 용(用)으로 구분하면서, 이 양자의 관계를 '전체대용'으로 결합하고 있다.[18]

하지만 주자의 재전제자(再傳弟子)로 알려진 진덕수(眞德秀)는 남송 이종(理宗)에게 『대학』을 강연하면서 『대학연의』를 편찬하였다. 그는 주자의 『대학장구』의 기본적인 의미인 전체대용을 계승하였다. 『대학연의』는 『대학장구』와는 달리 이강사목(二綱四目)으로 구성하고 있다. 진덕수는 '강'의 내용을 '제왕위치지서(帝王爲治之序)'와 '제왕위치지본(帝王爲治之本)'이라 하여 역대 제왕들의 국가 경영의 차례와 근본임을 말하고 있다는 점에서 '제왕의 학'을 중시하고 있는 것으로 볼 수 있다. 사목에는 격물(格物)과 치지(致知)를 합해 하나의 목으로 보고, 성의와 정심을 합해서 성의정심(誠意正心), 수신(修身), 제가(齊家)의 목으로 구성하여 대학의 팔조목 가운데 6목만을 언급할 뿐 치국(治國)과 평천하(平天下)는 생략하였다. 『대학연의』는 비록 군주의 입장에서 경영을 접근하고는 있지만, 그 중점은 여전히 주자와 마찬가지로 경영이념인 이(理)에 있다고 할 수 있다.[19]

구준(丘濬)은 군주의 도덕성 회복만으로 국가를 경영할 수는 없다고 보고 치국·평천하의 관점에서 『대학연의보』를 새롭게 편찬하였다. 구준의 『대학연의보』는 모두 160권 119사로 구성되어 있다. 구준은 『대학연의』를 계승하면서도 경영철학에서 경영전략과 제도로 이론체계로 확대하고 있기 때문에 그가 치국·평천하를 실현하기

17) 한재훈, 「주자의 신민해석과 도통론의 함수관계」, 『공자학』 22, 2012, 94쪽.
18) 권상우, 「주자학에서 '도덕적 경영'에서 '경영적 도덕'으로 패러다임의 전환에 관한 연구」, 『유교사상문화연구』 55, 2014, 55·73·76·79쪽.
19) 권상우, 위의 논문, 80~81쪽.

위한 경영전략적인 차원을 강조하였다.[20]

정조는 『대학』의 의미를 강조하면서 주자학을 적극적으로 평가하였지만 주자의 경학 성과를 모두 수용한 것은 아니었다. 정조는 『대학장구』가 나온 이후 사서(四書)의 체재가 확립되었고, 『대학』을 표창한 것은 정(程)·주(朱)이므로 후대인이 직접 확인하기 어려운 문제에서 다른 학자의 견해가 대립할 때에는 주자의 해석을 따라야 한다는 입장이었다.[21]

정조는 "『대학』을 육경(六經)의 핵심이자 성학(聖學)의 시초가 되는 것이다."라고 규정하였다.[22] 정조는 『대학』은 배우자의 일로 성의장(誠意章)에 함양이 뜻이 내포되어 있다고 하였다. 또한 율곡 이이(李珥)의 말을 인용하여 하늘이 명한 성은 명덕을 갖추는 것이고 성을 따르는 도는 명덕을 행하는 바이고, 도를 품절해 놓은 가르침은 신민의 법도이고 중화(中和)를 지극히 하매 만물이 생육되는 것은 명덕, 신민, 지어지선의 극치로 나아가는 것이며, 명덕의 의미는 본심(本心)으로 보았다.[23]

정조는 군주가 천하를 다스리는데 필요한 핵심 교재로 "『대학』이란 책은 학문을 하는 지침이고 천하를 다스리는 헌장이다."라고 하였다.[24] 정조는 『대학』을 공부하면, 마음을 근원으로 삼아 만사의 이치를 깨닫게 되는데 그 근본은 자신의 몸에 있고 그 기준은 가정에 있으며 그 공용은 천하에서 극한에 달하는 것이라고 하였다. 따라서 성인이 이것을 세워 교육으로 삼았고 군주는 이것을 바탕으로 다스리며 선비는 이것을 사업으로 배우고 있으니, 이는 실지로 육경을 총괄한 요점이며 만세의 대경전이며 이제(二帝) 삼왕(三王) 이래로 마음을 전하고 세상을 경영하는 유법(遺法)으로 보았다.[25]

---

20) 권상우, 위의 논문, 86~87쪽.

21) 김문식, 「正祖의 帝王學과 『大學類義』 편찬」, 『규장각』 21, 1998, 67쪽.

22) 『홍재전서』 권164 日得錄 4 文學 4. "大學一書 卽六經之樞紐 聖學之坯樸"

23) 『홍재전서』 권164 日得錄 4 文學 4. "大學是學者事 故先儒謂大學一書 不言靜時工夫 而汝嘗反覆玩味 誠意一章 已包得涵養意思 李文成謂天命之性 明德之所具也 率性之道 明德之所行也 修道之教 新民之法度也 致中和育萬物 明德新民止至善之極致也 可謂體驗得眞切 發前人之所未發 先儒釋明德者多矣 盧玉溪所言本心二字 最是要言不煩"

24) 『홍재전서』 권50 策問 3 大學. "王若曰 大學一書 爲學之指南 而君天下之憲章也"

25) 『홍재전서』 권50 策問 3 大學. "大抵原於一人之心 該夫萬事之理 其本存乎身 其則在乎家 其功用極於

정조의 치국·평천하에 대한 관심은 경세학(經世學)으로 이어졌다. 정조는 『대학』의 핵심인 평천하를 이르기 위해서는 백성을 다스릴 구체적인 방책이 필요했는데 그것이 없다고 지적하였다.[26] 우선 백성을 교화하는 방도나 정치 제도의 수단에 대해 말할 만한 것이 많은데 말단적인 것이고 천하를 평치하는 일 중의 한 가지에 불과한 재물만 드러내서 말한 것을 지적하였고,[27] 예악형정(禮樂刑政)은 다스림에 사용되는 도구이며 천하를 평치하는 큰 법이요 원칙인데도 평천하장에 약간의 개요도 보이지 않는 것도 문제라고 지적하였으며,[28] 평천하는 『대학』 공부의 마지막 결론이고 성신공화(聖神功化)의 지극한 공효인데 전문(傳文)을 가지고 살펴보건대, 호오(好惡)와 의리(義利) 두 가지만 언급되어 있고 백성을 위한 신기묘권(神機妙權)은 없다고 지적하였다.[29]

정조는 『대학』의 핵심은 치국·평천하이고, 『대학연의』와 『대학연의보』는 군주가 치국·평천하를 이룩하기 위하여 실천해야 할 구체적인 방안이 담겨 있는 경세학 교과서로 판단하였다. 따라서 정조는 『대학』·『대학연의』·『대학연의보』를 통합하고 『대학』의 8조목 체제에 따라 편집하여 『어정대학유의』를 편찬함으로써 체용(體用)이 완비된 제왕학 교과서를 만들었다.[30]

---

天下者 大學所以爲全體大用之書 而聖人立之以爲敎 人君資之以爲治 士子業之以爲學 此實六經之總要 萬世之大典 二帝三王以來 傳心經世之遺法也”

26) 김문식, 「正祖의 帝王學과 『大學類義』 편찬」, 『규장각』 21, 1998, 68~69쪽.

27) 『홍재전서』 권68 經史講義 50 大學 2. “平天下者 大學之極功也 其事至大 其用至廣 凡於化民之方 制治之具 可言者多 而一章上下 略不槪見 獨以財之一字 反復申申焉 財之爲用 雖曰有國之所重 民生之所須 而財者末也 不過平天下中一事 則今乃表出而專言之者 抑何義歟”

28) 『홍재전서』 권69 經史講義 60 大學 3. “禮樂刑政 所以措治之具 而平天下之大經大法也 故孔子論王道 則以夏時殷輅周冕韶舞爲先 此禮樂也 孟子論王道 則以井地經界庠序學校爲先 此刑政也 而今此平天下一章 無少槪見於禮樂刑政者 何歟”

29) 『홍재전서』 권70 經史講義 70 大學 4. “大抵平天下 大學之終條理 而聖神功化之極工也 然而今以傳文攷之 則其所反覆援引 出入經傳者 幾屢千言 而求其肯綮 則要不外乎好惡義利兩端而已 至若勞來董綏 民日遷善之神機妙權 則一不槩見者 何哉”

30) 김문식, 「正祖의 帝王學과 『大學類義』 편찬」, 『규장각』 21, 1998, 77쪽.

3.

# 『어정대학유의』의 편찬

『어정대학유의』는 정조가 편찬을 주도하고 편찬 과정에 규장각의 각신 및 초계문신들의 협조로 이루어졌다. 정조가 세자 시절부터 준비하여 23년(1799)에 편찬을 마쳤으니 그의 치세 기간을 통틀어 완성된 책임을 알 수 있다. 편찬자의 편찬 지침과 편찬 과정에 대해 구체적으로 살펴보고자 한다.

## 3.1. 편찬자의 편찬 지침

『홍재전서』 제56권 잡저 3에 실린 「제대학유의(題大學類義)」에 의거하면 편찬자의 편찬 지침에 관한 몇 가지 중요한 사실을 알 수 있다.

첫째, 정조는 "주자가 『대학』의 장(章)과 구(句)를 정한 뒤로 『대학』에 대한 전문 서적은 송(宋)이 16가(家), 명(明)이 32가나 있지만 이들 서적은 세속을 따라 출몰하며 한만(汗漫)하고 쓸데없이 길기만 하여 아득하게 나루와 뗏목이 없는 격"이라고 비판하였다.[31)]

둘째, 정조는 진문충(眞文忠: 송나라 진덕수(眞德秀)의 시호)의 『대학연의』와 구문장

---

31) 정조, 『홍재전서』 권56 雜著3 「題大學類義」. "朱夫子章句大學 而與中庸語孟 竝列爲四書 自玆以降家誦而戶習 宋明諸子 著作相望 宋有十六家 明有三十有二家 若熊禾大學口義廣義 陳普大學指要 謝升賢 陳膚仲大學解 黃必昌大學講稿 熊慶胄大學緒言 蔡模大學衍論 熊以寧大學釋義 方禾吳季子大學講義 葉味道大學儒行編 吳中立大學大旨 蘇烈大學格物致知傳 趙建郁大學說林 希元大學經傳正本 鄭守道大學講章 曾景修大學講說等書 號稱專門 溢宇充棟 而頭出頭沒 汗漫冗長 茫然無津筏焉已矣 …"

(丘文莊: 명나라 구준(丘濬)의 시호)의 『대학연의보』를 자세하게 살폈다. 두 책은 모든 본체와 큰 작용이 구비되고, 경·사·자·집부가 다 모아져 천고(千古)에 긴요한 모범이 되고, 백왕(百王)에게 귀감(龜鑑)이 된다고 판단하였다. 정조는 성의정심(誠意正心) 중에 '審幾微' 항목을 보충하였고, 치국평천하(治國平天下)의 끝에 '成功化' 항목을 보충하였다.[32]

셋째, 정조는 『대학연의』와 『대학연의보』에 대하여 정신을 많이 소모하여 며칠씩 밤낮을 쉬지 않고 읽었고, 주묵(朱墨)으로 비점(批點)을 찍었다 지웠다 하였으며, 100번을 읽어서 오래 지날수록 더욱 아름다워 마치 훌륭한 벗을 얻은 듯, 옛 친구 만난 듯이 하기를 30년을 하루같이 하였다.[33]

넷째, 정조는 『대학』 원편(原編)에 각각의 전(傳) 아래에 두 책의 내용을 연결시켰는데, 장구(章句)의 경우 '주자가 말하다[朱子曰]'를 예(例)로 삼은 것은 대체로 일찍이 『주역(周易)』의 문언(文言)과 계사(繫辭)에서 특별히 '공자가 말하다[子曰]'라고 쓴 뜻을 취한 것이며, 『대학』의 글을 따로 한 줄로 잡아 쓴 것은 경전(經傳)을 높이려는 뜻에서이며, 『대학연의』와 『대학연의보』의 글을 한 글자 낮춘 것은 경을 높이고 전을 낮추려는 뜻을 담은 것이다. 명성(名姓)으로 고친 것은 규모를 조심스럽게 하려는 뜻에서이고, 여러 편(篇)에다 조금의 초산(鈔刪)을 가한 것은 정영(精英)을 취하려고 한 것이다.[34]

다섯째, 정조는 천만 가지 단서를 일통(一統)에다 모으고 천만 갈래 길을 일철(一轍)에다 돌아가게 하며, 천인 성명(天人性命)의 근원과 치란 득실(治亂得失)의 원인, 그리고 예악 형정(禮樂刑政)의 소속을 재적(載籍)의 경우는 『서경』의 2전(典)과 3모(謨)에서부터 곁으로 백가(百家)에 이르게 하고, 역대(歷代)의 경우는 황제헌원씨(黃帝

---

32) 정조, 『홍재전서』 권56 雜著3 「題大學類義」. "… 及見眞文忠之衍義 丘文莊之衍義補 全體大用之具備 經史子集之咸萃 垂柯範於千古 替龜鑑於百王 而誠正之中 補以審幾微三字 治平之末 補以成功化一段 此文莊之青藍冰水 足以有光於斯文 …"

33) 정조, 『홍재전서』 권56 雜著3 「題大學類義」. "… 予於此二書者 積費神精 膏晷則屢換而不輟 朱墨則旣塗而又抹 百回看讀 愈久愈佳 如得良朋焉 如逢故人然 于今三十年如一日耳 …"

34) 정조, 『홍재전서』 권56 雜著3 「題大學類義」. "… 遂就大學原編 各於傳下 系之二書 而章句則以朱子曰爲例者 蓋嘗竊取乎易文言繫辭 特書子曰之義 大學之別一行 所以尊經傳也 衍補之低一字 所以寓書法也 謹按之 改以名姓 所以謹規模也 諸篇之略加鈔刪 所以取精英也 …"

軒轅氏)와 복희씨(伏義氏)에서 시작하여 아래로 양송(兩宋)에 미치고 황조(皇朝: 명(明) 나라를 가리킴)에 이르게 하였다. 보배로운 교훈이 높이 하늘 가운데 게시되어 있으니, 인군(人君)이 된 자가 이 책을 읽으면 태평스러운 교화의 기틀을 마련할 수 있고, 인신(人臣)이 된 자가 이 책을 읽으면 정치에 참여하여 돕는 공을 이룰 수 있게 하려고 한 것이다.[35)]

여섯째, 정조는 이 책에 대해 명명(命名)하기를 『대학유의』라 하였는데, 그것은 대체로 유(類)를 모아 편집하였기 때문이다. 웅화(熊禾)가 저술한 『대학구의광의』 이하의 여러 서책들도 모아서 질(帙)을 만들어 표장(表章)하는 자료로 삼으려고 하였으나 하지 못하였다.[36)]

위의 내용을 종합하면, 정조는 주자가 『대학』의 장구를 정한 이후의 송·명 전문 서적을 모두 조사하였고, 그중 『대학연의』와 『대학연의보』를 100번이나 읽으면서 30년간 주묵으로 비점을 쳤다. 정조는 『대학』 원편에 각각의 전 아래에 두 책의 내용을 연결시키고, 『대학』의 글을 따로 한 줄로 잡아 쓴 것은 경전을 높이려 한 것이고, 『대학연의』와 『대학연의보』의 글을 한 글자 낮춘 것은 경을 높이고 전을 낮추려는 뜻을 담은 것이다. 또한 천만 가지 단서를 일통에다 모으고 천만 갈래 길을 일철에 다 돌아가게 하며 그 책에 들어 있는 보배로운 교훈이 임금과 신하 모두에게 도움이 되도록 하였다. 이 책은 유(類)를 모아 편집하였기 때문에 서명을 『대학유의』라 하였다.

## 3.2. 편찬 과정

정조가 『어정대학유의』를 편찬하는 과정은 왕세손 시절부터 재위 23년(1799)까지 계속되었다. 정조는 『대학』 원편에 지속적으로 관심을 기울여 의심스럽게 생각한 것

35) 정조, 『홍재전서』 권56 雜著3 「題大學類義」. "… 千條萬緖 會於一統 千歧萬路 歸於一轍 天人性命之原 治亂失得之故 禮樂刑政之屬 載籍則自典謨而傍及百家 歷代則始軒羲而下逮兩宋 以至皇朝 寶訓高揭中天 爲人君者讀此書 可以基太平之化 爲人臣者讀此書 可以做參贊之功 …"

36) 정조, 『홍재전서』 권56 雜著3 「題大學類義」. "… 因命名曰大學類義 蓋以類而爲編也 熊禾以下諸書 亦欲會稡成帙 以爲表章之資 而近於佃獵 姑書此 以見吾志云 …"

은 정조 5년(1781)부터 11년(1787)까지 규장각의 초계문신들에게 묻고 대답하는 과정을 거쳐서 보완하였다. 또한 그는 문신들이 자신에게 묻고 직접 대답한 『대학』의 내용을 18년(1794)에 『고식(故寔)』으로 편찬하였고, 23년(1799)에 각신 윤행임과 문대(問對)한 내용을 『증전추록(曾傳秋錄)』으로 편찬하였다. 정조는 5년(1781)에 『대학연의보』를, 11년(1787)에 『대학연의』의 선집 및 비점을 마쳤으며, 20년(1796)에 다시 권점을 찍었다. 23년(1796)에 다시 교열을 거쳐 『어정대학유의』를 완성하였다. 이에 『대학』, 『대학연의』 및 『대학연의보』로 나누어 구체적으로 살펴보면 다음과 같다.

### 3.2.1. 『대학』

정조가 세자 시절부터 『대학』의 내용을 중히 여기고 그 내용을 얼마나 철저하게 연구하였는지 살펴볼 수 있다.

> "『대학』은 대인(大人)을 만드는 책으로서, 학문을 할 때에 가장 먼저 착수해야 하는 공부이다. 내가 춘저(春邸)에 있을 때에 이 책을 깊이 연구하였는데, 처음에는 여러 학자들의 서로 다른 학설을 광범위하게 읽으면서 깊이 빠져 들었고, 중간에는 정주(程朱)의 정론(定論)을 가지고 절충하려 노력하였으며, 마지막에 가서는 희열을 느끼는 가운데 모두 이해되어 자득(自得)한 견해에 대하여 믿음을 갖게 되었다. 선유(先儒)가 이른바 장마의 흙탕물이 한 번 지난 뒤에야 못물이 맑고, 부철(浮鐵)을 거두어 낸 뒤에야 순금이 반짝인다는 격으로, 내가 거친 과정을 갖추어 적고 그 한계를 살펴보았다. 그중 심성(心性)의 체단(體段), 지행(知行)의 분개(分開), 정심(正心)의 이발(已發)·미발(未發)과 같은 것은 특히 여기서 매우 복잡한 문제이나 모두들 어느 한쪽에 경도되어 있다. 그래서 이러한 문제는 반복하여 깊이 논하였으니, 참으로 실심(實心)을 가지고 깊이 생각하는 사람이 이를 읽는다면 아마도 내가 이 책에 쏟은 정력이 얼마나 큰 것인지를 알게 될 것이다."라고 하였다.[37]

---

37) 정조, 『홍재전서』 권180 「羣書標記」 2, 御定 2, 「大學講義」. "… 大學卽一做大人樣子 而學問之最先入頭處 予在春邸 沉潛硏窮 始也汎濫乎諸儒同異 中焉折衷乎程朱定論 終又怡然融會 有自得之符契 而先儒所謂潦水過而寒潭淸 浮鐵去而眞金躍者 備其經歷 驗其境界 至如心性之體段 知行之分開 正心之發未發 尤此篇聚訟之大端 而蓋無不傾倒彼此 反復究論 苟使實心致思者讀之 庶或知予用力之深淺

위의 내용에 언급된 바와 같이, 정조는 왕세손 시절부터 『대학』의 원편에 관심을 기울였다. 등극 후에는 정조 5년(1781)부터 7년(1783), 8년(1784), 10년(1786), 11년(1787)까지 초계문신을 대상으로 『대학』의 조문(條問)을 내려 다섯 차례 조문과 조대(條對)가 행해졌다. 『경사강의(經史講義)』 제67권~70권에 들어있는 『대학강의(大學講義)』 1권~4권을 통해 당시의 조문과 조대의 내용을 살펴볼 수 있다. 그 내용을 살펴보면 다음과 같다.

1) 『대학』 1과 『대학』 2는 정조 5년(1781)에 선발된 초계문신 서정수(徐鼎修), 이시수(李時秀), 홍이건(洪履健), 이익운(李益運), 이종섭(李宗燮), 이동직(李東稷), 이현묵(李顯默), 박종정(朴宗正), 서용보(徐龍輔), 김재찬(金載瓚), 이조승(李祖承), 이석하(李錫夏), 홍인호(洪仁浩), 조윤대(曹允大), 이노춘(李魯春) 등 15명이 조문에 답변한 것이다.[38] 그중 『대학』 1은 서문과 1장에 대한 조문과 조대를 행한 것이고,[39] 『대학』 2는 전수장(傳首章), 전2장, 전3장, 전4장, 전5장, 전6장, 전7장, 전8장, 전9장, 전10장에 대한 조문과 조대를 행한 것이다.[40]

---

也…"

38) 정조, 『홍재전서』 권67 「經史講義」 4, 「大學」 1. "辛丑選 徐鼎修 李時秀 洪履健 李益運 李宗燮 李東稷 李顯默 朴宗正 徐龍輔 金載瓚 李祖承 李錫夏 洪仁浩 曹允大 李魯春等對"

39) 『대학』 1은 서문과 1장에 대한 조문과 조대를 행한 것인데, ① 서문은 23개의 조문에 초계문신인 이익운 조문 1(1회), 홍이건 조문 2~3(2회), 서정수 조문 4~5(2회), 이시수 조문 6~9(4회), 서용보 조문 10~12(3회), 김재찬 조문 13~16(4회), 홍인호 조문 17(1회), 이종섭 조문 18(1회), 박종정 조문 19(1회), 이조승 조문 20(1회), 이석하 조문 21(1회), 이노춘 조문 22~23(2회) 등 12인이 대답하였다. ② 1장은 34개의 조문에 초계문신인 서정수 조문 1~4(4회), 서용보 조문 5~12(8회), 김재찬 조문 14~17(4회), 홍인호 조문 18~20(3회), 조윤대 조문 21(1회), 이노춘 조문 22~33(12회), 이석하 조문 34(1회) 등 7인이 대답하였고, 시관 정지검이 초계문신 서용보가 대답한 조문 11(1회)에 함께 대답하였으며, 시관과 강원이 조문 13(1회)에 대답하였다.

40) 『대학』 2는 전수장(傳首章), 전2장, 전3장, 전4장, 전5장, 전6장, 전7장, 전8장, 전9장, 전10장에 대한 조문과 조대를 행한 것인데, ① 전수장은 15개의 조문에 초계문신인 홍인호 조문 1(1회), 이현묵 조문 3(1회), 이익운 조문 4(1회), 이시수 조문 5~9(5회), 서용보 조문 11(1회), 김재찬 조문 12(1회), 이노춘 조문 13~15(3회) 등 7인이 대답하였고, 시관 정지검이 조문 2(1회), 시관과 강관이 조문 10(1회)에 답변하자 정지검이 강관에게 다시 논란하였다. ② 전2장은 7개의 조문에 초계문신인 홍인호 조문 1~4(4회), 이현묵 조문 5(1회), 이석하 조문 6~7(2회) 등 3인이 대답하였고, ③ 전3장은 4개의 조문에 초계문신인 이종섭 조문 1~4(4회) 1인, ④ 전4장은 4개의 조문에 초계문신인 조윤대 조문 1~4(4회) 1인이 대답하였다. ⑤ 전5장은 4개의 조문에 초계문신인 홍이건 조문 1(1회), 이노춘 조문 2(1회), 홍인호 조문 3(1회) 등 3인이 대답하였고, 시관과 강관이 조문 4(1회)에 답변하였다. ⑥ 전6장은 13개의

2) 『대학』 3은 정조 7년(1783)에 선발된 초계문신 이현도(李顯道), 정만시(鄭萬始), 조제로(趙濟魯), 이면긍(李勉兢), 김계락(金啓洛), 김희조(金熙朝), 이곤수(李崑秀), 윤행임(尹行恁), 성종인(成種仁), 이청(李晴), 이익진(李翼晉), 심진현(沈晉賢), 서형수(徐瀅修), 이유수(李儒修), 신복(申馥), 강세륜(姜世綸) 등 16명이 조문에 답변한 것과 정조 8년(1784)에 선발된 초계문신 이서구(李書九), 정동관(鄭東觀), 한상신(韓商新), 이형달(李亨達), 홍의호(洪義浩) 등 5명이 조문에 답변한 것을 실은 것이다.[41] 정조 7년(1783)의 것은 서문, 경1장, 전수장, 전2장, 전3장, 전4장, 전5장, 전6장, 전7장, 전8장, 전9장, 전10장에 대한 조문과 조대를 행한 것이고,[42] 정조 8년(1784)의 것은 서문,

---

조문에 초계문신인 서용보 조문 1, 조문 10, 조문 12(3회), 이노춘 조문 2, 조문 11(2회), 이시수 조문 3(1회), 김재찬 조문 4~5, 조문 8~9(4회), 홍인호 조문 7(1회), 이조승 조문 13(1회) 등 6인이 대답하였고, 시관 정지검이 조문 6(1회)에 대답하였다. ⑦ 전7장은 4개의 조문에 초계문신인 홍이건 조문 3(1회), 박종정 조문 4(1회) 등 2명이 대답하였고, 시관 정지검이 조문 1~2(2회)에 대답하였다. ⑧ 전8장은 2개의 조문에 초계문신인 이석하 조문 1(1회) 1인이 대답하였고, 시관과 강관이 조문 2(1회)에 답변하였다. ⑨ 전9장은 4개의 조문에 초계문신인 홍인호 조문 1(1회), 이노춘 조문 2~3(2회), 조윤대 조문 4(1회) 등 3명이 대답하였다. ⑩ 전10장은 10개의 조문에 초계문신인 홍이건 조문 1~2(2회), 이노춘 조문 3~4(2회), 이시수 조문 5(1회), 홍인호 조문 6(1회), 박종정 조문 7(1회), 이석하 조문 8~10(3회) 등 6인이 대답하였다.

41) 정조, 『홍재전서』 권69 「經史講義」 6, 「大學」 3. "癸卯選 李顯道 鄭萬始 趙濟魯 李勉兢 金啓洛 金熙朝 李崑秀 尹行恁 成種仁 李晴 李翼晉 沈晉賢 徐瀅修 李儒修 申馥 姜世綸等對" "甲辰選 李書九 鄭東觀 韓商新 李亨達 洪義浩等對"

42) 정조 7년(1783)의 것은 서문, 경1장, 전수장, 전2장, 전3장, 전4장, 전5장, 전6장, 전7장, 전8장, 전9장, 전10장에 대한 조문과 조대를 행한 것인데, ① 서문은 14개의 조문에 초계문신인 심진현 조문 1(1회), 서형수 조문 2~3(2회), 이청 조문 4(1회), 성종인 조문 5(1회), 조제로 조문 6(1회), 김계락 조문 7(1회), 이곤수 조문 8(1회), 이익진 조문 9(1회), 윤행임 조문 10(1회), 이유수 조문 11(1회), 이면긍 조문 12(1회), 김희조 조문 13(1회), 신복 조문 14(1회) 등 13인이 대답하였다. ② 경1장은 12개의 조문에 초계문신인 윤행임 조문 1(1회), 이익진 조문 2(1회), 성종인 조문 3(1회), 이유수 조문 4(1회), 서형수 조문 5~7(3회), 이곤수 조문 8(1회), 김희조 조문 9(1회), 김계락 조문 10~11(2회), 심진현 조문 12(1회) 등 9명이 대답하였다. ③ 전수장은 6개의 조문에 초계문신인 성종인 조문 1, 조문 5(2회), 정만시 조문 2(1회), 서형수 조문 3(1회), 이익진 조문 4(1회), 이현도 조문 6(1회) 등 5인이 대답하였다. ④ 전2장은 4개의 조문에 초계문신인 강세륜 조문 1(1회), 이익진 조문 2, 조문 4(2회), 성종인 조문 3(1회) 등 3인이 대답하였다. ⑤ 전3장은 3개의 조문에 초계문신인 김희조 조문 1(1회), 서형수 조문 2(1회), 윤행임 조문 3(1회) 등 3인이 대답하였다. ⑥ 전4장은 3개의 조문에 초계문신인 성종인 조문 1(1회), 이곤수 조문 2(1회), 조제로 조문 3(1회) 등 3인이 대답하였다. ⑦ 전5장은 3개의 조문에 초계문신인 이청 조문 1(1회), 이익진 조문 2(1회), 서형수 조문 3(1회) 등 3인이 대답하였다. ⑧ 전6장은 7개의 조문에 초계문신인 성종인 조문 1~2(2회), 이익진 조문 3(1회), 김희조 조문 4(1회), 서형수 조문 5(1회), 이청 조문 6(1회), 김계락 조문 7(1회) 등 6인이 대답하였다. ⑨ 전7장은 2개의 조문에 초계문신인 서형수 조문

전3장, 전6장, 전7장, 전10장에 대한 조문과 조대를 행한 것이다.[43]

3) 『대학』 4는 정조 10년(1786)에 선발된 초계문신 정만석(鄭晩錫), 송상렴(宋祥濂), 김조순(金祖淳), 장석윤(張錫胤), 이상황(李相璜) 등 5인과 정조 11년(1787)에 선발된 초계문신 유경(柳畊), 윤영희(尹永僖), 윤광안(尹光顔), 이희관(李羲觀) 등 4인이 조문에 답변한 것을 합친 것이다.[44] 서문, 경1장, 전수장, 전2장, 전3장, 전4장, 전5장, 전6장, 전7장, 전8장, 전9장, 전10장에 대한 조문과 조대를 행한 것이다.[45]

정조는 15년(1791)에 『경사강의』 3권을 필사본으로 엮고, 그에 대한 해제를 하였는데 그 내용을 보면, 9년(1785)에 초계문신 서형수에게 명하여 5년(1781)의 조문과 조대를 『대학강의』 제1권에, 7년(1783)과 8년(1784)의 것을 『대학강의』 제2권에 각각 편찬

---

1~2(2회) 1인이 대답하였다. ⑩ 전8장은 2개의 조문에 초계문신인 성종인 조문 1(1회), 이곤수 조문 2(1회) 등 2인이 대답하였다. ⑪ 전9장은 2개의 조문에 초계문신인 이면긍 조문 1(1회), 윤행임 조문 2(1회) 등 2인이 대답하였다. ⑫ 전10장은 7개의 조문에 초계문신인 서형수 조문 1~2(2회), 신복 조문 3(1회), 성종인 조문 4(1회), 이익진 조문 5(1회), 이곤수 조문 6(1회) 등 5인이 대답하였고, 여러 강원이 조문 7(1회)에 대답하였다.

43) 정조 8년(1784)의 것은 서문, 전3장, 전6장, 전7장, 전10장에 대한 조문과 조대를 행한 것인데, ① 서문은 7개의 조문에 초계문신인 홍의호 조문 1~2(2회), 이서구 조문 3~5(3회), 이형달 조문 6~7(2회) 등 3인이 대답하였다. ② 전3장은 2개의 조문에 초계문신인 이서구 조문 1~2(2회) 1인이 대답하였다. ③ 전6장은 2개의 조문에 초계문신인 이서구 조문 1(1회), 한상신 조문 2(1회) 등 2인이 대답하였다. ④ 전7장은 2개의 조문에 초계문신인 정동관 조문 1(1회), 한상신 조문 2(1회) 등 2인이 대답하였다. ⑤ 전10장은 3개의 조문에 초계문신인 정동관 조문 1~3(3회) 1인이 대답하였다.

44) 정조, 『홍재전서』 권70 「經史講義」 7, 「大學」 4. "丙午選 鄭晩錫 宋祥濂 金祖淳 張錫胤 李相璜 丁未選 柳畊 尹永僖 尹光顔 李羲觀等對"

45) 정조 10년(1786)과 정조 11년(1787)의 것은 합쳐서 서문, 경1장, 전수장, 전2장, 전3장, 전4장, 전5장, 전6장, 전7장, 전8장, 전9장, 전10장에 대한 조문과 조대를 행한 것인데, ① 서문은 13개의 조문에 초계문신인 송상렴 조문 1, 조문 6, 조문 8~11(6회), 윤광안 조문 2~5, 조문 12(5회), 장석윤 조문 7(1회), 이희관 조문 13(1회) 등 4인이 대답하였다. ② 경1장은 12개의 조문에 초계문신인 송상렴 조문 1~4(4회), 이희관 조문 5~6, 조문 8(3회), 이상황 조문 7(1회), 유경 조문 9~12(4회) 등 4명이 대답하였다. ③ 전수장은 3개의 조문에 초계문신인 유경 조문 1, 조문 3(2회), 김조순 조문 2(1회) 등 2인이 대답하였다. ④ 전2장은 4개의 조문에 초계문신인 윤광안 조문 1~3(3회), 정만석 조문 4(1회) 등 2인이 대답하였다. ⑤ 전3장은 2개의 조문에 초계문신인 이희관 조문 1~2(2회) 1인, ⑥ 전4장은 2개의 조문에 초계문신인 송상렴 조문 1~2(2회) 1인이 대답하였다. ⑦ 전5장은 3개의 조문에 초계문신인 송상렴 조문 1~3(3회) 1인이 대답하였다. ⑧ 전6장은 2개의 조문에 초계문신인 윤영희 조문 1~2(2회) 1인이 대답하였다. ⑨ 전7장은 2개의 조문에 초계문신인 윤광안 조문 1~2(2회) 1인이 대답하였다. ⑩ 전8장은 2개의 조문에 초계문신인 이상황 조문 1~2(2회) 1인이 대답하였다. ⑪ 전9장은 2개의 조문에 초계문신인 윤광안 조문 1~2(2회) 1인이 대답하였다. ⑫ 전10장은 3개의 조문에 초계문신인 송상렴 조문 1~2(2회), 이희관 조문 3(1회) 등 2인이 대답하였다.

하게 하였고, 15년(1791)에 초계문신 서유구에게 명하여 10년(1786) 및 11년(1787)의 것을『대학강의』제3권에 편찬하도록 하였다.[46)]

이와 같이, 정조는 45명의 초계문신을 대상으로『대학』의 조문을 내려 다섯 차례 조문과 조대를 행하였다. 이의 결과에 대한 평가에 대해 선행연구를 참조하면, 안병걸(2001)은 정조는 궁극적으로 주자의『대학장구』의 체재를 따르고, 대학의 근본적인 취지에 맞추어 주자의 해설에 보이는 공소(空疎)함을 지적하고 근거 있는 실학적인 의미를 찾아 적극적인 이해를 도모한 것으로 보았다.[47)] 전현미(2009)는 정조가 주자학을 재검토한 측면은 주자의 명덕(明德)을 본심(本心)으로 확정한 점, 격물치지(格物致知)를 상지(上智)도 해야 하고, 지지(知至)의 경지로 본 점, 주자의 미발처(未發處)를 발명(發明)한 점이라 지적하였고, 주자학을 새롭게 조명한 것은 인성론(人性論)에 있어서 성리학의 대명제인 '성즉리(性卽理)'를 '성즉기(性卽氣)'라고 한 점, 주자가 '친민(親民)'을 '신민(新民)'으로 고친 데 반대하고『고본대학(古本大學)』의 '신민(新民)'을 그대로 두어야 한다고 본 점, 훈고(訓詁)에 소략한 주자의 단점으로 반명(盤銘)의 '반(盤)' 자 풀이와 강고(康誥)의 '강(康)' 자에 대해 언급하지 않은 점 등을 지적하였다.[48)]

또한 정조는『경사강의(經史講義)』와는 반대로 문신이 묻고 본인이 직접 대답한『대학』의 내용을 18년(1794)에『고식(故寔)』으로 편찬하였고, 23년(1799)에 각신 윤행임과 문대한 내용을『증전추록(曾傳秋錄)』으로 편찬하였다.

『고식』은 정조 18년(1794)에 문신 김근순(金近淳), 이존수(李存秀), 유태좌(柳台佐), 김희락(金熙洛), 구득로(具得魯), 강준흠(姜浚欽), 홍명주(洪命周), 이영발(李英發), 홍석주(洪奭周), 김계온(金啓溫), 이홍겸(李弘謙) 등 11명이 선발되어 정조에게 문대(問對)한 내용을 모아 편찬된 것이다.[49)] 세부 내용은 실려 있지 않다.

『증전추록』은 정조 23년(1799)에 각신 윤행임과 문대한 내용을 실었는데,[50)] 자서

46) 정조,『홍재전서』권180「羣書標記」2, 御定 2,「大學講義」. "條問辛丑選一卷 條問癸卯甲辰選一卷 乙巳 命抄啓文臣徐瀅修編次 條問丙午丁未選一卷 辛亥 命抄啓文臣徐有榘編次 …"

47) 안병걸,「정조 어제조문의 경학관 – 경사강의 대학조문을 중심으로」,『대동문화연구』39, 2001, 421쪽.

48) 전현미,「정조의 대학 해석 연구」, 성균관대학교 대학원 석사학위논문, 2009, 37~61쪽.

49) 정조,『홍재전서』권129「故寔」1,「大學」. "甲寅選 文臣金近淳 李存秀 柳台佐 金熙洛 具得魯 姜浚欽 洪命周 李英發 洪奭周 金啓溫 李弘謙"

(自序), 서, 편제, 경1장, 전수장, 전2장, 전3장, 전4장, 전5장, 전6장, 전7장, 전8장, 전9장, 전10장에 대한 것이다. 서는 4개의 물음에 대해 답을 했는데, 1문에는 3답, 2문에는 1답, 3문에는 2답, 4문에는 1답을 하여 4문 7답으로 이루어졌다. 편제는 2문 2답, 경1장은 2문 2답, 전수장은 4문 4답, 전2장은 2문 2답, 전3장은 2문 2답, 전4장은 2문 2답이 이루어졌다. 전5장은 1문에는 4답, 2문에는 1답으로 2문 5답이 이루어졌다. 전6장은 2문 2답, 전7장은 2문 2답, 전8장은 2문 2답, 전9장은 2문 2답, 전10장은 2문 2답이 이루어졌다.

정조는 자서에서 『증전추록』을 편집한 이유를 자세히 밝히고 있는데 그 내용을 살펴보면 다음과 같다.

> "『중용(中庸)』에서는 성(性)은 말하되 심(心)은 말하지 않았고, 『대학』에서는 심은 말하되 성은 말하지 않았다. 한가한 시간이면 매번 내각의 여러 신하들과 토론을 하였는데, 나름대로 『중용』과 『대학』의 뜻을 취하여 그 인품의 고저에 따라 질정하고 논란하여 밝혀내되 들보와 기둥처럼 각기 그 수준을 달리하였다. 원임 직각이 이때 상(喪)을 당하여 여묘살이를 하고 있었는데, 주자의 한천정사 고사에 따라 『대학』의 글 뜻을 가지고 문답하여 책을 이루고는 마침내 『증전추록』이라 명명하였다. 앞으로 『중용』에까지 미쳐서 심성의 은미하고 깊은 뜻을 계발하고자 한다."라고 하였다.[51)]

정조는 만천명월주인옹으로서 주자의 한천정사(寒泉精舍)의 고사[52)]에 따라 각신 윤행임이 묻고 자신이 대답하는 형식을 통해 『대학장구』와 『중용장구(中庸章句)』를 통합적으로 이해할 발판을 마련하고자 하였다.

정조는 서문에서 언급한 "『중용』에서는 성은 말하되 심은 말하지 않았고, 『대학』에

---

50) 정조, 『홍재전서』 권126 「曾傳秋錄」 閣臣尹行恁.

51) 정조, 『홍재전서』 권126 「曾傳秋錄」 閣臣尹行恁 自序. "中庸言性不言心 大學言心不言性 燕閒之暇 每與閣中諸人言 竊取庸學之義 隨其人品之高低 質難辨明 莛楹各殊 原任直閣 方持服居廬 依朱子寒泉故事 以曾傳文義 問答成書 遂命之曰曾傳秋錄 將及思傳 以啓心性之微奧 歲己未中秋 萬川明月主人翁"

52) 『근사록(近思錄)』 朱熹 跋. "淳熙乙未之夏 東萊呂伯恭 來自東陽 過予寒泉精舍 留止旬日 相與讀周子程子張子之書 歎其廣大閎博 若無津涯 而懼夫初學者 不知所入也 因共掇 取其關於大體而切於日用者 以爲此編總六百二十二條 分十四卷 …"

서는 심은 말하되 성은 말하지 않았다."라고 하는 인식에서 출발하였다. 『대학장구』 서문에서 주희가 제시한 본성론과 『중용』의 본성 개념과의 정합성에 관한 것인데, 이때 본성의 보편성과 개별성에 관한 주희의 상반된 언급이 문제가 된다고 보았다. 정조는 "인물성이론(人物性異論)"을 지지했지만 군주로서의 정치적 자각에 바탕을 두고 각기 다른 본성을 통합할 이론적 기제를 마련하기 위해 고심하였고, 윤행임은 당대의 "인물성동이(人物性同異)" 논쟁에서 "인물성이론"을 지지하기 위한 증거를 『대학장구』 서문에서 찾고자 하였다.[53)]

정조는 '성즉기(性卽氣)'라는 논리를 세워 인간 본연의 본성을 '기'의 존재로 간주한 후 그 보편성을 강조하였다. 리(理)와 본성 사이에 존재론적 위계 차이를 두었고, 본연의 본성보다 기질의 본성을 생명의 근원으로서 더욱 중시했다. 정조는 리와 본성을 구분하면서도 양자를 통합할 방안을 고민했다. 그는 주나라의 "오서(五瑞)" 제도를 비유로 적극 활용하여, 다양한 본성의 척도이자 기준의 역할을 하는 '리' 개념을 제시하고 그 대리자로서 군주인 자신의 역할을 부각했다. '리'가 군주를 상징하고 본성이 백성을 상징하는 것이라면, 백성은 군주가 제시한 기준에 따라 자신의 본성을 절제해야 하는 수동적 존재라는 정치 사상적 함축이 그로부터 도출되었다.[54)]

### 3.2.2. 『대학연의』와 『대학연의보』

정조는 『대학』을 강독하여 경학과 경세학을 연결하는 사상체계를 확립했는데, 치국·평천하에 대한 구체적인 방책이 없다는 점에 주목했다.

정조는 "진덕수의 『대학연의』와 구준의 『대학연의보』가 학문을 하는 조목을 주로 하되 통치의 방법과도 연관시켜 놓아, 경서의 가르침을 인용하고 역사적인 사실로 징험하였으니, 실로 옛사람이 경과 사를 경위(經緯)로 삼은 뜻을 얻은 것"[55)]이라 평하

---

53) 이원석, 「정조와 윤행임의 대학장구 서문 해석과 인물성동이 논쟁 – 증전추록(曾傳秋錄) 분석을 중심으로」, 『태동고전연구』 44, 2020, 109~110쪽.

54) 이원석, 위의 논문, 128~129쪽.

55) 정조, 『홍재전서』 권165 「日得錄」 5, 文學 5. "… 惟眞德秀之大學衍義 丘濬之衍義補 主之以爲學之目 繫之以制治之方 援引經訓 旁徵史事 允得古人經經緯史之義 …"

였다.

정조가 『대학』에 『대학연의』와 『대학연의보』를 연계하여 그의 정치철학에 걸맞은 책을 편찬하고자 한 것은 다음의 내용에 그대로 나타난다.

> "『대학』 한 부의 책은 삼강령(三綱領)에서 팔조목(八條目)이 되고, 경 일장(經一章)에서 전 십장(傳十章)이 되었으니, 공자와 증자가 서로 전수할 때 이미 약간의 부연을 하여 차츰 갖추어진 것이다. 진서산(眞西山)의 책에 있어서는 단지 성의(誠意)·정심(正心)·수신(修身)·제가(齊家)의 네 가지 요점만 거론하였는데, 구씨(丘氏)의 속편은 결손된 것을 보충하면서 고석(古昔) 이래 경·전·자·사 가운데 치국 평천하란 두 조항에 부칠 수 있는 말은 모조리 수록하였다. 이리하여 후세의 정치하는 자가 용인(用人)·이재(理財)·안민(安民)·어융(禦戎)의 정치에 있어서 만나는 입장에 따라 그 유형을 선택할 때에 고사와 시의(時宜)를 책 속에서 일목요연하게 보도록 하였으니, 오직 선택하여 시행하면 되는 것이다."라고 하였다.[56)]

이와 같이 정조의 『대학』에 대한 관심은 『대학연의』와 『대학연의보』로 이어졌고, 정조 23년(1799)에 『대학』의 팔조목 체제에 따라 『대학연의』와 『대학연의보』를 일원적으로 정리하여 『대학유의』를 편찬하게 된 것이다.

『대학연의』는 남송의 진덕수가 소정(紹定) 2년(1229)에 43권으로 완성한 『대학』의 해석서이다. 『대학』 팔조목인 격물, 치지, 성의, 정심, 수신, 제가, 치국, 평천하의 순서 중 격물부터 제가까지만 나열하고 각 조목에는 우선 성현의 훈전(訓典)을 놓고, 다음으로 고금의 사적(事蹟)과 여러 유학자들의 경전해석에 관한 의미 있는 논의를 기록하였으며, 자신의 견해를 마지막에 첨부하였다.[57)]

---

56) 정조, 『홍재전서』 권49 「策問」 「大學衍義補」 抄啓文臣課講比較. "… 大抵大學一部 自三綱而爲八條 自經一章而爲傳十章 則孔曾相傳之際 已自有稍衍而漸備者矣 至於西山之書 只論四要 而丘氏之編 追補其闕 則凡從古以來 經傳子史之言 可附於治平二條者於是盡之矣 使後之制治者 其於用人理財安民禦戎之政 隨其遇而揀其類 則故事時宜 無不開卷瞭然 惟在審擇而擧措之耳 …"

57) 지준호, 「성리학의 발전에 있어서 『大學衍義』의 사상사적 위치」, 『동양고전연구』 45, 2011, 395쪽; 眞西山, 『진서산독서기을집상대학연의(眞西山讀書記乙集上大學衍義)』 大學衍義序(숙종연간, 무신자본). "… 前列二者之綱 後分四者之目 所以推衍大學之義也 …前列二者之綱 每條之中 首以聖賢之明訓 參以前古之事蹟 得失之鑑 炳焉可觀 昔時入侍邇英 蓋嘗有志乎是 比年以來 屏居無事 迺得繙閱經

이 책은 권1은 제왕위치지서, 권2~4는 제왕위학지본, 권5~27은 격물치지지요, 권28~34는 성의정심지요, 권35는 수신지요, 권36~43은 제가지요의 6편으로 구성되어 있다. 내용 구성은 이강사목(二綱四目)으로 권1~4는 강령에 해당하고 권5~43은 조목에 해당한다.

『대학연의보』는 구준(丘濬, 1421~1495)[58]이 진덕수의 『대학연의』가 『대학』의 팔조목 중 치국과 평천하를 다루지 않은 것을 보완하기 위해 성화(成化) 23년(1487)에 160권 119사로 이루어진 『대학』의 해석서이다.

구준이 『대학연의보』를 저술한 동기는 진덕수의 『대학연의』의 뜻을 모방하면서 제가 아래에 치국과 평천하의 요점을 보충하여 본말이 겸비되고 내외가 합해져 이른바 전체 대용을 갖추려고 한 것이다. 진덕수의 『대학연의』는 수신과 제가를 근본으로 하면서 이를 천하에 미치도록 하는 것에 비해 『대학연의보』는 치국과 평천하를 실현하도록 하여 격물·치지·성의·정심·수신·제가의 효과를 얻을 수 있도록 하였다.[59]

구준은 국가조직은 군주를 정점으로 하고, 치평의 구체적인 정(政)을 실현하는 데 필요한 최고기구로서 조정과 이를 집행하는 백관(百官)과 그 대상인 민(民)으로 구성되어 있다고 보았다. 그가 생각하는 국가조직은 군주의 정심(正心), 정조정(正朝廷), 정백관(正百官), 정만민(正萬民), 정사방(正四方)의 일원적인 하달체계로 되어 있다. 여기서 정조정은 6부의 총괄로 보고, 정백관은 이부(吏部)에서 맡아야 하며, 정만민에는 고방본(固邦本)·제국용(制國用)·명예악(明禮樂)·질제사(秩祭祀)·숭교화(崇教化)·비규제(備規制)·신형헌(愼刑憲)·엄무비(嚴武備)의 경영전략이 있으며 정사방에는 어

---

傳 彙而輯之 畎畝微忠 朝思暮繹 所得惟此 祕之巾衍 以俟時而獻焉 …"

58) 서인범, 「구준의 정치개혁론 -대학연의보를 중심으로」, 동국대학교 대학원 사학과 석사학위논문, 1987, 3~9쪽을 참조하면, 구준(丘濬, 1421~1495)은 경산부(瓊山府) 사람으로 자는 중심(仲深)이고 호는 심암(深菴), 경산선생(瓊山先生), 경대(瓊臺)이며, 시호는 문장(文莊)이다. 명(明) 경태(景泰) 5년(1454)에 진사가 되었고 한림원(翰林院) 편수(編修), 시강관(侍講官), 학사직(學士職)을 거쳐 성화(成化) 16년(1480)에 예부시랑겸내각대학사(禮部侍郎兼內閣大學士)에 올랐다. 홍치(弘治) 4년(1491)에는 문연각대학사(文淵閣大學士)가 되었다. 주자학에 정통하였고, 저서로는 『대학연의보(大學衍義補)』, 『가례의절(家禮儀節)』, 『세사정강(世史正綱)』 등이 있으며, 문집으로 『경대집(瓊臺集)』이 있다.

59) 丘濬, 『대학연의보(大學衍義補)』 卷首, 「大學衍義補序」. "此臣所以不揆愚陋 竊倣眞氏所衍之義 而於齊家之下又補以治國平天下之要也 … 所以兼本末 合內外以成夫全體大用之極功也 眞氏前書本之身家而達之天下 臣爲此編則又將以致夫治平之敎 而收夫格治誠正修齊之功 …"

이적(馭夷狄)·성공화(成功化)의 경영전략을 세우고 있다.[60]

정조는 『대학연의』와 『대학연의보』의 두 책에서 가장 긴요하고 감계가 될 만한 내용을 붉은색으로 비점을 쳐서 채집하였다. 두 책의 비점은 『대학연의보』를 정조 5년(1781)에, 『대학연의』를 정조 11년(1787)에 마쳤다.[61] 정조는 20년(1796)에 다시 권점을 찍었는데, 권점을 찍는 데 참여한 이는 각신 이만수와 윤행임이다.

위에서 언급했던 바와 같이, 초계문신들이 비점 및 권점본 초안을 필사하였고, 내각과 근밀제신들이 초교를 담당하였다. 재교는 호남 공령생들이 담당하였고, 삼교 및 편찬은 서형수와 윤광안이 담당하였다.

이와 관련된 좀 더 구체적인 기사를 보면, 정조는 22년(1798) 4월에 『대학연의보』와 『대학연의』를 합해서 내용을 가려 뽑고, 또 『대학』의 경문(經文)·전문(傳文)과 주자의 장구(章句)를 각단(各段)의 첫머리에 기재해서 초계문신들로 하여금 정서(淨書)하도록 하였으며, 또 호남의 유생들로 하여금 『대학』 1본(本)을 교정하도록 하였다.[62] 그해 6월에 이에 앞서 어제(御題)한 시(詩)·부(賦)·전(箋)·의(義)·책(策)·오체(五體)를 내리면서 광주목사 서형수에게 명하여 광주로 가지고 가서 유생들을 시험보게 하고, 겸하여 『어정대학연의보』·『대학연의』 및 『주자대전절약(朱子大全節約)』 등의 책을 내려보내 유생들을 시켜 교정하여 정서(淨書)하게 하도록 하였다.[63]

### 3.2.3. 『어정대학유의』

『어정대학유의』는 권수 1권, 본권 21권, 총 22권 10책으로 편집되었다. 권수에는

60) 권상우, 「주자학에서 '도덕적 경영'에서 '경영적 도덕'으로 패러다임의 전환에 관한 연구」, 『유교사상문화연구』 55, 2014, 86~87쪽.

61) 『어정대학유의』 권수 범례. "是書也 我聖上所以就大學衍義原補兩編 節取其最切要鑑戒者 而朱批以採輯之者也 蓋聖工之在衍義 且數十餘年 而其批之也 補編先于辛丑 原編成于丁未 …"

62) 『정조실록(正祖實錄)』 48권, 정조 22년 4월 19일(계축) 1번째 기사. "且大學衍義補卽治國之大經大法 其爲書也誠爲盡美 予之一生嗜好在此書 二十年前 手抄此書 近又更讀更抄 與西山衍義合選 又以大學經文傳文 朱子章句 載之各段之首 使抄啓文臣等繕寫 又令湖南儒生 校錄一本 此皆予近日工夫之大略 而要之則只爲心神之有益也"

63) 『정조실록』 48권, 정조 22년 6월 18일(경술) 2번째 기사. "先是 下御題詩賦箋義策五體 命光州牧使徐瀅修 賚往其邑 使御定大學衍義衍義補及朱子大全節約等書 校正書寫儒生 …"

'凡例', '目錄', '編校諸臣'에 이어 주자의 '大學章句序', 진덕수의 '大學衍義序', 구준의 '大學衍義補序'가 순차적으로 들어가 있다. 편교제신은 편차에 서형수(徐瀅修), 윤광안(尹光顔)이고, 참열(參閱)에 이만수(李晩秀), 김근순(金近淳), 김이영(金履永), 홍석주(洪奭周), 김계온(金啓溫)이다.

본문 21권은 대학의 원문과 8조목을 강(綱)으로 하고, 8조목을 목과 세목으로 다시 나누어 편집하였다. 『대학연의』는 43권이 6권으로, 『대학연의보』는 160권이 15권으로 요약되었다.[64]

『어정대학유의』 권1부터 권21까지의 목차는 다음의 〈표 1〉과 같다.

**〈표 1〉 『어정대학유의』 권1부터 권21까지의 목차**

| 卷次 | 『大學』 | 綱(八條目) | 目 | 참고문헌 |
|---|---|---|---|---|
| 卷1 | 經1章, 傳首章, 傳2章, 傳3章, 傳4章 | 帝王爲治之序<br>帝王爲學之本 | | 『大學衍義』 |
| 卷2 | 傳5章 | 格物致知之要 | 明道術 上 | 『大學衍義』 |
| 卷3 | | 格物致知之要 | 明道術 下<br>辨人才<br>審治體<br>察民情 | 『大學衍義』 |
| 卷4 | 傳6章, 傳7章 | 誠意正心之要 | 崇敬畏<br>戒逸欲 | 『大學衍義』 |
| | | | 審幾微 | 『大學衍義補』 |
| 卷5 | 傳8章 | 修身之要 | 謹言行<br>正威儀 | 『大學衍義』 |
| 卷6 | 傳9章 | 齊家之要 | 重妃匹<br>嚴內治<br>定國本<br>教戚屬 | 『大學衍義』 |
| 卷7 | 傳10章 | 治國平天下之要 | 正朝廷 | 『大學衍義補』 |
| 卷8 | 傳10章 | 治國平天下之要 | 正百官 | 『大學衍義補』 |
| 卷9 | 傳10章 | 治國平天下之要 | 固邦本 | 『大學衍義補』 |

64) 김문식, 「正祖의 帝王學과 『大學類義』 편찬」, 『규장각』 21, 1998, 74쪽.

| | | | | |
|---|---|---|---|---|
| 卷10 | 傳10章 | 治國平天下之要 | 制國用 | 『大學衍義補』 |
| 卷11 | 傳10章 | 治國平天下之要 | 明禮樂 上 | 『大學衍義補』 |
| 卷12 | 傳10章 | 治國平天下之要 | 明禮樂 下 | 『大學衍義補』 |
| 卷13 | 傳10章 | 治國平天下之要 | 秩祭祀 | 『大學衍義補』 |
| 卷14 | 傳10章 | 治國平天下之要 | 崇教化 | 『大學衍義補』 |
| 卷15 | 傳10章 | 治國平天下之要 | 備規制 上 | 『大學衍義補』 |
| 卷16 | 傳10章 | 治國平天下之要 | 備規制 下 | 『大學衍義補』 |
| 卷17 | 傳10章 | 治國平天下之要 | 愼刑憲 | 『大學衍義補』 |
| 卷18 | 傳10章 | 治國平天下之要 | 嚴武備 上 | 『大學衍義補』 |
| 卷19 | 傳10章 | 治國平天下之要 | 嚴武備 下 | 『大學衍義補』 |
| 卷20 | 傳10章 | 治國平天下之要 | 馭夷狄 | 『大學衍義補』 |
| 卷21 | 傳10章 | 治國平天下之要 | 成功化 | 『大學衍義補』 |

* 〈표 1〉에서 음영 친 부분이 『대학연의』 부분이고 음영을 치지 않은 부분이 『대학연의보』이다.

위의 〈표 1〉을 참조하면, 제1권이 제왕위치지서와 제왕위학지본이고, 제2권에서 제3권까지는 격물치지지요이고, 명도술·변인재·심치체·찰민정의 4항목이다. 제4권은 성의정심지요이고, 숭경외·계일욕·심기미의 3항목이다. 제5권은 수신지요이고, 근언행·정위의의 2항목이다. 제6권은 제가지요이고, 중비필·엄내치·정국본·교척속의 4항목이다. 제7권에서 제21권까지는 치국평천하지요로 정조정·정백관·고방본·제국용·명예악·질제사·숭교화·비규제·신형헌·엄무비·어이적·성공화의 12항목이다.

## 4. 『어정대학유의』의 교감

### 『유의평례』에 나타난 『대학연의』의 교감

정조 23년(1799)에 서형수와 윤광안에게 왕명을 받들어 『대학연의』를 다시 교열하여 편찬하도록 하는데, 재교한 필사본의 저본을 대상으로 왕과 두 신하 사이에 교열에 관한 격렬한 토론이 이루어졌다. 정조가 두 사람의 의견을 절충하여 교열에 대한 내용을 결정하여 편집하도록 한 것이 『유의평례』 2권이다. 이 교열 내용에 대해 살펴보면 다음과 같다.

『유의평례』 권1의 권수첨부터 제11권첨까지의 교열 항목을 보면, 권수첨/3항목, 권1첨/4항목, 권2첨/5항목, 권3첨/6항목, 권4첨/13항목, 권5첨/20항목, 권6의 첨/3항목, 권7첨/7항목, 권8첨/4항목, 권9첨/26항목, 권10첨/7항목, 권11첨/12항목이다. 권수첨부터 권11첨까지 총 110항목이다. 『유의평례』 권2의 제12권첨부터 제22권첨까지의 교열 항목을 보면, 권12첨/6항목, 권13첨/7항목, 권14첨/9항목, 권15첨/24항목, 권16첨/9항목, 권17첨/20항목, 권18첨/1항목, 권19첨/9항목, 권20첨/23항목, 권21첨/13항목, 권22첨/4항목이다. 권12첨부터 권22첨까지 125항목이다. 권수첨부터 권22첨까지는 총 235항목이다.[65)]

이 중 『대학연의』의 교감 내용은 『유의평례』 1 권수첨/3항목, 권1첨/4항목, 권2첨/5항목, 권3첨/6항목, 권4첨/13항목, 권5첨/20항목(『대학연의』 1항목~12항목, 『대학연의보』 13항목~20항목), 권6첨/3항목, 권7첨/7항목인데, 단 권5첨은 『대학연의』 1항목~12항목만 대상으로 하여 총 8권첨 53항목이다.

---

65) 정조, 『홍재전서』 권127 「類義評例」 1; 『홍재전서』 권128 「類義評例」 2.

이의 교감 내용을 파악하기 위해, 『유의평례』는 『홍재전서(弘齋全書)』 권127 수록본에 의거하였고, 『유의평례』 번역본은 한국고전번역원의 한국고전종합DB를 참고하였다. 『어정대학유의』는 규 1970 『어정대학유의』 순조 5년(1805) 21권 10책본에 의거하였고, 『대학연의』는 규중 505 『진서산독서기을집상대학연의(眞西山讀書記乙集上大學衍義)』 숙종연간 43권 12책본에 의거하였다. 『대학연의』의 번역본은 김병섭 편(2018), 『대학연의: 리더십을 말하다(상·중·하)』, 서울대학교출판부를 참고하였다.

각 항목의 교감 내용의 기술에 있어서 편의상 서형수를 '서(A)', 윤광안을 '윤(B)', 정조를 '정조(C)'라 한다. 교감 결과로서 최종 결정 및 선택에 있어서는 최종 결정자가 C이고, A와 B의 의견은 선택의 대상이 된다. 선택되면 C(A) 또는 C(B)로 표시하고, 의견이 부분적으로 선택되면 C(AO) 또는 C(BO)이고, 선택이 되지 않으면 C(AX) 또는 C(BX)이다.

이 4장에서는 문헌 및 실물 조사를 활용하여 『유의평례』에 나타난 『대학연의』의 교감자인 서형수와 윤광안의 의견과 이에 대한 정조의 결정 과정이 구체적으로 어떻게 이루어졌는지를 분석하고, 각 교감 항목들에 대해 『대학연의』 및 『어정대학연의』 기록과의 비교를 통해 교감의 세부 내용 및 결과를 살펴보고자 한다.

## 4.1. 『유의평례』 교감자

### 4.1.1. 정조

정조(正祖, 1752~1800, 재위 1776~1800)는 영조 28년(1752) 9월 22일 영조의 둘째 아들인 사도세자와 혜경궁 홍씨 사이에서 태어났다. 휘는 산(祘), 자는 형운(亨運)이다. 정조 1년(1777) 숙위대장에 홍국영(洪國榮, 1748~1781)을 임명하여 외척 세력의 핵심 인물들을 제거하여 왕권을 강화하였다. 왕권 강화를 위한 정치 기반을 확보하기 위해 규장각을 설립하고, 정조의 측근 세력을 결집시키는 중심기관이자 역대 왕들의 어제(御製)와 어필(御筆)을 정리하고, 새로운 서적의 수집, 편찬, 간행 및 반사를 담당하는 왕실 도서관의 역할을 수행하도록 하였다. 정조는 규장각의 각신과 초계문신을 중심으로 어정서(御定書) 편찬과 간행에 깊이 관여하도록 하였는데 당대에 편간된 어정서는 30종이었다. 학문 진작의 일환으로 경학, 역사, 성리학 분야의 11종이 선집되었고, 문체반정(文體反正)의 일환으로 시문집 분야의 자료들이 9종 선정되었다. 어편(御編) 10종은 계지술사(繼志述事)를 위한 것이 9종이고, 문체반정을 위한 것이 1종이었다.[66] 그중 『어정대학유의』는 정조가 직접 편찬을 주도하고 편찬 과정에 규장각의 각신 및 초계문신들의 협조를 받았다. 이 책은 정조가 세자 시절부터 준비하여 정조 23년(1799)에 편찬을 마쳤으니 그의 치세 기간을 통틀어 완성되었으며,[67] 성리학에 기반한 이상 국가의 실현을 위해 『대학』, 『대학연의』, 『대학연의보』를 일통하여 '치국평천하'의 요체로 삼으려 했던 지침서가 되었다.

#### 4.1.2. 서형수

서형수(徐瀅修, 1749~1824)의 본관은 달성(達城)이고 자가 유청(幼淸) 또는 여림(汝琳)이고, 호는 명고(明皐) 또는 오여(五如)이다. 그는 대제학을 지냈고 교초(翹楚)라 일컬어지는, 보만재(保晩齋) 서명응(徐命膺)의 둘째 아들이다. 숙부인 서명성(徐命誠)에게 양자로 입적되었다. 서명성이 일찍 요절하는 바람에 학문적 영향은 아버지 서명응과 중부인 서명선(徐命善)에게 영향을 받았다. 중부인 서명선은 정조의 제일가는 충신이자 심복으로 영의정을 거듭 지내며 소론(小論)을 이끌었다. 그의 아버지 서명응은 규장각의 제학으로 정조의 학문정치를 핵심에서 도왔고 서형수 역시 그의 형인 서호수(徐浩修)와 함께 규장각의 각신으로서 활동하였다. 서명응은 서형수를 노론(老論)의 산림이었던 홍계능(洪啓能)에게 보내어 수학시키는 한편, 서형수는 노론인 조영증(趙榮曾)의 손서(孫壻)가 되어 역시 노론인 추사 김정희(金正喜)의 경주김씨 집안에서 김노겸(金魯謙)을 사위로 맞아들이게 된다. 노론이 주도하였던 영조 이후의 정국에서 서형수의 집안은 노론과 이해관계를 같이하면서 영·정조의 탕평정치에 호응

66) 강순애, 「정조가 홍낙임에게 보낸 어찰에 나타난 어정서 편찬·간행 및 반사 내용과 관련 기록 연구」, 『서지학연구』 77, 2019, 105~110쪽.

67) 강순애, 「『御定大學類義』의 편찬과 간행 및 반사에 관한 연구」, 『서지학연구』 85, 2021, 8쪽.

하였다.[68]

정조 6년(1782) 11월 29일 감제(柑製)에 합격하였으며 회시[覆試]를 볼 수 있는 자격이 주어졌다.[69] 정조 7년(1783) 4월 18일 증광 문과(增廣文科)에 을과로 급제하였다. 정조는 급제생을 만나는 자리에서 서형수에게 시권을 읽게 하고 일부 내용에 대해 문답하였다. 같은 해 4월 22일 주서(注書)가 되었고, 4월 24일 초계문신에 선발되었다. 5월 12일에는 세 번의 책문에서 모두 장원하여 직모 마장(織毛馬粧) 1부(部)가 사급되었다.[70] 이어, 부수찬, 수찬, 승지에 임명되었다. 정조 14년(1790) 4월 29일에는 『무예도보통지(武藝圖譜通志)』의 교정에 참여하였다.[71] 정조 14년 10월 13일에 사간원 대사간이 되었다.[72] 정조 20년(1796) 7월 17일에 광주목사, 정조 23년(1799) 6월

---

68) 유봉학, 「풍석(楓石) 서유구(徐有榘)의 학문과 사상」, 『역사문화논총』 6, 2010, 132쪽.

69) 『일성록(日省錄)』 정조 6년(1782) 11월 29일조. "御春塘臺 行柑製 試官 李徽之 兪彦鎬 沈念祖 李時秀 金憙 金載瓚 徐龍輔 教曰 柑製親臨試士 卽御極後初行之事 而適値諸路多士咸聚之時 取人之數 宜有闊狹 且今大比在前 初試或給分 亦不可無拔例之擧 京居首進士趙濟魯 鄕居首幼學沈奎魯 竝直赴殿試 之次幼學李敬魯 南鼎寬 進士申錫老 生員徐瀅修 竝直赴會試 之次進士李光顯 金啓淳 生員朴能源 洪大應 鄭晩錫 各給二分 其餘入格進士朴左源 幼學柳詠 韓性謙 金致鶴 南翼中 具命稷 生員朴孝成 李度儉 柳焯 幼學鄭大容 名給紙三卷筆五枝墨三笏"

70) 『일성록』 정조 7년(1783) 4월 18일조. "召見承旨 吳大益及文科入格儒生于誠正閣 … 予命入格儒生以次入庭 又命進前 李敬五等以次進伏 予問姓名年齒 次讀試券 至徐瀅修 予曰 試策中有象山先行後言之句 何以謂先行後言乎 瀅修曰 窮格之訓 出於程朱 而陵氏則謂外物無與於吾心 不如專致力於方寸之內 遂以尊德性一路 爲學問之要 故朱子以工夫倒置斥之矣 予曰 朱子之學 固以知爲先 而程門旨訣亦有與朱子不同者 汝知之乎 瀅修曰 聖教至當矣 程朱之學 雖皆以知爲先 而程子則以小學之教 不傳於後 故欲於格致之前 先用力於敬字上 以補小學之闕 予曰 程門旨訣 後來不能無弊 何也 瀅修曰 程子之以敬先知 固是不易之論 而陸氏之徒 錯究主敬之義 以尊德性爲先 此則後人之不善學 非程子之使然也 予曰 濂溪之主靜 亦與朱子之格致不同 何也 瀅修曰 濂溪之主靜 乃體上工夫 與夫格致於已發之後 境界逈異矣 予曰 朱子卽延平門人 而延平之學 亦主未發 何也 瀅修曰 延平之靜坐 看未發氣象朱子亦以爲語病矣 予曰 朱子亦謂求中於未發 求字看字 有何分別 瀅修曰 求字是不用力之意 欲使未發前心體亭當之謂也 至於看字 則誠有佛氏以心觀心之病矣 予曰是矣 經學果難矣"; 『일성록』 정조 7년(1783) 4월 22일조. "命新及第兪漢寧 正三品窠擬入 徐瀅修 注書擬入"; 『정조실록』 15권, 정조 7년 4월 24일 갑신 2번째 기사. "議政府抄啓 講製文臣李度謙 李顯道 趙濟魯 李勉兢 金啓洛 金熙朝 李崑秀 尹行任 成種仁 李𡊠 李翼晋 沈晋賢 徐瀅修 李儒修 姜世綸 凡十七人"; 『일성록』 정조 7년(1783) 5월 12일조. "教曰 三策輒魁 已知其實才 昨今兩作 足令人可讀 竝置二中之考 其在勸奬之道 不可無賞典 抄啓文臣徐瀅修 織毛馬粧一部賜給"

71) 『일성록』 정조 14년(1790) 4월 29일조. "壯勇營進武藝圖譜通志… 因壯勇營 武藝圖譜通志校正人以下別單教曰 行副司直 徐瀅修 監董於考較內下鹿皮一令賜給…"

72) 『정조실록』 31권, 정조 14년 10월 13일 경신 1번째 기사. "庚申 以徐瀅修爲司諫院大司諫"

19일에 영변부사가 되었다.[73] 정조 23년(1799) 7월 8일 진하겸사은부사(進賀兼謝恩副使)가 되어 조상진(趙尙鎭)과 더불어 청나라에 다녀왔다. 그는 11월 17일에 예부상서(禮部尙書) 기윤(紀昀)을 통해 『주자대동집(朱子大同集)』, 『주자실기(朱子實紀)』, 『후한서(後漢書)』 3질(帙)을 구해가지고 돌아왔다.[74] 정조 23년(1799)에 윤광안과 함께 왕명을 받들어 『어정대학유의』를 교열하였다. 정조 24년(1800) 윤4월 3일에 『관서빈흥록(關西賓興錄)』의 교정에 참여하였다. 같은 해 윤4월 12일에 호조참판에 제수되었다.[75]

순조 즉위년(1800) 11월 15일 한성부 우윤, 12월 13일 병조참판이 되었다.[76] 순조 5년(1805) 5월 17일 이조참판, 6월 17일 공조참판, 6월 29일 예조참판, 7월 3일 경기감사에 제수되었다. 10월 12일 『어정대학유의』를 편차한 공으로 숙마(熟馬) 1필이 면급(面給)되었다.[77] 순조 6년(1806) 4월 1일 삼사가 합사하여 김달순의 처단과 심환지의 관작 추탈 및 김관주의 삭직을 청할 때, 서형수는 벽파 계열의 인물인 우의정 김달순(金達淳)의 죄에 연루되었다. 그 해 4월 20일 영암군(靈巖郡) 추자도(楸子島)에 안치되었다.[78] 순조 24년(1824) 11월 9일 전라감사 박기수가 임피현(臨陂縣)으로 양이(量移)

---

73) 『일성록』 정조 20년(1796) 7월 17일조. "有政 吏曹判書 金載瓚進 … 徐瀅修爲光州牧使"; 『일성록』 정조 23년(1799) 6월 19일조. "以徐瀅修爲寧邊府使 添書也…"

74) 『일성록』 정조 23년(1799) 7월 8일조. "以徐瀅修爲進賀兼謝恩副使 中批陞資也"; 『일성록』 정조 23년(1799) 11월 17일조. "諸承旨持公事入侍于誠正閣仍行次對召見回還進賀正使 趙尙鎭 副使 徐瀅修 書狀官 韓致應 敎以諸承旨持公事入侍仍命三明日次對進定於今日政院以次對日持公事入侍例不得爲之啓稟敎以仍爲入侍三使臣同爲入侍 … 予敎瀅修曰朱書覓來而果有緊要耶 瀅修曰 … 惟禮部尙書紀昀洞悉其源流 … 今番所貿來者朱子大同集 朱子實紀後漢書三帙而大同集中大全所不載之句語間多有之全集裒輯之際誠不可無此書矣…"

75) 『일성록』 정조 24년(1800) 윤4월 3일조. "命關西賓興錄 令該道印進 頒賜京外 … 校正舊選抄啓文臣徐瀅修 李魯春 李翼晉 金羲淳 各頒一件 …"; 『일성록』 정조 24년(1800) 윤4월 12일조. "召見來待諸臣于便殿 檢校直提學 李晩秀 戶曹參判 徐瀅修 檢校直閣 沈象奎 吏曹參議 金羲淳"

76) 『일성록』 순조 즉위년(1800) 11월 15일조. "有政 吏曹判書徐邁修 參判靑允大進 … 徐瀅修爲右尹 …"; 『일성록』 순조 즉위년(1800) 12월 13일조. "有政 吏曹判書 徐邁修進 … 徐瀅修爲兵曹參判 …"

77) 『일성록』 순조 5년(1805) 5월 17일조. "以徐瀅修爲吏曹參判 …"; 『일성록』 순조 5년(1805) 6월 17일조. "有政 吏曹判書 黃昇源進 … 徐瀅修爲工曹參判"; 『일성록』 순조 5년(1805) 6월 29일조. "再政… 徐瀅修爲禮曹參判 …"; 『일성록』 순조 5년(1805) 7월 3일조. "京畿監司徐瀅修疏辭新除藩任 賜例批" 大司諫李文會所懷; 『일성록』 순조 5년(1805) 10월 12일조. "先朝御定大學類義編次諸臣以下施賞有差 別單大學類義編次諸臣京畿監司徐瀅修 刑曹參判尹光顔各熟馬一匹面給 …"

78) 『순조실록(純祖實錄)』 순조 6년 4월 1일 무인 5번째 기사. "三司合辭 … 達淳之罪 可勝誅哉 … 凡係某年文字 仰請于英廟 一幷洗草 不留間世以爲達權合經之道 而乃以不忍提不敢道 爲蔽一言之大旨 昭揭

된 죄인 서형수가 죽었다고 아뢰니, 순조가 도류안(徒流案: 도형(徒刑)과 유형(流刑)에 처할 사람의 이름을 적은 책을 이르던 말)에서 지워버리라고 명하였다.[79)]

### 4.1.3. 윤광안

윤광안(尹光顔, 1757~1815)의 본관은 파평(坡平)이고 호는 반호(盤湖) 또는 지헌(止軒)이다. 그는 윤유(尹揄)의 증손인데, 윤유는 소론의 영수(領袖)로 추대되었던 윤증(尹拯)과 재종형제이다. 조부는 윤서교(尹恕教)이고, 아버지는 윤동미(尹東美)이다. 조선조의 대표적인 소론계의 명문에서 태어났음을 알 수 있다.

윤광안은 과거시험을 보기 전에는 경학 공부에 뜻을 두었다. 그는 정조 1년(1777) 생원이 되었다. 정조 10년(1786) 2월 5일 춘도기 제술 시험에 장원하여 회시를 볼 수 있는 자격이 주어졌다.[80)] 정조 10년(1786) 2월 9일 별시 일소(一所)의 표(表) 분야에서 장원하였고, 그해 10월 11일 승문원 부정자의 자격으로『시전(詩傳)』을 강하여 약(略)으로 거수(居首)하였다.[81)] 정조 11년(1787) 1월 26일 초계문신에 발탁되었다.[82)] 정조 11년(1787) 6월 22일 초계문신 과강에서 연이어 세 차례 거수하여 정식(定式)대로 승

---

一世 垂示來許 … 已洗草本 何處覓來 而肆然投進 … 非但殿下之逆臣 卽先朝之逆臣 非但先朝之逆臣 卽我英廟暨先世子之逆臣也 此而不卽明正典刑 則三綱淪 而九法斁 人何以爲人 國何以爲國 達淳今日之奏 卽煥之之後殿也 煥之前日之說 卽達淳之前茅也 達淳所被之律 不施於煥之 而將焉施之哉 … 金觀柱 闒茸癡蠢 不足齒諸人類 而藉賣戚里之氣焰 自作醜類之淵藪… 至若徐瀅修 李魯春 卽是達淳之倀鬼也 … 薪智島加棘罪人達淳 依律處斷 故領議政沈煥之 追奪官爵 判府事金觀柱 削奪官爵 門外黜送 批曰 三人事 自有前啓 欲允從 則何煩此擧乎 亟止此擧 以前啓爲之 則當有商量矣";『순조실록』순조 6년 4월 20일 정유 3번째 기사. "大司諫李文會所懷 … 徐瀅修施以絶島安置之典"

79) 『순조실록』27권, 순조 24년 11월 9일 정유 2번째 기사. "全羅監司朴綺壽 以臨陂縣量移罪人徐瀅修物故 啓 命徒流案爻周"

80) 『정조실록』21권, 정조 10년(1786) 2월 5일 기묘 1번째 기사. "己卯 御春塘臺 試春到記儒生 製述居首生員尹光顔 講居首幼學安重默 幷直赴殿試"

81) 『일성록』정조 10년 병오(1786) 2월 9일조. "別試文一二所初試出榜 一所取一百五十人 賦居首生員李修演 表居首生員尹光顔 策居首幼學金得兩 二所取一百五十人 賦居首幼學洪檄 表居首幼學尹濡 策居首生員金裕已";『일성록』정조 10년(1786) 10월 11일조. "教曰 李在協爲命官 專經文臣以次進講 承文副正字 尹光顔 詩傳 略 居首"

82) 『정조실록』23권, 정조 11년(1787) 1월 26일 을미 4번째 기사. "議政府抄啓 講製文臣柳畊 尹永僖 尹光顔 李義觀 申淑"

륙(陞六)되어 12월 22일 지평이 되었다.[83] 정조 12년(1788) 2월 21일 초계문신의 과시에서 삼중으로 거수하였고, 그해 4월 3일의 친시 및 과강에서도 삼상으로 거수하였다.[84] 4월 22일에 정언이 되었다.[85] 12월 15일의 과시에서 삼상으로 거수하였다.[86] 정조 13년(1789) 1월 29일 과시에서 삼중을 받았다.[87] 정조 14년(1790) 12월 18일 정조는 "이번 경술년 초계문신 과강의 도계획에서 거수한 순천부사 윤광안은 207분이니, 규례대로 가자하라."고 하였다.[88] 정조 20년(1796) 3월 3일 승지가 되었다.[89] 그해 7월 19일 초산 부사(楚山府使)가 되었고, 7월 25일에 개차(改差)되었으며, 8월 6일에 승지가 되었다.[90]

윤광안은 초계문신으로서 정조에게 능력을 인정받아 어정서 편찬에 깊이 관여하게 되었다. 그 일로 인해 여러 차례 지방직으로 발령이 났으나 바로 개차되었다. 정조 21년(1797) 3월 6일 이상황(李相璜), 정약용(丁若鏞), 이익진(李翼晉), 이서구(李書九)와 함께 『춘추좌씨전(春秋左氏傳)』의 교정에 선발되었다.[91] 그해 6월 25일 영월 부사

83) 『일성록』 정조 11년(1787) 6월 22일조. "敎曰 抄啓文臣尹光顔 果言講時 連三次居首 依定式陞六"; 『일성록』 정조 11년(1787) 12월 22일조. "御熙政堂 行都政 … 尹光顔 尹宗彦 爲持平"

84) 『일성록』 정조 12년(1788) 2월 21일조. "行抄啓文臣課試 試官 李秉模 金憙 書題望筒書下御題民曰樂哉賦親考副司果 尹光顔三中居首"; 『일성록』 정조 12년(1788) 4월 3일조. "御熙政堂行抄啓文臣親試及課講 親試試官 李性源 鄭民始 鄭大容 尹行任 課講試官 吳載純 以燈市爲七言十韻律題副司果 尹光顔三上居首"

85) 『일성록』 정조 12년(1788) 4월 22일조. "有政 吏曹參判 趙鼎鎭進 以李度默爲大司憲 安聖彬爲大司諫 徐秉德 李濟萬爲司諫 崔景岳爲掌令 崔守魯 柳頤玄爲持平 柳匡天爲獻納 尹光顔 徐邁修爲正言"

86) 『일성록』 정조 12년(1788) 12월 15일조. "御熙政堂行抄啓文臣去十月朔親試及初次課講 親試試官 李性源 金鍾秀 李秉模 金憙 尹行任 課講試官 李秉謨 金憙 御題砥柱七言四韻律詩 副司果 尹光顔三上居首"

87) 『일성록』 정조 13년(1789) 1월 29일조. "考下抄啓文臣課試及禁直文臣更試試券 課試以春爲策題前佐郎 尹永僖 副司果 尹光顔俱三中"

88) 『일성록』 정조 14년(1790) 12월 18일조. "考下抄啓文臣 課試 親試 試券 課講 講義 仍減下李儒修等講製 …又敎曰 今庚戌年 抄啓文臣課講 都計畫 居首順天府使 尹光顔二百七分 依例加資 …"

89) 『일성록』 정조 20년(1796) 3월 3일조. "遞承旨 李勉兢以成種仁 尹光顔 蔡弘遠爲承旨 前望也"

90) 『일성록』 정조 20년(1796) 7월 19일조. "吏兵批下批 … 尹光顔爲楚山府使 …"; 『일성록』 정조 20년(1796) 7월 25일조. "命楚山府使 尹光顔改差…"; 『일성록』 정조 20년(1796) 8월 6일조. "遞承旨 李冕膺 李祖承 李儒慶 韓用龜 以黃昇源 南公轍 洪義浩 尹光顔 代之公轍 義浩尋遞以李益運 尹東晩代之 又遞東晩以李普溫代之 竝前望也"

91) 『일성록』 정조 21년(1797) 3월 6일조. "敎曰 左傳校正之役與聞舊選抄啓文臣 李翼晉 罪名蕩條 仍令該曹口傳付軍職 與李相璜 尹光顔 丁若鏞諸人 卽爲來待校正 而行護軍李書九疏批已下 以大臣筵奏處義

(寧越府使)가 되었는데, 6월 27일에 개차되었으며, 윤6월 6일에 승지가 되었다.[92] 정조 22년(1798) 12월 19일에 봉산군수(鳳山郡守)가 되었는데, 왕명으로 “어정(御定) 책자를 왕명을 받들어 교정(校正)하고 있기 때문에 일을 마치기 전에는 지방으로 내보내기 어려운 형편이다. 본직을 개차하고 내일 후임을 차출하라.”고 하였다.[93] 정조 23년(1799) 4월 3일에 원자의 요속(僚屬)이 되었다. 그해 4월 21일에 왕명으로 “구선 초계문신 윤광안이 교정하는 일을 맡고 있는데 경연 책자에 관계된 일이어서 겸임인 강학청의 직임에는 연일 사진(仕進)하기가 어려울 것이다. 우선 그 직임에서 해면하라.”고 하였다.[94] 정조 23년(1799) 6월 22일에 대사간이 되었다. 그해 6월 27일에 왕명으로 “『춘추(春秋)』를 강하는 경연에서 구두를 상고하고 바로잡는 신하들 가운데 현재 대직(臺職)을 맡고 있는 사람은 형세로 보아 이 일에 전념하기 어렵다. 대사간 윤광안을 체차해 주고 병조로 하여금 구전으로 군직에 붙이게 하라.”고 하였다.[95] 정조 23년(1799)에 서형수과 함께 왕명을 받들어 『어정대학유의』를 교열하였다. 정조 24년(1800) 4월 12일에 대사성이 되었고, 그해 4월 24일에 보덕이 되었으며, 5월 22일에 이조참의가 되었다.

순조 즉위년(1800) 8월 4일에 충청감사가 되었고, 순조 2년(1802) 2월 10일에 충청감사를 사직하였으며, 그해 3월 12일에 승지가 되었다.[96] 순조 2년(1802) 9월 12일에

---

過矣 亦令卽爲入來擧行”

92) 『일성록』 정조 21년(1797) 6월 25일조. “有政 吏曹參議 魚用謙 兵曹判書 李祖源進… 尹光顔爲寧越府使 …”; 『일성록』 정조 21년(1797) 6월 27일조. “命寧越府使 尹光顔改差…”; 『일성록』 정조 21년(1797) 윤6월 6일조. “遞承旨 遞承旨 李集斗 李晩秀 李肇源 蔡弘遠以趙鎭寬 洪仁浩 李儒慶 李海愚 魚用謙 尹光顔代之 竝前望也”

93) 『일성록』 정조 22년(1798) 12월 19일조. “都政下批 以尹光顔爲鳳山郡守 敎以鳳山郡守 尹光顔以奮選抄啓 御定冊子承命校正 訖工之前 勢難出外 本職改差 明日差代”

94) 『일성록』 정조 23년(1799) 4월 3일조. “有政 吏曹參議 李翊模進 … 金祖淳 尹光顔元子僚屬啓下”; 『일성록』 정조 23년(1799) 4월 21일조. “敎以抄啓奮選文臣尹光顔 校正之役 係是經筵冊子 兼帶講任有難連日仕進 姑解其任”

95) 『일성록』 정조 23년(1799) 6월 22일조. “有政 吏曹參判 李書九 兵曹判書 李在學進 以尹光顔爲大司諫…”; 『일성록』 정조 23년(1799) 6월 27일조. “遞大司諫 尹光顔 敎以春秋經筵句讀考校諸臣中 時在臺職者 勢難專意爲之 大司諫尹光顔許遞 令該曹口傳付軍職”

96) 『일성록』 순조 즉위년(1800) 8월 4일조. “有政 吏曹判書 金載瓚進 … 敎曰 忠淸監司 今日政差出 使之不多日內辭朝 再政以尹光顔爲忠淸監司”; 『일성록』 순조 2년(1802) 2월 10일조. “慶尙監司 金履永 忠淸監司 尹光顔上疏辭職 幷賜批許之”; 『일성록』 순조 2년(1802) 3월 12일조. “遞承旨 林蓍喆 李肇源

대사간이 되었고, 순조 3년(1803) 2월 5일에 예조참판이 되었으며, 순조 5년(1805) 10월 12일에 형조참판 윤광안에게 『어정대학유의』를 편차한 공으로 숙마(熟馬) 1필이 면급(面給)되었다.[97] 순조 6년(1806) 1월 2일에 경상감사가 되었다. 순조 8년(1808) 2월 7일 전 경상감사의 자격으로 순조에게 요청하여 영남 낙육재에 서적이 반사되도록 하였다.[98]

순조 8년(1808) 3월 2일 전 경상감사 윤광안이 운곡영당(雲谷影堂)을 훼철(毁撤)한 곡절에 대해 시임 도신으로 하여금 엄히 조사하여 보고하게 하였다. 그해 4월 13일 경상감사 정동관이 보고한 내용에 의거하여 함경도 무산부(茂山府)에 정배되었다. 순조 9년(1809) 9월 11일 정배에서 석방되었다.[99] 순조 15년(1815) 2월 30일 윤광안의 죽음으로 그의 죄명이 탕척(蕩滌)되었다.[100]

## 4.2. 『유의평례』에 나타난 『대학연의』의 교감 내용

### 4.2.1. 『유의평례』 1 권수첨

권수첨은 ①'大學章句序', ②'衍義序, 衍義補序', ③'小註' 3항목이 검토되었다.

---

兪漢寧 以李翊模 金魯忠 尹光顔代之"

97) 『일성록』 순조 2년(1802) 9월 12일조. "有政 吏曹判書 徐邁修進 … 以尹光普(顔爲)大司諫…"; 『일성록』 순조 3년(1803) 2월 5일조. "有政 吏曹參判 金達淳進 … 尹光顔爲禮曹參判…"; 『일성록』 순조 5년(1805) 10월 12일조. "先朝御定大學類義編次諸臣以下施賞有差 別單大學類義編次諸臣 京畿監司 徐瀅修 刑曹參判尹光顔 各熟馬一匹面給"

98) 『일성록』 순조 6년(1806) 1월 2일조. "有政 吏曹參判 朴宗來 兵曹判書 金思穆進 … 尹光顔爲慶尙監司 …"; 『일성록』 순조 8년(1808) 2월 7일조. "命嶺南樂育齋書籍頒給令內閣擧行 前慶尙監司尹光顔啓言 …"

99) 『일성록』 순조 8년(1808) 3월 2일조. "命前嶺伯 尹光顔 雲谷影堂毁撤委折令時道臣嚴覈以聞 …"; 『순조실록』 11권, 순조 8년 4월 13일 기묘 1번째 기사. "己卯 配前慶尙監司尹光顔于茂山府 島配英陽縣監 曺錫倫于巨濟府 先是 慶尙監司鄭東觀啓以爲…"; 『순조실록』 12권, 순조 9년 9월 11일 무진 4번째 기사. "命放流竄人尹光顔 元有朋 金履秀 李寅采 李選 趙秀民 李基慶 趙鎭永 李完壽 李廷楫 金宗億 李廷輪等…"

100) 『순조실록』 18권, 순조 15년 2월 30일 병술 1번째 기사. "丙戌 次對 領議政金載瓚… 又啓言 前監司尹光顔被謫蒙放 聞已身故 請蕩滌罪名 從之…"

①'大學章句序'에서는

> 윤(B)은 "예(例)를 살펴보건대, 이 제목은 한 자 낮추어 쓰는 것이 옳을 듯합니다."라고 하였고, 서(A)는 "이는 봉교(奉敎)의 범례로, 대개 경(經)을 높이고 전(傳)을 낮추는 뜻에서 나왔으니, 지금 고쳐서는 안 될 것입니다."라고 하였다. 윤(B)은 다시 "원편(原編) 『대학연의』 및 『대학연의보』에는 모두 한 자 낮추어 표기하였습니다. 그러므로 『대학』 두 자를 글 줄의 맨 위 칸에 표기하였던 것입니다. 서편(序編)은, 『대학연의』 서(序)의 제목을 이미 두 자 낮추어 썼은즉 『대학장구』 서의 제목도 한 자 낮추어 써야 옳을 것입니다. 대개 서편을 한 자 낮춘 것은 바로 원편을 맨 위 칸에 쓴 것과 같으므로, 제목을 원문과 비교해 보아 각각 한 자씩 낮추었기 때문입니다."라고 하였다. 정조(C)는 "주 부자(朱夫子)의 서문을 맨 위 칸에 쓴 것과 『대학연의』 원편(原編)과 보편(補編)의 서문을 한 자 낮추어 쓴 것은 대개 경을 높이고 전을 낮추는 뜻을 담은 것이니, 진실로 고쳐서는 안 될 것이다. 다만 제목을 한 자 낮추어 써야 하는 것은 윤(尹)의 설이 과연 옳다. 이렇게 해야만 『대학연의』 서문에 두 자 낮추어 쓴 예(例)와 구별될 것이며 의례(義例)가 또한 정제될 것이다."라고 하였다.[101]

정조(C)는 이 안건에 대하여 윤(B)의 첨에 제시된 의견을 받아들여 『대학』 두 자를 글 줄의 맨 위 칸에 표기하였고, 『대학연의』와 『대학연의보』 서의 제목을 이미 두 자 낮추어 썼은즉 『대학장구』 서의 제목도 한 자 낮추어 쓰도록 하였다.

②'衍義序, 衍義補序'에서는

> 서(A)는 "한(漢)나라 원제(元帝) 이후 이미 본문을 추려 내었은즉 서문에도 단지 '한나라와 당나라 현군의 이른바 학문이란 것이 이미 여기에 어긋남이 없을 수 없다. [漢唐賢君之所謂學 已不能無悖乎此者也]'라고만 해야 할 것이며, 따라서 '의이(矣而)'에서 '호차(乎此)'까지의 한 구절은 의당 추려 내어야 옳을 듯합니다."라고 하였고,

---

101) 정조, 『홍재전서』 권127 「類義評例」 1 권수첨. "臣光顔籤曰 按例 此題似當低一字書 臣瀅修籤曰 此是奉敎之凡例 而蓋出於尊經卑傳之義 今不可改 臣光顔籤曰 原編衍義及衍義補 皆低一字標之 故大學二字 標於極行 序編則衍義序之題目 旣低二字書之 則章句序之題 亦當低一字書矣 蓋序編之低一字 卽原編之極行 題目視原文各低一字故也 御籤曰 朱夫子序文之極行書 衍義原補篇序之低一字書者 蓋寓尊經卑傳之義 固不可改 但題目之低一字書 尹說果然 如是然後 與衍義序低二字之例有區別 而義例亦齊整"

> 윤(B)은 "이 한 구절을 추려 내면 글 뜻이 마침내 미진하고 미비하다는 탄식이 있게 될 것입니다. 이 서문은 이미 전문(全文) 모두 기재하여 놓고 이 구절만 추려 내는 것은 아마 불가할 듯합니다. 게다가 한나라 효제(孝帝), 원제(元帝) 이후로 본문을 추려 내었다는 것에 대해서도 역시 다시 상량(商量)해 보아야 할 것입니다."라고 하였다. 서(A)는 다시 "이것이 내용을 선별하여 만든 책이고 보면 서문이라고 해서 유독 선별하는 것이 어찌 불가하겠습니까. 원서(原書)에 기재하지 않은 것은 서문에만 유독 기재하는 것이 아무래도 선별의 체제에 어긋나기 때문입니다."라고 하였다. 정조(C)는 "『대학연의』 서문과 『대학연의보』 서문은 애초에 추려낼 필요가 없다. 서(序)란 말 그대로 내력의 전말을 기록하는 것이니, 세 서문은 모두 전문을 등사(謄寫)하는 것이 좋겠다."라고 하였다.[102)]

정조(C)는 이 안건에 대하여 윤(B)의 첨에 제시된 의견을 받아들여 서문은 내력의 전말을 기록하는 것이니 선별하지 말고 세 개의 서문은 모두 전문을 등사하도록 하였다.

③ '小註'에서는

> 서(A)는 "이 아래 여러 조목들은 유편(類編) 중에는 혹 선입(選入)되지 않은 것이 있으니, 소주는 모두 수록하지 않는 것이 좋지 않을까 생각합니다."라고 하였고, 윤(B)은 "간혹 선입되지 않은 것도 있긴 하지만 서문은 본문에 의거하여 전문을 실음으로서 본서(本書)의 면목을 나타내는 것이 좋을 듯합니다. 혹 권점(圈點)으로 표시한 다음 '아무 조목은 지금 추려 낸다.'라고 주(註)를 다는 것도 좋을 것입니다."라고 하였다. 정조(C)는 소주는 추려 내는 것이 무방하니, 『대학연의보』의 서문도 이에 의거하라."고 하였다.[103)]

---

102) 정조, 『홍재전서』 권127 「類義評例」 1 권수첨. "徐瀅修籤曰 漢元以下 旣刪本文 則序亦但當曰漢唐賢君之所謂學已不能無悖乎此者也 而自矣而止乎此一句 似宜刪之 臣光顔籤曰 此一句刪去 則文義終有未盡未備之嘆 此序旣全載 而獨刪此似不可 且漢孝元以下本文之刪 亦合更商 臣瀅修籤曰 此是選書 則序何獨不可選乎 原書不載者 序中獨列 終乖選體故也 御籤曰 衍義序補序 初不必刪 序者所以序其源委 三序竝全謄爲好"

103) 정조, 『홍재전서』 권127 「類義評例」 1 권수첨. "臣瀅修籤曰 此下諸目 類編中或有不入選者 小註竝勿收載恐好 臣光顔籤曰 間雖有不入選者 序則依本文全載 以見本書面目似好 或加圈而註之曰某目 今刪亦可 御籤曰 小註刪之無妨 補序倣此"

정조(C)는 이 안건에 대하여 서(A)의 첨에 제시된 의견을 받아들여 소주는 모두 추려 내도록 하고, 『대학연의보』의 서문의 소주도 추려 내도록 하였다.

권수첨의 교감은 『어정대학유의』의 체재에 대한 의견이 조율되었다. 『대학』의 서명은 글 줄의 맨 위 칸에 표기하였고, 『대학장구』 서의 제목은 한 자 낮추어 쓰도록 하였으며, 『대학연의』와 『대학연의보』 서의 제목을 이미 두 자 낮추어 쓰도록 하였다. 『대학장구』 서, 『대학연의』 서, 『대학연의보』 서의 내용은 모두 수록하도록 하였고, 소주는 모두 수록하지 않는 것으로 하였다(〈그림 1〉 참조).

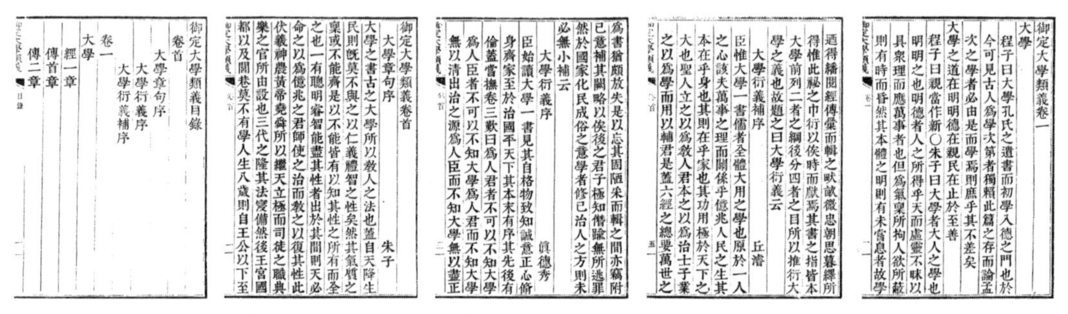
御定大學類義目錄
卷首
大學章句序
大學衍義序
大學衍義補序
卷一
大學
經一章
傳首章
傳二章

御定大學類義卷首
大學章句序　朱子
大學之書古之大學所以教人之法也蓋自天降生
民則既莫不與之以仁義禮智之性矣然其氣質之
稟或不能齊是以不能皆有以知其性之所有而全
之也一有聰明睿智能盡其性者出於其間則天必
命之以爲億兆之君師使之治而教之以復其性此
伏羲神農黃帝堯舜所以繼天立極而司徒之職典
樂之官所由設也三代之隆其法寖備然後王宮國
都以及閭巷莫不有學人生八歲則自王公以下至

爲書猶頗放失是以忘其固陋采而輯之間亦竊附
已意補其闕略以俟後之君子極知僭踰無所逃罪
然於國家化民成俗之意學者修已治人之方則未
必無小補云
大學衍義序　眞德秀
臣始讀大學一書見其自格物致知誠意正心脩
身齊家至於治國平天下其本末有序其先後有
倫蓋嘗撫卷三歎曰爲人君者不可以不知大學
爲人臣者不可以不知大學爲人君而不知大學
無以清出治之源爲人臣而不知大學無以盡正

適得繙閱經傳彙而輯之畎畝微忠朝思暮繹所
得惟此祕之巾衍以俟時而獻焉其書之指皆本
大學前列二者之綱後分四者之目所以推衍大
學之義也故題之曰大學衍義云
大學衍義補序　丘濬
臣惟大學一書儒者全體大用之學也原於一人
之心該夫萬事之理而關係乎億兆人民之生其
本在乎身也其則在乎家也其功用極於天下之
大也聖人立之以爲教人君本之以爲治士子業
之以爲學而用以輔君是蓋六經之總要萬世之

御定大學類義卷一
大學
程子曰大學孔氏之遺書而初學入德之門也於
今可見古人爲學次第者獨賴此篇之存而論孟
次之學者必由是而學焉則庶乎其不差矣
大學之道在明明德在親民在止於至善
程子曰親當作新○朱子曰大學者大人之學也
明明之也明德者人之所得乎天而虛靈不昧以
具衆理而應萬事者也但爲氣稟所拘人欲所蔽
則有時而昏然其本體之明則有未嘗息者故學

〈그림 1〉 규 1970 『어정대학유의』의 목록, 대학장구서, 대학연의서, 대학연의보서, 권1 (좌 → 우)

## 4.2.2. 『유의평례』 1 권1첨

권1첨은 ①'伊訓曰 今王嗣厥德', ②'荀子請問爲國', ③'董仲舒曰 爲人君者', ④'周子曰 治天下有本' 4항목이 검토되었다. 이들은 진덕수의 『대학연의』 권1 「제왕위치지서(帝王爲治之序)」에 나오는 내용이다. 진덕수는 『대학연의』 서문에서 "나는 『대학』이라는 책은 임금 노릇하는 자의 율령과 격례로 여겼다. 제왕이 다스리는 순서와 학문하는 근본이 마음속에 분명하게 드러나게 하기 위해 경전 205자를 인용하였다. 나는 「요전(堯典)」, 「고요모(皐陶謨)」, 「이훈(伊訓)」, 「사제시(思齊詩)」, 「가인괘(家人卦)」를 인용하여 이전 성인의 법도가 이것과 다르지 않음을 보인 것이고, 이어서 자사(子史), 맹자(孟子), 순황(荀況), 동중서(董仲舒), 양웅(揚雄), 주돈이(周敦頤)의 주장을 실어 이후 현자들의 의론(議論)이 여기서 벗어나지 않음을 보인 것이다."[104]라고 하였다.

①'伊訓曰 今王嗣厥德'에서는

> 윤(B)은 "이 조목 아래 진씨(眞氏)의 설에 있는 두 개의 즉(則) 자는 위 글을 이어받는 기능을 하고 있습니다. '입애(立愛)' 위에는 본문 중 '인군(人君)'부터 '불애(不愛)'까지의 한 단락을 첨가해 넣고, '입경(立敬)' 위에도 '당무(當無)'부터 '경이(敬而)'까지의 한 구절을 첨가하는 것이 좋을 듯합니다."라고 하였고, 정조(C)는 "두 개의 즉(則) 자가 이미 이훈(伊訓)의 경문(經文)을 이어받아 전(傳)의 글자를 풀이하고 있으니 하필 첨가해 넣을 것이 있겠는가."라고 하였다.[105)]

'伊訓曰 今王嗣厥德'은『서경(書經)』제3편「상서(商書)」이훈(伊訓) 4에 나오는 문장이다.[106)] 정조(C)는 이 안건에 대하여, 윤(B)의 첨에 제시된 진덕수의 주장 부분 중 "'입애(立愛)' 위에는 본문 중 '인군(人君)'부터 '불애(不愛)'까지의 한 단락인 '人君之天下 當無所不愛而'를 첨가해 넣고, '입경(立敬)' 위에도 '당무(當無)'부터 '경이(敬而)'까지의 한 구절인 '當無所不敬而'를 첨가하는 것이 좋을 듯하다"는 의견을 수용하지 않았다.

②'荀子請問爲國'에서는

> 정조(C)는 "순자(荀子)는 양웅(揚雄)보다 진실로 나으나, 이 구절을 이 조목에 넣은 것은 또한 번다하지 않은가. 마땅히 추려 내야 할 것이다. 게다가 이 아래 한당(漢唐)에 관한 대목까지도 추려 내고 싶음이랴."라고 하였다.[107)]

---

104) 眞德秀,『진서산독서기을집상대학연의(眞西山讀書記乙集上大學衍義)』序文. "… 嘗妄謂大學一書君天下者之律令格例也 … 故剟取經文二百有五字 載于是編 而先之以堯典皐陶謨思齊之詩家人之卦者 見前聖之規模 不異乎此也 繼之以子史孟子荀況董仲舒揚雄周敦頤之說者 見後人之議論 不能外乎此也 …"

105) 정조,『홍재전서』권127「類義評例」1 권1첨 伊訓曰 今王嗣厥德. "臣光顔籤曰 此條下眞說中二則字是承上之辭 立愛上 添入本文中 自人君 止不愛一段 而立敬上 亦添 自當無 止敬而一句恐好 御籤曰 二則字 卽承伊訓之經文而爲釋傳之字 則何必添入耶"

106)『서경(書經)』第3篇 商書 伊訓 4. "今王嗣厥德 罔不在初 立愛惟親 立敬惟長 始于家邦 終于四海" 이훈(伊訓)은 이윤(伊尹)이 지은 글이다. 이윤은 성이 이(李)이고 윤(尹)은 관직이다. 일명 지(摯)라고도 한다. 이윤은 탕임금의 신하이다. 탕임금이 그의 덕이 높음을 듣고 세 번씩이나 찾아가서 재상으로 삼았다. 그는 탕왕을 도와 걸왕을 정복하는데 큰 공을 세웠다. 이윤은 탕왕이 세상을 떠나자 그의 아들에게 부왕의 공적과 치적을 찬양할 것을 건의하였다.

'荀子請問爲國'은 어떤 이가 국가 다스리는 것을 묻자 순자가 대답한 것이다. 정조(C)는 자신의 의견에서 제시한대로 『어정대학유의』 1책에서 '荀子請問爲國'의 관련 내용을 삭제하였다.

③ '董仲舒曰 爲人君者'에서는

> 윤(B)은 "이 조목 아래에 본문의 몇 구절을 취하여 전부 기재하는 것이 좋을 듯합니다."라고 하였고, 정조(C)는 "추려 내야만 정밀하고 절실할 것이다. 게다가 이러한 글을 초절(鈔節)하는 법은 마땅히 근엄(謹嚴)히 해야 할 것이니, 모쪼록 맛이 없는 가운데 자미(滋味)를 구해야 할 것이다."라고 하였다. 서(A)는 "본서(本書) 중 '양자(揚子)'부터 '이호(邇乎)'까지의 한 조목과 진씨(眞氏) 주(註)의 '천하(天下)'부터 '재이호(在邇乎)'까지의 한 단락을 모두 이 조목 아래 첨가해 넣어야 서문에 이른바, '자사(子思), 맹자(孟子), 순황(荀況), 동중서(董仲舒), 양웅(揚雄)의 설로써 잇는다.'는 말이 비로소 귀결(歸結)이 있게 될 것입니다."라고 하였고, 정조(C)는 "양웅의 설을 추려 낸 것에 필삭(筆削)의 뜻이 대략 담겨 있다. 서문 중에 죽 열거하여 말한 것에도 추려 내야 할 곳이 있으니, 말은 비록 좋지만 그래도 추려 내는 것이 옳을 것이다."라고 하였다.[108]

정조(C)는 이 안건에 대하여 윤(B)의 첨과 서(A)의 첨에 제시된 의견을 받아들이지 않고 자신의 의견대로 내용의 선별에 있어 근엄하게 하였다. 『대학연의』 권1 「제왕위치지서」의 경문에서 인용한 본문 중 "董仲舒曰 爲人君者 正心以正朝廷 正朝廷以正百官 正百官以正萬民 正萬民以正四方 四方正 遠近莫敢不一於正"은 선별되었고, 뒤에 이어지는 "而亡有邪氣奸其間者 是以陰陽和而風雨時 群生和而萬民殖"은 삭제되었다. 이 글에 대한 진덕수의 주는 "眞德秀曰 仲舒之論 孟子之後 未有及之者"의 내용은 선별되었고, 뒤에 이어지는 "盖朝廷者 … 可不謹歟"의 내용은 삭제

107) 정조, 『홍재전서』 권127 「類義評例」 1 권1첨 荀子請問爲國. "御籤曰 荀子固勝於雄也 入於此條 不亦汰哉 當刪 且况此下漢唐條 欲刪之耶"

108) 정조, 『홍재전서』 권127 「類義評例」 1 권1첨 董仲舒曰 爲人君者. "臣光顔籤曰 此條下 取本文中數句全載似好 御籤曰 刪之然後精切 且此等文字鈔節之法 務當謹嚴 須於無味中求滋味 臣瀅修籤曰 本書中 自揚子 止邇乎一條 及眞註 自天下 止在邇乎一段 竝添入於此條下 然後序文中所謂繼之以子思孟子 荀況 董仲舒 揚雄之說云者 方有下落 御籤曰 雄說之刪 略寓筆削之義 序文中歷叙者 亦有刪處語雖好 仍刪可"

되었다. 또 다음에 연결되는 양자(揚子)의 본문과 진덕수의 주도 삭제되었다.

④ '周子曰 治天下有本'에서는

> 윤(B)은 "이 조목 아래 진씨(眞氏)의 설 중 '부계(符契)'란 대목 아래의 본문 중 '개심(蓋心)'부터 '의야(疑也)'까지의 한 단락을 첨가해 넣는 것이 옳을 듯합니다."라고 하였고, 정조(C)는 "문성(文成)의 『성학집요』와 문원(文元)의 『구경연의』를 살펴보면, 인어(引語)와 안설(按說)을 모두 평이하게 서술하는 것으로 규모를 삼아, 조탁(彫琢)을 하지도 않고 신기(新奇)하게 하려고 애쓰지도 않았다. 이 책의 초록(鈔錄) 범례도 이러한 규모를 따른 나머지, 이따금 담담하고 소략함을 면치 못하는 곳이 있으니, 이 단락도 초록해 넣을 필요는 없을 것이다."라고 하였다.[109]

정조(C)는 이 안건에 대하여 윤(B)의 첨에 제시된 진씨(眞氏)의 설 중 '부계(符契)'란 대목 아래의 본문 중 '개심(蓋心)'부터 '의야(疑也)'까지의 한 단락을 첨가해 넣는 것에 대한 의견을 받아들이지 않았다.

### 4.2.3. 『유의평례』 1 권2첨

『대학연의』 권2~권4는 「제왕위학지본(帝王爲學之本)」을 다루었다. 그중 권2는 요임금·순임금·우임금·탕임금·문왕·무왕의 학문[堯舜禹湯文武之學]을 다루었다. 권2첨의 교열 항목은 ① '傳首章 至傳四章', ② '仲虺之誥曰 德日新', ③ '漢高帝初定天下', ④ '宣帝詔曰 朕不明六藝', ⑤ '憲宗留意典墳' 5항목이다.

① '傳首章 至傳四章'에 대해서 서형수와 윤광안이 『대학』의 원문과 『대학연의』의 체재에 대해 각 의견을 제시하였고, 정조가 두 사람의 의견을 조정하여 『어정대학유의』 권1의 체재를 확립하였다.

---

109) 정조, 『홍재전서』 권127 「類義評例」 1 권1첨 周子曰 治天下有本. "臣光顔籤曰 此條下眞說中符契下添入本文中 自蓋心 止疑也一段似好 御籤曰 考之文成之聖學輯要 文元之九經衍義引語按說 皆以平鋪放著爲規模 不施斧鑿 不務新奇 此書鈔例從這規 往往有不免澹滲處 此亦未必鈔"

> 윤(B)은 "『어정대학유의』의 편집본의 경우, 상편(上編)에는 경(經) 1장(章)을 실은 다음 「제왕위치지서」편을 첨부했는데, 이 편에 전(傳) 4장(章) 이상을 실은 다음 「제왕위학지본」편을 첨부한 것은 의의가 없는 듯하다."고 하였다.[110] 그는 전 4장을 상편의 경 1장 다음으로 옮기고, 『대학연의』의 「제왕위치지서」와 「제왕위학지본」편을 합치는 것이 좋다고 하였다.[111] 서(A)는 "지금 만약 경 1장과 전 3장을 모두 서술해 놓은 다음에 위치지서와 위학지본을 연결한다면, 경 1장은 곧 삼강(三綱)과 팔조목(八條目)을 통론한 것이고, 전 3장은 삼강만을 풀이한 것이므로, 결국은 삼강과 팔조목을 통론한 것과 팔조목은 빠뜨리고 삼강만을 풀이한 전문(傳文)을 모두 한 조목으로 만들어 놓고서 이것은 「제왕위치지서」와 「제왕위학지본」의 총목록이라 하는 셈이 되고 맙니다. 과연 이것이 어떻게 그 책의 대의(大意)이며, 무슨 분속(分屬)의 체재(體裁)가 되겠습니까?"라고 반대하였다.[112] 정조(C)는 "서(徐)의 설(說)이 매우 옳다고 여겼는데 다시 윤(尹)의 설을 보니 더욱 좋다. 우소암(虞邵庵)은 서산(西山, 진덕수를 일컬음)을 사숙(私淑)한 사람으로서 『대학연의』를 두고, '성현의 학문에 근본을 두고서 제왕의 정치를 밝혔다' 하였으니, 이 말이 방증이 될 수 있을 것이다. 「제왕위치지서」와 「제왕위학지본」편을 합치는 것은 불가할 것이 없고, 게다가 연의(衍義)를 증전(曾傳) 아래에 편집한 것이 사리상 매우 타당하다."라고 하였다.[113]

정조(C)는 윤(B)의 주장을 수용하여 『어정대학유의』 권1의 체재를 '大學經一章, 傳首章, 傳2章, 傳3章, 傳4章, 衍義 권1 帝王爲治之序, 衍義 권2~권4 帝王爲學之本'으로 결정하였다.

②'仲虺之誥曰 德日新'은 『대학연의』 권2 「제왕위학지본」에 나오는 글이다. 「중

110) 정조, 『홍재전서』 권127 「類義評例」 1 권2첨 傳首章 至傳四章. "臣光顔籤曰 上編載經一章 而附以帝王爲治之序 此編載傳四章以上 而附以帝王爲學之本者 似無意義 …"

111) 정조, 『홍재전서』 권127 「類義評例」 1 권2첨 傳首章 至傳四章. "臣光顔籤曰 …此編所載傳文 恐宜移入於上編經文之下 而衍義二篇 依前合編似好"

112) 정조, 『홍재전서』 권127 「類義評例」 1 권2첨 傳首章 至傳四章. "… 今若竝叙經一及傳三 然後系之以爲治爲學 則經一卽三綱八條之統論者也 傳三單就三綱上釋之者也 三綱八條之統論者 及遺却八條單釋三綱之傳文 都歸一條 而曰此爲治爲學之都目錄 果是何等發凡 而有何分屬之體裁精神乎 …"

113) 정조, 『홍재전서』 권127 「類義評例」 1 권2첨 傳首章 至傳四章. "御籤曰 徐說初頗深然之 更觀尹說尤長 虞邵庵以西山私淑之人 謂衍義曰 本諸聖賢之學 以明帝王之治 此爲可證之左契 爲治爲學之合段無所不可 且衍義之編於曾傳之下 事面甚當"

훼지고(仲虺之誥)」는 『서경(書經)』의 편명이며, 중훼는 탕왕의 좌상(左相)으로 이 책을 지어서 성탕(成湯)에게 고한 것이다.

> 윤(B)은 "이 조목 아래 진씨(眞氏)의 설(說) 중 '기지(己之)'부터 '이이(而已)'까지는 추려 내고, '유여(有餘)' 아래의 본문 중 '연필(然必)'부터 '도야(道也)'까지의 한 단락을 취하여 첨가해 넣는 것이 좋을 듯합니다."라고 하였고, 정조(C)는 "강충(降衷)과 건중(建中)은 곧 탕(湯)의 덕이 밖으로 드러나 그 유파(流波)가 만세에 끼친 것이다. 게다가 '자기가 중도에 맞으면 백성이 따라서 중도에 맞게 된다.' 한 것은 곧 '옛날에 밝은 덕을 천하에 밝히고자 한다'는 뜻이며, '의여례(義與禮)' 자가 경문의 뜻을 이어받는 정신이 있으니, 그대로 두어야 할 것이다. '도가 몸에 갖추어져[道備於身]'의 도(道) 자는 위의 '그 도(道)가 어찌 다름이 있겠는가'와 문장이 서로 조응하고 점철(點綴)된 뒤에야 문의(文義)가 충족될 것이다."라고 하였다.[114]

윤(B)은 진씨(眞氏)의 설 중 '己之中 乃民之所有中也 夫王者 所以爲法後世者 義與禮而已(임금 자신의 중은 곧 백성이 말미암는 바의 중입니다. 대저 임금이 후세에 모범이 되는 까닭은 의와 예일 뿐입니다.)'는 추려 내고, '유여(有餘)' 아래의 본문 중 '然必不恃己之善 以姿夫人之善 乃可以興 反是則危亡之道也(그러나 반드시 자신의 선만을 믿지 않고, 다른 사람의 선을 도움으로 삼으면 흥할 수 있고, 이와 반대로 하면 위태로워져서 망하는 길입니다)'까지의 한 단락을 첨가해 넣는 것에 대한 의견을 제시했는데, 정조(C)는 이를 받아들이지 않았다.

③ '漢高帝初定天下'는 『대학연의』 권3 「제왕위학지본」에 나오는 글이다. 『대학연의』 권3은 상나라의 고종(高宗)과 주나라 성왕(成王)의 학문 및 한나라 고제(高帝)·문제(文帝)·무제(武帝)·선제(宣帝)의 학문에 대하여 논하였다.

> 윤(B)은 "이 조목 아래 호오봉(胡五峰)의 설이 매우 좋으니, 첨부하여 수록하는 것

114) 정조, 『홍재전서』 권127 「類義評例」 1 권2첨 仲虺之誥曰 德日新. "臣光顔籤曰 此條下眞說中 自己之止而已則刪之 有餘下取本文中 自然必 止道也一段 添入似好 御籤曰降衷建中 卽湯德之著於外而流被萬世者 况己之中 乃民之所由中云云 卽古之欲明明德於天下之義 而義與禮字 有承接之精神 當存道備於身之道字 與上其道豈有他哉 照應點綴然後文義方足"

> 이 옳을 듯합니다."라고 하였고, 서(A)는 "호씨(胡氏)의 이 설은 앞뒤가 맞지 않으니, 반드시 이치에 맞다고 볼 수는 없을 것입니다. 그러므로 선유(先儒)들 중에도 비웃은 이들이 많습니다. 어떤 이가 말하기를, '이로써 육가(陸賈)를 책망한다면 주발(周勃)과 관영(灌嬰) 같은 자들은 어디다 둘 것인가' 하고, 또 이르기를, '봉건 제도가 과연 흉노를 막을 수 있었다' 한 것 따위는 수록할 필요가 없을 듯합니다."라고 하였다. 정조(C)는 "호굉(胡宏)의 설에 대해서는 옛사람의 정론(定論)이 이미 있어, 이 조목뿐 아니라 무릇 호굉의 설에 속하는 것은 대다수 추려 내었다. 게다가 이 조목이야 말할 나위 있겠는가. 추려 내는 것이 좋겠다."라고 하였다.[115]

정조(C)는 이 안건에 대하여 윤(B)이 제시한 "이 조목 아래 호오봉(胡五峰)의 설이 매우 좋으니, 첨부하여 수록하는 것이 옳을 듯합니다."라는 의견을 수용하지 않고, 서(A)가 제시한 "호씨(胡氏)의 이 설은 앞뒤가 맞지 않으니, 반드시 이치에 맞다고 볼 수 없어 추려 내는 것이 좋겠다"는 의견을 수용하였다. 그리고 호굉[116]의 설은 옛사람의 정론이 이미 있어 다른 조목에서도 대다수 추려 내었음을 밝혔다.

④'宣帝詔曰 朕不明六藝'는 『대학연의』 권3 「제왕위학지본」에 나오는 글이다. 선제(宣帝, B.C.91~B.C.49)는 소제(昭帝)의 형[魏太子]의 아들로 소제의 뒤를 이어 전한(前漢)의 7대 황제가 되었다. 곽광(霍光) 사후 위상(魏相)을 발탁하여 친정체재를 구축하고 생부 사황손(史皇孫)을 황고(皇考)로 추존하고 무덤을 경사(京師)에 설치하였으며, 효제(孝弟)를 인의 근본으로 선포하였다. 그는 이민(吏民)에게 작급(爵級)을 수여하고 지방의 명성 높은 순리(循吏)를 중앙의 고관으로 발탁하는 등 지방통치에도 융통성을 발휘하여 중흥의 군주가 되었다.[117] 이 항목은 선제가 자신은 육예(六藝)에

---

115) 정조, 『홍재전서』 권127 「類義評例」 1 권2첨 漢高帝初定天下. "臣光顔籤曰 此條下胡五峰說甚好 恐合添錄 臣瀅修籤曰 胡氏此說齟齬 未必當理 故先儒亦多笑之 或曰 以此責賈 將置絳灌等何地 又曰封建果可以禦匈奴云云 似不必錄 御籤曰 胡宏之說 古人之定論既有之 不但此條 凡屬胡說多刪之 況此條乎 仍刪可"

116) 호굉(胡宏, 1106~1161)은 남송 건녕(建寧) 출신이고, 호는 호오봉(胡五峰)이다. 호안국(胡安國) 아들이고, 호상학파의 개창자이다. 김철호, 「호굉과 주희의 성선(性善) 해석 비교」, 『철학연구』 32, 2006, 35쪽에 의하면, "호굉의 성(性)의 개념은 기(氣)의 세계를 넘어선 형이상적인 존재이고, 성은 모든 것을 다 갖추고 있기 때문에 성인이라도 그 내용을 한정지어 설명할 수 없으며, 또한 선악길흉의 백가지 행위가 다 실려 있어 가리거나 막을 수 없다고 하였다. 이러한 호굉의 성 개념은 맹자의 성선의 개념에 대해서도 전혀 다른 해석을 내렸다."고 하였다.

밝지 않아 큰 도에 밝지 않으니 새로운 인물을 천거하라는 내용이다.

> 윤(B)은 "이 조목 아래에 선제가 왕도(王道)와 패도(霸道)를 섞어 썼다는 한 조목은 진씨(眞氏)가 논한 바와 더불어 첨가해 초록하는 것이 좋을 듯합니다."라고 하였고, 서(A)는 "감(鑑)과 계(戒)가 모두 적절히 드러나지 못하였으니, 굳이 첨가해 넣을 필요가 없을 것입니다."라고 하였다. 정조(C)는 "패도와 왕도를 섞어 썼다는 설을 어찌 실을 수 있겠는가. 이 조목은 서산(西山)이 미처 살피지 못한 듯하니, 굳이 초록해 넣을 필요가 없겠다."라고 하였다.[118]

정조(C)는 이 안건에 대하여 윤(B)이 제시한 "패도와 왕도를 섞어 썼다는 설을 실을 수 없다는 한 조목은 초록하는 것이 좋을 듯하다"는 의견을 수용하지 않고, 서(A)가 제시한 의견을 받아들였다.

⑤ '憲宗留意典墳'은『대학연의』권4「제왕위학지본」에 나오는 글이다.『대학연의』권4는 한의 광무제(光武帝), 명제(明帝), 장제(章帝)와 당의 세 황제 및 진(陳)·수(隋)·당의 여러 임금들의 학문에 대해 논하였다.

> 윤(B)은 "…이 편(篇)이 제왕위학지본으로 제목을 삼고서, 연이어 한당의 여러 군주들의 학문을 삼대(三代)의 아래에 서술해 놓고 아무런 간택(揀擇)하는 말이 없다면 혹 금과 쇠를 섞어서 한 기물(器物)로 만드는 데 가깝지 않을까 합니다. 따라서 본문 중 한 고조 이하의 여러 조목 및 아래 진씨의 설을 아무래도 적절히 줄여서 이 조목 아래위에 첨부하지 않아서는 안 될 듯합니다. 다시 상고하소서."라고 하였고, 정조(C)는 "경전은 도(道)를 싣고 사서는 사적(事跡)을 싣는 법이니, 사서를 초록할 때는 악(惡)의 측면에 경계가 되는 쪽으로 많이 취하고 경전을 선집(選集)할 때는 선(善)의 측면에 본받을 점이 있는 쪽을 중시하게 마련이다.『성학집요(聖學輯要)』의 성현도통편(聖賢道統篇)을 상고해 보면 선집 체제에 저마다 위주(爲主)하는 바가 있음을 알

117) 金容天,「前漢 宣帝時代의 典禮論爭과 後代의 禮學的 평가」,『신라문화』28, 2006, 345~350쪽.

118) 정조,『홍재전서』권127「類義評例」1 권2첨 宣帝詔曰 朕不明六藝. "臣光顔籤曰 此條下宣帝雜用王伯一條 竝眞氏所論添鈔似好 臣瀅修籤曰 在鑑與戒 皆未襯切 不必添入 御籤曰 霸王道雜之之說 豈可載之 此條西山似未及照管 不必鈔"

수 있다. 내 생각으로는 한·당 조(條)는 비록 본받을 만한 것일지라도 모두 추려 내는 것이 좋을 듯하다. 대저 왕도를 하지 않으면 패도를 하게 마련이니, 패도는 위학지본(爲學之本)이란 측면에 넣어서 논할 바가 아니다. 여러분의 의견은 어떠한가?"라고 하였고, 정조(C)는 또한 "서산(西山)은 참으로 군자로서 그 학문의 힘은 대저 인(仁)이 용(勇)보다 뛰어나다. 그러므로 취사(取捨)하는 사이에 혹 너무 관대한 점이 없지 않으니, 권본(圈本)을 대략 수정한 것에 은미한 뜻이 담겨져 있다."라고 하였다.[119]

정조(C)는 이 안건에 대하여 윤(B)이 제시한 "본문 중 한 고조 이하의 여러 조목 및 아래 진씨의 설을 아무래도 적절히 줄여서 이 조목 아래위에 첨부하지 않아서는 안 될 듯합니다. 다시 상고하소서."라는 의견을 수용하지 않았다. 그 이유는 첫째, 패도는 위학지본(爲學之本)이란 측면에 넣어서 논할 바가 아니라고 하였고, 둘째, 경전은 도를 싣고 사서는 사적을 싣는 법이니, 사서를 초록할 때는 악의 측면에 경계가 되는 쪽으로 많이 취하고 경전을 선집할 때는 선의 측면에 본받을 점이 있는 쪽을 중시해야 한다고 하였으며, 셋째, 진덕수는 취사하는 사이에 혹 너무 관대한 점이 없지 않으니, 정조의 권본(圈本)을 대략 수정한 것에 은미한 뜻이 담겨져 있다고 하였다.

### 4.2.4. 『유의평례』 1 권3첨

『대학연의』 권5~권14는 「격물치지지요(格物致知之要)」 가운데 도술을 밝히는 부분[明道術]에 해당한다. 권3첨은 ①'劉康公曰 民受天地之中以生', ②'乾文言曰 元者善之長', ③'中庸曰 天命之謂性', ④'大學傳三章', ⑤'孟武伯問孝', ⑥'萬章問曰 舜往于田' 6항목이다.

---

119) 정조, 『홍재전서』 권127 「類義評例」 1 권2첨 憲宗留意典墳. "臣光顔籤曰 …就如此篇以帝王爲學之本爲目 而連叙漢唐諸君之學於三代之下而無說以揀擇 則或近於混金鐵爲一器矣 然則就本書中漢高以下諸條及下眞氏說 終似不可不略節 以附於此條上下 更詳之 御籤曰 經載道史言事 鈔史則從惡戒邊多取 選經則從善法邊歸重 輯要聖賢道統篇詳考 則選體之各有所主可知 吾意則漢唐條雖可法者 竝刪亦可 大抵不王則霸 霸非與議於爲學之本 僉見更如何 西山固眞君子 而其學力 大抵仁勝於勇 所以取捨之間 或近太寬 圈本之略有釐正者 蓋存微意也"

①'劉康公曰 民受天地之中以生'은 『대학연의』 권5 「격물치지지요」 1 명도술(明道術) 천성인심지선(天性人心之善)에 나오는 문장이다.

> 윤(B)은 "이 조목은 아래 정위의편(正威儀篇)에 거듭 보이니, 다시 상의하여 하나를 추려 내야 할 것입니다."라고 하였고, 서(A)는 "이 조목은 '소위명야(所謂命也)' 한 구절에 비중을 둔 것이고 정위의(正威儀) 조목에는 '동작예의(動作禮義)' 이하 몇 구절에 비중을 둔 것입니다. 겹쳐서 나타난 것은 '백성은 천지의 중을 받아서 태어난다'는 한 대목에 지나지 않으니, 한편으로는 상세하게 한편으로는 간략하게 나타내어 보인 예(例)에 따라 모두 그대로 두어야 할 듯합니다."라고 하였다. 정조(C)는 "천고(千古)의 격언이니, 구절 전부가 중첩되어 나오지 않으면 모두 그대로 두는 것이 좋을 것이다."라고 하였다.[120]

정조(C)는 이 안건에 대하여 윤(B)이 제시한 "이 조목은 아래 정위의편(正威儀篇)에 거듭 보이니, 다시 상의하여 하나를 추려 내야 할 것입니다."라는 의견을 수용하지 않고, 서(A)가 제시한 "이 조목은 '소위명야(所謂命也)' 한 구절에 비중을 둔 것이고 정위의(正威儀) 조목에는 '동작예의(動作禮義)' 이하 몇 구절에 비중을 둔 것이니, … 그대로 두어야 할 것입니다."라는 의견을 수용하였다. 정조는 "유강공이 말하기를, '백성은 천지의 중을 받아서 태어나니 이른바 명(命)'이다"는 천고의 격언이어서 모두가 중첩되지 않으면 그대로 두어야 한다는 논리에 의거하였다.

②'乾文言曰 元者善之長'은 『대학연의』 권5 「격물치지지요」 1 명도술 천성인심지선에 나오는 문장이다.

『대학연의』에서 이 부분은 『주역』 「건괘」 문언에 나오는 "元者善之長也 …故曰 元亨利貞"의 문장 다음에 주희의 주가 나오고 이어 진덕수의 주석이 따라 나온다.

> 윤(B)은 "진덕수의 주석 중에 '이 조목[此條]'이란 곧 주자(朱子)의 설을 가리키는데

---

120) 정조, 『홍재전서』 권127 「類義評例」 1 권3첨 劉康公曰 民受天地之中以生. "臣光顏籤曰 此條疊見於下正威儀篇 更商刪一 臣瀅修籤曰 此條則以所謂命也一句爲重 正威儀條則以動作禮義以下數句爲重 而疊見者 不過民受天地之中一節 以詳略互見之例 似合竝存 御籤曰 千古格言 如非全句重出 竝存爲可"

본설(本說)을 이미 추려 내었으니 이 구절도 마땅히 추려 내야 합니다."라고 하였고, 서(A)는 "'이 조목'이라는 두 글자는 인용한 문언(文言) 한 조목을 가리키는 것으로 반드시 주자의 설을 가리킨다고 볼 수 없으니, 그대로 두지 않을 수 없을 듯합니다."고 주장하였다. 정조(C)는 "초집(鈔輯)이란 그야말로 진주를 줍고 조개껍질을 버리는 것 같은 일이니, 모름지기 특별히 착안해야지 경솔히 바꾸어서는 안 될 것이다."라고 주장하였다.[121)]

정조(C)는 이 안건에 대하여 윤(B)이 제시한 "진덕수의 주석 중에 '이 조목[此條]' 이하가 주자의 설을 가리키므로 삭제해야 한다."는 주장을 수용하지 않고, 서(A)가 제시한 "'이 조목' 두 글자는 주자의 설을 가리킨다고 볼 수 없으니 그대로 두어야 한다."는 주장을 받아들였다.

③'中庸曰 天命之謂性'은 『대학연의』 권5 「격물치지지요」 1 명도술 천성인심지선에 나오는 문장이다.

윤(B)은 "이 조목 아래 주자의 집주(集註) 중 '개(蓋)' 자 이하는 곧 장구(章句)의 초본(初本)으로 지금 정본(定本)과 비교해 보면 문의(文義)가 완전하고 통창(通暢)함이 부족한 듯하니, 적절히 줄이는 것이 좋을 듯합니다."라고 하였고, 서(A)는 "집주의 '개(蓋)' 자 이하는 진씨(眞氏)의 『집편(集編)』과 조씨(趙氏)의 『찬소(纂疏)』와 황씨(黃氏)의 『일초(日鈔)』와 호씨(胡氏)의 『사서통(四書通)』에 모두 이 본(本)과 같이 되어 있습니다. 그리고 정우진씨(定宇陳氏)가 주장을 고쳐 장구(章句)를 따르고부터 지금 본의 『집석(輯釋)』에서도 그대로 따라 급기야 『영락대전(永樂大全)』에 실리어 통행본(通行本)이 되었습니다. 그러나 선유(先儒)들은 모두 이르기를, '두 본이 모두 주자의 친필에서 나왔으나, 『혹문(或問)』에서의 뜻은 진씨본(眞氏本)을 위주한다. 더욱이 「하늘에 근본하고 나에게 구비되었다[本於天而備於我]」라는 한 구절은, 이 본이 지금 본보다 정밀하다.' 하였습니다. 게다가 이것이 진씨의 책이고 보면 후세의 개정본(改定本)과 같지 않다는 점에 구애될 필요는 더욱 없을 것입니다."라고 하였다. 정조(C)는

121) 정조, 『홍재전서』 권127 「類義評例」 1 권3첨 乾文言曰 元者善之長. "臣光顔籤曰 此下眞說所謂此條 卽指朱子說 而本說旣刪 則此句亦當刪 臣瀅修籤曰 眞說更加看詳 若節此句 則蓋字以下 文理不接續 若竝世之以下都刪 則天人之一與不一 首尾不相照應 且此條二字 指所引文言一條 而未必指朱子說 恐不可不仍舊 御籤曰 鈔輯如拾珠棄蚌 須另著眼 不可輕改"

"과연 그러하다. 진씨의 책은 당연히 진씨의 정론을 따라야 한다."라고 하였다.[122]

정조(C)는 이 안건에 대하여, 윤(B)이 제시한 "이 조목 아래 주자의 집주 중 '개(蓋)'자 이하는 곧 장구의 초본으로 지금 정본과 비교해 보면 문의가 완전하고 통창함이 부족한 듯하니, 적절히 줄이는 것이 좋을 듯합니다."라는 의견을 수용하지 않고, 서(A)가 제시한대로 진씨의 책 내용을 그대로 따르는 것에 동의하였다.

④ '大學傳三章'은『대학연의』권6「격물치지지요」1 명도술 천리인륜지정(天理人倫之正)에 나오는 문장이다.

정조(C)는 이 안건에 대하여, 윤(B)이 제시한 "이 조목 아래 진씨의 설 중 '고야(故也)' 아래의 본문 중에서 '약송(若宋)'부터 '시호(是乎)'까지의 한 단락을 취하여 첨가해 넣는 것이 좋을 듯하다."[123]라는 의견을 수용하지 않았다. 그 이유는 "요순(堯舜)을 말한 것이 진실로 지극한데, 어찌 송 양왕(宋襄王)과 양 혜왕(梁惠王) 따위의 사적으로 누를 끼칠 수 있겠는가. 초록해 넣을 필요가 없다."[124]는 것이었다.

⑤ '孟武伯問孝'는『대학연의』권6「격물치지지요」1 명도술 천리인륜지정에 나오는 문장이다.

정조(C)는 이 안건에 대하여, 윤(B)이 제시한 "이 조목 아래 진씨의 설 중 '차수(此雖)'부터 '의호(意乎)'까지는 추려 내고, 본문 중 '선유(先儒)'부터 '애야(愛也)'까지의 한 단락을 첨가해 넣고, '우중(尤重)' 아래에는 역시 '이소(而所)'부터 '일단(一端)'까지를 첨가하는 것이 좋을 듯합니다."[125]라는 의견을 수용하지 않았다. 이유는 "선유(先

---

122) 정조,『홍재전서』권127「類義評例」1 권3첨 中庸曰 天命之謂性. "臣光顔籤曰 此條下朱子集註中蓋字以下 卽章句初本 而視今定本 文義似欠完暢 節之似好 臣瀅修籤曰 集註蓋字以下 眞氏集編 趙氏纂疏 黃氏日鈔 胡氏四書通 皆如此本 而自陳定宇改從章句 今本輯釋因之 遂載永樂大全而爲通行之本 然先儒皆云二本皆出朱子親筆 而或問之意則主眞氏本 且其本於天而備於我一句 此本比今本爲精云云 況此爲眞氏書 則尤不必拘於後來改本之不同 御籤曰 果然 眞氏之書 當從眞氏定論"

123) 정조,『홍재전서』권127「類義評例」1 권3첨 大學傳三章. "臣光顔籤曰 此條下眞說中故也下 取本文中 自若宋 止是乎一段 添入似好 下文貌恭等語 與此相照故也"

124) 정조,『홍재전서』권127「類義評例」1 권3첨 大學傳三章. "御籤曰 言堯舜固至矣 豈可以梁宋累之耶 不必鈔"

125) 정조,『홍재전서』권127「類義評例」1 권3첨 孟武伯問孝. "臣光顔籤曰 此條下眞說中故也下 取本文中 自若宋 止是乎一段 添入似好 下文貌恭等語 與此相照故也"

儒)의 설은 언외(言外)의 여의(餘義)일 뿐이며, 아래 두 단락도 첨가해 넣을 만한 점이 보이지 않는다."[126]는 것이었다.

⑥'萬章問曰 舜往于田'은 『대학연의』 권7 「격물치지지요」 1 명도술 천리인륜지정 2에 나오는 문장이다.

> 윤(B)운 "이 조목 아래 진씨의 설 중 '개(蓋)' 자부터 '절야(切也)'까지는 추려 내고, 본문 중 '양웅(揚雄)'부터 '지모(之慕)'까지의 한 단락을 첨가하는 것이 좋을 듯합니다."라고 하였고, 서(A)는 "위의 한 구절만 남겨 놓고 아래는 모두 추려 내면 진씨의 이 단락이 그다지 신의(新義)가 없게 되니, 모두 추려 내는 것이 좋을 듯합니다."라고 하였다. 정조(C)는 "추려 내는 것은 좋겠지만 첨가하는 것은 꼭 옳다고는 볼 수 없다."라고 하였다.[127]

정조(C)는 이 안건에 대하여, 윤(B)의 의견인 '개(蓋)' 자부터 '절야(切也)'까지 추려 내는 것에는 동의하고, '양웅(揚雄)'부터 '지모(之慕)'까지의 한 단락을 첨가하는 것에는 반대하였다. 위의 한 구절만 남겨놓고 나머지는 의미가 없으니 모두 추려 내는 것이 좋겠다는 서(A)의 의견에 동의하였다.

### 4.2.5. 『유의평례』 1 권4첨

권4첨은 ①'格物致知之要二', ②"洪範五皇極', ③'子曰 吾道一以貫之', ④'或問誠之爲義, ⑤'孟子曰 夫仁 天之尊爵', ⑥'漢郊祀志 自齊威宣', ⑦'子曰 剛毅木訥', ⑧'以上論帝王知人之事', ⑨'以上論憸邪罔上之情讒臣', ⑩'舜典象以典刑', ⑪'唐太宗嘗覽明堂針灸圖', ⑫'以上論義利輕重之別', ⑬'唐德宗貞元二年 上畋於新店' 13항목이다.

---

126) 정조, 『홍재전서』 권127 「類義評例」 1 권3첨 孟武伯問孝. "御籤曰 先儒之說 特言外之餘義 下兩段亦未見其可添"

127) 정조, 『홍재전서』 권127 「類義評例」 1 권3첨 萬章問曰 舜往于田. "臣光顔籤曰 此條下眞說中 自蓋字止切也則删之 添入本文中 自揚雄 止之慕一段恐好 臣瀅修籤曰 只存上一句 而下竝删之 則眞氏此段無甚新義 全删似好 御籤曰 删則可 添則未必然"

①'格物致知之要二'에서는

> 윤(B)은 "본서(本書)는 명도술(明道術)이 「격물치지지요」의 1이고, 변인재(辨人才)가 그 2이고, 심치체(審治體)가 그 3이고, 찰민정(察民情)이 그 4인데, 여기서는 명도술을 두 편으로 나눔으로 인하여 「격물치지지요」 2로 개칭하고, 다시 변인재로 3을 삼고, 심치체와 찰민정을 4, 5로 삼아, 모두 본서의 체제를 변동시켜 놓은 것은 아마 불가할 듯하니, 마땅히 고쳐서 본서의 체제를 따라야 할 것입니다. 이 아래 『연의보』의 치평(治平)의 조목은 모두 12인데, 지금은 고쳐서 15로 만들었으니, 이 또한 마땅히 개정해야 할 듯합니다."라고 하였고, 정조(C)는 "책을 편찬한 체제는 응당 본래의 면목(面目)을 따라야 할 것이니, 이 말이 옳다."라고 하였다.[128]

정조(C)는 윤(B)이 체재를 수정해야 한다는 의견에 대해 옳다고 하였다. 규 1970 『어정대학유의』에 「격물치지지요」 1은 명도술 상, 명도술 하, 「격물치지지요」 2는 변인재, 「격물치지지요」 3은 심치체, 「격물치지지요」 4는 찰민정으로 순서가 되어 있는 것을 보면, 이때 순서가 조정된 것으로 여겨진다.

②'洪範五皇極'은 『대학연의』 권11 「격물치지지요」 1 명도술 오도원류지정(吾道源流之正)에 나오는 문장이다.

> 서(A)는 "이 조목 아래의 진씨의 설 상단에 단지 주자의 설의 전문(全文)을 싣고, 진씨의 설은 한 구절도 넣지 않으며, '진덕수(眞德秀)' 석 자를 추려 내고 바로 '주자왈(朱子曰)'로 문장을 시작하는 것이 옳을 듯합니다."라고 하였고, 윤(B)은 "중국 본(本) 『연의』에는 '주희왈(朱熹曰)'로 문장을 시작하고 애초에 '신안(臣按)'이란 글자가 없습니다. 대저 『연의』의 여러 판본(板本)들은 오류가 매우 많으며, 보편(補編) 또한 마찬가지입니다. 그 가운데 채록된 경전(經傳)의 글들을 일일이 본서(本書)와 교감해야 옳을 듯합니다."라고 하였다. 정조(C)는 "감정(勘訂)이 정밀하지 못하여 오류가 그대로

128) 정조, 『홍재전서』 권127 「類義評例」 1 권4첨 格物致知之要二. "臣光顔籤曰 本書明道術爲格物致知之要一 辨人材爲二 審治體爲三 察民情爲四 而此因明道術之分二編 而改稱爲格物致知之要二 又以辨人材爲三 審治體察民情爲四五 皆變本書第次者恐不可 當改從本書 此下衍義補治平之目凡十二 而今改作十五 此亦似當改正 御籤曰 編書之體 當存本來面目 此說得之"

> 이어진 것이 많다. 그러므로 옛사람은 책을 교감하는 작업을 낙엽을 쓰는 것에 비유하였으니, 각각 본문(本文)에 나아가 착안(着眼)하여 대조하고 교감하여야 할 것이다." 라고 하였다. 윤(B)은 다시 "주자의 『황극변(皇極辨)』 본문에는 '희설(熹說)'이 '여설(余說)'로 되어 있는데, 진씨가 임금에게 고한 책이라 하여 편(篇) 가운데 나오는 '여(余)' 자를 모두 추려 내고 휘자(諱字)인 '희(熹)' 자로 고쳤으며, 후인들이 이를 따라 잘못 알아 지금 '이(以)' 자 이하는 진씨의 말인데 그 위에 '신안(臣按)'이란 자를 씌워 놓은 것입니다."라고 하였고, 정조(C)는 "이 설이 그럴듯하다."라고 하였다.[129]

이 안건에 대하여 서(A)가 '洪範五皇極'[130] 본문 다음에 주석은 진덕수의 주석이 없으니 진덕수의 석자를 빼고 '주자왈(朱子曰)'로 시작해야 한다고 주장하였다. 윤(B)은 『대학연의』 판본에 오류가 많고, 특히 주자의 『황극변』 본문에는 '희설(熹說)'은 진덕수가 '여설(余說)'로 고쳤으며, 후인들이 지금 '이(以)' 자 이하는 진씨의 말인데 그 위에 '신안(臣按)'이란 자를 씌워 놓은 것이라고 하였다. 정조(C)는 서(A)의 의견을 받아들이지 않고 윤(B)의 의견을 받아들였다.

규중 505 『대학연의』와 규 1970 『어정대학유의』를 비교해 보면, 규중 505 『대학연의』에는 '洪範五皇極'의 본문 다음에 주희의 긴 주석과 진덕수의 주가 모두 실려있는데, 규 1970 『어정대학유의』에는 '洪範五皇極'의 본문 다음에 주희의 주에서 '朱子曰 洛書九數而五居中 洪範九疇而皇極居五 … 此洛書之數 所以雖始於一終於九 而

---

129) 정조, 『홍재전서』 권127 「類義評例」 1 권4첨 洪範五皇極. "臣瀅修籤曰 此條下眞說上段 只錄朱子全文 而眞說則不入一句 刪眞德秀三字 而直以朱子曰爲起恐得 臣光顔籤曰 唐本衍義 則以朱某曰爲起而初無臣按字 大抵衍義諸本 訛謬極多 補編亦然 其所採經傳文 似當一一以本書校過 御籤曰 勘訂不精 襲訛傳繆者多 故古人以校書比之掃葉 各就本文 著眼對校 臣光顔籤曰 朱子皇極辨本文 某說作余說 眞氏以其告君之書 故篇中余字皆刪去而改書諱字 後人必因此誤認 今以以下爲眞氏之言 而冠臣按字於上 御籤曰 此說似之"

130) 「홍범(洪範)」은 『주서(周書)』의 편명이다. 「홍범」은 구주인데, 황극은 다섯 번째에 있다. 황은 임금이고 극은 지극함이다. 소진형, 「17세기 황극(皇極) 해석과 왕권론 비교연구: 윤휴와 박세채의 황극에 대한 이론적 해석을 중심으로」, 『한국정치연구』 26, 2020, 41쪽에 의하면, "홍범구주는 보편적인 통치원리이다. 기자(箕子)가 주무왕(周武王)에게 전한 홍범구주를 우의 낙서(洛書)와 동일한 것으로 보는 것은 시대를 초월한 통치원리의 존재를 강조한다. 둘째, 홍범구주는 숫자 5를 왕의 수로 규정하고 중(中)이라는 중심성을 왕에게 귀속시킴으로써 왕의 위상을 강조한다. 셋째, 중의 위치에 자리하는 왕은 무리 짓고 편파성을 가질 수 있는 백성들이나 관료들에 비해 편파성이 없고 공정할 수 있는 위상적 조건을 갖는다. 이러한 조건은 왕이 제시하는 법제, 즉 황극의 공정성으로 연결된다."고 하였다.

必以五居其中 洪範之疇 所以雖本於五行 而究於福極 而必以皇極爲之主也'[131]의 내용만 간략하게 선별되어 실렸고, 나머지 주희의 주와 진덕수의 주는 생략되었다.

③'子曰 吾道一以貫之'는『대학연의』권11「격물치지지요」1 명도술 오도원류지정에 나오는 문장이다.

> 윤(B)은 "이 조목 아래 집주(集註) 중 '충출(忠出)' 아래에 본서(本書) 중 '우왈(又曰)'로부터 '충서(忠恕)'까지의 한 단락을 취하여 첨가해 넣는 것이 좋을 듯합니다."라고 하였고, 서(A)는 "『어류(語類)』에는 '하기를 구하는 충서[求做底忠恕]'라 하였는데, 여기서는 '인위적인 충서[有爲之忠恕]'라 하였으니, 주자의 본의(本意)를 잃은 듯합니다. 게다가 이 단락은 예씨(倪氏)의『집석(輯釋)』이하를 모두 수록하지 않았으니, 첨가해 넣을 필요가 없을 듯합니다."라고 하였다. 정조(C)는 "충(忠)은 서(恕)로 인하여 나타나고 서는 충을 말미암아 나오는 것인데, 요로(饒魯)가 충서(忠恕)에 수신(修身)과 제가(齊家)를 분속시켰으니, 잘못이라고 하는 사람이 있는 것이 당연하며,『집석』에도 잘못 점검한 곳이 없을 수 없다.『어류』에는 '충(忠)은 일(一) 위에 있다.' 하였는데,『집석』에는 심(心) 자 하나를 더하는 바람에 마침내 어폐(語弊)가 생기고 말았다. 따라서『집석』또한 모두 기준으로 삼을 수는 없는 것이다. 그러나 주자가 충서(忠恕)에 대해 말한 대목이 참으로 많으니, 이 대목을 초록하지 않는 것이 무슨 문제될 것이 있겠는가."라고 하였다. 윤(B)은 다시 "진씨의 설 중 '본야(本也)' 아래에는 역시 본문 중 '성능(誠能)'부터 '아의(我矣)'까지의 한 단락을 첨가하는 것이 좋을 듯합니다."라고 하였고, 정조(C)는 "이 대목은 이일분수(理一分殊)의 뜻을 밝힐 수 있으니, 당연히 첨가하여야 할 것이다."라고 하였다.[132]

131) 이 부분의 해석은 〈주자가 말하였다. "낙서는 구수인데 오가 그 가운데 있고, 홍범은 구주인데 황극이 다섯 번째 범주에 있으니 … 이것은 낙서의 구수가 비록 일에서 시작하여 구에서 마치더라도 반드시 오가 그 중앙에 있으며,「홍범」의 구주가 비록 오행에 근본하더라도 복극에서 다하니 반드시 황극으로서 주인을 삼는 이유이다."〉이다.

132) 정조,『홍재전서』권127「類義評例」1 권4첨 子曰 吾道一以貫之. "臣光顏籤曰此 條下集註中忠出下取本書中 自又曰 止忠恕一段添入恐好 臣瀅修籤曰 語類云求做底忠恕 而此作有爲之忠恕 則似失朱子本意 且此全段 自倪氏輯釋以下竝不取 似不須添入 御籤曰 忠因恕見 恕由忠出 而饒魯分屬修齊於忠恕 人有非之者 固是也 輯釋亦不能無失檢處 語類云忠在一上 而輯釋添得一箇心字 遂爲語病 則輯釋有不可盡爲取準 然而朱子之言忠恕 誠多矣 此不見鈔 庸何傷乎 臣光顏籤曰 眞說中本也下 亦添本文中 自誠能 止我矣一段似好 御籤曰 此可以明理一分殊之當添"

위의 내용은 2건의 의견이 제시되었다. 하나는 주자의 집주 중에 윤(B)은 "又曰 天地則無心之忠恕 聖人是無爲之忠恕 學者則有爲之忠恕 或問 聖人之忠 卽是誠否 曰然 聖人之恕 卽是仁否 曰然 在學者言之 忠近誠 恕近仁"을 추가하기를 제안했고, 이에 대해 서(A)는 "『어류』에는 '하기를 구하는 충서[求做底忠恕]'라 하였는데, 여기서는 '인위적인 충서[有爲之忠恕]'라 하였으니, 주자의 본의(本意)를 잃은 듯합니다."라 하여 반대하였다. 정조는 이에 대해 서(A)의 의견에 찬성하였다. 윤(B)이 다시 진덕수의 주석 중에 끝머리에 있는 "誠能卽先儒之說 探窮其指而力行之 則一心可以宰萬物 一理可以貫萬事 而聖門之功用在我矣"를 추가하기를 제안하자 정조(C)는 이 대목이 이일분수(理一分殊)의 뜻을 밝힐 수 있으니 첨가하도록 허락하였다.

④'或問誠之爲義'는 『대학연의』 권12 「격물치지지요」 1 명도술 오도원류지정에 나오는 문장이다.

> 윤(B)은 "'혹문(或問)' 아래 단락은 단지 성인(聖人)의 성(誠)만 말하고 성(誠)하게 하는 공부에 대해서는 언급하지 않아 말이 매듭이 지어지지 않았습니다. 이 아래 본문 중 여덟 행(行)을 반드시 모두 실은 뒤에야 지의(旨義)가 비로소 충족될 것입니다."라고 하였고, 정조(C)는 "이 아래 여러 조목들에 성(誠)하게 하는 공부에 대해 말한 대목이 많으니, 이쪽을 간략히 하고 저쪽을 상세히 하는 것이 불가할 게 없다."라고 하였다.[133]

이 대목은 윤(B)이 "혹문(或問) 아래 본문 중 여덟 행(行)을 반드시 모두 실은 뒤에야 지의(旨義)가 비로소 충족될 것입니다."라고 제안을 하였는데 정조(C)가 수용하지 않았다.

⑤'孟子曰 夫仁 天之尊爵'은 『대학연의』 권12 「격물치지지요」 1 명도술 오도원류지정에 나오는 문장이다.

> 윤(B)은 "진씨의 설 중 '수언(須焉)' 아래의 본문 중 '불인(不仁)'부터 '인의(仁矣)'까

133) 정조, 『홍재전서』 권127 「類義評例」 1 권4첨 或問誠之爲義. "臣光顔籤曰 或問下段 只言聖人之誠而不及於誠之之工 語無結殺 此下本文八行必全載然後旨義始足 御籤曰 此下諸條 多言誠之之工 略此詳彼 亦無不可"

지의 한 단락을 첨가해 넣어야 좋을 듯합니다."라고 하였고, 서(A)는 "'상수(相須)' 두 자 가운데 아래 두 구절이 이미 포함되어 있으니, 다시 첨가하는 것은 불필요할 듯합니다."라고 하였다. 정조(C)는 "'어질지 못함을 달갑게 받아들이는 것이 어찌 지혜롭지 못함이 아니겠는가.'란 대목이 이미 '어질지 못하면 지혜롭지 못하고 지혜롭지 못하면 어질지 못하다.'는 의사(意思)를 포함하고 있다."라고 하였다.[134)]

이 대목은 윤(B)이 진덕수의 주석 중 "不仁 斯不智矣 不智 斯不仁矣"를 첨가할 것을 주장한 것인데, 서(A)의 의견은 이미 위의 내용에 이 문장의 뜻을 다 포함하고 있어 실을 필요가 없다는 것이었다. 정조(C)는 서(A)의 의견을 수렴하였다.

⑥ '漢郊祀志 自齊威宣'은 『대학연의』 권13 「격물치지지요」 1 명도술 이단학술지차(異端學術之差)에 나오는 문장이다.

이 건은 정조(C)의 첨만 게시되었는데, "너무 번다하니, 적절히 줄이라."고[135)] 하였다. 이 부분은 노자 또는 신선의 설을 이단시한 것이다. 제(齊)의 위왕과 선왕 및 연(燕)의 소왕(昭王), 진시황, 한(漢)의 무제가 신선의 방술에 관심을 가졌지만 불사약을 끝내 구하지 못하였다. 한의 무제는 뒤늦게 백성들을 패망하게 만든 이유가 요망한 방술 때문임을 알고 미혹됨을 돌이키게 된 내용이다. 규 1970 『어정대학유의』에는 한의 「교사지」 본문의 내용도 거의 줄이고, 진덕수의 주의 일부도 삭제하였다.

⑦ '子曰 剛毅木訥'은 『대학연의』 권15 「격물치지지요」 2 변인재(辨人才) 성현찰인지방(聖賢察人之方)에 나오는 문장이다.

윤(B)은 "이 조목 아래 진씨의 설 중 '원의(遠矣)' 아래의 본문 중 '약호(若好)'부터 '택재(擇哉)'까지의 한 단락을 취하여 첨가해 넣는 것이 좋을 듯합니다."라고 하였고, 정조(C)는 "예로부터 임금이 된 자가 밝은 감계(鑑戒)로 삼아야 할 바가 바로 이 대목이다. 광무제(光武帝)는 만 리 밖 하서(河西)를 밝게 보아 두융(竇融)으로 하여금 손을 거두고 조공(朝貢) 오게 하였지만 방맹(龐萌)이 안으로는 간사하면서 밖으로 아첨하

---

134) 정조, 『홍재전서』 권127 「類義評例」 1 권4첨 孟子曰夫仁天之尊爵. "臣光顔籤曰 眞說中須焉下 添入本文中 自不仁 止仁矣一段似好 臣瀅修籤曰 相須二字之中 下兩句已包 更添恐衍 御籤曰 甘心不仁 豈非不智 已含得不仁不智不智不仁底意思"

135) 정조, 『홍재전서』 권127 「類義評例」 1 권4첨 漢郊祀志 自齊威宣. "御籤曰 太煩當節"

> 는 것을 알아차리지 못하였으니, 하물며 광무제에 미치지 못하는 자야 말할 나위 있겠는가. 서산(西山)의 '근소택(謹所擇 가릴 바를 삼가야 한다)' 세 글자야말로, 요긴한 부절(符節)이라 할 수 있는데 당초에 추려 내었으니, 잘 살펴보지 못했다 하겠다."라고 하였다.[136]

이 문장은 진덕수가 본래 『논어』「학이(學而)」에 나오는 "子曰 巧言令色 鮮矣仁"과 『논어』「자로(子路)」에 나오는 "子曰 剛毅木訥 近仁"을 대비하여 주석을 달았다. 윤(B)이 진덕수의 주석 중 "若好其言 善其色 致飾於外 求以悅人 則其僞而不誠 華而不實 去本心也 遠矣 其能爲仁者 幾希 兩章之言 實相表裏 樸忠難合而巧佞易親 故不仁者 往往得志於世 治亂存亡 常必由此 嗚呼 人主其謹所擇哉"의 부분을 첨가해 넣기를 주장하여 정조(C)가 수용한 것이다.

⑧'以上論帝王知人之事'는 『대학연의』 권16「격물치지지요」 2 변인재 제왕지인지사(帝王知人之事)의 맨 끝에 나오는 문장이다.

> 윤(B)은 "이 편목(編目) 중에서 단지 두 조목만을 초록한 것은 너무 소략함을 면할 수 없습니다. 본서(本書) 중 한 소제(漢昭帝)가 '곽광(霍光)의 충성을 알았다'는 대목과 당(唐)나라 배도(裴度)가 '군자와 소인이 부류(部類)에 따라 모인다'고 한 말 및 이덕유(李德裕)가 소인을 등라(藤蘿)에 비유한 말 등 몇 단락을 취하여, 첨가하여 수록하는 것이 좋을 듯합니다."라고 하였고, 정조(C)는 "처음 초본(草本)에 들어 있다가 추려 낸 것이니, 추가로 초록해 넣는 것도 무방하겠다."라고 하였다.[137]

진덕수의 『대학연의』 권16은 한(漢) 고조(高祖)가 죽기 전에 재상 소하의 후임으로 조참(曹參)을 추천한 일, 한의 소제(昭帝)가 14세 때 상홍양(桑弘羊)이 곽광(霍光)을 모

---

136) 정조, 『홍재전서』 권127「類義評例」1 권4첨 子曰 剛毅木訥. "臣光顏籤曰 此條下眞說中遠矣下 取本文中 自若好 止擇哉一段添入似好 御籤曰 從古爲人君者 所以爲炯戒 卽此也 光武明見河西萬里之外 使竇融斂手來朝 而不能辨龐萌內姦外佞 況不及光武者乎 西山之謹所擇三字 可謂要符 當初見刪 未免失照"

137) 정조, 『홍재전서』 권127「類義評例」1 권4첨 以上論帝王知人之事. "臣光顏籤曰 此目中只鈔二條 未免太略 取本書中漢昭帝知霍光忠 及唐裴度以類而聚之說 李德裕藤蘿之喩等數段添錄似好 御籤曰 入於初草而見刪 加鈔亦可"

함한 것을 알아본 일, 당 현종(玄宗)이 방관(房琯), 요숭(姚崇), 이임보(李林甫)를 평가한 일이 실려 있다. 당 덕종(德宗)은 사람을 알아보는 명석함이 없어서 노기(盧杞)의 간사함을 깨닫지 못하였고, 오히려 강공보(姜公輔)가 정직을 판다고 의심하였다. 헌종(憲宗)은 황보박(皇甫鎛)이 재물을 모아주자 총애로 눈이 멀었고, 문종(文宗)은 이덕유(李德裕)의 경계를 뒷전으로 놓고 이종민(李宗閔)의 붕당에 충신을 잃은 이야기가 실려 있다.[138] 정조(C)는 윤(B)이 "편목 중에서 단지 두 조목만을 초록한 것은 너무 소략하니, 한 소제가 '곽광의 충성을 알았다'는 대목과 당나라 배도가 '군자와 소인이 부류에 따라 모인다'고 한 말 및 이덕유가 소인을 등라에 비유한 말 등 몇 단락을 취하여, 첨가하여 수록하는 것이 좋을 듯합니다."라고 건의한 내용을 모두 수용하였다.

⑨ '以上論憸邪罔上之情讒臣'은 『대학연의』 권17 「격물치지지요」 2 변인재 간웅절국지술(姦雄竊國之術)의 맨 끝에 나오는 문장이다.

> 윤(B)은 "본서(本書)에 참신(讒臣) 한 부류에 대한 내용이 역시 서너 편이 있는데, 『시경(詩經)』 세 조목 외에는 모두 추려 내었으며, 게다가 이 아래에 본래 영행(佞幸)하는 신하와 취렴(聚斂)하는 신하, 두 부류에 대한 조목이 있었는데, 모두 추려 내었으니 너무 소략합니다. 다시 추가로 초록해 넣고 아울러 두 조목도 그대로 넣어 두는 것이 좋을 듯합니다."라고 하였고, 정조(C)는 "영행(佞幸)은 우물(尤物)이고 취렴(聚斂)은 도신(盜臣)이니, 임금이 마땅히 배척해야 할 것이다. 따라서 마땅히 추가로 초록해 넣어야 할 것이나, 그대로 두느냐 빼느냐의 선택이 매우 어렵다. 다만 '가령(假令)'으로 시작하는 대목을 내어서 첨가해 써넣도록 하라."고 하였다.[139]

이 대목은 정조(C)가 윤(B)이 건의한 내용 중에 영행(佞幸)하는 신하와 취렴(聚斂)하는 신하, 두 부류에 대한 조목을 추가해 넣었으면 좋겠다는 건의를 받아들였다. 이에 하(夏)나라 제후인 예(羿)의 재상이 되어 안으로 아첨을 하고 밖으로는 뇌물을

138) 진덕수 저, 김병섭 편, 『대학연의: 리더십을 말하다(중)』, 서울대학교출판문화원, 2019, 47쪽.

139) 정조, 『홍재전서』 권127 「類義評例」 1 권4첨 以上論憸邪罔上之情讒臣. "臣光顔籤曰 本書讒臣一類亦爲數三編 而詩經三條外 盡在删中 且此下本有佞幸聚斂之臣二類 而竝删之太略 更加鈔入 竝存二目恐好 御籤曰 佞幸尤物也 聚斂盜臣也 人君切所當斥者 當加鈔而存拔取捨極難 第出假令添書"

씀으로써 안팎을 단단히 결탁하는 간신 정형을 보여준 한착(寒浞), 제(齊)의 경공(景公)을 섬겼으나 정치를 전횡한 전걸(田乞), 한나라 효원(孝元)왕후 남동생의 아들로 섭정하면서 신(新)을 새운 왕망(王莽)의 사례가 추가되었다.

⑩ '舜典象以典刑'은 『대학연의』 권25 「격물치지지요」 3 심치체 덕형선후지분(德刑先後之分)에 나오는 문장이다.

> 서(A)는 "이 조목의 '휼재(恤哉)' 이상은 아래 신형헌(愼刑憲) 조(條)에 거듭 보이니, 추려 내어야 할 듯합니다."라고 하였고, 윤(B)은 "경문(經文)에 이미 '흠재(欽哉)'란 구절을 추려 내었으니 진씨의 설 중 '왈흠왈휼(曰欽曰恤)' 운운한 대목은 모두 추려 내어야 할 듯합니다."라고 하였다. 정조(C)는 "두 사람의 말이 모두 타당하니, 모두 따르도록 하겠다."라고 하였다.[140)]

이 대목은 순임금이 섭위(攝位, 임금 대신 다스림)할 때 '형법을 일정하게 하다'라는 내용이다. 서(A)와 윤(B)의 의견은 일부 내용을 삭제해야 한다는 의견을 제시하였고, 정조(C)가 이에 따르겠다는 것이었는데, 규 1970 『어정대학유의』를 참고하면, 이 대목은 '舜典 象以典刑 流宥五刑 鞭作官刑 扑作教刑 金作贖刑 眚災肆赦 怙終賊刑 欽哉欽哉 惟刑之恤哉 流共工于幽州 放驩兜于崇山 竄三苗于三危 殛鯀于羽山 四罪 而天下咸服'의 본문과 진덕수의 주석까지 모두 삭제되었다.

⑪ '唐太宗嘗覽明堂針灸圖'는 『대학연의』 권25 「격물치지지요」 3 심치체 덕형선후지분에 나오는 문장이다.

> 윤(B)은 "진씨의 설에는, 본문 중에 수 양제(隋煬帝)의 형벌을 아울러 말하여 걸주(桀紂)에 비겼기 때문에 '당 태종이 난(亂)을 제거한 공은 탕무(湯武)에 가깝다'는 말이 있게 된 것입니다. 그런데 지금은 위 구절을 추려 내었기 때문에 이 말도 놓일 자리가 없게 되었으니, 모두 추려 내어야 할 듯합니다."라고 하였고, 정조(C)는 "이미 '난을

140) 정조, 『홍재전서』 권127 「類義評例」 1 권4첨 舜典象以典刑. "臣瀅修籤曰 此條恤哉以上 疊見下愼刑憲條 似當節刪 臣光顔籤曰 經文旣刪欽哉句 則眞說中曰欽曰恤云云者 似合竝刪 御籤曰 兩說俱當竝從之"

제거한'이라고 하였으므로 절로 그 이유를 알 수 있을 터이니, 첨가할 필요도, 추려낼 필요도 없다."라고 하였다.[141]

이 부분은 당 태종이 명당침구도를 보다가 사람의 오장이 등 가까이에 있는 것을 보고 침구를 잘못 놓으면 피해가 죽음에 이를 수 있다고 채찍형을 금지한 일을 칭찬하는 경우이다. 윤(B)이 진덕수의 주석 중 수 양제의 형벌을 아울러 말하여 걸주(桀紂)에 비긴 부분을 보충할 것을 청했으나 정조(C)는 수용하지 않았다.

⑫ '以上論義利輕重之別'은 『대학연의』 권26 「격물치지지요」 3 심치체 의리경중지별(義利輕重之別)에 나오는 문장이다.

윤(B)은 "의리를 분변하는 것이 이 편(篇)의 요지(要旨)인데, 이 항목 안에 단지 『맹자』 한 장(章)만을 싣고 있으니, 아무래도 너무 소략한 흠이 있습니다. 이 아래에, 순자(荀子)의 염철론(鹽鐵論)과 육지(陸贄)가 말한 세 조목을 모두 더 첨가해 넣는 것이 좋을 듯합니다."라고 하였고, 또한 윤(B)은 "심치체편(審治體篇)의 항목은 단지 두 조목뿐인데, 덕형(德刑) 한 항목은 위의 몇 조목이 그 뜻을 충분히 다 말해 주고 있는 반면 의리(義利) 한 조목은 단지 이 한 조목만 있으니, 다과(多寡)의 차이가 서로 고르지 않은 듯합니다. 따라서 첨가해 넣어야 할 듯합니다."라고 하였다. 정조(C)는 "누차 이미 상세히 보고 나서 취사한 것으로, 추려 낸 여러 조목들은 모두 의리의 경중(輕重)에 관한 조목에 절실하지 못하다. 『맹자』 한 단락만으로는 비록 다소 소략한 듯하지만 다른 조목을 더 초록해 넣음으로 해서 도리어 체제(體制)가 가벼워지는 결과를 초래할 필요는 없다."라고 하였다.[142]

『대학연의』 권26은 '의리를 중히 여기고 이익을 가볍게 여기는 분별'이 주제다.

---

141) 정조, 『홍재전서』 권127 「類義評例」 1 권4첨 唐太宗嘗覽明堂針灸圖. "臣光顔籤曰 眞說本文中 兼言隋煬之用刑 比之桀紂 故有除亂湯武之語 今旣刪上句 則此語無著落 似當全刪 御籤曰 旣稱除亂 則自可曉其由 不必添不必刪"

142) 정조, 『홍재전서』 권127 「類義評例」 1 권4첨 以上論義利輕重之別. "臣光顔籤曰 辨義利 是一篇要旨 而此目內 只載孟子一章 終欠太略 此下荀子鹽鐵論 陸贄所云三條 竝加鈔添入似好 審治體之目 只是二條 而德刑一目 則上數條足盡其義 義利一目 則只此一條 多寡亦似不倫 恐合添入 御籤曰 屢已看詳取捨者 見刪諸條 皆未襯切 於義利輕重之條 孟子一段 雖似些略 不必加鈔他條 反歸體輕"

『맹자』의 첫 구절을 인용하여 인의를 근본하는 것이 백성을 이치로 인도하는 것임을 밝혔다. 정조는 『맹자』 한 단락만 추렸는데, 윤(B)은 이에 대해 순자(荀子)의 염철론(鹽鐵論)과 육지(陸贄)가 말한 세 조목을 추가하기를 제안하였는데, 정조(C)가 수용하지 않았다. 규 1970 『어정대학유의』를 참고하면, 『맹자』 뒤에 『순자』가 있는 것을 보면 다시 조정이 된 것으로 여겨진다.

⑬ '唐德宗貞元二年 上畋於新店'은 『대학연의』 권27 「격물치지지요」 4 찰민정(察民情) 전리척휴지실(田里戚休之實)에 나오는 문장이다.

> 윤(B)은 "이 다음 조목의 본문 중에서 섭이중(聶夷中)의 시 한 조목을 취하여 첨가해 넣는 것이 좋을 듯합니다."라고 하였고, 정조(C)는 "섭이중의 시는 당시의 천자도 매우 좋아하였다. 그러나 방 안에서 수레를 만듦으로써 천하의 험난하고 평탄한 곳에 어디고 다닐 수 있는 법이니, 농사의 수고로움을 앎에 있어 어찌 섭이중의 시를 기다릴 것이 있겠는가. 대저 치법(治法)이란 바로 재물은 구직(九職)에서 나오고, 병력은 팔구(八區)에서 나오고, 선비는 상서(庠序)에서 뽑히고, 명령은 세신(世臣)에서 행해진다는 것일 뿐이다. 그러므로 삼대(三代) 뒤에 훌륭한 군주로 한(漢)나라 효문제(孝文帝)를 먼저 꼽았으나, 내용은 전답(田畓)의 조세를 견감하고 육형(肉刑)을 없앤 것에 지나지 않으니, 대개 시무(時務)를 알았던 이라 하겠다. 주(周)나라 왕실이 오래도록 천하를 다스릴 수 있었던 것 역시 농사를 중히 여겼기 때문이다. 이런 까닭에 주(周)나라와 한(漢)나라의 사적은 아울러 수록하되 섭이중의 시는 수록하지 않았던 것이니, 내 생각으로는 당(唐)나라 정원(貞元) 2년의 사적까지도 추려 내는 것이 좋을 듯하다."라고 하였다.[143)]

이 대목은 당 덕종 때 시작된 세법에 대한 것이다. 덕종황제가 정원(貞元) 2년(실제는 정원 3년)에 신점에 사냥 나갔다가 그곳 백성 조광기(趙光奇) 집에 들어가 고충을 묻고 면세해주는 이야기이다. 윤(B)은 이 다음에 이어지는 섭이중의 시를 넣기를 청

143) 정조, 『홍재전서』 권127 「類義評例」 1 권4첨 唐德宗貞元二年 上畋於新店. "臣光顔籤曰 此條下 取本文中聶夷中詩一條添入似好 御籤曰 聶夷中詩 元主亦切愛 而造車於室 可以通天下之險易 則知田間之勤勞 何待聶詩 大抵治法 卽惟曰財出於九職 兵起於八區 士選於庠序 令行於世臣也 故三代後令主先數漢孝文 而不過曰減田租去肉刑 蓋識時之務者 如周家所以久治者 卽亦重農也 是以周漢竝錄而不及聶詩 吾意則竝與唐貞元事而删之爲可"

하였고, 정조(C)는 그 의견을 수용하지 않고 당 정원 2년의 사적까지도 추려 내도록 하였다. 규 1970 『어정대학유의』를 참고하면, 이 내용은 완전히 빠져 있다.

### 4.2.6. 『유의평례』 1 권5첨

권5첨은 20항목인데 『대학연의』와 관련된 항목은 ①~⑫인 ①'皐陶謨 天叙有典', ②'眞德秀曰文王', ③'召誥嗚呼有王雖小 元子哉', ④'堯典乃命羲和, ⑤'武王席四端銘, ⑥'孔子觀周', ⑦'眞德秀曰 斯文大略', ⑧'周公作無逸', ⑨'晉獻公卜伐驪戎', ⑩'唐玄宗貴妃號太眞', ⑪'春秋昭八年 有石言于晉', ⑫'漢文帝時賈山言' 이다.

①'皐陶謨 天叙有典'은 『대학연의』 권28 「성의정심지요」 1 숭경외(崇敬畏) 사천지경(事天之敬)에 나오는 문장이다.

> 윤(B)은 "이 조목 아래 진씨의 설 중 천서(天敍), 천질(天秩), 천명(天命), 천토(天討)에 대하여, 그중 두 가지만을 풀이하는 것은 불가하니, 중간의 몇 줄을 추려 내는 것이 좋을 듯합니다."라고 하였고, 정조(C)는 "추려 내는 것이 과연 좋겠다. 고요가 순(舜)에게 고한 것이 이렇게 명백하니, 역시 마땅히 추려 내야 할 것이다."라고 하였다.[144)]

이 항목은 하늘을 공경하는 사례를 『서경』 고요모에서 가져온 것이다. 정조(C)는 윤(B)이 제시한 "진덕수의 설 중 천서, 천질, 천명, 천토에 대하여, 두 가지만 설명하는 것은 불가하니 더 추려 내는 것이 좋겠다."는 의견을 수용하였다. 규 1970 『어정대학유의』를 참고하면, "眞德秀曰 帝王居天之位 其所職 無非天之事者 … 其可不敬乎 寅與恭皆敬也 君臣一心恪奉天職 是謂之和衷 …隆古君臣之間 講論政治 無一事不本於天 無一事不主於敬 眞後王所當法與"의 군신 위주의 내용만 선별되고 나머지는 모두 생략되었다.

---

144) 정조, 『홍재전서』 권127 「類義評例」 1 권5첨 皐陶謨 天叙有典. "臣光顔籤曰 此條下眞說中叙秩命討不可只釋其二 中間數行節之 似好 御籤曰 節之果好 皐陶之告者如此八字 亦當删之"

②'眞德秀曰文王'은 『대학연의』 권28 「성의정심지요」 1 숭경외 사천지경에 나오는 문장이다.

> 정조(C)는 "'날로 살펴보심이 이에 계시다.[日監在茲]'는 뜻이 어찌 병풍과 책에 베껴 두는 데 있겠는가. 게다가 성인의 글을 높이는 도리로 보더라도 이렇게 설만(褻慢)히 해서는 안 될 것이다. 진씨의 설은 마땅히 추려 내야 한다."라고 하였다.[145]

이 항목은 정조(C)가 『대학연의』를 선집할 때, 본문의 경우 『시경』 권16 「대아(大雅)」 문왕지십(文王之什) 대명(大明) 편의 제1장과 3장, 권19 「주송(周頌)」 민자소자지십(閔子小子之什) 경지(敬之) 편의 제1장을 합치고, 주석의 경우 경지 편의 일부인 "眞德秀曰 成王卽政之初 群臣進戒 首以敬天爲言 盖帝王所當尊者 莫如天 所當從事者 莫如敬 故重言以求其聽"의 내용만 선별하였다.

③'召誥嗚呼有王雖小 元子哉'는 『대학연의』 권29 「성의정심지요」 1 숭경외(崇敬畏) 임민지경(臨民之敬)에 나오는 문장이다. 이 항목은 『서경』 소고편의 내용이다.

> 정조(C)는 서(A)가 제시한 "'성왕(成王)'부터 '가야(可也)'까지는 단지 훈고(訓詁)이고 그다지 뜻을 발명(發明)함이 없으니 추려 내고, '소공차편(召公此篇)'으로 서두를 일으키는 것이 좋을 듯합니다."라는 의견을 합당하다고 인정하였다.[146]

규 1970 『어정대학유의』를 참고하면, "眞德秀曰 召公此篇 言畏天 必及民 是畏民當如畏天也 周公作酒誥 亦曰迪畏天顯小民 多士 曰罔顧于天顯民祗 周召之啓告其君者 如出一口"의 내용만 선별되었다.

④'堯典乃命羲和'는 『대학연의』 권29 「성의정심지요」 1 숭경외 치사지경(治事之敬)에 나오는 문장이다.

---

145) 정조, 『홍재전서』 권127 「類義評例」 1 권5첨 眞德秀曰文王. "御籤曰 日監在茲之義 豈在於屛障簡牘之翻謄 況尊閣之道 不容褻慢乃爾 眞說當刪"

146) 정조, 『홍재전서』 권127 「類義評例」 1 권5첨 召誥嗚呼有王雖小 元子哉. "臣瀅修籤曰 此條下眞說中自成王 止可也 只是訓詁 無甚發明刪去 而以召公此篇 爲起頭恐好 御籤曰 儘合如此釐正"

> 서(A)는 "이 조목은 이미 역상편(曆象篇)에 보이며, 게다가 '흠명(欽明)'의 흠(欽)이 가장 먼저 보이는 경(敬)이고 보면, 안설(按說) 중에 '경(敬) 자가 경(經)에 보이는 것은 이것이 처음이다.' 한 것은 역시 확론(確論)이 아니니, 안설까지 모두 추려 내어야 옳을 것입니다."라고 하였고, 정조(C)는 "옛 성현이 경(敬)을 말한 것이 '흠(欽)' 한 글자에서 시작되나 '인(寅)'이니 '공(恭)'이니 '외(畏)'니 하는 글자들도 그 가리키는 뜻은 한가지이다. 하늘과 땅이 자리를 잡음에 역(易)이 그 가운데 행해지는 것 역시 경(敬)이므로 요(堯)임금의 조정에서의 '흠약(欽若)'과 '경수(敬授)'는 곧 경이 실사(實事)에 나타난 경우 중 큰 것이니, 그대로 두지 않을 수 없다."라고 하였다.[147]

이 대목은 『서경』 요전의 내용이다. 희씨와 화씨는 사시(四時)를 관장하는 관리이다. 서(A)가 진덕수의 주석 중에 "'경(敬) 자가 경(經)에 보이는 것은 이것이 처음이다.' 한 것은 역시 확론이 아니니, 안설까지 모두 추려 내어야 옳을 것입니다."라는 의견을 제시하였으나 정조(C)는 "'흠약(欽若)'과 '경수(敬授)'는 곧 경이 실사(實事)에 나타난 경우 중 큰 것이니, 그대로 두지 않을 수 없다." 하여 수용하지 않았다. 규1970 『어정대학유의』를 참고하면, 본문은 "堯典 乃命羲和 欽若昊天 曆象日月星辰 敬受人時"이고, 주석은 "眞德秀曰 奉天時 興農功事之至重 故命羲和 敬以受民 敬之見於經者始此"의 부분만 선별되고 나머지 내용은 모두 생략되었다.

⑤ '武王席四端銘'은 『대학연의』 권30 「성의정심지요」 1 숭경외 규경잠계지조(規警箴戒之助)에 나오는 문장이다.

> 정조(C)는 "이 대목부터 모명(矛銘)까지는 진씨의 설이 별로 볼만한 점이 없으니, 모두 추려 내는 것이 좋겠다."라고 하였다.[148]

정조(C)는 '武王席四端銘'부터 '鑑銘', '盤銘', '楹銘', '杖銘', '牖銘', '劍銘', '矛

147) 정조, 『홍재전서』 권127 「類義評例」 1 권5첨 堯典乃命羲和. "臣瀅修籤曰 此條既見於曆象篇 而且欽明之欽 爲首見之敬 則按說中敬之見於經始此云者 亦非確論 竝按合刪 御籤曰 古聖賢言敬 始於欽之一字 而曰寅曰恭曰畏 其指一也 天地設位 易行乎其中 亦是敬也 則堯廷之欽若敬授 卽見諸實事之大者 不可不存"

148) 정조, 『홍재전서』 권127 「類義評例」 1 권5첨 武王席四端銘. "御籤曰 自此至矛銘 眞說別無可觀 竝刪之爲可"

銘'까지의 본문만 합쳐서 싣고, 진덕수의 주석은 모두 삭제하였다.

⑥'孔子觀周'는『대학연의』권30「성의정심지요」1 숭경외 규경잠계지조에 나오는 문장이다.

> 윤(B)은 "이 조목 중 '소행(所行)' 두 글자는 위아래 글자를 뒤바꾸어 놓아야 할 듯하니, 다시 상고하여야 할 것입니다."라고 하였고, 서(A)는 "『공자가어(孔子家語)』 본문에 '무소행회(無所行悔)'로 되어 있으니, 위아래 글자를 뒤바꾸어서는 안 될 것입니다."라고 하였다. 정조(C)는 "본문을 따르도록 하라."고 하였다.[149)]

이 항목은『공자가어』「관주(觀周)」에 나온다. 윤(B)이 '安樂必戒 無所行悔'의 '無所行悔'를 '無行所悔'로 바꿀 것을 제안했고, 서(A)는 "『공자가어』 본문에 '무소행회(無所行悔)'로 되어 있으니, 위아래 글자를 뒤바꾸어서는 안 될 것입니다."라 제안하였다. 정조(C)는 본문을 따르도록 하라고 지시하여 서(A)의 의견을 수용하였다. 하지만, 규 1970『어정대학유의』를 참고하면, 윤(B)이 제시했던 '無行所悔'로 되어 있다.

⑦'眞德秀曰 斯文大略'은 위의 '孔子觀周'에 대한 진덕수의 주석이다.

> 정조(C)는 "진씨의 설은 의미가 없으니 추려 내야 할 것이며, 이 밖에도 이와 비슷한 대목들은 모두 이러한 예(例)를 적용하도록 하라." 하였다.[150)]

규 1970『어정대학유의』를 참고하면, 이 항목에 대한 진덕수의 주석은 삭제되었다.

⑧'周公作無逸'은『대학연의』권31「성의정심지요」2 계일욕(戒逸欲) 일욕지계(逸欲之戒)에 나오는 문장이다.

> 윤(B)은 "이 조목 아래 진씨의 설 중 '최야(最也)' 아래의 본문 중 '인무(人無)'부터 '외고(畏故)'까지의 한 단락을 취하여 첨가해 넣는 것이 좋을 듯합니다."라고 하였고,

---

149) 정조,『홍재전서』권127「類義評例」1 권5첨 孔子觀周. "臣光顔籤曰 此條中所行二字似當乙 更詳 臣瀅修籤曰 家語本文 作無所行悔 不當乙 御籤曰 當從本文"

150) 정조,『홍재전서』권127「類義評例」1 권5첨 孔子觀周에 대한 진덕수의 주석. "御籤曰 眞說無意味當刪 外此似此處 當用一例"

정조(C)는 "동래(東萊)의 설이 매우 자세하니, 서산(西山)의 설은 많이 수록할 필요가 없다. 초록(鈔錄)한 것까지 모두 추려 내어도 될 것이다."라고 하였다.[151)]

이 항목은 『서경』 무일편으로 성왕(成王)을 경계하기 위해 지은 것이다. 정조는 윤(B)이 "진씨의 설 중 '최야(最也)' 아래의 본문 중 '인무(人無)'부터 '외고(畏故)'까지의 한 단락을 취하여 첨가해 넣는 것이 좋을 듯합니다."라고 제시한 내용을 수용하지 않았다. 진덕수가 주석에 넣은 여조겸이 말한 부분 중 '呂祖謙曰 天行健 君子以自强不息 無逸者 天德也 亦君德也 凡人乍勤乍惰 盖亦有無逸之時 然能暫而不能居 非所其無逸者也 惟君子以無逸爲所 如魚之於水 獸之於林 有不可得離者焉 或慕而爲之 或勉而行之 皆非所其無逸 其視乾健不息之體 猶二物也'와 '又曰 惟敬故壽也 主靜則悠遠博厚 自强則堅實精明 操存則血氣循軌而不亂 收斂則精神內守而不浮 至於檢約克治 去戕賊之累 又不在言 凡此皆敬之方而壽之理也' 및 '孔子言仁者壽 仁其體 敬其功 與無逸 互相發也'의 내용만 싣고 나머지는 생략하였다.

⑨ '晉獻公卜伐驪戎'은 『대학연의』 권33 「성의정심지요」 2 계일욕 황음지계(荒淫之戒)에 나오는 문장이다. 이 항목은 『국어(國語)』에 나오는데, 진나라 헌공이 여융을 정복하면 어떻게 할지 점을 친 내용이다.

윤(B)이 "의화(醫和)의 육기(六氣)의 논(論)과 자산(子産)의 사시(四時)의 설은 모두 고금의 격언으로, 덕을 기르고 몸을 보전하는 데 크게 보탬이 있으니, 모두 이 조목 아래 초록해 넣는 것이 좋을 것입니다."라 하니, 정조(C)는 "육기(六氣)와 사시(四時)의 의논을 말할 수는 있지만 한유(韓愈)가 화려하고 과장된 글이라고 공격한 것이 바로 이러한 따위의 문자(文字)이다."[152)]라고 하여 강하게 반대한 것이다.

『대학연의』를 참고하면, '晉獻公卜伐驪戎' 다음에 '晉侯疾 求醫於晉'과 '鄭子産

151) 정조, 『홍재전서』 권127 「類義評例」 1 권5첨 周公作無逸. "臣光顔籤曰 此條下眞說中最也下 取本文中 自人無 止畏故一段添入似好 御籤曰 東萊說甚纖悉 西山說無容多爲 與其鈔節 竝刪眞說亦可"

152) 정조, 『홍재전서』 권127 「類義評例」 1 권5첨 晉獻公卜伐驪戎. "臣光顔籤曰 醫和六氣之論 子産四時之說 皆古今格言 大有補於養德保身 竝鈔入於此條下似好 御籤曰 六氣四時之論雖可誦 昌黎浮夸之斥 政在此等文字"

如晉問疾'의 본문이 연이어 나오는데, 정조(C)는 '晉侯疾 求醫於晉'과 '鄭子産如晉問疾'의 본문과 주석을 모두 삭제하도록 하였다. 규 1970 『어정대학유의』를 보면 모두 빠져 있다.

⑩ '唐玄宗貴妃號太眞'은 『대학연의』 권33 「성의정심지요」 2 계일욕 황음지계에 나오는 문장이다.

> 정조(C)는 "양귀비(楊貴妃)의 일은 너무 번잡하니, '타일(他日)'로부터 '비책(轡策)'까지를 모두 추려 내야 한다. 양국충(楊國忠)의 성(姓)을 적지 않은 것은 잘못 점검한 것이니, 다시 상고하여야 할 것이다."라고 하였다.[153]

정조(C)는 '唐玄宗貴妃號太眞'의 본문을 일부 발췌하여 싣고, 주석은 사신(史臣) 구양수의 평만 실었다.

⑪ '春秋昭八年 有石言于晉'은 『대학연의』 권34 「성의정심지요」 2 계일욕 사치지계(奢侈之戒)에 나오는 문장이다. 이 항목은 『춘추좌전』 소공 8년의 기사이다.

> 윤(B)은 "이 조목에서 '우진(于晉)' 아래에 '위유(魏榆)' 두 글자를 첨가해야 하고, '의호(宜乎)' 아래에도 역시 '진후방축사기지궁숙향왈(晉侯方築虒祁之宮叔向曰)'부터 '이심(貳心)'까지의 한 단락을 첨가하는 것이 좋을 듯합니다."라는 의견을 제시했는데, 정조(C)는 "위유는 지명이니 긴절한 관련이 없다. 숙향은 현인으로 선견이 있었으니, 첨가하느냐 안 하느냐의 취사는 마땅히 이 대목을 놓고 결정해야 할 것이다."라고 하였다.[154]

규 1970 『어정대학유의』를 참고하면, 위유(魏榆)는 삭제되었고, '진후방축사기지궁숙향왈(晉侯方築虒祁之宮叔向曰)'부터 '이심(貳心)'까지의 단락은 발췌되었다.

---

153) 정조, 『홍재전서』 권127 「類義評例」 1 권5첨 唐玄宗貴妃號太眞. "御籤曰 楊妃事太冗氄 自他日至轡策竝删 楊國忠不書姓字失檢 更詳"

154) 정조, 『홍재전서』 권127 「類義評例」 1 권5첨 春秋昭八年 有石言于晉. "臣光顔籤曰 此條中于晉下當添魏榆二字 而宜乎下 亦添 自晉侯方築虒祁之宮叔向曰云云 止貳心一段似好 御籤曰 魏榆地名也 無緊關 叔向賢人也 有先見 取舍當於此而定"

⑫ '漢文帝時賈山言'은 『대학연의』 권34 「성의정심지요」 2 계일욕 사치지계에 나오는 문장이다. 이 항목은 가산이 문제 때 「지언(至言)」을 지어 진나라의 흥망을 근거로 정치의 원리를 논한 내용이다.

> 윤(B)은 "문제(文帝)가 노대(露臺)를 짓지 않았다는 한 조목을 초록하여 이 조목 아래 싣는 것이 좋을 듯합니다."라고 제안하였고, 서(A)는 "노대에 관한 조목은 이미 '건물과 궁궐을 구비하였다[備規制宮闕之居].'는 조목에 보이니, 중첩해 실을 필요는 없을 듯합니다."라고 제안하였다. 정조(C)는 이에 대해 "진씨가 말한 '집 위에 집을 얹어 짓는 격[架屋]'이니, 실을 필요가 없다."라고 하였다.[155)]

정조(C)는 서(A)의 의견을 받아들여 다음에 나오는 '漢文帝卽位二十三年 宮室苑囿車騎服御 無所增益'에 관한 기사는 싣지 않았다.

### 4.2.7. 『유의평례』 1 권6첨

권6첨은 ① '抑之五章 愼爾出話', ② '衛侯在楚', ③ '曾子曰君子' 3항목이다.

① '抑之五章 愼爾出話'는 『대학연의』 권35 「수신지요」 1 근언행(謹言行)에 나오는 문장이다. 이 항목은 『시경』 「억」의 5장에 나오는 내용이다.

> 윤(B)은 "이 조목 아래, '사마도 혀를 따라잡지 못한다[駟不及舌].'는 것은 자공(子貢)의 말인데 지금 공자께서 문인(門人)에게 고하신 말이라 하였으니, 잘못 살핀 듯합니다. 이 구절은 추려 내는 것이 좋을 듯합니다."라고 제안하자, 정조(C)는 "'남용(南容)' 이하는 과연 추려 내어야 하며, 상편(上篇)에 인용한 이 억편(抑篇) 시(詩)에 이미 '이는 위 무공(衛武公)이 자신을 경계한 시이다.'라고 했는데 여기서 또 언급하는 것은 역시 중첩되니, 마땅히 추려 내어야 할 것이다. 이하 모두 이에 의거하도록 하라."고 하였다.[156)]

---

155) 정조, 『홍재전서』 권127 「類義評例」 1 권5첨 漢文帝時賈山言. "臣光顔籤曰 本書中文帝不作露臺一條 鈔載於此條下似好 臣瀅修籤曰 露臺條 已見於備規制宮闕之之居 則似不必疊 御籤曰 眞所謂架屋不必載之"

규 1970『어정대학유의』를 참고하면, 본문에서『시경』「억」의 6장은 생략되었고, 진덕수의 주는 "眞德秀曰 話言之謹 威儀之敬 皆人主修身之至要 南容三復白圭 公子稱之 嗚呼可不戒與"의 내용만 간략하게 실렸다.

② '衛侯在楚'는『대학연의』권35「수신지요」1 정위의(正威儀)에 나오는 문장이다. 이 항목은『춘추좌전』노양공(魯襄公) 31년 기사의 일부를 발췌한 것이다.

> 윤(B)은 "이 조목 아래 진씨의 설 중 '자고(自古)' 아래의 '지(之)' 자 및 '유위(有威)'와 '유의(有儀)'로 시작하는 두 구절은 모두 적절히 줄여야 할 것이며, '의(儀)' 자 아래에는 본문 중 '춘추(春秋)'부터 '복야(福也)'까지의 한 단락을 첨가해 넣는 것이 좋을 듯합니다."라고 하였는데, 정조(C)는 "선별의 체제는 근엄(謹嚴)함을 높이 치니, 훈고(訓詁)한 부분을 적절히 줄여야 한다는 주장은 과연 옳다. '춘추지세(春秋之世)' 이하를 첨가해 넣는 것이 역시 좋겠다."[157]라고 하였다.

정조(C)는 이 안건에 대해 윤(B)의 의견을 완전히 수용하였다.

③ '曾子曰君子'는『대학연의』권35「수신지요」1 정위의에 나오는 문장이다. 이 항목은『논어』「태백(泰伯)」에 나오는 문장이다.

> 윤(B)이 "이 조목 아래에, 본서(本書) 중 광형(匡衡)의 상소(上疏)와 진씨(眞氏)가 한 성제(漢成帝)를 논한 한 단락을 취하여 싣는 것이 좋을 듯합니다."라고 하니, 정조(C)는 "광형은『시경』에 조예가 매우 깊었다. 그러므로 그 말에 실질이 있음이 마치 춘추(春秋) 시대에 시(詩)를 외워 전대(專對)하는 사람이 말을 하면 반드시 도리에 맞는 것과 같다. 광형이 올린 소장(疏章)이 매우 많은데 이 소장은 그중에서도 가장 빼어난 것이니, 편입(編入)하자는 주장이 옳다."[158]라고 하였다.

---

156) 정조,『홍재전서』권127「類義評例」1 권6첨 抑之五章 愼爾出話. "臣光顏籤曰 此條下駟不及舌 是子貢之言 而今謂夫子之告門人者 恐失照檢 此句刪之似好 御籤曰 南容以下果合刪 而上篇所引抑詩 旣曰此衛武公自警之詩 於此又云 亦疊當刪 一下倣此"

157) 정조,『홍재전서』권127「類義評例」1 권6첨 衛侯在楚. "臣光顏籤曰 此條下眞說中自古下之字及有威有儀二句竝節 而謂儀下 添入本文中 自春秋 止福也一段似好 御籤曰 選體謹嚴爲上 訓詁之當節果得之 春秋之世以下添入亦可"

158) 정조,『홍재전서』권127「類義評例」1 권6첨 曾子曰君子. "臣光顏籤曰 此條下 取本書中匡衡疏及眞

정조(C)는 이 안건에 대해 윤(B)의 의견을 완전히 수용하였다. 규 1970『어정대학유의』를 참고하면, '曾子曰君子' 항목 다음에 '玉藻 足容重'에 이어 '漢成帝卽位 丞相匡衡上書曰'의 내용이 발췌되어 있다.

### 4.2.8.『유의평례』1 권7첨

권7첨은 ①'眞德秀曰 元祐中', ②'眞德秀曰此詩', ③'漢呂后爲皇太后', ④'內臣忠勤之福', ⑤'初李膺等雖廢錮', ⑥'李輔國以閹奴', ⑦'永和六年梁商' 7항목이다.

①'眞德秀曰 元祐中'은『대학연의』권36「제가지요」1 중비필(重妃匹) 근선립지도(謹選立之道)에 나오는 문장이다. 중비필은 배필을 중요하게 여기는 첫 번째 내용으로서 황후 선정의 원칙과 그와 관련한 역사적 경험의 사례를 소개하고 있다. '眞德秀曰 元祐中'은 원우 5년(1090) 11월 18일 급사중 겸 시독 범조우(范祖禹)가 선인성렬왕후(宣仁聖烈王后)에게 상소한 내용인데, 정조(C)는 "이 조목은 너무 번거로우니 절록(節錄)해야 하겠다."[159]고 하고, 그중 일부만 발췌한 것이다.

②'眞德秀曰此詩'는『대학연의』권37「제가지요」1 중비필 뇌규경지익(賴規警之益)에 나오는 문장이다. 이 항목은『시경』의「제풍(齊風)·계명(雞鳴)」인데 어진 후비를 그리워하는 내용이다. 제(齊)의 애공(哀公)이 여색에 빠져 정사를 돌보지 않자 현숙한 진현비(陳賢妃)가 애공에게 올바른 정사의 방법을 일깨우는 내용이다.

> 정조(C)는 이 시의 다음에 나오는 진덕수의 주석에 대해 "이와 같은 단락은 긴절(緊切)하지 않으니, 다른 조목도 이에 비추어 함께 추려 내도록 하라."[160]고 하였다.

규 1970『어정대학유의』를 참고하면, 이 항목에 대한 진덕수의 주는 빠져 있다.

③'漢呂后爲皇太后'는『대학연의』권38「제가지요」2 엄내치(嚴內治) 궁위예정지

---

氏論漢成帝一段載之似好 御籤曰 匡衡邃於詩 故其言有物 如春秋之時 誦詩專對之人 言必有中 衡之抗疏者甚多 而此疏當爲最雋 編入之論得之"

159) 정조,『홍재전서』권127「類義評例」1 권7첨 眞德秀曰 元祐中. "御籤曰 此段傷煩 當鈔節"

160) 정조,『홍재전서』권127「類義評例」1 권7첨 眞德秀曰此詩. "御籤曰 似此之段不緊 他條照此同刪"

계(宮闈預政之戒)에 나오는 문장이다.

> 윤(B)은 "본서에는 여후기(呂后紀) 한 편을 모두 싣고 있는데 지금 이 책에서는 추려서 대략적인 내용만을 남겨 두었은즉 육가(陸賈)가 '장수와 재상이 서로 친하게 지내야 한다'고 주장한 등의 일은 궁위(宮闈, 비나 후궁)가 정사(政事)에 관여해서는 안 된다는 경계에 긴절하지 않으니, 남겨 둘 필요가 없습니다. '여신(如臣)' 이하는 모두 추려 내고 본문 중 '태후(太后)'부터 '참지(斬之)'까지의 한 단락을 첨가해 넣음으로써 시말(始末)을 갖추는 것이 좋을 듯합니다."라고 하였고, 윤(B)은 또 이르기를, "진씨의 설 중 '여후(呂后)' 아래도 역시 '지초(之初)'로부터 '심야(心也)'까지의 한 단락을 첨가해야 문의(文意)가 비로소 분명해질 것입니다."라고 하였다. 정조(C)는 "대체가 너무 번잡하고 장황하니, 추려 내는 것은 진실로 좋겠지만 첨가하는 것은 불가하다. 진씨의 안설(按說) 역시 마찬가지이다."라고 하였다. 윤(B)은 "이 조목 아래에, 본서(本書) 중 효원황후(孝元皇后)에 관한 한 조목 및 반표(班彪)의 찬(贊)과 후한 황후기(後漢皇后紀) 한 조목을 첨가해 싣는 것이 좋을 듯합니다."라고 하였고, 정조(C)는 "반씨(班氏)의 설을 취하지 않은 것은 나름대로 생각한 바가 있어서이다."라고 하였다.[161)]

이 항목은 한나라 여후의 이야기로 『한서』 권97 상과 권3, 『자치통감』 권13에서 인용된 것이다. 윤(B)은 초본에 절록된 것이 너무 개략적이어서 본문과 진씨의 설중의 일부를 추록하자고 하였으나 정조(C)는 수용하지 않았다. 정조는 또한 윤(B)이 제시한 "이 조목 아래에, 본서(本書) 중 효원황후(孝元皇后)에 관한 한 조목 및 반표(班彪)의 찬(贊)과 후한황후기(後漢皇后紀) 한 조목을 첨가해 싣는 것이 좋을 듯합니다." 라는 의견을 수용하지 않았다.

④ '內臣忠勤之福'은 『대학연의』 권39 「제가지요」 2 엄내치 내신충근지복(內臣忠勤之福)의 관련 내용이다. 이 항목에서 진덕수는 일곱 명의 환관을 이상적인 모델로 제시하고 있다.

---

161) 정조, 『홍재전서』 권127 「類義評例」 1 권7첩 漢呂后爲皇太后. "臣光顔籤曰 本書盡載呂后紀一通 而今刪略存槩 則如陸賈交懽將相等事 不切於宮闈預政之戒者 不必留之 如臣以下則竝刪 而取本文中自太后 止斬之一段添入 以該其始末似好 眞說中呂后下 亦添 自之初 止心也一段 然後文意始明 御籤曰 大體太冗長 刪固好矣 添則不可 眞氏按說亦然矣 臣光顔籤曰 此條下 取本書中元后一條 竝班彪贊及後漢皇后紀一條添載似好 御籤曰 班氏之說不取者 自有斟酌"

윤(B)은 "사람이 궁형(宮刑)을 받은 자이고 직분은 그저 소제(掃除)나 하는 하찮은 일이고 보면 그 충근(忠勤) 여부는 따질 것도 없을 터이니, 마치 여자의 무비무의(無非無儀)와 같을 것입니다. 따라서 '내신충근지복' 조목은 생략해도 무방할 것입니다. 다만 본서 중에 '엄내치(嚴內治)'에 속하는 조목이 모두 넷인데 궁위(宮闈)와 내신(內臣)을 각각 두 조목으로 나누어서 저마다 그 득실(得失)을 드러내었으니, 지금 그중 한 조목을 없앤다면 유례(類例)가 정제(整齊)되지 못할 것입니다. 우선 원서(原書)에 따라 한(漢)나라 양하(良賀)와 여강(呂彊), 당(唐)나라 마존량(馬存亮)과 엄준미(嚴遵美) 등에 관한 내용 몇 조목을 초출(抄出)하여 그 조목을 넣어 두는 것이 잉구관(仍舊貫)의 의리로 보아 무방할까 합니다."[162]라고 의견을 제시하였다. 정조(C)는 이에 대해 "내신(內臣)은 아무리 충근(忠勤)하다 하더라도 직사(職事)를 맡겨서는 안 된다. 진씨(眞氏)가 시인(寺人) 피(披) 이하 여덟 명의 환관(宦官)을 '충근지복(忠勤之福)' 조목에 열거하였는데, 이는 환관의 입장에 있어서는 진실로 좋은 본보기가 되겠지만 환관을 멀리해야 하는 임금의 도리에 있어서는, 아마 충근하다는 이유로 조정의 정사를 맡겨 주어서는 안 될 것이다. 한나라의 보절(甫節)과 당나라의 어리(魚李) 같은 환관인들, 당시에는 그들이 충근한 줄로 알고 가까이하였다가 그만 재앙의 단서가 되고 말았던 게 아니겠는가. 이것이 이러한 조목들을 모두 추려 낸 까닭이다. 환관이 공을 세우더라도 공신에 봉하지 않는 것이 곧 우리 국조(國朝)의 훌륭한 법제이다."[163] 라고 하였다.

규 1970『어정대학유의』를 참고하면, 내신충근지복(內臣忠勤之福)의 관련 내용은 모두 삭제되었다.

⑤'初李膺等雖廢錮'는『대학연의』권39「제가지요」2 엄내치 내신예정지화(內臣預政之禍)에 나오는 내용이다. 이 항목은 한(漢)의 영제 때의 고사이다.

---

162) 정조,『홍재전서』권127「類義評例」1 권7첨 內臣忠勤之福. "臣光顔籤曰 人是刑餘 職止掃除 則其忠勤與否 亦無足論 正如女子之無非無儀 內臣忠勤之福一條 闕之固無妨矣 但本書中嚴內治之目凡四而宮闈內臣 各分二目 以各著其得失 今獨刪其一目 則類例欠齊整 姑依原書 鈔出漢良賀 呂彊 唐馬存亮 嚴遵美等數條 以存其目 亦不害爲仍舊貫之義"

163) 정조,『홍재전서』권127「類義評例」1 권7첨 內臣忠勤之福. "御籤曰 內臣雖曰忠勤 不可任以職事 眞氏以寺人披以下八宦 列之於忠勤之福 此在宦官 固當爲師法 在人主遠宦寺之道 則恐不可以忠勤而假之朝政也 漢之甫節 唐之魚李 其時豈不認以忠勤而近之 仍成厲階乎 此所以盡刪者 宦寺之有功不封功臣 卽我朝良制也"

> 윤(B)은 "'初李膺等雖廢錮'의 앞에 있는 '靈帝建寧元年'의 기사 및 진덕수의 주석을 초록하여 싣고, '初李膺等雖廢錮'에 이어지는 '六年, 鉅鹿張角反'의 기사를 추려 내고 다시 '영제(靈帝)'부터 '천여인(千餘人)'까지의 한 조목을 첨가하는 것이 좋을 듯합니다."라는 의견을 낸 것이다. 이에 대해 정조(C)는 "위의 두 조목에 이미 당고(黨錮)의 전말이 상세히 기재되어 있으니, 아래 두 조목은 추려 내는 것이 또한 좋겠다."[164]라고 하였다.

규 1970『어정대학유의』를 참고하면, 『대학연의』 권39「제가지요」 2 엄내치 내신예정지화에서 발췌된 것은 '漢宦官傳序', '和帝永元中 竇秉憲兄弟專權', '桓帝時太尉陳蕃上疏曰', '河內張成善風角', '何太后臨朝 大將軍何進秉政'이다. 이응에 관한 기사가 '漢宦官傳序'와 '河內張成善風角'에 실려 있어 '初李膺等雖廢錮'의 기사는 삭제되었다.

⑥'李輔國以閹奴'는『대학연의』 권40「제가지요」 2 엄내치 내신예정지화에 나오는 내용으로 이 항목은『신당서(新唐書)』 권208에서 인용한 것이다.

『대학연의』 권40 '李輔國以閹奴' 기사에 대해 범조우(范祖禹)는 "이보국은 엄인(閹人) 노비의 신분으로 황실 마구간의 잡역부였는데 숙종이 총애하여 정사를 맡기고 병권을 주었다. 현종이 억울함에 못 이겨 세상을 떠났고, 숙종은 놀라서 쓰러졌으며, 장황후(張皇后)와 두 왕은 주살당해 죽었다. 위로는 아버지를 보호하지 못하였고, 가운데로는 자신을 보호하지 못하였으며, 아래로는 처자를 보호하지 못하였다. 이는 소인을 가까이 하였기에 생긴 재앙으로서, 경계하지 않을 수 있겠는가?"[165]라고 평가하였다.

> 윤(B)은 "이 조목 중 '불평(不平)' 아래에, 본문 중 '불욕(不欲)' 이하 한 구절을 첨가

---

164) 정조, 『홍재전서』 권127「類義評例」1 권7첨 初李膺等雖廢錮. "臣光顏籤曰 本書中 自靈帝 止喪氣一條及眞說 鈔載於此條上 而下六年鉅鹿條則刪之 又添 自靈帝 止千餘人一條似好 御籤曰 上二條 既詳黨錮之顚委 下二條刪亦可"

165) 眞德秀, 『대학연의(大學衍義)』 권40 李輔國以閹奴. "范祖禹曰 李輔國本飛龍馬家皁隸之流 肅宗尊寵而任之 委之以政 授之以兵 明皇以憂崩 己以駭沒 張侯 二王以戮死 上不保其父 中不保其身 下不保其妻子 此近小人之禍也 可不戒哉"

> 하는 것이 좋을 듯하며, 마지막 줄의 '협자(俠者)'의 '협(俠)'은 중국본(中國本)에는 '사(使)' 자로 되어 있으니, 중국본을 따라야 할 것입니다."라고 주장하였고, 서(A)는 "'협(俠)' 자는 『당서』 본전(本傳)에 '협(俠)' 자로 되어 있으니, 오자(誤字)가 아닐 듯합니다."라고 하였으며, 윤(B)이 다시 "이 아래 정원진(程元振)에 관한 조목은 번다한 부분을 추려 내야 할 듯합니다."라고 하였다. 정조(C)는 이에 대해 "'불평(不平)' 아래에 네 글자를 당연히 보충하여야 할 것이며, '협(俠)' 자는 『당서』 본전을 따라야 할 것이다. 그리고 번다한 부분은 당연히 추려서 적절히 줄여야 할 것이다."라고 하였다.[166]

규 1970 『어정대학유의』를 참고하면, '李輔國以閹奴'의 항목은 간략하게 발췌되었고, '불평(不平)'아래 '不欲顯戮'의 네 글자가 들어가 있으며, '협(俠)' 자는 그대로 사용하였다. 이 부분은 '帝積不平 不欲顯戮 遣侍者夜刺殺之 抵其首溷中'으로 대종(代宗)이 불만이 쌓여 그(이보국)를 공개적으로 죽이고 싶지 않아 한밤중에 자객을 보내 칼로 찔러 죽이고, 그의 머리는 똥통에 버렸다는 내용이다.

⑦ '永和六年梁商'은 『대학연의』 권43 제가지요 4 교척속(敎戚屬) 외가교자지화(外家驕恣之禍)에 나오는 내용으로 이 항목은 『자치통감강목』 권51~54에서 인용된 것이며, 주로 양기(梁冀)를 중심으로 일어난 내용의 전말을 다루고 있다.

> 윤(B)은 "그 일을 일으켰다는 것은 장운(張惲)의 일을 가리키는데, 장운에 관한 내용을 이미 추려 내었은즉 이 조목의 이 구절도 그대로 두어서는 안 될 것입니다."라고 하였고, 또 "본문에 '용감천하세조지반(用減天下稅租之半)'에서의 '용(用)' 자는 아래 구절에 속하는 것인데, 여기서는 '왕부용(王府用)'만을 한 문장으로 삼았으니, 당연히 본문에 의거하여 첨가해 넣어야 할 것입니다. 그렇지 않으면 '용(用)' 자를 없애야 할 것입니다."라고 하였다. 서(A)는 "중국본에는 '용(用)' 자 아래에서 구두를 떼었으며, 게다가 문리(文理)를 가지고 말하더라도 당연히 '충왕부용(充王府用)'이 되어야 옳을 것입니다."라고 하였다. 정조(C)는 "장운(張惲)에 관한 내용인 한 단락은 추려 내는 것이 좋겠다. '용(用)' 자를 위로 붙이느냐 아래로 붙이느냐 하는 문제는 굳이 어느

166) 정조, 『홍재전서』 권127 「類義評例」 1 권7첨 李輔國以閹奴. "臣光顔籤曰 此條中不平下 添入本文中不欲以下一節似好 而末行俠者之俠 唐本作使 當從之 臣瀅修籤曰 俠字 唐書本傳作俠 似非誤 臣光顔籤曰 此下程元振條 似當節其冗繁 御籤曰 不平下 四字當補 俠字當從唐書 冗處當刪節"

쪽이 옳다 따질 것이 있겠는가. 모두 추려 내는 것이 좋겠다."라고 하였다.[167)]

규 1970『어정대학유의』를 참고하여 '永和六年梁商'의 항목을 참조하면, 양기는 아버지 양상이 죽은 후 대장군이 되었다. 그의 집안 일족 중 요직을 차지하여 출세한 이들의 이름이 거론되었다. 양기는 위세를 떨쳐 흉폭해지고 방자해졌다. 환제가 선초(單超) 등 5명의 신하들과 뜻을 모으고 군사들로 그의 막부를 에워싸자, 그가 자살했다는 내용만이 간략하게 발췌되었다.

## 4.3. 『유의평례』에 나타난 『대학연의』의 교감 결과

『유의평례』 1 권수첨부터 권7첨까지 총 8권첨 56항목의 교감 내용의 결과를 〈표 2〉로 종합하면 다음과 같다.

**〈표 2〉『유의평례』 1 권수첨~권7첨의 서형수, 윤광안, 정조의 교열에 관한 기록**

<table>
<tr><th>『유의평례』<br>권첨 및 교열<br>항목 수</th><th>교열 항목</th><th>서형수<br>(A)</th><th>윤광안<br>(B)</th><th>정조(C)의<br>최종 결정<br>및 선택</th><th>정조(C)의 최종 결정 내용</th></tr>
<tr><td rowspan="3">권1<br>卷首籤<br>(3)</td><td>① 大學章句序</td><td>A</td><td>B</td><td>C(AX, B)</td><td rowspan="3">정조(C)는『어정대학유의』의 체재를 결정하였다. 윤(B)의 의견을 수용하여『대학』의 서명은 글 줄의 맨 위 칸에 표기하였고,『대학장구』 서의 제목은 한 자 낮추어 쓰도록 하였으며,『대학연의』와『대학연의보』 서의 제목을 이미 두 자 낮추어 쓰도록 하였다.『대학장구』 서,『대학연의』 서, 및『대학연의보』 서의 내용은 모두 수록하도록 하였다. 서(A)의 의견을 수용하여 주는 모두 수록하지 않는 것으로 하였다.</td></tr>
<tr><td>② 衍義序 衍義補序</td><td>A</td><td>B</td><td>C(AX, B)</td></tr>
<tr><td>③ 小註</td><td>A</td><td>B</td><td>C(A, BX)</td></tr>
</table>

167) 정조,『홍재전서』 권127「類義評例」1 권7첨 永和六年梁商. "臣光顏籤曰 發其事者 指張惲事也 張惲一節旣刪 則此條此句 亦不可存 臣光顏籤曰 本文云用減天下稅租之半 用字屬下句 而此以王府用爲文 當依本文添入 不然則刪用字 臣瀅修籤曰 唐本用下作句 且以文理言之 當爲充王府用 御籤曰 張惲一段可刪 用字之屬上屬下 何必較絜 以充以下竝刪爲可"

| 『유의평례』 권첨 및 교열 항목 수 | 교열 항목 | 서형수 (A) | 윤광안 (B) | 정조(C)의 최종 결정 및 선택 | 정조(C)의 최종 결정 내용 |
|---|---|---|---|---|---|
| 권1 第1卷籤 (4) | ① 伊訓曰 今王嗣厥德 | – | B | C(BX) | 진덕수의 『대학연의』 권1 「제왕위치지서」에 나오는 내용이다. 정조(C)는 윤(B)이 제시한 진덕수의 주석 중 일부 추가 의견을 수용하지 않았다. |
| | ② 荀子請問爲國 | – | – | C | 『대학연의』 권1 「제왕위치지서」에 나오는 내용이다. '荀子請問爲國'은 어떤 이가 국가 다스리는 것을 묻자 순자가 대답한 것이다. 정조(C)는 이 부분을 삭제하였다. |
| | ③ 董仲舒曰 爲人君者 | A | B | C(AX, BX) | 『대학연의』 권1 「제왕위치지서」에 나오는 내용이다. 정조(C)는 윤(B)과 서(A)의 의견을 받아들이지 않았다. 「제왕위치지서」에서 인용한 본문중 동중서는 선별하였고 양자의 본문은 삭제하였으며 진덕수의 주석도 선별과 삭제가 이루어졌다. |
| | ④ 周子曰 治天下有本 | – | B | C(BX) | 『대학연의』 권1 「제왕위치지서」에 나오는 내용이다. 정조(C)는 윤(B)이 제시한 진덕수의 설 중 '부계(符契)'란 대목 아래의 본문 중 '개심(蓋心)'부터 '의야(疑也)'까지의 한 단락을 첨가해 넣는 것에 대한 의견을 받아들이지 않았다. |
| 권1 第2卷籤 (5) | ① 傳首章 至傳四章 | A | B | C(AX, B) | 정조(C)는 윤(B)의 주장대로 『어정대학유의』 卷1의 체재를 '大學經一章, 傳首章, 傳2章, 傳3章, 傳4章, 衍義 권1 帝王爲治之序, 衍義 권2~권4 帝王爲學之本'으로 결정하였다. |
| | ② 仲虺之誥曰 德日新 | – | B | C(BX) | 『대학연의』 권2 「제왕위학지본」에 나오는 글이다. 정조(C)는 윤(B)이 제시한 일부 내용의 삭제와 추가에 대한 의견을 수용하지 않았다. |
| | ③ 漢高帝初定天下 | A | B | C(A, BX) | 『대학연의』 권3 「제왕위학지본」에 나오는 글이다. 정조(C)는 서(A)가 제시한 대로 호굉의 설은 삭제하였다. |
| | ④ 宣帝詔曰 朕不明六藝 | A | B | C(A, BX) | 『대학연의』 권3 「제왕위학지본」에 나오는 글이다. 정조(C)는 윤(B)이 제시한 왕도와 패도를 섞어 썼다는 조목의 추가에 대한 내용을 수용하지 않았다. |
| | ⑤ 憲宗留意典墳 | – | B | C(BX) | 『대학연의』 권4 「제왕위학지본」에 나오는 글이다. 정조(C)는 윤(B)이 제시한 한 고조 이하의 여러 조목 및 아래 진씨의 설을 추가하는 항목 건에 대해, 패도는 위학지본의 측면이 아니고, 경전과 역사의 선집은 관점이 다르며, 진덕수의 취사 방식은 너무 관대한 데 문제점이 있다고 하여 수용하지 않았다. |

| 『유의평례』 권첨 및 교열 항목 수 | 교열 항목 | 서형수 (A) | 윤광안 (B) | 정조(C)의 최종 결정 및 선택 | 정조(C)의 최종 결정 내용 |
|---|---|---|---|---|---|
| 권1 第3卷籤 (6) | ① 劉康公曰 民受天地之中以生 | A | B | C(A, BX) | 『대학연의』 권5 「격물치지지요」 1 명도술 천성인심지선에 나오는 문장이다. 정조(C)는 서(A)가 제시한 내용을 받아들여 주석의 내용을 그대로 두는 것으로 결정하였다. |
| | ② 乾文言曰 元者善之長 | A | B | C(A, BX) | 『대학연의』 권5 「격물치지지요」 1 명도술 천성인심지선에 나오는 문장이다. 정조(C)는 서(A)가 제시한 내용을 받아들여 진덕수의 주석을 그대로 두었다. |
| | ③ 中庸曰 天命之謂性 | A | B | C(A, BX) | 『대학연의』 권5 「격물치지지요」 1 명도술 천성인심지선에 나오는 문장이다. 정조(C)는 서(A)가 제시한 내용을 받아들여 진덕수의 정론을 그대로 따르기로 하였다. |
| | ④ 大學傳三章 | – | B | C(BX) | 『대학연의』 권6 「격물치지지요」 1 명도술 천리인륜지정에 나오는 문장이다. 정조(C)는 윤(B)이 제시한 내용 추가 건을 수용하지 않았다. |
| | ⑤ 孟武伯問孝 | – | B | C(BX) | 『대학연의』 권6 「격물치지지요」 1 명도술 천리인륜지정에 나오는 문장이다. 정조(C)는 윤(B)이 제시한 내용 추가 건을 수용하지 않았다. |
| | ⑥ 萬章問曰 舜往于田 | A | B | C(A, BO) | 『대학연의』 권7 「격물치지지요」 1 명도술 천리인륜지정 2에 나오는 문장이다. 정조(C)는 내용 추가와 삭제에 대해 삭제에 무게를 두고 윤(B)의 의견은 부분적으로, 서(A)의 의견은 전부 받아들였다. |
| 권1 第4卷籤 (13) | ① 格物致知之要二 | – | B | C(B) | 정조(C)는 윤(B)이 체재를 수정해야 한다는 의견에 동의하여 「격물치지지요」 1은 명도술 상, 명도술 하, 「격물치지지요」 2는 변인재, 「격물치지지요」 3은 심치체, 「격물치지지요」 4는 찰민정으로 순서를 정하였다. |
| | ② 洪範五皇極 | A | B | C(AX, B) | 『대학연의』 권11 「격물치지지요」 1 명도술 오도원류지정에 나오는 문장이다. 정조(C)는 서(A)의 의견을 받아들이지 않고 윤(B)의 의견을 받아들였다. '洪範五皇極'의 본문 다음에 주희의 주에서 간략하게 선별하여 싣고, 나머지 주희의 주와 진덕수의 주는 생략하였다. |
| | ③ 子曰 吾道一以貫之 | A | B | C(A, BX) | 『대학연의』 권11 「격물치지지요」 1 명도술 오도원류지정에 나오는 문장이다. 주자의 집주 중에 윤(B)은 충서에 관한 내용을 추가하기를 제안했고, 이에 대해 서(A)는 "『집주』에는 '인위적인 충서[有爲之忠恕]'를 말하여, 주자의 본의(本意)를 잃은 듯합니다."라 하여 반대하였다. 정조(C)는 서(A)의 의견에 찬성하였다. |

| 『유의평례』 권첨 및 교열 항목 수 | 교열 항목 | 서형수 (A) | 윤광안 (B) | 정조(C)의 최종 결정 및 선택 | 정조(C)의 최종 결정 내용 |
|---|---|---|---|---|---|
| 권1 第4卷籤 (13) | | – | B | C(B) | 정조(C)는 윤(B)이 진덕수의 주석 중 끝머리에 있는 "誠能卽先儒之說 探窮其指而力行之 則一心可以宰萬物 一理可以貫萬事 而聖門之功用在我矣"를 추가하기를 제안하자 이 대목이 이일분수(理一分殊)의 뜻을 밝힐 수 있어 첨가하도록 허락하였다. |
| | ④ 或問誠之爲義 | – | B | C(BX) | 『대학연의』 권12 「격물치지지요」 1 명도술 오도원류지정에 나오는 문장이다. 정조(C)는 윤(B)이 혹문(或問) 아래 단지 성인의 성(誠)만 말하고 성하게 하는 공부에 대해서는 언급하지 않아 본문 중 여덟 행(行)을 반드시 모두 수록하기를 청한 것인데, 수용하지 않았다. |
| | ⑤ 子曰孟 夫仁天之尊爵 | A | B | C(A, BX) | 『대학연의』 권12 「격물치지지요」 1 명도술 오도원류지정에 나오는 문장이다. 정조(C)는 윤(B)이 진덕수의 주석의 일부를 첨가할 것을 주장하였고, 서(A)가 반대하자 서(A)의 의견을 수렴하였다. |
| | ⑥ 漢郊祀志 自齊威宣 | – | – | C | 『대학연의』 권13 「격물치지지요」 1 명도술 이단학술지차에 나오는 문장이다. 노자 또는 신선의 설을 이단시 한 내용이다. 정조(C)는 적절하게 줄일 것을 제안하였다. 규 1970 『어정대학유의』에는 한의 「교사지」 본문의 내용도 거의 줄이고, 진덕수의 주의 일부도 삭제되었다. |
| | ⑦ 子曰 剛毅木訥 | – | B | C(B) | 『대학연의』 권15 「격물치지지요」 2 변인재 성현찰인지방에 나오는 문장이다. 윤(B)이 진덕수의 주석 중 "若好其言 善其色 致飾於外 求以悅人 則其僞而不誠 華而不實 去本心也 遠矣 其能爲仁者 幾希 兩章之言 實相表裏 樸忠難合而巧佞易親 故不仁者 往往得志於世 治亂存亡 常必由此 嗚呼 人主其謹所擇哉"의 부분을 첨가해 넣기를 주장하자 정조(C)가 수용하였다. |
| | ⑧ 以上論帝王知人之事 | – | B | C(B) | 『대학연의』 권16 「격물치지지요」 2 변인재 제왕지인지사에 나오는 문장이다. 한 고조 때의 기록이다. 정조(C)는 윤(B)이 제안한 일부 추가 내용을 모두 수용하였다. |
| | ⑨ 以上論憸邪罔上之情讒臣 | – | B | C(B) | 『대학연의』 권17 「격물치지지요」 2 변인재 간웅절국지술에 나오는 문장이다. 참신에 관한 내용이다. 정조(C)는 윤(B)이 건의한 내용 중에 영행하는 신하와 취렴하는 신하, 두 부류에 대한 조목을 추가해 넣었으면 좋겠다는 건의를 받아들였다. |

| 『유의평례』 권첨 및 교열 항목 수 | 교열 항목 | 서형수 (A) | 윤광안 (B) | 정조(C)의 최종 결정 및 선택 | 정조(C)의 최종 결정 내용 |
|---|---|---|---|---|---|
| 권1 第4卷籤 (13) | ⑩ 舜典象以典刑 | A | B | C(A, B) | 『대학연의』 권25 「격물치지지요」 3 심치체 덕형선후지분에 나오는 문장이다. 순임금이 섭위할 때 '형법을 일정하게 하다'라는 내용이다. 서(A)와 윤(B)은 일부 내용을 삭제해야 한다는 의견을 제시하였고, 정조(C)가 이에 따르겠다는 것이었는데, 규 1970 『어정대학유의』에는 본문과 진덕수의 주석까지 모두 삭제되었다. |
| | ⑪ 唐太宗嘗覽明堂針灸圖 | – | B | C(BX) | 『대학연의』 권25 「격물치지지요」 3 심치체 덕형선후지분에 나오는 문장이다. 정조(C)는 윤(B)이 진덕수의 주석 중 수 양제의 형벌을 아울러 말하여 걸주에 비긴 부분을 보충할 것을 청했으나 수용하지 않았다 |
| | ⑫ 以上論義利輕重之別 | – | B | C(BX) | 『대학연의』 권26 「격물치지지요」 3 심치체 의리경중지별에 나오는 문장이다. 의리를 중히 여기고 이익을 가볍게 여기는 분별의 내용이다. 윤(B)은 이에 대해 순자의 염철론과 육지가 말한 세 조목을 추가하기를 제안하였는데, 정조(C)가 수용하지 않았다. 규 1970 『어정대학유의』에는 『맹자』 뒤에 『순자』가 있는 것을 보면 다시 조정된 것으로 여겨진다. |
| | ⑬ 唐德宗貞元二年上畋於新店 | – | B | C(BX) | 『대학연의』 권27 「격물치지지요」 4 찰민정 전리척후지실에 나오는 문장이다. 당 덕종 때 시작된 세법에 대한 것이다. 윤(B)은 섭이중의 시를 넣기를 청하였고, 정조(C)는 그 의견을 수용하지 않고 당 정원(貞元) 2년의 사적까지도 추려 내도록 하였다. 규 1970 『어정대학유의』에는 이 내용이 완전히 빠져 있다. |
| 권1 第5卷籤 (12) | ① 皐陶謨 天叙有秩 | – | B | C(B) | 『대학연의』 권28 「성의정심지요」 1 숭경외 사천지경에 나오는 문장이다. 『서경』 고요모의 내용이다. 정조(C)는 윤(B)이 제시한 "진덕수의 설 중 천서, 천질, 천명, 천토에 대하여, 두 가지만 설명하는 것은 불가하니 더 추려 내는 것이 좋겠다."는 의견을 수용하였다. 규 1970 『어정대학유의』에는 군신 위주의 내용만 선별되고 나머지는 모두 생략되었다. |
| | ② 眞德秀曰文王 | – | – | C | 『대학연의』 권28 「성의정심지요」 1 숭경외 사천지경에 나오는 문장이다. 정조(C)가 『대학연의』를 선집할 때, 본문의 경우 『시경』 권16 「대아」 문왕지십 대명편의 제1장과 3장, 권19 「주송」 민자소자지십 경지 편의 제1장을 합치고, 주석의 경우 경지편의 일부만 선별하였다. |

| 『유의평례』 권첨 및 교열 항목 수 | 교열 항목 | 서형수 (A) | 윤광안 (B) | 정조(C)의 최종 결정 및 선택 | 정조(C)의 최종 결정 내용 |
|---|---|---|---|---|---|
| 권1 第5卷籤 (12) | ③ 召誥嗚呼有王 雖小 元子哉 | A | – | C(A) | 『대학연의』 권29「성의정심지요」1 숭경외 임민지경에 나오는 문장이다.『서경』 소고편의 내용이다. 정조(C)는 서(A)가 제시한 "'소공차편(召公此篇)'으로 서두를 일으키는 것이 좋을 듯합니다."라는 의견을 수용하였다. |
| | ④ 堯典乃命羲和 | A | – | C(AX) | 『대학연의』 권29「성의정심지요」1 숭경외 치사지경에 나오는 문장이다.『서경』 요전의 내용이다. 정조(C)는 서(A)가 제시한 '흠약(欽若)'과 '경수(敬授)'의 삭제에 대한 것을 수용하지 않았다. 규 1970『어정대학유의』를 보면, 본문은 "堯典 乃命羲和 欽若昊天 曆象日月星辰 敬受人時"이고, 주석은 "眞德秀曰 奉天時 興農功事之至重 故命羲和 敬以受民 敬之見於經者始此"의 부분만 선별되었고 나머지 내용은 모두 생략되었다. |
| | ⑤ 武王席四端銘 | – | – | C | 『대학연의』 권30「성의정심지요」1 숭경외 규경잠계지조에 나오는 문장이다. 정조(C)는 '武王席四端銘'부터 '鑑銘', '盤銘', '楹銘', '杖銘', '牖銘', '劍銘', '矛銘'까지의 본문만 합쳐서 싣고, 진덕수의 주석은 모두 삭제하였다. |
| | ⑥ 孔子觀周 | A | B | C(A, BX) | 『대학연의』 권30「성의정심지요」1 숭경외 규경잠계지조에 나오는 문장이다.『공자가어』「관주」에 나온다. 윤(B)이 '無所行悔'를 '無行所悔'로 바꿀 것을 제안했고, 서(A)는 그대로 둘 것을 제안하였다. 정조(C)는 본문을 따르도록 하라고 지시하여 서(A)의 의견을 수용하였다. 규 1970『어정대학유의』에는 윤(B)이 제시했던 '無行所悔'로 되어 있음. |
| | ⑦ 眞德秀曰 斯文大略 | – | – | C | '孔子觀周'에 대한 진덕수의 주석이다. 정조(C)의 지시로 이 항목에 대한 진덕수의 주석은 삭제되었다. |
| | ⑧ 周公作無逸 | – | B | C(BX) | 『대학연의』 권33「성의정심지요」2 계일욕 일욕지계에 나오는 문장이다.『서경』 무일편의 내용이다. 정조(C)는 윤(B)이 진덕수의 주석중 한 단락을 첨가하기를 제시했는데 수용하지 않았다. 진덕수가 주석에 넣은 여조겸이 말한 부분 중 일부의 내용만 싣고 나머지는 생략하였다. |
| | ⑨ 晉獻公卜伐驪戎 | – | B | C(BX) | 『대학연의』 권33「성의정심지요」2 계일욕 황음지계에 나오는 문장이다.『국어』에 나오는 내용이다. 윤(B)이 의화와 자산의 설을 일부 초록해 넣기를 제안했는데 정조(C)는 한유가 화려하고 과장된 글이라고 공격한 것이 바로 이러한 글이라고 하여 |

| 『유의평례』 권첨 및 교열 항목 수 | 교열 항목 | 서형수(A) | 윤광안(B) | 정조(C)의 최종 결정 및 선택 | 정조(C)의 최종 결정 내용 |
|---|---|---|---|---|---|
| | | | | | 수용하지 않았다. 정조(C)는 '晉侯疾 求醫於晉'과 '鄭子產如晉問疾'의 본문과 주석을 모두 삭제하도록 하였고, 규 1970『어정대학유의』에는 모두 빠져 있다. |
| | ⑩ 唐玄宗貴妃號太眞 | – | – | C | 『대학연의』 권33「성의정심지요」 2 계일욕 황음지계에 나오는 문장이다. 양귀비에 관한 내용이다. 정조(C)는 '唐玄宗貴妃號太眞'의 본문을 일부 발췌하여 수록하고, 주석은 구양수의 평만 실었다. |
| 권1 第5卷籤 (12) | ⑪ 春秋昭八年有石言于晉 | – | B | C(BO) | 『대학연의』 권34「성의정심지요」 2 계일욕 사치지계에 나오는 문장이다.『춘추좌전』 소공 8년의 기사이다. 윤(B)이 위유(魏榆)와 숙향(叔向)에 관련된 한 단락을 첨가하기를 제시했는데, 정조(C)는 숙향에 관한 것을 고려하라고 하였다. 규 1970『어정대학유의』에는 위유는 삭제되었고, '진후방축사기지궁숙향왈(晉侯方築虒祁之宮叔向曰)'부터 '이심(貳心)'까지의 단락은 발췌되었다. |
| | ⑫ 漢文帝時賈山言 | A | B | C(A, BX) | 『대학연의』 권34「성의정심지요」 2 계일욕 사치지계에 나오는 문장이다. 가산이 문제 때「지언(至言)」을 지어 진나라의 흥망을 근거로 정치의 원리를 논한 내용이다. 정조(C)는 윤(B)과 서(A)의 노대에 관한 의견에 대해 서(A)의 의견을 받아들여 다음에 나오는 '漢文帝卽位二十三年 宮室苑囿車騎服御 無所增益'에 관한 기사는 싣지 않았다. |
| | ① 抑之五章 愼爾出話 | – | B | C(B) | 『대학연의』 권35「수신지요」 1 근언행에 나오는 문장이다.『시경』「억」의 5장에 나오는 내용이다. 정조(C)는 윤(B)이 '駟不及舌'의 항목의 삭제를 제시한 의견을 수용하였다. 규 1970『어정대학유의』에는 본문에서『시경』「억」의 6장은 생략되었고, 진덕수의 주는 간략하게 선별하여 실렸다. |
| 권1 第6卷籤 (3) | ② 衛侯在楚 | – | B | C(B0) | 『대학연의』 권35「수신지요」 1 근언행에 나오는 문장이다.『춘추좌전』 노양공 31년 기사의 일부가 발췌된 것이다. 정조(C)는 윤(B)이 제안한 일부 내용의 선별 수록에 대해 동의하였다. 정조(C)는 윤(B)의 의견에 대해 선별의 체제는 근엄함을 높이 치니, 훈고한 부분을 적절히 줄여야 한다는 주장은 과연 옳다고 하였다. |
| | ③ 曾子曰君子 | – | B | C(B) | 『대학연의』 권35「수신지요」 1 근언행에 나오는 문장이다.『논어』「태백」에 나오는 문장이다. 정조(C)는 윤(B)이 주장한 광형의 상소를 넣는데 동의하였다. 규 1970『어정대학유의』에는 '漢成帝卽位 丞相匡衡上書曰'의 내용이 발췌되어 있다. |

| 『유의평례』 권첨 및 교열 항목 수 | 교열 항목 | 서형수 (A) | 윤광안 (B) | 정조(C)의 최종 결정 및 선택 | 정조(C)의 최종 결정 내용 |
|---|---|---|---|---|---|
| 권1 第7卷籤 (7) | ① 眞德秀曰 元祐中 | – | – | C | 『대학연의』 권37 「제가지요」 1 중비필 근선립지도에 나오는 문장이다. 원우 5년(1089) 11월 18일에 범조우가 선인성렬왕후에게 상소한 내용이다. 정조(C)는 이 조목은 너무 번거롭다하여 일부만 발췌한 것이다. |
| | ② 眞德秀曰此詩 | – | – | C | 『대학연의』 권37 「제가지요」 1 중비필 뇌규경지익에 나오는 문장이다. 『시경』의 「제풍계명」인데 어진 후비를 그리워하는 내용이다. 정조(C)는 이 시의 다음에 나오는 진덕수의 주석에 대해 긴절하지 않으니, 다른 조목도 이에 비추어 함께 추려 내도록 하였는데, 규 1970 『어정대학유의』를 보면, 이 항목에 대한 진덕수의 주는 빠져 있다. |
| | ③ 漢呂后爲皇太后 | – | B | C(BX) | 『대학연의』 권38 「제가지요」 2 엄내치 궁위예정지계에 나오는 문장이다. 한나라 여후의 이야기이다. 정조(C)는 윤(B)아 본문과 진씨의 설 중의 일부를 추록하자고 하였으나 수용하지 않았다. |
| | | – | B | C(BX) | 정조(C)는 또한 윤(B)이 이 조목 다음에 본서 중 효원황후에 관한 한 조목 및 반표의 찬과 후한황후기 한 조목을 추가하자고 하였으나 허락하지 않았다. |
| | ④ 內臣忠勤之福 | – | B | C(BX) | 『대학연의』 권39 「제가지요」 2 엄내치 내신충근지복에 나오는 문장이다. 진덕수가 일곱 명의 환관을 이상적인 모델로 제시한 내용이다. 윤(B)은 원서에 따라 한의 양하와 여강, 당의 마존량과 엄준미 등에 관한 내용 몇 조목을 초출하여 추가하는 것에 대한 의견을 제시하였다. 정조(C)는 환관의 입장에 있어서는 진실로 좋은 본보기가 되겠지만 환관을 멀리해야 하는 임금의 도리에 있어서는, 아마 충근하다는 이유로 조정의 정사를 맡겨 주어서는 안 될 것이라는 이유를 들어 수용하지 않았다. 규 1970 『어정대학유의』에는 내신충근지복의 관련 내용은 모두 삭제되었다. |
| | ⑤ 初李膺等雖廢錮 | – | B | C(BX) | 『대학연의』 권39 「제가지요」 2 엄내치 내신예정지화에 나오는 문장이다. 한 영제 때의 고사이다. 윤(B)은 일부 기사의 삭제와 추가를 주장했는데, 정조(C)는 모두 추려 내도록 하였다. 규 1970 『어정대학유의』에는 이응에 관한 기사가 '漢宦官傳序'와 '河內張成善風角'에 실려 있고, '初李膺等雖廢錮'의 기사는 삭제되었다. |

| 『유의평례』 권첨 및 교열 항목 수 | 교열 항목 | 서형수 (A) | 윤광안 (B) | 정조(C)의 최종 결정 및 선택 | 정조(C)의 최종 결정 내용 |
|---|---|---|---|---|---|
| 권1 第7卷籤 (7) | ⑥ 李輔國以閹奴 | A | B | C(A, B0) | 『대학연의』 권39 「제가지요」 2 엄내치 내신예정지화에 나오는 문장이다. 『신당서』 권 208에서 인용된 것이다. 이 항목에 대해 윤(B)의 내용 추가 및 '협자(俠者)'의 오자 제기가 있었고, 서(A)는 '협(俠)' 자는 『당서』 본전에 '협(俠)' 자로 되어 있으니, 오자가 아니라고 하였다. 이에 대해 정조(C)는 서(A)의 의견은 수용하고, 윤(B)의 의견은 부분적으로 수용하여 '불평(不平)' 아래에 네 글자를 당연히 보충하여야 할 것이며, '협(俠)' 자는 『당서』 본전을 따라야 할 것이며, 번다한 부분은 당연히 추려서 적절히 줄이라고 하였다. 규 1970 『어정대학유의』에는 '李輔國以閹奴'의 항목은 간략하게 발췌되었고, '불평(不平)' 아래 '不欲顯戮'의 네 글자가 들어가 있으며, '협(俠)' 자는 그대로 사용되었다. |
| | ⑦ 永和六年梁商 | A | B | C(AX, B0) | 『대학연의』 권43 「제가지요」 4 교척속 외가교자지화에 나오는 문장이다. 주로 양기를 중심으로 일어난 내용이다. 윤(B)은 일부 내용의 삭제 및 '용감천하세조지반(用減天下稅租之半)'에서의 '용(用)'에 대한 의견을 제시했고, 서(A)는 '용(用)'은 '충왕부용(充王府用)'이 되어야 옳을 것이라고 하였다. 정조(C)는 서(A)의 의견은 수용하지 않고, 윤(B)의 의견은 부분적으로 수용하여 모두 삭제하도록 지시하였다. 규 1970 『어정대학유의』를 보면, 양기에 관한 내용은 간략하게 발췌되었다. |

위의 〈표 2〉의 내용을 종합하면 다음과 같다.

1) 권수첨의 ①, ②, ③ 항목에서는 『어정대학유의』의 체재에 대한 것이 결정되었다. 『대학』의 서명은 글 줄의 맨 위 칸에 표기하였고, 『대학장구』 서의 제목은 한 자 낮추어 쓰도록 하였으며, 『대학연의』와 『대학연의보』 서의 제목을 이미 두 자 낮추어 쓰도록 하였다. 각 서문의 내용은 모두 수록하도록 하였고, 소주는 모두 수록하지 않는 것으로 하였다.

2) 권1첨의 ①, ②, ③, ④ 항목에서 최종 결정된 것을 보면, 진덕수 주석 부분은 간략하게 처리되었다. 정조(C)는 진덕수 『대학연의』 권1 「제왕위치지서」에 주장한 현인 중에서 순황과 양웅의 학설은 이단으로 보고 삭제하도록 하였다.

3) 권2첨의 ①, ②, ③, ④, ⑤ 항목을 보면,『어정대학유의』권1의 체재는 '大學經一章, 傳首章, 傳2章, 傳3章, 傳4章, 衍義 권1 帝王爲治之序, 衍義 권2~권4 帝王爲學之本'으로 결정되었다. 호굉의 설은 앞뒤의 이치가 맞지 않아 삭제되었다. 한당서의 역사서는 위학지본의 측면이 아니고, 경전과 역사의 선집은 관점이 다르며, 진덕수의 취사 방식은 너무 관대한 데 문제점이 있다 하여 수용되지 않았다.

4) 권3첨의 ①, ②, ③, ④, ⑤, ⑥ 항목에서는 진덕수의 주석을 그대로 두는 것에 무게를 두어 결정하였고, 내용 추가는 대부분 채택되지 않았다.

5) 권4첨의 ①, ②, ③, ④, ⑤, ⑥, ⑦, ⑧, ⑨, ⑩, ⑪, ⑫, ⑬ 항목을 보면, 우선 '格物致知之要二'는 정조(C)가 윤(B)의 의견을 수용하여「격물치지지요」1 명도술 상, 명도술 하,「격물치지지요」2 변인재,「격물치지지요」3 심치체,「격물치지지요」4 찰민정으로 체재의 순서를 조정하였다. '洪範五皇極'의 안건에 대하여 본문 다음에 주희의 주에서 간략하게 선별하여 싣고, 나머지 주희의 주와 진덕수의 주는 생략하였다. '子曰 吾道一以貫之'에서는 진덕수의 주석 중에 끝머리에 있는 "誠能卽先儒之說 探窮其指而力行之 則一心可以宰萬物 一理可以貫萬事 而聖門之功用在我矣"를 추가하기를 제안하자 정조(C)는 이 대목이 이일분수(理一分殊)의 뜻을 밝힐 수 있으니 첨가하도록 허락하였다. '舜典象以典刑'은 순임금이 섭위할 때 '형법을 일정하게 하다'라는 내용이다. 서(A)와 윤(B)은 일부 내용을 삭제해야 한다는 의견을 제시하였고, 정조(C)가 이에 따르겠다는 것이었는데, 규 1970『어정대학유의』에는 본문과 진덕수의 주석까지 모두 삭제되었다. '以上論義利輕重之別'은 의리를 중히 여기고 이익을 가볍게 여기는 분별의 내용이다. 윤(B)은 이에 대해 순자의 염철론과 육지가 말한 세 조목을 추가하기를 제안하였는데, 정조(C)가 수용하지 않았다. 규 1970『어정대학유의』에는『맹자』뒤에『순자』가 있는 것을 보면 다시 조정된 것으로 여겨진다. '唐德宗貞元二年 上畋於新店'은 당 덕종 때 시작된 세법에 대한 것이다. 윤(B)은 섭이중의 시를 넣기를 청하였고, 정조(C)는 그 의견을 수용하지 않고 당 정원 2년의 사적까지도 추려 내도록 하였다. 규 1970『어정대학유의』에는 이 내용이 완전히 빠져 있다.

6) 권5첨의 ①, ②, ③, ④, ⑤, ⑥, ⑦, ⑧, ⑨, ⑩, ⑪, ⑫ 항목에서는 '孔子觀周'는『공자가어』「관주」에 나온다. 윤(B)이 '無所行悔'를 '無行所悔'로 바꿀 것을 제안했

고, 서(A)는 그대로 둘 것을 제안하였다. 정조(C)는 본문을 따르도록 하라고 지시하여 서(A)의 의견을 수용하였다. 규 1970 『어정대학유의』에는 윤(B)이 제시했던 '無行所悔'로 되어 있다. '晉獻公卜伐驪戎'은 『국어』에 나오는 내용이다. 윤(B)이 의화와 자산의 설을 일부 초록해 넣기를 제안했는데 정조(C)는 한유가 화려하고 과장된 글이라고 공격한 것이 바로 이러한 글이라고 하여 수용하지 않았다. 정조(C)는 '晉侯疾求醫於晉'과 '鄭子産如晉問疾'의 본문과 주석을 모두 삭제하도록 하였고, 규 1970 『어정대학유의』에는 모두 빠져 있다.

7) 권6첨의 ①, ②, ③ 항목의 경우, '衛侯在楚'는 『춘추좌전』 노양공 31년 기사의 일부가 발췌된 것이다. 정조(C)는 윤(B)이 제안한 일부 내용의 선별 수록에 대해 동의하였다. 정조(C)는 윤(B)의 의견에 대해 선별의 체재는 근엄함을 높이 치니, 훈고한 부분을 적절히 줄여야 한다는 주장은 과연 옳다고 하였다.

8) 권7첨의 ①, ②, ③, ④, ⑤, ⑥, ⑦ 항목에서는 대부분의 내용이 간략하게 선집되었다. '內臣忠勤之福'은 진덕수가 일곱 명의 환관을 이상적인 모델로 제시한 내용이다. 윤(B)은 원서에 따라 한의 양하와 여강, 당의 마존량과 엄준미 등에 관한 내용 몇 조목을 초출하여 추가하는 것에 대한 의견을 제시하였다. 정조(C)는 환관의 입장에 있어서는 진실로 좋은 본보기가 되겠지만 환관을 멀리해야 하는 임금의 도리에 있어서는, 아마 충근하다는 이유로 조정의 정치를 맡겨서는 안 될 것이라는 이유를 들어 수용하지 않았다. 규 1970 『어정대학유의』에는 내신충근지복의 관련 내용은 모두 삭제되었다. '李輔國以閹奴'는 『신당서』 권208에서 인용된 것이다. 이 항목에 대해 윤(B)의 내용 추가 및 '협자(俠者)'의 오자 제기가 있었고, 서(A)는 '협(俠)' 자는 『당서』 본전에 '협(俠)' 자로 되어 있으니, 오자가 아니라고 하였다. 이에 대해 정조(C)는 서(A)의 의견은 수용하고, 윤(B)의 의견은 부분적으로 수용하여 '불평(不平)' 아래에 네 글자를 당연히 보충하여야 할 것이며, '협(俠)' 자는 『당서』 본전을 따라야 할 것이며, 번다한 부분은 당연히 추려서 적절히 줄이라고 하였다. 규 1970 『어정대학유의』에는 '李輔國以閹奴'의 항목은 간략하게 발췌되었고, '불평(不平)' 아래 '不欲顯戮'의 네 글자가 들어가 있으며, '협(俠)' 자는 그대로 사용하였다.

## 5.
# 『어정대학유의』의 교감

『유의평례』에 나타난 『대학연의보』의 교감

『유의평례』에 나타난 『대학연의보』의 교감은 심기미 『유의평례』 1권 5첨/20항목 중 13항목에서 20항목까지 8항목, 정조정 4권(권1~권4)은 『유의평례』 1 권8첨 4항목, 정백관 8권(권5~권12)은 『유의평례』 1 권9첨 26항목, 고방본 7권(권13~권19)은 『유의평례』 1 권10첨 7항목, 제국용 16권(권20~권35)은 『유의평례』 1 권11첨 12항목, 명예악 18권(권36~권53)은 『유의평례』 2 권12첨 6항목과 권13첨 7항목, 질제사 13권(권54~권66)은 『유의평례』 2 권14첨 9항목, 숭교화 18권(권67~권84)은 『유의평례』 2 권15첨 24항목, 비규제 15권(권85~권99)은 『유의평례』 2 권16첨 9항목, 권17첨 20항목과 권18첨 1항목, 신형헌 14권(권100~권113)은 『유의평례』 2 권19첨 9항목, 엄무비 29권(권114~권142)은 『유의평례』 2 권20첨 23항목, 어이적 14권(권143~권156)은 『유의평례』 2권 21첨 13항목, 성공화 4권(권157~권160)은 『유의평례』 2 권22첨 4항목의 총 182항목이다.

이의 교감 내용을 파악하기 위해, 『유의평례』 1은 『홍재전서』 권127, 『유의평례』 2는 『홍재전서』 권128에 의거하였고, 『유의평례』 번역본은 한국고전번역원 한국고전종합DB를 참고하였다. 『어정대학유의』는 규 1970 순조 5년(1805) 21권 10책본에 의거하였고, 『대학연의보』는 국립고 13-1 160권 60책본에 의거하였다.

각 항목의 교감 내용의 기술에 있어서 편의상 서형수를 ‘서(A)’, 윤광안을 ‘윤(B)’, 정조를 ‘정조(C)’라 한다. 교감 결과로서 최종 결정 및 선택에 있어서는 최종 결정자가 C이고, A와 B의 의견은 선택의 대상이 된다. 선택되면 C(A) 또는 C(B)로 표시하고, 의견이 부분적으로 선택되면 C(AO) 또는 C(BO)이고, 선택이 되지 않으면 C(AX) 또는

C(BX)이다.

5장에서는 문헌 및 실물 조사를 활용하여 『유의평례』에 나타난 『대학연의보』의 체재를 먼저 살펴보고, '심기미', '정조정', '정백관', '고방본', '제국용', '명예악', '질제사', '숭교화', '비규제', '신형헌', '엄무비', '어이적', '성공화' 13세목의 검토 항목이 182항목이고, 내용이 방대하여 세목별로 나누어 구성, 교감 과정과 내용을 살펴보고자 한다.

## 5.1. 구준의 『대학연의보』 체재

구준은 효종이 즉위한 성화 23년(1487) 11월에 진덕수가 지은 『대학연의』를 보완하기 위해 『대학』의 8조목 중 치국·평천하에 필요한 경세안(經世案)을 119개 항목의 사(事)로 정리하여 『대학연의보』 본문 160권, 보전서(補前書) 1권, 목록 3권 총 164권 40책을 완성하였다.

구준이 『대학연의보』 자서에서 서술하고 있는 편찬 목적 및 구성 체재를 살펴보면 다음과 같다.

첫째, 구준은 『대학』을 유학자의 전체대용(全體大用: 온전한 본체와 큰 작용)의 학문이라고 전제하였다. 유교의 가르침은 공자를 거쳐 증자가 계승하여 『대학』을 저술하였고, 한나라의 유학자들이 『예기(禮記)』에 넣었는데, 정호(程顥)·정이(程頤) 형제가 표장(表章)하였고, 주희가 『대학장구(大學章句)』와 『대학혹문(大學或問)』을 저술하였으며, 진덕수가 경전과 자(子), 사(史)의 설을 모으고 그 의미를 확장하여 『대학연의』라 하였다. 황제가 이를 정치의 근본으로 삼아 천하의 율령격식(律令格式)으로 삼았다. 그러나 이 책은 격물치지, 성의정심, 수신제가에 그쳤다. 이에 구준은 진덕수의 『대학연의』를 저술한 뜻을 본받고, 제가 아래에 치국·평천하의 요점을 보완하여 『대학연의보』를 저술하였다.[168]

---

168) 丘濬, 『대학연의보』 自序. "臣惟大學一書 儒者全體大用之學也 原於一人之心 該夫萬事之理 而關系乎億兆人民之生 其本在乎身也 其則在乎家也 其功用極於天下之大也 聖人立之以爲敎 人君本之以

둘째, 구준은 그 근본을 먼저하고 말단을 나중에 하며, 안을 다스려서 밖으로 미치도록 하여 마침내 성신(聖神)의 공화(功化)의 지극한 덕을 말하였으니, 본말(本末)이 겸비되고, 내외(內外)가 합해져 유학의 전체대용의 극공(極功)을 이루도록 한 것이다. 진덕수가『대학연의』를 저술한 의도는 수신·제가에 근본하여 평천하에 도달하는 것이었다. 그에 비해 구준이『대학연의보』를 저술한 의도는 치국·평천하의 효과를 이룩하여 격물·치지, 성의·정심, 수신·제가의 공을 수렴하고, 그 나머지를 기인하여 확장하고 간략함을 보완하여 완전함을 보완하고자 한 것이었다.[169] 구준은 진덕수의『대학연의』가 이(理)에 치중하여 당대의 군주를 계발하려고 한 것은 공자와 맹자가 노(魯), 위(衛), 제(齊), 양(梁)의 임금들에게 고하여 후세의 교훈으로 삼은 것과 같고, 반면, 자신의『대학연의보』는 사(事)에 주안점을 두고 저술하여『대학연의』와 문장은 같지 않으나 뜻은 관통된다고 하였다.

셋째, 구준은『대학연의보』의 체재를 12목(目)으로 나누었는데, ① 정조정 6세목, ② 정백관 11세목, ③ 고방본 11세목, ④ 제국용 11세목, ⑤ 명예약 6세목, ⑥ 질제사 7세목, ⑦ 숭교화 11세목, ⑧ 비규제 16세목, ⑨ 신형헌 14세목, ⑩ 엄무비 16세목, ⑪ 어이적 9세목, ⑫ 성공화 1세목이다.[170]『대학연의보』 서두에는『대학연의』의 성의정심지요에 해당하는 '심기미'가 보전서 1권으로 들어 있다.

이와 관련하여『대학연의보』의 권1 정조정 총론조정지요의 끝에 붙인 구준의 안

---

爲治 士子業之以爲學 而用以輔君 是蓋六經之總要 萬世之大典 二帝三王以來傳心經世之遺法也 孔子承帝王之傳以開百世儒敎之宗 其所以立敎垂世之道 爲文二百有五言 凡夫上下古今百千萬年 所以爲學爲敎爲治之道 皆不外乎是 曾子親受其敎 旣總述其言 又分釋其義 以爲大學一篇 漢儒�之禮記中 至宋河南程顥兄弟始表章之 新安朱熹爲之章句或問 建安眞德秀又剟取經傳子史之言以塡實之 各因其言以推廣其義 名曰大學衍義 獻之時君 以端出治之本 以立爲治之則 將以垂之後世 以爲君天下者之律令格式也 然其所衍者 止於格物致知 誠意正心 修身齊家 … 此臣所以不揆愚陋 竊倣眞氏所衍之義 而於齊家之下 又補以治國平天下之要也"

169) 丘濬,『대학연의보』自序. "先其本而後末 繇乎內以及外 而終歸於聖神功化之極 所以兼本末 合內外以成夫全體大用之極功也 眞氏前書 本之身家以達之天下 臣爲此編 則又將以致夫治平之效 以收夫格致誠正修齊之功 因其所餘而推廣之 補其略以成其全 故題其書曰大學衍義補云 非敢並駕先賢以犯不韙之罪也 … 前書主於理而此則主乎事 眞氏所述者 雖皆前言往事 而實專主於啓發當代之君 亦猶孔孟告魯衛齊梁之君而因以垂後世之訓 臣之此編較之前書 文雖不類 意則貫通 …"

170) 丘濬,『대학연의보』自序. "其爲目凡十有二 曰正朝廷(其目六) 曰正百官(其目十有一) 曰固邦本(其目十有一) 曰制國用(其目十有一) 曰明禮樂(其目六) 曰秩祭祀(其目七) 曰崇敎化(其目十有一) 曰備規制(其目十有六) 曰愼刑憲(其目十有四) 曰嚴武備(其目十有六) 曰馭夷狄(其目九) 曰成功化(其目一)"

(案)을 살펴보면, 그는 동중서(董仲舒)의 말을 인용하여 "정심으로 조정을 바르게 하고, 조정을 바르게 하여 백관을 바르게 하며, 백관을 바르게 하여 만민을 바르게 하며, 만민을 바르게 하여 사방을 바르게 한다."고 하였고, 결론적으로 구준은 자신이 편집한 정조정 내에 육조(六條)의 일이 다 들어 있다고 하였다.[171)]

이는 구준이 『대학』에서 언급한 전체대용의 체계를 국가조직론의 이상사회에 맞춘 것이다. 그는 국가조직의 중심인 군주의 정심, 국가조직의 최고 중심체인 조정, 국가조직을 집행하는 백관, 정치의 대상인 만민과 사방, 치평의 효과인 성공화의 일원적인 체계로 만들었다. 정심에 해당하는 것은 권수에 들어 있는 심기미이다. 정조정에는 육부, 정백관에는 이부를 넣었다. 만민에는 호부·예부·공부·형부를 넣고, 사방에는 병부를 넣었으며, 치평의 효과에는 성공화를 넣었다.[172)]

구준의 국가조직론에 맞추어 『대학연의보』의 체재를 〈표 3〉으로 제시하면 다음과 같다.[173)]

**〈표 3〉 국가조직론에 의거한 『대학연의보』의 체재**

| 국가조직론의 체계 | 강(팔조목) | 목 | 세목 |
|---|---|---|---|
| 正心<br>治平之體<br>권수 | 誠意正心之要 | 審幾微 補 | **4세목:** 謹理欲之初分, 察事幾之萌動, 防姦萌之漸長, 炳治亂之幾先 |
| 朝廷<br>4권<br>(권1~권4) | 治國平天下之要 | 正朝廷<br>4권<br>(권1~권4) | **6세목:** 總論朝廷之政, 正綱紀之常, 正名分之等, 公賞罰之施, 謹號令之頒, 廣陳言之路 |
| 百官<br>8권<br>(권5~권12) | 治國平天下之要 | 正百官<br>8권<br>(권5~권12) | **11세목:** 總論任官之道, 定職官之品, 頒爵祿之制, 敬大臣之禮, 簡侍從之臣, 重臺諫之任, 淸入仕之路, 公銓選之法, 嚴考課之法, 崇推薦之道, 戒濫用之失 |

171) 丘濬, 『대학연의보』 권1 正朝廷 總論朝廷之要. "… 董子所謂正心以正朝廷 正朝廷以正百官 正百官以正萬民 正萬民以正四方者 正謂此也 熹之玆言 所以論人君爲治之道無複餘蘊 凡夫愚臣所輯正朝廷六條之事皆備其中…"

172) 尹貞粉, 「大學衍義補硏究 - 15世紀 中國經世思想의 한 分析」, 연세대대학원 사학과 박사학위논문, 1992, 54~58쪽.

173) 〈표 2〉 국가조직론에 의거한 『대학연의보』의 체재는 국립 古 13-1 『대학연의보』 원문과 尹貞粉(1992), 48~63을 참조하여 구성하였다.

<table>
<tr><th>국가조직론의 체계</th><th>강(팔조목)</th><th>목</th><th>세목</th></tr>
<tr><td rowspan="7">萬民<br>101권<br>(권13~권113)</td><td>治國平天下之要</td><td>固邦本<br>7권<br>(권13~권19)</td><td>11세목: 總論固本之道, 蕃民之生, 制民之産, 重民之事, 寬民之力, 愍民之窮, 恤民之患, 制民之害, 擇民之長, 分民之牧, 詢民之瘼</td></tr>
<tr><td rowspan="6">治國平天下之要</td><td>制國用<br>16권<br>(권20~권35)</td><td>11세목: 總論理財之道, 貢賦之常, 經制之義, 市糴之令, 銅楮之幣, 山澤之利, 征榷之課, 傅算之籍, 鬻算之失, 漕輓之宜, 屯營之田</td></tr>
<tr><td>明禮樂<br>18권<br>(권36~권53)</td><td>6세목: 總論禮樂之道, 禮義之節, 樂律之制, 王朝之禮, 郡國之禮, 家鄉之禮</td></tr>
<tr><td>秩祭祀<br>13권<br>(권54~권66)</td><td>7세목: 總論祭祀之理, 郊祀天地之禮, 宗廟饗祀之禮, 國家常祀之禮, 內外郡祀之禮, 祭告祈禱之禮, 釋奠先師之禮</td></tr>
<tr><td>崇教化<br>18권<br>(권67~권84)</td><td>11세목: 總論教化之道, 設學教以立教, 明道學以成教, 本經術以爲教, 道德以同俗, 躬孝悌以敦化, 崇師儒以重道, 謹好尚以率民, 廣教化以變俗, 嚴旌別以示勸, 擧贈謚以勸忠</td></tr>
<tr><td>備規制<br>15권<br>(권85~권99)</td><td>16세목: 都邑之建, 城池之守, 宮闕之居, 囿游之設, 冕服之章, 璽節之制, 輿衛之儀, 曆象之法, 圖籍之儲, 權量之謹, 寶玉之器, 工作之用, 章服之辨, 胥隷之役, 郵傳之置, 道涂之備</td></tr>
<tr><td>愼刑憲<br>14권<br>(권100~권113)</td><td>14세목: 總論制刑之義, 定律令之制, 制刑獄之具, 明流贖之意, 詳聽斷之法, 議當原之辟, 順天時之令, 謹詳讞之議, 伸寃抑之情, 愼眚災之赦, 明復讐之義, 簡典獄之官, 存欽恤之心, 戒濫縱之失</td></tr>
<tr><td rowspan="2">四方<br>43권<br>(권114~권156)</td><td rowspan="2">治國平天下之要</td><td>嚴武備<br>29권<br>(권114~권142)</td><td>16세목: 總論威武之道, 軍伍之制, 宮禁之衛, 京輔之屯, 郡國之守, 本兵之柄, 器械之利, 牧馬之政, 簡閱之教, 將帥之任, 出師之律, 戰陳之法, 察軍之情, 遏盜之機, 賞功之格, 經武之要</td></tr>
<tr><td>馭夷狄<br>14권<br>(권143~권156)</td><td>9세목: 夏外夷之限, 愼德懷遠之道, 譯言賓待之禮, 征討綏和之義, 脩攘制禦之策, 守邊固圉之畧, 列屯遣戍之制, 四方夷落之情, 劫誘窮黷之失</td></tr>
<tr><td>治平之效<br>4권<br>(권157~권160)</td><td>治國平天下之要</td><td>成功化<br>4권<br>(권157~권160)</td><td>1세목: 聖神功化之極</td></tr>
</table>

위 〈표 3〉의『대학연의보』체재를 종합하면 다음과 같다.

1) 구준은 정조정 이하 12목에 각 목마다 총론을 넣고, 각 목은 여러 개의 세목으로

나누어 구성하였다. 각 세목에는 경서의 핵심적 내용과 역사적 사건들이 인용되었다. 경서 본문 다음에는 학자들의 주석을 붙였으며, 구준은 한 자를 더 낮춰서 자신의 논평을 '臣按'이라는 형식으로 견해를 덧붙였다. 끝에는 두 자를 더 낮춰서 총괄적인 논평을 붙였다.

2) 구준은 치평의 체인 심기미를 『대학연의보』의 권수에 실었다. 진덕수의 성의정심지요의 2목인 '崇敬畏'와 '戒逸欲'이다. 숭경외는 천리를 보존하는 것이고, 계일욕은 인욕을 막는 것이다. 그러나 구준은 일과 행위에 드러난 곳에 힘쓰는 것은 기미의 초에 자세히 살펴서 더욱 힘을 쓰기가 용이한 것만 같지 못하다고 하였다. 따라서 주자가 언급한 심기미를 숭경외와 계일욕 다음에 보충하여 성의정심지요를 완성하는 것이라 하였다.[174] 심기미는 근이욕지초분, 찰사기지맹동, 방간맹지점장, 병치란지기선의 4세목으로 구성되었다.

3) 정조정 4권(권1~권4)은 육부(六部)의 총론에 해당하며 6세목이다. 권1 총론조정지정, 정강기지상, 정명분지등, 권3 공상벌지시, 근호령지반, 권4 광진언지로 등으로 나누었다. 정조정에는 조정 정치의 총괄, 군신 간의 기강 확립과 명분의 등급, 상벌의 규정, 호령의 반포, 언로의 개방 등이 다루어졌다.

4) 정백관 8권(권5~권12)은 육부 중 이부(吏部)에 해당하며 11세목이다. 권5 총론임관지도와 정직관지품, 권6 반작록지제와 경대신지례, 권7 간시종지신, 권8 중대간지임, 권9 청입사지로, 권10 공전선지법, 권11 엄고과지법과 숭추천지도, 권12 계남용지실 등으로 나누었다. 정백관에는 관리 임용의 총괄, 벼슬의 품계, 관작과 봉록의 서열, 대신의 공경, 시종관의 선발과 대간관(臺諫官)의 책임, 인사를 위한 과거제·전선(銓選)·고과(考課)·추천제의 설명과 그 폐단의 시정 방안, 관직과 녹봉 남용의 경계 등이 다루어졌다.

5) 고방본 7권(권13~권19)과 제국용 16권(권20~권35)은 육부 중 호부(戶部)에 해당

174) 丘濬, 『대학연의보』 卷首 誠意正心之要 審幾微. "臣按 宋儒眞德秀 大學衍義於誠意正心之要立爲二目 曰崇敬畏 曰戒逸欲 其於誠意正心之事 蓋云備矣 然臣讀朱熹誠意章解 竊有見於審幾之一言 蓋天下之理二 善與惡而已矣 善者天理之本然 惡者人欲之邪穢 所謂崇敬畏者 存天理之謂也 戒逸欲者 遏人欲之謂也 然用功於事爲之著 不若審察於幾微之初 尤易爲力焉 臣不揆愚陋 竊原朱氏之意 補審幾微一節於二目之後 極知僭逾無所逃罪 然一得之愚 或有可取 謹剟諸書之言 有及於幾微者于左"

한다. 고방본 7권은 11세목이다. 권13 총론고본지도, 번민지생, 권14 제민지산, 권15 중민지사, 관민지력, 민민지궁, 권16 휼민지환 권17 제민지해, 권18 택민지장, 권19 분민지목, 순민지막 등이다. 고방본에는 민본사상의 총괄, 백성의 생업 번성과 보장, 중농의 중요성, 민력의 적절한 사용과 사민(四民: 鰥寡孤獨)의 보호, 백성들의 재난대비와 재해 제거, 지방관 선택과 목민관 임명의 중요성, 목민관의 기준과 분치(分治), 순찰관의 파견과 백성의 정세 파악 등이 다루어졌다.

제국용 16권은 11세목이다. 권20 총론이재지도 상, 권21 총론이재지도 하, 권22 공부지상, 권23 경제지의 상, 권24 경제지의 하, 권25 시적지령, 권26 동저지폐 상, 권27 동저지폐 하, 권28 산택지리 상, 권29 산택지리 하, 권30 정각지과, 권31 부산지적, 권32 죽산지실, 권33 조만지의 상, 권34 조만지의 하, 권35 둔영지전 등이다. 제국용에는 국가 재정관리의 총괄, 세금 징수의 방법, 재정관리와 회계제도, 시장의 자율성과 상호교환의 보장, 국가의 화폐 주조와 유통, 산택에서 생산되는 염철(鹽鐵) 전매제도의 반대, 관시(關市) 징세의 반대, 요역(繇役)의 기준과 호구대장의 마련, 납속납전(納粟納錢)을 통한 매관매직의 반대, 조운(漕運)의 방법과 징세, 둔전제(屯田制)의 시행과 둔영전(屯營田)의 활용 등이 다루어졌다.

6) 명예악 18권(권36~권53), 질제사 13권(권54~권66), 숭교화 18권(권67~권84)은 육부 중 예부(禮部)에 해당한다. 명예악 18권은 6세목이다. 권36 총론예악지도 상, 권37 총론예악지도 하, 권38 예의지절 상, 권39 예의지절 중, 권40 예의지절 하, 권41 악률지제 상지상, 권42 악률지제 상지하, 권43 악률지제 중, 권44 악률지제 하, 권45 왕조지례 상, 권46 왕조지례 중, 권47 왕조지례 하, 권48 군국지례, 권49 가향지례 상지상, 권50 가향지례 상지중, 권51 가향지례 상지하, 권52 가향지례 중, 권53 가향지례 하 등이다. 명예악에는 예악의 치도(治道)에 대한 총괄, 예의의 기준과 치술(治術), 악률의 요소와 기능, 조례(朝禮)의 내용과 역할, 향촌 의례의 종류와 내용, 가례에 관한 경전의 제작과 교육 등이 다루어졌다.

질제사 13권은 7세목이다. 권54 총론제사지리 상, 권55 총론제사지리 하, 권56 교사천지지례 상, 권57 교사천지지례 하, 권58 종묘향사지례 상, 권59 종묘향사지례 하, 권60 국가상사지례 상, 권61 국가상사지례 하, 권62 내외군사지례, 권63 제고기도지례 상, 권64 제고기도지례 하, 권65 석전선사지례 상, 권66 석전선사지례 하 등이다.

질제사에는 국가 제사의 종류와 예제(禮制)의 총괄, 교사(郊祀)의 연혁과 제천의식, 종묘향사와 천신례(薦新禮), 국가의 일반제사와 예법, 제왕과 충신열사들의 제사, 즉위의례·순수(巡守)의례·기우제 등의 제사, 공자에 대한 제사와 예제 등이 다루어졌다.

숭교화 18권은 11세목이다. 권67 총론교화지도, 권68 설학교이입교 상, 권69 설학교이입교 중, 권70 설학교이입교 하, 권71 명도학이성교 상, 권72 명도학이성교 하, 권73 본경술이위교 상지상, 권74 본경술이위교 상지중, 권75 본경술이위교 상지하, 권76 본경술이위교 중, 권77 본경술이위교 하, 권78 도덕이동속, 권79 궁효제이돈화, 권80 숭사유이중도, 권81 근호상이솔민, 권82 광교화이변속, 권83 엄정별이시권, 권84 거증익이권충 등이다. 숭교화에는 교화의 의미와 교육의 총괄, 학교의 설립과 교육, 존덕성(尊德性)·도문학(道問學)의 교육, 육경(六經)·사서(四書)의 의미와 내용, 도덕의 통일과 풍속의 교정, 효제(孝悌)의 교육, 사도(師道)의 확립, 군주의 덕치(德治), 백성의 교화, 통치의 선악 분별, 신하의 사후 공적평가 등이 강조되었다.

7) 비규제 15권(권85~권99)은 육부 중 공부(工部)에 해당하며 16세목이다. 권85 도읍지건 상, 권86 도읍지건 하, 권87 성지지수, 권88 궁궐지거, 권89 유유지설, 권90 면복지장, 새절지제, 권91 여위지의, 권92 역상지법 상, 권93 역상지법 하, 권94 도적지저, 권95 권량지근, 권96 보옥지기, 권97 공작지용, 권98 장복지변, 서예지역, 권99 우전지치, 도도지비 등이다. 비규제에는 도읍지의 조성, 성지(城池)의 설치, 궁궐의 영조(營造)와 건축, 유유(囿游)의 설치, 국왕의 면복과 국새, 여(輿: 수레)의 의제(儀制), 천문 및 역법, 지도의 제작, 도량형, 보옥(寶玉)의 용도와 종류, 일용품 제작, 우전(郵傳: 우편) 제도와 도로 정비 등이 다루어졌다.

8) 신형헌 14권(권100~권113)은 육부 중 형부(刑部)에 해당하며 14세목이다. 권100 총론제형지의 상, 권101 총론제형지의 하, 권102 정율령지제 상, 권103 정율령지제 하, 권104 제형옥지구, 권105 명유속지의, 권106 상청단지법, 권107 의당원지벽, 순천시지령, 권108 근상얼지의, 권109 신원억지정, 신생재지사, 권110 명복수지의, 권111 간전옥지관, 권112 존흠휼지심, 권113 계남종지실 등이다. 신형헌에는 형법과 형 집행의 총괄, 율령의 제정과 기준, 형구와 형 집행의 사례, 유배형의 취지, 소송 집행과 심문, 법의 차등 적용과 집행, 범죄의 진위 심사와 항소, 소송사건의 신원과 대사(大赦)제도, 복수(復讐)의 내용, 전옥관(典獄官)의 자격, 형 집행의 공정성과 법령의

남발 금지 등이 다루어졌다.

9) 엄무비 29권(권114~권142)과 어이적 14권(권143~권156)은 육부 중 병부(兵部)에 해당한다. 엄무비 29권은 16세목이다. 권114 총론위무지도 상, 권115 총론위무지도 중, 권116 총론위무지도 하, 권117 군오지제, 권118 궁금지위, 권119 경보지둔, 군국지수, 권120 본병지병, 권121 기계지리 상, 권122 기계지리 하, 권123 목마지정 상, 권124 목마지정 중, 권125 목마지정 하, 권126 간열지교 상, 권127 간열지교 하, 권128 장수지임 상지상, 권129 장수지임 상지하, 권130 장수지임 중, 권131 장수지임 하, 권132 출사지율, 권133 전진지법 상, 권134 전진지법 하, 권135 찰군지정, 권136 알도지기 상, 권137 알도지기 중, 권138 알도지기 하, 권139 상공지격 상, 권140 상공지격 하, 권141 경무지요 상, 권142 경무지요 하 등이다. 엄무비에는 위무(威武)의 원칙, 흥병 및 군기의 총괄, 역대 군제, 왕실의 숙위(宿衛)와 금군(禁軍), 보군(輔君)의 설치와 군권의 분산, 병권의 분장, 병기의 사용과 제조, 양마(養馬) 시기와 마정(馬政), 군대 교열과 군사훈련, 장수의 선발과 자격, 거병의 목적과 출전, 전법과 포진, 반란의 방지, 군공의 행상(行賞), 거병(擧兵)과 병서 등이 다루어졌다.

어이적 14권은 9세목이다. 권143 하외이지한 상, 권144 하외이지한 하, 권145 신덕회원지도, 역언빈대지례, 권146 정토완화지의 상, 권147 정토완화지의 하, 권148 수양제어지책 상, 권149 수양제어지책 하, 권150 수변고어지략 상, 권151 수변고어지략 하, 권152 열둔견수지제, 권153 사방이락지정 상, 권154 사방이락지정 중, 권155 사방이락지정 하, 권156 겁유궁독지실 등이다. 어이적에는 화이(華夷)의 구분과 오복제(五服制), 어이적(馭夷狄)의 우선책과 역관 제도, 이적의 정벌과 화친, 어이적의 방책, 변방 수비와 장성 축조, 변방의 경술법(更戍法),[175] 이적의 반란 방지와 서역교류, 이적 정벌의 명분 등이 다루어졌다.

10) 성공화 4권(권157~권160)은 치평의 효에 해당하며 1세목이다. 권157 성신공화지극 상지상, 권158 성신공화지극 상지하, 권159 성신공화지극 중, 권160 성신공화지극 하 등이다. 성공화에서는 『대학』의 강령과 조목을 극진하고 정밀하게 공부하는

175) 경술법(更戍法)은 송태조 조광윤이 병권의 집중을 막기 위해 만든 법으로, 매년 지방에 교대로 군대를 보내 지방 군벌의 성장을 견제하는 것이다.

방법과 성신공화의 극공을 이루는 내용이 다루어졌다.

## 5.2. 심기미의 세목 구성, 교감 내용 및 결과

### 5.2.1. 심기미의 세목 구성

심기미는 '謹理欲之初分', '察事幾之萌動', '防姦萌之漸長', '炳治亂之幾先'의 4세목으로 구성되었다.

'근이욕지초분'의 의미는 이치와 사욕이 처음 나누어지는 때를 삼가는 것이다. 구준은 이에 대해 "송의 주돈이는 『주역』에서 '幾'는 '動之微'[176]라 했는데, 그 뜻을 『통서』에 자세히 밝혔다. 주희는 주돈이의 설에 근거하여 그 뜻을 투철하게 밝혔다. '幾'의 의미는 그 용공(用功)의 요점으로 보면, 주돈이의 '思', 장재의 '豫', 주희 『대학장구』에 이른바 '審'이며 일과 행위의 드러난 곳에 더욱 힘쓰는 것이다. '誠'은 홀로 아는 곳에 그 단서를 알아 분별하여 그 악을 막게 되면 치평의 근본이 이에 서고 성인이 되는 공이 이에 있게 된다."라고 하였다.[177]

'찰사기지맹동'의 의미는 일의 기미가 처음 시작될 때를 살펴야 하는 것이다. 구준은 이에 대해 "송 인종 때 사마광이 올린 오규(五規) 중에 네 번째가 기미를 중요시한 것이다. 그중 공자가 노임금에게 고한 말을 인용했는데, '날이 밝기 전에 일찍 일어나 그 의관을 바르게 갖추어 입고 아침에 조회를 보게 한다. 이때 위태롭고 어려운 일을 생각하게 되며 한 가지라도 잘못한다면 어지럽고 망하는 것의 시초가 된다. 임금님께서 근심을 생각한다면 즉 근심할 바를 알고 있는 것이다.'라고 하였다. 대개 임금이

---

176) 周敦頤, 『통서(通書)』 誠幾德 제3에 '誠無爲 幾善惡'이라 했는데, 이는 '마음이 발동하기 이전의 誠의 상태는 작위가 없다. 그러다가 처음 발동하여 미세한 움직임이 일어날 때부터 선과 악이 나누어진다.'라는 의미이다. 이에 대해 주자는 '幾者動之微 善惡之所分也'라 하였는데, 이는 '기라는 것은 처음 발동할 때의 미세한 움직임이니 선과 악이 이때부터 나누어지게 된다'라는 의미이다.

177) 丘濬, 『대학연의보』 卷首 誠意正心之要 審幾微 謹理欲之初分. "臣按 宋儒周惇頤因易幾者動之微一言 而著之通書者爲詳 朱熹因周氏之言而發明之者尤爲透徹 卽此數說觀之 則幾之義無餘蘊矣 至其用功之要 則惇頤所謂思 張載所謂豫 熹於大學章句所謂審者 尤爲著力處也 誠能於其獨知之地 察其端緒之微而分別之 擴充其善 而遏絶其惡 則治平之本 於是乎立 作聖之功 於是乎在矣"

근심을 알지 못하므로 생각할 바를 알지 못하는 것이다. 편안할 때에 위란의 재앙을 알면 반드시 근심하게 될 것이다. 근심하면 생각하게 된다. 일이 없을 때 염려하는 것은 그 단서가 일어나는 것을 찾게 되고, 그 폐습이 이르는 것을 밝히게 된다."라고 하였다.[178]

'방간맹지점장'의 의미는 화근의 조짐이 점점 자라는 것을 막아야 한다는 것이다. 구준은 이에 대해 "삼진(三晉)이 종국인 주나라를 분할한 지 하루도 되지 않았는데, 진의 대부 위사, 조적, 한건이 분열된 나라에서 제후가 되었다. 주나라가 비록 명령을 하지 않았더라도 그들 스스로 제후 되는 것을 막을 수 있었겠는가? 그 이유를 살펴보면 옛 선비가 말하길, 진의 도공이 맹회를 대부에게 맡긴 것에서 시작하여, 평공이 최저에게 뇌물을 받고, 순력이 회의에서 나가니 삼신이 안에서 배반을 한 일은 음산하게 엉기고 두껍게 얼어붙어 백 년이 되었다. 이 때문에 군자는 일에 임해서 기미를 보는 것보다 귀한 것이 없고, 일을 할 때는 시작을 잘 계획하는 것보다 귀한 것이 없으며, 큰일을 할 때는 작은 일부터 하며, 어려운 일을 도모할 때는 쉬운 일부터 해야 한다. 해로움이라고 말하지 말라 장차 그 화가 늘어날까 두려운 것이며, 재앙이라고 말하지 말라 그 화가 장차 커질까 두려운 것이다."라고 하였다.[179]

'병치란지기선'의 의미는 치란의 기미가 일어나기 직전에 밝혀야 한다는 것이다. 구준은 이에 대해 "정이천이 말하기를, 기제(旣濟)의 때를 당하였으면 오직 환란과 해가 일어남을 생각해야 한다. 그러므로 미리 방비해서 화가 이르지 않도록 해야 한다. 자고로 천하가 이미 이루어졌는데도 환란이 일어난 것은 미리 생각하여 방비하지 못했기 때문이다. … 옛 선비가 말하길, 성탕이 염려하여 두려워하시고, 성왕이 언행과 몸가짐을 조심하신 것은 모두 환란을 생각해서 예방한 것을 이르는 것이다. 후세

---

178) 丘濬, 『대학연의보』 卷首 誠意正心之要 審幾微 察事幾之萌動. "臣按 宋仁宗時 司馬光上五規 其四曰重微 其中引孔子告魯君之語 謂昧爽夙興 正其衣冠 平旦視朝 慮其危難 一物失理 亂亡之端 以此思憂 則憂可知矣 蓋人君惟不知憂也 故不知所慮 當夫安逸之時 知有亂亡之禍 則必憂之矣 憂之則慮之 慮之於無事之時 而尋其端緒之所自起 究其流弊之所必至"

179) 丘濬, 『대학연의보』 卷首 誠意正心之要 審幾微 防姦萌之漸長. "臣按 三晉欲剖分宗國非一日矣 至是魏斯 趙籍 韓虔 始自裂土而南面焉 周雖不命 其能禁其自侯哉 原其所起之由 先儒謂始自悼公委盟會於大夫 平公受貨賂於崔杼 荀躒出會 三臣內叛 陰凝冰堅 垂及百年矣 是以君子臨事貴於見幾 作事貴於謀始 爲大於其細 圖難於其易 勿謂無害 其禍將大 勿謂無傷 其禍將長"

의 임금 중 당 현종, 덕종과 송의 휘종은 모두 그 부유하고 성대함을 믿고 기미를 살피는 것에 삼가지 않아서 화란에 길들여져 스스로 지탱할 수 없게 된 것이다. 삼가 이 편을 엮어 후세를 경계하도록 한 것이다."라고 하였다.[180]

『유의평례』 권1에 나타난 『대학연의보』의 심기미의 교감 항목은 권5첨/20항목 중 13항목에서 20항목까지 8항목이다.

### 5.2.2. 심기미의 교감 내용

심기미의 교감 항목은 『유의평례』 1 권5첨 8항목으로 ①'大學傳六章第一節', ②'中庸首章第三節', ③'以上謹理欲之初分', ④'知幾其神乎', ⑤'象曰 天與水違行訟', ⑥'帝庸作歌曰 勑天之命', ⑦'周書嗣若功', ⑧'禮記曰 禮之敎'이다.

①'大學傳六章第一節'은 『대학연의보』의 권수 심기미 근이욕지초분에 실린 '所謂誠其意者 毋自欺也 如惡惡臭 如好好色 此之謂自謙 故君子必愼其獨也'의 문장이다.[181]

> 윤(B)은 내용의 보충과 일부 삭제에 대한 의견을 제시하였고, 서(A)는 기존의 초안(정조의 朱點本)대로 하는 것을 주장하였다. 정조(C)는 이에 대해 "경산(瓊山)이 '審幾微' 한 절목을 보충한 그 공이 매우 넓다. 내가 이 책을 좋아하는 것은 대개 이 조목에 깊이 맛을 느꼈기 때문이다. 다시 전부 수록하도록 하라."[182]고 하였다.

---

180) 丘濬, 『대학연의보』 卷首 誠意正心之要 審幾微 炳治亂之幾先. "臣按 程頤有言 時當旣濟 惟慮患害之生 故思而豫防 使不至於患也 自古天下旣濟 而致禍亂者 蓋不能思患而豫防也 … 先儒有言成湯之危懼 成王之閟毖 皆思患豫防之謂也 後世人主 若唐玄宗 德宗 宋之徽宗 皆恃其富盛而不謹於幾微 遂馴致於禍亂 而不可支持之地 謹剟於篇以垂世戒"

181) 『대학(大學)』 傳6章 誠意에 나오는 문장으로 "이른 바 그 뜻을 성실히 한다는 것은 스스로 속이지 마는 것이니 악을 미워하기를 악취를 싫어하듯이 하고, 선을 좋아하기를 호색을 좋아하듯이 하여야 하니, 이것을 자겸이라 이른다. 그러므로 군자는 반드시 그 홀로를 삼가는 것이다."의 의미이다.

182) 정조, 『홍재전서』 권127 類義評例 1 권5첨 大學傳六章第一節. "臣光顔籤曰 此條下丘說中言也下 添入本文中 自蓋學 止然其一段 之者下 亦添 自是乃 止分之一段 而自是則 止獨也一句及 自各隨 止少效一節竝刪之 補入云云 且已見上 下亦合刪 臣瀅修籤曰 須臾之頃 端緖之初 正指獨字境界 而新籤一節 不過知意相因之義 當從朱點 御籤曰 瓊山之補審幾微一節 其功甚博 吾所嗜此書者 蓋亦深有味於此條 更爲全錄"

규 1970 『어정대학유의』에는 '大學傳六章第一節' 다음에 『대학연의보』에 실린 주희의 주는 생략되었고, 구준의 안은 모두 실려 있다.

②'中庸首章第三節'은 『대학연의보』의 권수 심기미 근이욕지초분에 실린 '莫見乎隱 莫顯乎微 故君子愼其獨也'의 문장이다.

> 윤(B)은 "『대학』은 본경이니, 단지 몇 장, 몇 절이라고 쓴 것은 편 머리에 그 글이 실려 있기 때문입니다. '中庸首章第三節'이라고 한 것은 범례에 어긋나니, 몇 장 몇 절은 생략하고 '막현호은(莫見乎隱)'과 '막현호미(莫顯乎微)' 두 구절만을 실어야 합니다."라고 주장하였고, 서(A)도 이 의견에 동의하였다. 정조(C)는 이에 대해 두 사람의 의견을 받아들였다.[183]

규 1970 『어정대학유의』에는 '中庸首章第三節' 중 '首章第三節'은 제외되고, "中庸 莫見乎隱 莫顯乎微 故君子愼其獨也"의 구절이 실려 있다.

③'以上謹理欲之初分'은 『대학연의보』의 권수 심기미 근이욕지초분이 끝나는 부분에 들어가 있다.

> 윤(B)은 '이상(以上)' 아래에 '論' 자를 넣기를 주장하자, 정조(C)는 이에 동의하였고, 서(A)는 "본서(本書)의 의례(義例)를 두루 상고하면 원편(原編)의 각 조목들에는 모두 '論' 자가 있고 보편(補編) 이하로는 모두 '論' 자가 없습니다. 지금 이 선별의 범례는 본서에 없는 것은 한 글자도 보태지 않은즉 속편(續編) 또한 한결같이 본서의 의례를 따라야 할 것이며, 따라서 글자가 어떤 데는 있고 어떤 데는 없는 것을 문제 삼을 필요는 없습니다."라고 하여 반대하였다.[184]

---

183) 정조, 『홍재전서』 권127 類義評例 1 권5첨 中庸首章第三節. "臣光顔籤曰 此書之例 惟大學是本經 故只書幾章幾節者 以篇首已載其文故也 自餘他經 則苟疊出 只刪之而已 今此中庸某章云者 未免違例 未知何以處之爲好 第他處亦時有不得已疊出者 如堯典首章文王詩 已載於首篇及事天之敬條 而欽明文思 於緝熙敬止二句 又單鈔入錄於脩己之敬條是也 今亦照此 只載莫見莫顯二句 詳略互見 亦或一道耶 然終嫌疊出 更詳之 臣瀅修籤曰 此籤所論極是 似當鈔節莫見莫顯二句 御籤曰 隨其所主之義 詳略互見 亦此書之一凡"

184) 정조, 『홍재전서』 권127 類義評例 1 권5첨 以上謹理欲之初分. "臣光顔籤曰 以上下論字 似不可刪 且衍義則皆有論字 而補編則皆刪論字 亦斑駁 此下諸條 竝一例書論字似好 御籤曰 補義先鈔 原義後鈔 不無凡例之異同 一一釐正爲可 臣瀅修籤曰 歷考本書義例 則原編各條 皆有論字 補編以下 竝無論

규 1970『어정대학유의』에도 '論' 자가 빠져 있어 실제는 서(A)의 의견이 반영되었음을 알 수 있다.

④'知幾其神乎'는『대학연의보』의 권수 심기미 찰사기지맹동에 실린 내용이다. 이는『주역』「계사(繫辭)」하전(下傳) 제5장의 '子曰 知幾其神乎 君子上交不諂 下交不瀆 其知幾乎' 부분이다.[185]

> 윤(B)은 "이 조목 아래에 본서(本書) 중 '군자(君子)'부터 '종일(終日)'까지의 한 단락 및 호씨(胡氏)의 설 중 '음양(陰陽)'부터 '작야(作也)'까지의 한 단락을 모두 첨가해 넣는 것이 좋을 듯합니다." 하였고, 정조(C)는 "호씨(胡氏) 삼부자(三父子) 중 호인(胡寅)[186]은 내가 평소 취하지 않았다."는 의견을 제시하여 반대하였다.[187]

구준의『대학연의보』에는 '知幾其神乎'에 이어『주역』「계사」하전 제5장의 본문에서 "君子見幾而作 不俟終日 易曰 介于石 不終日 貞吉 介如石焉 寧用終日 斷可識矣 君子知微知彰知柔知剛 萬夫之望" 부분이 인용되어 있다.[188] 이 본문에 대해 정이(程頤), 호인의 주석, 그리고 구준의 안이 차례로 실려 있다. 규 1970『어정대학유의』에는 이 부분이 모두 빠져 있다.

⑤'象曰 天與水違行訟'은『대학연의보』의 권수 심기미 찰사기지맹동에 실린 내

字 今此選例 本書所無者 不添一字 則續編亦當一從本書義例 而不必嫌其或有或無"

185)『주역(周易)』「계사(繫辭)」하전 제5장 중 "공자께서 말씀하시기를, '기미를 아는 것은 신비로운 일이다. 군자는 윗사람을 사귀어도 아첨하지 않으며, 아랫사람과 사귀어도 더럽혀지지 않으니 그 기미를 아는 것이다."의 의미이다.

186) 백진우, 「역사평론서『독사관견(讀史管見)』의 위상과 조선 지식인들의 수용 양상」,『한문학논집』52, 2019, 265~291쪽을 참고하면, 호인(胡寅, 1098~1156)은 자가 명중(明仲), 중호(仲虎), 중강(仲剛)이며, 호는 치당(致堂)이다. 정이(程頤)와 정호(程顥)로부터 수학하였고, 춘추학(春秋學)에 조예가 깊었던 호안국(胡安國)의 양자로 입적되었다. 역사평론서인『독서관견(讀書管見)』의 저자이다.

187) 정조,『홍재전서』권127 類義評例 1 권5첨 知幾其神乎. "臣光顔籤曰 此條下 取本書中 自君子 止終日 一條及胡說 自陰陽 止作也一段 竝添入似好 御籤曰 胡氏三父子 胡寅則平生所不取者"

188)『주역』「계사(繫辭)」하전 제5장 중 "군자는 기미를 보고나서 하루를 넘기지 않고 결단하여 행하니 易에 이르기를, 돌처럼 절개가 굳은지라, 하루도 넘기지 않으니 貞하고 吉하다 하니 절개가 돌과 같거니 어찌 하루를 넘기겠는가. 결단의 신속함을 알 것이다. 군자는 기미를 알고, 드러난 현상을 직시하고, 온유하기도 하고, 강직하기도 하니, 백성들이 우러러 따르는 것이다."의 의미이다.

용이다. 이 문장은『주역』 상경(上經) 제3장 6 천수송(天水訟) 내용 중의 '象曰 天與水違行訟 君子以作事謀始'이다.[189)]

> 윤(B)은 "이 조목 아래 도씨(都氏)의 설은 추려 내어도 무방할 듯합니다." 하였고, 정조(C)는 "최초에는 천지가 모두 물이었다. 그러므로 아무리 높은 산악이라 할지라도 모두 물의 무늬를 띠고서 형체를 이루고 있는 것이다. 도씨의 설은 내가 일찍이 인정하였다." 하였다.[190)]

도씨는 도결(都潔)이다.[191)] 구준의『대학연의보』에는 "象曰 天與水違行訟 君子以作事謀始"의 내용에 대해 정이의 주석에 이어 "都潔曰 天爲三才之始 水爲五行之始 君子法之 作事謨始"의 주석 및 구준의 안이 실려 있는데, 규 1970『어정대학유의』에는 본문 다음에 정이의 주석은 빠져 있고, 도결의 주석 및 구준의 안이 실려 있다.

⑥'帝庸作歌曰 勑天之命'은『대학연의보』의 권수 심기미 찰사기지맹동에 실린 내용이다. 이는『서경』 제1편 우서(虞書) 익직(益稷)의 내용 중에서 '帝庸作歌曰 敕天之命 惟時惟幾' 부분이다.[192)]

> 서(A)는 "이 한 조목은 이미 제1권 '임금과 신하의 도를 총괄하여 말한[摠言君臣之道]' 조목에 보이니, 중첩하여 취해서는 안 될 것입니다. 구씨(丘氏)의 설까지 함께 추려 내어야 할 것입니다." 하였고, 정조(C)는 "추려 내어야 한다는 말이 옳다."고 하였다.[193)]

---

189) 『주역』 上經 제3장 6 天水訟에 나오는 내용으로 "상에 가로대, 하늘과 물이 어긋나게 행함이 송이니, 군자가 이로써 일을 지음에 처음을 꾀하느니라."의 의미이다.

190) 정조, 『홍재전서』 권127 類義評例 1 권5첨 象曰 天與水違行訟. "臣光顔籤曰 此條下都說 删之似無妨 御籤曰 最初皆是水也 故雖穹崇之山岳 皆帶水文而成其體 都說嘗所許之者"

191) 『문헌통고(文獻通考)』「경적고(經籍考)」에 보면『주역변체(周易變體)』 16권이 실려 있는데, 이 책의 저자가 송의 도결(都潔)이다.

192) 『서경』 제1편 虞書 益稷에 나오는 내용으로 "순(舜)임금이 노래를 지어 말씀하기를 '하늘의 명을 받들어 어느 때이건 힘쓰고 무슨 일이든 기미를 살펴야 한다'고 하였다."는 의미이다.

193) 정조, 『홍재전서』 권127 類義評例 1 권5첨 帝庸作歌曰 勑天之命. "臣瀅修籤曰 此一條 已見於第一卷 摠言君臣之道條 不可疊取 竝丘說合删 御籤曰 合删云者得之"

규 1970 『어정대학유의』에는 완전히 빠져 있다.

⑦ '周書嗣若功'은 『대학연의보』의 권수 심기미 찰사기지맹동에 실린 내용이다. 이는 『서경』 「주서(周書)」 제14편 소고(召誥)의 내용 중에서 '周書 嗣若功 王乃初服 嗚呼 若生子 罔不在厥初生 自貽哲命 今天 其命哲 命吉凶 命曆年 知今我初服 宅新邑 肆惟王 其疾敬德' 부분이다.[194)]

> 윤(B)은 "구씨(丘氏)의 설 중 그 위아래 세 구절에 모두 '이(以)' 자로 썼은즉 제2구의 '미이(微而)'의 '이(而)' 자도 '이(以)' 자로 되어야 옳을 것입니다. 게다가 '이(以)' 자가 뜻이 심장합니다." 하였고, 정조(C)는 "'이(以)' 자와 '이(而)' 자를 대(對)로 놓는 것은 선진(先秦) 시대부터 그러하였다." 하였다.[195)]

정조(C)는 윤(B)의 의견에 반대하였다.

⑧ '禮記曰 禮之敎'는 『대학연의보』의 권수 심기미 찰사기지맹동에 실린 내용이다. 이는 『예기(禮記)』 경해(經解) 제26의 내용 중에서 '禮記曰禮之敎化也微 其止邪也於未形 使人日徙善遠罪而不自知也 是以先王隆之也 易曰 君子愼始 差若毫厘 繆以千裏 此之謂也' 부분이다.[196)]

> 윤(B)은 "이 조목 아래에, 본서 중 오징(吳澄)[197)]의 설 가운데 '예지(禮之)'부터 '지

194) 『서경』 「주서(周書)」 제14편 召誥에 나오는 내용으로 "공이 있는 자를 이을지라 하노니, 왕이 이에 처음으로 행함에야 아아, 자식을 낳는 것이 그 처음 나올 때에 스스로 밝은 명을 받지 않음이 없는 것 같으니, 이제 하늘은 그 밝음을 명하실까? 길과 흉을 명하실까? 역년을 명하실까? 아는 것은 지금 우리의 처음 행하는 것입니다. 새로운 읍에 자리 잡으시어 이에 왕이 그 빨리 덕을 공경하소서"의 의미이다.

195) 정조, 『홍재전서』 권127 類義評例 1 권5첨 周書嗣若功. "臣光顔籤曰 丘說中卽其上下三句 皆書以字 則第二句微而之而 應亦作以 且以字義長 御籤曰 以而兩字爲對 自先秦爲然"

196) 『예기(禮記)』 경해(經解) 제26에 나오는 내용으로 "… 그러므로 예의 교화는 순수하고 아름다운 것이어서, 일이 모양이 갖추기 전에 그 사악함을 멈추게 한다. 사람으로 하여금 날로 선을 따르고 죄악을 멀리하게 하면서도 스스로 느끼지 못하게 한다. 이런 까닭으로 선왕들은 이를 높이셨던 것이다. 『주역』에 이르기를 '군자는 처음을 신중히 시작하다가 어긋나는 것이 만약 호리와 같다면 뒤에 어긋나는 것은 천리나 된다.'고 했으니 이것을 두고 하는 말이다."의 의미이다.

197) 이범학, 「오징(吳澄, 1249~1333) 사상연구서설(思想研究序說) - 원대(元代) 이학(理學)과 오징」, 『한국학논총』 30, 2008, 707~734쪽을 참고하면, 오징은 이름이 징(澄)이고, 자가 유청(幼淸), 호가

야(之也)'까지의 한 단락을 첨가해 넣고, 구씨(丘氏)의 설 중 '미자(微者)'부터 '시고(是故)'까지는 추려 내는 것이 좋을 듯합니다." 하였고, 정조(C)는 "오초려(吳草廬)는 처음에는 주자를 신봉하다가 마침내는 육학(陸學, 육상산(陸象山)의 학문)으로 돌아가고 말았기 때문에 취하지 않았다." 하였다.[198]

구준의 『대학연의보』에는 '禮記曰 禮之教'의 본문 다음에 섭몽득(葉夢得)과 오징의 주석이 있고, 이어 구준의 안이 있는데, 규 1970 『어정대학유의』에는 본문 다음에 섭몽득과 오징의 주석은 빠져 있고, 구준의 안만 실려 있다.

### 5.2.3. 심기미의 교감 결과

『유의평례』 1 권5첨 8항목의 교감 내용의 결과를 〈표 4〉로 종합하면 다음과 같다.

〈표 4〉 『유의평례』 1 권5첨 8항목의 서형수, 윤광안, 정조의 교열에 관한 기록

| 『유의평례』 권첨 및 교열 항목 수 | 교열 항목 | 서형수 (A) | 윤광안 (B) | 정조(C)의 최종 결정 및 선택 | 정조(C)의 최종 결정 내용 |
|---|---|---|---|---|---|
| 권1 第5卷籤 (8) | ① 大學傳六章 第一節 | A | B | C(AX,B) | 『대학연의보』의 권수 심기미 근이욕지초분에 실린 문장이다. 정조는 윤(B)의 의견을 받아들여 구준이 '審幾微' 한 절목을 보충한 공이 크므로 모두 수록하도록 하였다. 규 1970 『어정대학유의』에는 '大學傳六章第一節' 다음에 『대학연의보』에 실린 주희의 주는 생략되었고, 구준의 주는 모두 실려 있다. |

초려(草廬)이다. 송 함순(咸淳) 6년(1270) 향시에 합격하고 예부의 진사시에는 실패하였다. 원나라에서 벼슬하였고 국자감에서 일했다. 그의 고향은 무주(撫州) 숭인(崇仁, 지금의 江西崇人)이다. 그는 무주 임여서원(臨汝書院)의 정약용(程若庸)에게 배웠다. 정약용은 요노(饒魯)의 제자이며 요노는 주자의 수제자인 황간(黃幹)의 제자이다. 오징은 주자의 사전(四傳) 제자이다. 그는 남송대 주자 이후 이학(理學)의 정통을 계승하였고, 고향 선배인 육상산(陸象山)의 심학(心學)과 강남 전래의 경사학(經史學)까지 아울렀다.

198) 정조, 『홍재전서』 권127 類義評例 1 권5첨 記曰 禮之教. "臣光顔籤曰 此條下 取本書中吳澂說 自禮之止之也一段添入 而丘說中 自微者 止是故則刪之似好 御籤曰 吳草廬始信朱子 終歸陸學 所以不取"

| 『유의평례』 권첨 및 교열 항목 수 | 교열 항목 | 서형수 (A) | 윤광안 (B) | 정조(C)의 최종 결정 및 선택 | 정조(C)의 최종 결정 내용 |
|---|---|---|---|---|---|
| 권1 第5卷籤 (8) | ② 中庸首章 第三節 | A | B | C(A,B) | 『대학연의보』의 권수 심기미 근이욕지초분에 실린 문장이다. 정조(C)는 윤(B)과 서(A)의 의견을 수용하여 '中庸首章第三節'은 몇 장 몇 절은 생략하고 '막현호은(莫見乎隱)'과 '막현호미(莫顯乎微)'의 내용만 싣도록 하였다. 규 1970 『어정대학유의』에도 '中庸首章第三節' 중 '首章第三節'은 제외되고, "中庸 莫見乎隱 莫顯乎微 故君子愼其獨也"의 구절이 실려 있으며 몇 장 몇 절은 생략되었다. |
| | ③ 以上謹理欲之初分 | A | B | C(AX,B) | 『대학연의보』의 권수 심기미 근이욕지초분이 끝나는 부분에 들어가 있다. 정조(C)는 윤(B)의 의견을 수용하여 '이상(以上)' 아래에 '논(論)' 자를 넣기로 한 것인데, 서(A)는 반대하였다. 규 1970 『어정대학유의』에는 '논(論)' 자가 빠져 있어 실제는 서(A)의 의견이 반영되었음을 알 수 있다. |
| | ④ 知幾其神乎 | – | B | C(BX) | 『대학연의보』의 권수 심기미 찰사기지맹동에 실린 내용이다. 정조(C)는 윤(B)이 주장한 이 조목 아래 본서(本書)의 내용 및 호인(胡寅)의 주석의 추가에 대한 의견에 반대하였다. 구준의 『대학연의보』에는 '知幾其神乎'에 이어 『주역』 「계사」 하전 제5장의 본문에서 "君子見幾而作 不俟終日 易曰 介于石 不終日 貞吉 介如石焉 寧用終日 斷可識矣 君子知微知彰知柔知剛 萬夫之望" 부분이 인용되어 있다. 이 본문에 대해 정이(程頤), 호인(胡寅)의 주석, 그리고 구준의 안(按)이 차례로 실려 있다. 규 1970 『어정대학유의』에는 이 부분이 모두 빠져 있다. |
| | ⑤ 象曰 天與水違行訟 | – | B | C(BX) | 『대학연의보』의 권수 심기미 찰사기지맹동에 실린 내용이다. 정조(C)는 윤(B)이 주장한 이 조목 아래 도결(都潔)의 설의 삭제에 대한 의견에 반대하였다. 구준의 『대학연의보』에는 "象曰 天與水違行訟 君子以作事謀始"의 내용에 대해 정이의 주석에 이어 "都潔曰 天爲三才之始 水爲五行之始 君子法之 作事謨始"의 주석 및 구준의 안이 실려 있는데, 규 1970 『어정대학유의』에는 본문 다음에 정이의 주석은 빠져 있고, 도결의 주석 및 구준의 안이 실려 있다. |
| | ⑥ 帝庸作歌曰 勑天之命 | A | – | C(A) | 『대학연의보』의 권수 심기미 찰사기지맹동에 실린 내용이다. 정조(C)는 서(A)가 주장한 이 한 조목은 이미 제1권 '摠言君臣之道' 조목에 보이니, 본문과 구준의 안까지 삭제하자는 의견을 수용하였다. 규 1970 『어정대학유의』에는 완전히 빠져 있다. |

| 『유의평례』 권첨 및 교열 항목 수 | 교열 항목 | 서형수(A) | 윤광안(B) | 정조(C)의 최종 결정 및 선택 | 정조(C)의 최종 결정 내용 |
|---|---|---|---|---|---|
| 권1 第5卷籤 (8) | ⑦ 周書嗣若功 | – | B | C(BX) | 『대학연의보』의 권수 심기미 찰사기지맹동에 실린 내용이다. 정조(C)는 윤(B)이 주장한 구씨(丘氏)의 설 중 '이(以)' 자의 용례에 대해 '미이(微而)'의 '이(而)' 자도 '이(以)'로 바꾸자는 의견에 반대하였다. |
| | ⑧ 禮記曰 禮之教 | – | B | C(BX) | 『대학연의보』의 권수 심기미 찰사기지맹동에 실린 내용이다. 정조(C)는 윤(B)이 주장한 이 조목 아래에 오징(吳澄)의 주석 추가와 구준의 안중 일부 삭제에 대한 의견에 반대하였다. 구준의 『대학연의보』에는 '禮記曰 禮之教'의 본문 다음에 섭몽득(葉夢得)과 오징의 주석이 있고, 이어 구준의 안이 있는데, 규 1970 『어정대학유의』에는 본문 다음에 섭몽득과 오징의 주석은 빠져 있고, 구준의 안만 실려 있다. |

위의 〈표 4〉의 내용을 종합하면 다음과 같다.

1) ①'大學傳六章 第一節'에 대해서는 구준이 '審幾微' 한 절목을 보충한 공을 평가하여 본문 다음에 주희 주를 빼고 구준의 안이 수록되도록 결정되었다.

2) ②'中庸首章 第三節'은 체재에 대한 것으로 경전을 인용하는 경우는 경전의 명칭 다음에 몇 장 몇 절은 생략하도록 결정되었다.

3) ③'以上謹理欲之初分'은 체재에 대한 것으로 '以上' 아래에 '論' 자를 넣는 것은 생략하도록 결정되었다.

4) ④'知幾其神乎'는 그 아래 실린 조목에 관한 교감 결과이다. 정조(C)는 특히 호인(胡寅)의 주석에 동의하지 않았다. 구준의 『대학연의보』에는 '知幾其神乎'에 이어 『주역』「계사」 하전 제5장의 본문에서 "君子見幾而作 不俟終日 易曰 介于石 不終日 貞吉 介如石焉 寧用終日 斷可識矣 君子知微知彰知柔知剛 萬夫之望" 부분이 인용되어 있다. 이 본문에 대해 정이(程頤), 호인의 주석, 그리고 구준의 안(按)이 차례로 실려 있다. 규 1970 『어정대학유의』에는 이 부분이 모두 빠져 있다.

5) ⑤'象曰 天與水違行訟'은 본문 다음의 도결(都潔)의 주석에 관한 교감 결과이다. 정조(C)는 도결의 주장을 매우 긍정적으로 평가하였다. 구준의 『대학연의보』에는

"象曰 天與水違行訟 君子以作事謀始"의 내용에 대해 정이의 주석에 이어 "都潔曰 天爲三才之始 水爲五行之始 君子法之 作事謨始"의 주석 및 구준의 안이 실려 있는데, 규 1970『어정대학유의』에는 본문 다음에 정이의 주석은 빠져 있고, 도결의 주석 및 구준의 안이 실려 있다.

6) ⑥'帝庸作歌曰 勑天之命'은 내용의 중복에 대한 교감 결과이다. 정조(C)는 본문과 구준의 안까지 삭제하자는 서(A)의 의견을 수용하였다. 규 1970『어정대학유의』에는 완전히 빠져 있다.

7) ⑦'周書嗣若功'은 구씨(丘氏)의 설 중 '以' 자의 '而' 용례에 대한 교감 결과이다. 정조(C)가 '以' 자와 '而' 자를 대로 놓는 것은 선진 시대부터의 용례라 주장하여 그대로 두는 것으로 결정되었다.

8) ⑧'禮記曰 禮之敎'는 본문 다음에 오징(吳澄)의 주석에 대한 교감 결과이다. 정조(C)는 오징이 처음에는 주자를 신봉하다가 마침내는 육상산(陸象山)의 학문으로 전향했기 때문에 추가할 수 없다고 결정하였다. 구준의『대학연의보』에는 '禮記曰 禮之敎'의 본문 다음에 섭몽득과 오징의 주석이 있고, 이어 구준의 안이 있는데, 규 1970『어정대학유의』에는 본문 다음에 섭몽득과 오징의 주석은 빠져 있고, 구준의 안만 실려 있다.

## 5.3. 정조정과 정백관의 세목 구성, 교감 내용 및 결과

### 5.3.1. 정조정과 정백관의 세목 구성

정조정과 정백관의 세목에 대해 설명하면 다음과 같다.

정조정 4권(권1~권4)은 육부(六部)의 총론에 해당하며 6세목이다. 권1 총론조정지정, 권2 정강기지상, 정명분지등, 권3 공상벌지시, 근호령지반, 권4 광진언지로 등으로 나누었다.

첫째, 권1의 총론조정지정은 조정의 정치를 총괄해서 언급한 것이다. 이에 대해 구준은 "진덕수가『대학연의』에서 언급한 격물치지의 요점은 '審治體'이고, 치국평천하의 요점은 '正朝廷'이다. '審治體'의 요점은 '理'를 말한 것이고, '治平之政'은 '事'를 말한 것이다. '理'는 지식을 주로하고 '事'는 실천을 주로 하니 대개 지식이 제대로 갖추어져야 비로소 올바른 실천이 가능한 것이고, 올바른 실천은 지식이 제대로 갖추어져야 하는 것이다. '理'와 '事', '知'와 '行'은 서로 도움이 되는 것이다."라고 하였다.[199)]

둘째, 권2는 정강기지상과 정명분지등이다. 정강기지상은 군신 간의 기강확립을 분명하게 해야 하는 것이다. 이에 대해 구준은 "정치를 하는 강기는 당의 한유(韓愈)와 송의 주자가 언급한 것이 매우 간절한데, 주희가 그 임금에게 고한 것이 더욱 절실하다고 보았다. 밝은 임금은 유념하여 살피고 강단 있게 분발하며 그 마음을 바로 하고 간사한 것을 배척하며 군신 간의 강기를 세워서 곤궁한 모든 백성들을 행복하게 하는 것이다."라고 하였다.[200)] 정명분지등은 명분의 등급을 정하는 것이다. 이에 대해 구준은 "명분은 상하의 질서에서 생겨나는 것이다. 명분이 한번 정해지면 아랫사람은 윗사람을 따르고 거역함이 없어야 하고 명령에 어김이 없어야 한다. 윗사람은 아랫사람을 통솔해서 어기지 못하게 해야 하고 한번 어기면 형벌을 가하는 것이다. 아랫사람이 윗사람을 어기는 것도 불가한데 하물며 폐립을 할 수 있겠는가? 인군의 정치는 반드시 예에 삼가고 명분을 바로 하여 왕을 바꾸는 조짐을 막아야 한다."라고 하였다.[201)]

셋째, 권3은 공상벌지시와 근호령지반이다. 공상벌지시는 상벌의 규정을 공정히 하는 것이다. 구준은 이에 대해 주자의 말을 인용하여 "성인의 마음은 사물에 감응하지 않으면 그 체(體)가 광대 허명하고 편벽됨이 없어 천하의 근본이 되고, 희로애락이

---

199) 丘濬, 『대학연의보』 卷1 治國平天下之要 正朝廷 總論朝廷之政. "臣按 宋儒眞德秀大學衍義 格物致知之要 既有所謂 審治體矣 而此治國平天下之要 又有正朝廷 而總論朝廷之政何也 蓋前之所審者治平之體 言其理也 此之所論者治平之政 言其事也 一主于知 一主于行 蓋必知于前而後能行于後 後之行者卽所以實其前之知者也 理與事 知與行 其實互相資焉"

200) 丘濬, 『대학연의보』 卷2 治國平天下之要 正朝廷 正綱紀之常. "臣按 自古儒臣論 爲治之綱紀 莫切於唐韓愈宋朱熹 而熹之所以告其君者 尤爲切至焉 伏望明主留神省察 奮發剛斷 一正宸心 斥遠奸邪 建立綱紀 以幸四海困窮之民 如熹之所以望其君者 臣尤不勝大願"

201) 丘濬, 『대학연의보』 卷2 治國平天下之要 正朝廷 正名分之等. "臣按 名分生於上下之際 名分一定則下之于上 有順而無逆 有令而無違 上得以率乎下 下不得以犯乎上 一有犯焉 則刑戮加之矣 犯且不可 況敢廢立之哉 此人君爲治所以必謹于禮 以正名分 而防其陵替之漸也"

발하는 것도 모든 것이 절도에 맞아서 달도(達道)가 된다. 중화(中和)의 도를 지극히 하면 천지가 제자리를 편안히 하고 만물이 잘 생육될 것이다. 성인의 마음이 지허지평(至虛至平)하여 편벽됨이 없으면 천하의 근본이 서고 달도가 행해지는 것이다."라고 하였다.[202] 근호령지반은 호령의 반포를 삼가는 것이다. 구준은 이에 대해 『춘추곡량전(春秋穀梁傳)』의 원전에 주석을 붙여 "임금은 하늘을 대신하여 명령을 내리고 신하는 군주를 대신하여 명을 집행하는 것이다. 임금이 명령을 내릴 때는 하늘의 도를 어길 수가 없고 신하가 명령을 집행할 때는 임금의 일을 침범해서는 안 된다."라고 하였다.[203]

넷째, 권4 광진언지로는 언로개방을 넓게 해주는 것이다. 구준은 이에 대해 『시경』「상유(桑柔)」의 원전에 주석을 붙여 "화란이 일어나는 것은 반드시 처음 일이 일어나는 발단에 있다. 진실로 용기 있는 자라면 모두 일이 일어나기 전에 알 수 있다. 임금이 직언을 받아들이면 저들은 모두 왕에게 말을 하여 화란을 예비하여 막을 수 있도록 하여 화란이 일어나지 않는다. 임금은 일세의 사람들이 두려워하여 말을 못하게 해서야 되겠는가?"라고 하였다.[204]

구준이 주장한 정조정에 대해 종합하면, 국가조직의 최고 중심은 조정이다. 조정의 실질적인 주재자는 군주이고, 조정은 군주가 개인의 치평을 실현하는 현장이다. 군주는 치국이 잘 실현되도록 하기 위해서는 군신 간의 기강을 확립하고 명분의 등급을 정하며 상벌의 규정을 공정히 하고 호령의 반포를 삼가야 하며 언로의 개방을 넓게 해주어야 한다.

정백관 8권(권5~권12)은 육부 중 이부(吏部)에 해당하며 11세목이다. 권5 총론임관

---

202) 丘濬, 『대학연의보』 卷3 治國平天下之要 正朝廷 公賞罰之施. "宋朱熹曰 聖人之心 未感於物 其體廣大而虛明 絶無毫發偏倚 所謂天下之大本者也 及其感於物也 則喜怒哀樂之用各隨所感而應之 無一不中節者 所謂天下之達道者也 … 此所以致其中和 而天地位 萬物育 … 是以聖人之心 雖曰至虛至平無所偏倚 … 而大本之立 達道之行固自若也 臣按 朱熹此言推本之論"

203) 丘濬, 『대학연의보』 卷3 治國平天下之要 正朝廷 謹號令之頒. "臣按 君代天出命者也 臣代君行命者也 君出命固不可違天之道 臣行命亦不可侵君之事"

204) 丘濬, 『대학연의보』 卷4 治國平天下之要 正朝廷 廣陳言之路. "臣按 禍亂之至 必有幾先 苟有智勇者皆能知之于未形之先 人君容受直言 彼有見者皆得以言之于上 使其知所以預備而早防之 則禍亂不作矣 爲人上者 其尙毋使一世之人畏忌而不敢言哉"

지도와 정직관지품, 권6 반작록지제와 경대신지례, 권7 간시종지신, 권8 중대간지임, 권9 청입사지로, 권10 공전선지법, 권11 엄고과지법과 승추천지도, 권12 계남용지실 등으로 나누었다.

첫째, 권5는 총론임관지도와 정직관지품이다. 총론임관지도는 관리를 임용하는 도를 총괄해서 언급한 것이다. 구준은 이에 대해『서경』「상서(商書)」원전에 주석을 붙여 "정치의 도는 사람을 쓰는 데 있으며 사람을 쓰는 도는 관리를 임용하는 데 있다. 임금이 관리를 임용하는 것은 어질고 덕이 있으며 재주 있고 능력이 있는 이를 임용하여 좌우에 대신을 보필하게 하고 또 그들 중에 사람을 가려 임용하면 그 사람이 아니면 임용하기가 불가한 것이다. 신하의 직분은 임금에게 충성하고 백성에게 혜택을 베푸는 데 있으니 높은 자리에 있을 때는 선정을 베풀고 사악한 폐단을 없애 임금에게 덕이 되고, 낮은 자리에 있을 때는 인정을 베풀어 백성에게 [윤택한] 삶이 될 것이다." 라고 하였다.[205] 정직관지품은 벼슬의 품계를 바르게 세우는 것이다. 구준은 이에 대해『서경』「상서」원전에 주석을 붙여 "하늘이 임금을 세우고 임금은 하늘을 받드는 것이다. 하늘이 그 사람이기 때문에 그 사람을 세워 임금을 세운 것이 아니고, 임금이 그 사람이기 때문에 제후, 대부, 사장을 세운 것이 아니다. 임금은 마땅히 천도를 받들고 신하는 마땅히 임금의 명을 받들어야 한다. 천도는 백성을 살리는 데 있고, 임금의 명령도 백성을 살리는 데 있다."라고 하였다.[206]

둘째, 권6은 반작록지제와 경대신지례이다. 반작록지제는 관작과 봉록의 서열을 정하는 제도이다. 구준이『주례』원전에 주석을 붙여 "작록제의 경우『주례』의 왕제(王制)에서 녹봉은 공(公) 오백 리, 후(侯) 사백 리, 백(伯) 삼백 리, 자(子) 이백 리, 남(男) 백 리라 하였다.『맹자』에서는 천하에 공통되게 언급한 것으로, [천자는 지방 천 리이고] 공후는 백 리, 백은 칠십 리, 자·남은 오십 리라고 하였다. 봉작은 왕제

205) 丘濬,『대학연의보』卷5 治國平天下之要 正百官 總論任官之道. "臣按 爲治之道在於用人 用人之道在於任官 人君之任官 惟其賢而有德 才而有能者則用之 至於左右輔弼大臣 又必於賢才之中 擇其人以用之 非其人則不可用也 人臣之職 在乎致君澤民 其爲乎上也 必陳善閉邪以爲乎君之德 其爲乎下也 必發政施仁以爲乎民之生"

206) 丘濬,『대학연의보』卷5 治國平天下之要 正百官 定職官之品. "臣按 天立乎君 君奉乎天 天固非以一人之故 而立其人以爲君 人君亦非以其人之故 而以之爲諸侯大夫師長 人君則當奉順天道 人臣則當承順君命 天之道 在生民 人君之命 亦在生民"

에서 공·후·백·자·남의 5등(等)이고, 『맹자』에서는 [천하의 경우] 천자, 공, 후, 백, 자·남의 5등이고, [나라 안의 경우] 군(君)·경(卿)·대부(大夫)·상사(上士)·중사(中士)·하사(下士)의 6등이다."라고 하였다.[207] 경대신지례는 대신을 공경하는 예에 관한 것이다. 구준은 『중용』 원전에 주석을 붙여 "대신을 존경한다는 것은 구경(九經: 9가지의 떳떳한 일)의 하나이다. 경대신은 존현(尊賢)에 근본하고, 존현은 수신(修身)에 근본하며, 수신은 성(誠)에 근본하는 것이니 성은 진실되어 망녕됨이 없음을 이르는 것이다."라고 하였다.[208]

셋째, 권7 간시종지신은 시종관들을 선발하는 것에 관한 것이다. 구준은 이에 대해 『국어(國語)』에 주를 붙여 "시종의 직은 근신이다. 시종의 직이 각각 맡은 바가 있어도 법도에 따라 간언하는 것을 요점으로 해야 한다."고 하였고,[209] 시종관에는 한림학사(翰林學士), 강독학사(講讀學士), 사관(史官), 관각(館閣) 등의 직책을 예로 들었다.

넷째, 권8 중대간지임은 대관(臺官)과 간관(諫官)의 책임을 중하게 여기는 것에 관한 것이다. 중국에서는 한나라 때부터 간관을 담당하는 벼슬을 별도로 임용하였다. 구준은 간관의 자격에 대해 사마광(司馬光)의 말을 인용하여 "첫째 부귀를 좋아하지 않고, 둘째 명예와 절개를 중시하며, 셋째 정치의 체재에 대해 잘 알아야 한다."라고 하였으니,[210] 이는 간관에 선발되는 자격이 얼마나 까다로운가를 알 수 있는 부분이다.

다섯째, 권9 청입사지로는 과거제도의 연혁과 선발기준에 관한 것이다. 구준은 중국의 한·당·송의 과거제도에 대해 밝히고 있다. 한나라의 효렴(孝廉)과 무재(茂才) 등 과거는 공경사대부와 주군에 명하여 경술과 덕행이 있는 자를 추천하여 중앙에서 시험을 치러 우수한 자를 뽑아 관리로 임명하였다.[211] 당대의 과거시험은 매년 선발

---

207) 丘濬, 『대학연의보』 卷6 治國平天下之要 正百官 頒爵祿之制. "臣按 孟子言班爵祿之制 與周禮王制不同 周禮諸公之地 封疆方五百裏 侯四百裏 伯三百裏 子二百裏 男百裏 而孟子則通天子而言 公侯皆方百裏 伯七十裏 子男五十裏 王制 王者之制祿爵 公侯伯子男 凡五等 而孟子則通天子言 而以子男同一位而爲五等 諸侯之上大夫卿 下大夫 上士 中士 下士 凡五等 而孟子則兼君言而通以爲六等"

208) 丘濬, 『대학연의보』 卷6 治國平天下之要 正百官 敬大臣之禮. "臣按 … 夫敬大臣 九經之一也 敬大臣本於尊賢 尊賢本於修身 而修身則又本於誠焉 誠者眞實無妄之謂"

209) 丘濬, 『대학연의보』 卷7 治國平天下之要 正百官 簡侍從之臣. "臣按 侍從之職 所謂近臣也 侍從之職雖各有所司 而皆以進規諫爲要焉"

210) 丘濬, 『대학연의보』 卷8 治國平天下之要 正百官 重臺諫之任. "臣按 … 必如光所謂擇言事官 當以三事爲先 第一不愛富貴 次則重惜名節 次則曉知治體 …"

하는 상거(常擧)와 임시조령을 통해 부정기적으로 선발하는 제거(制擧=諸科)가 있었다. 상거는 진사과와 제과(諸科, 明經·秀才·明法·明書·明算科)가 대표적이었다. 진사과는 초기에는 시무책(時務策)을 부과하였다. 당 고종 2년(680)부터는 첩경(帖經)과 잡문(雜文)을 부과하였다. 측천무후(則天武后, 684~705) 시기부터 첫 번째 시험인 시부(詩賦)를 중시하자 진사과의 인기가 높아졌다.[212] 송에서는 당에서 시행되던 공거 뒤에 황제가 직접 보는 전시(殿試)가 부가되었다.

여섯째, 권10 공전선지법은 전선(銓選, 인재선발)의 연혁과 선발기준에 관한 것이다. 당대에는 관료 인사제도에서 거사(擧士)와 선관(選官)의 기능이 분화하면서 과거(科擧)는 거사제도로 정착했고, 전선은 선관제도로 발전했다. 응시자가 예부(禮部)의 시험에 합격해도 다시 이부(吏部)에서 실시하는 전선에 합격해야 임용되었다. 이부의 전선은 과거 합격자가 관료로 임용되기 위해 거쳐야 하는 형식적인 이부 시험 즉 신(身)·언(言)·서(書)·판(判)[213]으로 이해하는 것이 일반적이다. 이부 전선은 당대 관료제 이해에 핵심 사항이었고, 6품 이하의 관료에게만 요구되었다.[214] 구준은 당대의 전선지법인 신·언·서·판 중에서 판의 문제점을 지적하였다.[215]

일곱째, 권11 엄고과지법과 승추천지도이다. 엄고과지법은 관리의 근무실적을 평가하는 엄격한 기준에 관한 것이다. 당대의 관리들은 임직하는 기간에 근무실적의 평가 즉 고과(考課)를 받아야 했다. 임직하는 동안 1년에 1고(考)를 실시하고, 임기 만료 시 그간의 4고를 종합하여 고과를 실시했기 때문에 '居官四考'나 '四考爲滿'은 임기에 대한 규정이면서 고과에 대한 규정이기도 하여 '考滿'이라고 했다.[216] 승추천

211) 丘濬,『대학연의보』卷9 治國平天下之要 正百官 淸入仕之路. "臣按… 漢制孝廉茂材等科 皆命公卿大夫州郡 擧有經術德行之士 試以治道 然後官之…"

212) 오금성,「중국의 과거제」,『한국사 시민강좌』46, 일조각, 2010, 248쪽.

213) 金貞姬,「당대의 吏部 銓選과 관료 인사」,『동양사학연구』121, 2012, 150쪽에 의하면. "身은 體貌豊偉, 言은 詞論辯正, 書는 楷法遒美, 判은 文理優長을 취했는데, 먼저 書·判을 고시('試')하고, 다음으로 身·言을 전형('銓')했다. 신·언의 전형이 형식적인 면접 정도에 해당했다면, 서·판의 고시야말로 실질적인 시험이었다."

214) 金貞姬, 위의 논문, 140~141쪽.

215) 丘濬,『대학연의보』卷10 治國平天下之要 正百官 公銓選之法. "臣按 唐銓選以身言書判擇人 四者之中 惟判爲切用 蓋非通曉事情 諳練法律 明辨是非 發擿隱伏 不能爲也"

216) 金貞姬, 위의 논문, 154쪽.

지도는 인재를 추천하여 관리로 선발하는 방법에 관한 것이다. 인재를 추천하여 관리를 등용하는 방식은 한대에 정착되었다. 찰거제도(察擧制度, 지방관이 향리의 자제를 추천하는 방식)와 임자(任子=壬子, 공경대신들이 자제 1명을 郎中으로 추천하는 방식) 등의 방식이 있었고, 무제(武帝, B.C.141~B.C.87) 때는 새로 수재과(秀才科: 高才博學한 인재를 추천하는 과목), 효렴과(孝廉科: 효자(=德行)와 청렴한 관리를 천거하게 함), 박사제자원과(博士弟子員科: 태학의 학생들을 일정 기간 수업시킨 후 시험을 거쳐 관직에 임명함), 명경과(明經科)와 벽소제(辟召制: 중앙 고관이나 지방관이 자기의 예하 직원을 등용하는 제도) 등도 시행되었다.[217]

여덟째, 권12 계남용지실은 관직과 녹봉의 남용을 경계하는 것이다. 구준은 관직에 대해서『주역』「계사전」하의 원전에 주석을 붙여 "군주가 관직을 제수하는 데 밝지 않고, 신하가 자리를 택하는 데 살피지 않으면 자신을 망하게 하고 군주를 위험에 빠뜨리며 더 나아가 나라를 그르치고 천하를 망하게 할 것이다."라고 하였다.[218] 녹봉에 대해서는 신체부(辛替否)가 당의 중종(中宗)에게 상소한 내용에 주를 붙여 "국가의 관직에는 일정한 인원이 있고, 세수에도 일정한 액수가 있습니다. … 그런데 오늘날 일정한 인원 외에 수천 명의 관원이 증가하였습니다. 관원 한 사람이 증가하면 한 사람의 봉급이 증가하게 됩니다. … 수입이 증가하지 않는데 지출이 몇 배로 증가할 수 있겠습니까? 세수는 어떻게 충당하며 국력이 어찌 쇠하지 않을 수 있겠습니까?"라고 하였다.[219]

구준이 주장한 정백관에 대해 종합하면, 군주가 덕치를 행하기 위해서는 인사 문제가 매우 중요하다. 이부의 중요 임무에 대해 언급한 것으로 벼슬의 품계, 관작과 봉록의 서열, 대신의 공경, 시종관의 선발과 대간관(臺諫官)의 책임, 인사를 위한 과거제·전선(銓選)·고과(考課)·추천제의 설명과 그 폐단의 시정 방안, 관직과 녹봉 남용의

---

217) 오금성,「중국의 과거제」,『한국사 시민강좌』46, 일조각, 2010, 246쪽.

218) 丘濬,『대학연의보』卷12 治國平天下之要 正百官 戒濫用之失. "臣按 … 爲君不明於所擇 爲臣不審於自擇 必至於亡身危主 誤國亂天下 …"

219) 丘濬,『대학연의보』卷12 治國平天下之要 正百官 戒濫用之失. "臣按 … 夫國家官職有常員 歲計有常數 … 今無故於常員之外 增官至數千人 增一員之官 則增一員之俸 …入者不增 出者乃加至數倍焉 歲計何由而充 國力安得不屈"

경계 등이 다루어졌다.

### 5.3.2. 정조정과 정백관의 교감 내용

#### 1) 정조정의 교감 내용

정조정은 『대학연의보』의 권1 총론조정지정, 권2 정기강지상과 정명분지등, 권3 공상벌지시와 근호령지반, 권4 광진언지로로 되어 있다. 이에 대한 교감은 『유의평례』 1 권8첨 4항목인데, 이에 대해 살펴보면 다음과 같다.

①'易曰 天地之大德曰生'은 『대학연의보』의 권1 정조정 총론조정지정 중 '易曰 天地之大德曰生 聖人之大寶曰位 何以守位曰仁 何以聚人曰財 理財正辭 禁民爲非曰義'의 부분이다.[220] 이 부분 다음에 주희, 곽옹(郭雍), 소철(蘇轍), 오징(吳澄)의 주와 구준의 안이 들어 있다.

> 윤(B)은 "이 조목 아래 '주자왈(朱子曰)'로 시작하는 한 단락은 추려 내고, 본서(本書) 중 곽씨(郭氏)와 오씨(吳氏)의 설을 초록해 싣는 것이 좋을 듯합니다." 하였고, 정조(C)는 "주자의 설을 추려 내고 오징과 곽옹의 설을 넣는 것은 불가하다."고 하였다.[221]

규 1970 『어정대학유의』 권7을 보면, 곽옹, 소철, 오징의 주는 모두 삭제되었고, 주희의 주와 구준의 안만 실려 있다.

②'以上總論朝廷之政'은 『대학연의보』의 권1 정조정 총론조정지정의 마지막에 종합된 글이다.

> 서(A)는 "이 조목의 권점(圈點) 아래 구씨의 주에 인용된 주자의 설은 위에서 많이

220) 『주역』 「계사전(繫辭傳)」의 문장으로 "천지의 큰 덕을 생(生)이라고 부르며, 성인의 큰 보물을 자리(位)라고 부른다. 무엇으로 자리를 지키는가? 인(仁)이다. 무엇으로 사람을 모을까? 재화(財)이다. 재화를 다스리고 말을 바로잡고 백성들이 불의를 저지르는 것을 금지하는 것을 의(義)라고 부른다."는 의미이다.

221) 정조, 『홍재전서』 권127 類義評例 1 권8첨 易曰天地之大德曰生. "易曰 天地之大德曰生 臣光顔籤曰 此條下朱子曰一段刪之 而本書中郭吳二說鈔載恐好 御籤曰 刪朱子說 而取吳澂 郭雍之論不可"

> 보이니, 중첩되어 나온 것입니다. 그리고 구씨의 본문 중 결어는 없애고, '丘濬曰'만 남겨 둔 것 역시 범례에 어긋나는 듯하니, 마땅히 추려 내어야 옳을 듯합니다." 하였고, 윤(B)은 "주자의 설이 매우 좋고 게다가 조정의 정사를 총론한 내용에 긴절히 부합되며 현저히 중첩되어 나온 곳도 없으니, 추려낼 필요가 없지 않을까 합니다. 따라서 다시 결어를 첨가하여 그대로 남겨 두든지, 아니면 곧바로 '朱子曰'로 서두를 일으켜 싣는 것이 좋을 듯합니다." 하였다. 이에 대해 서(A)는 "'有師'부터 '救之'까지의 한 구절은 다른 조목에도 여기저기 보이는데, 어찌하여 중첩된 것이 아니라 합니까?" 하였고, 윤(B)은 "비록 다른 조목에서 여기저기 보이긴 하나 저마다 그 본서의 내용대로 실은 것이니, 이를테면 사도(師道)의 교훈을 말한 조목에서는 「대대례(大戴禮)」 보부편(保傅篇)의 글을 실은 것이 이러한 경우입니다. 이 구절은 주자가 인용한 부분에 속한 것인데 어찌 중첩되었다 할 수 있겠습니까. 주자가 경전의 문구를 섞어서 인용하여 주자 자신의 글을 합성한 것이지 본서의 글은 아닙니다." 하였다. 이들의 의견에 대해 정조(C)는 "구씨의 설까지 모두 수록하는 것이 좋겠다." 하였다.[222]

규 1970 『어정대학유의』 권7에는 구준의 안이 거의 그대로 실려 있다.

③'禮記大傳曰名著'는 『대학연의보』의 권2 정조정 정강기지상 중 '禮記大傳曰名著而男女有別 又曰 名者 人治之大者也 可無愼乎' 부분이다.[223]

> 윤(B)은 "본서 중 이 조목 아래 '夫子正名' 한 구절은 명분(名分)을 정하는 요체가 되니, 사씨(謝氏)의 설까지 함께 다시 싣는 것이 좋을 듯합니다." 하였다. 정조(C)는 윤(B)의 의견에 반대하여 "마땅히 넣어야 할 구절을 어찌 잘못 살펴 빠뜨리고 넣지 않은 것이겠는가. 도리어 뜻한 바가 있어서이다."라고 하였다.[224]

---

222) 정조, 『홍재전서』 권127 類義評例 1 권8첨 以上總論朝廷之政. "臣瀅修籤曰 此目圈下丘註所引朱子說 多見於上 未免重出 且去丘氏本文中結語 而只存丘濬曰 亦似乖例 恐合刪 臣光顔籤曰 朱子說甚好 且襯合於總論朝廷者 亦無顯然疊出處 恐不必刪 更添結語而存之 否則直以朱子曰載之似可 臣瀅修籤曰 自有師 止救之一節 雜見他條 何謂不疊出 臣光顔籤曰 雖雜見他條 而各以其本書入載 如師道之教訓 以保傅篇文載錄是也 此則係朱子之引用者 豈可謂之疊乎 朱子雜引經傳之文句 而合成朱子之文 非復本書之文矣 御籤曰 竝丘說載錄可"

223) 『예기』 제16 「대전」에 나오는 문장으로 "이름이 나타나면 남녀의 분별이 있다. 또 말하기를 이름은 사람을 다스리는데 있어 큰 것이니 삼가지 않을 수 있겠는가?"라는 의미이다.

224) 정조, 『홍재전서』 권127 類義評例 1 권8첨 禮記大傳曰名著. "臣光顔籤曰 本書中此條下 夫子正名一語 爲定名分之要 竝謝氏說還載似好 御籤曰 當入之句 豈或遺照而不入耶 抑有意也"

국립고 13-1 『대학연의보』를 보면, 이 항목 다음에 '論語 子路曰 待子而爲政 子將奚先 子曰 必也正名乎 名不正則言不順 言不順則事不成 事不成則禮樂不興 禮樂不興則刑罰不中 刑罰不中則民無所措手足'의 부분과 사량좌(謝良佐)의 주석 및 구준의 안이 실려 있는데, 정조(C)는 윤(B)이 이 내용의 삽입을 주장하자 반대한 것이다. 규 1970 『어정대학유의』 권7에는 이 부분이 완전히 빠져 있다.

④'春秋穀梁傳'은 『대학연의보』의 권3 정조정 근호령지반 중 '春秋穀梁傳曰 爲天下主者天也 繼天者君也 君之所存者命也 爲人臣而侵其君之命而用之 是不臣也 爲人君而失其命 是不君也 君不君 臣不臣 此天下所以傾也'의 부분이다.[225]

> 윤(B)은 "곡량전(穀梁傳) 한 조목은 별로 긴절한 관련이 없으니, 구씨의 설까지 함께 추려 내고, 조령(詔令)에 관한 한 편은 취한 내용이 너무 소략하니 본서 중 주관(周官)의 '令出惟行', 대아(大雅)의 '于謨定命', 문제(文帝)의 '山東布令', 덕종(德宗)의 '奉天詔', 태종(太宗)의 '論詔令' 등의 조목들을 모두 적절히 줄여서 넣어야 할 것입니다. 다시 상고하시기 바랍니다." 하였다. 이에 대해 정조(C)는 "곡량씨가 『춘추』의 전(傳)을 내면서, 신하 된 자가 임금의 명을 침범하면 신하가 아니라고 말하였으니, 추려 내어서는 안 될 것이다. 주관 이하는 굳이 중첩되게 실을 필요가 없다." 하였다.[226]

규 1970 『어정대학유의』 권7에는 정조의 의견대로 『춘추곡량전』의 원문과 구준의 안이 실려 있고 주관 이하는 모두 생략되어 있다.

---

225) 『춘추곡량전(春秋穀梁傳)』 제7편 宣公15年 王札子殺召伯毛伯에 나오는 문장으로 "천하를 주관하는 것은 하늘이다. 하늘을 계승한 자는 임금이다. 임금이 존재하는 것은 명령을 내리기 위해서이다. 사람의 신하가 되어서 그 임금의 명령을 침범하여 이를 사용하는 것은 올바른 신하가 아니다. 임금이 되어서 그 명령을 잃은 것도 이것 또한 올바른 임금이 아니다. 임금이 임금답지 못하고 신하가 신하답지 못하면 이것은 천하가 기울어지는 원인이 되는 것이다."라는 의미이다.

226) 정조, 『홍재전서』 권127 類義評例 1 권8첩 春秋穀梁傳. "臣光顔籤曰 穀梁一條 別無緊關 竝丘說刪之 而詔令一篇 所取太略 就本書中 如周官令出惟行 大雅訏謨定命 文帝山東布令 德宗奉天詔 太宗論詔令等諸條 皆合節入 更詳之 御籤曰 穀梁氏傳春秋 而竝言爲人臣者侵君 命之爲不臣 則不可汰 周官以下 亦不必疊床"

### 2) 정백관의 교감 내용

정백관은 권5 총론임관지도와 정직관지품, 권6 반작록지제와 경대신지례, 권7 간시종지신, 권8 중대간지임, 권9 청입사지로, 권10 공전선지법, 권11 엄고과지법과 숭추천지도, 권12 계남용지실로 이루어졌다. 이에 대한 교감은 『유의평례』 1 권9첨 26항목인데, 이에 대해 살펴보면 다음과 같다.

① '說命惟治亂在庶官'은 『대학연의보』의 권5 정백관 총론임관지도 중 '說命 惟治亂在庶官 官不及私昵 惟其能 爵罔及惡德 惟其賢'의 부분이다.[227]

> 윤(B)은 "이 조목 아래에, 본서 중 '立政'으로 시작하는 한 조목을 취하여 안설까지 아울러 싣는 것이 좋을 듯합니다." 하였다. 이에 대해 정조(C)는 "'立政'으로 시작하는 조목은 이 조목과 내용상 그다지 긴밀하게 맞지 않으니, 『서경』 무성편(武成篇)에서 발췌한 한 단락을 초록하여 싣는 것이 좋겠다." 하였다.[228]

규 1970 『어정대학유의』 권8에는 정조(C)의 의견대로 '周書武成 建官惟賢 位事惟能'의 본문만 실렸고, 윤(B)이 주장한 '立政 王左右常伯 常任 准人 綴衣 虎賁 周公曰 嗚呼 休茲知恤 鮮哉'의 본문과 채침(蔡沈)의 주석, 구준의 안은 모두 삭제되었다.

② '禮記緇衣'는 『대학연의보』의 권5 정백관 총론임관지도 중 '緇衣 子曰 大臣不親 百姓不寧 則忠敬不足而富貴已過也 大臣不治而邇臣比矣 故大臣不可不敬也 是民之表也 邇臣不可不愼也 是民之道也 君毋以小謀大 毋以遠言近 毋以內圖外 則大臣不怨 邇臣不疾而遠臣不蔽矣'의 부분이다.[229]

---

227) 『서경』 「상서(商書)」 제13편 說命 중에 나오는 문장으로 "나라가 다스려지고 어지러운 것은 모두 관리 임용에 달렸으니 벼슬은 사사로이 친한 사람에게 주어서는 안 되고 오직 능력 있는 이에만 주시며, 직위는 나쁜 덕을 가진 사람에게 주시지 말고 오직 현명한 이에게만 주소서"의 의미이다. 열명은 은(殷)나라 고종(高宗)이 부열(傅說)이란 어진 재상을 얻게 되는 경위와 부열의 어진 정사에 대한 의견과 그 의견을 실천하게 하는 내용을 기록한 글이다. 부열은 은나라의 무정(武丁, B.C.1324~B.C.1265 재위)의 재상이다. 이 대목은 부열이 무정에게 나라 다스리는 방법에 관하여 고한 말의 한 대목이다.

228) 정조, 『홍재전서』 권127 類義評例 1 권9첨 說命惟治亂在庶官. "臣光顔籤曰 此條下 取本書中立政一條 竝按載之似好 御籤曰 立政則在此條 不甚襯切 武成一段 鈔載爲可"

229) 『예기』 제33 緇衣 14중에 나오는 문장으로 "공자가 말했다. 대신이 친하지 않고 백성들이 편안하지

서(A)는 "이 조목 아래 구씨의 설 중 '寧也' 아래 '君以'부터 '親比'까지의 한 단락은 본문을 절취(節取)할 때 문세가 어긋나지 않을 수 없으니 추려 내고, '先儒' 이하로 위로 '寧也'에 접속하는 것이 좋을 듯합니다." 하였고, 윤(B)은 "구씨의 설 중 '其事' 아래에, 본문 중 '嬖寵之' 세 자를 첨가해 넣고 '親比' 아래에도 역시 '而大'부터 '暱矣'까지의 한 단락을 첨가해 넣어야만 비로소 문세가 어긋날 염려가 없고 지의(旨意)가 매우 명백하고 통창(通暢)할 듯합니다." 하였다. 정조(C)는 이에 대해 윤(B)의 의견을 받아들여 "안설에서 대신과 이신(邇臣)이 공경하고 근신하는 방도를 말한 것이 성인의 뜻을 잘 발명하고 있으니, 윤(尹)의 말에 따라 첨가해 넣는 것이 좋겠다." 하였다.[230]

규 1970 『어정대학유의』 권8을 보면, 이 항목 다음에 공영달(孔穎達)의 주석은 생략되었고, 구준의 안은 일부 조율되어 실렸다.[231]

③ '周禮小宗伯掌三族之別'은 『대학연의보』의 권5 정백관 정직관지품 중 '周禮小宗伯掌三族之別 以辨其親疏'의 부분이다.[232]

---

않다면, 그것은 충성과 공경의 마음이 부족한데도 부귀가 너무 지나치기 때문이다. 대신이 정치를 다스리지 못하면 친근한 무리가 그 자리를 빼앗게 된다. 그러므로 대신은 공경하지 않을 수 없는 것이다. 이것이 백성들의 본받는 사표인 것이다. 임금과 가까운 신하는 삼가지 않을 수 없으니, 이것이 백성들의 도인 것이다. 임금은 작은 것을 가지고 큰 것을 도모하지 않으며, 먼 것을 가지고 가까운 것을 말하지 말아야 한다. 이렇게 하면 대신은 원망하지 않고, 가까운 신하는 미워하지 않으며 그래서 먼 데의 신하들도 감추지 않는 것이다."의 의미이다. 치의편의 치의는 『시경』 국풍(國風) 편의 편명이다. 정(鄭)나라의 무공(武公)을 아름답게 여긴 시로서 그 현자를 몹시 좋아하는 것을 갸륵히 여겨 그 시로 편명을 지었다고 한다.

230) 정조, 『홍재전서』 권127 類義評例 1 권9첨 禮記緇衣. "臣瀅修籤曰 此條下丘說中寧也下 自君以 止親比一段 節取本文之際 不能無文勢之齟齬者合刪 而直以先儒以下 上接寧也恐好 臣光顔籤曰 丘說中其事下 添入本文中嬖寵之三字 親比下 亦添 自而大 止暱矣一段 然後文勢始無齟齬之患 而旨意似極明暢 御籤曰 按說言大臣邇臣所以敬所以愼之方 能有發明聖旨 依尹說添入爲可"

231) 『어정대학유의』 권8 治國平天下之要 2 正百官 禮記緇衣. "丘濬曰 大臣之任 國之安危繫焉 用之斯信之可也 居其任而不親信之 則下之人知其不爲上所親信也 是以令之而不從 制之而不服 此百姓所以不寧也君以富貴奓其臣 臣以富貴奓其身 爲下者不知盡忠以啓上之敬 爲上者不複致敬以來下之忠 如此 則大臣不得治其事 嬖寵之小臣相與親比 而大臣之柄反爲所移奪矣 是故人君於大臣必加敬焉 而不可輕以其系國之治忽而民所瞻望以爲儀表者也 於邇臣必致愼焉 而不可忽以其系君之好惡而民之所由以爲道路者也 敬之則大臣得以治其事 愼之則邇臣不至於相比昵矣 先儒謂小謀大 遠言近 內圖外三者, 任臣之大害也 臣竊以謂 遠言近者百一二 小謀大者什三四 內圖外者什八九 人君任人之際誠能親信大臣而敬之 審擇邇臣而愼之 則股肱得其人而耳目不爲人所蔽矣"

232) 『주례』에 의하면, "소종백(小宗伯)이 삼족(三族: 부족(父族)·모족(母族)·처족(妻族))의 구별을 맡아 그 친소(親疎)를 변별한다."는 의미이다.

> 윤(B)은 "이 조목 아래 구씨의 설은 다음 조목 아래로 옮겨 놓아야 옳을 듯하며, '以上宗人' 넉 자 역시 구씨의 설 마지막 줄로 옮겨 주(註)하는 것이 옳을 듯합니다." 하였다. 정조(C)는 "역대 종정(宗正)의 제도를 두루 열거하여 황조(皇朝)의 종인부(宗人府)에까지 이르렀는데, 한(漢)나라 때 종정관(宗正官)을 두었던 것은 진(秦)나라의 옛 제도를 그대로 이어받은 것으로 고도(古道)가 아니니 추려 내는 것이 좋겠다." 하였다.[233)]

규 1970『어정대학유의』권8에는 이 항목 다음에 진부량(陳傅良)의 주석 및 구준의 안은 모두 삭제되었다.

④'周官立太師太傅'는『대학연의보』의 권5 정백관 정직관지품 중 '周官 立太師 太傅 太保 茲惟三公 論道經邦 爕[234)]理陰陽 官不必備 惟其人'의 부분이다.[235)]

> 윤(B)은 "이 조목 아래에, 본서(本書) 중 호안국(胡安國)과 진부량 두 사람의 설을 절취하여 싣는 것이 좋을 듯합니다." 하였고, 이에 대해 정조(C)는 "여백공(呂伯恭)은 강후(康侯)의 설을 그대로 따랐고 진부량은 역시 여백공의 설을 그대로 따랐은즉 이 세 사람의 설은 마치 한 판에 도장을 찍은 것처럼 꼭 같으니, 어느 것을 취하고 어느 것을 버리겠는가." 하였다.[236)]

규 1970『어정대학유의』권8을 보면, 이 항목 다음에 호안국, 여조겸(呂祖謙), 진부량의 주석이 모두 삭제되었고 구준의 안은 일부 발췌되어 실렸다.

⑤'冢宰掌邦治'는『대학연의보』의 권5 정백관 정직관지품 중 '塚宰掌邦治 統百官 均四海'의 부분이다.[237)]

---

233) 정조,『홍재전서』권127 類義評例 1 권9첨 周禮小宗伯掌三族之別. "臣光顔籤曰 此條下丘說 似當移置於下條下 而以上宗人四字 則亦宜移註於丘說末行 御籤曰 歷叙宗正之制置 至皇朝宗人府矣 漢之置宗正官 襲秦之舊而非古之道 則刪之爲可"

234) 爕은 燮의 俗字임.

235)『서경』「주서(周書)」周官 제5장에 나오는 문장으로 "주관에 태사·태부·태보를 세우노니 이것이 삼공이다. 도를 논하고 나라를 다스리며 음양을 조화하여 다스리니 관원을 반드시 구비한 것이 아니요 오직 그러한 사람을 임명하여야 한다."는 의미이다.

236) 정조,『홍재전서』권127 類義評例 1 권9첨 周官立太師太傅. "臣光顔籤曰 此條下 取本書中胡安國陳傅良二說 節而載之似好 御籤曰 伯恭因康侯之說 而陳亦因伯恭之論 則三說如印一板 何取何舍"

> 윤(B)은 "통정사(通政司)는 바로 당(唐)나라의 문하성(門下省), 한(漢)나라의 상서성(尙書省)으로 백사(百司)를 출납하는 곳이니, 직관편(職官篇)은 빼놓을 수 없을 듯합니다. 그리고 구씨의 본서 중 직관(職官)은 다른 조목에 보이는 것으로, 이를테면 도찰원(都察院)이 대간(臺諫) 조(條)에 보이고, 대리원(大理院)이 형헌(刑憲) 조에 보이고, 오군도독부(五軍都督府)가 무비(武備) 조에 보이는 따위는 모두 그 내용이 소속된 조목과 맞지 않으며, 통정사는 이미 다른 조목에서 보이지 않으니 본서 중 순전(舜典) 한 조목을 취하여 그 주와 안설까지 아울러 이 조목 아래에 초록하여 싣는 것이 좋을 듯합니다. '命龍'이라고 한 부분이 비록 중첩되기는 하나 이미 위의 조정편(朝廷篇)에서 추려 내었으니, 여기서는 그대로 두어도 좋을 듯합니다." 하였다. 이에 대해 정조(C)는 "통정사는 당나라의 문하성이나 한나라의 상서성과 꼭 같은 것은 아니며 송(宋)나라의 등문고원(登聞鼓院)과 같은 예에 불과한데, 어찌 용(龍)에게 명한 관직에 비길 수 있겠는가. 이 조목 아래에 순전 한 단락을 첨가해 넣을 필요가 없다." 하였다.[238]

규 1970 『어정대학유의』 권8을 보면, 『서경』「주서」 주관 제7장부터 13장까지의 본문이 합쳐지고[239] 각 장에 붙인 주석은 모두 생략되었으며, 마지막에 있는 여조겸 및 구준의 안만 실려 있다.

⑥ '周禮馮相氏掌十有二歲'는 『대학연의보』의 권5 정백관 정직관지품 중 '周禮 馮相氏 掌十有二歲 十有二月 十有二辰 十日 二十有八星之位 辨其敍事 以會天位 保章氏 掌天星 以志星辰日 月之變動 以觀天下之遷 辨其吉凶 以星土 辨九州之地所封 封域皆有分星 以觀妖祥'의 부분이다.[240]

---

237) 『서경』「주서(周書)」 周官 제7장에 나오는 문장으로 "총재는 나라 다스림을 관장하니 백관을 통솔하여 사해를 고르게 한다."는 의미이다.

238) 정조, 『홍재전서』 권127 類義評例 1 권9첨 冢宰掌邦治. "臣光顔籤曰 通政司 卽唐之門下省 漢之尙書省 爲出納百司之地 職官篇 似不可闕 且丘氏本書中 職官之見於他條者 如都察院之見於臺諫條 大理院之見於刑憲條 五軍都督府之見於武備條之類 此皆不著 而通政司則旣不見於他條 取本書中舜典一條竝註按 鈔載於此條下似好 命龍云云雖疊 而旣刪於上朝廷篇 此則似可存之 御籤曰 通政司 未必若唐之門下省 漢之尙書省 在宋不過與登聞鼓院一例 豈可比之於命龍之官耶 不必添舜典一段於此下"

239) 『서경』「주서(周書)」 周官 제7장~13장. "冢宰 掌邦治 統百官 均四海 司徒 掌邦教 敷五典 擾兆民 宗伯 掌邦禮 治神人 和上下 司馬 掌邦政 統六師 平邦國 司寇 掌邦禁 詰姦慝 刑暴亂 司空 掌邦土 居四民 時地利 六卿 分職 各率其屬 以倡九牧 阜成兆民"

> 서(A)는 "이 조목 중 '掌天星' 아래에, 본문 중 '以志' 이하 열일곱 자를 첨가해 넣어야 『주례』 풍상씨(馮相氏) 조에서 절취(節取)한 부분과 서로 대등할 것입니다." 하였고, 윤(B)은 "요전(堯典)과 풍상씨, 보상(保相: 保章氏以十有二歲之相)에 관한 내용은 전문이 역상편(曆象篇)에 실려 있으니, 여기서 중첩되게 수록해서는 안 될 것입니다. 그리고 '公孤六部' 외에는 '欽天監' 1사(司)만이 실려 있으니, 역시 매우 의미가 없습니다. 이 두 조목을 구씨의 설과 아울러 추려 내어야 할 것입니다." 하였다. 이에 대해 정조(C)는 "요전 중 제일의(第一義)는 '欽' 자이며 '欽若昊天'은 '欽' 자의 제일의 실정(實政)인즉 '육부(六部)'는 추려낼 수 있을지라도 '흠천감' 한 조목을 어찌 추려낼 수 있겠는가. 이 편에는 요전(堯典)을 싣고, 역상편(曆象篇)에는 주관(周官)을 싣는 것이 좋겠다." 하였다.[241]

규 1970 『어정대학유의』 권8을 참고하면, 이 항목은 생략되었고, 이 항목의 앞에 '堯典 乃命羲和 欽若昊天 曆象日月星辰 敬授人時'[242]의 본문 중에서 '堯典 乃命羲和 欽若昊天'만이 실렸고, 이 항목 다음에 있는 구준의 안 중 '丘濬曰 堯之所以欽順乎天道 卽所以敬授乎民時也 不徒總命之於朝廷 而又分命之於四方 蓋象以正曆 曆以定時 無非以爲民而已 此所以爲萬世法歟 近代制曆觀象之官 往往以司天爲名 噫巍巍乎惟天爲大 在人君者日當敬而順之 夫豈一事一物之職 而臣下可司之乎 我聖祖改前代司天臺爲欽天監 得帝堯欽若之心於數千載之上 其敬天勤民之心可以爲萬世帝王法'의 부분만 발췌되어 '堯典 乃命羲和 欽若昊天' 다음에 실렸다.

---

240) 『주례』 春官宗伯 하 40 馮相氏와 41 保章氏에 나오는 글로 "풍상씨는 12년과 12월과 12개의 시간과 10일과 28성의 위치를 관장하여 그 순서에 따라 일을 판별하고 하늘의 별자리를 셈한다. 보장씨는 천성(天星: 토성, 목성, 금성, 화성, 수성)을 관장하여 별들인 성신과 해와 달의 변화를 기록한다. 천하가 움직이는 것을 관찰하여 그 길흉을 판별한다. 토성으로써 구주의 땅을 기준으로 삼아 봉역(封域)의 경계지역을 관찰하고 모두 다 각 별자리에 따라 지역을 나누어서 그 지역의 요사스러움과 상서로움을 관찰한다."는 의미이다.

241) 정조, 『홍재전서』 권127 類義評例 1 권9첨 周禮馮相氏掌十有二歲. "臣瀅修籤曰 此條中掌天星下 添入本文中以志以下十七字 然後與馮相所節取者相等 臣光顔籤曰 堯典馮相保相 全文俱載於曆象篇 此不可疊收 且公孤六部之外 獨載欽天一司 亦甚無謂 此兩條竝丘說當刪 御籤曰。堯典中第一義卽欽字 而欽若昊天 爲欽字之第一實政 則六部可刪 欽天監一條 豈可刪乎 此篇載堯典 曆象篇載周官爲可"

242) 『서경』 「우서(虞書)」 堯典 3에 나오는 문장으로 "요임금이 희씨와 화씨(羲氏와 和氏: 역상으로 관찰하여 백성들에게 농사철을 알려주는 관원)에게 명하여 광대한 하늘의 뜻을 공경히 따라서 해와 달과 별들을 역상(曆象: 천문 관측기구)으로 관측하여 백성들에게 때를 알게 하라고 하였다."의 의미이다.

⑦ '詩大雅卷阿首章'은 『대학연의보』의 권6 정백관 경대신지례 중 '詩大雅卷阿其首章曰 有卷者阿 飄風自南 豈弟君子 來游來歌 以矢其音 次章曰 伴奐爾游矣 優游爾休矣 豈弟君子 俾爾彌爾性 似先公酋矣' 부분이다.[243)]

> 윤(B)은 "이 조목 아래 구씨의 설 중 '深矣' 아래에, 본문 중 '蓋字'부터 '是已'까지의 한 단락을 취하여 첨가해야 문세가 비로소 앞뒤로 이어져 곡절을 갖추게 될 것입니다." 하였다. 정조(C)는 "임금과 신하가 뜻이 맞는 즈음에 족히 영탄(詠歎)하고 흠모(欽慕)할 만한 점이 있으니, 첨가해 넣는 것이 옳다." 하였다.[244)]

규 1970 『어정대학유의』 권8을 보면, 권아장 수장(首章)의 주석, 다음에 나오는 3장, 5장, 졸장(卒章)의 본문 및 주석은 모두 생략되었고, 졸장에 붙은 구준의 안 중 일부분만 발췌되어 실렸다.[245)]

⑧ '史漸曰忠厚近迂闊'은 『대학연의보』의 권6 정백관 경대신지례의 '畢命 惟公懋德 克勤小物 弼亮四世 正色率下 罔不祗師言 嘉績多於先王 予小子垂拱仰成'[246)]

---

243) 『시경(詩經)』「대아(大雅)」 卷阿에 나오는 문장으로 "굽은 언덕에 표풍(飄風)이 남쪽에서 불어오도다. 개제(豈弟)한 군자가 와서 놀며 노래하여 그 소리를 베풀도다. 한가히 그대가 놀며 우유(優游)히 그대가 쉬도다. 개제한 군자야 그대로 하여금 그대의 성명(性命)을 잘 마쳐서 선공(先公)의 마침과 같게 하리로다."의 의미이다.

244) 정조, 『홍재전서』 권127 類義評例 1 권9첨 詩大雅卷阿首章. "臣光顔籤曰 此條下丘說中深矣下 取本文中 自蓋字 止是已一段添入 然後文勢始承接而方有曲折 御籤曰 君臣相與之際 有足詠歎而歆慕者 添入爲宜"

245) 『어정대학유의』 권8 衍義補 治國平天下之要 2 正百官 敬大臣之禮. "丘濬曰 此詩召公從成王游歌於卷阿而作 則是自古聖王所以敬禮其臣 相與遊歌者有自來矣 我太祖高皇帝萬幾之暇 條成大誥三編 其初編以君臣同遊爲第一 其言曰昔者人臣得與君同遊者 其竭忠成全其君 飮食夢寐未嘗忘其政 所以政者何 惟務爲民造福 拾君之失 撙君之過 補君之闕 顯祖宗於地下 歡父母於生前 榮妻子於當時 身名流芳千萬載不磨 噫聖祖所以爲聖子神孫慮者深矣(蓋君尊臣卑 其分至嚴 矧繼世之君生長深宮 其於臣下尤易懸絶 蓋一日之間 視朝之際僅數刻耳 退朝之後所親接者宦官 宮人 所謂賢士大夫者無由親近也 於是發爲君臣同遊之訓 謂之遊者 則凡便殿燕閑之所 禁掖行幸之處 無不偕焉 如皐陶賡明良之歌 召公從卷阿之遊是已의 부분은 생략) 然恐其臣之同遊也 或啓君之怠荒 或長君之淫縱 於是又敎之曰 務在成全其君 拾君之失 撙君之過 補君之闕 又恐其臣不知所以感發而歆動者 於是又期之以榮顯流芳 召公作詩以臣而告君也 故以壽考福祿之盛 歆動其君 俾其興起於善 聖祖作誥以君而告臣也 故以顯榮流芳之效 以歆動其臣 使其感發於善 可見君臣之義千古一心 聖賢之心萬世一理 後之踐聖祖之位以奉天出治者 尙當以聖祖之心爲心 居召公之位以從君遊歌者 尙當以召公之心爲心 臣不勝惓惓"

246) 『서경』「주서(周書)」 畢命에 나오는 문장으로 "공(畢公)이 성대한 덕으로 능히 작은 행실을 부지런히

의 본문 다음에 구준의 안설에서 인용된 부분이다.

> 정조(C)는 "사점(史漸)의 이 말은 내가 애송하던 바이다. 필공(畢公)의 덕이 천하에 사표(師表)가 됨으로 인하여 강왕(康王)이 그냥 팔짱을 끼고 가만히 앉아서 공적이 이루어지기를 기다릴 수 있게 되었던 것이다. 그런 사점의 말을 필명편(畢命篇)에 수록하지 않고 소고편(召誥篇) 아래에 억지로 붙여 놓았으니, 전혀 사점의 본의가 아니다. 소고편에는 구씨의 설을 붙이고 사점의 말 위에 필명(畢命)을 덧씌워야 의례(義例)가 정연할 것이다. 조목을 나눌 때 잘못 조검(照檢)하였음을 알겠다." 하였다.[247]

규 1970『어정대학유의』 권8을 보면, '畢命 惟公懋德'의 본문 다음에 채침(蔡沈)의 주석은 생략되었고, 구준의 안 중에 사점을 인용한 부분인 '史漸曰 忠厚近迂闊 老成若遲鈍 先王終不以此易彼者 蓋世臣舊德功業已見於時 聞望已孚於人 商功利課殿最 雖不若新進者 至於雍容廊廟 天下想聞其風采 足以廉頑立懦 敦薄厲偸 如泰山喬嶽 初無運動之勞 而功之及人厚矣'의 내용만 발췌되어 실렸다.

⑨'國語近臣進規'는『대학연의보』의 권7 정백관 간시종지신 중 '國語 近臣進規'의 부분이다.

> 윤(B)은 "본서 중 경명편(冏命篇) 한 조목은, 시종侍從)의 관원을 선발하는 뜻으로 경(經)에 보이는 것이 이것뿐이니, 추려 내서는 안 될 듯합니다. 이 조목 위에 다시 수록하는 것이 온당할 듯합니다." 하였다. 정조(C)는 "경명편을 절록(節錄)해 넣고 임씨(林氏)의 설 역시 절록해 넣도록 하라." 하였다.[248]

---

힘써 4대를 보필하고 밝혀서 얼굴빛을 바르게 하고 아랫사람들을 거느리자, 태사의 말을 공경하지 않음이 없어 아름다운 공적이 선왕의 세대보다 많으니, 나 소자는 의상을 드리우고 손을 마주잡고서 이루어지기만을 바라노라"는 의미이다.

247) 정조,『홍재전서』 권127 類義評例 1 권9첨 史漸曰忠厚近迂闊. "御籤曰 史漸此言 予所愛誦者 而因畢公之德 爲師於天下 使康王垂拱仰成 而言者則畢命之不錄 而揑合於召誥之下 殊非史漸之本意 召誥則附以丘說 史論則冠以畢命 然後義例井然 割付時照檢之遺漏可知"

248) 정조,『홍재전서』 권127 類義評例 1 권9첨 國語近臣進規. "臣光顔籤曰 本書中冏命一條 簡侍從之義見於經者只此 似不可刪 還錄於此條上恐當 御籤曰 冏命節入 林說亦當節入"

이 교감 항목은 실제 '國語近臣進規'의 위에 보이는『서경』「경명편」 중 '書 冏命 王若曰 昔在文武 聰明齊聖 小大之臣 咸懷忠良 其侍禦僕從 罔匪正人 以(旦)朝夕承弼厥辟 出入起居 罔有不欽 發號施令 罔有不臧 下民祗若 萬邦咸休 惟予一人無良 實賴左右前後有位之士 匡其不及 繩愆糾謬 格其非心 俾克紹先烈'[249]의 부분과 임지기의 주석인 '林之奇曰 左右近習非人則朝夕漸染 入於邪辟而不自知 大臣雖賢君心已蠹矣 故須小大忠良 必羣僕皆正人而後可'에 관한 것이다. 윤(B)이 추가할 것을 건의하였고 정조(C)가 찬성한 것이다. 규 1970『어정대학유의』 권8을 보면, '國語近臣進規'의 위에『서경』「경명편」의 부분과 임지기의 주석이 들어 있다.

⑩ '周禮 太史掌建邦之六典'은『대학연의보』의 권7 정백관 간시종지신 중 '周禮 太史掌建邦之六典 又有外史掌四方之志 三皇五帝之書'의 부분이다.

> 윤(B)은 "이 조목 아래 오경박사(五經博士)의 관직에 관한 조목을 추려 내어서는 안 될 듯하니, 본문 중 '漢武帝初置' 이하 한 조목을 구씨의 설과 아울러 절취하여 넣는 것이 좋을 듯합니다." 하였다. 정조(C)는 "처음의 주비(朱批)에 따라 그대로 두도록 하라." 하였다.[250]

이 교감 항목은 실제 '周禮 太史掌建邦之六典'의 앞에 보이는 항목이다. 정조(C)가 윤(B)이 '漢武帝建元五年 初置五經博士'의 본문과 구준의 안을 일부 절취하여 수록하자는 주장에 대해 반대한 것이다. 실제 규 1970『어정대학유의』 권8을 보면, 윤(B)이 주장한 '漢武帝建元五年 初置五經博士'의 본문이 이 항목의 앞에 실려 있고, 구준의 안은 '丘濬曰 此五經博士之始 夫五經之在漢有專門之學 故當時各設博

---

249) 『서경』「주서(周書)」 冏命에 나오는 문장으로 "서경 경명에, 왕(穆王)이 이르기를, 예전의 문왕과 무왕께서는 총명하시고 엄숙하시며 성스러우셨거늘 작고 큰 신하들이 모두 충성과 어짊을 품었으며 그 임금을 모시는 하인들 중에 바른 사람 아닌 자가 없는지라 아침저녁으로 그 임금을 받들고 보필하면서 드나듦이나 일상생활에 공경하지 않음이 있지 아니하며 명령을 내리고 명령을 시행함에 착하지 않음이 있지 아니하니 백성들이 공경하고 따라서 온 나라가 다 아름다웠다. 오직 나 한 사람이 어질지 못하여 좌우전후에 지위 있는 선비들이 그 미치지 못함을 도우며, 허물을 곧게 하고 그릇됨을 바르게 하여 그 잘못된 마음을 바로잡아 선대의 공을 잇는 데 힘입고자 한다."는 의미이다.

250) 정조,『홍재전서』 권127 類義評例 1 권9첨 周禮 太史掌建邦之六典. "臣光顔籤曰 此條下五經博士之職 似不可刪 取本文中漢武帝初置以下一條 竝丘說節入似好 御籤曰 依初朱批存之"

士以掌之 然不徒用以訓詁名義而已 於凡朝廷政事之有更張 事體之有疑義議論之際 博士皆得與焉 漢之政尙經術猶爲近古也 後世雖設此官 姑備其名焉爾'의 부분이 발췌되어 실렸다. 이는 윤(B)의 주장이 관철된 것으로 여겨진다.

⑪'唐改內史舍人'은 『대학연의보』의 권7 정백관 간시종지신 중 '唐武德二年 改內史舍人爲中書舍人' 부분이다.

> 서(A)는 "이 조목 끝줄 소주의 '以上' 두 자는 '此' 자로 고쳐야 온당할 듯하니, '此'에는 홑으로 있는 조목[單條]에 주(註)를 달 때 쓰인 예가 있습니다."라고 하였고, 윤(B)은 "비록 홑으로 있는 조목이라 할지라도 반드시 '以上'이라 표기하지 못한다는 보장은 없으니, 다른 편을 상고하여 일괄적으로 처리함이 좋을 듯합니다." 하였다. 정조(C)는 "범례가 정제(整齊)되기는 마치 완전한 그릇에 물을 담은 것 같아야 하니, 이러한 주각(註脚)은 들쭉날쭉함이 없도록 상밀(詳密)하게 검토하여 후인들이 고정(考訂)하는 일이 없도록 해야 할 것이다." 하였다.[251]

규 1970『어정대학유의』 권8에 보면, '唐改內史舍人'의 구준 안의 끝줄 소주에 '以上中書舍人'은 '此中書舍人'으로 바뀌어 있어 서(A)의 의견이 수용되었음을 알 수 있다.

⑫'睿宗時侍御史楊孚'는 『대학연의보』의 권8 정백관 중대간지임에 나오는 '睿宗時 侍御史楊孚彈糾不避權貴 權貴毁之 上曰 鷹搏狡兎須急救之 不爾必反爲所噬 御史懲奸慝亦然 苟非人主保衛之 則亦爲奸慝所噬矣'의 부분이다.

> 서(A)는 "이 조목이 매우 좋으니, 본서의 내용을 초록하여 싣는 것이 옳을 듯합니다." 하였다. 이에 대해 정조(C)는 "경운(景雲), 연화(延和) 때는, 예(禮)로 보면 체(禘) 제사 이후이고 시(詩)로 보면 회풍(檜風) 이하이니, 간선(簡選)에 넣어서는 안 될 것이다." 하였다.[252]

---

251) 정조, 『홍재전서』 권127 類義評例 1 권9첨 唐改內史舍人. "臣瀅修籤曰 此條末行小註以上二字 似當改作此 此有單條懸註之例 臣光顔籤曰 雖單條 亦未必不可稱以上 更考他篇 一例爲之似好 御籤曰 凡例齊整 當如完器盛水 似此註脚 査得詳密 不參差 無使後人備考訂也"

252) 정조, 『홍재전서』 권127 類義評例 1 권9첨 睿宗時侍御史楊孚. "臣瀅修籤曰 此條甚好 就本書鈔載恐

규 1970『어정대학유의』 권8에 보면, 이 항목과 구준의 안은 생략되었다.

⑬ '唐太宗制曰自今中書門下'는『대학연의보』의 권8 정백관 중대간지임에 나오는 '唐太宗貞觀元年制曰 自今中書門下及三品以上入閤議事 皆命諫官隨之 有失輒奏'의 부분이다.

> 윤(B)은 "이 조목 아래에, 본문 중 '歐陽'부터 '相等'까지의 한 조목을 취하여 구씨가 인용한 '언관을 가려 뽑는 것[擇言官]'에 관한 설까지 아울러 첨가해 싣는 것이 좋을 듯합니다." 하였다. 이에 대해 정조(C)는 "구양씨(歐陽氏)의 설은 원서에 이미 주비(朱批)를 쳤으나, 너무 회자(膾炙)된 나머지 조목을 나눌 때 빠뜨린 듯하니, 첨가하는 것이 좋겠다." 하였다.[253)]

규 1970『어정대학유의』 권8에 보면, 이 항목 다음에 '宋歐陽修曰 諫官者 天下之得失 一時之公議繫焉 諫官雖卑 與宰相等 天子曰是 諫官曰非 天子曰必行 諫官曰必不可行 立殿陛之間與天子爭是非者 諫官也'의 본문이 연결되었고, 구준의 안 중 사마광이 언급한 '丘濬曰 司馬光所謂擇言事官當以三事爲先 第一不愛富貴 次則重惜名節 次則曉知治體 必得如是之人以居諫官 則上而君德必有所助 下而朝政必無所缺矣'의 부분이 발췌되어 실렸다.

⑭ '宋蔡襄告其君'은『대학연의보』의 권8 정백관 중대간지임 중 '蔡襄告其君曰 任諫非難 聽諫爲難 聽諫非難 用諫爲難 陛下深憂政敎未孚 賞罰未明 群臣之邪正未分 四方之利害未究 故增耳目之官以廣言路 群邪惡之必有禦之之說 不過曰某人也好名也 好進也 彰君過也 或進此說正是邪人欲蔽天聰 不可不察焉'의 부분이다.

> 윤(B)은 "이 조목 아래에, 본서 중 소식(蘇軾)의 설 한 조목을 첨가해 싣는 것이 좋을 듯하니, '蘇軾'부터 '弊也'까지 및 '又曰'부터 '死節'까지, 이 두 단락을 첨가해

---

宜 御籤曰 景雲延和之際 在禮則禘以後也 在詩則鄶以下也 不當入於簡選"

253) 정조,『홍재전서』 권127 類義評例 1 권9첨 唐太宗制曰自今中書門下. "臣光顔籤曰 此條下 取本文中自歐陽 止相等一條 竝丘氏所引擇言官之說添載似好 御籤曰 歐說已批於原書而太膾炙 似漏於割付時 添之亦可"

넣어야 할 것입니다." 하였다. 이에 대해 정조(C)는 "동파(東坡)의 이 설은 원서에는 주비(朱批)를 쳐 놓았다가 뒤미처 추려 낸 부분이 있으니, 다시 수록해도 무방할 것이다." 하였다.[254)]

규 1970 『어정대학유의』 권8에 보면, '宋蔡襄告其君'의 본문 중 '任諫非難 聽諫爲難 聽諫非難 用諫爲難'은 삭제되었고, 다음에 '蘇軾言於其君曰 宋朝自建隆以來未嘗罪一言者 縱有薄責 旋卽超升 許以風聞而無官長 言及乘輿則天子改容 事關廊廟則宰相待罪 故仁宗之世 議者譏宰相但奉行臺諫風旨而已 聖人深意流俗 豈知擢用臺諫固未必皆賢 所言亦未必皆是 然須養其銳氣而借之重權者 豈徒然哉 將以折奸臣之萌而救內重之弊也 又曰 孔子曰 鄙夫可與事君也與哉 其未得之也患不得之, 旣得之患失之苟患失之 無所不至矣 臣始讀此書疑其太過 以爲鄙夫之患失不過備位以苟容 及觀李斯憂蒙恬之奪其權則立二世以亡秦 盧杞憂懷光之數其惡則誤德宗以再亂其心 本生於患失其 禍乃至於喪邦 孔子之言良不爲過 是以知爲國者平居必有亡軀犯顔之士 則臨難庶幾有徇義守死之臣 若平居尙不能一言 則臨難何以責其死節'의 부분이 발췌되어 연결되었고, 각 본문 아래에 있던 주석과 구준의 안은 모두 삭제되었다.

⑮ '光武始詔三公'은 『대학연의보』의 권9 정백관 청입사지로에 나오는 '光武始詔三公 光祿勳 御史 司隸 州牧歲擧茂材'의 부분이다.

윤(B)은 "이 조목은 추려 내는 것이 좋을 듯합니다." 하였다. 이에 대해 정조(C)는 "과거제도를 죽 서술해 내려오는 가운데 첫해에 한 번 과거를 시행한 법을 빼놓아서는 안 되니, 그대로 두라." 하였다.[255)]

규 1970 『어정대학유의』 권8에 보면, 이 항목은 정조(C)의 의견대로 이 항목 다음에

254) 정조, 『홍재전서』 권127 類義評例 1 권9첩 宋蔡襄告其君. "臣光顔籤曰 此條下 添載本書中蘇軾一條似好 自蘇軾 止弊也及 自又曰 止死節此兩段 當添入 御籤曰 東坡此說 亦有原書之朱批而追刪之者 還錄無妨"

255) 정조, 『홍재전서』 권127 類義評例 1 권9첩 光武始詔三公. "臣光顔籤曰 此條刪之恐好 御籤曰 歷叙科制之中 始歲一擧法 亦不可闕 存之"

구준의 안 중 '丘濬曰 前此擧士無常時 至此始歲一擧'의 부분만 발췌되어 실렸다.

⑯ '漢武帝時太常孔臧等'은 『대학연의보』 권9 정백관 청입사지로 중 '漢武帝時太常孔臧等議 請太常博士置弟子 復其身 擇民年十八已上儀狀端正者 補博士弟子 郡國縣道邑 有好文學 敬長上 肅政敎 順鄕里 出入不悖所聞者 令二千石謹察可者當與計偕 詣太常得受業如弟子 一歲輒試 能通一藝以上 補文學掌故缺 其高弟可以郎中者 太常籍奏 卽有秀才異等輒以名聞'의 부분이다.

> 서(A)는 "이 조목 중 '當與計偕' 넉 자 및 '如弟子' 석 자는 모두 추려 내고 '受業' 아래에는 본문 중 '能通一藝以上補文學掌故缺' 열두 자를 첨가해 넣어야 비로소 문의가 국속(局束)하게 되는 병통을 면할 수 있을 것입니다." 하였고, 윤(B)은 "박사제자(博士弟子)에 대한 제도는 이미 위의 조목에 보였고 그 글 또한 중첩되어 나오므로, 이 조목에서는 단지 입사(入仕)에 관한 내용 한 구절만 취하여 다시 실었습니다. 그러나 아무래도 불필요하게 중첩된 점이 있으니, 모두 추려 내는 것이 좋을 듯합니다. 만약 그대로 둔다면 '郡國以下'부터 '計偕'까지의 한 단락을 모두 추려 내어 중첩됨을 피하는 것이 좋을 듯합니다." 하였다. 정조(C)는 "두 사람의 말이 모두 일리가 있다." 하였다.[256)]

규 1970 『어정대학유의』 권8에 보면, 정조(C)는 서(A)와 윤(B)의 의견을 절충하여 이 항목은 '漢武帝時 太常孔臧等議 請太常博士置弟子 詣太常得受業 能通一藝以上 補文學掌故缺 其高弟可以郎中者 太常籍奏' 부분만 선별되어 실렸다.

⑰ '以上淸入仕之路'는 『대학연의보』의 권9 정백관 청입사지로에 나오는 마지막 부분이다.

> 서(A)는 "이 조목의 권점 아래 주의 구씨의 설은 내력(來歷)이 없으니, 추려 내는 것이 좋을 듯합니다." 하였다. 정조(C)는 "헌함(軒檻)에 높이 올라 급제자의 명단을

---

256) 정조, 『홍재전서』 권127 類義評例 1 권9첨 漢武帝時太常孔臧等. "臣瀅修籤曰 此條中當與計偕四字及如弟子三字竝刪去 而受業下 添入本文中能通一藝以上補文學掌故缺十二字 然後文義始免局束之病 臣光顔籤曰 博士弟子之制 已見於上條 而文亦疊出 此條只取其入仕一節而更載之 然終涉架疊 全刪恐好 如存之 則自郡國以下 止計偕一段竝刪 以避其疊似好 御籤曰 兩說皆可"

소리 높여 부름에 모든 관료들이 경하하였다는 대목에서 황조(皇朝)가 과거를 중시하여 뛰어난 인재를 불러들였던 성대한 제도가 전고(前古)에 탁월함을 볼 수 있으니, 이 어찌 드러내지 않고 추려낼 수 있겠는가." 하였다.[257)]

규 1970『어정대학유의』권8에 보면, 구준의 안 중 정조(C)가 언급한 대로 '丘濬曰 本朝雖大封拜 百官亦未嘗具服拜賀 惟於策士傳臚之後 群臣致辭慶賀曰 天開文運 賢俊登庸'의 부분이 선별되어 실렸다.

⑱'唐制庶官五品以上'부터 구씨의 설 중 '法也'까지의 항목은『대학연의보』의 권10 정백관 공전선지법에 나오는 '唐制 庶官五品以上制敕命之 六品以下則並旨授'의 본문과 구준의 안, '張九齡言於玄宗曰 古者刺史入爲三公 郎官出宰百里 今朝廷士入而不出 其於私計 甚自得也 臣愚謂欲治之本 莫若重守令 宜逐科定其資 凡不曆都督刺史 不得任侍郎列卿 不曆縣令 雖有善政 不得任臺郎給舍 都督守令雖遠者 使無十年任外'의 본문과 구준의 안, '玄宗疑吏部銓試不公 御史中丞宇文融密請分吏部爲十銓 以禮部尚書崔頲等十人掌之 試判將畢 召入禁中決定 吏部尚書侍郎皆不得預 吳兢表以爲陛下曲受讒言 不信有司 非居上臨人推誠感物之道 昔陳平丙吉 漢之宰相 尚不對錢穀之數 不問鬬死之人 況大唐萬乘之君 豈得下行銓選之事乎'의 본문과 구준의 안까지의 부분이다.

정조(C)는 "한때의 제도(制度)이니 실을 것이 없다. 아래에 있는 '循資格'에 관한 조목까지 모두 추려 내도록 하라."고 하였다.[258)]

규 1970『어정대학유의』권8에 보면, 정조(C)가 언급한 대로 '唐制庶官五品以上'부터 구씨의 설 중 '法也'까지의 항목은 모두 삭제되었다.

⑲'開元十八年裴光庭爲吏部尙書'는『대학연의보』의 권10 정백관 공전선지법에

257) 정조,『홍재전서』권127 類義評例 1 권9첨 以上淸入仕之路. "臣瀅修籤曰 此目圈下註丘說無來歷 刪之恐好 御籤曰 臨軒唱第 百僚呈賀 可以見皇朝重選擧籲賢俊之盛制。卓越前古 則是豈可刪而不章者耶"

258) 정조,『홍재전서』권127 類義評例 1 권9첨 唐制庶官五品以上. "御籤曰 一時之制不足載 下有循資格此條竝拔"

나오는 '開元十八年 裴光庭爲吏部尙書 始作循資格而賢愚一概 必與格合 乃得銓授 限年躡級 不得逾越 於是久淹不收者皆便之 謂之 聖書宋璟爭之不能得 及光庭卒 蕭嵩以爲非求才之方 奏罷之 詔曰 人年三十而出身 四十乃得從事 更造格以方正爲差 若循新格則六十未離一尉 自今有異才高行 聽擢不次 然有其制而無其事 有司守文奉式 循資例如故'의 부분이다

> 윤(B)은 "이 조목 아래에, 본서 중 구씨의 설을 취하여 첨가해 넣는 것이 좋을 듯합니다." 하였다. 이에 대해 정조(C)는 "구씨의 설 가운데 '年勞'와 '資格'의 폐단은 모두 당송(唐宋) 사람의 말을 그대로 답습한 것으로 별다른 견해가 없으니, 이전대로 따르도록 하라." 하였다.[259]

규 1970 『어정대학유의』 권8에 보면, 이 항목 중 '人年三十而出身 四十乃得從事 更造格以方正爲差 若循新格則六十未離一尉'는 생략되었고, 윤(B)이 주장한 구씨의 안은 정조가 반대하여 실리지 않았다.

⑳ '陸贄言於其君'은 『대학연의보』의 권10 정백관 공전선지법 중 육지가 덕종에게 올리는 글이다.[260]

---

259) 정조, 『홍재전서』 권127 類義評例 1 권9첨 開元十八年裴光庭爲吏部尙書. "臣光顔籤曰 此條下 取本書中丘說添入似好 御籤曰 丘說年勞資格之弊 俱因唐宋人之言 別無他見破者 當依前而已"

260) 丘濬, 『대학연의보』 卷10 治國平天下之要 正百官 公銓選之法. "陸贄言於其君 理道之急在於得人 而知人之難 聖哲所病 聽其言則未保其行 求其行則或遺其才 校勞考則巧僞繁興 而端方之人罕進 徇聲華則趨競彌長 而沈退之士莫勝 自非素與交親 備詳本末 探其志行 閱其器能 然後守道藏用者 可得而知 沽名飾貌者 不容其僞 是以前代有鄕裏擧選之法 長吏辟擧之制 所以明歷試 廣旁求 證行能 息馳騖也 昔周以伯冏爲太仆 命之曰 愼簡乃僚 罔以巧言令色便僻側媚 其惟吉士 是則古之王朝命其太官 而太官得自簡僚屬之明驗也 後世舍僉議而重己權 廢公擧而行私惠 是使周行庶品 苟不出時宰之意者 則莫致焉 任重之道益微 進善之途漸隘 每須任使常苦乏人 居常則求精太過 有急則備位不充 臣待罪宰相 卽以上陳 求賢審官 粗立綱制 凡是百司之長 兼副貳等官 及兩省供奉之職 並因察擧勞效 須加獎任者 並宰臣敍擬以聞 其餘臺省屬僚 請委長官選擇 指陳才實 以狀上聞 一經薦揚 終身保任 各於除書之內具開擧授之由 得賢則進考增秩 失實則奪俸贖金 亟得則褒升 亟失則黜免 非止搜揚下位 亦可閱試太官 前志所謂達則觀其所擧 卽此義也 又曰 宰輔常制不過數人 人之所知固有限極 必不能遍諳多士備閱群才 若令悉命群官理須展轉詢訪 若訪於親朋 則是悔其覆車 不易前轍之失也, 若訪於朝列 則是求其私薦 必不如公擧之愈也 二者利害 惟陛下詳擇 恐不如委任長官 謹柬僚屬 所柬旣少 所求亦精 得賢有鑒識之名 失實當暗繆之責 況今之宰輔 則往日臺省長官也 今之臺省長官 乃將來之宰臣也 但是職名暫異 固非行業頓殊 豈有爲長官之時 則不能擧一二屬吏 居宰臣之位 則可擇千百具僚 聖人制

> 윤(B)은 "본서 중 심기제(沈旣濟)의 선거(選擧)에 관한 논의는 이조(吏曹)의 인재 선발에 관한 중요한 임무를 깊이 지적해 말하였으니, 호씨(胡氏)의 설과 아울러 절취하여 이 조목 위에 넣는 것이 좋을 듯합니다." 하였다. 정조(C)는 "심기제의 이조의 인재 선발에 관한 설은 이미 근본을 바루고 시초를 바루는 시책이 아닐뿐더러 게다가 녹봉은 가볍게 하고 책무는 무겁게 한 과실이 있다. 그리고 동시대 육내상(陸內相)의 말 또한 의심이 없을 수 없으니, 장관(長官)이 적임자가 못 되면 그가 선발하는 사람 역시 적임자가 아닐 것이다. 그러므로 나는 '사람에게 달려 있지 법에 달려 있지 않다.'고 말하노니, 심기제이건 육내상이건을 막론하고 모두 추려 내어야 할 것이다." 하였다.[261)]

규 1970『어정대학유의』 권8을 보면, 심기제가 덕종에게 올리는 글의 본문 및 호인(胡寅)의 주는 생략되었고, 육지의 글은 '陸贄言於其君曰 人主擇輔臣輔臣擇庶長 庶長擇佐僚所任愈崇 故所擇愈少 所試漸下 故所擧漸輕 進不失倫 選不失類 以類則詳知實行 有倫則杜絶儌求 將務得人 無易於此 是故 選自卑遠 始升於朝者 各委長吏任擧之 則下無遺賢矣 寘于周行 旣任於事者 於是宰臣序進之 則朝無曠職矣 才德兼茂 歷試不踰者 然後人主倚任之 則海內無遺士矣'의 부분만 발췌되어 실렸다.

㉑ '漢郡守辟除'는『대학연의보』의 권11 정백관 엄고과지법에 나오는 '漢郡守辟除令長 得自課第 刺史得課郡國守相 而丞相御史得雜考郡國之計晝 天子則受丞相之要'의 부분이다.

> 서(A)는 "이 조목 아래에, 본서 중 '黃龍'부터 '按之'까지의 한 단락을 첨가해 넣어야 비로소 구씨의 주와 조응될 것입니다." 하였다. 이에 대해 정조(C)는 "그렇다. 초록하여 만든 책이 기롱을 받게 되는 것은 대다수 어맥이 상응하는가를 잘못 살핀 데 이유가 있다." 하였다.[262)]

---

事必度物宜 無求備於一人 無責人於不逮 尊者領其要 卑者任其詳 是以人主擇輔臣輔臣擇庶長 庶長擇佐僚所任愈崇 故所擇愈少 所試漸下 故所擧漸輕 進不失倫 選不失類 以類則詳知實行 有倫則杜絶儌求 將務得人 無易於此 是故 選自卑遠 始升於朝者 各委長吏任擧之 則下無遺賢矣 寘于周行 旣任於事者 於是宰臣序進之 則朝無曠職矣 才德兼茂 歷試不踰者 然後人主倚任之 則海內無遺士矣"

261) 정조,『홍재전서』 권127 類義評例 1 권9첨 陸贄言於其君. "臣光顔籤曰 本書中沈旣濟選擧議 深得銓選之要務 與胡說竝節入於此條上似好 御籤曰 沈旣濟銓選之說 旣非端本正始之策 又有輕祿重責之失 同時陸內相之言 亦不能無疑 長官非其人 則所擇者亦非其人 故予則曰在人不在法 無論沈陸 竝當刪"

규 1970『어정대학유의』 권8을 보면, 이 항목은 실렸고, 구준의 안은 생략되었다. 이 항목 다음에 '宣帝始親政事 自丞相以下 各奉職奏事 敷奏其言 考試功能 侍中尙書功勞當遷 及有異善厚加賞賜 二千石有治理效輒以璽書勉勵 公卿闕則選諸所表以次用之 又詔令郡國歲上繫囚 以掠笞若瘐死者所坐各縣爵里 丞相御史課殿最以聞 黃龍元年 詔曰 上計簿具文而已 務爲欺謾以避其課 三公不以爲意 朕將何任 御史察計簿疑 非實者按之 使眞僞毋相亂'의 본문이 이어지고, 그다음에 구준의 안은 '丘濬曰 漢宣帝綜核名實之主也 故於考課之法特嚴 然猶恐其上計簿具文欺謾 又使御史按之 而在當時 王成猶以僞增戶口受賞 人僞之難防也如此 況漫不加意者乎 本朝在京官考滿 吏部旣考之 而都察院又覈其實 在外則州若府及藩司旣考而又考之於憲司 是亦漢人命御史察其非實之意'의 부분만 선별되어 실렸다.

㉒ '以上嚴考課之法'은『대학연의보』의 권11 정백관 엄고과지법에 나오는 마지막 부분이다.

> 윤(B)은 "이 조목 위에, 본서 중 사마광(司馬光)의 설 두 조목을 채록하여 넣고 이 조목 아래에, 구씨의 설을 역시 첨가해 넣는 것이 좋을 듯합니다." 하였다. 정조(C)는 "사마온공(司馬溫公)의 초설(初說)과 문장(文莊)의 안설(按說)을 모두 첨가해 싣도록 하라." 하였다.[263]

규 1970『어정대학유의』 권8을 보면, 이 항목 위의 사마광의 두 조목 중 사마광이 인종에게 올리는 글인 '司馬光告於其君曰 自古得賢之盛 莫若唐虞之際 然稷降播種 益主山林 垂爲共工 龍作納言 契敷五教 皐陶明刑 伯夷典禮 后夔典樂 皆各守一官 終身不易 今以群臣之才 固非八人之比 乃使之遍居八人之官 遠者三年 近者數月 輒以易去 如此而望職事之脩 功業之成 不可得也 設有勤恪之臣 悉心致力以治其職 群情未洽, 績效未著 在上者疑之 同列者嫉之 在下者怨之 當是時 朝廷或

---

262) 정조,『홍재전서』 권127 類義評例 1 권9첨 漢郡守辟除. "臣瀅修籤曰 此條下 取本書中 自黃龍 止按之一條添入 然後方與丘註照應 御籤曰 可 鈔書之貽譏 多在於語脈相應之遺照"

263) 정조,『홍재전서』 권127 類義評例 1 권9첨 以上嚴考課之法. "臣光顔籤曰 此目上 採入本書中司馬光說二條 而此目下 丘註亦添入恐好 御籤曰 溫公初說及文莊按說 竝添錄"

以衆言而罰之 則勤恪者無不解體矣 姦邪之臣 衒奇以譁衆 養交以市譽 居官未久 聲聞四達 蓄患積弊以遺後人 當是時 朝廷或以衆言而賞之 則姦邪者無不爭進矣 所以然者 其失在於國家采名 不采實誅 文不誅意 夫以名行賞 則天下飾名以求功 以文行賞則天下巧文逃罪矣'의 한 조목만 실렸고, 이 항목 다음에 실린 구준의 안은 '丘濬曰 吏部職任之大者莫大於銓選考課 銓選是以日月計其資格之淺深 而因以試用 考課是以日月驗其職業之修廢而因以升降 其初入仕也以資格而高下其職 其旣滿考也 以考課而升降其官 自古求賢審官之法 不外乎此二途而已'의 부분만 발췌되어 실렸다.

㉓'春秋穀梁傳曰學問無方'은 『대학연의보』의 권11 정백관 숭추천지도 중 '學問無方 心志不通 身之罪也 心志旣通而名譽不聞 友之罪也 名譽旣聞 有司不擧 有司之罪也 有司擧之 王者不用 王者之過也'의 부분이다.

> 윤(B)은 "본서 중 이 조목 위에 『주역』 태괘(泰卦) 초구(初九)의 효사(爻辭) '拔茅茹'와 『서경』 주관편(周官篇)의 '推賢讓能'으로 시작하는 단락 두 조목은 인재 추천에 대한 논의의 비조(鼻祖)에 해당하니, 첨가해야 할 것입니다." 하였다. 정조(C)는 "태괘 초구의 효사만을 싣는 것이 좋겠다." 하였다. 윤(B)은 "이 조목 주의 구씨의 설은 원래의 조목에 해당하지 않으며 게다가 단지 고서(古書)만을 인용했을 뿐 결말을 내린 말이 없으니, 추려 내어야 할 것입니다." 하였고, 서(A)는 "구씨의 설을 추려 낸다면 응당 본문에 인용한 『좌전』의 내용을 수록해야 할 것이니, 이 내용에 담긴 의리는 민멸해서는 안 됩니다." 하였다. 정조(C)는 "처음에는 초록했다가 뒤에 추려 낸 좌씨(左氏)의 본전 부분을 이제 서(A)의 설에 따라 수록해 두도록 하라." 하였다.[264]

규 1970 『어정대학유의』 권8을 보면, 이 항목 다음에 구준의 안은 생략되었고, 『좌전』 양공(襄公) 3년 조의 '左傳 襄公三年 祁奚請老 晉侯問嗣焉 稱解狐 其讐也 將立之而卒 又問焉 對曰 午也可 於是羊舌職死矣 晉侯曰 孰可以代之 對曰 赤也可 於

264) 정조, 『홍재전서』 권127 類義評例 1 권9첨 春秋穀梁傳曰學問無方. "臣光顔籤曰 本書中此條上 易拔茅茹 周官推賢二條 爲論推薦之祖 似當添 御籤曰 只錄泰之初九爲可 臣光顔籤曰 此條註丘說無當於原條 且只引古書而無收結之語 當刪 臣瀅修籤曰 丘說若刪 則當錄本文所引左傳 此義不可泯 御籤曰 左氏本傳 初鈔後拔者 今從徐說存之"

是使祁午爲中軍尉 君子謂祁奚於是能擧善矣 稱其讐不爲諂 立其子不爲比 擧其偏不爲黨 解狐得擧 祁午得位 伯華得官 建一官而三物成 能擧善也' 부분이 실렸다.

㉔'荀卿曰下臣事君以貨'는 『대학연의보』의 권11 정백관 숭추천지도 중 '荀卿曰下臣事君以貨 中臣事君以身 上臣事君以人'의 부분이다.

> 윤(B)은 "한 무제(漢武帝)가 조명(詔命)을 내려 '어진 이를 천거하라'는 한 조목은 치도(治道)를 깊이 통달한 말이니, 본서에 의거하여 이 조목 아래 전문을 싣고, 유식(劉寔)의 숭양론(崇讓論) 한 조목 역시 절록해 넣는 것이 옳을 듯합니다." 하였다. 정조(C)는 "효무제(孝武帝)의 조서는 당연히 수록해야 할 것이다. 유식은 한(漢)나라의 종성(宗姓)으로 조예(曹叡: 魏明帝의 이름)에게 벼슬하여 숭양론을 지었으니, 광대가 예경(禮經)을 읽는 것과 무엇이 다르겠는가. 결단코 채록해서는 안 된다." 하였다.[265]

규 1970『어정대학유의』 권8에 보면, '荀卿曰下臣事君以貨' 본문 다음에 '漢武帝詔曰 朕深詔執事 興廉擧孝 庶幾成風 紹休聖緖 夫十室之邑 必有忠信 今或至闔郡不薦一人 是化不下究而積行之君子壅於上聞也 且進賢受上賞 蔽賢蒙顯戮 古之道也 其議不擧者罪 有司奏不擧孝 不奉詔當以不敬論 不察廉 不勝任也 當免'의 본문이 실렸다.

㉕'崔祐甫爲相薦擧惟其人'은 『대학연의보』의 권11 정백관 숭추천지도에 나오는 '崔祐甫爲相 薦擧惟其人 不自疑畏 推至公以行 德宗嘗謂之曰 人言卿所用多涉親故 何也 對曰 臣爲陛下擇百官不敢不詳愼 苟平生未之識 何以諳其才行而用之'의 부분이다.

> 윤(B)은 "천거해 놓고 보임(保任)과 상벌의 법이 없다면 오히려 천거하지 않은 것과 같으니, 본서 중 당 문종(唐文宗)이 거주(擧主: 인재를 추천한 당사자)에게 상벌을 내렸다는 것과 주 세종(周世宗)이 거주도 자기가 천거한 사람의 죄에 연좌되게 했다는

265) 정조, 『홍재전서』 권127 類義評例 1 권9첨 荀卿曰下臣事君以貨. "臣光顔籤曰 漢武詔進賢一條 是深達治道之言 依本書全載於此條下 而劉寔崇讓論一條 亦節入恐宜 御籤曰 孝武詔書當錄 劉寔以漢之宗姓 仕於曹叡 而爲崇讓之論 何異於倡家讀禮 決不可採"

> 것 및 송나라 단공(端拱) 중에 자기가 천거한 사람이 죄를 범했을 때 거주가 자수할 수 있도록 했다는 것, 이 세 조목은 이 조목 아래에 초록해 넣지 않아서는 안 될 것입니다. 그리고 송 진종(宋眞宗)이 조명을 내려, 매 연말에 한림학사(翰林學士) 이하 상참관(常參官)들은 각각 외임에 있는 관원 한 사람을 천거하도록 한 것과 상참관과 절도사 등은 임기가 찼을 때 자기의 직임을 대신할 사람을 천거하도록 한 것, 두 조목도 첨가하는 것이 좋을 듯합니다." 하였다. 정조(C)는 "'숭추천(崇推薦)' 편(編)은 지금 수록된 것만도 많은데 번다히 더 보탤 필요가 있겠는가." 하였다.[266]

규 1970『어정대학유의』권8에 보면, 윤(B)이 주장한 당 문종, 주 세종, 송의 단공, 송 진종 시의 천거에 관한 내용은 모두 삭제되었다.

㉖'唐高祖以舞胡安叱奴爲散騎侍郎'은『대학연의보』의 권12 정백관 계남용지실 중 '唐高祖以舞胡安叱奴爲散騎侍郎 李綱諫曰 古者樂工不與士齒 雖賢如子野 師襄 皆終身繼世不易其業 今天下新定建義功臣 行賞未遍 高才碩學猶滯草萊 而先擢舞胡爲五品 使鳴玉曳組 趨鏘廊廟 非所以垂模後世也'의 부분이다.

> 윤(B)은 "관직을 남용하는 폐단에 관한 내용으로는 이 한 편이 너무 소략하니, 본서 중 후세에 감계가 될 만한 부분을 뽑아서 첨가해 넣는 것이 좋을 듯합니다. 이를테면『논어』의 '바른 이를 거용하고 모든 비뚤어진 이를 버린다[擧直錯諸枉]'는 것, 한 문제(漢文帝)가 색부(嗇夫)에게 관직을 내리려 했다는 것, 영제(靈帝)가 홍도문학(鴻都門學)의 제생(諸生)에게 관직을 내렸다는 것, 당 숙종(唐肅宗)이 공명고신(空名告身)을 썼다는 것, 현종(玄宗)이 장수규(張守珪)를 재상으로 삼으려 했다는 것, 송 고종(宋高宗)이 왕계선(王繼先)에게 상을 내리려 했다는 것 등 다섯 조목을 모두 이 조목 위아래에 초록해 넣는 것이 옳을 듯합니다. 그리고 구씨의 설도 간간이 채택할 만한 것이 많으니, 다시 상고하시기 바랍니다." 하였다. 정조(C)는 "효문제(孝文帝)가 색부에게 관직을 내리려 했다는 것과 효무제(孝武帝)가 총애하는 여자를 후(侯)로 봉하려 했던 것,『논어』의 '바른 이를 거용하고 모든 비뚤어진 이를 버린다'는 것, 세 조목을 절록하

---

266) 정조,『홍재전서』권127 類義評例 1 권9첨 崔祐甫爲相薦擧惟其人. "臣光顔籤曰 薦擧而無保任賞罰之法 則猶不薦也 取本書中唐文宗賞罰擧主 及周世宗擧主連坐 與宋端拱中許擧主自首此三條 不可不鈔入於此條下 而眞宗詔每年終 令各擧一人 及擧官自代二條 亦添恐好 御籤曰 崇推薦之編目 今所錄亦裒然矣 何必更煩"

여 첨가해 넣는 것이 좋겠다." 하였다.[267)]

규 1970 『어정대학유의』 권8에 보면, 관직을 남용하는 폐단에 관한 것은 이 항목 앞에 정조(C)가 언급한 『논어』의 '論語 哀公問曰 何爲則民服 孔子對曰 擧直錯 諸枉則民服 擧枉錯諸直 則民不服'의 본문, 한 문제의 '漢文帝問上林尉諸禽獸簿 尉不能對 虎圈嗇夫從旁代尉對甚悉 詔張釋之拜嗇夫爲上林令 釋之前曰 陛下以周勃張相如何如人也 上曰 長者 釋之曰 此兩人言事曾不能出口 豈效此嗇夫喋喋利口捷給哉 今陛下以嗇夫口辯而超遷之 臣恐天下隨風而靡 爭爲口辨而無其實 夫下之化上 疾如影響 擧錯不可不審也 帝曰 善'의 선별된 본문 및 한 무제의 '武帝欲侯寵姬李氏 乃拜其兄廣利爲貳師將軍 發數萬人往伐宛 期至貳師城取善馬 故以爲號'의 본문이 실렸다.

### 5.3.3. 정조정과 정백관의 교감 결과

『유의평례』 1 권8첨 4항목과 권9첨 26항목의 교감 내용의 결과를 〈표 5〉로 종합하면 다음과 같다.

**〈표 5〉 『유의평례』 1 권8첨 4항목과 권9첨 26항목의 서형수, 윤광안, 정조의 교열에 관한 기록**

| 『유의평례』 권첨 및 교열 항목 수 | 교열 항목 | 서형수 (A) | 윤광안 (B) | 정조(C)의 최종 결정 및 선택 | 정조(C)의 최종 결정 내용 |
|---|---|---|---|---|---|
| 正朝廷의 교감 권1 第8卷籤 (4) | ① 易曰 天地之大德曰生 | – | B | C(BX) | 『대학연의보』의 권1 정조정 총론조정지정에 들어 있다. 정조(C)는 윤(B)이 주장한 주자의 설을 추려 내고 오징과 곽옹의 설을 넣는 것에 반대하였다. 규 1970 『어정대학유의』 권7을 보면, 『어정대학유의』에는 곽옹, 소철, 오징의 주가 모두 삭제되었고, 주희의 주와 구준의 안만 실렸다. |

267) 정조, 『홍재전서』 권127 類義評例 1 권9첨 唐高祖以舞胡安叱奴爲散騎侍郞. "臣光顔籤曰 濫用之失一篇太略 就本書中 撮其可合垂戒者添入似好 如論語擧直錯枉條 漢文帝官嗇夫 靈帝官鴻都諸生 唐肅宗以空名告身 玄宗欲相張守珪 宋高宗賞王繼先五條 竝鈔錄於此條上下恐宜 而丘說亦間多可采更商之 御籤曰 孝文欲官嗇夫 孝武欲侯寵姬二條 與論語擧直錯枉章 節略添入爲可"

| 『유의평례』 권첨 및 교열 항목 수 | 교열 항목 | 서형수(A) | 윤광안(B) | 정조(C)의 최종 결정 및 선택 | 정조(C)의 최종 결정 내용 |
|---|---|---|---|---|---|
| 正朝廷의 교감 권1 第8卷籤 (4) | ② 以上總論朝廷之政 | A | B | C(AX, B) | 『대학연의보』의 권1 정조정 총론조정지정의 마지막에 종합된 글이다. 정조(C)는 윤(B)의 주장을 받아들여 이 조목 아래 구씨의 설을 모두 수록하도록 하였다. 규 1970 『어정대학유의』 권7에도 구준의 안이 거의 그대로 실렸다. |
| | ③ 禮記大傳曰名著 | – | B | C(BX) | 『대학연의보』의 권2 정조정 정강기지상에 들어 있다. 정조(C)는 윤(B)이 주장한 이 조목 아래 '論語子路曰' 문장과 사량좌(謝良佐)의 주석 및 구준의 안의 삽입에 대해 반대하였다. 규 1970 『어정대학유의』 권7에는 이 부분은 완전히 삭제되었다. |
| | ④ 春秋穀梁傳 | – | B | C(BX) | 『대학연의보』의 권3 정조정 근호령지반에 들어 있다. 정조(C)는 윤(B)이 주장한 곡량전(穀梁傳) 한 조목과 구씨의 설을 추려 내고, 주관(周官)의 일부 조목들을 선별 수록하는 것에 반대하였다. 규 1970 『어정대학유의』 권7에는 정조의 의견대로 『춘추곡량전』의 원문과 구준의 안이 실렸고, 주관(周官) 이하는 모두 생략되었다. |
| 正百官의 교감 권1 第9卷籤 (26) | ① 說命 惟治亂在庶官 | – | B | C(BX) | 『대학연의보』의 권5 정백관 총론임관지도에 들어 있다. 정조(C)는 윤(B)이 주장한 본서 중 '立政'으로 시작하는 문장과 안설을 추가하는 것에 반대하였다. 대신 『서경』 무성편(武成篇)에서 발췌한 한 단락을 초록하여 싣도록 하였다. 규 1970 『어정대학유의』 권8에는 정조(C)의 의견대로 '周書武成建官惟賢 位事惟能'의 본문만 실려 있다. |
| | ② 禮記緇衣 | A | B | C(AX, B) | 『대학연의보』의 권5 정백관 총론임관지도에 들어 있다. 정조(C)는 윤(B)이 주장한 제안을 받아들여 안설에서 대신(大臣)과 이신(邇臣)이 공경하고 근신하는 방도를 말한 것이 성인의 뜻을 잘 발명하고 있다고 하고 첨가하도록 하였다. 규 1970 『어정대학유의』 권8에는 이 항목 다음에 공영달(孔穎達)의 주석은 생략되었고, 구준의 안설은 일부 발췌되어 실렸다. |
| | ③ 周禮 小宗伯掌三族之別 | – | B | C(BX) | 『대학연의보』의 권5 정백관 정직관지품에 들어 있다. 정조(C)는 윤(B)이 주장한 이 항목의 내용 조정에 반대하였다. 정조(C)는 한(漢)나라 때 종정관(宗正官)을 두었던 것은 진(秦)나라의 구제(舊制)를 그대로 이어받은 것으로 고도(古道)가 아니니 추려 내도록 하였다. 규 1970 『어정대학유의』 권8에는 이 항목 다음에 진부량(陳傅良)의 주석 및 구준의 안은 모두 삭제되었다. |

| 『유의평례』 권첨 및 교열 항목 수 | 교열 항목 | 서형수(A) | 윤광안(B) | 정조(C)의 최종 결정 및 선택 | 정조(C)의 최종 결정 내용 |
|---|---|---|---|---|---|
| 正百官의 교감 권1 第9卷籤 (26) | ④ 周官立太師太傅 | - | B | C(BX) | 『대학연의보』의 권5 정백관 정직관지품에 들어 있다. 정조(C)는 윤(B)이 주장한 이 조목 아래에, 본서 중 호안국(胡安國)과 진부량(陳傅良) 두 사람의 설을 절취하여 싣는 것에 반대하였다. 정조(C)는 여백공(呂伯恭)은 강후(康侯)를, 진부량은 여백공의 설을 그대로 따르고 있어 세 사람의 설은 똑같아서 의미없다고 하였다. 규 1970『어정대학유의』 권8에는 이 항목 다음에 호안국, 여조겸(呂祖謙), 진부량의 주석이 모두 삭제되고 구준의 안설이 일부 조정되어 실렸다. |
| | ⑤ 冢宰掌邦治 | - | B | C(BX) | 『대학연의보』의 권5 정백관 정직관지품에 들어 있다. 정조(C)는 윤(B)이 주장한 통정사(通政司)의 내용 아래 순전(舜典), 그 주와 안설까지 추가하는 것에 반대하였다. 규 1970『어정대학유의』 권8에는『서경』「주서」 주관 제7장부터 13장까지의 본문이 합쳐지고 각 장에 붙인 주석은 모두 생략되었으며, 마지막에 있는 여조겸 및 구준의 안만 실렸다. |
| | ⑥ 周禮 馮相氏掌十有二歲 | A | B | C(AX, BX) | 『대학연의보』의 권5 정백관 정직관지품에 들어 있다. 정조(C)는 서(A)와 윤(B)이 주장한 이 조목의 내용 조정에 모두 반대하였다. 정조(C)는 이 편에는 요전(堯典)을 싣고, 역상편(曆象篇)에는 주관(周官)을 싣는 것으로 결정하였다. 규 1970『어정대학유의』 권8을 보면, 이 항목은 생략되었고, 이 항목의 앞에 있는 '堯典 乃命羲和 欽若昊天 曆象日月星辰 敬授人時'의 본문 중에서 '堯典 乃命羲和 欽若昊天'만이 실렸고, 이 항목 다음에 실려 있는 구준의 안설 중 일부만 발췌되어 '堯典 乃命羲和 欽若昊天' 다음에 실렸다. |
| | ⑦ 詩大雅卷阿首章 | - | B | C(B) | 『대학연의보』의 권6 정백관 경대신지례에 들어 있다. 정조(C)는 윤(B)이 주장한 이 조목 아래 구씨의 설 중 '深矣' 아래에, 본문 중 '蓋字'부터 '是已'까지의 한 단락을 취하여 첨가해야 한다는 의견에 동의하였다. 규 1970『어정대학유의』 권8에는 권아장 수장(首章)의 주석, 다음에 나오는 3장, 5장, 졸장(卒章)의 본문 및 주석은 모두 생략되었고, 졸장에 붙은 구준의 안 중 일부만 발췌되어 실렸다. |
| | ⑧ 史漸曰 忠厚近迂闊 | - | - | C | 『대학연의보』의 권6 정백관 경대신지례에 들어 있다. 정조(C)는 사점의 말을 필명편(畢命篇)에 수록하지 않고 소고편(召誥篇) 아래에 억지로 붙여 놓은 것은 조목을 나눌 때 잘못 조검(照檢)했음을 인정하였다. 규 1970『어정대학유의』 권8을 보면, |

| 『유의평례』 권첨 및 교열 항목 수 | 교열 항목 | 서형수(A) | 윤광안(B) | 정조(C)의 최종 결정 및 선택 | 정조(C)의 최종 결정 내용 |
|---|---|---|---|---|---|
| | | | | | '畢命 惟公懋德'의 본문 다음에 채침(蔡沈)의 주석은 생략되었고, 구준의 안 중에 사점을 인용한 부분만 발췌되어 실렸다. |
| | ⑨ 國語 近臣進規 | – | B | C(BX) | 『대학연의보』의 권7 정백관 간시종지신에 들어 있다. 정조(C)는 윤(B)이 제안한 이 조목 위에 경명편을 절록해 넣는 것에 동의하였고, 임씨(林氏)의 설도 추가하도록 하였다. 규 1970 『어정대학유의』 권8을 보면, 이 항목 위에 『서경』「경명편」의 본문의 내용과 임지기의 주석이 들어 있다. |
| | ⑩ 周禮 太史掌建邦之六典 | – | B | C(BX) | 『대학연의보』의 권7 정백관 간시종지신에 들어 있다. 정조(C)는 윤(B)이 제안한 이 조목 앞의 '漢武帝建元五年 初置五經博士'의 본문과 구준의 안을 일부 절취하여 수록하자는 주장에 반대하였다. 실제 규 1970 『어정대학유의』 권8에는 윤(B)이 주장한 '漢武帝建元五年 初置五經博士'의 본문이 이 항목의 앞에 실려 있고, 구준의 안은 '丘濬曰 此五經博士之始'의 내용이 일부 발췌되어 실려 있다. 이는 윤(B)의 주장이 관철된 것으로 여겨진다. |
| 正百官의 교감 권1 第9卷籤 (26) | ⑪ 唐改內史舍人 | A | B | C(A0, B0) | 『대학연의보』의 권7 정백관 간시종지신에 들어 있다. 서(A)는 이 조목 끝줄 소주의 '以上' 두 자는 '此' 자로 고쳐야 한다고 하였고, 윤(B)은 다른 편을 상고하여 일괄적으로 처리하자고 하였다. 정조(C)는 범례가 정제(整齊)되기는 마치 완전한 그릇에 물을 담은 것 같아야 하니, 검토하도록 지시하였다. 규 1970 『어정대학유의』 권8에 보면, 이 항목 다음에 있는 구준 안의 끝줄 소주에 '以上中書舍人'은 '此中書舍人'으로 바뀌어 있어 서(A)의 의견이 수용되었음을 알 수 있다. |
| | ⑫ 睿宗時侍御史楊孚 | A | – | C(AX) | 『대학연의보』의 권8 정백관 중대간지임에 들어 있다. 정조(C)는 서(A)가 제안한 이 조목을 초록하여 싣자는 의견에 반대하였다. 규 1970 『어정대학유의』 권8에 보면, '睿宗時侍御史楊孚'의 본문과 구준의 안은 생략되었다. |
| | ⑬ 唐太宗制曰 自今中書門下 | – | B | C(B) | 『대학연의보』의 권8 정백관 중대간지임에 들어 있다. 정조(C)는 윤(B)이 제안한 이 조목 아래에, 본문 중 '歐陽'부터 '相等'까지의 한 조목을 취하여 구씨가 인용한 '언관을 가려 뽑는 것[擇言官]'에 관한 내용의 추가에 대하여 동의하였다. 규 1970 『어정대학유의』 권8에 보면, 이 항목 다음에 '宋歐陽修曰 諫官者'의 본문이 연결되었고, 구준의 안설 중 사마광이 언급한 부분이 발췌되어 실렸다. |

| 『유의평례』 권첨 및 교열 항목 수 | 교열 항목 | 서형수 (A) | 윤광안 (B) | 정조(C)의 최종 결정 및 선택 | 정조(C)의 최종 결정 내용 |
|---|---|---|---|---|---|
| 正百官의 교감 권1 第9卷籤 (26) | ⑭ 宋蔡襄告其君 | – | B | C(B) | 『대학연의보』의 권8 정백관 중대간지임에 들어 있다. 정조(C)는 윤(B)이 주장한 이 조목 아래에, 본서 중 소식(蘇軾)의 설을 추가하는 것에 동의하였다. 규 1970 『어정대학유의』 권8에 보면, '宋蔡襄告其君'의 본문 중 '宋任諫非難 聽諫爲難 聽諫非難 用諫爲難'은 삭제되었고, 다음에 '蘇軾言於其君曰'의 내용이 발췌되어 연결되었으며, 각 본문 아래에 있던 주석과 구준의 안은 모두 삭제되었다. |
| | ⑮ 光武始詔三公 | – | B | C(BX) | 『대학연의보』의 권9 정백관 청입사지로에 들어 있다. 정조(C)는 윤(B)이 이 조목을 추려 내자는 의견에 반대하였다. 규 1970 『어정대학유의』 권8에 보면, 이 항목 다음에 구준의 안설 중 '丘濬曰 前此擧士無常時 至此始歲一擧'의 부분만 발췌되어 실렸다. |
| | ⑯ 漢武帝時 太常孔臧等 | A | B | C(A, B) | 『대학연의보』 권9 정백관 청입사지로에 들어 있다. 정조(C)는 서(A)와 윤(B)이 주장한 이 조목의 내용 조정에 동의하였다. 규 1970 『어정대학유의』 권8에 보면, 이 항목은 '漢武帝時 太常孔臧等議請太常博士置弟子 詣太常得受業 能通一藝以上補文學掌故缺 其高弟可以郎中者 太常籍奏' 부분이 선별되어 실렸다. |
| | ⑰ 以上淸入仕之路 | A | – | C(AX) | 『대학연의보』의 권9 정백관 청입사지로에 나오는 마지막 문장이다. 정조(C)는 서(A)가 제안한 이 조목의 권점(圈點) 아래 주의 구씨의 설을 추려 내는 것에 반대하였다. 규 1970 『어정대학유의』 권8에 보면, 구준의 안 중 정조(C)가 언급한 대로 '丘濬曰 本朝雖大封拜 百官亦未嘗具服拜賀 惟於策士傳臚之後 群臣致辭慶賀曰 天開文運 賢俊登庸'의 부분이 선별되어 실렸다. |
| | ⑱ 自唐制庶官五品以上 至丘說法也 | – | – | C | 『대학연의보』의 권10 정백관 공전선지법에 들어 있다. 정조(C)는 이 항목은 한때의 제도이니 실을 것이 없다고 하였다. 아래에 있는 '순자격(循資格)'에 관한 조목까지 모두 추려 내도록 하였다. 규 1970 『어정대학유의』 권8에 보면, '唐制庶官五品以上'부터 구씨의 안설 중 '法也'까지의 항목은 모두 삭제되었다. |
| | ⑲ 開元十八年 裴光庭爲吏部尙書 | – | B | C(BX) | 『대학연의보』의 권10 정백관 공전선지법에 들어 있다. 정조(C)는 윤(B)이 제안한 이 조목 아래에, 본서 중 구씨의 설을 취하여 첨가해 넣는 것에 반대하였다. 규 1970 『어정대학유의』 권8에 보면, 이 |

| 『유의평례』 권첨 및 교열 항목 수 | 교열 항목 | 서형수 (A) | 윤광안 (B) | 정조(C)의 최종 결정 및 선택 | 정조(C)의 최종 결정 내용 |
|---|---|---|---|---|---|
| 正百官의 교감 권1 第9卷籤 (26) | | | | | 항목 중 '人年三十而出身 四十乃得從事 更造格以方正爲差 若循新格則六十未離一尉'는 생략되었고, 윤(B)이 주장한 구씨의 안설은 정조가 반대하여 실리지 않았다. |
| | ⑳ 陸贄言於其君 | – | B | C(BX) | 『대학연의보』의 권10 정백관 공전선지법 중 육지가 덕종에게 올리는 글이다. 정조(C)는 윤(B)이 제안한 본서 중 심기제(沈旣濟)의 선거에 관한 논의와 호씨(胡氏)의 설을 절취하여 이 조목 위에 넣는 것에 반대하였다. 규 1970 『어정대학유의』 권8에 보면, 심기제가 덕종에게 올리는 글의 본문 및 호인의 주는 생략되었고, 육지의 글은 일부만 발췌되어 실렸다. |
| | ㉑ 漢郡守辟除 | A | – | C(A) | 『대학연의보』의 권11 정백관 엄고과지법에 들어 있다. 정조(C)는 서(A)가 제안한 이 조목 아래에, 본서 중 '黃龍'부터 '按之'까지의 한 단락을 첨가해 넣어야 구씨의 주석과 조응(照應)될 것이라는 의견에 동의하였다. 규 1970 『어정대학유의』 권8에 보면, 이 항목은 실렸고, 구준의 안은 생략되었다. 이 항목 다음에 '宣帝始親政事'의 본문이 연결되었으며, 그 다음에 구준의 안은 일부 내용만 선별되어 실렸다. |
| | ㉒ 以上嚴考課之法 | – | B | C(B) | 『대학연의보』의 권11 정백관 엄고과지법에 나오는 마지막 문장이다. 정조(C)는 윤(B)이 주장한 이 조목 위에, 본서 중 사마광(司馬光)의 설 두 조목을 채록하여 넣고 이 조목 아래에, 구씨의 설을 역시 첨가해 넣자는 의견에 동의하였다. 규 1970 『어정대학유의』 권8에 보면, 이 항목 위의 사마광의 두 조목 중 사마광이 인종에게 올리는 글인 한 조목만 실렸고, 이 항목의 뒤에 실린 구준의 안은 일부 내용만 발췌되어 실렸다. |
| | ㉓ 春秋穀梁傳曰 學問無方 | – | B | C(BO) | 『대학연의보』의 권11 정백관 숭추천지도에 들어 있다. 정조(C)는 윤(B)이 제안한 본서 중 이 조목 위에 『주역』 태괘(泰卦) 초구(初九)의 효사(爻辭) '발서여(拔茅茹)'와 『서경』 주관편(周官篇)을 첨가하는 의견에 대해서는 태괘 초구의 효사만을 싣는 것에 동의하였다. |
| | | A | B | C(A, BX) | 윤(B)은 이 조목 주석 중 구씨의 설은 추려 내자고 하였고, 서(A)는 구씨의 설을 추려 낸다면 응당 본문에 인용한 『좌전』의 내용을 수록해야 한다고 주장하였다. 정조(C)는 서(A)의 의견을 수용하여 좌 |

| 『유의평례』 권첨 및 교열 항목 수 | 교열 항목 | 서형수 (A) | 윤광안 (B) | 정조(C)의 최종 결정 및 선택 | 정조(C)의 최종 결정 내용 |
|---|---|---|---|---|---|
| 正百官의 교감 권1 第9卷籤 (26) | | | | | 씨(左氏)의 본전 부분을 수록하도록 하였다. 규 1970『어정대학유의』권8에 보면, 이 항목 다음에 구준의 안은 생략되었고,『좌전』양공(襄公) 3년 조의 내용이 실렸다. |
| | ㉔ 荀卿曰下臣事君以貨 | – | B | C(BO) | 『대학연의보』의 권11 정백관 숭추천지도에 들어 있다. 정조(C)는 윤(B)이 주장한 한 무제(漢武帝)의 조서와 유식(劉寔)의 숭양론(崇讓論) 한 조목을 절록해 넣는 것에 대해 효무제(孝武帝)의 조서만 수록하는 것으로 정했다. 규 1970『어정대학유의』권8에 보면, 이 항목 다음에 '漢武帝詔曰'의 본문이 실렸다. |
| | ㉕ 崔祐甫爲相 薦擧惟其人 | – | B | C(BX) | 『대학연의보』의 권11 정백관 숭추천지도에 들어 있다. 정조(C)는 윤(B)이 제안한 당 문종, 주 세종, 송의 단공, 송 진종 시의 천거에 관한 내용을 추가하는 것에 반대하였다. 규 1970『어정대학유의』권8에 보면, 윤(B)이 주장한, 당 문종, 주 세종, 송의 단공, 송 진종 시의 천거에 관한 내용은 모두 삭제되었다. |
| | ㉖ 唐高祖以舞胡安叱奴 爲散騎侍郎 | – | B | C(BO) | 『대학연의보』의 권12 정백관 계남용지실에 들어 있다. 정조(C)는 윤(B)이 제안한 관직을 남용하는 폐단에 관한 내용으로『논어』, 한 문제, 영제, 당 숙종, 당 현종, 송 고종 시의 5조목을 초록해 넣는 것에 대해, 효문제가 색부에게 관직을 내리려 했다는 것과 효무제가 총애하는 여자를 후로 봉하려 했던 것,『논어』의 '바른 이를 거용하고 모든 비뚤어진 이를 버린다'는 것, 세 조목만 첨가해 넣는 것으로 결정하였다. 규 1970『어정대학유의』권8에 보면, 관직을 남용하는 폐단에 관한 것은 이 항목 앞에 정조(C)가 언급한『논어』, 한 문제 및 한 무제의 본문이 설별되어 실렸다. |

위 〈표 5〉의 내용을 종합하면 다음과 같다.

1) 정조정의 교감은『유의평례』1 권8첨 4항목이다. ①'易曰 天地之大德曰生'은 일부 주석들의 삭제에 관한 것이다. 정조(C)는 특히 오징과 곽옹의 설을 넣는 것에 반대하였다. 규 1970『어정대학유의』권7에는 곽옹, 소철, 오징의 주가 모두 삭제되었고, 주희의 주와 구준의 안만 실렸다. ②'以上總論朝廷之政'은 구씨의 안을 수록

하는 여부에 관한 것이다. 정조(C)는 윤(B)의 주장을 받아들여 이 조목 아래 구씨(丘氏)의 설을 모두 수록하도록 하였다. 규 1970『어정대학유의』권7에도 구준의 안이 거의 그대로 실렸다. ③'禮記大傳曰名著'는 내용 삽입에 관한 것으로 정조(C)는 '論語 子路曰' 문장과 사량좌(謝良佐)의 주석 및 구준의 안의 삽입에 대해 반대하였다. 규 1970『어정대학유의』권7에는 이 부분은 완전히 삭제되었다. ④'春秋穀梁傳'은 내용의 선별 수록에 관한 것이다. 정조(C)는 윤(B)이 주장한 곡량전(穀梁傳) 및 구준의 안을 삭제하고 주관의 조목을 적절히 줄이는 것에 반대하고, 다만 주관(周官) 이하는 굳이 중첩되게 실을 필요가 없다고 하였다. 규 1970『어정대학유의』권7에는 정조의 의견대로『춘추곡량전』의 원문과 구준의 안이 실렸고, 주관(周官) 이하는 모두 생략되었다.

2) 정백관의 교감은『유의평례』1 권9첩 26항목이다. 내용의 선별 수록 7건, 내용 추가 10건, 내용 조정 4건, 내용 삭제 4건, 글자 수정 1건이다.

첫째, 내용의 선별 수록 7건은 ①, ⑨, ⑩, ⑫, ⑳, ㉔, ㉖이다. ①'說命 惟治亂在庶官'의 경우, 정조(C)는『서경』「무성편(武成篇)」에서 발췌한 한 단락을 초록하여 싣도록 하였다. 규 1970『어정대학유의』권8을 보면, '周書武成 建官惟賢 位事惟能'의 본문만 실렸다. ⑨'國語 近臣進規'에서 정조(C)는 윤(B)이 제안한 이 조목 위에 경명편을 절록해 넣는 것에 동의하였고, 임씨(林氏)의 설도 추가하도록 하였다. 규 1970『어정대학유의』권8을 보면, 이 항목 위에『서경』「경명편」의 본문의 내용과 임지기의 주석이 들어 있다. ⑩'周禮 太史掌建邦之六典'의 경우 정조(C)는 윤(B)이 제안한 이 조목 앞의 '漢武帝建元五年 初置五經博士'의 본문과 구준의 안을 일부 절취하여 수록하자는 주장에 반대하였다. 실제 규 1970『어정대학유의』권8을 보면, 윤(B)이 주장한 '漢武帝建元五年 初置五經博士'의 본문이 이 항목의 앞에 실려 있고, 구준의 안은 '丘濬曰 此五經博士之始'의 부분이 발췌되어 실려 있다. 이는 윤(B)의 주장이 관철된 것으로 여겨진다. ⑫'睿宗時侍御史楊孚'에서 정조(C)는 서(A)가 제안한 이 조목을 초록하여 싣자는 의견에 반대하였다. 규 1970『어정대학유의』권8을 보면, 이 항목과 구준의 안은 생략되었다. ⑳'陸贄言於其君'에서 정조(C)는 윤(B)이 제안한 본서 중 심기제(沈旣濟)의 선거(選擧)에 관한 논의와 호씨(胡氏)의 설을 절취하여 이 조목 위에 넣는 것에 반대하였다. 규 1970『어정대학유의』권8에 보면, 심기제가 덕종에게 올리는 글의 본문 및 호인의 주는 생략되었고, 육지의 글은 일부만 발췌되어 실렸다. ㉔ '荀卿曰下臣事君以貨'의 경우 정조(C)는 윤(B)이 주장한 한 무제(漢武帝)의 조서와 유식(劉寔)의 숭양론(崇讓論) 한 조목을 절록(節錄)해 넣는 것에 대해 효무제(孝武帝)의 조서(詔書)만 수록하는 것으로 정했다. 규 1970 『어정대학유의』 권8에 보면, 이 항목 다음에 '漢武帝詔曰'의 본문이 실렸다. ㉖ '唐高祖以舞胡安叱奴 爲散騎侍郎'에서 정조(C)는 윤(B)이 제안한 관직을 남용하는 폐단에 관한 내용 중 5조목을 초록해 넣는 것에 대해 선별해서 3개만 넣는 것으로 결정하였다. 규 1970 『어정대학유의』 권8에 보면, 관직을 남용하는 폐단에 관한 것은 이 항목 앞에 정조(C)가 언급한 『논어』, 한 문제 및 한 무제의 본문이 발췌되어 실렸다.

둘째, 내용 추가의 10건은 ②, ⑤, ⑦, ⑬, ⑭, ⑲, ㉑, ㉒, ㉓, ㉕이다. ② '禮記緇衣'의 경우 정조(C)는 윤(B)이 주장한 제안을 받아들였다. 규 1970 『어정대학유의』 권8을 보면, 이 항목 다음에 공영달(孔穎達)의 주석은 생략되었고, 구준의 안은 일부만 발췌되어 실렸다. ⑤ '冢宰掌邦治'의 경우, 정조(C)는 윤(B)이 주장한 통정사(通政司)의 내용 아래 순전(舜典), 그 주와 안설까지 추가하는 것에 반대하였다. 규 1970 『어정대학유의』 권8에는 『서경』 「주서」 주관 제7장부터 13장까지의 본문이 합쳐지고, 각 장에 붙인 주석은 모두 생략되었으며, 마지막에 있는 여조겸 및 구준의 안만 실렸다. ⑦ '詩大雅卷阿首章'을 보면, 정조(C)는 윤(B)이 주장한 이 조목 아래 구씨의 설 중 '深矣' 아래에, 본문 중 '蓋字'부터 '是已'까지의 한 단락을 취하여 첨가해야 한다는 의견에 동의하였다. 규 1970 『어정대학유의』 권8을 보면, 권아장 수장(首章)의 주석, 다음에 나오는 3장, 5장, 졸장(卒章)의 본문 및 주석은 모두 생략되었고, 졸장에 붙은 구준의 안 중 일부만 발췌되어 실렸다. ⑬ '唐太宗制曰 自今中書門下'를 보면, 정조(C)는 윤(B)이 제안한 이 조목 아래에, 본문 중 '歐陽'부터 '相等'까지의 한 조목을 취하여 구씨가 인용한 '언관을 가려 뽑는 것[擇言官]'에 관한 내용의 추가에 대하여 동의하였다. 규 1970 『어정대학유의』 권8을 보면, 이 항목 다음에 '宋歐陽修曰 諫官者…'의 본문이 연결되었고, 구준의 안설 중 사마광이 언급한 부분이 발췌되어 실렸다. ⑭ '宋蔡襄告其君'의 경우, 정조(C)는 윤(B)이 주장한 이 조목 아래에, 본서 중 소식(蘇軾)의 설을 추가하는 것에 동의하였다. 규 1970 『어정대학유의』 권8에 보면, 이 항목 중 '任諫非難 聽諫爲難 聽諫非難 用諫爲難'은 삭제되었고, 다음에

'蘇軾言於其君曰'의 내용이 발췌되어 연결되었으며, 각 본문 아래에 있던 주석과 구준의 안은 모두 삭제되었다. ⑲'開元十八年 裴光庭爲吏部尙書'에서 정조(C)는 윤(B)이 제안한 이 조목 아래에, 본서(本書) 중 구씨(丘氏)의 설을 취하여 첨가해 넣는 것에 반대하였다. 규 1970『어정대학유의』권8에 보면, 이 항목 중 '人年三十而出身四十乃得從事 更造格以方正爲差 若循新格則六十未離一尉'는 생략되었고, 윤(B)이 주장한 구씨의 안은 정조가 반대하여 실리지 않았다. ㉑'漢郡守辟除'는 내용 추가에 관한 건이다. 정조(C)는 서(A)가 제안한 이 조목 아래에, 본서 중 '黃龍'부터 '按之'까지의 한 단락을 첨가해 넣어야 구씨의 주와 조응될 것이라는 의견에 동의하였다. 규 1970『어정대학유의』권8에 보면, 이 항목은 실렸고, 구준의 안은 생략되었다. 이 항목 다음에 '宣帝始親政事' 항목이 실렸고, 그 다음에 구준의 안은 일부 내용만 선별되어 실렸다. ㉒'以上嚴考課之法'에서 정조(C)는 윤(B)이 주장한 이 조목 위에, 본서 중 사마광(司馬光)의 설 두 조목을 채록하여 넣고 이 조목 아래에, 구씨의 설을 역시 첨가해 넣자는 의견에 동의하였다. 규 1970『어정대학유의』권8에 보면, 이 항목 위의 사마광의 두 조목 중 사마광이 인종에게 올리는 글인 한 조목만 실렸고, 이 항목의 뒤에 실린 구준의 안은 일부 내용만 발췌되어 실렸다. ㉓'春秋穀梁傳曰 學問無方'에서 정조(C)는 윤(B)이 주장한 이 조목 위에,『주역』태괘(泰卦) 초구(初九)의 효사(爻辭) '발서여(拔茅茹)'와『서경』주관편(周官篇)을 첨가하는 의견에 대해서는 태괘 초구의 효사만을 싣는 것에 동의하였다. 또한 윤(B)은 이 조목 주석의 구씨의 설은 추려 내자고 하였고, 서(A)는 구씨의 설을 추려 낸다면 응당 본문에 인용한『좌전』의 내용을 수록해야 한다고 주장하였다. 정조(C)는 서(A)의 의견을 수용하여 좌씨(左氏)의 본전 부분을 수록하도록 하였다. 규 1970『어정대학유의』권8에 보면, 이 항목 다음에 구준의 안은 생략되었고,『좌전』양공(襄公) 3년조의 내용이 실렸다. ㉕'崔祐甫爲相 薦擧惟其人'을 보면, 정조(C)는 윤(B)이 제안한 당 문종, 주 세종, 송의 단공, 송 진종 시의 천거에 관한 내용을 추가하는 것에 반대하였다. 규 1970『어정대학유의』권8에 보면, 윤(B)이 주장한, 당 문종, 주 세종, 송의 단공, 송 진종 시의 천거에 관한 내용은 모두 삭제되었다.

셋째, 내용 조정의 4건은 ③, ⑥, ⑧, ⑯이다. ③'周禮 小宗伯掌三族之別'의 경우 정조(C)는 한(漢)나라 때 종정관(宗正官)을 두었던 것은 진(秦)나라의 구제(舊制)를 그대로 이어받은 것으로 고도(古道)가 아니니 추려 내도록 하였다. 규 1970『어정대학유의』권8에는 이 항목 다음에 진부량(陳傅良)의 주석 및 구준의 안은 모두 삭제되었다. ⑥'周禮 馮相氏掌十有二歲'에서 정조(C)는 서(A)와 윤(B)이 주장한 이 조목의 내용 조정에 모두 반대하였고, 이 편에는 요전(堯典)을 싣고, 역상편(曆象篇)에는 주관(周官)을 싣는 것으로 결정하였다. 규 1970『어정대학유의』권8을 보면, 이 항목은 생략되었고, 이 항목의 앞에 있는 '堯典 乃命羲和 欽若昊天 曆象日月星辰 敬授人時'의 본문 중에서 '堯典 乃命羲和 欽若昊天'만이 실렸으며, 이 항목의 다음에 실려 있는 구준의 안 중 일부만 발췌해 '堯典 乃命羲和 欽若昊天' 다음에 실었다. ⑧'史漸曰 忠厚近迂闊'의 경우, 정조(C)는 사점의 말을 필명편(畢命篇)에 수록하지 않고 소고편(召誥篇) 아래에 억지로 붙여 놓은 것은 조목을 나눌 때 잘못 조검(照檢)했음을 인정하였다. 규 1970『어정대학유의』권8을 보면, '畢命 惟公懋德'의 본문 다음에 채침(蔡沈)의 주석은 생략되었고, 구준의 안설 중 사점을 인용한 부분만 발췌되어 실렸다. ⑯'漢武帝時 太常孔臧等'의 경우 정조(C)는 서(A)와 윤(B)이 주장한 이 조목의 내용 조정에 동의하였다. 규 1970『어정대학유의』권8에 보면, 이 항목은 '漢武帝時 太常孔臧等議 請太常博士置弟子 詣太常得受業 能通一藝以上 補文學掌故缺 其高弟可以郎中者 太常籍奏' 부분만 선별되어 실렸다.

넷째, 내용 삭제의 4건은 ④, ⑮, ⑰, ⑱의 4건이다. ④'周官立太師太傅'의 경우, 정조(C)는 윤(B)이 주장한 이 조목 아래에, 본서 중 호안국(胡安國)과 진부량(陳傅良) 두 사람의 설을 절취하여 싣는 것에 반대하였다. 규 1970『어정대학유의』권8을 보면, 이 항목 다음에 호안국, 여조겸(呂祖謙), 진부량의 주석이 모두 삭제되었고, 구준의 안설이 일부 조정되어 실렸다. ⑮'光武始詔三公'에서 정조(C)는 윤(B)이 이 조목을 추려 내자는 의견에 반대하였다. 규 1970『어정대학유의』권8을 보면, 이 항목 다음에 구준의 안 중 '丘濬曰 前此擧士無常時 至此始歲一擧'의 부분만 발췌되어 실렸다. ⑰'以上淸入仕之路'의 경우, 정조(C)는 서(A)가 제안한 이 항목의 권점 아래 주의 구씨의 설을 추려 내는 것에 반대하였다. 규 1970『어정대학유의』권8에 보면, 구준의 안 중 정조(C)가 언급한 대로 '丘濬曰 本朝雖大封拜 百官亦未嘗具服拜賀 惟於策士傳臚之後 群臣致辭慶賀曰 天開文運 賢俊登庸'의 부분이 선별되어 실렸다. ⑱'自唐制庶官五品以上 至丘說法也'의 경우, 정조(C)는 이 항목은 한때의 제도이니 실을 것이 없다고 하였다. 아래에 있는 '순자격(循資格)'에 관한 조목까지 모두 추려 내도록 하였다. 규 1970『어정대학유의』권8에 보면, '唐制庶官五品以上'부터 구씨의 설 중 '法也'까지의 항목은 모두 삭제되었다.

다섯째, 글자 수정은 ⑪ 의 1건이다. ⑪'唐改內史舍人'의 경우 서(A)는 조목 끝줄 소주의 '以上'을 '此'로 바꾸자고 하였고, 윤(B)은 다른 편을 상고하여 처리하자고 하였다. 정조(C)는 검토하도록 지시하였다. 규 1970『어정대학유의』권8에 보면, 이 항목 다음에 구준 안의 끝줄 소주에 '以上中書舍人'은 '此中書舍人'으로 바뀌어 있어 서(A)의 의견이 반영되었음을 알 수 있다.

## 5.4. 고방본과 제국용의 세목 구성, 교감 내용 및 결과

### 5.4.1. 고방본과 제국용의 세목 구성

고방본과 제국용의 세목에 대해 설명하면 다음과 같다.

고방본 7권(권13~권19)과 제국용 16권(권20~권35)은 육부 중 호부(戶部)에 해당한다. 고방본 7권은 11세목이다. 권13 총론고본지도, 번민지생, 권14 제민지산, 권15 중민지사, 관민지력, 민민지궁, 권16 휼민지환, 권17 제민지해, 권18 택민지장, 권19 분민지목, 순민지막 등이다.

첫째, 권13 총론고본지도와 번민지생이다. 총론고본지도는 민본이 견고하게 되는 방법을 총괄해서 논술한 것이다. 총론고본지도에 인용된『서경』「하서(夏書)」오자지가(五子之歌)를 보면, "그 첫 번째는 이러하였다. 임금님께서 훈계를 남기셨으니 백성들은 친근히 할지언정 본분을 잃게 해서는 안 된다. 백성은 나라의 근본이니, 근본이 튼튼해야 나라가 편안하다."라고 하였고, 구준은 이에 주석을 붙여 "백성은 나라의 근본이니, 근본이 튼튼해야 나라가 편안하다는 것은 만세의 군주들이 옆에 기록해두고 마음에 깊이 새겨야 한다."고 하였다.[268] 번민지생은 백성의 생업을 번성하도록

268) 丘濬,『대학연의보』卷13 治國平天下之要 3 固邦本 總論固本之道. "五子之歌 其一曰 皇祖有訓 民

하는 것이다. 번민지생에 인용된『주례』를 보면, “대사도의 직분은 국토의 지도와 그 인민의 숫자를 관장함으로써 왕을 도와 나라를 안정시키는 것이다.”라고 하였고, 구준은 이에 주석을 붙여 “천지는 사람을 일정하게 생겨나게 했는데 하늘이 덮고 있는 것은 비록 이르지 않은 곳이 없지만 땅이 수용할 수 있는 것은 한계가 있기 때문이다. 생민(生民)을 위해서 통치자는 인구 수의 성쇠와 다과를 살피고, 토지의 조건과 면적을 조사해야 하며, 조류와 짐승들의 번성을 통해 백성들의 자원으로 삼게 하고, 토목을 무성하게 하고 농사를 가르쳐야 한다. 이렇게 하면 백성이 번성하고, 백성이 번성하면 호구가 증가하여 국가의 근본이 견고해지고 기상이 굳세어지며 천하가 다스려져 군주의 위치가 편안해진다.”라고 하였다.[269)]

둘째, 권14 제민지산은 백성들의 생업을 보장하기 위한 제도를 만드는 것이다. 구준은『주례』에 주를 붙여 “백성이 생산할 수 있는 근거는 전택(田宅)이다. 토지와 가옥이 있으면 생산을 할 수 있는 수단이 있게 된다. 생산을 할 수 있는 수단은 가색(稼穡), 수예(樹藝), 목축(牧畜)이다. 이 세 가지가 갖추어지면 의식주가 해결되고 부모를 섬기고 자식을 양육하며 관청에 세금을 납부하고 요역에도 응하게 된다. 예의가 생기고 교화가 행해지며 풍속도 아름다워진다.”라고 하였다.[270)]

셋째, 권15는 중민지사와 관민지력 및 민민지궁이다. 중민지사는 백성의 농사를 중요하게 여기는 것이다.『서경』「순전(舜典)」을 보면, “순임금이 열두 고을의 양민관과 의논하기를 먹는 것은 때를 잃지 않아야 하니”라고 하였고, 구준은 이에 주석을

可近 不可下 民惟邦本 本固邦寧 … 臣按 民惟邦本 本固邦寧之言 萬世人君所當書於座隅 以銘心刻骨者也”

269) 丘濬,『대학연의보』卷13 治國平天下之要 3 固邦本 蕃民之生. “周禮 大司徒之職 掌建邦之土地之圖 與其人民之數 以佐王安擾邦國 … 臣按 天地生人 止於此數 天之所覆者雖無所不至 而地之所容者則有限焉 惟氣數之不齊 而政治之異施 於是乎生民有盛有衰 生齒有多有寡焉 是以爲人上者 必知其民之數以驗吾之政 又必有以知其地域之廣狹長短 以驗其民居之所容 辨其土地之寒煖燥濕 以識其民性之所宜 察其民物之詳 審其利害之故 蕃鳥獸以爲其衣食之資 毓草木以爲其室器之用 別其土壤 教其稼穡 凡若此者無非以蕃民之生也 民生旣蕃 戶口必增 則國家之根本以固 元氣以壯 天下治而君位安矣”

270) 丘濬,『대학연의보』卷14 治國平天下之要 3 固邦本 制民之產. “臣按 民之所以爲生產者 田宅而已 有田有宅斯有生生之具 所謂生生之具 稼穡樹藝牧畜 三者而已 三者旣具 則有衣食之資 用度之費 仰事俯育之不缺 禮節患難之有備 由是而給公家之征求 應公家之徭役 皆有其恒矣 禮義於是乎生 教化於是乎行 風俗於是乎美 …”

붙여 "임금은 정치를 하는 이유는 백성이 있기 때문이며 백성이 생활할 수 있는 것은 먹기 때문이다. 먹을 것을 족하게 만드는 것이 농업이며 농사를 짓는 것은 때가 중요한 것이다."라고 하였다.[271] 관민지력은 민력을 시의에 맞게 사용하는 것이다. 구준은 『춘추』에 주를 붙여 "군주의 직책은 민력을 부득이한 경우가 아니면 사용해서는 안 된다. 군주는 양민을 직분으로 삼아 그들이 생계를 넉넉하게 유지하도록 하는 것이다. 또한 백성이 사가에 진력하여 부모를 섬기고 자식을 기르는데 힘을 쓰도록 하는 것이다."라고 하였다.[272] 민민지궁은 사민(四民: 鰥寡孤獨)에게 인정을 베푸는 것이다. 구준은 『예기』「왕제(王制)」에 주석을 붙여 천하의 백성은 모두 하늘이 태어나게 한 것이다. 환과고독의 사민은 힘이 모자라 자신을 보호할 수 없고 말하는 능력이 부족하여 사정을 전달할 수 없으며 천생을 완전히 살지 못하기 때문에 하늘이 불쌍히 여기는 것이다. 군주가 이들에게 혜택을 베푸는 것은 하늘이 미치지 못하는 것을 도와주는 것이다."라고 하였다.[273]

넷째, 권16 휼민지환은 백성의 재난에 대비하는 것이다. 구준은 『주례』에 주를 붙여 "군주가 정치를 하는 것은 백성들에게 모여 사는 기쁨을 주고 흩어지는 근심을 없도록 하는 것이다. 또한 풍년과 일이 없을 때 천재(天災)가 있을 것을 생각해야 한다. 『주례』의 황정(荒政)은 12가지인데, 산리(散利: 種植을 꾸어주는 것이니 먹을 곡식과 씨앗을 나누어 주는 것)를 우선으로 삼았다."라고 하였다.[274]

다섯째, 권17 제민지해는 백성들의 재해를 제거하는 것으로 중국의 치수(治水)에

271) 丘濬, 『대학연의보』 卷15 治國平天下之要 3 固邦本 重民之事. "舜典 咨 十有二牧 曰食哉惟時 … 臣按 君之所以治者以民 民之所以生者以食 食之所以足者以農 農之所以耕者以時 …"

272) 丘濬, 『대학연의보』 卷15 治國平天下之要 3 固邦本 寬民之力. "臣按 人君之用民力 非不得已不可用也 蓋君以養民爲職 所以養之者 非必人人而食之 家家而給之也 惜民之力 而使之得以盡其力於私家而有以爲仰事俯育之資 養生送死之具 則君之職盡矣"

273) 丘濬, 『대학연의보』 卷15 治國平天下之要 3 固邦本 愍民之窮. "臣按 天下之民孰非天之所生 乃獨於幼而無父 老而無子 與夫無妻無夫者而謂之天民 吁 民固皆天生者也 而此四民者 力不足以養其身 言不足以達其情 則是生於天 而不能全天之生 尤天之所溍念者也 人君於此四等窮人而加惠焉 是乃所以補助天之所不逮者也"

274) 丘濬, 『대학연의보』 卷16 治國平天下之要 3 固邦本 恤民之患. "臣按 … 人君爲治 所以使一世之民恒有聚處之樂 而無分散之憂者 … 是以人君當夫豐穰無事之時 而恒爲天災流行之思 斯民乏絶之慮豫有以蓄積之 以爲一旦凶荒之備焉 此無他, 恐吾民之散而不可複聚也 是以周禮 十二荒政 而以散利爲首 …"

관한 내용을 다룬 것이다. 그중 전한 애제(哀帝 B.C.27~B.C.1) 즉위 초에 실시된 가양(賈讓)의 치수 대책을 보면, "하수를 다스리는 데는 상·중·하의 대책이 있습니다. 옛날에 나라를 세우고 백성을 살게 하며 땅의 강역을 정리하는데 반드시 하천이나 못이 나뉜 곳을 남겨두고 물의 세력이 미치지 못하는 곳을 헤아려 보았습니다. 큰 하천은 막는 일이 없으니 작은 물이 들어올 수 있게 하여 비탈진 곳을 막아서 연못을 만들고, 가을 물은 많이 그 쉴 곳을 얻게 하고 좌우로 흐르는 물이 넓고 완만하게 하여 급박하지 않게 합니다. 무릇 땅에 개천이 있는 것은 마치 사람에게 입이 있는 것과 같고, 흙을 다스려서 그 개천을 막는 것은 마치 아이가 우는 것을 그치게 하려고 그 입을 막는 것과 같으니, 어찌 급히 그치지 않겠습니까마는 그러나 그것은 죽는 것을 서서 기다릴 수 있을 것입니다. 그러므로 말하였습니다. 개천을 잘 만드는 사람은 그것을 터서 물길이 나게 하는 것이며, 백성들을 잘 다스리는 사람은 그들을 펼쳐서 말을 하도록 하는 것입니다. 대개 제방을 만드는 일은 가까운 전국시대에 시작된 것으로 온갖 개천을 막아서 각기 스스로 이롭게 한 것입니다."라고 하였다.[275]

여섯째, 권18 택민지장은 지방관의 선택을 중요시 하는 것이다. 구준은 '唐玄宗制選京官有才識者' 항목에 주석을 붙여 "고인들의 말에 '군수와 현령을 경시하는 것은 백성을 경시하는 것이고, 백성을 경시하는 것은 천하국가를 경시하는 것이다.'라고 하였습니다. 신의 생각에 내관은 일을 다스리는 자이고, 외관은 백성을 다스리는 자입니다. 일을 다스리는 자는 군주를 도와서 백성을 다스리는 것이니 어찌 백성을 다스리는 자와 같겠습니까. … 백성을 다스리는 자가 일을 다스리는 자보다 더욱 중요하다고 생각합니다."라고 하였다.[276]

일곱째, 권19는 분민지목과 순민지막이다. 분민지목은 목민관의 기준과 분치(分治)

---

275) 丘濬, 『대학연의보』 卷17 治國平天下之要 3 固邦本 制民之害. "哀帝初卽位…待詔賈讓奏言 治河有上中下三策 古者立國居民 疆理土地 必遺川澤之分 度水勢所不及 大川無防 小水得入 陂障卑下 以爲汙澤 使秋水多得有所休息 左右遊波, 寬緩而不迫 夫土之有川 猶人之有口也 治土而防其川 猶止兒啼而塞其口 豈不遽止 然其死可立而待也 故曰善爲川者 決之使道 善爲民者 宣之使言 蓋堤防之作 近起戰國 雍防百川 各以自利"

276) 丘濬, 『대학연의보』 卷18 治國平天下之要 3 固邦本 擇民之長. "…古人有言, 輕郡守縣令 是輕民也 民輕則天下國家輕矣 … 臣愚以爲在內之官 莅事者也 在外之官 莅民者也 莅事者 固助其君以治民 又孰若莅民者 … 莅民者比之莅事者尤爲重也…"

를 강조한 것이다. 구준은 『주례』에 주를 붙여 "중국의 지방정치는 삼대(三代) 이전에 봉건제를 하였고 한나라 이후 군현제를 하였는데 제도적으로 다르지만 분치의 개념은 같다. 통치자가 군현으로 나누어 지방정치를 통괄함으로써 상하가 서로 이어지고 피차가 서로 관련되어 오랫동안 안정된 정치의 기반이 되었다."라고 하였다.[277] 순민지막은 민정을 살피는 순찰관을 파견하는 것이다. 중국은 삼대부터 순찰관을 파견하여 백성들의 숨은 사정을 살폈고, 송대에는 더욱 구체화되어 빈민을 구휼하고, 탐관을 적발하며 재능 있는 이를 천거하고 효행자를 추천하며 나이가 팔구십 이상인 사람 중에 홀아비와 과부 및 병이 심한 이에게는 한나라 고사에 따라 포백(布帛)을 주기도 하였다.[278]

제국용 16권(권20~권35)은 11세목이다. 권20 총론이재지도 상, 권21 총론이재지도 하, 권22 공부지상, 권23 경제지의 상, 권24 경제지의 하, 권25 시적지령, 권26 동저지폐 상, 권27 동저지폐 하, 권28 산택지리 상, 권29 산택지리 하, 권30 정각지과, 권31 부산지적, 권32 죽산지실, 권33 조만지의 상, 권34 조만지의 하, 권35 둔영지전 등이다.

첫째, 권20~권21 총론이재지도 상·하는 국가의 재정을 다스리는 방법을 총괄하여 논술한 것이다. 구준은 『서경』 우서(虞書) 익직(益稷) 1장에 주를 붙여 "『역경』에 이른바 '취인(聚人)을 재(財)로 여기고, 재는 토지에서 나와서 사람에게 쓰이는 것이다.'라고 하였다. 재는 곡물과 재화이며 이것이 갖추어지면 백성에게는 양생의 도구가 되고 함께 모여 살고 의탁할 곳이 마련되어 안정화된다. 그래서 부국을 잘하는 것은 백성의 재를 먼저 관리하고 국가의 재를 나중에 관리하는 것이다."라고 하였다.[279]

---

277) 丘濬, 『대학연의보』 卷19 治國平天下之要 3 固邦本 分民之牧. "… 此皆三代以前封建之制也 後世郡縣亦不異焉…此古今爲治者 旣分以州縣 必統以蕃服 使其上下相承 彼此相維 以爲安長治之基也…"

278) 丘濬, 『대학연의보』 卷19 治國平天下之要 3 固邦本 詢民之瘼. "…周禮 潭人掌誦王志 道國之政事… 丘濬按 …故設爲潭人之官 巡邦國之內 使之探王志之所在 爲之誦說以曉諭夫天下之人…" ; "宋仁宗時 蔡襄言…丘濬按 襄繼言…古之遣使皆務恤窮民 除惡吏 擧材能 收滯逸而已 請令使者所至之郡 存問鄕裏 其孝行著聞 及年八十九十以上 鰥寡篤疾 依漢故事 量予布帛…"

279) 丘濬, 『대학연의보』 卷20 治國平天下之要 3 制國用 總論理財之道 上. "臣按 易曰 何以聚人曰財 財出于地而用于人 人之所以爲人 資財以生 不可一日無焉者也 所謂財者 穀與貨而已 穀所以資民食 貨所以資民用 有食有用則民有以爲生養之具 而聚居托處以相安矣 … 是故善於富國者 必先理民之財 而爲國理財者次之"

둘째, 권22 공부지상은 세금의 징수에 대한 방법을 설명한 것이다. 구준은『서경』 하서(夏書) 우공(禹貢)에 주를 붙여 "국가가 백성에게서 세금을 걷는데, 이를 부공(賦貢)이라 한다."라고 하였고,『논어』에 주를 붙여 "세금은 절용후민(節用厚民)하는 것이 백성과 군주에게 모두 부(富)가 될 수 있는 정책이다."라고 하였으며, "한·당·송의 조세제도는 망민취리(罔民取利)의 제도일 뿐이다."라고 하였다.[280]

셋째, 권23~권24 경제지의 상·하는 재정관리와 회계제도에 대한 것이다. 구준은『주례』에 주를 붙여 "국가의 재물은 백성에게 나와서 관에 보관되는데, 조세를 징수하는 제도가 있어야 하고, 관에서 사용할 때도 일정한 격식이 있어야 한다."고 하였고,[281] 또한 "원우(元祐, 1086~1094)에 만든 회계장부는 수지(收支), 민부(民賦), 과입(課入), 저운(儲運), 경비(經費)의 5개 항목을 작성하여 천하 재정의 출입을 총괄하고 그 유무의 다과를 모두 알게 하여 증감을 조절하고자 한 것이다."라고 하였다.[282]

넷째, 권25 시적지령은 시장의 자율성과 상호교환을 보장하도록 하는 것이다. 구준은『역경』에 주를 붙여 "식화(食貨)는 생민(生民)의 근본이다. 그들은 각기 그들이 소유한 것을 가지고 시장에 모여 상호교환을 한다."라고 하였다.[283] 국가는 시장의 자율성을 보장하기 위해 물가를 조정하고 대상인의 상업 활동도 보장해 주도록 하였다.

다섯째, 권26~권27 동저지폐 상·하는 국가의 화폐 주조와 유통에 관한 것이다. 구준은『한서식화지(漢書食貨志)』에 주를 붙여, "후세의 돈은 밖이 둥글고 안은 정방형이며 문양은 없다.『주례』의 구부(九府)는 재폐(財幣)를 관장하는데 황금, 포백, 전

280) 丘濬,『대학연의보』卷22 治國平天下之要 3 制國用 貢賦之常. "臣按 國家之用度 皆取於民 而取民之大綱曰賦 曰貢而已 …臣按 先儒謂有若請魯哀公行徹法 欲其節用以厚民也 蓋國家之財 皆出於民 君之所用者 皆民之所供也 君能節用則薄取而有餘 民之富卽君之富也 … 臣按 若漢之告緡算舟車之令 唐之借商稅間架之法 宋之經總制錢之類 是皆罔民取利之具…"

281) 丘濬,『대학연의보』卷23 治國平天下之要 3 制國用 經制之義 上. "… 臣按 誠以國家貨賄 出於民而藏於官 固非一人之所能致 亦非一日之所能積也 是以賦之於民也 必有定制而用之於官也 必有定式…

282) 丘濬,『대학연의보』卷24 治國平天下之要 3 制國用 經制之義 下. "臣按 … 元祐所會計者 其別有五 一曰收支 二曰民賦 三曰課入 四曰儲運 五曰經費 所以總括天下財賦出入之數 而周知其有無多寡 以爲豐殺增減者也"

283) 丘濬,『대학연의보』卷25 治國平天下之要 3 制國用 市糴之令. "臣按 …食貨者 生民之本也 民之於食貨 有此者無彼 蓋以其所居異其處 而所食所用者 不能以皆有 …人各持其所有於市之中 而相交相易焉"

폐(錢幣)의 세 종류이다. 황금은 근(斤), 포백은 필(疋), 전폐는 수(銖)로 하였다. 모든 화물(貨物)의 출입은 그 경중으로 하고, 환법(圜法)으로 화폐를 원활하게 유통시켰다." 라고 하였다.[284] 하지만 구준은 "고대의 삼폐지법을 검토하여 은으로 상폐, 초(鈔)로 중폐, 전(錢)으로 하폐를 삼고, 중폐·하폐는 공사에서 통용되는 수단으로 삼아 이를 통일되게 상폐를 기준하여 평가하도록 하소서"라고 하여[285] 은본위제의 화폐 개혁을 건의하였다.

여섯째, 권28~권29 산택지리 상·하는 산택에서 생산되는 염철(鹽鐵)의 전매제도를 반대하는 것이다. 구준은 『관자』 해왕편(海王篇)에 주를 붙여 "관이오(관중)가 이 법을 만든 것은 사람들의 이익을 차단하고 그 활로를 막는 것으로 실제 빼앗는 것입니다. 이것은 패자들이 갖는 공리의 습성으로 이익을 보면서도 의를 보지 못하고 인욕만 있는 것을 알고 천리가 있는 것은 알지 못하는 것입니다."라고 하여[286] 국가가 소금을 전매하는 제도를 반대하였다. 구준은 이러한 전매제도에 대해 염철뿐만 아니라 기호식품인 다(茶)에 대한 징세도 반대하였다.[287]

일곱째, 권30 정각지과는 관시(關市)의 징세에 반대하는 것이다. 구준은 『맹자』에 주를 붙여 "옛날에는 사람들이 모이는 곳에 관(關)을 세워 출입을 제한하였고, 서민들이 모이는 곳에 시장을 세워 [물건]의 유무를 유통하게 하였다. 이는 물자가 서로 고르게 되고 그 용도를 충족하게 되었다. 후세에 국가가 전용하여 나라를 이롭게 하였으니 옛 사람의 뜻이 아니다."라고 하였다.[288]

---

284) 丘濬, 『대학연의보』 卷26 治國平天下之要 3 制國用 銅楮之幣 上. "臣按 後世之錢 其形質外圓內方始此 但未有文耳 …九官皆掌財幣之官 而所掌者黃金布帛錢幣三者 黃金以斤名 布帛以匹計 錢幣以銖重 故凡貨物之出入其輕重 以圜法均而通之"

285) 丘濬, 『대학연의보』 卷27 治國平天下之要 3 制國用 銅楮之幣 下. "臣按 … 臣請稽古三幣之法 以銀爲上幣 鈔爲中幣 錢爲下幣 以中下二幣 爲公私通用之具 而一準上幣以權之焉"

286) 丘濬, 『대학연의보』 卷28 治國平天下之要 3 制國用 山澤之利 上. "臣按 … 管夷吾之爲法 乃欲塞人之利而隘其所繇之途 其實奪之… 是乃伯者功利之習 見利而不見義 知有人欲而不知有天理"

287) 丘濬, 『대학연의보』 卷29 治國平天下之要 3 制國用 山澤之利 下. "臣按 茶之有稅始此 …矧茶之爲物民之日用可無者 而可以他物代之 胡亦榷以爲利焉"

288) 丘濬, 『대학연의보』 卷30 治國平天下之要 3 制國用 征榷之課. "臣按 古者於衆途所會之地 則立關以限其出入 於庶民所聚之地 則立市以通其有無 所以兼濟之而足其用度 凡若此者無非以利民而已 後世則專用之以利國 非古人意矣"

여덟째, 권31 부산지적은 요역(繇役)의 기준과 호구대장의 마련에 관한 것이다. 구준은 요역의 기준에 대해 "신분이 귀하고 작위가 있는 사람, 현명하고 덕이 있는 사람, 능력과 재주가 있는 사람은 공무에 종사하고, 노인 및 신체장애자는 역을 담당할 수 없다. 그러므로 요역을 담당하는 사람은 젊고 건장한 사람과 평상시에 일하는 것을 익히고 정(丁)이 많으며 생활을 유지하는 사람이어야 한다."라고 하였고,[289] 또한 요역 징발을 위해 호구대장을 구체적으로 작성하여 시행할 것을 제안하였다.[290]

아홉째, 권32 죽산지실은 국가가 납속납전(納粟納錢)을 통한 매관매직에 반대하는 것이다. 구준은 매관매직의 사례를 들어 비판하였다. 그중 몇 가지를 보면, 진시황 4년(B.C.243) 곡식 1천석을 받고, 작 일등급을 올려 주었고,[291] 한 효문제 때 조착(晁錯)이 곡식을 받고 벼슬을 주거나, 면죄해 주면, 국가에는 재정이 충족되고 백성의 세금이 줄어들며 농업을 장려할 수 있다고 제안하였다.[292] 당 숙종 지덕 2년(757)에 정숙청(鄭淑淸)이 명경과에 10만전을 내게 하고, 문자를 모르는 이에게는 3만전을 받도록 제안하였다.[293]

열 번째, 권33~권34 조만지의 상·하는 조운(漕運)의 방법과 징세에 관한 것이다. 구준은 『원사식화지(元史食貨志)』에 주를 붙여 "조운을 하는 방법에는 세 가지가 있으니 육운(陸運)·하운(河運)·해운(海運)이다. 육운은 수레로 하고, 하운과 해운은 배로 하는데 모두 인력으로 하는 것이다. 운반하는 양에 따라서 필요한 비용도 많이 들거나 적게 든다. 하조(河漕)는 육운의 비용에 비해 10분의 3~4가 절약되고, 해운은 육운

---

289) 丘濬, 『대학연의보』 卷31 治國平天下之要 3 制國用 傅算之籍. "臣按 …彼夫貴而有爵者 賢而有德者 能而有才者 服事於公 與衰耄之老 篤廢之疾 皆不可任以繇役之事 所以任夫繇役者 皆必少壯之夫 平日習勞 丁多而家給者也"

290) 丘濬, 『대학연의보』 卷31 治國平天下之要 3 制國用 傅算之籍. "臣按 所謂版者 卽前代之黃籍 今世之黃冊也 周時惟書男女之姓名年齒 後世則凡民家之所有 丁口事產皆書焉…版籍旣定 戶口之或多或寡 物力之或有或無 披閱之頃 一目可盡 官府遇有科差 按籍而注之 無不當而均矣"

291) 丘濬, 『대학연의보』 卷32 治國平天下之要 3 制國用 鬻算之失. "秦始皇四年 令百姓納粟一千石 拜爵一級"

292) 丘濬, 『대학연의보』 卷32 治國平天下之要 3 制國用 鬻算之失. "漢孝文時 晁錯說上曰 欲人務農 在于貴粟 貴粟之道 在於使人以粟爲賞罰 今募天下入粟縣官 得以拜爵 得以除罪 所補者三 一曰主用足 二曰民賦少 三曰勸農功"

293) 丘濬, 『대학연의보』 卷32 治國平天下之要 3 制國用 鬻算之失. "唐肅宗至德二年 禦史鄭叔淸奏 請敕納錢百千與明經出身 不識文字者加三十千"

의 비용에 비해 10분의 7~8이 절약된다. 하조는 육지로 가는 것을 면할 수 있지만 사람이 운행하는 것은 마찬가지이다. 해운은 비록 바다에 표류하고 빠질 염려가 있지만 끌어야 하는 노력을 절약할 수 있어서 그 이해(利害)를 비교해 볼 때 적합하다."라고 하였다.[294] 또한 "조운시 소모될 수 있는 모미(耗米)의 징수는 백성에게 관대하게 해야 한다."라고 하였다.[295]

열한 번째, 권35 둔영지전은 둔전제(屯田制)의 시행과 둔영전(屯營田)의 활용에 관한 것이다. 구준은 "중국에서는 한 문제 시 조착이 일반백성을 징집하여 변방으로 옮겨 경작에 종사하도록 한 것이 둔전제의 시작이며 경작과 변방의 수비에 활용되었다."라고 하였다.[296]

### 5.4.2. 고방본과 제국용의 교감 내용

#### 1) 고방본의 교감 내용

고방본 7권(권13~권19)은 11세목이다. 권13 총론고본지도, 번민지생, 권14 제민지산, 권15 중민지사, 관민지력, 민민지궁, 권16 휼민지환, 권17 제민지해, 권18 택민지장, 권19 분민지목, 순민지막 등이다.

이에 대한 교감은 『유의평례』 1 권10첨 7항목인데, 이에 대해 살펴보면 다음과 같다.

① '孟子曰得天下有道'는 『대학연의보』 권13 고방본 총론고본지도 중 '孟子曰 桀紂之失天下也 失其民也 失其民者 失其心也 得天下有道 得其民斯得天下矣 得其民有道 得其心斯得民矣 得其心有道 所欲與之聚之 所惡勿施爾也'의 부분이다.[297]

---

294) 丘濬, 『대학연의보』 卷34 治國平天下之要 3 制國用 漕輓之宜 下. "臣竊以謂 自古漕運所從之道有三 曰陸 曰河 曰海 陸運以車 水運以舟 而皆資乎人力 所運有多寡 所費有繁省 河漕視陸運之費省什三四 海運視陸運之費省什七八 蓋河漕雖免陸行 而人輓如故 海運雖有漂溺之患 而省牽率之勞 較其利害 蓋亦相當"

295) 丘濬, 『대학연의보』 卷34 治國平天下之要 3 制國用 漕輓之宜 上. "臣按 國家處事 必須詳察事理 曲盡物情 …立法以防奸不可不嚴 而體情以寬下亦不可不盡 是以積糧者 自唐明宗始給鼠雀耗 而運糧者亦給斗耗 用是故也 旣名爲耗 而官又取之 甚者計算俾其償焉 是何理也"

296) 丘濬, 『대학연의보』 卷35 治國平天下之要 3 制國用 屯營之田. "漢文帝從晁錯言 募民徙塞下 錯復言 陛下幸募民相徙以實塞下 使屯戍之事益省 輸將之費益寡 甚大惠也"

297) 『맹자』 「이루장구(離婁章句)」 상 桀紂之失天下章의 문장으로 "맹자께서 말씀하셨다. 폭군 걸(桀)과

> 윤(B)은 "본서 중 『서경』 대우모(大禹謨)의 '사랑할 만한 이는 임금이 아니겠으며'의 한 조목을 이 조목 위에 첨가해 넣는 것이 좋을 듯합니다." 하였고, 정조(C)는 이에 반대하여 "우(禹)임금의 훈계라는 점에서는 마찬가지이나, '근본이 견고해야 나라가 평안하다[本固邦寧]'는 것이 '고방본(固邦本)' 한 편의 종지(宗旨)인즉 당연히 『서경』 오자지가편(五子之歌篇)의 '황조가 훈계를 두시니[皇祖有訓]' 장(章)을 취해야 한다." 하였다.[298)]

규 1970 『어정대학유의』 권9에는 실제로 '孟子曰得天下有道'의 항목 위에 대우모 장이 실려 있고, 오자지가편은 빠져 있어 윤광안의 주장이 관철된 것으로 여겨진다.

② '章帝元和二年'은 『대학연의보』 권13 고방본 번민지생 중 "章帝元和二年春正月 詔賜民胎養穀著爲令 詔曰 諸懷妊者 賜胎養穀人三斛 復其夫勿筭一歲 三年春正月 詔嬰兒無親屬者 及有子不能養者 廩給之"의 부분이다.

> 서(A)는 "이 조목 위에, 본서 중 '한 혜제(漢惠帝)'부터 '오산(五筭)'까지의 한 단락을 초록해 넣어야 비로소 구씨(丘氏)의 설 중 '유죄(有罪)', '유양(有養)', '유급(有給)' 세 구절과 서로 조응될 것입니다." 하였다. 정조(C)는 이를 수용하여 "실로 그러하다. 교열(校閱)을 중시하는 까닭은 단지 잘못된 글자를 교정하는 데에만 있는 것이 아니다." 하였다.[299)]

규 1970 『어정대학유의』 권9에는 '漢惠帝六年 令民女子年十五以上 至三十不嫁五筭'의 항목이 '章帝元和二年' 위에 있다.

---

주(紂)가 천하를 잃은 것은 백성을 잃었기 때문이니, 백성을 잃었다는 것은 그 마음을 잃은 것이다. 천하를 얻음에 방법이 있으니, 백성을 얻으면 천하를 얻을 것이다. 백성을 얻음에 방법이 있으니, 그 마음을 얻으면 백성을 얻을 것이다. 마음을 얻음에 방법이 있으니, 백성이 원하는 바를 위해 모아주고, 그들이 싫어하는 바를 베풀지 말아야 한다."는 의미이다.

298) 정조, 『홍재전서』 권127 類義評例 1 권10첨 孟子曰得天下有道. "孟子曰 得天下有道 臣光顔籤曰 本書中書可愛非君一條 添入於此條上似好 御籤曰 禹訓則一也 而本固邦寧 爲固邦本一編之宗旨 則當取五子之歌皇祖有訓章"

299) 정조, 『홍재전서』 권127 類義評例 1 권10첨 章帝元和二年. "章帝元和二年 臣瀅修籤曰 此條上 取本書中 自漢惠帝 止五筭一條鈔錄 然後方與丘說中有罪有養有給三句 相照應 御籤曰 儘然 所貴參閱不但在於魚魯之校對而已"

③ '以上蕃民之生'은 『대학연의보』 권13 고방본 번민지생을 종합한 글이다.

> 윤(B)은 "이 조목 위에, 본서 중 서씨(徐氏)의 설과 두씨(杜氏)의 설을 구씨의 안설(按說)과 함께 초록하여 싣는 것이 좋을 듯합니다." 하였다. 정조(C)는 이를 수용 절충하여 "서간(徐幹)의 『중론』은 『관자』에 버금가 이따금 경상(經常)의 법도를 세우는 뜻이 있으니, 이 조목은 진실로 취할 만하다. 두씨의 설은 뜻이 중첩되니 간략히 초록하고, 구씨의 안설 역시 절록하도록 하라." 하였다.[300]

규 1970 『어정대학유의』 권9에는 '以上蕃民之生'의 위에 서간의 글은 본문만 실렸고,[301] 구준의 안은 생략되었다. 두우(杜佑)의 글은 본문이 절록되었고,[302] 역시 구준의 안은 생략되었다.

④ '漢武帝時董仲舒說上'은 『대학연의보』 권14 고방본 제민지산 중 "漢武帝時 董仲舒說上曰 秦改帝王之制 除井田 民得賣買 富者田連阡陌 貧者亡立錐之地 漢興循而未改 古井田法 雖難猝行 宜少近古 限民名田 以贍不足 塞兼並之路 然後可善治也"의 부분이다.

> 윤(B)은 "이 조목 아래에, 본서 중 '한나라 효애제 때[漢孝哀帝時]'로 시작하는 한 조목을 초록해 싣는 것이 좋을 듯합니다." 하였다. 정조(C)는 이에 반대하여 "전제(田制)에 대해서는 말하기 어렵다. 남자 한 사람이 70묘(畝)를 점유하는 것이 진(晉)나라

300) 정조, 『홍재전서』 권127 類義評例 1 권10첨 以上蕃民之生. "以上蕃民之生 臣光顔籤曰 此目上 取本書中徐杜二說 竝丘按鈔載似好 御籤曰 徐幹中論 亞於管子 往往有立經陳紀之意 此固可取 杜說意疊略鈔 丘按亦合節錄"

301) 『어정대학유의』 권9 衍義補 治國平天下之要 3 固邦本 以上蕃民之生. "徐幹曰 夫治平 在庶功興 庶功興 在事役均 事役均 在民數周 民數周爲國之本 故民數者 庶事之所自出也 莫不取正焉 以分田裏 以合貢賦 以造器用 以制祿食 以起田役 以作軍旅 國以建典 家以立度 五禮用脩 九刑用措 其惟審民數乎"

302) 『어정대학유의』 권9 衍義補 治國平天下之要 3 固邦本 以上蕃民之生. "杜佑曰 古之爲理也 在於周知人數 乃均其事役 則庶功以興 國富家足 教從化被 風齊俗一 夫然 故災沴不生 悖亂不起 所以 周官有比閭族黨州鄉縣鄙之制 維持其政 綱紀其人 獻民數於王 王拜受之 其敬之守之 如此其重也 及理道乖方 版圖脫漏 人如鳥獸飛走莫制 家以之乏 國以之貧 奸宄漸興 傾覆不悟 斯政之大者 遠者 將求理平之道 非無其本歟"(줄친 부분만 절록함)

태강(太康) 때의 좋은 법이나 유사가 그만 실전(失傳)하여 사관이 상세한 내용을 알 수 없었다. 원위(元魏: 북위(北魏))의 효문제(孝文帝)가 비록 균전법을 시행하였으나 백성들이 가진 토지를 그대로 두면서 균등히 분배하였을 뿐이다. 당나라가 원위의 서여(緖餘)를 이어받아 인구에 따라 토지를 분배하는 규례를 두긴 하였으나 고종(高宗) 이후에는 또 문란해지고 말았다. 따라서 진(秦)으로부터 송(宋)에 이르기까지 전제가 형식이나마 제대로 유지된 것은 원위와 당 사이의 200년에 불과하다. 보편(補編)에 진나라 때의 사적을 싣지 않은 것은 연대가 너무 멀어 잘 알 수 없기 때문에 생략한 것이 아닐는지. 사단(師丹)과 공광(孔光)의 논의는 곧 불타 잿더미가 되었으며 이윽고 시행되지 못했은즉 첨가해 실을 필요가 없다." 하였다.[303)]

규 1970 『어정대학유의』 권9에는 '漢武帝時董仲舒說上'은 "漢武帝時 董仲舒說上曰 古井田法 雖難猝行 宜少近古 限民名田 以贍不足 塞兼並之路 然後可善治也"의 내용만 발췌되어 수록되었고, 윤(B)이 주장한 한나라 효애제때의 사단과 공광의 논의가 들어 있는 "漢孝哀時 師丹請建限田 下其議 孔光何武 請吏民名田 無過三十頃"의 본문은 삭제되었다.

⑤ '魏史起爲鄴令'은 『대학연의보』 권14 고방본 제민지산 중 "魏史 起爲鄴令 引漳水漑鄴 民歌之曰 鄴有賢令兮 爲史公 決漳水兮 灌鄴旁終古舄鹵兮 生稻粱"의 부분이다.

윤(B)은 "정국거(鄭國渠)라는 수로는 고금을 통하여 수리(水利)의 원조(元祖)이니, 본서 중 그 한 조목을 취하여 이 조목 아래에 첨가해 넣는 것이 옳을 듯합니다." 하였다. 정조(C)는 이를 수용하여 "정국(鄭國)이 경수(涇水)를 틔운 대목은 과연 수록할 만하다. 구준은 남방의 선비이므로 수리(水利)에 관해서는 익히 알았을 터인데 도리어 이 점에 대해 상세히 기재하지 않은 것은 어째서인가? 조전(漕轉)에 대해 상세히 기재하다 보니 그렇게 된 것이다." 하였다.[304)]

303) 정조, 『홍재전서』 권127 類義評例 1 권10첨 漢武帝時董仲舒說上. "漢武帝時董仲舒說上 臣光顔籤曰 此條下 取本書中孝哀時一條鈔載似好 御籤曰 田制蓋難言也 一男占七十畝 晉太康時良法 而有司失傳 史不得詳 元魏孝文雖行均田 而因其在民者而均之而已 唐承元魏之餘 有口分世業之規 而高宗以後則又紊焉 自秦至宋 以田制依樣者 卽元魏與唐相距二百年而止耳 補篇之不載晉事 以其敻遠難喇而略之歟 師丹 孔光之論 卽其煨燼 而尋亦不得行用 則不必添入"

규 1970 『어정대학유의』 권9에는 '魏史起爲鄴令'의 본문이 수록되었다.

⑥ '唐貞觀二年遣使賑飢民'은 『대학연의보』 권16 고방본 휼민지환에 나오는 "唐貞觀二年 遣使賑恤饑民 鬻子者出金帛贖還之"의 부분이다.

> 윤(B)은 "가뭄에 대비하는 정사(政事)는 오로지 곡식을 비축해 두는 데 있으니, 본서 중 이회(李悝)와 경수창(耿壽昌)의 상평창(常平倉)에 관한 한 조목 및 조조(鼂錯)가 곡식 비축에 대해 논한 것과 장손평(長孫平)이 의창(義倉)을 설치하였다는 것, 두 조목은 모두 싣지 않아서는 안 될 것이니, 호씨(胡氏)의 설과 구씨의 안설(按說)까지 아울러 절록(節錄)하여 이 조목 아래 넣는 것이 좋을 듯합니다." 하였다. 정조(C)는 이에 반대하여 "원본(原本)에 비점(批點)만 쳐 두고 뽑지 않은 것은 이와 같은 내용이 아래에 보이기 때문이다. 불필요하게 긴 논설은 실을 필요가 없다." 하였다.[305]

규 1970 『어정대학유의』 권9를 보면, 윤(B)이 주장한 '唐貞觀二年遣使賑飢民'의 앞의 항목인 이회의 '魏李悝平糴法'과 조조의 '鼂錯言於漢文帝曰' 및 장손평의 '隋開皇五年 度支尙書長孫平'의 항목은 모두 삭제되었다.

⑦ '以上除民之害'는 『대학연의보』 권17 고방본 제민지해를 종합한 글이다.

> 윤(B)은 "황하는 중국의 큰 근심거리이니, 본서(本書)에서 이 한 가지 일을 따로 떼어 내어 '제민지해(除民之害)' 한 조목으로 삼은 것은 당연합니다. 그러나 아무래도 내용이 다른 조목과 연관 없이 단독적이고 게다가 오늘날에는 긴요한 급무가 아니니, 이 조목을 전부 삭제해도 무방할 듯합니다. 다시 상고하시기 바랍니다." 하였고, 서(A)는 "황하의 재해는 과연 중국의 막대한 근심거리이나 우리나라에는 본래 이러한 근심거리가 없으니, 이 한 조목을 전부 삭제하자는 윤광안의 첨(籤)에 제시된 견해가 옳습니다." 하였다. 정조(C)는 윤(B)과 서(A)의 의견에 반대하여 "그렇지 않다. 황하를 다

---

304) 정조, 『홍재전서』 권127 類義評例 1 권10첨 魏史起爲鄴令. "魏史 起爲鄴令 臣光顔籤曰 鄭國渠爲古今水利之祖 取本書中此一條 似當添入於此條下 御籤曰 鄭國開涇 果可收入 丘公南士也 習知水利而反不致詳於此者何也 卽詳於漕轉而然也"

305) 정조, 『홍재전서』 권127 類義評例 1 권10첨 唐貞觀二年遣使賑飢民. "唐貞觀二年 遣使賑飢民 臣光顔籤曰 備荒之政 專在蓄積 就本書中 李悝 耿壽昌常平倉一條 及鼂錯論蓄積 長孫平置義倉二條 俱不可不載 竝胡說及丘按 節入於此條下恐好 御籤曰 原本批而不選者 以見於下也 冗長之論 不必載"

스린 것은 한 무제(漢武帝) 때 처음 시작되어 송(宋)나라에 와서 황하가 회수(淮水)로 흘러들게 되었는데, 그사이 상하 천여 년의 이해(利害)는 손바닥을 가리키듯 명료히 알 수 있다. 만약 우리나라에 긴절(緊切)한 문제가 아니라 하여 이 조목을 취하지 않는다면 다른 조목인들 어찌 이 조목과 비슷한 예가 없겠는가. 가양(賈讓)의 황하를 다스리는 세 가지 방책 역시 당연히 수록하여야 할 것이며, 전 조목을 추려 내어서는 안 될 것이다. 만약 이러한 예(例)로 말한다면 한(漢)나라와 당(唐)나라가 여러 지방을 나눈 것은 우리나라와 무슨 긴절한 관계가 있다고 편입했단 말인가." 하였다.[306)]

규 1970『어정대학유의』권9를 보면, 정조(C)의 의견대로 치수와 관련된 '孟子曰 當堯之時 天下猶未平'의 본문, '史記 禹抑鴻水十三年'의 본문, 가양의 방책인 '哀帝初卽位 待詔賈讓奏言 治河有上中下三策'의 본분 및 '至正四年夏 久雨河溢決堤'의 본문에 대한 구준의 안이 발췌되어 실렸다.

**2) 제국용의 교감 내용**

제국용 16권은 11세목이다. 권20 총론이재지도 상, 권21 총론이재지도 하, 권22 공부지상, 권23 경제지의 상, 권24 경제지의 하, 권25 시적지령, 권26 동저지폐 상, 권27 동저지폐 하, 권28 산택지리 상, 권29 산택지리 하, 권30 정각지과, 권31 부산지적, 권32 죽산지실, 권33 조만지의 상, 권34 조만지의 하, 권35 둔영지전 등이다.

이에 대한 교감은『유의평례』1 권11첨 12항목인데, 이에 대해 살펴보면 다음과 같다.

① '漢興天下旣定高祖約法'은『대학연의보』권22 제국용 공부지상에 나오는 "漢興 天下旣定 高祖約法省禁 輕田租 什五而稅一 量吏祿 度官用 以賦於民"의 부분이다.

---

306) 정조,『홍재전서』권127 類義評例 1 권10첨 以上除民之害. "以上除民之害 臣光顔籤曰 河爲中國大患 本書之以此一事 別爲除民之害一目者固也 而終涉孤單 在今又非緊務 全刪其目 亦似無妨 更詳之 臣瀅修籤曰 河水之害 果爲中國莫大之患 而在我國則本無此患 此一目之全刪籤見 儘得之 御籤曰 不然 治河自漢武始 至宋而河入淮 上下千餘載 若利若害 瞭如指掌 若以無緊於我國而不取 則他條亦豈無似此條例者乎 賈讓三策 亦當收入而不可全刪其目 若如此例 則漢唐之部分諸路 有何緊關於我國而編入耶"

> 윤(B)은 "이 조목 아래에, 본서 중 문제(文帝) 13년에 내린 조명(詔命) 한 조목을 첨가해 싣고 호씨(胡氏)와 구씨(丘氏)의 두 설을 아울러 첨부하는 것이 좋을 듯합니다." 하였다. 정조(C)는 윤(B)의 의견을 일부 수용하여 "문제 12년에 조명을 내려 천하 백성들의 조세(租稅)의 반을 견감(蠲減)케 하였다는 부분을 첨가해 싣고, 안설(按說)에서는 '한문제재위(漢文帝在位)'부터 '명효야(明效也)'까지를 뽑아 첨가해야 할 것이다." 하였다.[307]

규 1970『어정대학유의』 권10에는 '漢興天下旣定高祖約法' 다음에 '文帝十二年詔賜天下民租之半'의 본문이 실리고, 구준의 안설은 일부 내용이 발췌되어[308] 실렸으며 호인의 글은 실리지 않았다.

②'唐初始定租庸調之法'은『대학연의보』 권22 제국용 공부지상에 나오는 "唐初始定租庸調之法 以人丁爲本 一曰租 丁男一人 授田百畝 但歲納租粟二石 二曰調 每丁隨鄕土所出 歲輸絹或綾絁共二丈 綿三兩 輸布者麻三斤 三曰庸, 每丁定役二十日 不役則日爲絹三尺" 부분이다.

> 윤(B)은 "이 조목은 구씨(丘氏)가 절록한 것이 착오가 있는 듯합니다. '견(絹)' 자 아래에는 '이필(二匹)' 두 자가 빠진 듯하고, 또 '수포자(輸布者)' 석 자는 '면삼량(綿三兩)'이란 구절 위에 있어야 할 듯합니다. 그리고 다른 글을 상고하면 이 부분에 있어, '포가오지일(布加五之一)' 하였은즉 이에 의거하면 '수포자' 아래에도 역시 '가오지일(加五之一)' 넉 자가 있어야 할 것입니다. 다시 상고하여 수정하는 것이 좋을 듯합니다." 하였다. 서(A)는 "『문헌통고(文獻通考)』에는 '해마다 생명주와 무늬 있는 비단과 깁 각 2장(丈)과 5분의 1을 보탠 베와 면 3량(兩)을 바치는데, 포를 바칠 경우엔 삼[麻] 3근이다.'로 되어 있고, 『당서(唐書)』에는 '각 고을의 소출에 따라 해마다 생명주 2필과 무늬 있는 비단 2장과 5분의 1을 보탠 베와 면 3량을 바치는데, 포를 바칠 경우엔

---

307) 정조,『홍재전서』 권127 類義評例 1 권11첨 漢興天下旣定高祖約法. "漢興天下旣定 高祖約法 臣光顔鑱曰 此條下 添載本書中文帝十三年詔一條 而胡丘二說竝附似好 御鑱曰 文帝十二年 詔賜天下民租之半 添鈔 按說 則自漢文帝在位至明效也當添"

308)『어정대학유의』 권10 衍義補 治國平天下之要 4 制國用 貢賦之常. "臣按 漢文帝在位 再賜天下半租其後也 遂除之而不收者十餘年 當是時 豈一切無所用度哉 玆蓋文帝恭儉節用 國有餘蓄之明效也 夫文帝承高祖之後 事事仰成 稍加節約 自有羸餘 我聖祖得國之初 凡事草創 而免租之詔無歲不下 此所以結人心 凝天命 而培千萬年不拔之基也"

삼 3근이다.'로 되어 있으니, 이러한 제도는 당연히 본사(本史)의 내용을 따라야 할 것입니다." 하였고, 또 이르기를, "조법(租法) 또한 각기 다르니, 『당서』에는 '해마다 조 2곡(斛)과 벼 3곡을 바친다.'로 되어 있는데, 『문헌통고』에는 '해마다 조 2석(石)을 바친다.'로 되어 있으니, 역시 본사를 따라야 할 것입니다." 하였다. 정조(C)는 윤(B)과 서(A)의 의견에 반대하여 "『당서』에 비록 이렇게 되어 있다 하더라도 이 책에서 그대로 수정할 필요는 없다. 게다가 2곡과 2석은 장무동(將無同)이라 이를 만하니, 비록 내용이 꼭 같지는 않다 하더라도 의리에 어긋나지 않은즉 '내용을 추려 냄은 있을지언정 보탬은 없다.'는 의례가 있는데 어찌 가볍게 고칠 필요가 있겠는가." 하였다.[309]

규 1970 『어정대학유의』 권10에는 '唐初始定租庸調之法'의 원문 그대로 실렸다.

③ '漢和帝時南海獻荔支龍眼'은 『대학연의보』 권22 제국용 공부지상에 나오는 "和帝時 南海獻荔枝龍眼 奔騰險阻 死者繼路 臨武長唐羌上書陳狀 帝下詔曰 遠國珍羞 本以薦奉宗廟 苟有傷害, 豈愛民之本 其敕大官勿複受獻"의 부분이다.

윤(B)은 "공헌편은 너무 소략하니, 본문 중 『서경』 여오편(旅獒篇)과 주관편(周官篇)의 태재직(太宰職)에서 뽑은 두 조목을 첨가해 넣어 공물을 바치는 일이 어떻게 시작되었는가를 보이고, 『춘추』의 '천왕이 수레를 요구했다.'는 한 조목도 실어서 감계(鑑戒)를 보이는 한편 이 조목들의 주(註)와 안설(按說) 역시 간략히 초록해 넣는 것이 좋을 듯합니다." 하였다. 정조(C)는 윤(B)의 의견을 일부 수용하여 "태재(太宰)에 관한 내용 한 조목은 첨가해야 할 것이다." 하였다. 윤(B)은 다시 "이 조목 아래에, 본서 중 순제(順帝)가 문롱(文礱)을 책망한 조서(詔書)를 첨가해 싣는 것이 좋을 듯합니다." 하였다. 정조(C)는 윤(B)의 의견을 수용하지 않고 "조서를 내리지 말고 그냥 문롱이 바친 큰 구슬을 물리치느니만 못하니, 초록해 실을 필요가 없다." 하였다.[310]

---

309) 정조, 『홍재전서』 권127 類義評例 1 권11첨 唐初始定租庸調之法. "唐初 始定租庸調之法 臣光顔籤曰 此條之丘氏所節錄者 似有誤 絹字下 似脫二匹二字 又輸布者三字 似當在綿三兩句之上 而攷他文則此云布加五之一云云 据此則輸布者下 亦應有加五之一四字 更詳釐正恐好 臣瀅修籤曰 文獻通考 則云歲輸絹綾絁各二丈 布加五之一 綿三兩 輸布者麻三斤 而唐書則云隨鄕所出 歲輸絹二匹綾二丈 布加五之一 綿三兩 麻三斤 此等制度 當以本史爲定 租法亦各異 唐書則曰歲輸粟二斛 稻三斛 而文獻通考 則曰歲輸粟二石 亦當從本史 御籤曰 唐史雖如此 不必於此釐正 況二斛之於二石 可謂將無同 雖非是也 不悖於義理 則有刪無添之義例 何必輕易改爲耶"

310) 정조, 『홍재전서』 권127 類義評例 1 권11첨 漢和帝時南海獻荔支龍眼. "漢和帝時 南海獻荔支龍眼

규 1970『어정대학유의』 권10에는 '漢和帝時南海獻荔支龍眼'의 본문만이 실렸고, 태재(太宰)에 관한 내용 한 조목은 첨가되지 않았다. 이 항목에 대한 정조(C)의 의견은 반영되지 않은 것으로 여겨진다.

④'王府掌王之金玉玩好'는『대학연의보』 권23 제국용 경제지의 상에 나오는 "玉府 掌王之金玉玩好兵器凡良貨賄之藏 凡王之獻金玉兵器文織良貨賄之物 受而藏之凡王之好賜 共其貨賄 內府 掌受九貢九賦九功之貨賄 良兵良器以待邦之大用 凡四方之幣獻之金玉齒革兵器凡良貨賄入焉 外府 掌邦布之入出 以共百物而待邦之用 凡有法者共王及後世子之衣服之用" 부분이다.

> 윤(B)은 "이 조목 아래에, 본서 중 '사회(司會)'에 관한 내용 한 조목을 싣지 않아서는 안 될 것이니, 『주례』에서 재계(財計)의 임무는 오로지 사회로써 총요(總要)를 삼기 때문입니다. 따라서 '사회(司會)'부터 '폐치(廢置)'까지의 전문을 싣고 그 아래에 구씨(丘氏)의 설 중 '주례(周禮)' 이하를 첨부하는 것이 좋을 듯합니다." 하였다. 정조(C)는 윤(B)의 의견에 여지를 두어 "경산(瓊山)의 학문은 주관편(周官篇)의 제도 중에서 얻은 것이 많다. 이 책에 인용한 주관편 부분은 되도록 많은 내용을 실으려 애를 쓴 것이니, 그 근본 취지는 따르되 경문은 일일이 다 실을 필요는 없을 것이다. 어떻게 생각하는가?" 하였다.[311]

규 1970『어정대학유의』 권10을 보면, 윤(B)의 의견이 수용되어 '王府掌王之金玉玩好' 다음에 '사회(司會)' 조항의 본문이 발췌되어 실렸고, '사회(司會)' 본문과 '늠인(廩人)' 항목 다음에 구씨의 설 중 '주례(周禮)'의 내용이 발췌되어 실렸다.[312]

---

臣光顔籤曰 貢獻篇太略 添入本書中書旅獒周官大宰職兩條 以見貢之所始 而春秋求車一條 亦載之以示戒 諸條註按 亦略鈔入似好 御籤曰 大宰一條當添 臣光顔籤曰 此條下 添載本書中順帝責文礱詔恐好 御籤曰 不若無詔而却之 未必鈔"

311) 정조,『홍재전서』 권127 類義評例 1 권11첨 王府掌王之金玉玩好. "玉府掌王之金玉玩好 臣光顔籤曰 此條下 本書中司會一條 不可不載 蓋周禮財計之任 專以司會爲總要故也 自司會 止廢置全載 而下附丘說自周禮以下似好 御籤曰 瓊山之學 多從周官制度中有所得 此書引用周官處 務加寬選 蓋從其本旨 而經文則不必一一盡錄 未知如何"

312)『어정대학유의』 권10 衍義補 治國平天下之要 4 制國用 經制之義 上. "司會 以九貢之法 致邦國之財用 以九賦之法 令田野之財用 以九功之法 令民職之財用 以九式之法 均節邦之財用 掌國之官府郊野縣都之百物財用 凡在書契版圖者之貳 以參互考日成 以月要考月成, 以歲會考歲成…丘濬曰 周禮一

⑤ '漢賈山作至言'은『대학연의보』권24 제국용 경제지의 하에 나오는 "漢賈山作至言曰 昔者周蓋千八百國 以九州之民養千八百國之君 用民之力 歲不過三日 什一而藉 君有餘財 民有餘力 而頌聲作 秦始皇以千八百國之民自養 力罷不能勝其役 財盡不能勝其求 一君之身耳 所以自養者 馳騁弋獵之虞 天下弗能供也"의 부분이다.

윤(B)은 "이 조목 위에, 본서 중『시경』보전편(甫田篇) 한 조목을 주자(朱子)와 사씨(謝氏)의 설과 함께 아울러 싣고,『맹자』의 '포루지정(布縷之政)' 한 조목을 역시 주자의 설과 함께 절록해 싣는 것이 좋을 듯합니다." 하였다. 정조(C)는 윤(B)의 의견을 조건부로 수용하여 "첨가하고자 한다면 보전편 1장(章) 외에 주자의 설부터는 초록할 필요가 없을 것이다." 하였다.[313]

하지만, 규 1970『어정대학유의』권10에는 실리지 않았다.

⑥ '唐故事天下財賦歸左藏'은『대학연의보』권24 제국용 경제지의 하에 나오는 "唐故事 天下財賦歸左藏而太府以時上其數 尙書比部核其出入 第五琦爲度支鹽鐵使 請皆歸大盈庫供天子給賜 主以中官 自是天下之財爲人君私藏 有司不得程其多少"의 부분이다.

윤(B)은 "이 조목 아래에, 본서 중 양염(楊炎)이 덕종(德宗)에게 한 말과 이필(李泌)이 덕종에게 간한 말, 두 조목을 첨가해 넣는 것이 좋을 듯합니다." 하였다. 정조(C)는 윤(B)의 의견에 반대하여 "이 조목에 법과 감계(鑑戒)가 모두 들어 있으니, 첨가해 실을 필요가 없다." 하였다.[314]

---

書 誠周公致太平之典也 其間理財之法居多 而其制用之柄 則付之大臣 有太宰以制其出有司徒以制其入 而其官屬之置於太宰者尤爲詳焉 有職內以會其入 有職歲以會其出 有職幣以會其餘 而其大要則總之以司會則掌之 以司書 其所以參校鉤稽之者 日有日要 月有月成 歲有歲會 若夫司徒之屬 則又有所謂泉府 廩人 舍人 倉人者焉 或以分其財守 或以取其財用 豈古昔聖君賢輔 固屑屑然爲是不憚煩哉 蓋以財之有無國之貧富 民之休戚 兵之强弱 世之治亂系焉 是固人君治世之大用 而大臣經國之要務也 原其所以經治之大要有三焉 生財有道 取財有義 用財有禮而已"

313) 정조,『홍재전서』권127 類義評例 1 권11첨 漢賈山作至言. "漢賈山作至言 臣光顔籤曰 此條上 添載本書中甫田詩一條 竝朱子謝氏說 而孟子布縷一條 亦竝朱子說節入似好 御籤曰 欲添則甫田一章外 自朱子說 未必鈔"

규 1970 『어정대학유의』 권10에는 ‘唐故事天下財賦歸左藏’의 본문만 실려 있다.

⑦ ‘太宗置景福殿庫’는 『대학연의보』 권24 제국용 경제지의 하에 나오는 “太宗置景福殿庫 隸內藏庫 揀納諸州上供物 謂左右曰 此蓋慮司計之臣 不能約節 異時用度有闕 複賦率於民耳 朕終不以此自供嗜好也”의 부분이다.

> 윤(B)은 “이 조목 아래 ‘사신왈(史臣曰)’로 시작하는 조목은 비록 송나라의 일을 논한 것이긴 하지만 이 조목에는 해당되지 않으니, 그 아래 연결해 두어서는 안 됩니다. 게다가 이 조목과 위의 조목을 이미 모두 추려 내었은즉 사신의 말은 본서(本書)에 의거하여 맨 위 줄에 올려 쓰고 그 아래에 구씨의 설을 첨부하는 한편 ‘사신왈유(史臣曰有)’ 넉 자는 추려 내는 것이 옳을 듯합니다.” 하였고, 서(A)는 “이 책의 범례는, 사실을 실을 경우엔 사서(史書)를 인용하고 나라의 이름을 적으며, 의논을 실을 경우엔 말을 취택(取擇)하고 사람의 이름을 적는 것입니다. 그런데 지금 사신의 의논을 실으면서 ‘사신왈’을 잘라 내고 곧바로 ‘송자중세(宋自中世)’로 써 내려간다면 이는 누구의 논설이 될 것이며 어찌 범례에 어긋나지 않겠습니까. 구씨(丘氏)의 설까지 모두 추려 내는 것보다 못할 것입니다.” 하였다. 정조(C)는 윤(B)의 의견에 반대하고 서(A)의 의견을 받아들여 “아래 첨(籤)이 옳다.” 하였다.[315]

규 1970 『어정대학유의』 권10에는 ‘太宗置景福殿庫’의 본문 및 주석이 모두 삭제되었다.

⑧ ‘魏李悝曰糴甚貴傷人’은 『대학연의보』 권25 제국용 시적지령에 나오는 “魏文侯 相李悝曰 糴甚貴傷人 甚賤傷農 人傷則離散 農傷則國貧 故甚貴與甚賤其傷一也 善爲國者 使人無傷 而農益勸 是故善平糴者 必謹觀歲有上中下三熟 大熟則上糴三而舍一 中熟則糴二 下熟糴一 使人適足價平則止”의 부분이다.

---

314) 정조, 『홍재전서』 권127 類義評例 1 권11첨 唐故事天下財賦歸左藏. “唐故事 天下財賦歸左藏 臣光顔籤曰 此條下 添入本書中楊炎言于德宗 及李泌諫德宗二條恐好 御籤曰 此條法與戒俱存 不必加鈔”

315) 정조, 『홍재전서』 권127 類義評例 1 권11첨 太宗置景福殿庫. “太宗置景福殿庫 臣光顔籤曰 此條下史臣曰云云 雖論宋事 而無當於此條 不可繫於其下 且此條及上條旣竝刪 則史臣說 依本書陞書極行 而附丘說於其下 史臣曰有四字刪之似好 臣瀅修籤曰 此書之例 事實則引史繫國 議論則取言繫人 今於史臣議論 截去史臣曰 而直稱宋自中世云云 則此爲何人之說 而豈不有乖於凡例乎 毋寧竝丘說全刪 御籤曰 下籤得之”

> 윤(B)은 "이 조목 아래 마씨(馬氏)의 설 중 '연(然)' 자 이하는 관중(管仲)의 말을 인용하여 반박한 것인데 지금 인용된 관중의 설을 도리어 추려 냄으로 해서 위아래 문장의 연결이 분명하지 못하게 되었습니다. '제민(濟民)' 아래에, 본문 중 '관중(管仲)'부터 '차설(此說)'까지의 40자를 첨가해 넣는 것이 좋을 듯합니다." 하였다. 정조(C)는 윤(B)의 의견에 반대하여 "마씨의 설은 오로지 관중과 이회 두 사람의 본의가 나라를 위하고 백성을 위한 데서 나왔다는 점만 지적하여 명백히 분석하였은즉 반드시 관중의 설을 반박했다고 할 수는 없으니, 첨가하지 않아도 좋을 것이다." 하였다.[316)]

『대학연의보』 권25 제국용 시적지령에는 '魏李悝曰糶甚貴傷人'의 본문 다음에 마단림(馬端臨)의 주와 구준의 안이 실려 있는데, 규 1970 『어정대학유의』 권10에는 '魏李悝曰糶甚貴傷人'의 본문 다음에 마단림의 주석이 모두 실려 있어[317)] 윤(B)의 의견이 관철된 것으로 여겨진다.

⑨'宋神宗用王安石'은 『대학연의보』 권25 제국용 시적지령에 나오는 "神宗用王安石 立制置三司條例司 言諸路常平廣惠倉 斂散未得其宜 以見在斛豆 遇貴量減市價糶 遇賤量增市價糴 以見錢 依陝西青苗錢例 取民情願 預給令隨稅納斛豆 內有願請本色 或納時價價貴願納錢者 皆許從便 其青苗法 以錢貸民 春散秋斂 取二分息"의 부분이다.

> 윤(B)은 "이 조목 아래 구씨의 설 중 '배야(配也)' 아래에, 본문대로 전부 싣는 것이 좋을 듯합니다. 대개 구씨의 이 조목은 그 설(說)이 매우 명백하고 절실하므로 그 시말을 상세히 싣지 않을 수 없기 때문입니다." 하였다. 정조(C)는 윤(B)의 의견에 반대하

---

316) 정조, 『홍재전서』 권127 類義評例 1 권11첨 魏李悝曰糶甚貴傷人. "魏李悝曰糶甚貴傷人 臣光顔籤曰 此條下馬說中然字以下 是引管仲之言而駁之者 今所引管說却入於刪 承接不明 濟民下 添入本文中自管仲 止此說四十字恐好 御籤曰 馬說專指仲悝兩人本意之出於爲國爲民 而敷析辨明 則未必謂之駁管氏之言 不添亦可"

317) 『어정대학유의』 권10 衍義補 治國平天下之要 4 制國用 經制之義 上. "馬端臨曰 糶糴斂散之法始於齊管仲魏李悝 管仲之意 兼主於富國 李悝之意 專主於濟民 管仲言人君不理 則畜賈遊於市 乘民之不給 百倍其本 桑孔以來 所謂理財之道 大率皆宗此說 然山海天地之藏 關市物貨之聚 而豪强擅之 則取以富國可也 至於農人服田力穡之贏餘 上之人爲制其輕重 時其斂散 使不以甚貴甚賤爲患 乃仁者之用心 若諉曰 國家不取 必爲兼並者所取 遂斂而不複散 而資以富國 誤矣"(줄친 곳이 윤(B)이 넣기를 주장한 부분임)

> 여 "경산(瓊山)의 의논은 통투(通透)하지 않음이 없지만 이따금 한만(汗漫)한 부분도 있다. 이런 까닭에 초록할 때 매양 여의(餘義)를 두어 이 책을 보는 이로 하여금 여의를 궁구하는 즈음에 다소의 자미(滋味)를 깨달을 수 있도록 한 것이니, 굳이 더 초록할 필요는 없다." 하였다.[318]

규 1970『어정대학유의』권10에는 정조(C)의 의견대로 구준의 안은 발췌되어 실렸다.

⑩'管子曰今鐵官之數'는『대학연의보』권29 제국용 산택지리 하에 나오는 "管子曰 今鐵官之數曰 一女必有一鍼一刀 若其事立 耕者必有一耒一耜一銚 若其事立 行服連軺者 必有一斤 一鋸一錐一鑿 若其事立 不爾 而成事者 天下無有"의 부분이다.

> 서(A)는 "이 조목 끝줄에, 소주쌍행으로 '이상언철(以上言鐵)' 넉 자를 써야 할 것입니다." 하였다. 정조(C)는 여지를 두어 "이러한 이례(異例)가 있는 부분이 매우 많으니, 일괄적으로 정리하여야 할 것이다."라고 하였다.[319]

규 1970『어정대학유의』권10에는 서(A)의 의견대로 '管子曰今鐵官之數'의 본문이 끝난 다음에 소주쌍행으로 '以上言鐵' 넉 자가 삽입되었다.

⑪'宋初諸路未盡禁酒'는『대학연의보』권30 제국용 정각지과에 나오는 "宋初諸路未盡禁酒 吳越之禁自錢氏始 京西禁自太平興國二年 閩廣至今無禁"의 부분이다.

> 정조(C)는 "이 조목 아래에, 구씨의 안설(按說) 중 '금일화민후속(今日化民厚俗)'부터 '일단야(一端也)'까지를 첨가해야 할 것이다." 하였다.[320]

---

318) 정조,『홍재전서』권127 類義評例 1 권11첨 宋神宗用王安石. "宋神宗用王安石 臣光顔籤曰 此條下丘說中配也下 依本文全載似好 蓋丘之此條說甚明切 不可不詳載其始末故也 御籤曰 瓊山議論 無非通透 而往往有汗漫處 所以鈔之之每存餘義 欲使覽者究尋餘義之際 覺得多少滋味 不必加鈔"

319) 정조,『홍재전서』권127 類義評例 1 권11첨 管子曰今鐵官之數. "管子曰 今鐵官之數 臣瀅修籤曰 此條末行 當以小註雙書以上言鐵四字 御籤曰 似此異例處甚多 當一例釐正"

320) 정조,『홍재전서』권127 類義評例 1 권11첨 宋初諸路未盡禁酒. "宋初諸路未盡禁酒 御籤曰 此條下當添丘氏按說 今日化民厚俗 至一端也"

규 1970 『어정대학유의』 권10에는 정조(C)의 의견대로 '今日化民厚俗'부터 '一端也'까지의 내용이 발췌되어 실렸다.

⑫ '漢興高祖時漕運山東之粟'은 『대학연의보』 권33 제국용 조만지의 상에 나오는 "漢興 高祖時漕運山東之粟以給中都官 歲不過數十萬石"의 부분이다.

> 정조(C)는 "이 아래 안설은 응당 절록해 넣어야 할 것이고, 경수창(耿壽昌)과 조충국(趙忠國)의 말도 역시 절록해 넣어야 할 것이다." 하였다.[321]

규 1970 『어정대학유의』 권10을 보면, '漢興高祖時漕運山東之粟'의 본문 다음에는 '元封元年' 다음에 있는 구준의 안설이 절록되어 실렸고, 이어 '宣帝五鳳中'에 나오는 경수창은 생략되었고, 조충국의 관련 본문인 '趙充國 條留屯十二便 其五曰 至春省甲士卒 循河湟漕穀至臨羌 以威羌虜 揚武折衝之具也'가 실렸다.

#### 5.4.3. 고방본과 제국용의 교감 결과

『유의평례』 1 권10첨 7항목과 권11첨 12항목의 교감 내용의 결과를 〈표 6〉으로 종합하면 다음과 같다.

〈표 6〉 『유의평례』 1 권10첨 7항목과 권11첨 12항목의 서형수, 윤광안, 정조의 교열에 관한 기록

| 『유의평례』 권첨 및 교열 항목 수 | 교열 항목 | 서형수 (A) | 윤광안 (B) | 정조(C)의 최종 결정 및 선택 | 정조(C)의 최종 결정 내용 |
|---|---|---|---|---|---|
| 권1 第10卷籤 (7) | ① 孟子曰 得天下有道 | - | B | C(BX) | 『대학연의보』 권13 고방본 총론고본지도에 실린 항목이다. 정조(C)는 윤(B)의 의견에 반대하여 "'근본이 견고해야 나라가 평안하다'는 것이 '고방본' 한 편의 종지인즉 당연히 『서경』 오자지가편의 '황조가 훈계를 두시니[皇祖有訓]' 장을 취해야 한다." 하였다. 규 1970 『어정대학유의』 권9에는 실제로 오자지가편은 빠져 있어 윤(B)의 주장이 관철된 것으로 여겨진다. |

321) 정조, 『홍재전서』 권127 類義評例 1 권11첨 漢興高祖時 漕運山東之粟. "漢興高祖時 漕運山東之粟 御籤曰 此下按說當節錄 而耿壽昌趙充國語 亦當節錄"

| 『유의평례』 권첨 및 교열 항목 수 | 교열 항목 | 서형수 (A) | 윤광안 (B) | 정조(C)의 최종 결정 및 선택 | 정조(C)의 최종 결정 내용 |
|---|---|---|---|---|---|
| 권1 第10卷籤 (7) | ② 章帝元和二年 | A | – | C(A) | 『대학연의보』 권13 고방본 번민지생에 실린 항목이다. 정조(C)는 서(A)의 의견을 받아들여 '한 혜제(漢惠帝)'부터 '오산(五筭)'까지의 한 단락을 초록해 넣도록 하였다. 규 1970 『어정대학유의』 권9에는 '漢惠帝六年 令民女子年十五以上 至三十不嫁五筭'의 항목이 '章帝元和二年' 위에 있다. |
| | ③ 以上蕃民之生 | – | B | C(B) | 『대학연의보』 권13 고방본 번민지생에 나오는 항목이다. 정조(C)는 윤(B)의 의견을 수용하여 이 조목 위에, 본서 중 서씨(徐氏)의 설과 두씨(杜氏)의 설을 구씨의 안설과 함께 초록하여 싣도록 하였다. 규 1970 『어정대학유의』 권9에는 '以上蕃民之生'의 위에 서간의 글은 본문만 싣고, 구준의 안은 생략되었다. 두우(杜佑)의 글은 본문은 절록하고, 역시 구준의 안은 생략되었다. |
| | ④ 漢武帝時董仲舒說上 | – | B | C(BX) | 『대학연의보』 권14 고방본 제민지산에 나오는 항목이다. 정조(C)는 윤(B)이 주장한 "이 조목 아래에, '한나라 효애제 때[漢孝哀帝時]'로 시작하는 한 조목을 초록해 싣는 것이 좋을 듯합니다."라는 의견에 반대하였다. 반대 이유는 "전제(田制)에 대해서는 말하기 어렵다. 진(秦)으로부터 송(宋)에 이르기까지 전제가 형식이나마 제대로 유지된 것은 원위와 당 사이의 200년에 불과하다. 사단(師丹)과 공광(孔光)의 논의는 곧 불타 잿더미가 되었으며 이윽고 시행되지 못했은즉 첨가해 실을 필요가 없다." 하였다. 규 1970 『어정대학유의』 권9에는 '漢武帝時董仲舒說上'은 "漢武帝時 董仲舒說上曰 古井田法 雖難猝行 宜少近古 限民名田 以贍不足 塞兼並之路 然後可善治也"의 내용만 발췌해 수록되었고, 윤(B)이 주장한 한나라 효애제 때의 사단과 공광의 논의가 들어 있는 "漢孝哀時 師丹請建限田 下其議 孔光何武 請吏民名田 無過三十頃"의 본문은 삭제되었다. |
| | ⑤ 魏史起爲鄴令 | – | B | C(B) | 『대학연의보』 권14 고방본 제민지산에 나오는 항목이다. 정조(C)는 윤(B)이 주장한 "정국거(鄭國渠)라는 수로는 고금을 통하여 수리(水利)의 원조(元祖)이니, 본서 중 그 한 조목을 취하여 이 조목 아래에 첨가해 넣는 것이 옳을 듯합니다."라는 의견을 수용하였다. 규 1970 『어정대학유의』 권9에는 '魏史起爲鄴令'의 본문이 수록되었다. |

| 『유의평례』 권첨 및 교열 항목 수 | 교열 항목 | 서형수 (A) | 윤광안 (B) | 정조(C)의 최종 결정 및 선택 | 정조(C)의 최종 결정 내용 |
|---|---|---|---|---|---|
| 권1 第10卷籤 (7) | ⑥ 唐貞觀二年遣使賑飢民 | – | B | C(BX) | 『대학연의보』 권16 고방본 휼민지환에 나오는 항목이다. 정조(C)는 윤(B)의 내용 첨가에 대한 의견에 반대하였다. 규 1970 『어정대학유의』 권9를 보면, 윤(B)이 주장한 '唐貞觀二年遣使賑飢民'의 앞의 항목인 이회의 '魏李悝平糴法'과 조조의 '鼂錯言於漢文帝曰' 및 장손평의 '隋開皇五年 度支尙書長孫平'의 항목은 모두 삭제되었다. |
| | ⑦ 以上除民之害 | A | B | C(AX, BX) | 『대학연의보』 권17 고방본 제민지해를 종합한 글이다. 정조(C)는 윤(B)과 서(A)가 주장한 "황하의 재해에 관한 조목의 삭제 건에 대해 반대하였다. 그 이유는 "만약 우리나라에 긴절(緊切)한 문제가 아니라 하여 이 조목을 취하지 않는다면 다른 조목인들 어찌 이 조목과 비슷한 예(例)가 없겠는가. 가양(賈讓)의 황하를 다스리는 세 가지 방책(方策) 역시 당연히 수록하여야 할 것이며, 전 조목을 추려 내어서는 안 될 것이다."라고 하였다. 규 1970 『어정대학유의』 권9를 보면, 정조(C)의 의견대로 치수와 관련된 '孟子曰 當堯之時 天下猶未平'의 본문, '史記 禹抑鴻水十三年'의 본문, 가양의 방책인 哀帝初卽位 待詔賈讓奏言 治河有上中下三策'의 본분 및 '至正四年夏 久雨河溢決堤'의 본문에 대한 구준의 안이 발췌되어 실렸다. |
| 권1 第11卷籤 (12) | ① 漢興天下旣定高祖約法 | – | B | C(BO) | 『대학연의보』 권22 제국용 공부지상에 나오는 항목이다. 정조(C)는 윤(B)의 의견을 일부 수용하여 "문제 12년에 조명을 내려 천하 백성들의 조세(租稅)의 반을 견감(蠲減)케 하였다는 부분을 첨가해 싣고, 안설에서는 '한문제재위(漢文帝在位)'부터 '명효야(明效也)'까지를 뽑아 첨가해야 할 것이다." 하였다. 규 1970 『어정대학유의』 권10에는 '漢興天下旣定高祖約法' 다음에 '文帝十二年 詔賜天下民租之半'의 본문이 실리고, 구준의 안설은 일부 내용이 발췌되어 실렸으며 호인의 글은 실리지 않았다. |
| | ② 唐初 始定租庸調之法 | A | B | C(AX,BX) | 『대학연의보』 권22 제국용 공부지상에 나오는 항목이다. 정조(C)는 윤(B)과 서(A)의 문장 수정에 대한 의견에 반대하여 "『당서』에 비록 이렇게 되어 있다 하더라도 이 책에서 그대로 수정할 필요는 없다. 게다가 2곡과 2석은 장무동(將無同)이라 이를 만하니, 비록 내용이 꼭 같지는 않다 하더라도 의리에 어긋나지 않은즉 '내용을 추려 냄은 있을지언정 보탬은 없다.'는 의례가 있는데 어찌 가볍게 고칠 필요가 있겠는가." 하였다. 규 1970 『어정대학유의』 권10에는 '唐初始定租庸調之法'의 원문이 그대로 실렸다. |

| 『유의평례』 권첨 및 교열 항목 수 | 교열 항목 | 서형수 (A) | 윤광안 (B) | 정조(C)의 최종 결정 및 선택 | 정조(C)의 최종 결정 내용 |
|---|---|---|---|---|---|
| | | – | B | C(BO) | 『대학연의보』 권22 제국용 공부지상에 나오는 항목이다. 정조(C)는 윤(B)의 의견을 일부 수용하여 "태재(太宰)에 관한 내용 한 조목은 첨가해야 할 것이다." 하였다. |
| | | – | B | C(BO) | 『대학연의보』 권22 제국용 공부지상에 나오는 항목이다. 정조(C)는 윤(B)의 의견을 일부 수용하여 "태재(太宰)에 관한 내용 한 조목은 첨가해야 할 것이다." 하였다. |
| | ③ 漢和帝時 南海獻荔支龍眼 | – | B | C(BX) | 정조(C)는 윤(B)의 의견인 "이 조목 아래에, 본서 중 순제(順帝)가 문롱(文礱)을 책망한 조서(詔書)를 첨가해 싣는 것이 좋을 듯합니다."를 수용하지 않고 "조서를 내리지 말고 그냥 문롱이 바친 큰 구슬을 물리치느니만 못하니, 초록해 실을 필요가 없다." 하였다. 규 1970 『어정대학유의』 권10에는 '漢和帝時南海獻荔支龍眼'의 본문만이 실렸고, 태재(太宰)에 관한 내용의 한 조목은 첨가되지 않았다. 이 항목에 대한 정조(C)의 의견은 반영되지 않은 것으로 여겨진다. |
| 권1<br>第11卷籤<br>(12) | ④ 玉府掌王之金玉玩好 | – | B | C(BO) | 『대학연의보』 권23 제국용 경제지의 상에 나오는 항목이다. 정조(C)는 윤(B)의 의견인 "이 조목 아래에 '사회(司會)'부터 '폐치(廢置)'까지의 전문을 싣고 그 아래에 구씨(丘氏)의 설 중 '주례(周禮)' 이하를 첨부하는 것이 좋을 듯합니다."에 여지를 두어 "경산(瓊山)의 학문은 주관편(周官篇)의 제도 중에서 얻은 것이 많다. 이 책에 인용한 주관편 부분은 되도록 많은 내용을 실으려 애를 쓴 것이니, 그 근본 취지는 따르되 경문은 일일이 다 실을 필요는 없을 것이다. 어떻게 생각하는가?" 하였다. 규 1970 『어정대학유의』 권10을 보면, 윤(B)의 의견이 수용되었다. '王府掌王之金玉玩好' 다음에 '사회(司會)' 조항의 본문이 발췌되어 실렸고, '사회(司會)' 본문과 '늠인(廩人)' 항목 다음에 구씨의 설 중 '주례(周禮)'의 내용이 발췌되어 실렸다. |
| | ⑤ 漢賈山作至言 | – | B | C(BO) | 『대학연의보』 권24 제국용 경제지의 하에 나오는 항목이다. 정조(C)는 윤(B)의 의견을 조건부로 수용하여 "첨가하고자 한다면 『시경』 보전편 1장(章) 외에 주자의 설부터는 초록할 필요가 없을 것이다." 하였다. 하지만, 규 1970 『어정대학유의』 권10에는 실리지 않았다. |

| 『유의평례』 권첨 및 교열 항목 수 | 교열 항목 | 서형수(A) | 윤광안(B) | 정조(C)의 최종 결정 및 선택 | 정조(C)의 최종 결정 내용 |
|---|---|---|---|---|---|
| 권1 第11卷籤 (12) | ⑥ 唐故事 天下財賦歸左藏 | – | B | C(BX) | 『대학연의보』 권24 제국용 경제지의 하에 나오는 항목이다. 이에 대해 윤(B)은 "이 조목 아래에, 본서 중 양염(楊炎), 이필(李泌)이 덕종에게 간한 말, 두 조목을 첨가해 넣는 것이 좋을 듯합니다." 하였다. 정조(C)는 윤(B)의 의견에 반대하여 "이 조목에 법과 감계(鑑戒)가 모두 들어 있으니, 첨가해 실을 필요가 없다." 하였다. 규 1970 『어정대학유의』 권10에는 '唐故事天下財賦歸左藏'의 본문만 실려 있다. |
| | ⑦ 太宗置景福殿庫 | A | B | C(A, BX) | 『대학연의보』 권24 제국용 경제지의 하에 나오는 항목이다. 정조(C)는 윤(B)과 서(A)의 범례에 관한 논의 중 서(A)의 의견을 수용하였다. 서(A)는 "이 책의 범례는, 사실을 실을 경우엔 사서(史書)를 인용하고 나라의 이름을 적으며, 의논을 실을 경우엔 말을 취택(取擇)하고 사람의 이름을 적는 것입니다. 그런데 지금 사신의 의논을 실으면서 '사신왈'을 잘라 내고 곧바로 '송자중세(宋自中世)'로 써 내려간다면 이는 누구의 논설이 될 것이며 어찌 범례에 어긋나지 않겠습니까. 구씨의 설까지 모두 추려내는 것보다 못할 것입니다." 하였다. 규 1970 『어정대학유의』 권10에는 '太宗置景福殿庫'의 본문 및 주석이 모두 삭제되었다. |
| | ⑧ 魏李悝曰 糴甚貴傷人 | – | B | C(BX) | 『대학연의보』 권25 제국용 시적지령에 나오는 항목이다. 정조(C)는 윤(B)의 의견에 반대하여 "마씨의 설은 오로지 관중과 이회 두 사람의 본의가 나라를 위하고 백성을 위한 데서 나왔다는 점만 지적하여 명백히 분석하였은즉 반드시 관중의 설을 반박했다고 할 수는 없으니, 첨가하지 않아도 좋을 것이다." 하였다. 『대학연의보』 권25 제국용 시적지령에는 '魏李悝曰糴甚貴傷人'의 본문 다음에 마단림(馬端臨)의 주와 구준의 안이 실려 있는데, 규 1970 『어정대학유의』 권10에는 '魏李悝曰糴甚貴傷人'의 본문 다음에 마단림의 주석이 모두 실려 있어 윤(B)의 의견이 관철된 것으로 여겨진다. |
| | ⑨ 宋神宗用王安石 | – | B | C(BX) | 『대학연의보』 권25 제국용 시적지령에 나오는 항목이다. 정조(C)는 윤(B)의 의견에 반대하여"경산(瓊山)의 의논은 통투(通透)하지 않음이 없지만 이따금 한만(汗漫)한 부분도 있다. 이런 까닭에 초록할 때 매양 여의(餘義)를 두어 이 책을 보는 이로 하여금 여의를 궁구하는 즈음에 다소의 자미(滋味)를 깨달을 수 있도록 한 것이니, 굳이 더 초록할 |

| 『유의평례』 권첨 및 교열 항목 수 | 교열 항목 | 서형수(A) | 윤광안(B) | 정조(C)의 최종 결정 및 선택 | 정조(C)의 최종 결정 내용 |
|---|---|---|---|---|---|
| 권1 第11卷籤 (12) | | | | | 필요는 없다." 하였다. 규 1970 『어정대학유의』 권10에는 정조(C)의 의견대로 구준의 안이 발췌되어 실렸다. |
| | ⑩ 管子曰 今鐵官之數 | A | – | C(AO) | 『대학연의보』 권29 제국용 산택지리 하에 나오는 항목이다. 서(A)는 "이 조목 끝줄에, 소주 쌍행으로 '이상언철(以上言鐵)' 넉 자를 써야 할 것입니다." 하였다. 정조(C)는 여지를 두어 "이러한 이례(異例)가 있는 부분이 매우 많으니, 일괄적으로 정리하여야 할 것이다."라고 하였다. 규 1970 『어정대학유의』 권10에는 서(A)의 의견대로 '管子曰今鐵官之數'의 본문이 끝난 다음에 소주쌍행으로 '以上言鐵' 넉 자가 삽입되었다. |
| | ⑪ 宋初諸路未盡禁酒 | – | – | C | 『대학연의보』 권30 제국용 정각지과에 나오는 항목이다. 정조(C)는 이에 대해 "이 조목 아래에, 구씨의 안설 중 '금일화민후속(今日化民厚俗)'부터 '일단야(一端也)'까지를 첨가해야 할 것이다." 하였다. 규 1970 『어정대학유의』 권10에는 정조(C)의 의견대로 '今日化民厚俗'부터 '一端也'까지의 내용이 발췌되어 실렸다. |
| | ⑫ 漢興高祖時漕運山東之粟 | – | – | C | 『대학연의보』 권33 제국용 조만지의 상에 나오는 항목이다. 정조(C)는 이에 대해 "이 아래 안설은 응당 절록해 넣어야 할 것이고, 경수창(耿壽昌)과 조충국(趙忠國)의 말도 역시 절록해 넣어야 할 것이다." 하였다. 규 1970 『어정대학유의』 권10을 보면, '漢興高祖時漕運山東之粟'의 본문 다음에는 '元封元年' 다음에 있는 구준의 안설이 절록되어 실렸고, 이어 '宣帝五鳳中'에 나오는 경수창은 생략되고, 조충국의 관련 본문인 '趙充國 條留屯十二便 其五曰 至春省甲士卒 循河湟漕穀至臨羌 以威羌虜 揚武折衝之具也'가 실렸다. |

위 〈표 6〉의 내용을 종합하면 다음과 같다.

1) 고방본의 교감은 『유의평례』 1 권10첨 7항목이다. 내용 선택 1건, 내용 연결 1건, 내용 조정 3건, 내용 발췌 1건, 내용 추가 1건이다.

첫째, 내용 선택은 ①의 1건이다. ①'孟子曰 得天下有道'의 경우, 윤(B)은 『서경』 우서(虞書)의 대우모(大禹謨)의 내용을 선택하자는 것이었고, 정조(C)는 윤(B)의 의견에 반대하여 『서경』 하서(夏書) 오자지가 편을 넣자는 것이었는데, 규 1970 『어정대학유의』 권9에는 이 항목 위에 실제로 오자지가 편은 빠져 있고, 대우모 편이 실려 있어 윤(B)의 주장대로 되었다.

둘째, 내용 연결은 ②의 1건이다. ② '章帝元和二年'의 경우, 정조(C)는 서(A)가 이 항목 위에 "'한 혜제(漢惠帝)'부터 '오산(五筭)'까지의 한 단락을 초록해 넣어야 구준의 안과 내용이 서로 연결된다."는 주장에 동의하였다. 규 1970 『어정대학유의』 권9에는 '漢惠帝六年…'의 항목이 '章帝元和二年' 위에 있다.

셋째, 내용 조정은 ③, ④, ⑦의 3건이다. ③ '以上蕃民之生'의 경우, 정조(C)는 윤(B)의 의견을 수용하여 이 조목 위에, 본서 중 서씨(徐氏)의 설과 두씨(杜氏)의 설을 구씨의 안설과 함께 초록하여 싣도록 하였다. 규 1970 『어정대학유의』 권9에는 '以上蕃民之生'의 위에 서간의 글은 본문만 싣고, 구준의 안은 생략되었다. 두우(杜佑)의 글은 본문은 절록하고, 역시 구준의 안은 생략되었다. ④ '漢武帝時董仲舒說上'의 경우, 정조(C)는 윤(B)이 주장한 "이 조목 아래에, '한 효애제 때[漢孝哀帝時]'로 시작하는 한 조목을 초록해 싣는 것이 좋을 듯합니다."라는 의견에 반대하였다. 규 1970 『어정대학유의』 권9에는 '漢武帝時董仲舒說上'은 "漢武帝時 董仲舒說上曰 古井田法 雖難猝行 宜少近古 限民名田 以贍不足 塞兼並之路 然後可善治也"의 내용만 발췌해 수록되었고, 윤(B)이 주장한 한나라 효애제때의 사단과 공광의 논의가 들어 있는 "漢孝哀時 師丹請建限田 下其議 孔光何武 請吏民名田 無過三十頃"의 본문은 삭제되었다. ⑦ '以上除民之害'의 경우, 정조(C)는 윤(B)과 서(A)가 주장한 "황하의 재해에 관한 조목의 삭제 건에 대해 반대하고, 가양(賈讓)의 황하를 다스리는 세 가지 방책(方策)을 발췌해 싣도록 하였다. 규 1970 『어정대학유의』 권9를 보면, 정조(C)의 의견대로 치수와 관련된 '孟子曰 當堯之時 天下猶未平'의 본문, '史記禹抑鴻水十三年'의 본문, 가양의 방책인 哀帝初卽位 待詔賈讓奏言 治河有上中下三策'의 본분 및 '至正四年夏 久雨河溢決堤'의 본문에 대한 구준의 안이 발췌되어 실렸다.

넷째, 내용 발췌는 ⑤의 1건이다. ⑤ '魏史起 爲鄴令'의 경우, 정조(C)는 윤(B)이 주장한 "정국거(鄭國渠)라는 수로는 고금을 통하여 수리(水利)의 원조(元祖)이니, 본서 중 그 한 조목을 취하여 이 조목 아래에 첨가해 넣는 것이 옳을 듯합니다."라는 의견을 수용하였다. 규 1970 『어정대학유의』 권9에는 '魏史起爲鄴令'의 본문이 수록되었다.

다섯째, 내용 추가는 ⑥의 1건이다. ⑥'唐貞觀二年 遣使賑飢民'의 경우, 정조(C)는 윤(B)의 내용 첨가에 대한 의견에 반대하였다. 규 1970 『어정대학유의』 권9를 보면, 윤(B)이 주장한 '唐貞觀二年遣使賑飢民'의 앞의 항목인 이회의 '魏李悝平糴法'과 조조의 '鼂錯言於漢文帝曰' 및 장손평의 '隋開皇五年 度支尙書長孫平'의 항목은 모두 삭제되었다.

2) 제국용의 교감은 『유의평례』 1 권11첨 12항목이다. 범례 1건, 내용 조정 3건, 내용 수정 1건, 내용 추가 5건, 소주쌍행처리 1건, 1항목 2개의 안건 1건이다.

첫째, 범례는 ⑦의 1건이다. ⑦'太宗置景福殿庫'에서 정조(C)는 윤(B)과 서(A)의 범례에 관한 논의 중 서(A)의 의견을 수용하였다. 서(A)는 "이 책의 범례는, 사실을 실을 경우엔 사서(史書)를 인용하고 나라의 이름을 적으며, 의논을 실을 경우엔 말을 취택(取擇)하고 사람의 이름을 적는 것입니다. 그런데 지금 사신의 의논을 실으면서 '사신왈'을 잘라 내고 곧바로 '송자중세(宋自中世)'로 써 내려간다면 이는 누구의 논설이 될 것이며 어찌 범례에 어긋나지 않겠습니까. 구씨의 설까지 모두 추려 내는 것보다 못할 것입니다." 하였다. 규 1970 『어정대학유의』 권10에는 '太宗置景福殿庫'의 본문 및 주석이 모두 삭제되었다.

둘째, 내용 조정은 ①, ④, ⑫의 3건이다. ①'漢興天下旣定高祖約法'의 경우, 정조(C)는 윤(B)의 의견을 일부 수용하여 "문제 12년에 조명을 내려 천하 백성들의 조세의 반을 견감케 하였다는 부분을 첨가해 싣고, 안설(按說)에서는 '한문제재위(漢文帝在位)'부터 '명효야(明效也)'까지를 뽑아 첨가해야 할 것이다." 하였다. 규 1970 『어정대학유의』 권10에는 '漢興天下旣定高祖約法' 다음에 '文帝十二年 詔賜天下民租之半'의 본문이 실리고, 구준의 안설은 일부 내용이 발췌되어 실렸으며 호인의 글은 실리지 않았다. ④'玉府掌王之金玉玩好'의 경우, 정조(C)는 윤(B)의 의견인 "이 조목 아래에 '사회(司會)'부터 '폐치(廢置)'까지의 전문을 싣고 그 아래에 구씨(丘氏)의 설 중 '주례(周禮)' 이하를 첨부하는 것이 좋을 듯합니다."에 여지를 두었다. 규 1970 『어정대학유의』 권10을 보면, 윤(B)의 의견이 수용되었다. '王府掌王之金玉玩好' 다음에 '사회(司會)' 조항의 본문이 발췌되어 실렸고, '사회(司會)' 본문과 '늠인(廩人)' 항목 다음에 구씨의 설 중 '주례(周禮)'의 내용이 발췌되어 실렸다. ⑫'漢興高祖時

漕運山東之粟'의 경우, 정조(C)는 이에 대해 "이 아래 안설은 응당 절록해 넣어야 할 것이고, 경수창(耿壽昌)과 조충국(趙忠國)의 말도 역시 절록해 넣어야 할 것이다." 하였다. 규 1970『어정대학유의』권10을 보면, '漢興高祖時漕運山東之粟'의 본문 다음에는 '元封元年' 다음에 있는 구준의 안설이 절록되어 실렸고, 이어 '宣帝五鳳中'에 나오는 경수창은 생략되고, 조충국의 관련 본문인 '趙充國 條留屯十二便 其五曰 至春省甲士卒 循河湟漕穀至臨羌 以威羌虜 揚武折衝之具也'가 실렸다.

셋째, 내용 수정은 ②의 1건이다. ②'唐初 始定租庸調之法'의 경우, 정조(C)는 윤(B)과 서(A)의 문장 수정에 대한 의견에 반대하여 의례(義例)대로 싣도록 하였다. 규 1970『어정대학유의』권10에는 '唐初始定租庸調之法'의 원문 그대로 실렸다.

넷째, 내용 추가는 ⑤, ⑥, ⑧, ⑨, ⑪의 5건이다. ⑤'漢賈山作至言'의 경우, 정조(C)는 윤(B)의 의견을 조건부로 수용하여 "첨가하고자 한다면『시경』보전편 1장(章) 외에 주자의 설부터는 초록할 필요가 없을 것이다." 하였다. 하지만, 규 1970『어정대학유의』권10에는 실리지 않았다. ⑥'唐故事 天下財賦歸左藏'의 경우, 윤(B)은 "이 조목 아래에, 본서 중 양염(楊炎), 이필(李泌)이 덕종에게 간한 말, 두 조목을 첨가해 넣는 것이 좋을 듯합니다." 하였다. 정조(C)는 윤(B)의 의견에 반대하였다. 규 1970『어정대학유의』권10에는 '唐故事天下財賦歸左藏'의 본문만 실려 있다. ⑧'魏李悝曰 糶甚貴傷人'의 경우, 윤(B)은 "이 조목 아래 마씨(馬氏)의 설 중 '연(然)' 자 이하는 관중(管仲)의 말을 인용하여 반박한 것인데 지금 인용된 관중의 설을 도리어 추려냄으로 해서 위아래 문장의 연결이 분명하지 못하게 되었습니다. '제민(濟民)' 아래에, 본문 중 '관중(管仲)'부터 '차설(此說)'까지의 40자를 첨가해 넣는 것이 좋을 듯합니다." 하였다. 정조(C)는 이에 반대하였다.『대학연의보』권25 제국용 시적지령에는 '魏李悝曰糶甚貴傷人'의 본문 다음에 마단림(馬端臨)의 주와 구준의 안이 실려 있는데, 규 1970『어정대학유의』권10에는 '魏李悝曰糶甚貴傷人'의 본문 다음에 마단림의 주석이 모두 실려 있어 윤(B)의 의견이 관철된 것으로 여겨진다. ⑨'宋神宗用王安石'의 경우, 정조(C)는 윤(B)의 의견에 반대하여 "경산(瓊山)의 의논은 통투(通透)하지 않음이 없지만 이따금 한만(汗漫)한 부분도 있다. 이런 까닭에 초록할 때 매양 여의(餘義)를 두어 이 책을 보는 이로 하여금 여의를 궁구하는 즈음에 다소의 자미(滋味)를 깨달을 수 있도록 한 것이니, 굳이 더 초록할 필요는 없다." 하였다. 규 1970『어정대학유의』 권10에는 정조(C)의 의견대로 구준의 안은 발췌되어 실렸다. ⑪'宋初諸路未盡禁酒'는 정조의 단독의견이다. 정조(C)는 이에 대해 "이 조목 아래에, 구씨의 안설(按說) 중 '금일화민후속(今日化民厚俗)'부터 '일단야(一端也)'까지를 첨가해야 할 것이다." 하였다. 규 1970 『어정대학유의』 권10에는 정조(C)의 의견대로 '今日化民厚俗'부터 '一端也'까지의 내용이 발췌되어 실렸다.

다섯째, 소주쌍행건은 ⑩의 1항목이다. ⑩'管子曰 今鐵官之數'의 경우, 서(A)는 "이 조목 끝줄에, 소주쌍행으로 '이상언철(以上言鐵)' 넉 자를 써야 할 것입니다." 하였다. 정조(C)는 여지를 두어 "이러한 이례(異例)가 있는 부분이 매우 많으니, 일괄적으로 정리하여야 할 것이다."라고 하였다. 규 1970 『어정대학유의』 권10에는 서(A)의 의견대로 '管子曰今鐵官之數'의 본문이 끝난 다음에 소주쌍행으로 '以上言鐵' 넉 자가 삽입되었다.

여섯째, 1항목 2개의 건은 ③의 1항목이다. ③'漢和帝時 南海獻荔支龍眼'의 경우, 하나는 정조(C)는 윤(B)의 의견을 일부 수용하여 "태재(太宰)에 관한 내용 한 조목은 첨가해야 할 것이다." 하였다. 또 하나는 정조(C)는 윤(B)의 의견인 "이 조목 아래에, 본서 중 순제(順帝)가 문룡(文礱)을 책망한 조서(詔書)를 첨가해 싣는 것이 좋을 듯합니다."를 수용하지 않았다. 규 1970 『어정대학유의』 권10에는 '漢和帝時南海獻荔支龍眼'의 본문만이 실렸고, 태재(太宰)에 관한 내용 한 조목은 첨가되지 않았다. 이 항목에 대한 정조(C)의 의견은 관철되지 않은 것으로 여겨진다.

## 5.5. 명예악, 질제사와 숭교화의 세목 구성, 교감 내용 및 결과

### 5.5.1. 명예악, 질제사와 숭교화의 세목 구성

명예악 18권(권36~권53), 질제사 13권(권54~권66), 숭교화 18권(권67~권84)은 육부 중 예부(禮部)에 해당한다. 각 세목에 대해 설명하면 다음과 같다.

명예악 18권은 6세목이다. 권36 총론예악지도 상, 권37 총론예악지도 하, 권38 예의지절 상, 권39 예의지절 중, 권40 예의지절 하, 권41 악률지제 상지상, 권42 악률지제 상지하, 권43 악률지제 중, 권44 악률지제 하, 권45 왕조지례 상, 권46 왕조지례 중, 권47 왕조지례 하, 권48 군국지례, 권49 가향지례 상지상, 권50 가향지례 상지중, 권51 가향지례 상지하, 권52 가향지례 중, 권53 가향지례 하 등이다.

첫째, 권36~권37 총론예악지도 상·하는 예악의 치도에 대한 총괄을 다루었다. 이에 대해 정현(鄭玄)은 『주례』에 주석을 붙여, "'禮'는 백성의 거짓을 금하여 중용을 지키게 하는 것이니 오례는 길례(吉禮), 흉례(凶禮), 군례(軍禮), 빈례(賓禮), 가례(嘉禮)이고, '樂'은 백성의 인욕을 방지하여 그 마음을 조화롭게 하는 것이니 육악은 운문(雲門), 함지(鹹池), 대소(大韶), 대하(大夏), 대(大), 대무(大武)이다."라고 하였고,[322] 구준은 『예기』에 주석을 붙여 "옛날에 임금이 정치를 하는 큰 근본은 예악에 있다."라고 하였다.[323] 이는 유가들이 예악을 치평에 필요한 대전제로 삼은 것임을 알 수 있다.

둘째, 권38~권40 예의지절 상·중·하는 예의의 의미, 기준과 치술(治術)을 다루었다. 예의 의미에 대해서 주자가 『역경』에 주석을 붙인 것을 살펴보면, "예는 상하를 구분하고 백성의 뜻을 정하는 것이 곧 예의 의미이다."라고 하였고,[324] 『예기』 예운(禮運) 편에는 "예는 임금의 큰 권력[大柄]이니 정치를 다스리고 군주를 편안하게 하는 방책이다."라고 하였으며,[325] 구준은 『예기』에 주를 붙여 "예를 제정하는 것은 '義'에 따라야 하고 의에 합당하지 않으면 예를 행할 수가 없다."라고 하였다.[326] 이는 유가 정치에 있어서 예는 상·하의 신분질서와 백성의 뜻을 정하는 의미가 되고, 군왕에게는 이상적인 정치를 하는 방책이 되며, 예를 정하는 기준은 내용과 형식이 의에 합당해야 함이 강조된 것이다.

셋째, 권41~권44 악률지제 상지상·상지하·중·하는 악률의 요소와 기능을 다루었다. 악률의 요소에 대해 『주례』를 보면 "고대 주나라의 음악은 대사악(大司樂)이 관장

---

322) 구준, 『대학연의보』 권36 總論禮樂之道 上. 周禮大司徒. "鄭玄曰 禮所以節止民之侈僞使其行得中 五禮謂吉凶軍賓也 樂所以蕩止民之情思使其心應和 六樂謂雲門鹹池大韶大夏大大武也"

323) 구준, 『대학연의보』 권36 總論禮樂之道 上. 禮記禮器. "臣按 自昔人君爲治之大本 唯在於禮樂 …"

324) 구준, 『대학연의보』 권38 禮義之節 上. 易象曰上天下澤履. "臣按 此六經言禮之始然經但言履而已 而說者乃以之爲禮 何哉 朱熹曰 辨上下 定民志也 是禮的意思"

325) 구준, 『대학연의보』 권39 禮義之節 中. 禮記 禮運. "是故禮者 君之大柄也 … 所以治政安君也"

326) 구준, 『대학연의보』 권39 禮義之節 中. 禮記 禮運. "臣按 禮之爲禮 皆義之所當爲者也 義不當爲 則禮不可行 則是禮之用皆是義之實也"

을 했는데, 그는 성균(成均: 五帝學名)의 법을 관장함으로써 나라를 세울 수 있는 학문과 정치를 다스려 나라의 자제들을 합치시키고, 육률(六律), 육동(六同), 오성(五聲), 팔음(八音), 육무(六舞)로 음악을 합치시켰다."라고 하였다.[327] 또한 『서경』 우서(虞書)를 보면, "육률, 오성과 팔음을 가지고 천하의 다스려짐과 태만함을 살피고, 또 다섯 가지 덕의 말을 출납하여 백성들에게 베풀어서 교화를 이루려고 하거든 너는 응당 들어 살펴야 한다."고 하였다.[328] 이는 음악의 요소와 정치가 비교되어 그 연관성이 강조된 것이다. 음악의 기능은 주자가 『서경』 순전의 내용에 주석을 붙인 것을 보면, "황제[유우씨(有虞氏)]가 기(夔)를 전악(典樂)에 임명하면서 '너에게 전악을 명하노니, 귀족의 맏아들을 가르쳐라'라고 말한 대목에 대해 '고대 성인이 음악을 만든 목적이 성정을 배양하고 인재를 육성하고 신명을 섬기고 위와 아래를 화합시키는 데 있다.'"라고 하였는데[329] 이는 음악의 궁극적인 목적이 중화지덕(中和之德)을 갖춘 훌륭한 인재 육성에 있었던 것임을 알 수 있다.

넷째, 권45~권47 왕조지례 상·중·하는 조정과 궁정에 필요한 예의 내용과 역할에 대해 다루었다. 두우(杜佑)의 『통전(通典)』을 보면, 주대의 조례에는 사조(四朝) 즉 외조(外朝), 중문(中門), 내조(內朝), 순사지조(詢事之朝)가 있었다.[330] 조례의 구체적인 실례를 들어 보면, 조하례(朝賀禮)는 한 고조(高祖) 7년(B.C.200)에 장락궁이 완성되자 그 해 10월에 제후 군신들이 모두 조하례를 한 것이 시작이었고, 한나라 무제(武帝) 때 하(夏)나라의 정월을 인월(寅月: 음력 정월)로 하였으니 이때부터 정월로 세수를 삼았다.[331] 이후 조하례는 원단(元旦), 동지(冬至), 성탄(聖誕)에 행해졌다. 이외에 순

---

327) 구준, 『대학연의보』 권41 樂律之制 上之上 周禮 大司樂. "周禮 大司樂 掌成均之法 以治建國之學政而合國之子弟焉 … 以六律(黃鍾 大族 姑洗 蕤賓 夷則 無射) 六同(大呂 夾鍾 中呂 林鍾 南呂 應鍾) 五聲(宮 商 角 徵 羽) 八音(金 石 絲 竹 匏 土 革 木) 六舞(六代樂舞) 大合樂(律同聲音六舞 所以大合樂也)"

328) 구준, 『대학연의보』 권41 樂律之制 上之上 予欲聞六律. "予欲聞六律五聲八音 在治忽 以出納五言汝聽"

329) 구준, 『대학연의보』 권41 樂律之制 上之上 帝曰夔. "帝曰 夔 命汝典樂 教胄子 … 朱熹曰 … 聖人作樂以養性情 育人才 事神祇 和上下 其體用功效 廣大深切乃如此 今皆不復見矣 可勝歎哉"

330) 구준, 『대학연의보』 권45 王朝之禮 上 通典周制. "通典 周制 天子有四朝 一曰外朝 秋官朝士掌之 二曰中門 夏官司士正其位 朝夕視政 三曰內朝 亦謂路寢之朝 正朝視事畢 退適路寢聽政 四曰詢事之朝 小司寇掌其政 以致萬人而詢焉"

수(巡狩), 연향례(燕饗禮),[332] 전렵례(田獵禮) 등이 있다. 이러한 조례의 목적은 군신간의 접견을 자주 하여 상하가 소통되고 국가의 화란(禍亂)을 방지하고자 한 것이다.

다섯째, 권48 군국지례는 향촌 의례의 종류와 내용을 다루었다. 향촌에서 행하던 향음주례(鄕飮酒禮)는 『주례』를 보면, "향대부의 직책은 3년마다 총결산을 하여 그 덕행과 학문과 기예를 고찰하고 어진이와 능력 있는 자를 천거한다. 향로 및 향대부는 그 소속 관리와 관할 백성의 많고 적은 인원을 거느리고 향음주례로써 어진이와 능력 있는 자를 대우한다."라고 하였다.[333] 영춘례(迎春禮)는 「후한제사지(後漢祭祀志)」에 보면, "입춘일에 동교에서 영춘례를 행하였는데 수레, 기와 복식이 모두 청색이고 청양(靑陽)을 노래하고 윤교(雲翹)춤을 추었다."라고 하였다.[334] 또한 주희의 예서(禮書) 반포에 대한 구준의 주를 보면, "향촌 의례는 명의 홍무(洪武) 연간(1368~1398)에 반포된 『효자록(孝慈錄)』, 『제사직장(諸司職掌)』, 『홍무예제(洪武禮制)』, 『예의정식(禮儀定式)』 및 영락(永樂) 연간(1403~1424)에 반포된 『문공가례(文公家禮)』 등이 있어 참고가 된다."라고 하였다.[335]

여섯째, 권49~권53 가향지례 상지상·상지중·상지하·중·하는 가례서의 제작과 교육 및 향례와 상견례 등이 다루어졌다. 가례는 『예기』 왕제(王制)에 보면, "육례가 있는데, 관례, 혼례, 상례, 제례, 향례, 상견례이다."라고 하였다.[336] 구준이 문중자(文仲子: 수나라 말기의 학자 王通의 시호)가 언급한 내용에 주석을 붙여 "주자가 『의례(儀禮)』 및 정자, 장자(張子), 사마광 등의 예서를 바탕으로 『가례(家禮)』를 편집하였

---

331) 구준, 『대학연의보』 권46 王朝之禮 中 漢書高祖七年. "漢書 高祖七年 長樂宮成 諸侯群臣朝十月(漢初以十月爲正) … 臣按 此後世歲首行朝賀禮之始 漢承秦制 以十月爲歲首故也 武帝始行夏正 而以正月爲歲首"

332) 『예기』 內則 第十二. "凡養老 有虞氏以燕禮 夏后氏以饗禮 殷人以食禮 周人修而兼用之 凡五十養於鄕 六十養於國 七十養於學 達於諸侯"

333) 구준, 『대학연의보』 권48 郡國之禮. 周禮 鄕大夫之職. "周禮 鄕大夫之職 三年 則大比 攷其德行道藝而興賢者能者 鄕老及鄕大夫帥其吏與其衆寡 以禮禮賓之(以鄕飮之禮 禮而賓之)"

334) 구준, 『대학연의보』 권48 郡國之禮. 後漢祭祀志. "後漢祭祀志 立春之日 迎春於東郊 車旗服飾皆靑歌靑陽 舞雲翹之舞"

335) 구준, 『대학연의보』 권48 郡國之禮. 又曰 禮書旣頒. "臣按 朱氏此言可以施行于今 請令禮官將洪武年間頒降 孝慈錄 諸司職掌 洪武禮制 禮儀定式 及永樂中頒降 文公家禮等書 逐一參考"

336) 구준, 『대학연의보』 권49 家鄕之禮. 上之上 禮記王制. "禮記王制 六禮 冠 昏 喪 祭 鄕 相見"

고, 송 태종이 유신들에게 명하여 『성리대전서(性理大全書)』를 편찬하여 반포하였다. 이때부터 사대부가를 비롯하여 부(府)·주(州)·현(縣)의 모든 민가에 이르기까지 모두 시행되었다."라고 하였다.[337] 가례에서는 효를 바탕으로 하고 오륜(五倫)이 강조되었다. 오륜이 가정의 기강이 되고 치국평천하로 확장되는 『대학』의 취지가 계승되었다. 관례(冠禮)는 남자의 경우 성인의 예로 20세에 치르고 '孝悌忠順'의 상하질서를 실현하는 학례의 시작으로 보았다. 혼례와 상례에서는 허례허식을 타파하고 예교를 회복하는 것이 강조되었다. 제사례는 종법제(宗法制)가 강조되었다. 향례와 상견례에서는 풍속을 교정하고 질서가 유지될 것이 강조되었다.

질제사 13권(권54~권66)은 7세목이다. 권54 총론제사지리 상, 권55 총론제사지리 하, 권56 교사천지지례 상, 권57 교사천지지례 하, 권58 종묘향사지례 상, 권59 종묘향사지례 하, 권60 국가상사지례 상, 권61, 국가상사지례 하, 권62 내외군사지례, 권63 제고기도지례 상, 권64 제고기도지례 하, 권65 석전선사지례 상, 권66 석전선사지례 하 등이다.

첫째, 권54~권55 총론제사지리 상·하는 국가 제사의 종류와 예제(禮制)의 총괄을 다루었다. 구준은 『주례』에 주석을 붙여 "종묘사직의 제사는 내제(內祭)여서 신위가 묘내(廟內)에 있고, 오제사망(五帝四望)의 제사는 외제(外祭)여서 신위가 교외에 있다."라고 하였고,[338] 정현은 제사의 종류를 더 구체화하여 "대사(大祀)는 하늘, 땅과 종묘의 제사이고, 차사(次祀)는 일·월·성·신과 사직의 제사이고, 오사(五祀)는 오악[五嶽: 태산(泰山)·형산(衡山)·화산(華山)·항산(恒山)·숭산(嵩山)]의 제사이고, 소사(小祀)는 사중(司中)·사명(司命)·풍백(風伯)·우사(雨師)·산천(山川)·백물(百物)의 제사이다."라고 하였다.[339] 중국에서 제천의식 중심의 국가의례에서 정현은 나라의 귀신을

---

337) 구준, 『대학연의보』 권49 家鄕之禮. 上之上 文中子又曰. "文中子又曰 三代之際 禮經備矣 … 臣按 宋儒朱熹本儀禮 及程張司馬氏諸家禮書 作爲家禮一書 酌古準今 實爲簡易可行 太宗皇帝命儒臣脩性理大全書 已備載其書 今士大夫家 亦往往有擧行者 乞敕禮部詳定 頒行天下 俾諸道督學憲臣兼提其要 行下府州縣敎官 每旬一次帥師生演習其儀 並令鄕村社學敎讀者 專習其事 遇民間有吉凶等事 按儀而行如此 則天下之人家有其書 人習其禮"

338) 구준, 『대학연의보』 권54 總論祭祀之理 上 小宗伯. "臣按 宗廟社稷 內祭也 故其神位在廟內 五帝四望以上 外祭也 故其神位在郊外"

339) 구준, 『대학연의보』 권54 總論祭祀之理 上 肆師之職. "鄭玄曰 大祀 天地宗廟 次祀 日月星辰社稷

제사하는 길례를 오례(五禮) 중 가장 으뜸으로 보았고, 방각(方慤)은 제사의 근본은 진심(盡心)을 다하는 것이라 하였다. 따라서 구준은 정치를 하는데 예로 근본을 삼고, 예를 행하는데 제사를 근본으로 삼는 것이니, 제사에 근본하여 예를 세우고 예에 근본하여 정치를 한 것이 삼대(三代)의 정치가 번성하게 된 이유로 보았다.[340]

둘째, 권56~권57 교사천지지례 상·하는 교사(郊祀)의 연혁과 제천의식을 다루었다. 교사는 『주례』에 보면, "대종백이 인사(禋祀)로서 하늘의 상제에게 제사를 지냈다."고 하였다.[341] 정현의 『주례주(周禮註)』에 보면, "인(禋)은 연기를 말하며 주나라 사람들은 냄새를 숭상하여 나무를 땔감으로 하고 그 위에 희생제물을 올려 태워서 그 연기를 올리며 양기에 보답하는 것이다. 호천상제는 동지에 환구(圜丘)에서 천황태제를 제사하는 곳이다."라고 하였다.[342] 이 교사는 주나라 이후 진(秦)나라에 의해 통일 제국이 형성된 뒤에는 천자만이 거행할 수 있는 의식이 되었다. 진시황은 전국(戰國)을 B.C.221에 통일한 후 극묘(極廟)를 세우고 B.C.219에 봉선(封禪)을 실시하였다. 한(漢) 무제(武帝)가 원봉(元封) 원년(B.C.110)에 태산(太山)에서 봉선을 지냈는데, 봉은 태일(太一: 천극에 상주하는 신), 선은 후토(后土)의 제사 절차를 각각 따랐다.[343] 그 뒤를 이은 여러 왕조에서는 교사를 나누어 지내기도 하고 합하여 지내기도 하였다.

셋째, 권58~권59 종묘향사지례 상·하는 종묘향사와 천신례(薦新禮)를 다루었다. 종묘는 조상신을 제사하는 곳이다. 『서경』 상서(商書)에 "칠세(七世)의 사당에서 가히 덕을 볼 수 있다."라고 하였고, 채침(蔡沈)은 이에 주를 붙여 "천자는 칠묘를 모시는데, 삼소(三昭)와 삼목(三穆)과 태조의 묘를 합하여 일곱이다."라고 하였다.[344] 『주례』

---

五祀 五嶽 小祀 司中司命風伯雨師山川百物也"

340) 구준, 『대학연의보』 권54 總論祭祀之理 下 祭者非物自外至者也. "祭者非物自外至者也 … 鄭玄曰 禮有五經 謂吉禮凶禮軍禮賓禮嘉禮也 莫重於祭 謂以吉禮爲首也 … 方慤曰 盡其心者 祭之本 … 臣按 爲治以禮爲本 行禮以祭爲本 本祭以立禮 本禮以爲治 此三代之治所以盛也"

341) 구준, 『대학연의보』 권56 郊祀天地之禮 上 周禮大宗伯. "周禮 大宗伯 以禋祀 祀昊天上帝"

342) 鄭玄, 『주례주(周禮註)』 春官宗伯. "禋之言煙 周人尙臭 煙 氣之臭聞者 槱 積也 詩曰 芃芃棫樸 薪之槱之 三祀皆積柴實牲體焉 或有玉帛 燔燎而升煙 所以報陽也 … 玄謂 昊天上帝 冬至於圜丘所祀天皇太帝"

343) 김용찬, 「極廟에서 郊祀로 - 秦·漢 國家祭祀의 변화와 지속」, 『전북사학』 57, 2019, 336~337쪽.

344) 구준, 『대학연의보』 권58 宗廟饗祀之禮 上 尙書七世之廟. "尙書 七世之廟 可以觀德 蔡沈曰 天子廟 三昭三穆 與太祖之廟七"

에는 "대종백이 종묘에 제사를 지내는데, 사헌관(肆獻祼: 희생물을 올리는 제사)으로서 선왕에게 제사를 지내고, 궤식(饋食: 기장밥을 올리는 제사)으로 선왕에게 제사를 지낸다. 봄에 사(祠)제사, 여름에 약(禴)제사, 가을에 상(嘗)제사, 겨울에 증(烝)제사를 지낸다."라고 하였다.[345] 이러한 종묘향사는 시대별로 차이는 있지만 천명을 받아 국가를 세운 창업자 및 그 후손이 이어가는 왕조의 정당성과 정통성을 의미하는 제사로서의 상징성을 부여받았다.

넷째, 권60~권61 국가상사지례 상·하는 국가의 일반제사와 예법을 다루었다. 국가의 제사를 보면, 사직제(社稷祭)는 땅의 신과 곡식의 신에게 풍작을 기원하여 올리는 제사이다. 사(社)에 대한 『예기』의 주석을 보면, "왕이 백성을 위하여 세운 사를 대사(大社)라 하고, 스스로를 위하여 세운 사를 왕사(王社)라 하며, 제후가 백성을 위하여 세운 사를 국사(國社)라 하고, 스스로를 위하여 세운 사를 후사(侯社)라고 하며, 대부 이하 여러 사람이 모여 세운 사를 치사(置社)라고 한다."라고 하였다.[346] 일월성신은 천의 다양한 현현(顯現)을 말하는 것으로 인간에게 추위와 더위, 사계절을 가져다주는 존재로 여겼다. 이 제사는 『주례』에 보면, "대종백이 실시(實柴: 소를 제물로 섶 위에 올림)로 일월성신에게 제사를 지냈다"고 하였다.[347] 그 외 풍우운뢰(風雨雲罍)의 제사, 산천의 망제(望帝)와 성황제(城隍祭), 팔렵제(八獵祭) 등이 있다.

다섯째, 권62 내외군사지례는 제왕과 충신열사들의 제사를 다루었다. 『서경』 순전(舜典)에 보면, "여러 신에게 두루 제사를 지냈다."고 하였고, 공안국(孔安國)이 이에 주석을 붙여 "군신은 구릉과 분연 및 옛 성인을 이르는데 모두 제사를 지냈다."고 하였다.[348] 진(秦) 이후 제사의 종류가 많아지고 제사를 지내는데 음사(淫祀: 제사 지낼 대상이 아닌데 제사 지내는 것)가 많아져서 문제가 되기도 하였다.

여섯째, 권63~권64 제고기도지례 상·하는 즉위의례·순수(巡守)의례·기우제 등의

345) 구준, 『대학연의보』 권58 宗廟饗祀之禮 上 周禮大宗伯. "周禮 大宗伯以肆獻祼享先王 以饋食享先王 以祠春享先王 以禴夏春享先王 以嘗秋享先王 以烝冬享先王"

346) 구준, 『대학연의보』 권60 國家常祀之禮 上 祭法. "祭法 王爲群姓立祀 曰大社 王自爲立祀 曰王社 諸侯爲百姓立祀 曰國社 諸侯自爲立祀 曰侯社 大夫以下 成群立祀 曰置社"

347) 구준, 『대학연의보』 권60 國家常祀之禮 上 周禮大宗伯. "周禮 大宗伯 以實柴 祀日月星晨"

348) 구준, 『대학연의보』 권62 內外郡祀之禮 舜典 遍於群神. "舜典 遍於群神 孔安國曰 群神謂丘陵墳衍古之聖賢 皆祭之"

제사를 다루었다. 즉위의례는 『서경』 순전(舜典)에 보면, "순은 [삼년상을 마치고] 정월 원일(元日)에 문조의 사당에 나아가 요를 받들어 제사를 지냈다."라고 하였다.[349] 후대의 모든 황제는 즉위할 때 교묘사직(郊廟社稷)에 알리는 의례를 하게 되었고, 이 예식은 유교국가 덕치의 상징이 되었다. 순수의례는 황제가 지방을 순수할 때 종묘에 알리는 의식이고, 기우제는 비를 내려 달라고 하늘에 비는 제사의식이다.

일곱째, 권65~권66 석전선사지례 상·하는 석존에 대한 제사와 예제 등을 다루었다. 석존은 『예기』 학기(學記)의 원문을 참고하면, "대학에서 가르침을 시작할 때 피변복(皮弁服)을 입고 나물로 제사를 올리니 도를 공경하는 것을 보이는 것이다."라고 하였고, 오징(吳澄)이 주석을 붙여 "옛날에 대학에서 가르침을 시작할 때 성현과 선사에게 석채를 하였다."라고 하였다.[350] 이는 대학교육의 목적이 선성과 선사에게 제사를 올리고 공경하는 것을 보이는 것으로 시작을 하였음을 알 수 있다. 한(漢) 이후 공자가 점차 문묘의 주향(主享)으로 모시는 석전이 되었고, 명(明)에서 태학(太學)의 문묘인 대성전(大成殿)에서 석전을 올리는 사당으로 성립되었다.

숭교화 18권(권67~권84)은 11세목이다. 권67 총론교화지도, 권68 설학교이입교 상, 권69 설학교이입교 중, 권70 설학교이입교 하, 권71 명도학이성교 상, 권72 명도학이성교 하, 권73 본경술이위교 상지상, 권74 본경술이위교 상지중, 권75 본경술이위교 상지하, 권76 본경술이위교 중, 권77 본경술이위교 하, 권78 도덕이동속, 권79 궁효제이돈화, 권80 숭사유이중도, 권81 근호상이솔민, 권82 광교화이변속, 권83 엄정별이시권, 권84 거증익이권충 등이다.

첫째, 권67 총론교화지도는 교화의 의미와 교육의 총괄을 다루었다. 『주역』 비괘(賁卦) 단사(彖辭)에 보면, "천문을 바라보아 사시의 변화를 살피고, 인문을 보아 천하의 풍속을 교화시킨다."라고 하였고, 구준은 이에 주석을 붙여 "하늘에는 일월성신과 사시 및 육기(六氣)가 있기 때문에 그 형상이 나타나고 그 기운이 드러나는 것은 모두 천문을 관찰해야 알 수 있는 것이다. 사람에게는 삼강, 육기(六紀), 예절, 법도가 있어

349) 구준, 『대학연의보』 권63 祭告祈禱之禮 舜典 月正元日. "舜典 正月元日 舜格于文祖"

350) 구준, 『대학연의보』 권65 釋奠先師之禮 上 學記. "學記 大學始教 皮弁祭菜 示敬道也 … 吳澂曰 古者始入學 必釋菜於先聖先師 故大學始初之教 有司先服皮弁服 行釋菜禮 蓋示學者以敬先聖先師之道也"

서 인륜의 질서가 바르게 되고, 법칙이 갖추어지는 것은 모두 인문을 바라보아 알 수 있는 것이다."라고 하였다.[351] 사람을 교화하는 핵심이 삼강, 육기, 예절, 법도이다. 구준은 교화가 정치의 근본이므로 『대학』의 8조목 가운데 격물·치지·성의·정심은 배움의 단계로 수신과 치국은 가르침의 단계로 보았다.[352]

둘째, 권68~권70 설학교이입교 상·중·하는 학교의 설립과 교육을 다루었다. 『시경』 대아(大雅) 사제(思齊)에 보면, "이러므로 성인(成人)들은 덕이 있으며 아이들은 일함이 있으니 문왕께서 싫어함이 없이 훌륭한 선비들을 길러내셨네"라고 하였고, 이에 대해 구준은 주석을 붙여 "학교의 설립은 인륜을 밝히고 현자를 육성하여 천하의 중책과 세도의 책임을 맡길 수 있다."라고 하였다.[353] 학교의 이름은 시대에 따라 달라도 명륜(明倫)의 근본은 같고, 인재를 양육하는 것은 정치에 필요한 사람을 길러내는 것이었다.[354]

셋째, 권71~권72 명도학이성교 상·하는 유학의 교육, 『대학』의 중요성 및 존덕성(尊德性)과 도문학(道問學)에 대해 밝혔다. 『서경』 열명(說命) 하에 보면, "가르치는 것은 배우는 것의 반이다. 처음부터 끝까지 항상 배우기를 염두에 두면, 자신도 모르는 사이에 덕이 닦이게 된다."라고 하였고, 구준은 이에 주석을 붙여 "진덕수는 『대학연의』 전편에 제왕의 학문하는 도에 관한 조목을 담았다. 제가 여기서 몇 가지 첨언하는 이유는 후세의 효학(斆學)에 보탬이 되고자 함에 있다."라고 하였다.[355] '斆學半'은 가르침과 배움의 연결고리를 통해서 교육자와 피교육자의 인간관계가 형성되고, 유교 교육에서 중시하는 수기치인(修己治人)의 도를 완성해나가는 기본 전제가 됨을 알

351) 구준, 『대학연의보』 권67 總論教化之道 上 賁之象曰. "賁之象曰 觀乎天文 以察時變 觀乎人文 以化成天下 … 臣按 … 天有日月也 有星辰也 有四時也 有六氣也 其形象之昭然 其氣運之錯然 皆有文而可觀也 … 人有三綱也 有六紀也 有禮節也 有法度也 其彝倫之秩然 其典則之粲然 皆有文而可觀也"

352) 구준, 『대학연의보』 권67 總論教化之道 上 大學曰. "大學曰 所謂治國 必先齊其家者 其家不可教 而能教人者無之 … 臣按 大學修身以上 皆是學之事 齊家治國 方是教之事"

353) 구준, 『대학연의보』 권68 設學教以立教 上 思齊詩曰. "思齊詩曰 肆成人有德 小子有造 古之人無斁譽髦斯士 … 臣按 學校之設 所以明倫兼育賢也 … 而思以其身當天下之重 任世道之責"

354) 구준, 『대학연의보』 권68 設學教以立教 中 孟子曰 設爲庠序學校以教之. "孟子曰 設爲庠序學校以教之 … 臣按 三代學校之制 其鄉學之名雖有不同 …壹是皆以明倫爲本焉… 養育人才以爲治具而已"

355) 구준, 『대학연의보』 권71 明道學以成教 上 商書說命 又曰. "又曰 惟斆學半 念終始典于學 厥德脩罔覺 … 臣按 … 眞氏旣以全章 載之帝王爲學之條 今摘此數語 以示後世之斆學者云"

수 있다. 구준은『중용』제27장의 내용을 인용하여 존덕성·도문학은 유학자들이 덕성을 함양하고 이치를 궁구히 하는 학문의 대단(大端: 요지)임을 강조하였다.[356)]

넷째, 권73~권77 본경술이위교 상지상·상지중·상지하·중·하는 육경(六經) 사서(四書)의 의미에 대해 구체적으로 다루었다. 육경은『주역』,『서경』,『시경』,『춘추』,『예경』,『악경』이고, 사서는『논어』,『대학』,『중용』,『맹자』이다. 구준은 주자의 의견에 주석을 붙여 "『주역』의 의미는 오경의 본원이며 문자의 근원이자 의리의 출처이다."라고 하였고,"[357)] 육경 중『서경』의 의미는 "하늘을 섬기고 백성을 다스리며 임금을 섬기는 것에 있는 것이 그 요체이다."라고 하였다.[358)]『시경』의 의미는『서경』순전(舜典)에서 "言志"라 하였고, 주자는 이에 대해 "마음이 가는 곳이 뜻이 되고 뜻을 말하는 것이 시가 된다."라고 하였다.[359)]『춘추』의 의미는『효경』에 보면, "공자가 말씀하시기를, 나의 뜻은『춘추』에 담겨있다."라고 하였고, 구준은 이에 주석을 붙여 "『춘추』는 노나라 12공 242년의 역사로 공자가 이 책을 쓴 것은 '尊王'의 뜻을 실현한 것이다."라고 하였다.[360)]『예경』은『예기』에 "경례(經禮) 300조와 곡례(曲禮) 3000조로 구성되어 있다."라고 하였고,[361)]『중용』에는 "예의(禮儀)는 300이고, 위의(威儀)는 3000이다."라고 하였다.[362)] 경례는 예의, 곡례는 위의와 같은 의미이다. 구준은 양복(楊復)이 언급한 내용에 주석을 붙여 "고례가 세상에 전하는 것은『의례(儀禮)』,『예

356) 구준,『대학연의보』권72 明道學以成教 下 故君子尊德性而道問學. "故君子尊德性而道問學 致廣大而盡精微 極高明而道中庸 溫故而知新 敦厚以崇禮 … 臣按 尊德性 道問學 二者 儒者爲學之大端也"

357) 구준,『대학연의보』권72 本經術以爲教 上之上 朱熹曰 易之爲書. "朱熹曰 易之爲書 文字之祖 義理之宗 … 臣按 易者五經之本源 萬世文字之所自出 義理之所由生者也"

358) 구준,『대학연의보』권72 本經術以爲教 上之上 朱熹曰 二典三謨等篇. "二典三謨等篇 義理明白 句句是實理 … 臣按 書之大義在奉天 治民事君 其要也"

359) 구준,『대학연의보』권73 本經術以爲教 上之中 書曰 詩言志. "書曰 詩言志 朱熹曰 心之所之謂之志 心有所之 必形於言 故曰詩言志"

360) 구준,『대학연의보』권75 本經術以爲教 上之下 孔子曰 吾志在春秋. "孔子曰 吾志在春秋 … 臣按 孔子曰 吾志在春秋 是則春秋一書 誠聖人志向之所在也 聖人之志在於尊王 然有其德而無其位 雖欲尊王 將何以行其志哉 於是假魯史作春秋以伸吾之志 是以一書之中 十二公二百四十二年 凡所書者 無非寓吾尊王之志"

361) 구준,『대학연의보』권75 本經術以爲教 上之下 禮記曰. "禮記曰 經禮三百 曲禮三千 其致一也"

362) 구준,『대학연의보』권75 本經術以爲教 上之下 中庸曰. "中庸曰 禮儀三百 威儀三千 朱熹曰 禮儀經禮也 威儀曲禮也"

기』, 『주례』의 세 종류이다. 의례에는 사대부의 예만 있고, 천자의 예는 『예기』, 『주례』 및 기타 서적을 합쳐야만 완전하게 된다. 주자와 그 문인 황간(黃幹)·양복 등이 저술한 『경전통해(經傳通解)』를 통해서만이 고례를 알 수 있다."라고 하였다.[363] 『악경』에 대해서는 구준이 주자의 의견에 주석을 붙여 "악서(樂書)는 전해지지 않지만 악기(樂記) 1편은 『예기』 가운데 섞여 있고 그 문장이 우아·순박하고 격언이 많은 것으로 보아 한나라 유학자들에 의한 것이 아니고 고경(古經)에서 비롯된 것이다."라고 하였다.[364] 사서 중 『논어』는 하안(何晏)에 의하면, "노(魯) 『논어』 20편, 제(齊) 『논어』 22편, 고문 『논어』 21편인데, 주희는 오늘날의 『논어』는 노 『논어』 20편이다."라고 하였고,[365] 정이(程頤)에 의하면, "『논어』는 유자(有子)와 증자(曾子)의 문인들에 의해 이루어졌고, 그 핵심은 '知仁'에 있다."라고 하였다.[366] 구준은 주자의 의견에 주석을 붙여 "『대학』은 『예기』 중에 있었던 것을 정자가 처음으로 표장하였지만 세상에는 크게 밝혀지지 않았다. 주자의 『대학장구』와 『대학혹문』이 나오면서 천하의 집집마다 전해져 사람들이 암송하게 됨으로써 모두 성문에 '全體大用'의 학이 있음을 알게 되었다. 학자는 이것 이외에 별도로 성현의 도를 구할 수 없고 정치를 하는 사람도 이것 이외에 별도로 제왕의 공을 이룰 수 없게 되었다."라고 하였다.[367] 『중용』은 정이(程頤)에 의하면, "'中'은 천하의 정도이고 '庸'은 천하의 정리라 하였고,

---

363) 구준, 『대학연의보』 권75 本經術以爲教 上之下 楊復曰. "楊復曰 朱子旣脩家鄕邦國朝禮 以喪祭一禮屬門人黃氏 成書十有二卷 … 臣按 古禮之傳於世也 有三 儀禮 禮記周禮也 後世欲複古禮者 必自儀禮始 然儀禮止有士大夫禮 而無有所謂天子禮者 必合彼二禮與他書有及於禮者 然後成全體焉 朱子自輯家鄕邦國王朝禮 其餘以付其門人黃幹 楊複 僅以成書 名曰經傳通解 然世有欲復古禮者 尙有考於斯書"

364) 구준, 『대학연의보』 권76 本經術以爲教 中 朱熹曰 上古之書莫尊乎易. "朱熹曰 上古之書 莫尊乎易 … 臣按 古有六經 易詩書春秋禮樂也 … 樂書無傳而樂記 一篇雜於禮記中 其文雅馴 又多格言 非漢儒所及 蓋亦古經之遺也"

365) 구준, 『대학연의보』 권76 本經術以爲教 中 何晏曰. "何晏曰 魯論語二十篇 齊論語 別有問王知道 凡二十二篇 其二十篇中 章句頗多於魯論 古論出孔氏壁中 分堯曰下章子張問以爲一篇有兩子張 凡二十一篇 篇次不與齊魯論同 朱熹曰 以何晏所敘篇數考之 則今之論語 信爲魯論矣"

366) 구준, 『대학연의보』 권76 本經術以爲教 中 程頤曰. "程頤曰 論語之書 成於有子曾子之門人 故其書獨二子以子稱 又曰 論語爲書 傳道立言 深得聖人之學 或問論語 以何爲要 曰 要在知仁"

367) 구준, 『대학연의보』 권77 本經術以爲教 下 朱熹又曰 看大學. "又曰 看大學 … 臣按 … 大學一書是書在禮記中 程子始表章之 然猶未大明於世也 朱子章句或問 一出 天下家傳而人誦之 皆知聖門有全體大用之學 爲學者不能外此以求聖賢之道 爲治者不能外此以成帝王之功…"

또한 『중용』은 공문의 전수 심법으로 자사가 집필하여 맹자에게 준 것이다."라고 하였다.[368] 진덕수에 의하면, "『중용』은 처음에 '天命之性'을 말하고 끝에 '無聲無臭'를 말하였다. 그 내용은 '戒愼'·'恐懼'·'謹獨'·'篤恭'이며 모두 사람들에게 '用力之方'을 보여준다."라고 하였다.[369] 『맹자』는 정이에 의하면, "맹자의 가장 큰 공은 '性善'을 말한 것이고, 그의 '性善'·'養氣' 이론은 이전의 성인이 말하지 않은 것이다."라고 하였고, 구준은 이에 주석을 붙여 "육경을 바다와 산에 비유하면 『논어』는 바다를 항해할 때 필요한 배와 산을 오를 때 필요한 계단으로 비유할 수 있고, 『맹자』는 바다로 들어가는 물과 등산하는 지름길로 비유할 수 있다."라고 하였다.[370]

다섯째, 권78 도덕이동속은 도덕을 통일하고 풍속을 교정하기 위해 경전의 고증과 유학의 관학화가 강조되었다.[371] 권79 궁효제이돈화는 '孝悌'는 군주가 덕치를 하는 근본이 되는 것으로 보고 효제의 개념을 사회적으로 확대 적용하고 왕은 양노를 통해 그 모범을 보이도록 하였다.[372] 권80 숭사유이중도는 제왕학으로서 유학을 강조하고 공자에서 비롯된 유교의 도통(道統)을 중시하였다.[373] 권81 근호상이솔민은 군주는 '民'을 다스리기 위해 몸을 바르게 하고 집안을 다스리며 예를 행하는데 솔선수범할 것을 강조하였다.[374] 권82 광교화이변속은 백성의 교화를 위해 현신을 등용하고 덕과 의로 교화하도록 하였다.[375] 권83 엄정별이시권은 군주의 정치는 선악을 분명하게 밝히고 효행을 표창하도록 하였다.[376] 권84 거증익이권충은 군주는 죽은 이의 향적

---

368) 구준, 『대학연의보』 권77 本經術以爲教 下 程頤曰. "程頤曰 不偏之謂中 不易之謂庸 中者天下之正道 庸者天下之定理 此篇乃孔門傳授心法 子思子恐其久而差也 故筆之書以授孟子"

369) 구준, 『대학연의보』 권77 本經術以爲教 下 眞德秀曰. "眞德秀曰 中庸 始言天命之性 終言無聲無臭 宜若高妙矣 然曰戒愼 曰恐懼 曰謹獨 曰篤恭 則皆示人以用力之方"

370) 구준, 『대학연의보』 권77 本經術以爲教 下 程頤曰. "程頤曰 孟子有大功於世 以其言性善也 又曰 孟子性善養氣之論 皆前聖所未發 … 臣按 … 六經譬則海也 山也 論語譬則泛海之航 上山之階也 孟子其入海之潢 登山之徑乎 …"

371) 구준, 『대학연의보』 권78 道德以同俗.

372) 구준, 『대학연의보』 권79 躬孝悌以敦化.

373) 구준, 『대학연의보』 권80 崇師儒以重道.

374) 구준, 『대학연의보』 권81 謹好尙以率民.

375) 구준, 『대학연의보』 권82 廣敎化以變俗.

376) 구준, 『대학연의보』 권83 嚴旌別以示勸.

을 평가하기 위해 시호(諡號)를 내리고, 충성을 다하여 군주를 섬기도록 하였다.[377)]

### 5.5.2. 명예악, 질제사와 숭교화의 교감 내용

#### 1) 명예악의 교감 내용

명예악 18권(권36~권53)은 6세목이다. 권36 총론예악지도 상, 권37 총론예악지도 하, 권38 예의지절 상, 권39 예의지절 중, 권40 예의지절 하, 권41 악률지제 상지상, 권42 악률지제 상지하, 권43 악률지제 중, 권44 악률지제 하, 권45 왕조지례 상, 권46 왕조지례 중, 권47왕조지례 하, 권48 군국지례, 권49 가향지례 상지상, 권50 가향지례 상지중, 권51 가향지례 상지하, 권52 가향지례 중, 권53 가향지례 하 등이다.

명예악 18권(권36~권53)의 교감은 『유의평례』 2 권12첨 6항목과 권13첨 7항목이다.

1) 『유의평례』 2 권12첨 6항목인데, 이에 대해 살펴보면 다음과 같다.

① '論語有子曰禮之用和爲貴'는 『대학연의보』 권37 명예악 총론예악지도 하에서 '論語 有子曰 禮之用 和爲貴先王之道 斯爲美 小大由之 有所不行 知和而和 不以禮節之 亦不可行也'의 부분이다.

> 윤(B)은 "이 조목 주(註)의 주자의 설은 추려 내고 본서 중 정자(程子)의 설을 첨가해 넣는 것이 좋을 듯하니, 대개 정자의 설이 예악의 뜻에 긴절하기 때문입니다." 하였고, 정조(C)는 이를 수용하여 "옳다. 정자의 설 중 '예는 단지 하나의 질서일 뿐이다.[禮只是一箇序]'로 시작하는 한 단락을 곧바로 이 단락 정자의 설 아래에 수록하고, '又曰'을 써넣어 구별해야 할 것이다." 하였다.[378)]

규 1970 『어정대학유의』 권11을 보면, 이 항목 다음에 정이(程頤)의 주석만 넣고, 범조우(範祖禹)와 주희의 주석이 삭제되었다. 그 다음에 '又曰'로 이어지는 주석은

377) 구준, 『대학연의보』 권84 擧贈諡以勸忠.

378) 정조, 『홍재전서』 권128 類義評例 2 권12첨 論語有子曰禮之用和爲貴. "論語 有子曰 禮之用 和爲貴 臣光顔籤曰 此條註朱子說刪之 而添入本書中程子說似好 蓋切於禮樂之義故耳 御籤曰 可 程說禮只是一箇序一段 直錄於此段程子說下 而以又曰當別之"

'子曰 禮云禮云 玉帛云乎哉 樂云樂云 鍾鼓云乎哉'의 항목 다음에 있는 정자의 주석[379]을 가져다 붙인 것이다.

②'典同掌六律六同之和'는 『대학연의보』 권41 명예악 악률지제 상지상에서 '典同 掌六律六同之和 以辨天地四方陰陽之聲 以爲樂器 以十有二律爲之 數度 以十有二聲爲之齊量 凡和樂亦如之'의 부분이다.

> 윤(B)은 "『주례』 주관(周官)에서 악을 논함에, 오직 태사(太師)의 직분에 관한 조목이 총요가 되므로 십이율, 팔음, 오성의 명의(名義)가 모두 이 글에 상세히 보이니, 수록하지 않아서는 안 될 듯합니다. 이 조목을 추려 내고 본서 중 태사의 직분에 관한 한 조목을 취하여 대신 싣는 것이 좋을 듯합니다. 그런데 다시 생각해 보니 이 두 조목을 함께 싣는 것이 옳을 듯도 합니다." 하였고, 서(A)는 "전동에 관한 한 조목은 악률의 근본입니다. 육률과 육동이란 율려의 청탁을 구분한 것이며, 수도(數度)란 율려가 삼분손익(三分損益)하는 것이고 제량(齊量)이란 균조(均調)가 격팔상생(隔八相生)하는 것이니, 후세에 악에 대한 말들이 모두 이로부터 나왔습니다. 그런데 태사의 직분으로 말하자면 명의를 범론한 것에 불과하니, 이 조목으로 저 조목을 바꾸어서는 안 될 것입니다." 하였다. 정조(C)는 서(A)의 의견을 수용하여 "서(徐)의 설이 옳다." 하였다.[380]

규 1970 『어정대학유의』 권11을 보면, "典同掌六律六同之和"의 본문이 그대로 실려 있다.

③'是故先王 發以聲音'은 『대학연의보』 권42 명예악 악률지제 상지하에서 '是故

---

379) 구준, 『대학연의보』 권37 總論禮樂之道 下. "子曰 禮云禮云 … 程頤曰 禮只是一個序 樂只是一個和 [只此兩字 含蓄多少義理] 天下無一物無禮樂 且如置此兩椅 一不正 便是無序 無序便乖 乖便不和 又如盜賊至爲不道 然亦有禮樂 蓋必有總屬 必相聽順乃能爲盜 不然則叛亂無統 不能一日相聚[而爲盜也] 禮樂無處無之 [學者] 要須識得" 규 1970 『어정대학유의』 권11에는 이 부분의 주석 중 '程頤曰'은 '又曰'로 바꾸고, '只此兩字 含蓄多少義理'와 '而爲盜也' 및 '學者' 부분은 삭제되었다.

380) 정조, 『홍재전서』 권128 類義評例 2 권12첨 典同掌六律六同之和. "典同掌六律六同之和 臣光顔籤曰 周官論樂 惟大師職 爲總要 十二律八音五聲之名義 皆詳於此文 似不可不載 宜刪此條 而取本書中大師職一條代錄似好 更思二章兼載亦恐宜 臣瀅修籤曰 典同一條 爲樂律之本 六律六同者 律呂淸濁之分也 數度者 律呂之三分損益也 齊量者 均調之隔八相生也 後世言樂 皆從此出 而至於大師職 不過泛論名義 恐不可以此易彼 御籤曰 徐說然"

先王本之情性 稽之度數 制之禮義 合生氣之和 道五常之行 使之陽而不散 陰而不密 剛氣不怒 柔氣不慴 四暢交於中而發作於外 皆安其位而不相奪也'의 부분, '凡奸聲感人 而逆氣應之 逆氣成象 而淫樂興焉 正聲感人 而順氣應之 順氣成象 而和樂興焉 倡和有應 回邪曲直 各歸其分 而萬物之理 各以類相動也'의 부분, '然後發以聲音 而文以琴瑟 動以干戚 飾以羽旄 從以簫管 奮至德之光 動四氣之和 以著萬物之理' 및 '是故 淸明象天 廣大象地 終始象四時 周旋象風雨 五色成文而不亂 八風從律而不姦 百度得數而有常 小大相成 終始相生 倡和淸濁 迭相爲經 故樂行而倫淸 耳目聰明 血氣和平 移風易俗 天下皆寧'의 부분이다. 이 부분은 실제 '是故先王' 본문, 구준의 안, '凡奸聲感人' 본문, 정현 및 보광(輔廣)의 주석, 구준의 안, '然後 發以聲音'의 본문, 공영달(孔穎達) 및 육전(陸佃)의 주석, 구준의 안, '是故淸明象天'의 본문, 정현, 장재(張載), 응용(應鏞), 정이(程頤)의 주석 및 구준의 안으로 이루어졌다.

> 윤(B)은 "이 조목은 전장(全章)이 모두 훈석(訓釋)이 없고 단지 정씨(鄭氏)의 팔풍(八風)에 관한 해석만 실려 있으니, 타당하지 못한 듯합니다. 게다가 응씨(應氏)의 설은 긴밀한 관계가 없으니, 모두 추려 내고 본서 중 구씨(丘氏)의 설을 대신 넣는 것이 좋을 듯합니다." 하였다. 정조(C)는 윤(B)의 의견을 절충하여 "구씨의 안설(按說) 중 '說者皆謂聲樂之作'이라 한 이 조목을 초록하여야 할 것이다." 하였다.[381]

규 1970『어정대학유의』권11을 보면, '是故先王' 본문은 실리고, 구준의 안은 삭제되었으며, '凡奸聲感人' 본문은 실리고, 정현 및 보광의 주석이 삭제되었으며, '然後 發以聲音'의 본문은 실리고, 공영달 및 육전의 주석, 구준의 안은 삭제되었으며, '是故淸明象天'의 본문은 실리고, 정현, 장재, 응용, 정이의 주석 및 구준의 안은 삭제되었다. 즉 '是故先王' 본문, '然後 發以聲音'의 본문, '是故淸明象天'의 본문을 연결하고, '凡奸聲感人'의 본문 다음에 실린 구준의 안인 '說者皆謂聲樂之作'[382]을

381) 정조, 『홍재전서』 권128 類義評例 2 권12첨 是故先王發以聲音. "是故先王發以聲音 臣光顔籤曰 此條全章 俱無訓釋 而只載鄭氏八風之解恐未妥 應氏說 又無緊關竝刪 而以本書中丘說代入似好 御籤曰 丘按中說者皆謂聲樂之作云 此條當鈔"

붙였다.

④ '杜佑通典曰十二律相生之法'은 『대학연의보』 권43 명예악 악률지제 중(中)에서 '杜佑通典曰 十二律相生之法 自黃鍾始 三分損益下生林鍾 林鍾上生太蔟 太蔟下生南呂 南呂上生姑洗 姑洗下生應鍾 應鍾上生蕤賓 蕤賓上生大呂 大呂下生夷則 夷則上生夾鍾 夾鍾下生無射 無射上生中呂 此謂十二律 長短相生 一終于仲呂之法 又制十二鍾以准十二律之正聲 又鳧氏爲鍾 以律計自倍半以子聲比正聲 則正聲爲倍以正聲比子聲 則子聲爲半但先儒釋用倍聲有二義 一義云半十二律正律爲十二子聲之鍾 二義云 從於仲呂之管寸數 以三分益一 上生黃鍾 以所得管之寸數 然後半之以爲子聲之鍾 其爲變正聲之法者 以黃鍾之管 正聲九寸 子聲則四寸半又上下相生之法者 以仲呂之管 長六寸一萬九千六百八十三分寸之萬二千九百七十四 上生黃鍾 三分益一 得八寸五萬九千□□四十九分寸之五萬一千八百九十六 半之得四寸五萬九千□□四十九分寸之二萬五千九百四十八 以爲黃鍾 又上下相生以至仲呂 皆以相生所得之律 寸數半之 以爲子聲之律' 부분이다. 이 본문 다음에는 채원정(蔡元定) 및 주희의 주가 실려 있다.

이 항목에 대해서는 세 가지 의견이 조율되었는데, 이에 대해 살펴보면 다음과 같다.

> 첫째, 윤(B)은 "성률에 관한 설은 따로 한 책을 만들어야 할 것이니, 이와 같이 간략히 추려 만든 책은 실로 그 도수의 상세한 내용을 다 실을 수 없습니다. 게다가 이는 치도(治道)에 긴요하지 않으니, 단지 그 대략적인 내용만 실으면 될 것입니다. 구씨의 원본인 『대학연의보』에는 주자의 『율려신서』 서문 중 '아무 책, 아무 설(說)을 상고할 만하다'는 말에 따라 그러한 책과 설의 본문을 나열해 싣고 있습니다. 그러나 지금은 이에 의거하여 모두 실을 필요는 없고, 이 조목을 그 아래 채씨(蔡氏)의 설까지 아울러 추려 내는 것이 좋을 듯합니다." 하였고, 서(A)는 "자성(子聲)에 관한 설은 처음에 두

382) 구준, 『대학연의보』 권42 악률지제 상지하 "凡奸聲感人"의 구준 안. "凡奸聲感人… 臣按 說者皆謂聲樂之作 出于人君之心 而此則謂聲感人而氣應 氣應而成象 然後樂興焉 蓋以聲出人君之心 而其聲有正有姦 此以聲感彼以氣應 [一倡一和 相爲應驗] 或形于詠歌 或著于舞蹈 斐然而成章 粲然而成列 是以其爲樂也 有淫有和焉 自古聖君建中和之極 以爲樂本 聲之出者 必致其謹 [非合於天理之正也有所不言] 惟恐其或流於姦 而致逆氣之應也" 규 1970 『어정대학유의』 권11에는 이 부분의 주석 중 '臣按'은 丘濬曰'로 바꾸고, '一倡一和 相爲應驗'과 '非合於天理之正也有所不言' 부분은 삭제되었다.

우로부터 발단이 되었는데, 이는 악률에 있어 일대 긍경(肯綮)이 됩니다. 이 조목을 만약 추려 낸다면 무엇으로 악률의 제도 부분을 채울 수 있겠습니까." 하였다. 정조(C)는 서(A)의 의견을 수용하여 "자성에 관한 설은 빼낼 수 없다." 하였다.[383]

둘째, 윤(B)은 "이 조목에 실린 『통전』의 글 중 '부씨(鳧氏)' 이하는 중국 본과 전혀 다르니, 다시 상고하여야 할 것입니다." 하였고, 서(A)는 "이 부분은 주단청(朱端淸)의 『율려정의(律呂精義)』 중에 인용된 『통전』의 설을 가지고 본서와 상호 참조하여 성상께서 친히 만드신 것입니다." 하였다. 정조(C)는 서(A)의 의견을 수용하여 "『율려정의』에 인용된 것이 간결하고 적당하여 취할 만하나 의례에 비추어 볼 때 굳이 본서 밖의 다른 책에서 따로 채집할 필요는 없겠기에, 지금 본서로써 『율려정의』를 참조하여 다시 이와 같이 바로잡아 정리한 것이다." 하였다.[384]

셋째, 서(A)는 "본서 중 이 조목 아래 채씨의 설은 진서산이 『사기』의 차오(差誤)를 교정하여 율려가 상생하는 수를 밝힌 것으로 악률에 매우 긴절하니, 추려 내어서는 안 될 듯합니다." 하였고, 윤(B)은 "율려의 설은 그 대개의 내용만 남겨 두면 될 것이니, 어찌 제가(諸家)가 서로 논박한 설을 다 실을 수 있겠습니까. 이 책은 단지 그 명목의 대강만 실을 뿐이니, 상세한 내용을 알고자 한다면 그에 대한 전서가 있습니다. 어찌 이 편으로 역대의 악지(樂志)와 『율려신서』에서 논한 내용을 총괄할 수 있겠습니까." 하였다. 정조(C)는 서(A)의 의견을 수용하여 "『율려신서』의 내용을 추린 조목과 채원정의 설은 싣지 않아서는 안 되니, 그대로 두어야 할 것이다." 하였다.[385]

위의 세 가지 의견에서 종합된 것을 보면, 두우의 자성(子聲)에 관한 설은 그대로

---

383) 정조, 『홍재전서』 권128 類義評例 2 권12첨 杜佑通典曰十二律相生之法. "杜佑通典曰 十二律相生之法 臣光顔籤曰 聲律之說 要當別爲一書 如此節約之書 實無以該具其度數之詳 且此非切要於治道者 只可存其槩略而已 丘氏原本 因朱子律呂新書序中某書某說可攷之語 而歷載其本文 然今不必依此盡載 此條竝下蔡說刪之似好 瀅修籤曰 子聲之說 始自杜佑發之 此於樂律 爲一大肯綮 此條若刪 則以何者備樂律之制耶 御籤曰 子聲之說 不可闕"

384) 정조, 『홍재전서』 권128 類義評例 2 권12첨 杜佑通典曰十二律相生之法. "臣光顔籤曰 此條通典文自鳧氏以下 與唐本全異 似當更考 臣瀅修籤曰 此以朱端淸律呂精義中所引通典說 參互本書 出自睿裁者 御籤曰 律呂精義所引者簡當 可取 而揆之義例 不必於本書外 別加采輯 今以本書參諸精義 更爲檃栝如此"

385) 정조, 『홍재전서』 권128 類義評例 2 권12첨 杜佑通典曰十二律相生之法. "臣瀅修籤曰 本書中此條下蔡說 是西山校正史記之差誤 以明律呂相生之數者 於樂律最切 似不可刪 臣光顔籤曰 律呂之說 當存其大槩而已 何可盡載諸家互相難駁之說乎 此書則只存其名目大綱 欲求其詳則自有全書矣 何可以此篇盡括歷代樂志與律呂新書之所論乎 御籤曰 律呂之書 元定之說 不可不載 當存之"

실을 것, '부씨(鳧氏)' 이하는 주단청의 『율려정의』 중에 인용된 『통전』에 근거하여 정조가 조율한 것으로 그대로 둘 것 및 『율려신서』의 내용을 추린 조목과 채원정의 설은 그대로 싣기로 한 것이다. 규 1970 『어정대학유의』 권11을 보면, '杜佑通典曰十二律相生之法'의 본문을 싣되, '부씨(鳧氏)' 이하는 주단청의 『율려정의』 중에 인용된 『통전』에 근거하여 정조가 조율한 내용이 실렸다.[386] 본문 다음에 채원정의 주석이 실리고 주희의 주는 삭제되었다.

⑤ '孔穎達禮疏曰黃鍾'은 『대학연의보』 권43 명예악 악률지제 중에서 '孔穎達禮疏曰 黃鍾爲第一宮 下生林鍾爲徵 上生太簇爲商 下生南呂爲羽 上生姑洗爲角 林鍾爲第二宮 上生太簇爲徵 下生南呂爲商 上生姑洗爲羽 下生應鍾爲角 太簇爲第三宮 下生南呂爲徵 上生姑洗爲商 下生應鍾爲羽 上生蕤賓爲角 南呂爲第四宮 上生姑洗爲徵 下生應鍾爲商 上生蕤賓爲羽 上生大呂爲角 姑洗爲第五宮 下生應鍾爲徵 上生蕤賓爲商 上生大呂爲羽 下生夷則爲角 應鍾爲第六宮 上生蕤賓爲徵 上生大呂爲商 下生夷則爲羽 上生夾鍾爲角 蕤賓爲第七宮 上生大呂爲徵 下生夷則爲商 上生夾鍾爲羽 下生無射爲角 大呂爲第八宮 下生夷則爲徵 上生夾鍾爲商 下生無射爲羽 上生仲呂爲角 夷則爲第九宮 上生夾鍾爲徵 下生無射爲商 上生仲呂爲羽 上生黃鍾爲角 夾鍾爲第十宮 下生無射爲徵 上生仲呂爲商 上生黃鍾爲羽 下生林鍾爲角 無射爲第十一宮 上生仲呂爲徵 上生黃鍾爲商 下生林鍾爲羽 上生太簇爲角 仲呂爲第十二宮 上生黃鍾爲徵 下生林鍾爲商 上生太簇爲羽 下生南呂爲角 是十二宮各有五聲 凡六十聲'의 부분이다. 이 본문 다음에는 채원정 및 구준의 안이 실려 있다.

윤(B)은 "위에 이미 『예기』 예운편(禮運篇)의 '서로 돌아가며 궁이 된다[還相爲宮]'는 글과 그 아래 진씨(陳氏)의 설을 실어 대강의 내용을 보였으니, 이 조목의 공씨(孔

386) 『어정대학유의』 권11 衍義補 治國平天下之要 5 明禮樂 上 杜佑通典曰十二律相生之法. "杜佑通典曰十二律相生之法 … 又鳧氏爲鍾 以律計自倍半以子聲比正聲 則正聲爲倍以正聲比子聲 則子聲爲半但先儒釋用倍聲有二義 一爲正半聲之法 以黃鍾之管之正聲九寸爲均 其子聲 則四寸半損益相生 終於仲呂之子聲 一爲變半聲之法 以正仲呂之管 長六寸零 三分益一 得八寸五萬九千□□四十九分寸之五萬一千八百九十六爲變 黃鍾 半之得四寸五萬九千□□四十九分寸之二萬五千九百四十八 以爲變黃鍾之半律 又損益相生 以至變仲呂之半律"

> 氏)의 소(疏)는 추려 내어야 할 듯합니다." 하였고, 서(A)는 "'서로 돌아가며 궁이 된다'는 것은 악의 큰 관건이니, 진실로 예운편의 한 구절만으로 그 내용을 다 말했다고 할 수 없습니다. 게다가 이 조목에서 논한 내용은 후세의 84조(調)의 잘못을 증명하는 데 하나의 명문이 됩니다. 그러므로 주자 역시 변궁(變宮)과 변치(變徵)는 조(調)가 될 수 없다고 하셨던 것입니다. 공씨의 예소(禮疏)는 상고할 만하니 추려 내어서는 안 될 것입니다." 하였다. 정조(C)는 서(A)의 의견을 수용하여 "공씨의 설은 추려 내어서는 안 된다. 황종에서 시발하여 남려에서 마침에 서로 돌아가며 궁(宮)이 되어 기조(起調)와 곡필(曲畢)이 된즉 채원정이 '후세에 변궁과 변치를 섞어 84조로 만든 것이 잘못이다.'라고 한 주장이 대개 여기에 근본하니, 이 조목의 공씨의 설은 주자(朱子)께서도 옳다고 인정하셨다. 이 조목만 두면 '돌아가면서 궁이 되는 것이 60개에 그친다.[還宮止於六十]'는 뜻에 대해 비록 초학자일지라도 그 대강을 알 수 있을 것이다." 하였다.[387]

규 1970『어정대학유의』권11을 보면, 이 항목 및 채원정의 주석은 실렸고, 구준의 안은 삭제되었다.

⑥'張子曰聲音之道'는『대학연의보』권44 명예악 악률지제 하에서 '張載曰 聲音之道與天地通 蠶吐絲而商絃絶 木氣盛則金氣衰 乃此理自相應 今人求古樂太深 始以古樂爲不可知 律呂有可求之理 惟德性淳厚者能知之'의 부분이다.

> 정조(C)는 "주자(周子), 정자(程子), 주자(朱子)의 이름은 글을 대하여 읽을 때는 비록 피휘(避諱)해야 하겠지만, 원서는 경산이 바친 책이니 고칠 필요가 없다. 비록 고치고자 할지라도 장자(張子)의 이름은 경연(經筵)에서도 피휘하지 않으니 더욱이 고칠 필요가 없다. 이러한 의례는 다시 상의하여 수정하지 않아서는 안 될 것이다." 하였다.[388]

---

387) 정조,『홍재전서』권128 類義評例 2 권12첨 孔穎達禮疏曰黃鍾. "孔穎達禮疏曰黃鍾 臣光顔籤曰 上旣載禮運還相爲宮之文及陳註 以見其槩矣 此條孔疏 似宜刪之 臣瀅修籤曰 還宮樂之大關棙 固不可以禮運一句 謂已盡之 況此條所論 其於證後世八十四調之失 爲一明文 故朱子亦謂變宮變徵之不得爲調 孔氏之禮疏可考 不可刪 御籤曰 孔氏之說不可刪 始於黃鍾 終於南呂 還相爲宮 而爲起調與畢曲則蔡元定之以後世變宮變徵參爲八十四調爲非者 蓋本於此 此條孔說 朱夫子亦以爲是 苟存此條 則還宮止於六十之義 雖初學之士 可以知其大致"

388) 정조,『홍재전서』권128 類義評例 2 권12첨 張子曰 聲音之道. "張子曰 聲音之道 御籤曰 周程朱之名

규 1970 『어정대학유의』 권11을 보면, 장자(張子)의 이름은 피휘하지 않고 장재(張載)로 실렸다.

2) 『유의평례』 2 권13첨 7항목인데, 이에 대해 살펴보면 다음과 같다.

① '太僕掌正王之服位'는 『대학연의보』 권45 명예악 왕조지례 상에서 '太僕掌正王之服位 出入王之太命 掌諸侯之複逆 王眂朝則正位 而退入亦如之 建路鼓于大寢之門外而掌其政 以待達窮者與遽令 聞鼓聲則速逆御僕與御庶子 王眂燕朝 則正位 掌擯相 王不眂朝 則辭于三公及孤卿'의 부분이다. 이는 『주례(周禮)』 8권 하관 사마(夏官司馬) 하에 나오는 태복(太僕)이 관장하는 업무에 관한 것이다.

> 윤(B)은 "이 조목 아래 구씨의 설 중 '시조(眂朝)' 이하의 설의(設疑)는 꼭 그렇지는 않을 듯하니, 추려 내는 것이 옳을 듯합니다." 하였다. 정조(C)는 윤(B)의 의견을 수용하여 "시조(眂朝)의 정사(政事)는 사마(司馬)가 관장하니, 성주(成周) 이후로 모두 그러하였으며, 우리나라에서도 병조(兵曹)가 조참(朝參)을 관장한다. 경산(瓊山)과 같이 해박한 학식을 가진 이가 이러한 의심을 일으킨 것은 어째서일까? 첨을 삭제하는 것이 참으로 좋겠다." 하였다.[389]

규 1970 『어정대학유의』 권12를 보면, 이 항목 다음에 구준의 안은 간략하게 발췌되어 실렸다.[390]

② '唐書玄宗以帝生日爲千秋節'은 『대학연의보』 권46 명예악 왕조지례 중에서 '唐書玄宗以帝生日爲千秋節' 부분이다.

---

字 臨文雖諱 原書則瓊山所進之書也 不必改之 雖欲改之 張子之名 經筵不諱 尤不必改之 此等義例 不可不更議釐正"

389) 정조, 『홍재전서』 권128 類義評例 2 권13첨 太僕掌正王之服位. "大僕掌正王之服位 臣光顔籤曰 此條下丘說中眂朝以下設疑 似未必然 節之恐宜 御籤曰 眂朝之政 司馬掌之 成周以後皆然 以至我朝 朝參兵曹亦掌之 以瓊山之該洽 有此起疑何也 刪籤儘好"

390) 『어정대학유의』 권12 衍義補 治國平天下之要 5 明禮樂 下 太僕掌正王之服位. "太僕掌正王之服位 … 丘濬曰 太僕之官 在周爲侍御之長 所掌者眂朝之事也 後世則專以典牧馬之政 失古意矣 正王之服 猶後世行某禮 當具冕服 某禮當具皮弁服是也 正王之位 如後世行某禮 當御正衙 某禮當御便殿是也 出之命 王之詔敕也 入之命 臣之奏報也 復者何 事之已行者 報之於上也 逆者何 事之未行者 言之於上也"

> 윤(B)은 이에 대해 "이 조목 아래 구씨의 설 중 '在前' 이하는 추려 내고 본문 중 '今承' 이하 18자를 첨가해 넣는 것이 좋을 듯합니다." 하였고, 서(A)는 "한 임금마다 한 명절이 되는 것은 역시 민멸해서는 안 될 당(唐)나라와 송(宋)나라의 하나의 고사이니, 추려낼 필요는 없을 듯합니다." 하였다. 정조(C)는 두 사람의 의견을 절충하여 "'在前代' 이하를 그대로 두고 '今承前代' 이하 18자를 첨가해 넣도록 하라." 하였다.[391)]

규 1970『어정대학유의』 권12를 보면, 구씨의 안 중 일부 내용이 발췌되어 실렸다.[392)]
③'月令季冬之月'은『대학연의보』 권48 명예악 군국지례 중에서 '月令季冬之月 命有司大難 旁磔 出土牛以送寒氣' 부분이다. 이 본문 다음에는 진호(陳澔)와 진상도(陳祥道)의 주가 달려 있다.

> 윤(B)은 "토우편춘(土牛鞭春)의 제도는 비록 고대(古代)에 상고할 수 있으나 불경(不經)함에 매우 가까우며 게다가 몹시 번쇄(繁碎)하니, 이 조목을 추려 내는 것이 옳을 듯합니다." 하였고, 서(A)는 "비록 불경하다고는 하나 풍토(風土)와 절물(節物)에 관한 기록은 옛사람들이 반드시 상세히 적었던 것이니, 추려낼 필요가 없을 듯합니다." 하였다. 정조(C)는 "두 사람의 주장이 모두 옳다." 하였다.[393)]

규 1970『어정대학유의』 권12를 보면, 이 항목 다음에 진호와 진상도의 주가 생략되었고, 대신 '宋志立春前五日'의 항목 다음에 있는 구준의 주석이 발췌되어 실렸다.[394)]

---

391) 정조,『홍재전서』 권128 類義評例 2 권13첨 唐書玄宗以帝生日爲千秋節. "唐書 玄宗以帝生日 爲千秋節 臣光顔籤曰 此條下丘說中在前以下刪之 而添入本文中今承以下十八字恐好 臣瀅修籤曰 每一君爲一節 亦一唐宋故事之不可泯者 似不必刪 御籤曰 在前代以下存之 添今承前代以下十八字"

392)『어정대학유의』 권12 衍義補 治國平天下之要 5 明禮樂 下 唐書玄宗以帝生日爲千秋節. "唐書玄宗以帝生日爲千秋節 丘濬曰 此後世人君以始生日爲節而表賀之始 在前代每一君爲一節 如宋太祖爲長春節 太宗爲乾明節之類 我朝列聖一以萬壽聖節爲名 承前代故事 爲三大節 元旦 冬至 聖誕 是也 以上朝賀禮"

393) 정조,『홍재전서』 권128 類義評例 2 권13첨 月令季冬之月. "月令季冬之月 臣光顔籤曰 土牛鞭春之制雖於古有稽 而頗近不經 且甚冗碎 此條刪之似宜 臣瀅修籤曰 雖云不經 風土節物之記 古人所必詳 似不可刪 御籤曰 兩說俱是"

394)『어정대학유의』 권12 衍義補 治國平天下之要 5 明禮樂 下 月令季冬之月. "月令季冬之月 …丘濬曰 宋景祐所頒土牛經 以歲之干(幹)色爲首 支色爲身 納音色爲腹 以立春日干(幹)色爲角耳尾 支色爲脛 納音色爲蹄 今制每歲立春日 內而京兆 外而藩府州縣 先期造土牛芒人 前一日出東郊 具鼓樂迎入所

④ '文中子曰冠禮廢'는 『대학연의보』 권49 명예악 가향지례 상지상에서 '文中子曰 冠禮廢 天下無成人矣 昏禮廢 天下無家道矣 喪禮廢 天下遺其親矣 祭禮廢 天下忘其祖矣' 부분이다. 이 항목 다음에는 주자의 『가례』 서문 첫째 단락, 구준의 안, 주자의 『가례』 서문 둘째 단락, 구준의 안이 실려 있다.

이 항목에 대해서는 두 가지 의견이 조율되었는데, 이에 대해 살펴보면 다음과 같다.

> 첫째, 윤(B)은 "이 조목 아래 주자의 『가례』 서문 두 단락을 본문에 의거하여 전부 싣는 것이 좋을 듯하며, 구씨의 설 아래 단락을 그 아래에 첨부하고 위의 단락은 추려 내는 것이 좋을 듯합니다." 하였다. 정조(C)는 윤(B)의 의견을 조율하여 "『가례』 서문은 두 단락을 모두 싣고 구씨의 설은 위의 단락만 남겨 두는 것이 좋을 것이다. 구씨의 설을 중간에 끼워 넣어 싣는 것이 무슨 해로울 게 있겠는가." 하였다.[395]
>
> 둘째, 윤(B)은 "이 조목 아래 구씨의 설 중 '行者' 아래에, 본문 중 '臣嘗'부터 '無補'까지의 한 단락을 첨가해 넣는 것이 좋을 듯합니다." 하였다. 정조(C)는 윤(B)의 의견을 조정하여 "구씨의 설을 함께 실어 두고자 한다면 이 대목 이하는 수록하지 말고, '擧行' 아래 26자를 첨가해야 할 것이다." 하였다.[396]

위의 두 의견에서 종합된 것은 첫째, 이 항목 다음에 주자의 『가례』 서문 첫째 단락과 둘째 단락을 싣는 것에 합의를 보았고, 구씨의 안을 선택해서 싣는 것은 의견이 일치하지 않았다. 둘째, 『가례』 서문 둘째 단락 다음의 구준의 안설 중 발췌하는 부분의 의견이 일치되지 않았다. 규 1970 『어정대학유의』 권12를 보면, 이 항목 다음에 주자의 『가례』 서문 첫째 단락과 둘째 단락이 실렸고, 의견의 일치를 보지 못했던 구준의 안은 모두 삭제되었다.

⑤ '曲禮曰凡爲人子之禮'는 『대학연의보』 권49 명예악 가향지례 상지상에서 '曲

---

司 至日行鞭春禮 衆官各執綵鞭環牛者三 衆共擊碎之 以上迎春禮" 『어정대학유의』에 표시된 '干'이 『대학연의보』에는 원래 '幹'으로 되어 있다.

395) 정조, 『홍재전서』 권128 類義評例 2 권13첩 文中子曰冠禮廢. "文中子曰 冠禮廢 臣光顔籤曰 此條下朱子家禮序二段 依本文全載似好 而附丘說下段於其下 上段則刪之恐宜 御籤曰 家禮序 竝載二節 而丘說只存上段爲可 丘說之間載何妨耶"

396) 정조, 『홍재전서』 권128 類義評例 2 권13첩 文中子曰冠禮廢. "臣光顔籤曰 此條下丘說中行者下 添入本文中 自臣嘗 止無補一段似好 御籤曰 丘說欲竝存 則此以下不錄 而擧行下二十六字亦當添"

禮曰 凡爲人子之禮 冬溫而夏凊 昏定而晨省' 부분이다.

> 정조(C)는 "무릇 『예기』를 인용할 때 단락을 합칠 수 있는 곳은 단락을 합쳐서 써야 할 것이니, 이 조목 위와 아래를 모두 이에 의거하여 수정하고 다른 책을 인용할 경우에도 역시 이 예를 적용하도록 하라." 하였다.[397]

이는 범례에 관한 것으로 『예기』를 인용할 때는 단락을 합칠 수 있는 곳은 단락을 합쳐서 쓰도록 한 것이다. 규 1970 『어정대학유의』 권12를 보면, 이 항목 다음에 『예기』에서 인용된 5개 항목의 본문이 모두 합쳐지고[398] 각 본문에 붙인 주석은 모두 생략되었다.

⑥'士冠禮曰筮于廟門'은 『대학연의보』 권50 명예악 가향지례 상지중에서 '士冠禮曰 筮於廟門 主人戒賓 乃宿賓 厥明夕爲期 于廟門之外夙興 設洗直于東榮 陳服于房中西墉下 東領北上 主人玄端爵韠 立于阼階 下擯者玄端負東塾 將冠者采衣紒 在房中南面 賓如主人服贊者玄端從之 立于外門之外 主人迎出門左 西面再拜 賓答拜 主人揖贊者與賓揖先入 每曲揖 至于廟門揖入 三揖至于階 三讓主人升立于序端西面 賓西序東面 贊者盥於洗西 升立于房中 西面南上 將冠者出房南面 賓揖將冠者 將冠者卽筵坐 贊者坐櫛設纚 賓降盥卒升 賓筵前坐正纚 興降階一等 執冠者 升一等 東面授賓 賓右手執項 左手執前進容 乃祝坐如初 乃冠興 複位 冠者興賓揖之適房' 부분이다.

> 윤(B)은 "혼례(昏禮)와 제례(祭禮) 등에 관한 글은 모두 싣지 않고 유독 관례(冠禮)에 관한 글만 실은 것은 의의가 없는 듯하니 모두 추려 내고, 단지 세 번 가한 축사(祝

397) 정조, 『홍재전서』 권128 類義評例 2 권13첨 曲禮曰凡爲人子之禮. "曲禮曰 凡爲人子之禮 御籤曰 凡引禮記 可以合段處合段書之 以上以下 倣此釐正 而他書亦用此例"

398) 『어정대학유의』 권12 衍義補 治國平天下之要 5 明禮樂 下 曲禮曰凡爲人子之禮. "曲禮曰 凡爲人子之禮 冬溫而夏凊 昏定而晨省 / 出必告 反必面 所遊必有常(方) 所習必有業 恒言不稱老 / 食饗不爲槩 /爲人子者 父母存 冠衣不純素 / 父子不同席/ 父母有疾 冠者不櫛 行不翔 言不惰 琴瑟不御 食肉不至變味 飮酒不至變貌 笑不至矧 怒不至詈 疾止復故/" '/ '는 각 본문 항목을 나타내기 위해 임의로 사용한 것이다. 『어정대학유의』에 표시된 '常'이 『대학연의보』에는 원래 '方'으로 되어 있다.

> 辭)만을 남겨 두어 '士冠禮' 석 자 아래에 싣는 것이 좋을 듯합니다." 하였다. 정조(C)는 윤(B)의 의견에 반대하여 "추려 내어서는 안 된다. 혼례와 제례는 응당 내용을 간추려 뽑아서 첨가해 실을 것이며, 관례 조목 중 긴요하지 않은 어구는 추려 내어야 할 것이다." 하였다.[399)]

규 1970『어정대학유의』권12를 보면, 이 항목과 축사가 실렸다.

⑦'左傳莊公二十七年'은『대학연의보』권50 명예악 가향지례 상지중에서 '莊公二十七年冬 杞伯姬來 歸寧也 凡諸侯之女 歸寧曰來出 曰來歸'의 부분이다.

> 윤(B)은 "귀녕(歸寧)의 예는 따로 한 조목을 만들 필요가 없으니, 이 조목 아래 세 조목을 모두 간략히 추려 내는 것이 좋을 듯합니다." 하였다. 정조(C)는 윤(B)의 의견에 반대하여 "그대로 두는 것이 좋다." 하였다.[400)]

실제 규 1970『어정대학유의』권12를 보면, '左傳莊公二十七年'의 내용은 물론 '女子歸寧之禮'의 항목은 모두 삭제되어 윤(B)의 의견이 관철된 것으로 여겨진다.

**2) 질제사의 교감 내용**

질제사 13권은 7세목이다. 권54 총론제사지리 상, 권55 총론제사지리 하, 권56 교사천지지례 상, 권57 교사천지지례 하, 권58 종묘향사지례 상, 권59 종묘향사지례 하, 권60 국가상사지례 상, 권61, 국가상사지례 하, 권62 내외군사지례, 권63 제고기도지례 상, 권64 제고기도지례 하, 권65 석전선사지례 상, 권66 석전선사지례 하 등이다.

질제사 13권(권54~권66)의 교감은『유의평례』2 권14첨 9항목이다. 이에 대해 살펴보면 다음과 같다.

---

399) 정조,『홍재전서』권128 類義評例 2 권13첨 士冠禮曰筮于廟門. "士冠禮曰 筮于廟門 臣光顔籤曰 昏禮祭禮等文皆不載 而獨載冠禮者似無義 竝刪之 只存三加祝辭 仍竝連書於士冠禮三字之下恐好 御籤曰 刪之不可 昏禮祭禮 當鈔節添錄 冠禮條不緊句語當刪"

400) 정조,『홍재전서』권128 類義評例 2 권13첨 左傳莊公二十七年. "左傳莊公二十七年 臣光顔籤曰 歸寧之禮 不必別爲一目 此條以下三條 竝從刪略似好 御籤曰 存之亦可"

①'大司樂凡樂圜鍾爲宮'은 『대학연의보』 권56 질제사 교사천지지례 상에서 '大司樂 凡樂圜鍾爲宮 黃鍾爲角 太蔟爲徵 姑洗爲羽 靁鼓靁鼗孤竹之管 雲和之琴瑟 雲門之舞 冬日至於地上之圜丘 奏之若樂六變則天神皆降 可得而禮矣 凡樂函鍾爲宮 太蔟爲角 姑洗爲徵 南呂爲羽 靁鼓靁鼗孫竹之管 空桑之琴瑟 咸池之舞 夏日至於澤中之方丘 奏之若樂八變則 地示皆出 可得而禮矣' 부분이다. 이 본문 다음에 호굉(胡宏), 오징(吳澄)의 주석과 구준의 안이 실려 있다.

> 윤(B)은 "이 조목 아래에, 본서 중 오씨(吳氏)와 구씨(丘氏)의 두 설을 모두 추려서 실음으로써 합사(合祀)와 분사(分祀)의 근본이 무엇인가를 보이는 것이 좋을 듯합니다." 하였고, 서(A)는 "이 항목 위의 '昊天有成命'으로 시작하는 조목 아래 두 설과 이 조목 아래 두 설은 모두 첨가해 넣지 않아서는 안 될 것입니다." 하였다. 정조(C)는 두 사람의 의견을 절충하여 "구씨의 설만 절록(節錄)하라." 하였다.[401]

규 1970 『어정대학유의』 권13을 보면, 정조(C)의 의견이 반영되어 이 항목의 위에는 '周禮 大宗伯以禋祀 祀昊天上帝'의 본문만 실렸고, 이 항목 다음에는 호굉 및 오징의 주석은 생략되었으며, 구준의 안은 발췌되어 실렸다.

②'禮器條以下諸條之當添'에 대해 살펴보면 다음과 같다.

> 정조(C)는 "방첨(傍籤)에서 '여러 조목들을 첨가해 넣어야 한다'고 한 것은 대다수 처음에는 뽑았다가 이내 추려 낸 것이니, 지금 따르지 않는다. 첨을 모두 없애라." 하였다.[402]

정조(C)가 이 항목을 방첨으로 뽑았다가 없앤 것이어서 어떤 내용인지 알 수 없다.

③'月令仲春之月天子乃鮮羔'는 『대학연의보』 권58 질제사 종묘향사지례 상에서

---

401) 정조, 『홍재전서』 권128 類義評例 2 권14첨 大司樂凡樂圜鍾爲宮. "大司樂凡樂圜鍾爲宮 臣光顔籤曰 此條下 取本書中吳丘二說 竝節而載之 以見合祀分祀之所本似好 臣瀅修籤曰 此上昊天有成命條下二說及此條下二說 不可不添入 御籤曰 只丘說節錄"

402) 정조, 『홍재전서』 권128 類義評例 2 권14첨 禮器條以下諸條之當添. "禮器條以下諸條之當添 御籤曰 傍籤諸條之當添云者 多是初鈔旋删者 今不從之 皆去籤"

'月令 仲春之月 天子乃鮮羔開氷 先薦寢廟 季春之月 薦鮪于寢廟 孟夏之月農乃登麥 乃以彘嘗麥 先薦寢廟 仲夏之月農乃登黍 乃以雛嘗黍 羞以含桃 先薦寢廟 孟秋之月 農乃登穀嘗新 先薦寢廟 季冬之月 命漁師始漁乃嘗魚 先薦寢廟' 부분이다.

> 윤(B)은 "소목(昭穆)을 조천(祧遷)하고 부묘(祔廟)하는 예는 묘례(廟禮) 중에서도 큰 것이니 이 조목 위에, 본서 중 '왕제에 천자는 칠묘에[王制 天子七廟]'로 시작하는 한 조목을 첨가해 넣지 않아서는 안 될 것이며, 주자의 설 여러 조목 및 구씨의 안도 함께 간추려 실어야 할 것입니다. 그리고 아래 천자의 종묘의 제사에 관한 내용 한 조목 역시 제례의 중대한 절목 중 하나이니, 주(註)까지 함께 간추려 싣는 것이 옳을 듯합니다." 하였다. 정조(C)는 윤(B)의 의견에 찬성하여 "이 두 조목은 처음에는 실었다가 뒤에 추려 낸 것이니, 다시 첨가해도 될 것이다." 하였다.[403)]

규 1970『어정대학유의』권13을 보면, 이 항목 앞에 '王制 天子七廟 三昭三穆與太祖之廟而七'의 본문 및 구준의 안이 실렸고, 주희의 주석은 삭제되었다. 이 항목 다음에 진상도(陳祥道)의 주석 및 구준의 안이 실렸다.

④'致齊於內散齊於外'는『대학연의보』권59 질제사 종묘향사지례 하에서 '致齊於內 散齊於外 齊之日 思其居處 思其笑語 思其志道 思其所樂 思其所嗜 齊三日乃見其所爲齊者 祭之日 入室 僾然必有見乎其位 周還出戶 肅然必有聞乎其容聲出戶而聽 愾然必有聞乎其歎息之聲' 부분이다.

> 윤(B)은 "이 조목 아래 구씨의 설 중 '기일(忌日)' 운운한 것은 위 글과 관계가 없으니, 본서 중『예기』제의편(祭義篇)의 '문왕이 제사를 지냄에[文王之祭]'로 시작하는 한 조목을 첨가해 넣고 아울러 그 아래에 구씨의 설을 첨부하는 것이 좋을 듯합니다." 하였다. 정조(C)는 윤(B)의 의견에 반대하여 "추려 내려면 추려낼 수 있겠지만 다른 단락에 옮겨 붙이면 의례가 정제롭지 못할 것이다." 하였다.[404)]

---

403) 정조,『홍재전서』권128 類義評例 2 권14첨 月令仲春之月天子乃鮮羔. "月令仲春之月 天子乃鮮 臣光顔籤曰 昭穆遷祔之禮 是廟禮之大者 此條上本書中王制天子七廟一條 似不可不添入 竝朱子說諸條及丘按 皆節而載之 而下天子宗廟之祭一條 亦一祭禮之大關節 竝註略略採載恐宜 御籤曰 此二條 初錄後拔者 更添亦可"

규 1970『어정대학유의』 권13을 보면, 이 항목은 삭제되었다.

⑤'祭義祭日於壇祭月於坎'은『대학연의보』 권60 질제사 국가상사지례 상에서 '祭義 祭日於壇 祭月於坎 以別幽明 以制上下 祭日於東 祭月於西 以別外內 以端其位' 부분이다.

> 윤(B)은 "이 조목 아래 '少司寇'로 시작하는 조목은 추려 내고 본서 중 '天府若祭' 운운한 한 조목을 대신 넣어야 구씨의 주 가운데 '사록(司祿)'에 관한 말이 비로소 귀착할 곳이 있게 될 것입니다." 하였고, 서(A)는 "이 조목 아래 '少司寇'로 시작하는 조목에서의 구씨의 설 중 '星也' 아래에, 본문 중 '飌師' 이하 10자를 첨가해 넣는 것이 좋을 듯합니다." 하였고, 윤(B)은 "10자를 첨가해 넣는 것이 진실로 좋고, 그 아래 다시 '臣竊'부터 '星也'까지의 한 단락을 첨가하는 것도 좋겠습니다." 하였다. 정조(C)는 두 사람의 의견을 수용하여 "여러 조목의 주장이 옳다." 하였다.[405]

규 1970『어정대학유의』 권13을 보면, 이 항목 다음에 방각(方慤)의 주 및 구준의 안, '大宗伯 以槱燎祀中司命 飌師雨師'의 본문 및 '天府 若祭天之司民司錄 而獻民數穀數 則受而藏之'의 본문 및 구준의 안이 실렸다.

⑥'宋眞宗大中祥符五年'은『대학연의보』 권61 질제사 국가상사지례 하에서 '宋眞宗大中祥符五年 加五嶽以帝號 東嶽曰齊天仁聖帝 南嶽曰司天昭聖 西嶽曰金天順聖 北嶽曰安天元聖 中嶽曰中天崇聖' 부분이다.

> 서(A)는 "이 조목 아래 진씨의 설은 득실(得失)을 막론하고 모두 역대의 전장(典章)에 관계되니, 그대로 두어야 할 것입니다." 하였다. 정조(C)는 서(A)의 의견에 찬성하여 "그렇다. 그대로 두어 손익에 대한 고거(考據)거리로 삼도록 하라." 하였다.[406]

---

404) 정조, 『홍재전서』 권128 類義評例 2 권14첨 致齊於內散齊於外. "致齊於內 散齊於外 臣光顔籤曰 此條下丘說中忌日云云 上無所係 添入本書中祭義文王之祭也一條 而仍附丘說於其下似好 御籤曰 刪則刪 移附於他段 義例不齊整"

405) 정조, 『홍재전서』 권128 類義評例 2 권14첨 祭義祭日於壇祭月於坎. "祭義 祭日於壇 祭月於坎 臣光顔籤曰 此條下少司寇條刪之 而以本書中天府若祭云云一條代入 然後丘註司祿之云 方有下落 臣瀅修籤曰 此條下少司寇條丘說中星也下 添入本文中飌師以下十字恐好 臣光顔籤曰 十字之添固好 而其下又添 自臣竊 止星也一段亦好 御籤曰 諸條可"

규 1970 『어정대학유의』 권13을 보면, 이 항목 다음에 진순(陳淳)의 주 및 구준의 안이 발췌되어 실렸다.

⑦ '以上內外群祀之禮'는 『대학연의보』 권62 질제사 내외군사지례 끝부분에 있는 문장이다.

> 윤(B)은 "본서 중 이 조목 위 구씨의 설에서 황조(皇朝)의 제도를 논한 부분은 간추려서 첨가해 넣어야 할 듯합니다." 하였다. 정조(C)는 윤(B)의 의견을 수용하여 "구씨의 설 중 '有天下者'부터 '有功于國者也'까지와 '朱熹曰 神不歆非類'부터 '何者非天子之所主乎'까지를 수록하여야 할 것이다." 하였다.[407]

규 1970 『어정대학유의』 권13을 보면, 실제 이 항목 앞의 구준의 안은 삭제되었다.

⑧ '大雅生民曰厥初生民'은 『대학연의보』 권64 질제사 제고기도지례 하에서 '大雅生民篇曰 厥初生民 時維姜嫄 生民如何 克禋克祀 以弗無子 履帝武敏 歆攸介攸止 載震載夙 載生載育 時維后稷' 부분이다.

> 서(A)는 "이 조목은 추려 내고, 본서(本書) 중 『예기』 월령(月令) 조목을 대신 넣어야 비로소 구씨의 설과 내용이 잘 맞을 것입니다." 하였다. 정조(C)는 서(A)의 의견에 찬성하여 "그렇다. 그렇게 하도록 하라." 하였다.[408]

규 1970 『어정대학유의』 권13을 보면, 실제 이 항목과 주희의 주석이 생략되었고, 서(A)가 주장한 『예기』 월령 조목인 '禮記月令 仲春之月 玄鳥至 至之日 以大牢祠于高禖 天子親往 後妃帥九嬪御 乃禮天子所御 帶以弓韣 授以弓矢 于高禖之前'

---

406) 정조, 『홍재전서』 권128 類義評例 2 권14첨 宋眞宗大中祥符五年. "宋眞宗大中祥符五年 臣瀅修籤曰 此條下陳說 勿論得失 皆係歷代典章 合仍 御籤曰 可 存之 俾資損益之考據"

407) 정조, 『홍재전서』 권128 類義評例 2 권14첨 以上內外群祀之禮. "以上內外羣祀之禮 臣光顔籤曰 本書中此目上丘說之論皇朝制者 似當節略添入 御籤曰 丘說中自有天下者 至有功于國者也 又自朱某曰 神不歆非類 至何者非天子之所主乎當錄"

408) 정조, 『홍재전서』 권128 類義評例 2 권14첨 大雅生民曰厥初生民. "大雅生民曰 厥初生民 臣瀅修籤曰 此條刪之 而以本書中月令條代入 然後方與丘說體貼 御籤曰 可從"

본문이 실렸으며, '三代世表曰'의 본문 다음에 나오는 구준의 안 중 '丘濬曰 自古聖王制爲郊禖之祀 以爲祈嗣之禮 必順天時 感物類 精意以禋之 備禮以祀之'가 발췌되어 실렸다.

⑨ '歐陽脩曰古者士之見師'는 『대학연의보』 권66 질제사 석전선사지례 하에 나오는 부분이다.[409)]

> 윤(B)은 "이 조목 아래 송렴(宋濂)의 설은 웅화(熊禾)의 설로 인하여 나온 것인데, 지금 웅씨(熊氏)의 설은 추려 내고 송씨(宋氏)의 설만 실었기 때문에 아무런 연계된 곳이 없게 되었으니 추려 내어야 할 것입니다. 그런데 웅씨의 논의도 주목할 만한 의견이 있으니 싣는 것이 괜찮을 듯도 합니다. 다시 생각해 보시기 바랍니다." 하였다. 정조(C)는 윤(B)의 의견을 일부 수용하여 "구양수와 웅화의 설은 진실로 취할 만하나 너무 번다한 듯하기에 추려 낸 것이다. 웅화의 설 중 하단(下段)은 첨가하여 싣는 것이 좋겠다." 하였다.[410)]

규 1970 『어정대학유의』 권13을 보면, 이 항목과 구준의 안은 생략되었고, 대신 이 조목 다음의 웅화의 본문 및 송렴의 주석이 발췌되어 실렸다.[411)]

---

409) 구준, 『대학연의보』 권66 釋奠先師之禮 下 歐陽脩曰古者士之見師. "歐陽修曰 釋奠釋菜禮之略者也 古者士之見師以菜爲摯 故始立學者必釋菜以禮其先師 其學官四時之祭 乃皆釋奠 釋奠有樂無戶而釋菜無樂 則其又略也 故其禮亡焉 而今釋奠幸存 然亦無樂 又不徧擧於四時 獨春秋行事而已 自孔子沒後之學者莫不宗焉 故天子皆尊以爲先聖 而後世無以易 荀卿子曰 仲尼聖人之不得勢者也 然使其得勢則爲堯舜矣 不幸無時而歿 特以學者之故 享弟子春秋之禮 而後之人不推所謂釋奠者 徒見官爲立祠 而州縣莫不祭之 則以爲夫子之尊 由此爲盛 甚者乃謂生雖不位 而沒有所享 以爲夫子榮 謂有德之報 雖堯舜莫若 何其繆論者歟"

410) 정조, 『홍재전서』 권128 類義評例 2 권14첨 歐陽脩曰古者士之見師. "歐陽脩曰 古者士之見師 臣光顔籤曰 此條下宋濂說 是因熊禾說而發者 今刪熊說 而只載宋說 故無所係屬 當竝刪 而第熊氏之論 亦有意見 載之亦可 更商之 御籤曰 歐陽脩熊禾說固可取 以近於太冗 旣拔之 熊禾下段說 添錄爲可"

411) 『어정대학유의』 권13 衍義補 治國平天下之要 秩祭祀 釋奠先師之禮 熊禾. "熊禾曰 先王建學 必祀先聖先師 自古至今 未有以異 獨五學之說不同 禮家謂詩書禮樂各有其師所以爲祀亦異 則疑出於漢儒專門之附 夫京師首善之地 莫先於天子之太學 祀典若以伏羲爲道之祖 神農 黃帝 堯 舜 禹 湯 文 武 各以其次而列焉 皐陶 伊尹 太公望 皆見而知者 周公不惟爲法于天下 稷之立極陳常 契之明倫敷教 夷之降典 益之贊德 傅說之論學 箕子之陳範 是皆可以與享於先王者 以此秩祀天子之學 禮亦宜之 若夫孔子兼祖述憲章之任 其爲天下萬世通祀 則自天子下達矣" "宋濂曰 昔周有天下 立四代之學 其所謂先聖者 虞庠則以舜 夏學 則以禹 殷學則以湯 東膠則以文王 復各取左右四聖成其德業者爲之先師 以

### 3) 숭교화의 교감 내용

숭교화 18권은 11세목이다. 권67 총론교화지도, 권68 설학교이입교 상, 권69 설학교이입교 중, 권70 설학교이입교 하, 권71 명도학이성교 상, 권72 명도학이성교 하, 권73 본경술이위교 상지상, 권74 본경술이위교 상지중, 권75 본경술이위교 상지하, 권76 본경술이위교 중, 권77 본경술이위교 하, 권78 도덕이동속, 권79 궁효제이돈화, 권80 숭사유이중도, 권81 근호상이솔민, 권82 광교화이변속, 권83 엄정별이시권, 권84 거증익이권충 등이다.

숭교화 18권(권67~권84)의 교감은『유의평례』2 권15첨 24항목이다. 이에 대해 살펴보면 다음과 같다.

①'周禮大司徒'는『대학연의보』권67 숭교화 총론교화지도에서 '大司徒因此五物者民之常 而施十有二教焉 一曰 以祀禮教敬 則民不苟 二曰 以陽禮教讓 則民不爭 三曰 以陰禮教親 則民不怨 四曰 以樂禮教和 則民不乖 五曰 以儀辨等 則民不越 六曰 以俗教安 則民不愉 七曰 以刑教中 則民不虣 八曰 以誓教恤 則民不怠 九曰 以度教節 則民知足 十曰 以世事教能 則民不失職 十有一曰 以賢制爵 則民愼德 十有二曰 以庸制祿 則民興功' 부분이다.

> 윤(B)은 "이 조목 아래에, 본서(本書) 중 무성편(武成篇)의 '백성의 오교(五教)를 중시하였다'는 한 조목을 취하여 첨가해 넣고 그 아래 구씨의 설을 첨부하여 오교의 뜻까지 함께 해석하는 것이 좋을 듯합니다." 하였다. 정조(C)는 윤(B)의 의견에 반대하여 "이미 순전(舜典)의 오교를 실었으면 무성편의 오교는 중첩하여 실을 필요가 없으며, 그 아래 구씨의 설도 신기(神奇)한 내용이 없다." 하였다.[412]

규 1970『어정대학유의』권14를 보면, 이 항목 위에 '書舜典 帝曰 契 百姓不親 五品不遜 汝作司徒敬敷五教在寬'의 본문만 실렸다.

---

配享焉 此固天子立學之法也"

412) 정조,『홍재전서』권128 類義評例 2 권15첨 周禮大司徒. "周禮大司徒 臣光顏籤曰 此條下 取本書中武成重民五教一條添入 而仍附丘說於其下 以合釋五教之文恐好 御籤曰 旣載舜典五教 則武成五教不必疊錄 而其下丘說 亦無新奇者"

②'文王有聲曰鎬京辟廱'은『대학연의보』권68 숭교화 설학교이입교 상에서 '文王有聲曰 鎬京辟廱 自西自東 自南自北 無思不服 皇王烝哉' 부분이다.

> 윤(B)은 "'子衿'과 '菁菁者莪' 두 시는『집전(集傳)』에서는 비록 소서(小序: 毛詩序)의 설을 고쳤지만 이들을 두고 학교의 인재 육성을 읊은 작품으로 간주한 것은 그 유래가 오래되었으니 요컨대 폐기해서는 안 될 것입니다. 본서 중 두 시에 대한 소서를 취하여 이 조목 아래에 첨가해 싣고, 아울러 구씨의 설을 첨부하여 그 뜻을 밝히는 것이 좋을 듯합니다." 하였다. 정조(C)는 윤(B)의 의견에 반대하여 "대저 이 조목은 그다지 긴절하지 않으며, 게다가 두 시의 소서는 본경과 차이가 있고 또『집전』과 같지 않음에랴. 초록할 필요가 없다." 하였다.[413)]

규 1970『어정대학유의』권14를 보면, 이 항목 다음에 나오는 '子衿'과 '菁菁者莪'의 두 항목은 생략되었다.

③'大司樂掌成均之法'은『대학연의보』권68 숭교화 설학교이입교 상에서 '大司樂 掌成均之法 以治建國之學政 而合國之子弟焉 以樂德教國子 中 和 祗 庸 孝 友 以樂語教國子興 道 諷 誦 言 語以樂舞教國子 舞雲門 大卷 大咸大磬 大夏 大濩 大武' 부분이다.

> 윤(B)은 "이 조목 아래 오씨(吳氏)와 구씨(丘氏)의 두 설은 모두 그다지 뜻을 발명함이 없으니 추려 내고, 훈고(訓詁) 중 육무(六舞)의 명칭 같은 것은 경문에 소주(小註)로 달아야 할 것입니다. 대저 소주를 다는 문제를 다시 상의하여 범례를 세워야 할 것입니다." 하였다. 정조(C)는 윤(B)의 의견을 일부 수용하여 "소주는 아직 그 범례를 세우지 못했다. 오씨(吳氏)의 주(註)는 당연히 절록해야 한다." 하였다.[414)]

---

413) 정조,『홍재전서』권128 類義評例 2 권15첨 文王有聲曰鎬京辟廱. "文王有聲曰 鎬京辟廱 臣光顔籤曰 子衿菁莪二詩 集傳雖改小序之說 而以此謂學校育材者 其來亦久 要不可廢 取本書中二詩序 竝添載於此條下 而亦附丘說 以發其義似好 御籤曰 大抵不甚切於此條 況二詩小序 與本經有間 而且與集傳不同者耶 不須鈔"

414) 정조,『홍재전서』권128 類義評例 2 권15첨 大司樂掌成均之法. "大司樂掌成均之法 光顔籤曰 此條下吳丘二說 竝無甚發明刪之 而訓詁如六舞之名之類 要當作小註於經文 大抵小註一事 當更商起例 御籤曰 小註姑未起例 吳註當節錄"

규 1970『어정대학유의』 권14를 보면, 경문에 소주는 달지 않았고, '大司樂掌成均之法' 항목 다음에 정현, 가공언(賈公彦), 여조겸(呂祖謙)의 주석 및 구준의 안은 생략되었으며, 오징(吳澄)의 주석은 발췌되어 실렸다.[415]

④'禮記王制曰天子命之教'는『대학연의보』 권69 숭교화 설학교이입교 중에서 '禮記王制曰 天子命之教 然後爲學 小學在公 宮南之左 大學在郊 天子曰辟雍 諸侯曰頖宮' 부분이다.

> 윤(B)은 "이 조목 중 '반궁(頖宮)' 아래에, 본문 중 '학정숭사술(學正崇四術)'로 시작하는 한 단락을 첨가해 넣는 것이 좋을 듯합니다." 하였다. 정조(C)는 윤(B)의 의견에 반대하여 "이미 초록한 것이 사술(四術)과 사교(四教)가 아님이 없으니, 이 단락은 추가로 초록할 필요가 더욱 없다." 하였다.[416]

규 1970『어정대학유의』 권14를 보면, 이 항목 다음에 '學正崇四術'로 시작하는 본문은 삭제되었고, 다음에 나오는 '王太子王子 群后之太子 卿大夫元士之適子 國之俊選皆造焉 凡入學以齒'의 본문이 연결되었다.

⑤'比年入學中年考校'는『대학연의보』 권69 숭교화 설학교이입교 중에서 '比年入學 中年考校 一年視離經辨志 三年視敬業樂群 五年視博習親師 七年視論學取友 謂之小成 九年知類通達 强立而不反 謂之大成 夫然後足以化民易俗 近者說服遠者懷之 此大學之道也' 부분이다.

> 정조(C)는 "이 조목은 너무 번다하니 마땅히 절록(節錄)해야 할 것이나 추려 내는

---

415)『어정대학유의』 권14 衍義補 治國平天下之要 崇教化 大司樂掌成均之法 吳澄. "大司樂 掌成均之法 … 吳澂曰 教之切要者樂也 而德者樂之本 語者樂之則 舞者樂之效 樂德而曰 中 和 祇 庸 孝 友者 中者德之理 和者德之容 祇爲德之敬 庸爲德之常 孝與友者德之施 樂語而曰 興 道諷 誦 言 語者 興者因物而發也 道者道達人情也 諷謂諷諫 微言以寓意也 誦謂誦書 擧古訓以告之也 言者自言心之所蘊也 語者因問而答之也 樂舞而備六代者 樂莫盛於六代 言其舞之善 則其聲音之善可知也 雲門 大卷 黃帝樂也 大咸堯樂 磬舜樂 夏禹樂 濩湯樂 武 武王樂也"

416) 정조,『홍재전서』 권128 類義評例 2 권15첨 禮記王制曰天子命之教. "禮記王制曰 天子命之教 臣光顏籤曰 此條中頖宮下 取本文中樂正崇四術一段添入恐好 御籤曰 已鈔者無非四術四教 此段尤不必加鈔"

것도 괜찮을 것이다." 하였다.[417]

규 1970『어정대학유의』 권14를 보면,『학기(學記)』에서 인용된 5항목의 본문들이 발췌되어 합쳐지고 각 주석은 생략되었다.[418]

⑥'漢董仲舒對策曰王者南面而治'는『대학연의보』 권70 숭교화 설학교이입교 하에서 '漢武帝初 董仲舒對策曰 王者南面而治天下 莫不以教化爲大務 立太學以教于國 設庠序以化于邑 又曰 養士莫大虖太學 太學者賢士之所關也 教化之本原也 今以一郡一國對亡 應書者 是王道往往而絶也 臣願陛下興大學 置明師以養天下之士 數考問以盡其材 則英俊宜可得矣' 부분이다.

> 윤(B)은 "태학과 소학에 입학하는 나이는 기록에 따라 차이가 많습니다. 이 조목 위에, 본서 중 '尙書大傳'으로 시작하는 한 조목을 취하여 구씨(丘氏)의 설과 아울러 첨가해 넣고, 또 그 아래에 '孟子設爲庠序'로 시작하는 한 조목을 이어서 첨가하는 것이 좋을 듯합니다." 하였다. "정조(C)는 윤(B)의 의견을 수용하여 "이 설이 역시 좋다. 이 설을 따른다면 이 조목은 삭제해도 좋을 것이다." 하였다.[419]

규 1970『어정대학유의』 권14를 보면, 이 항목 위에 '尙書大傳'의 본문 및 구준의 안이 실렸고,[420] 이어서 '孟子設爲庠序'의 본문이 발췌되어 실렸다.[421] 정조(C)가 주

---

417) 정조,『홍재전서』 권128 類義評例 2 권15첨 比年入學中年考校. "比年入學中年考校 御籤曰 條太煩節而拔亦可"

418)『어정대학유의』 권14 衍義補 治國平天下之要 崇教化 學記. "學記曰 古之教者 家有塾 黨有庠 術有序 國有學 /比年入學 中年考校 一年視離經辨志 三年視敬業樂群 五年視博習親師 七年視論學取友 謂之小成 九年知類通達 强立而不反 謂之大成/ 大學始教 皮弁祭菜 示敬道也 宵雅肄三 官其始也 入學鼓篋 孫其業也 夏楚二物 收其威也 未卜禘 不視學 遊其志也 時觀而不語 存其心也 幼者聽而弗問 學不躐等也 此七者教之大倫也/ 大學之教也 時教必有正業 退息必有居學 不學操縵 不能安弦 不學博依 不能安詩 不學雜服 不能安禮 不興其藝 不能樂學 故君子之學也 藏焉脩焉 息焉遊焉/ 大學之法 禁于未發之謂豫 當其可之謂時 不陵節而施之謂孫 相觀而善之謂摩 此四者教之所由興也 發然後禁 則扞格而不勝 時過然後學 則勤苦而難成 雜施而不孫 則壞亂(辭)而不脩 獨學而無友 則孤陋而寡聞 燕朋逆其師 燕辟廢其學 此六者教之所由廢也/" '/ '는 각 본문 항목을 나타내기 위해 임의로 사용한 것이다.『어정대학유의』에 표시된 '亂'이『대학연의보』에는 원래 '辭'로 되어 있다.

419) 정조,『홍재전서』 권128 類義評例 2 권15첨 漢董仲舒對策曰王者南面而治. "漢董仲舒對策曰 王者南面而治 臣光顔籤曰 大小學入學之年 多有異同 此條上取本書中尙書大傳一條 竝丘說添入 又於其下繼添孟子設爲庠序一條似好 御籤曰 此說亦好 用此說則此條刪之亦可"

장한 '漢董仲舒對策曰王者南面而治'의 항목은 삭제되지 않고, 본문 및 구준의 안이 발췌되어 실렸다.[422]

⑦ '朱子感興詩曰聖人司教化'는『대학연의보』권70 숭교화 설학교이입교 하에서 '朱熹感興詩曰 聖人司教化 黌序育群材 因心有明訓 善端得深培 天序旣昭陳 人文亦褰開 云何百代下 學絶教養乖 群居競葩藻 爭先冠倫魁 淳風久淪喪 擾擾胡爲哉' 부분이다.

> 윤(B)은 "이 위의 조목에 이미 '朱子曰'로 서두를 떼었은즉 이 조목의 '朱子' 두 자는 삭제해야 할 듯합니다." 하였다. 정조(C)는 윤(B)의 의견에 반대하여 "四勿箴에 '程子' 두 자를 이미 그대로 두었으니, 지금 이 경우도 같은 예이다."라고 하였다.[423]

규 1970『어정대학유의』권14를 보면, 이 건은 범례에 관한 것으로 정조(C)의 의견대로 '朱子感興詩曰聖人司教化'의 항목 위에 '朱子曰'로 시작하는 항목이 있어도 '朱子' 두 자는 그대로 두었다.

⑧ '書說命曰學于古訓'은『대학연의보』권71 숭교화 명도학이성교 상에서 '商書說命曰 學于古訓 乃有獲' 부분이다.

> 정조(C)는 "「열명(說命)」한 편은 만세 학문의 종지이니, 비록 다른 조목에 보이긴 하나 '상세함과 소략함을 상호 보인다.[詳略互見]'는 예에 따라 절취하여 수록하는 것이 타당하다." 하였다.[424]

---

420) 『어정대학유의』권14 衍義補 治國平天下之要 崇教化 尙書大傳. "尙書大傳曰 十有三年 始入小學 見小節焉 踐小義焉 二十入大學 見大節焉 踐大義焉 丘濬曰 白虎通曰 八歲入小學 十五入大學 此云十三入小學 二十入大學 說者謂八歲 十五歲 天子世子之禮 十三二十 乃公卿大夫元士適子 入學之期 臣竊 以爲八歲至十三 皆可以入小學 十五至二十 皆可以入大學 大約言之耳 非截然立此以爲期限也"

421) 『어정대학유의』권14 衍義補 治國平天下之要 崇教化 孟子設爲庠序. "孟子曰 設爲庠序學校以教之 庠者養也 校者教也 序者射也 夏曰校 殷曰序 周曰庠 學則三代共之 皆所以明人倫也"

422) 『어정대학유의』권14 衍義補 治國平天下之要 崇教化 漢董仲舒對策. "董仲舒對策曰 養士莫大庠太學 太學者賢士之所關也 教化之本原也 丘濬曰 漢興 高祖未遑庠序之事 至武帝始立學校之官 皆自仲舒發之"

423) 정조,『홍재전서』권128 類義評例 2 권15첨 朱子感興詩曰聖人司教化. "朱子感興詩曰 聖人司教化 臣光顔籤曰 此上條 旣以朱子曰弁首 則此條朱子二字似當刪 御籤曰 四箴程子二字旣存之 今亦同例"

규 1970『어정대학유의』 권14를 보면, 「열명」에서 인용된 3항목의 본문들이 합쳐지고, 각 항목에 붙은 채침의 주석은 생략되었으며, 구준의 안은 발췌되어 실렸다.[425)]

⑨‘論語子曰學而時習之’는『대학연의보』 권71 숭교화 명도학이성교 상에서 ‘論語 子曰 學而時習之 不亦說乎 有朋自遠方來 不亦樂乎 人不知而不慍 不亦君子乎’ 부분이다.

> 정조(C)는 “『논어』 수장(首章)의 뜻은 깊고도 넓으니, 안설은 추려 내야 할 것이다.” 하였다.[426)]

규 1970『어정대학유의』 권14를 보면,『논어』에서 인용된 공자의 말씀 13항목의 본문 가운데 2개의 본문만 발췌되었고, 나머지 본문 및 주석들은 모두 삭제되었으며, ‘君子博學於文’에 붙은 구준의 안설이 발췌되어 실렸다.[427)]

⑩‘子曰弟子入則孝’는『대학연의보』 권71 숭교화 명도학이성교 상에서 ‘子曰 弟子入則孝 出則弟 謹而信 汎愛衆而親仁 行有餘力則以學文’ 부분이다.

> 윤(B)은 “본서 중 ‘子曰’부터 ‘不威’까지의 한 조목은 학문에 대해 말함이 매우 요긴하고 자세하니 그 아래 남헌(南軒) 장씨(張氏)의 설까지 함께 실어야 할 것입니다. 아울러 ‘子曰學而不思’로 시작하는 조목과 그 아래 주자의 설인 ‘子以四敎’로 시작하는 조목, 그 아래 정자(程子)의 설인 ‘子曰古之學者’로 시작하는 조목, 그 아래 주자의

424) 정조,『홍재전서』 권128 類義評例 2 권15첨 書說命曰學于古訓. “書說命曰 學于古訓 御籤曰 說命一篇 萬世學問之宗旨 雖見他條 以詳略互見之例 節取入錄爲當”

425)『어정대학유의』 권14 衍義補 治國平天下之要 崇敎化 書說命曰學于古訓. “書說命曰 學于古訓 乃有獲 /又曰 惟學遜志務時敏 厥修乃來/ 又曰 惟斅學半 念終始典于學 厥德修罔覺/ 丘濬曰 學之一言傳說首以告高宗 眞氏旣以全章載之 帝王爲學之條 今摘此數語 以示後世之斅學者云” ‘/ ’는 각 본문 항목을 나타내기 위해 임의로 사용한 것이다.

426) 정조,『홍재전서』 권128 類義評例 2 권15첨 論語子曰學而時習之. “論語子曰 學而時習之 御籤曰 論語首章之義 淵乎博哉 按說當刪”

427)『어정대학유의』 권14 衍義補 治國平天下之要 崇敎化 論語子曰學而時習之. “論語 子曰 學而時習之 不亦說乎 有朋自遠方來 不亦樂乎人 不知而不慍 不亦君子乎/ 子曰 君子博學於文 約之以禮 亦可以弗畔矣夫/ 丘濬曰 孔門之敎 知行二者而已 博我以文 約我以禮 顔子受孔子之敎以爲學也 子思所謂博學而繼之 以問思辨 而篤於行 孟子所謂博學詳說而反之以約 皆是理也 曾子之作大學 格物致知而後誠意正心 子思得於曾子 孟子得於子思 一知行之外無餘法焉 周程張朱之學皆不外此”

설 등 이러한 조목들을 본서에 따라 차례로 첨가해 넣는 것이 좋을 듯합니다." 하였다. 정조(C)는 윤(B)의 의견에 반대하여 "수장이 지극하고 극진하니, 이 세 단락은 더 초록해 넣을 필요가 없다. 그리고 이미 초록한 두 단락도 반드시 도학(道學)을 밝히는 관건이 되는 것은 아니니, 역시 추려 내도록 하라." 하였다.[428]

규 1970『어정대학유의』권14를 보면, 이 항목은 채택되지 않았다.

⑪'中庸曰天下之達道五'는『대학연의보』권72 숭교화 명도학이성교 하에서 '中庸曰 天下之達道五 所以行之者三 曰君臣也 父子也 夫婦也 昆弟也 朋友之交也 五者 天下之達道也 知仁勇三者 天下之達德也 所以行之者一也' 부분이다.

윤(B)은 "이 조목은 이미 원편에 보이니, 추려 내어야 할 듯합니다." 하였다. 정조(C)는 윤(B)의 의견에 반대하여 "이 단락은 비록 원편에 보이기는 하나 이 조목은 빼놓을 수 없다. 절록하는 것이 좋겠다." 하였다.[429]

실제 규 1970『어정대학유의』권14를 보면, 이 항목이 삭제되어 윤(B)의 의견이 관철된 것으로 여겨진다.

⑫'周子曰或問'은『대학연의보』권72 숭교화 명도학이성교 하에서 '周惇頤曰 或問曰 曷爲天下善 曰 師曰 何謂也 曰性者 剛柔善惡 中而已矣 不達曰 剛善 爲義 爲直 爲斷 爲嚴毅爲幹固 惡爲猛 爲隘 爲强梁 柔善爲慈 爲順爲巽 惡爲懦弱 爲無斷 爲邪佞 惟中也者 和也 中節也 天下之達道也 聖人之事也 故聖人立敎 俾人自易其惡 自至其中而止矣 故先覺覺後覺 暗者求于明 而師道立矣 師道立 則善人多 善人多 則朝廷正 而天下治矣' 부분이다.

윤(B)은 "이 조목 아래에, 본서 중 '聖希天' 조목과 '聖人之道' 운운한 두 조목을

---

428) 정조,『홍재전서』권128 類義評例 2 권15첨 子曰弟子入則孝. "子曰 弟子入則孝 臣光顔籤曰 本書中自子曰 止不威一條 言學甚要而備 竝張南軒說 及子曰學而不思條 竝朱子說 與子以四敎條 竝程子說 及子曰古之學者條 竝朱子說 此諸條 依本書次第添入恐好 御籤曰 首章至矣盡矣 此三段不必加鈔 已鈔兩之未必爲明道學之關棙者亦刪"

429) 정조,『홍재전서』권128 類義評例 2 권15첨 中庸曰天下之達道五. "中庸曰 天下之達道五 臣瀅修籤曰 此條已見於原編 似當刪 御籤曰 此段雖見原編 此條不可闕 節錄可"

> 첨가해 넣는 것이 좋을 듯합니다." 하였다. 정조(C)는 윤(B)의 의견에 반대하여 "이 조목은 되도록 간략히 하고자 했으니, 굳이 불필요한 내용을 끼워 넣을 필요는 없다." 하였다.[430]

규 1970『어정대학유의』 권14를 보면, 주자 말씀 3항목의 본문 가운데 '周子曰或問'의 본문의 전문이 수록되었고, 주석은 삭제되었으며, 나머지 2항목인 '聖希天' 조목과 '聖人之道'의 본문 및 주석들도 모두 삭제되었다.

⑬ '周易易有太極'은『대학연의보』 권73 숭교화 본경술이위교 상지상에서 '周易易有太極是生兩儀 兩儀生四象 四象生八卦' 부분이다.

> 윤(B)은 "이 조목 아래 구씨의 안설 중 '生八' 아래에는 '八生十六十六生三十二' 한 구절이 빠진 듯하며, 게다가 정자(程子)께서는 결코 가일배법(加一倍法)으로『주역』의 종지를 삼으신 적이 없으니, 이 안설은 추려 내는 것이 좋을 듯합니다." 하였고, 서(A)는 "'八生' 아래 다섯 자는 본서에서 빠진 구절이니, 첨가해 넣어야 할 것입니다. 요부(堯夫: 邵康節의 자)의 역수(易數)가 매우 정심(精深)하였는데, 명도(明道)가 이에 대해 매우 익히 들은 터라, 하루는 감시하느라 한가한 틈을 타서 그 설에 대해 이치를 추찰해 보고는, 나와서 요부에게 말하기를, '요부의 역수는 단지 가일배법일 뿐이다'하였습니다. 이에 요부가 놀라 명도의 등을 가볍게 두들겼다 합니다. 따라서 여기서 숙정자(叔程子: 程伊川을 이른 말)라고 한 것은 비록 잘못 점검한 것이지만, 그러나 정자께 이러한 설이 없었다고는 할 수 없을 것입니다." 하였고, 윤(B)은 다시 "명도가 진실로 이러한 말을 한 적이 있으니, 어찌 가일배법을 몰랐겠습니까. 다만 정자의 뜻은 소강절의 수학(數學)을 정법으로 보지 않았던 것입니다. 그러므로 숙정자의 경우 소강절과 여러 해를 함께 지내는 동안 세상일은 논하지 않음이 없으면서 유독 역수에 대해서는 말하지 않았던 것입니다." 하였다. 정조(C)는 두 사람의 의견을 절충하여 "두 설이 서로 다르나 모두 나름대로 견처(見處)가 있으니, 그대로 둘 수도 있고 추려 낼 수도 있겠다. 굳이 쟁론할 필요가 있겠는가." 하였다.[431]

---

430) 정조,『홍재전서』 권128 類義評例 2 권15첨 周子曰或問. "周子曰或問 臣光顔籤曰 此條下取本書中聖希天及聖人之道云云 此二條添入恐好 御籤曰 此條務當從略 不必濫竽"

431) 정조,『홍재전서』 권128 類義評例 2 권15첨 周易易有太極. "周易易有太極 臣光顔籤曰 此條下丘說中生八下 似當脫八生十六十六生三十二一句 且程子未嘗以加一倍法 爲易宗旨 此按刪之似好 臣瀅修

규 1970『어정대학유의』권14를 보면,『주역』에서 인용된 4항목의 본문이 수록되었고, 주석은 모두 생략되었으며, 다만 4번째 인용 본문인 '天地定位' 다음에 주희가 인용한 부분 중 소자(邵子)가 언급한 부분만 발췌되어 실렸다.[432] 이는『주역』「계사」상, 11장 '易有太極' 장의 내용이 종합되고, 소강절(邵康節, 1011~1077)의 선천 역학을 주석으로 넣음으로써,「하도」의 수(數)로 작역(作易)의 기초가 세워지고,「계사전」의 '태극1-양의2-사상4-팔괘8'의 수칙(數則)인 '加一倍法[一分爲二法:1-2-4-8-32-64]'의 구조로 괘가 만들어진 것으로 본 것이다.[433]

⑭ '吳澂曰漢興得先儒所記禮書'는『대학연의보』권76 숭교화 본경술이위교 중에서 '吳澂曰 漢興 得先儒所記禮書二百餘篇 大戴氏刪爲八十五 小戴氏又損益爲四十三 曲禮 檀弓 雜記 分爲上下 馬氏增以 月令 明堂位 樂記 鄭氏從而爲注 總四十九篇 精粗雜記靡所不有 秦火之餘 區區掇拾 所謂存十一於千百 雖不能以皆醇 然先王之遺制 聖賢之格言 往往賴之而存' 부분이다.

윤(B)은 "육경(六經)을 총론한 한 조목을 전부 추려 낸 것은 굳이 그렇게 할 필요가 없을 듯하니, 다시 상의하여 첨가해 넣는 것이 좋을 듯합니다. 본서 중 '子所雅言'으로 시작하는 조목과 '興於詩'로 시작하는 조목, '經解'로 시작하는 조목, 그리고『순자(荀子)』와『장자(莊子)』에서 발췌한 조목들을 그 아래 구씨의 안설까지 아울러 이 조목 아래에 첨가해 넣는 것이 좋을 듯합니다." 하였다. 정조(C)는 윤(B)의 의견을 일부 수용하여 "육경을 총론한 조목은 별로 취할 만한 의논이 없어, 처음에는 많은 내용을

---

籤曰 八生下五字 此是本書脫句 似當添入 而堯夫易數甚精 明道聞甚熟 一日因監試無事 以其說推之 出謂堯夫曰 堯夫之數 只是加一倍法 堯夫驚拊其背 此云叔程子者 雖失檢 然不可謂程無此說矣 臣光顏籤曰 明道固有此語 豈不知之 但程子意 不以邵子數學爲正法 故如叔程子 則與邵子同居屢年 世間事無不論 而獨不及數學耳 御籤曰 兩說異同 皆有所見 存亦可刪亦可 何必爭難"

432)『어정대학유의』권14 衍義補 治國平天下之要 崇教化 周易易有太極. "周易 易有太極是生兩儀 兩儀生四象 四象生八卦 /是故 天生神物 聖人則之 天地變化 聖人效之 天垂象 見吉凶 聖人象之 河出圖洛出書 聖人則之 / 古者包犧氏之王天下也 仰則觀象於天 俯則觀法於地 觀鳥獸之文與 地之宜 近取諸身 遠取諸物 於是始作八卦 以通神明之德 以類萬物之情 /天地定位 山澤通氣 雷風相薄 水火不相射 八卦相錯/ 邵子曰 此伏羲八卦之位 乾南 坤北 離東 坎西 兌居東南 震居東北 巽居西南 艮居西北 於是 八卦相交而成六十四卦 所謂先天之學也" '/ '는 각 본문 항목을 나타내기 위해 임의로 사용한 것이다.

433) 조희녕,「邵康節易學과 王夫之易學의 비교분석」,『대동문화연구』103, 2018, 39쪽.

초록했다가 이내 다시 모두 추려 내었다. 지금 그 조목을 보충하고자 한다면 후록(後錄)에 의거하여 첨가하는 것이 좋겠다." 하고, 정조(C)는 또 "'子所雅言章', '興於詩章', 주자 주, 정자 주, 경해의 대문(大文), 정자 설, 주자 설이 초록할 조목들이다." 하였다.[434]

실제 규 1970 『어정대학유의』 권14를 보면, 이 항목 및 '子所雅言章'의 항목, '興於詩章'의 항목과 주자 및 정자의 주석, '經解 孔子曰'의 항목은 모두 수록되지 않아서 정조(C)가 결정한 내용이 반영되지 않은 것으로 여겨진다.

⑮ '或問論語以何爲要'는 『대학연의보』 권76 숭교화 본경술이위교 중에서 정이(程頤)가 논어에 관해 언급한 것 중 '或問論語以何爲要 曰 要在知仁 孔子說仁處最宜玩味 曰 孔子說仁處甚多 尤的當是何語 曰 皆的當 但其門人所至有不同 故其答之亦異' 부분이다.

윤(B)은 "구씨가 인(仁)의 명의(名義)와 인을 실천하는 방법을 논한 것이 이미 위의 명도술편(明道術篇)에 상세히 나와 있는데, 여기서 또 『논어』를 초록해 실음으로 인하여 인에 대해 통설한 것은 아마 중첩됨을 면할 수 없을 듯하니, 추려 내어야 옳을 듯합니다." 하였다. 정조(C)는 윤(B)의 의견에 반대하여 "비록 불필요하게 중첩된 듯하나 이 조목이 구씨의 학력과 식견을 볼 수 있는 곳이니 그대로 두는 것이 좋겠다." 하였다.[435]

규 1970 『어정대학유의』 권14를 보면, 이 항목과 이어서 '又曰 論語之書 其辭近其指遠 辭有盡 指無窮 有盡者索之訓詁 無窮者要當會之以神'의 항목이 연결되어 실렸다.

---

434) 정조, 『홍재전서』 권128 類義評例 2 권15첨 吳澂曰漢興得先儒所記禮書. "吳澂曰 漢興得先儒所記 臣光顔籤曰 總論六經一目全刪 似不必然 更商添入恐好 取本書中如子所雅言及興於詩與經解荀子莊子此諸條 竝下丘說 添入於此條下似好 御籤曰 總論六經條 別無議論之可取者 初則多鈔 旋又竝刪 今欲充其目 則依後錄添之爲可 /子所雅言章 興於詩章 朱子註程子註 經解大文 程子說朱子說"

435) 정조, 『홍재전서』 권128 類義評例 2 권15첨 或問論語以何爲要. "或問論語以何爲要 臣光顔籤曰 丘氏論仁之名義及爲仁之方 已詳於上明道術篇 此又因論語而統說仁者 恐未免疊 似當刪之 御籤曰 雖似架疊 此丘氏學力識解可見處 存之亦可"

⑯ '程子曰學者'는 『대학연의보』 권77 숭교화 본경술이위교 하에서 '程頤曰 學者當以論語孟子 爲本 論語孟子旣治 則六經可不治而明矣 又曰 學者須將論語中 諸弟子問處 便作自己問 聖人答處 便作今日耳聞 自然有得 雖孔孟複生 不過以此敎人 若能於語孟中 深求玩味將來涵養成 甚生氣質 又曰 凡看語孟 且須熟讀玩味 須將聖人 言語切己 不可隻作一場話說 人隻看此二書切己 終身盡多也' 부분이다.

윤(B)은 "육경(六經)을 총론한 조목을 위에서 이미 추려 내었으니, 사서(四書)를 총론한 조목도 추려 내어야 옳을 듯하지만 이 부분은 다시 생각해야 할 것으로 생각됩니다. 만약 그대로 둔다면 이 조목 아래 '주자왈(朱子曰)'로 시작하는 조목은 너무 지나치게 내용을 간추린 나머지 문의가 국속(局束)하여 시원하게 트이지 못하니 응당 본문에 의거하여 수록하여야 할 것입니다." 하였다. 정조(C)는 윤(B)의 의견을 수용하여 "육경을 총론한 조목은 비록 억지로 몇 단락을 수록하긴 하였으나 아무래도 내용이 꼭 맞지 않은 듯하다. 그러나 육경을 이미 초록했고 보면 사서를 아울러 말한 조목 또한 홀로 빠뜨려 둘 수는 없다." 하였다.[436]

규 1970 『어정대학유의』 권14를 보면, 이 항목 중에서는 '子頤曰 學者當以論語孟子 爲本 論語孟子旣治 則六經可不治而明矣' 부분만 발췌되어 실렸고, 구준의 안은 생략되었다. 주자가 언급한 내용은 본문 중에서 '朱子曰 不先乎大學 無以提挈綱領 而盡論孟之精微 不參之論孟 則無以融貫會通 而極中庸之歸趣 然不會其極於中庸 則又何以建立大本 經綸大經 而讀天下之書 論天下之事哉'가 발췌되어 실렸다.

⑰ '王制凡養老'는 『대학연의보』 권79 숭교화 궁효제이돈화에서 '王制 凡養老 有虞氏以燕禮 夏后氏以饗禮 殷人以食禮 周人修而兼用之' 부분이다.

윤(B)은 "이 조목 아래에, 본서 중 '有虞氏養國老'로 시작하는 한 조목을 첨가해 넣는 것이 좋을 듯합니다." 하였다. 정조(C)는 윤(B)의 의견에 반대하여 "왕제편은 내용이 대다수 한(漢)나라 효문제 때 박사(博士)가 지은 것이라고 선유(先儒)가 이미 말했

436) 정조, 『홍재전서』 권128 類義評例 2 권15첨 程子曰學者. "程子曰學者 臣光顔籤曰 總論六經條 上旣刪之 則總論四書者 似亦當刪 而此處恐合更商 如存之則此條下朱子曰條 刪節太過 文意局束未暢 當依本文載之 御籤曰 總論六經條 雖强鈔數段 而終似不襯著 然經旣見鈔 四書兼言條 亦不可獨漏"

> 으니, 그러한지 여부는 막론하고 문체가 다른 편과 조금 차이가 나는 듯하다. 수권(手圈)도 거의 수록하지 않았는데 하물며 유의(類義)이겠는가. 초록할 필요가 없다." 하였다.[437]

규 1970『어정대학유의』권14를 보면, 이 항목은 실렸고, '有虞氏養國老' 항목은 실리지 않았다.

⑱'漢明帝帥群臣養三老'는『대학연의보』권79 숭교화 궁효제이돈화에서 '漢明帝 永平二年 帝帥群臣養三老五更于辟雍 用其德行年耆高者 一人爲老 次一人爲更 服都紵大袍 單衣皁緣 領袖中衣 冠進賢 杖玉杖 五更亦如之 不杖 皆齊于太學講堂 其日乘輿先到辟雍禮殿 禦坐東廂 遣使者 安車迎三老五更 天子迎於門屛交禮 道自阼階 三老升自賓階至階 天子揖如禮 三老升東面 三公設几 九卿正履 天子親袒 割牲 執醬而饋 執爵而酳 祝鯁在前 祝饐在後 五更南面 公進供禮亦如之 明日皆詣闕謝恩' 부분이다.

> 윤(B)은 "이 조목의 명제(明帝)의 사적은 다시 본문을 절취하여 조금 더 상세히 싣고 이 아래 주석은 마단림(馬端臨)의 설을 싣고 그 아래 구씨의 설을 첨부하는 것이 좋을 듯합니다." 하였다. 정조(C)는 윤(B)의 의견을 수용하여 "과연 그렇다. 그러나 마씨(馬氏)의 설은 많이 수록할 필요가 없으며, 왕이 벽옹(辟雍)에 왕림하는 예는 또 아래 조목에 있으니 첨가해 실을 때 자세히 살펴야 할 것이다." 하였다.[438]

규 1970『어정대학유의』권14를 보면, 이 항목과 '中元元年'의 항목이 발췌되어 실렸고, 마단림의 주석과 구준의 안설도 발췌되어 수록되었다.

⑲'季康子問政於孔子'는『대학연의보』권81 숭교화 근호상이솔민에서 '季康子問

---

437) 정조,『홍재전서』권128 類義評例 2 권15첨 王制凡養老. "王制凡養老 臣光顔籤曰 此條下 取本書中有虞氏養國老一條 添入似好 御籤曰 王制多是孝文博士所作 先儒已言之 無論其然與否 文體稍間於他篇 手圈亦罕鈔 况類義乎 不必鈔"

438) 정조,『홍재전서』권128 類義評例 2 권15첨 漢明帝帥群臣養三老. "漢明帝帥羣臣養三老 臣光顔籤曰 此條明帝事 更加節取本文而稍詳之 此下註 仍載馬端臨說 而附丘說於其下似好 御籤曰 果然 而馬說不必多錄 臨雍之禮 又在下條 添錄之時 當看詳"

政於孔子 孔子對曰 政者 正也 子率以正' 부분이다.

> 윤(B)은 "본서 중 '春秋左氏傳'으로 시작하는 한 조목을 그 아래 육지(陸贄)의 설까지 함께 이 조목 위에 첨가해 싣는 것이 좋을 듯합니다." 하였다. 정조(C)는 윤(B)의 의견에 반대하여 "장무중(臧武仲)의 설과 육지의 설, 이 조목은 이전에 이미 보였으니, 이러한 의지를 굳이 다시 첨가할 필요가 없다. 무릇 뜻이 중첩된 대목은 하나는 추려내고 하나는 그대로 두어야 할 것이니, 이 조목 위와 아래 모두 이에 의거하도록 하라." 하였다.[439]

규 1970 『어정대학유의』 권14를 보면, 이 항목의 본문은 수록되었고, 윤(B)이 주장한 '春秋左氏傳'의 항목 및 장무중과 육지의 주석은 삭제되었다.

⑳ '文翁爲蜀郡守仁愛好敎化'는 『대학연의보』 권82 숭교화 광교화이변속에서 '文翁爲蜀郡守 仁愛好敎化 見蜀地僻陋 有蠻夷風 文翁欲誘進之 乃選郡縣小吏 開敏有才者 親自飭厲遣詣京師 受業博士 數歲皆成就還歸 文翁以爲右職 又修起學宮於成都市中 招下縣子弟 爲學官弟子 爲除更繇 高者以補郡縣吏 次爲孝弟力田 吏民榮之 數年爭欲爲學官弟子 富人至出錢以求之 繇是大化 蜀郡學者比齊魯焉' 부분이다.

> 정조(C)는 "이 조목에서 쓸모없는 구절은 역시 간략히 추려야 할 것이며, 한연수(韓延壽)와 황패(黃霸)에 관한 조목들도 이에 의거하도록 하라." 하였다. 윤(B)은 "이 조목 아래 구씨의 설은 본문 중 하단을 전부 수록하는 것이 좋을 듯합니다." 하였다. 정조(C)는 윤(B)의 의견을 절충하여 "'治蜀是已' 아래는 절록해야 할 것이다." 하였다.[440]

규 1970 『어정대학유의』 권14를 보면, 이 항목과 구준의 안설이 발췌되었고, 한연

439) 정조, 『홍재전서』 권128 類義評例 2 권15첨 季康子問政於孔子. "季康子問政於孔子 臣光顔籤曰 本書中春秋左氏傳一條 竝陸贄說 添載於此條上恐好 御籤曰 臧說陸說 此條歷見 似此意旨 不必更添 凡屬意疊處 存一刪一爲可 以上以下皆倣此"

440) 정조, 『홍재전서』 권128 類義評例 2 권15첨 文翁爲蜀郡守仁愛好敎化. "文翁爲蜀郡守 仁愛好敎化 御籤曰 此條冗句 亦當刪節 韓黃諸條倣此 臣光顔籤曰 此條下丘說 本文中下段 全載似好 御籤曰 治蜀是已下當節錄"

수와 황패의 조목은 본문만 발췌되었다.

㉑'韓延壽爲潁川太守'는 『대학연의보』 권82 숭교화 광교화이변속에서 '韓延壽爲潁川太守 潁川多豪强難治 延壽欲教以禮讓 恐百姓不從 乃曆召郡中長老 爲鄕里所信向者數十人 設酒具食親與相對 接以禮意 人人問以謠俗民所 疾苦爲陳和睦親愛 銷除怨咎之路 長老皆以爲便 因與議定嫁娶 喪祭儀品 略依古禮 不得過法 又令文學校官諸生 皮弁執俎豆 爲吏民 行喪祭嫁娶禮 百姓遵用其教 後入守左馮翊 恩信周遍 二十四縣 莫敢以詞訟自言者' 부분이다.

> 서(A)는 "이 조목 중 '十人' 이하에, 본문 중 '設酒' 이하 8자를 첨가해 넣어야 아래 구절의 '因' 자가 비로소 아래 위로 연접될 것입니다." 하였다. 정조(C)는 서(A)의 의견에 찬성하여 "거취(去取)함에 세심하지 않을 수 없음이 이와 같다." 하였다.[441]

규 1970 『어정대학유의』 권14를 보면, 이 항목 중 '韓延壽爲潁川太守 潁川多豪强難治 延壽欲教以禮讓 乃召郡中長老 爲鄕里所信向者數十人 設酒食接以禮意 因與議定嫁娶 喪祭儀品 略依古禮 不得過法 又令文學校官諸生 皮弁執俎豆 爲吏民禮 百姓遵用其教'의 부분이 발췌되었고, '數十人' 다음에 '設酒食接以禮意' 7자가 추가되어 다음 문장의 '因' 자로 의미가 연결되었다.

㉒'秦彭遷山陽太守'는 『대학연의보』 권82 숭교화 광교화이변속에서 '秦彭遷山陽太守 以禮訓人 不任刑罰 崇好儒雅 敦明庠序 每春秋饗射 輒修升降揖遜之儀 乃爲人設四誡 以定六親長幼之禮 有遵奉教化者 擢爲鄕三老 常以八月致酒肉以勸勉之 吏有過咎 罷遣而已 不加恥辱 百姓懷愛 莫有欺犯 後轉潁川太守 肅宗巡狩再幸潁川 輒賞賜恩寵甚異' 부분이다.

> 윤(B)은 "이 진팽(秦彭)에 관한 조목 이하 여러 조목들은 간간이 추려 내는 것이 좋겠으니, 고을 수령으로서 교화를 잘 편 이를 수록한 것이 이미 많습니다." 하였다. 정조(C)는 윤(B)의 의견을 절충하여 "진팽과 허형(許荊) 이하는 그 사람은 그대로 수록

441) 정조, 『홍재전서』 권128 類義評例 2 권15첨 韓延壽爲潁川太守. "韓延壽爲潁川太守 臣瀅修籤曰 此條中十人下 添入本文中設酒以下八字 然後下句因字 方有承接 御籤曰 去取之不容不細心 如此"

해 두고 그 사적을 절록하는 것이 좋겠으며, 그중 추려 내지 않을 수 없는 것은 추려 내는 것도 좋겠다." 하였다.[442]

규 1970『어정대학유의』 권14를 보면, 이 항목이 발췌되었고, 이어 허형, 구람(仇覽), 제소경(齊蘇瓊), 진양(陳襄)의 사적이 발췌되어 실렸다.

㉓'朱子知漳州'는『대학연의보』 권82 숭교화 광교화이변속에서 '朱熹知漳州 以習俗未知禮 采古喪葬嫁娶之儀揭以示之 命父老解說敎子弟 土俗崇信釋氏 男女取僧廬爲傳經會 女不嫁者爲庵舍以居 熹悉禁之' 부분이다.

윤(B)은 "이 조목 아래에, 본서 중 구씨의 안설을 첨가해 싣는 것이 좋을 듯합니다." 하였고, 서(A)는 "이 부분은 첨가해 넣을 필요가 없을 듯합니다." 하였다. 정조(C)는 윤(B)의 의견을 수용하여 "주자에 관한 조목은 안설을 제외하고 절록하도록 하라." 하였다.[443]

규 1970『어정대학유의』 권14를 보면, 이 항목과 구준의 안설은 모두 삭제되었다.

㉔'唐楊綰卒太常諡文貞'은『대학연의보』 권84 숭교화 거증익이권충에서 '唐楊綰卒太常諡文貞… 楊公之名 請如前議' 부분이다.

윤(B)은 "이 조목 중 '謂其' 아래에, 본문 중 '與元' 이하 한 대목을 첨가해 넣는 것이 좋을 듯합니다." 하였다. 정조(C)는 윤(B)의 의견에 반대하여 "당송(唐宋) 이후로 시법(諡法)이 거의 보이지 않는데, 유독 두 설만 취하는 것은 또한 편벽되지 않겠는가. 모두 추려 내도록 하라." 하였다.[444]

---

442) 정조,『홍재전서』 권128 類義評例 2 권15첨 秦彭遷山陽太守. "秦彭遷山陽太守 臣光顔籤曰 此秦彭條以下諸條 間間刪拔爲好 蓋守宰能敎者收載 亦已多矣 御籤曰 秦許以下 存其人而節其事爲可 其中不可不刪者刪亦可"

443) 정조,『홍재전서』 권128 類義評例 2 권15첨 朱子知漳州. "朱子知漳州 臣光顔籤曰 此條下 添載本書中丘說似好 臣瀅修籤曰 此則似不必添入 御籤曰 朱子條 除按說當錄"

444) 정조,『홍재전서』 권128 類義評例 2 권15첨 唐楊綰卒太常諡文貞. "唐楊綰卒 太常諡文貞 臣光顔籤曰 此條中謂其下 添入本文中與元以下一節恐好 御籤曰 唐宋以後 諡法蕩然 獨取兩說 不亦偏乎 當竝拔"

규 1970『어정대학유의』 권14를 보면, 이 항목은 삭제되었다.

### 5.5.3. 명예악, 질제사와 숭교화의 교감 결과

『유의평례』 2 권12첨 6항목, 권13첨 7항목과 권14첨 9항목 및 권15첨 24항목의 교감 내용의 결과를 종합하면 다음의 〈표 7〉과 같다.

〈표 7〉『유의평례』 2 권12첨 6항목, 권13첨 7항목과 권14첨 9항목 및 권15첨 24항목의 서형수, 윤광안, 정조의 교열에 관한 기록

| 『유의평례』 권첨 및 교열 항목 수 | 교열 항목 | 서형수(A) | 윤광안(B) | 정조(C) 최종 결정 및 선택 | 정조(C)의 최종 결정 내용 |
|---|---|---|---|---|---|
| 권2 卷12籤 (6) 明禮樂 | ① 論語 有子曰禮之用 和爲貴 | – | B | C(B) | 『대학연의보』 권37 명예악 총론예악지도 하에 나오는 부분이다. 정조(C)는 윤(B)의 의견을 수용하여 이 항목 다음에 정이의 주석을 넣고, 범조우 및 주희의 주석은 삭제하였다. '又曰'로 이어지는 부분은 정이의 주석이 추가된 것이다. |
| | ② 典同掌六律六同之和 | A | B | C(A, BX) | 『대학연의보』 권41 명예악 악률지제 상지상에 나오는 부분이다. 정조(C)는 서(A)의 의견인 '전동(典同)에 관한 한 조목은 악률의 근본입니다.'를 수용하여 이 항목을 그대로 실었다. |
| | ③ 是故先王發以聲音 | – | B | C(BO) | 『대학연의보』 권42 명예악 악률지제 상지하에 나오는 부분이다. 정조(C)는 윤(B)의 의견을 절충하여 이 항목, '然後 發以聲音'의 본문, '是故淸明象天'의 본문을 연결하고, '凡奸聲感人'의 본문 다음에 실린 구준의 안인 '說者皆謂聲樂之作'을 붙였다. |
| | ④ 杜佑通典曰 十二律相生之法 | A | B | C(A, BX) | 『대학연의보』 권43 명예악 악률지제 중에 나오는 부분이다. 정조(C)는 서(A)의 의견을 수용하여 두우의 자성(子聲)에 관한 설인 이 항목은 그대로 싣도록 하였다. |
| | | A | B | C(A, BX) | 정조(C)는 서(A)의 의견을 수용하여 본문의 내용 중에 '부씨(鳧氏)' 이하는 주단청의 『율려정의』 중에 인용된 『통전』에 근거하여 정조가 조율한 내용을 싣도록 하였다. |
| | | A | B | C(A, BX) | 정조(C)는 서(A)의 의견을 수용하여 본문 다음에 채원정의 주석을 싣고, 주희의 주는 삭제하도록 하였다. |

| 『유의평례』 권첨 및 교열 항목 수 | 교열 항목 | 서형수(A) | 윤광안(B) | 정조(C) 최종 결정 및 선택 | 정조(C)의 최종 결정 내용 |
|---|---|---|---|---|---|
| 권2 卷12籤 (6) 明禮樂 | ⑤ 孔穎達禮疏曰 黃鍾 | A | B | C(A, BX) | 『대학연의보』 권43 명예악 악률지제 중에 나오는 부분이다. 정조(C)는 서(A)의 의견을 수용하여 "이 조목만 두면 '돌아가면서 궁이 되는 것이 60개에 그친다.[還宮止於六十]'는 뜻에 대해 비록 초학자일지라도 그 대강을 알 수 있을 것이다." 하였다. 규 1970 『어정대학유의』 권11을 보면, 이 항목과 채원정의 주석이 실리고, 구준의 안은 삭제되었다. |
| | ⑥ 張子曰 聲音之道 | - | - | C | 『대학연의보』 권44 명예악 악률지제 하 중에 나오는 부분이다. 정조(C)는 "장자(張子)의 이름은 경연에서도 피휘하지 않으니 더욱이 고칠 필요가 없다." 하였다. 규 1970 『어정대학유의』 권11을 보면, 장자의 이름은 피휘하지 않고 장재(張載)로 실렸다. |
| 권2 卷13籤 (7) 明禮樂 | ① 大僕掌正王之服位 | - | B | C(B) | 『대학연의보』 권45 명예악 왕조지례 상에 나오는 부분이다. 정조(C)는 윤(B)이 주장한 "이 항목에 대한 구준의 안설 중 시조(眡朝) 이하의 설의(設疑)에 문제점이 있다."는 의견을 수용하였다. 규 1970 『어정대학유의』 권12를 보면, 이 항목 다음에 구준의 안은 간략하게 발췌되어 실렸다. |
| | ② 唐書 玄宗以帝生日爲千秋節 | A | B | C(AO, BO) | 『대학연의보』 권46 명예악 왕조지례 중에 나오는 부분이다. 정조(C)는 두 사람의 의견을 절충하여 "'在前代' 이하를 그대로 두고 '今承前代' 이하 18자를 첨가해 넣도록 하라." 하였다. 규 1970 『어정대학유의』 권12를 보면, 구씨의 안 중 일부 내용을 발췌하여 실었다. |
| | ③ 月令季冬之月 | A | B | C(A, B) | 『대학연의보』 권48 명예악 군국지례 중에 나오는 부분이다. 윤(B)은 항목의 삭제를, 서(A)는 그대로 두자는 의견이었다. 정조(C)는 두 사람의 의견이 모두 옳다고 하였다. 실제 규 1970 『어정대학유의』 권12를 보면, 이 항목 다음에 진호와 진상도의 주가 생략되고, 대신 '宋志立春前五日'의 항목 다음에 있는 구준의 주석이 발췌되어 실렸다. |
| | ④ 文中子曰 冠禮廢 | - | B | C(BO) | 『대학연의보』 권49 명예악 가향지례 상지상 중에 나오는 부분이다. 정조(C)는 윤(B)의 의견을 절충하였는데, 이 항목 다음에 주자의 『가례』 서문 첫째 단락과 둘째 단락을 싣는 것에 합의를 보았고, 구씨의 안을 선택해서 싣는 것은 의견이 일치하지 않았다. |
| | | - | B | C(BO) | 정조(C)는 윤(B)의 의견을 절충하였는데, 『가례』 서문 둘째 단락 다음의 구준의 안 중 발췌하는 부분의 의견이 일치하지 않았다. 규 1970 『어정대학유의』 권12를 보면, 이 항목 다음에 주자의 『가례』 서문 첫째 단락과 둘째 단락이 실리고 의견의 일치를 보지 못했던 구준의 안은 모두 삭제되었다. |

| 『유의평례』 권첨 및 교열 항목 수 | 교열 항목 | 서형수 (A) | 윤광안 (B) | 정조(C) 최종 결정 및 선택 | 정조(C)의 최종 결정 내용 |
|---|---|---|---|---|---|
| 권2 卷13籤 (7) 明禮樂 | ⑤ 曲禮曰 凡爲人子之禮 | – | – | C | 『대학연의보』 권49 명예악 가향지례 상지상 중에 나오는 부분이다. 정조(C)는 『예기』를 인용할 때는 단락을 합칠 수 있는 곳은 단락을 합쳐서 쓰도록 하는 범례를 정하였다. 규 1970 『어정대학유의』 권12를 보면, 이 항목 다음에 『예기』에서 인용된 5개 항목의 본문이 모두 합쳐지고 각 본문에 붙인 주석은 모두 생략되었다. |
| | ⑥ 士冠禮曰 筮于廟門 | – | B | C(BX) | 『대학연의보』 권50 명예악 가향지례 상지중 중에 나오는 부분이다. 정조(C)는 윤(B)의 의견에 반대하여 혼례와 제례는 응당 내용을 간추려 뽑아서 첨가해 실을 것이며, 관례 조목 중 긴요하지 않은 어구(語句)는 추려 내도록 하였다. 규 1970 『어정대학유의』 권12를 보면, 이 항목과 축사가 실렸다. |
| | ⑦ 左傳莊公二十七年 | – | B | C(BX) | 『대학연의보』 권50 명예악 가향지례 상지중 중에 나오는 부분이다. 정조(C)는 윤(B)의 의견에 반대하여 이 항목을 그대로 두도록 하였다. 실제 규 1970 『어정대학유의』 권12를 보면, 이 항목과 '女子歸寧之禮'의 항목은 모두 삭제되어 윤(B)의 의견이 관철된 것으로 여겨진다. |
| 권2 卷14籤 (9) 秩祭祀 | ① 大司樂凡樂圜鍾爲宮 | A | B | C(AO, BO) | 『대학연의보』 권56 질제사 교사천지지례 상에 나오는 부분이다. 정조(C)는 두 사람의 의견을 절충하여 "구씨의 설만 절록하라." 하였다. 규 1970 『어정대학유의』 권13을 보면, 이 항목의 위에 '周禮 大宗伯以禋祀祀昊天上帝'의 본문이 실리고, 이 항목 다음에는 호굉 및 오징의 주석은 생략되고 구준의 안은 발췌되어 실렸다. |
| | ② 禮器條以下諸條之當添 | – | – | C | 이 항목은 정조(C)가 방첨으로 뽑았다가 없앤 것이어서 어느 내용인지 알 수 없다. |
| | ③ 月令仲春之月天子乃鮮 | – | B | C(B) | 『대학연의보』 권58 질제사 종묘향사지례 상에 나오는 부분이다. 정조(C)는 윤(B)의 항목 첨가에 대한 의견에 찬성하였다. 규 1970 『어정대학유의』 권13을 보면, 이 항목 앞에 '王制 天子七廟 三昭三穆 與太祖之廟而七'의 본문 및 구준의 안이 실렸고, 주희의 주석은 삭제되었다. 이 항목 다음에 진상도(陳祥道)의 주석 및 구준의 안이 실렸다. |
| | ④ 致齋於內散齋於外 | – | B | C(BX) | 『대학연의보』 권59 질제사 종묘향사지례 하에 나오는 부분이다. 정조(C)는 윤(B)의 항목첨가에 대한 의견에 반대하였다. 규 1970 『어정대학유의』 권13을 보면, 이 항목은 삭제되었다. |

| 『유의평례』 권첨 및 교열 항목 수 | 교열 항목 | 서형수(A) | 윤광안(B) | 정조(C) 최종 결정 및 선택 | 정조(C)의 최종 결정 내용 |
|---|---|---|---|---|---|
| | ⑤ 祭義 祭日於壇 祭月於坎 | A | B | C(A, B) | 『대학연의보』 권60 질제사 국가상사지례 상에 나오는 부분이다. 정조(C)는 두 사람의 의견을 수용하여 "여러 조목의 주장이 옳다." 하였다. 규 1970 『어정대학유의』 권13을 보면, 이 항목 다음에 방각(方慤)의 주 및 구준의 안, '大宗伯 以槱燎祀中司命 飌師雨師'의 본문 및 '天府 若祭天之司民司錄 而獻民數穀數 則受而藏之'의 본문 및 구준의 안이 실렸다. |
| | ⑥ 宋眞宗大中祥符五年 | A | - | C(A) | 『대학연의보』 권61 질제사 국가상사지례 하에 나오는 부분이다. 정조(C)는 서(A)의 "이 조목 아래 진씨의 설은 득실을 막론하고 모두 역대의 전장(典章)에 관계되니, 그대로 두어야 할 것입니다."라는 의견에 찬성하였다. 규 1970 『어정대학유의』 권13을 보면, 이 항목 다음에 진순(陳淳)의 주 및 구준의 안이 발췌되어 실렸다. |
| 권2 卷14籤 (9) 秩祭祀 | ⑦ 以上內外羣祀之禮 | - | B | C(BO) | 『대학연의보』 권62 질제사 내외군사지례 끝부분에 있는 문장이다. 정조(C)는 윤(B)의 "본서 중 이 조목 위 구씨의 설에서 황조(皇朝)의 제도를 논한 부분은 간추려서 첨가해 넣어야 할 듯합니다." 의견을 수용하였다. 실제 규 1970 『어정대학유의』 권13을 보면, 이 항목 앞의 구준의 안은 삭제되어 윤(B)의 의견은 관철되지 않은 것으로 여겨진다. |
| | ⑧ 大雅生民曰厥初生民 | A | - | C(A) | 『대학연의보』 권64 질제사 제고기도지례 하에 나오는 부분이다. 정조(C)는 서(A)의 "이 조목은 추려 내고, 본서 중 『예기』 월령(月令) 조목을 대신 넣어야 비로소 구씨의 설과 내용이 잘 맞을 것입니다." 의견에 찬성하였다. 규 1970 『어정대학유의』 권13을 보면, 실제로 이 항목과 주희의 주석이 생략되었고, 『예기』 월령의 '禮記月令 仲春之月'의 본문이 실렸고, '三代世表曰'의 본문 다음에 나오는 구준의 안이 발췌되어 실렸다. |
| | ⑨ 歐陽脩曰 古者士之見師 | - | B | C(BO) | 『대학연의보』 권66 질제사 석전선사지례 하에 나오는 부분이다. 정조(C)는 윤(B)의 의견을 일부 수용하여 "웅화의 설 중 하단은 첨가하여 싣는 것이 좋겠다." 하였다. 규 1970 『어정대학유의』 권13을 보면, 이 항목과 구준의 안은 생략되었고, 이 조목 다음의 웅화(熊禾)의 본문 및 송렴(宋濂)의 주석이 발췌되어 실렸다. |
| 권2 卷15籤 (24) 崇敎化 | ① 周禮大司徒 | - | B | C(BX) | 『대학연의보』 권67 숭교화 총론교화지도에 나오는 부분이다. 정조(C)는 윤(B)의 의견에 반대하여 "이미 순전(舜典)의 오교(五敎)를 실었으면 무성편의 오교는 중첩하여 실을 필요가 없으며, 그 아래 구씨의 설도 신기한 내용이 없다." 하였다. 규 1970 『어정대학유 |

| 『유의평례』 권첨 및 교열 항목 수 | 교열 항목 | 서형수 (A) | 윤광안 (B) | 정조(C) 최종 결정 및 선택 | 정조(C)의 최종 결정 내용 |
|---|---|---|---|---|---|
| 권2 卷15籤 (24) 崇教化 | | | | | 의』 권14를 보면, 이 항목 앞에 '書舜典 帝曰 契 百姓不親 五品不遜 汝作司徒敬敷五教在寬'의 본문만 실렸다. |
| | ② 文王有聲曰鎬京辟廱 | – | B | C(BX) | 『대학연의보』 권68 숭교화 설학교이입교 상에 나오는 부분이다. 정조(C)는 윤(B)이 "이 조목 아래 '子衿'과 '菁菁者莪' 두 시를 추가하는 것이 좋겠다는" 의견에 대해 "두 시의 소서는 본경과 차이가 있고 또 『집전』과 같지 않아 초록할 필요가 없다."고 하였다. 규 1970 『어정대학유의』 권14를 보면, 이 항목 다음에 나오는 '子衿'과 '菁菁者莪'의 두 시는 생략되었다. |
| | ③ 大司樂掌成均之法 | – | B | C(BO) | 『대학연의보』 권68 숭교화 설학교이입교 상에 나오는 부분이다. 정조(C)는 윤(B)의 의견을 일부 수용하여 "소주는 아직 그 범례를 세우지 못했다. 오씨(吳氏)의 주(註)는 당연히 절록해야 한다." 하였다. 규 1970 『어정대학유의』 권14를 보면, 경문에 소주는 달지 않았고, 이 항목 다음에 정현, 가공언, 여조겸의 주석 및 구준의 안은 생략되었고, 오징의 주석은 발췌되어 실렸다. |
| | ④ 禮記王制曰天子命之教 | – | B | C(BX) | 『대학연의보』 권69 숭교화 설학교이입교 중에 나오는 부분이다. 정조(C)는 윤(B)의 의견에 반대하여 "이미 초록한 것이 사술(四術)과 사교(四教)가 아님이 없으니, 이 단락은 추가로 초록할 필요가 더욱 없다." 하였다. 규 1970 『어정대학유의』 권14를 보면, 이 항목 다음에 '學正崇四術'로 시작하는 본문은 삭제되고, 다음에 나오는 '王太子王子 群后之太子 卿大夫元士之適子國之俊選皆造焉 凡入學以齒'의 본문이 연결되었다. |
| | ⑤ 比年入學中年考校 | – | – | C | 『대학연의보』 권69 숭교화 설학교이입교 중에 나오는 부분이다. 정조(C)는 이 조목들이 번다하여 절록할 것을 결정하였다. 규 1970 『어정대학유의』 권14를 보면, 『대학연의보』 권69 설학교이입교 중의 『학기』에서 인용된 5항목의 본문들이 발췌되어 합쳐지고 각 주석은 생략되었다. |
| | ⑥ 漢董仲舒對策曰王者南面而治 | – | B | C(B) | 『대학연의보』 권70 숭교화 설학교이입교 하에 나오는 부분이다. 정조(C)는 윤(B)이 주장한 "태학과 소학에 입학하는 나이는 기록에 따라 차이가 많습니다. 이 조목 위에, 본서 중 '상서대전'으로 시작하는 한 조목을 취하여 구씨의 설과 아울러 첨가해 넣고, 또 그 아래에 '孟子設爲庠序'로 시작하는 한 조목을 이어서 첨가하는 것이 좋을 듯합니다."라는 의견에 동의하였다. 규 1970 『어정대학유의』 권14를 보면, 이 항목 위에 '尙 |

| 『유의평례』 권첨 및 교열 항목 수 | 교열 항목 | 서형수 (A) | 윤광안 (B) | 정조(C) 최종 결정 및 선택 | 정조(C)의 최종 결정 내용 |
|---|---|---|---|---|---|
| 권2 卷15籤 (24) 崇敎化 | | | | | 書大傳'의 본문 및 구준의 안이 실렸고, 이어서 '孟子設爲庠序'의 본문이 발췌되어 실렸다. 정조(C)가 주장한 '漢董仲舒對策曰王者南面而治'의 항목은 삭제되지 않고, 본문 및 구준의 안이 발췌되어 실렸다. |
| | ⑦ 朱子感興詩曰 聖人司敎化 | – | B | C(BX) | 『대학연의보』 권70 숭교화 설학교이입교 하에 나오는 부분이다. 정조(C)는 윤(B)의 의견에 반대하여 "사물잠(四勿箴)에 '정자(程子)' 두 자를 이미 그대로 두었으니, 지금 이 경우도 같은 예이다." 하였다. 규 1970 『어정대학유의』 권14를 보면, 이 건은 범례에 관한 것으로 이 항목 위에 '朱子曰'로 시작하는 항목이 있어도 '朱子' 두 자는 그대로 두었다. |
| | ⑧ 書說命曰 學于古訓 | – | – | C | 『대학연의보』 권71 숭교화 명도학이성교 상에 나오는 부분이다. 정조(C)는 「열명」 한 편은 만세 학문의 종지이니, 절취하여 수록하도록 하였다. 규 1970 『어정대학유의』 권14를 보면, 「열명」에서 인용된 3항목의 본문들이 합쳐지고, 각 항목에 붙은 채침의 주석은 생략되었으며, 구준의 안은 발췌되어 실렸다. |
| | ⑨ 論語子曰 學而時習之 | – | – | C | 대학연의보』 권71 숭교화 명도학이성교 상에 나오는 부분이다. 정조(C)는 "『논어』 수장(首章)의 뜻은 깊고도 넓으니, 안설은 추려 내야 할 것이다." 하였다. 규 1970 『어정대학유의』 권14를 보면, 『논어』에서 인용된 공자의 말씀 13항목의 본문 가운데 2개의 본문만 발췌되었고, 나머지 본문 및 주석들은 모두 삭제하였으며, '君子博學於文'에 붙은 구준의 안설이 발췌되어 실렸다. |
| | ⑩ 子曰 弟子入則孝 | – | B | C(BX) | 『대학연의보』 권71 숭교화 명도학이성교 상에 나오는 부분이다. 정조(C)는 윤(B)의 의견에 반대하여 논어의 수장이 지극하고 극진하니, 이 세 단락은 더 초록해 넣을 필요가 없다고 하였다. 규 1970 『어정대학유의』 권14를 보면, 이 항목은 채택되지 않았다. |
| | ⑪ 中庸曰 天下之達道五 | A | – | C(AX) | 『대학연의보』 권72 숭교화 명도학이성교 하에 나오는 부분이다. 정조(C)는 윤(B)의 의견에 반대하여 "이 단락은 비록 원편에 보이기는 하나 이 조목은 빼놓을 수 없다. 절록하는 것이 좋겠다." 하였다. 실제 규 1970 『어정대학유의』 권14를 보면, 이 항목이 삭제되어 윤(B)의 의견이 관철된 것으로 여겨진다. |
| | ⑫ 周子曰或問 | – | B | C(BX) | 『대학연의보』 권72 숭교화 명도학이성교 하에 나오는 부분이다. 정조(C)는 윤(B)의 의견에 반대하여 이 조목은 삭제하도록 하였다. 규 1970 『어정대학유의』 권14를 보면, 주자의 말씀 3항목의 본문 가운데 '周子曰 |

| 『유의평례』 권첨 및 교열 항목 수 | 교열 항목 | 서형수 (A) | 윤광안 (B) | 정조(C) 최종 결정 및 선택 | 정조(C)의 최종 결정 내용 |
|---|---|---|---|---|---|
| | | | | | 或問'의 본문의 전문이 수록되었고 주석은 삭제되었으며, 나머지 2항목인 '聖希天' 조목과 '聖人之道'의 본문 및 주석들은 모두 삭제되었다. |
| | ⑬ 周易易有太極 | A | B | C(AO, BO) | 『대학연의보』 권73 숭교화 본경술이위교 상지상에 나오는 부분이다. 정조(C)는 윤(B)과 서(A)의 '易有太極' 항목 아래 구씨의 안설 중 '生八' 아래의 글자 추가와 가일배법에 대한 의논을 절충하였다. 규 1970『어정대학유의』 권14를 보면, 『주역』에서 인용한 4항목의 본문이 수록되었고, 주석은 모두 생략되었으며, 다만 4번째 인용 본문인 '天地定位' 다음에 주희가 인용한 부분 중 소자(邵子)가 언급한 부분만 발췌되어 실렸다. 이는 『주역』「계사」 상, 11장 '易有太極'장의 내용이 종합되고, 소강절의 선천 역학을 주석으로 넣은 것이다. |
| 권2 卷15籤 (24) 崇敎化 | ⑭ 吳澂曰 漢興得先儒所記 | - | B | C(BO) | 『대학연의보』 권76 숭교화 본경술이위교 중에 나오는 부분이다. 정조(C)는 윤(B)의 의견을 일부 수용하여 "'子所雅言章', '興於詩章', 주자 주, 정자 주, '經解'의 대문, 정자 설, 주자 설이 초록할 조목들이다." 하였다. 실제 규 1970『어정대학유의』 권14를 보면, 이 항목과 '子所雅言章'의 항목, '興於詩章'의 항목과 주자 및 정자의 주석, '經解 孔子曰'의 항목은 모두 수록되지 않아서 정조(C)가 결정한 내용이 반영되지 않은 것으로 여겨진다. |
| | ⑮ 或問論語以何爲要 | - | B | C(BX) | 『대학연의보』 권76 숭교화 본경술이위교 중에서 정이(程頤)가 논어에 관해 언급한 것 중 일부이다.<br>정조(C)는 윤(B)의 의견에 반대하여 "비록 불필요하게 중첩된 듯하나 이 조목이 구씨의 학력과 식견을 볼 수 있는 곳이니 그대로 두는 것이 좋겠다." 하였다. 규 1970『어정대학유의』 권14를 보면, 정조(C)가 언급한대로 이 항목과 이어서 '又曰 論語之書 其辭近 其指遠 辭有盡 指無窮 有盡者索之訓詁 無窮者要當會之以神' 항목이 연결되어 실렸다. |
| | ⑯ 程子曰學者 | - | B | C(BX) | 『대학연의보』 권77 숭교화 본경술이위교 하에 나오는 부분이다. 정조(C)는 윤(B)의 의견을 수용하여 "육경을 총론한 조목을 이미 초록했고 보면 사서(四書)를 아울러 말한 조목 또한 홀로 빠뜨려 둘 수는 없다." 하였다. 규 1970『어정대학유의』 권14를 보면, 이 항목 중에서는 '子頤曰 學者當以論語孟子 爲本 論語孟子旣治 則六經可不治而明矣' 부분만 발췌하여 실었고, 구준의 안은 생략하였다. 주자가 언급한 내용은 본문 중에서 '朱子曰 不先乎大學 … 論天下之事哉'를 발췌하여 실었다. |

| 『유의평례』 권첨 및 교열 항목 수 | 교열 항목 | 서형수 (A) | 윤광안 (B) | 정조(C) 최종 결정 및 선택 | 정조(C)의 최종 결정 내용 |
|---|---|---|---|---|---|
| 권2 卷15籤 (24) 崇教化 | ⑰ 王制凡養老 | – | B | C(BX) | 『대학연의보』 권79 숭교화 궁효제이돈화에 나오는 부분이다. 정조(C)는 윤(B)의 "이 조목 아래에, 본서 중 '有虞氏養國老'로 시작하는 항목 추가"에 대한 의견에 반대하였다. 규 1970 『어정대학유의』 권14를 보면, 이 항목만 실리고, '有虞氏養國老' 항목은 실리지 않았다. |
| | ⑱ 漢明帝帥羣臣養三老 | – | B | C(B) | 『대학연의보』 권79 숭교화 궁효제이돈화에 나오는 부분이다. 정조(C)는 윤(B)의 의견을 수용하여 "마씨(馬氏)의 설은 많이 수록할 필요가 없으며, 왕이 벽옹(辟雍)에 왕림하는 예는 또 아래 조목에 있으니 첨가해 실을 때 자세히 살펴야 할 것이다." 하였다. 규 1970 『어정대학유의』 권14를 보면, 이 항목과 '中元元年'의 항목이 발췌되어 실리고, 마단림의 주석과 구준의 안설도 발췌되어 수록되었다. |
| | ⑲ 季康子問政於孔子 | – | B | C(BX) | 『대학연의보』 권81 숭교화 근호상이솔민에 나오는 부분이다. 정조(C)는 윤(B)의 의견에 반대하여 "장무중(臧武仲)의 설과 육지의 설을 다시 첨가할 필요가 없다." 하였다. 규 1970 『어정대학유의』 권14를 보면, 이 항목은 실리고, 윤(B)이 주장한 '春秋左氏傳'의 항목 및 장무중과 육지의 주석은 삭제되었다. |
| | ⑳ 文翁爲蜀郡守仁愛好教化 | – | B | C(BO) | 『대학연의보』 권82 숭교화 광교화이변속에 나오는 부분이다. 정조(C)는 윤(B)의 의견을 절충하여 "'治蜀是已' 아래는 절록해야 할 것이다." 하였다. 규 1970 『어정대학유의』 권14를 보면, 이 항목과 구준의 안설이 발췌되었고, 한연수와 황패의 조목은 본문만 발췌되었다. |
| | ㉑ 韓延壽爲潁川太守 | – | B | C(BO) | 『대학연의보』 권82 숭교화 광교화이변속에 나오는 부분이다. 정조(C)는 서(A)의 의견인 "이 조목 중 '十人' 이하에, 본문 중 '設酒' 이하 8자를 첨가해 넣어야 아래 구절의 '因' 자가 비로소 아래위로 연접될 것입니다."에 동의하였다. 규 1970 『어정대학유의』 권14를 보면, '數十人' 이하에 '設酒食接以禮意' 7자를 넣어 다음 문장의 '因'과 연결되도록 하였다. |
| | ㉒ 秦彭遷山陽太守 | – | B | C(BO) | 『대학연의보』 권82 숭교화 광교화이변속에 나오는 부분이다. 정조(C)는 윤(B)의 의견을 절충하여 "진팽과 허형 이하는 그 사람은 그대로 수록해 두고 그 사적을 절록하는 것이 좋겠으며, 그중 추려 내지 않을 수 없는 것은 추려 내는 것도 좋겠다." 하였다. 규 1970 『어정대학유의』 권14를 보면, 이 항목이 발췌되었고, 이어 허형, 구람, 제소경, 진양의 사적이 발췌되어 실렸다. |

| 『유의평례』 권첨 및 교열 항목 수 | 교열 항목 | 서형수 (A) | 윤광안 (B) | 정조(C) 최종 결정 및 선택 | 정조(C)의 최종 결정 내용 |
|---|---|---|---|---|---|
| 권2<br>卷15籤<br>(24)<br>崇敎化 | ㉓ 朱子知漳州 | A | B | C(A, BX) | 『대학연의보』 권82 숭교화 광교화이변속에 나오는 부분이다. 정조(C)는 윤(B)의 의견을 수용하여 "주자에 관한 조목은 안설을 제외하고 절록(節錄)하도록 하라." 하였다. 규 1970 『어정대학유의』 권14를 보면, 이 항목 및 구준의 안설은 모두 삭제되었다. |
| | ㉔ 唐楊綰卒 太常諡文貞 | – | B | C(BX) | 『대학연의보』 권84 숭교화 거증익이권충에 나오는 부분이다. 정조(C)는 윤(B)의 의견에 반대하여 "당송(唐宋) 이후로 시법(諡法)은 모두 추려 내도록 하라." 하였다. 규 1970 『어정대학유의』 권14를 보면, 이 항목은 삭제되었다. |

위 〈표 7〉의 내용을 종합하면 다음과 같다.

1) 명예악의 교감은 『유의평례』 2 권12첨 6항목과 권13첨 7항목이다. 그중 권12첨 6항목은 명예악 총론예악지도 1건, 악률지제에 관련된 5건의 교감이 이루어졌고, 권13첨 7항목은 왕조지례 2건, 군국지례 1건, 가향지례 4건의 교감이 이루어졌다.

첫째, 권12첨 6항목의 교감을 살펴보면, 총론예악지도 1건은 ①'論語 有子曰禮之用 和爲貴'이다. 정조(C)는 윤(B)의 의견을 수용하여 이 항목 다음에 정이의 주석을 넣고, 범조우 및 주희의 주석은 삭제하였다. '又曰'로 이어지는 부분은 정이의 주석이 추가된 것이다. 악률지제에 관한 것은 ②, ③, ④, ⑤, ⑥의 5건이다. ②'典同掌六律六同之和'의 경우, 정조(C)는 서(A)의 의견인 '전동(典同)에 관한 한 조목은 악률의 근본입니다.'를 수용하여 이 항목을 그대로 실었다. ③'是故先王發以聲音'의 경우, 정조(C)는 서(A)의 의견을 수용하여 두우의 자성(子聲)에 관한 설인 '杜佑通典曰 十二律相生之法' 항목은 그대로 싣도록 하였다. ④'杜佑通典曰 十二律相生之法'은 3가지 의견이 조율되었다. 정조(C)는 3가지 모두 서(A)의 의견을 수용하여 두우의 자성(子聲)에 관한 설인 '杜佑通典曰 十二律相生之法' 항목은 그대로 싣도록 하였고, 본문의 내용 중에 '부씨(鳧氏)' 이하는 주단청의 『율려정의』 중에 인용된 『통전』에 근거하여 정조가 조율한 내용을 싣도록 하였으며, 본문 다음에 채원정의 주석을 싣고, 주희의 주는 삭제하도록 하였다. ⑤'孔穎達禮疏曰黃鍾'의 경우, 정조(C)는 서(A)의 의견을 수용하여 "이 조목만 두면 '돌아가면서 궁이 되는 것이 60개에 그친다는 뜻에 대해 비록 초학자일지라도 그 대강을 알 수 있을 것이다." 하였다. 규 1970 『어정대학유의』 권11을 보면, 이 항목의 본문 및 채원정의 주석이 실리고, 구준의 안은 삭제되었다. ⑥'張子曰 聲音之道'의 경우, 정조(C)는 "장자(張子)의 이름은 경연에서도 피휘하지 않으니 더욱이 고칠 필요가 없다." 하였다. 규 1970 『어정대학유의』 권11을 보면, 장자의 이름은 피휘하지 않고 장재(張載)로 실렸다.

둘째, 권13첨 7항목을 살펴보면, 왕조지례는 ①, ②의 2건이다. ①'大僕掌正王之服位'의 경우, 정조(C)는 윤(B)이 주장한 "이 항목에 대한 구준의 안설 중 '시조(眡朝)' 이하의 설의(設疑)에 문제점이 있다."는 의견을 수용하였다. 규 1970 『어정대학유의』 권12를 보면, 이 항목의 본문 다음에 구준의 안은 간략하게 발췌되어 실렸다. ②'唐書玄宗以帝生日爲千秋節'의 경우, 정조(C)는 두 사람의 의견을 절충하여 "'在前代' 이하를 그대로 두고 '今承前代' 이하 18자를 첨가해 넣도록 하라." 하였다. 규 1970 『어정대학유의』 권12를 보면, 구씨의 안중 일부 내용이 발췌되어 실렸다. 군국지례는 ③의 1건이다. ③'月令季冬之月'의 경우, 윤(B)은 항목의 삭제를, 서(A)는 그대로 두자는 의견이었다. 정조(C)는 두 사람의 의견이 모두 옳다고 하였다. 실제 규 1970 『어정대학유의』 권12를 보면, 이 항목 다음에 진호와 진상도의 주가 생략되고, 대신 '宋志立春前五日'의 항목 다음에 있는 구준의 주석이 발췌되어 실렸다. 가향지례는 ④, ⑤, ⑥, ⑦의 4건이다. ④'文中子曰 冠禮廢'의 경우, 2가지 의견이 조율되었다. 하나는 정조(C)는 윤(B)의 의견을 절충하였는데, 이 항목 다음에 주자의 『가례』서문 첫째 단락과 둘째 단락을 싣는 것에 합의를 보았고, 구씨의 안을 선택해서 싣는 것은 의견이 일치하지 않았다. 또 하나는 『가례』 서문 둘째 단락 다음의 구준의 안 중 발췌하는 부분의 의견이 일치하지 않았다. 규 1970 『어정대학유의』 권12를 보면, 이 항목 다음에 주자의 『가례』 서문 첫째 단락과 둘째 단락이 실리고 의견의 일치를 보지 못했던 구준의 안은 모두 삭제되었다. ⑤'曲禮曰 凡爲人子之禮'의 경우, 정조(C)는 『예기』를 인용할 때는 단락을 합칠 수 있는 곳은 단락을 합쳐서 쓰도록 하는 범례를 정하였다. 규 1970 『어정대학유의』 권12를 보면, 이 항목 다음에 『예기』에서 인용된 5개 항목의 본문이 모두 합쳐지고, 각 본문에 붙인 주석은 모두 생략되었다. ⑥'士冠禮曰 筮于廟門'의 경우 정조(C)는 윤(B)의 의견에 반대하여 혼례와 제례는 응당 내용을 간추려 뽑아서 첨가해 실을 것이며, 관례 조목 중 긴요하지 않은 어구(語句)는 추려 내도록 하였다. 규 1970『어정대학유의』권12를 보면, 이 항목과 축사가 실렸다. ⑦ '左傳莊公二十七年'의 경우 정조(C)는 윤(B)의 의견에 반대하여 이 항목을 그대로 두도록 하였다. 실제 규 1970『어정대학유의』권12를 보면, '左傳莊公二十七年'의 내용은 물론 '女子歸寧之禮'의 항목은 모두 삭제되어 윤(B)의 의견이 관철된 것으로 여겨진다.

2) 질제사의 교감은『유의평례』2 권14첨 9항목이다. 교사천지지례 1건, 종묘향사지례 2건, 국가상사지례 2건, 내외군사지례 1건, 제고기도지례 1건, 석전선사지례 1건, 기타 1건 등이다.

첫째, 교사천지지례 1건은 ①'大司樂凡樂圜鍾爲宮'이다. 정조(C)는 두 사람의 의견을 절충하여 "구씨의 설만 절록하라." 하였다. 규 1970『어정대학유의』권13을 보면, 이 항목의 위에 '周禮 大宗伯以禋祀 祀昊天上帝'의 본문이 실리고, 이 항목 다음에는 호굉 및 오징의 주석은 생략되고 구준의 안이 발췌되어 실렸다.

둘째, 종묘향사지례는 ③, ④ 2건이다. ③'月令仲春之月天子乃鮮'의 경우, 정조(C)는 윤(B)의 항목첨가에 대한 의견에 찬성하였다. 규 1970『어정대학유의』권13을 보면, 이 항목 앞에 '王制 天子七廟 三昭三穆 與太祖之廟而七'의 본문 및 구준의 안이 실렸고, 주희의 주석은 삭제되었다. 이 항목 다음에 진상도(陳祥道)의 주석 및 구준의 안이 실렸다. ④'致齋於內 散齋於外'의 경우, 정조(C)는 윤(B)의 항목첨가에 대한 의견에 반대하였다. 규 1970『어정대학유의』권13을 보면, 이 항목은 삭제되었다.

셋째, 국가상사지례는 ⑤, ⑥ 2건이다. ⑤'祭義 祭日於壇 祭月於坎'의 경우, 정조(C)는 두 사람의 의견을 수용하여 "여러 조목의 주장이 옳다." 하였다. 규 1970『어정대학유의』권13을 보면, 이 항목 다음에 방각(方慤)의 주 및 구준의 안, '大宗伯 以槱燎祀中司命 飌師雨師'의 본문, '天府 若祭天之司民司錄 而獻民數穀數 則受而藏之'의 본문 및 구준의 안이 실렸다. ⑥'宋眞宗大中祥符五年'의 경우, 정조(C)는 서(A)의 "이 조목 아래 진씨의 설은 득실을 막론하고 모두 역대의 전장(典章)에 관계되니, 그대로 두어야 할 것입니다."라는 의견에 찬성하였다. 규 1970『어정대학유의』권13을 보면, 서(A)의 의견이 반영되어 이 항목 다음에 진순(陳淳)의 주 및 구준의 안이 발췌되어 실렸다.

넷째, 내외군사지례는 ⑦'以上內外羣祀之禮'이다. 정조(C)는 윤(B)의 "본서 중 이 조목 위 구씨의 설에서 황조(皇朝)의 제도를 논한 부분은 간추려서 첨가해 넣어야 할 듯합니다." 의견을 수용하였다. 실제 규 1970『어정대학유의』권13을 보면, 실제 이 항목 위의 구준의 안은 삭제되어 윤(B)의 의견은 수용되지 않은 것으로 여겨진다.

다섯째, 제고기도지례는 ⑧'大雅生民曰厥 初生民'이다. 정조(C)는 서(A)의 "이 조목은 추려 내고, 본서 중『예기』월령(月令) 조목을 대신 넣어야 비로소 구씨의 설과 내용이 잘 맞을 것입니다." 의견에 찬성하였다. 규 1970『어정대학유의』권13을 보면, 실제로 이 항목과 주희의 주석이 생략되었고,『예기』월령의 '禮記月令 仲春之月'의 본문이 실렸고, '三代世表曰'의 항목 다음에 나오는 구준의 안이 발췌되어 실렸다.

여섯째, 석전선사지례 1건은 ⑨'歐陽脩曰 古者士之見師'이다. 정조(C)는 윤(B)의 "본서 중 이 조목 위 구씨의 설에서 황조(皇朝)의 제도를 논한 부분은 간추려서 첨가해 넣어야 할 듯합니다." 의견을 수용하였다. 실제 규 1970『어정대학유의』권13을 보면, 이 항목과 구준의 안은 삭제되었고, 그 아래의 웅화의 본문 및 송렴의 주석이 발췌되어 실렸다.

일곱째, 기타 1건은 ②'禮器條以下諸條之當添'이다. 이 항목은 정조(C)가 방첨으로 뽑았다가 없앤 것이어서 어느 내용인지 알 수 없다.

3) 숭교화의 교감은『유의평례』2 권15첨 24항목이다. 총론교화지도 1건, 설학교이입교 6건, 명도학이성교 5건, 본경술이위교 4건, 궁효제이돈화 2건, 근호상이솔민 1건, 광교화이변속 4건, 거증익이권충 1건 등이다

첫째, 총론교화지도 1건은 ①'周禮大司徒'이다. 정조(C)는 윤(B)의 의견에 반대하여 "이미 순전(舜典)의 오교(五教)를 실었으면 무성편의 오교는 중첩하여 실을 필요가 없으며, 그 아래 구씨의 설도 신기한 내용이 없다." 하였다. 규 1970『어정대학유의』권14를 보면, '周禮大司徒' 항목 앞에 '書舜典 帝曰 契 百姓不親 五品不遜 汝作司徒敬敷五教在寬'의 본문만 실렸다.

둘째, 설학교이입교는 ②, ③, ④, ⑤, ⑥, ⑦의 6건이다. ②'文王有聲曰鎬京辟廱'의 경우, 정조(C)는 윤(B)이 "이 조목 아래 '子衿'과 '菁菁者莪' 두 시를 추가하는 것이 좋겠다는" 의견에 대해 "두 시의 소서는 본경과 차이가 있고 또『집전』과 같지 않아 초록할 필요가 없다."고 하였다. 규 1970『어정대학유의』권14를 보면, '文王有聲曰鎬京辟廱'의 항목 다음에 나오는 '子衿'과 '菁菁者莪'의 두 시는 생략되었다.

③'大司樂掌成均之法'의 경우, 정조(C)는 윤(B)의 의견을 일부 수용하여 "소주는 아직 그 범례를 세우지 못했다. 오씨(吳氏)의 주는 당연히 절록해야 한다." 하였다. 규 1970『어정대학유의』권14를 보면, 경문에 소주는 달지 않았고, 이 항목 다음에 정현, 가공언, 여조겸의 주석 및 구준의 안이 생략되었고, 오징의 주석은 발췌되어 실렸다. ④'禮記王制曰天子命之教'의 경우, 정조(C)는 윤(B)의 의견에 반대하여 "이미 초록한 것이 사술(四術)과 사교(四教)가 아님이 없으니, 이 단락은 추가로 초록할 필요가 더욱 없다." 하였다. 규 1970『어정대학유의』권14를 보면, 이 항목 다음에 '學正崇四術'로 시작하는 본문은 삭제되고, 다음에 나오는 '王太子王子 群后之太子'의 본문이 연결되었다. ⑤'比年入學中年考校'의 경우, 정조(C)는 이 조목들이 번다하여 절록할 것을 결정하였다. 규 1970『어정대학유의』권14를 보면,『학기』에서 인용된 5항목의 본문들이 발췌되어 합쳐지고 각 주석은 생략되었다. ⑥'漢董仲舒對策曰 王者南面而治'는 규 1970『어정대학유의』권14를 보면, 이 항목과 구준의 안이 발췌되어 실렸고, 이 항목 위의 '尙書大傳'의 본문 및 구준의 안이 실렸으며 이어서 '孟子設爲庠序'의 본문이 발췌되어 실렸다. ⑦'朱子感興詩曰 聖人司教化'의 경우, 정조(C)는 윤(B)의 의견에 반대하여 "사물잠(四勿箴)에 '정자(程子)' 두 자를 이미 그대로 두었으니, 지금 이 경우도 같은 예이다." 하였다. 규 1970『어정대학유의』권14를 보면, 이건은 범례에 관한 것으로 정조(C)의 의견대로 이 항목 위에 '朱子曰'로 시작하는 항목이 있어도 '朱子' 두 자는 그대로 두었다.

셋째, 명도학이성교는 ⑧, ⑨, ⑩, ⑪, ⑫의 5건이다. ⑧'書說命曰 學于古訓'의 경우, 정조(C)는「열명」한 편은 만세 학문의 종지이니, 절취하여 수록하도록 하였다. 규 1970『어정대학유의』권14를 보면,『대학연의보』권70 명도학이성교 상의「열명」에서 인용된 3항목의 본문들이 합쳐지고, 각 항목에 붙은 채침의 주석은 생략되었으며 구준의 안은 발췌되어 실렸다. ⑨'論語子曰 學而時習之'의 경우, 정조(C)는 "『논어』수장(首章)의 뜻은 깊고도 넓으니, 안설은 추려 내야 할 것이다." 하였다. 규 1970『어정대학유의』권14를 보면,『논어』에서 인용된 공자의 말씀 13항목의 본문 가운데 2개의 본문만 발췌되었고, 나머지 본문 및 주석들은 모두 삭제되었으며, '君子博學於文'에 붙은 구준의 안설은 발췌되어 실렸다. ⑩'子曰 弟子入則孝'의 경우, 정조(C)는 윤(B)의 의견에 반대하여 논어의 수장이 지극하고 극진하니, 이 세 단락은 더 초록해 넣을 필요가 없다고 하였다. 규 1970『어정대학유의』 권14를 보면, 이 항목은 채택되지 않았다. ⑪'中庸曰 天下之達道五'의 경우, 정조(C)는 윤(B)의 의견에 반대하여 "이 단락은 비록 원편에 보이기는 하나 이 조목은 빼놓을 수 없다. 절록하는 것이 좋겠다." 하였다. 실제 규 1970『어정대학유의』 권14를 보면, 이 항목이 삭제되어 윤(B)의 의견이 관철된 것으로 여겨진다. ⑫'周子曰或問'의 경우, 정조(C)는 윤(B)의 의견에 반대하여 이 조목은 삭제하도록 하였다. 규 1970『어정대학유의』 권14를 보면, 주자의 말씀 3항목의 본문 가운데 '周子曰或問'의 본문의 전문이 수록되었고, 주석은 삭제되었으며, 나머지 2항목인 '聖希天' 조목과 '聖人之道'의 본문 및 주석들도 모두 삭제되었다.

넷째, 본경술이위교는 ⑬, ⑭, ⑮, ⑯의 4건이다. ⑬'周易易有太極'의 경우, 정조(C)는 윤(B)과 서(A)의 '易有太極' 항목 아래 구씨의 안설 중 '生八' 아래의 글자 추가와 가일배법에 대한 의논을 절충하였다. 규 1970『어정대학유의』 권14를 보면,『주역』에서 인용한 4항목의 본문이 수록되었고, 주석은 모두 생략되었으며, 다만 4번째 인용 본문인 '天地定位' 다음에 주희가 인용한 부분 중 소자(邵子)가 언급한 부분만 발췌되어 수록되었다. 이는『주역』「계사」 상, 11장 '易有太極'장의 내용이 종합되고, 소강절의 선천 역학을 주석으로 넣은 것이다. ⑭'吳澂曰 漢興得先儒所記'의 경우, 정조(C)는 윤(B)의 의견을 일부 수용하여 "'子所雅言章', '興於詩章', 주자 주, 정자 주, '經解'의 대문, 정자 설, 주자 설이 초록할 조목들이다." 하였다. 실제 규 1970『어정대학유의』 권14를 보면, 이 항목 및 '子所雅言章'의 항목, '興於詩章'의 항목과 주자 및 정자의 주석, '經解 孔子曰'의 항목이 모두 수록되지 않아서 정조(C)가 결정한 내용이 반영되지 않은 것으로 여겨진다. ⑮'或問論語以何爲要'의 경우, 정조(C)는 윤(B)의 의견에 반대하여 "비록 불필요하게 중첩된 듯하나 이 조목이 구씨의 학력과 식견을 볼 수 있는 곳이니 그대로 두는 것이 좋겠다." 하였다. 규 1970『어정대학유의』 권14를 보면, 이 항목과 이어서 '又曰 論語之書 其辭近 其指遠 辭有盡 指無窮 有盡者索之訓詁 無窮者要當會之以神' 항목이 연결되어 실렸다. ⑯'程子曰學者'의 경우, 정조(C)는 윤(B)의 의견을 수용하여 "육경을 총론한 조목을 이미 초록했고 보면 사서(四書)를 아울러 말한 조목 또한 홀로 빠뜨려 둘 수는 없다." 하였다. 규 1970『어정대학유의』 권14를 보면, '程子曰學者'의 항목 중에서는 '子頤曰 學者當以

論語孟子 爲本 論語孟子旣治 則六經可不治而明矣' 부분만 발췌되어 실렸고, 구준의 안은 생략되었다. 주자가 언급한 내용은 본문 중에서 '朱子曰 不先乎大學 …論天下之事哉'가 발췌되어 실렸다.

다섯째, 궁효제이돈화는 ⑰, ⑱의 2건이다. ⑰'王制凡養老'의 경우, 정조(C)는 윤(B)의 "이 조목 아래에, 본서 중 '有虞氏養國老'로 시작하는 항목 추가"에 대한 의견에 반대하였다. 규 1970『어정대학유의』 권14를 보면, 이 항목만 실리고, '有虞氏養國老' 항목은 실리지 않았다. ⑱'漢明帝帥羣臣養三老'의 경우, 정조(C)는 윤(B)의 의견을 절충하여 "마씨(馬氏)의 설은 많이 수록할 필요가 없으며, 왕이 벽옹(辟雍)에 왕림하는 예는 또 아래 조목에 있으니 첨가해 실을 때 자세히 살펴야 할 것이다." 하였다. 규 1970『어정대학유의』 권14를 보면, 이 항목과 '中元元年'의 항목이 발췌되어 실리고, 마단림의 주석과 구준의 안설도 발췌되어 수록되었다.

여섯째, 근호상이솔민 1건은 ⑲'季康子問政於孔子'이다. 정조(C)는 윤(B)의 의견에 반대하여 "장무중(臧武仲)의 설과 육지의 설을 다시 첨가할 필요가 없다." 하였다. 규 1970『어정대학유의』 권14를 보면, 이 항목의 본문만 실리고, 윤(B)이 주장한 '春秋左氏傳'의 항목 및 장무중과 육지의 주석은 삭제되었다.

일곱째, 광교화이변속은 ⑳, ㉑, ㉒, ㉓의 4건이다. ⑳'文翁爲蜀郡守仁愛好教化'의 경우, 정조(C)는 윤(B)의 의견을 절충하여 "'治蜀是已' 아래는 절록해야 할 것이다." 하였다. 규 1970『어정대학유의』 권14를 보면, 이 항목과 구준의 안설이 발췌되었고, 한연수와 황패의 조목은 본문만 발췌되었다. ㉑'韓延壽爲潁川太守'의 경우, 정조(C)는 서(A)의 의견인 "이 조목 중 '十人' 이하에, 본문 중 '設酒' 이하 8자를 첨가해 넣어야 아래 구절의 '因' 자가 비로소 아래위로 연접될 것입니다."에 동의하였다. 규 1970『어정대학유의』 권14를 보면, '數十人' 이하에 '設酒食接以禮意' 7자를 넣어 다음 문장의 '因'과 연결되도록 하였다. ㉒'秦彭遷山陽太守'의 경우 정조(C)는 윤(B)의 의견을 절충하여 "진팽과 허형 이하는 그 사람은 그대로 수록해 두고 그 사적을 절록하는 것이 좋겠으며, 그중 추려 내지 않을 수 없는 것은 추려 내는 것도 좋겠다." 하였다. 규 1970『어정대학유의』 권14를 보면, 이 항목과 허형, 구람, 제소경, 진양의 사적이 발췌되어 실렸다. ㉓'朱子知漳州'의 경우, 정조(C)는 윤(B)의 의견을 수용하여 "주자에 관한 조목은 안설을 제외하고 절록(節錄)하도록 하라." 하였다. 규 1970

『어정대학유의』 권14를 보면, 이 항목과 구준의 안설은 모두 삭제되었다.

여덟째, 거증익이권충 1건은 ㉔'唐楊綰卒太常謚文貞'이다. 정조(C)는 윤(B)의 의견에 반대하여 "당송 이후로 시법은 모두 추려 내도록 하라." 하였다. 규 1970 『어정대학유의』 권14를 보면, 이 항목은 삭제되었다.

## 5.6. 비규제와 신형헌의 세목 구성, 교감 내용 및 결과

### 5.6.1. 비규제와 신형헌의 세목 구성

비규제 15권(권85~권99)은 육부 중 공부(工部)에 해당하고, 신형헌 14권(권100~권113)은 육부 중 형부(刑部)에 해당한다. 각 세목에 대해 설명하면 다음과 같다.

비규제 15권(권85~권99)은 16세목이다. 권85 도읍지건 상, 권86 도읍지건 하, 권87 성지지수, 권88 궁궐지거, 권89 유유지설, 권90 면복지장과 새절지제, 권91 여위지의, 권92 역상지법 상, 권93 역상지법 하, 권94 도적지저, 권95 권량지근, 권96 보옥지기, 권97 공작지용, 권98 장복지변과 서예지역, 권99 우전지치와 도도지비 등이다.

첫째, 권85~권86 도읍지건 상·하는 건도의 장소와 경사의 사민책을 다루었다. 『서경』 우공(禹貢)에 "기주(冀州)[445]는 제도지지(帝都之地)"라고 하였고, 구준이 이에 안설을 붙여 "하대에 천하를 9주로 나누었는데 기주는 중국의 북쪽에 있다. 건도의 장소는 천시(天時), 지세(地勢)와 인심(人心)을 얻어야 하는 것이다."라고 하였다.[446] 은(殷, 통치기간 B.C.1766~B.C.1122)의 도읍지는 기주였고, 주(周, B.C.1134~B.C.250)의 무왕은 은나라를 멸망시키고 호경(鎬京, 西安 부근)에 수도를 정하였다. B.C.770에

445) 기주(冀州), "기주(冀州)는 현재의 허베이성(河北省) 중남부와 산둥성 서부, 허난성 북부에 존재한 중국 역사상의 옛 행정 구역이며, 구주(九州) 중 한 곳으로 전해 내려오는 지역이다. 후한 13주 중 한 지역이며, 중심지는 고읍(高邑, 현재의 허베이성 스자좡시 가오이현)이다. 조위말엽 중심지가 안평군 신도현으로 옮겨졌다. 이후 수나라부터 주현제가 실시될 때는 안평군이 기주로 대체되었다."(위키백과)

446) 구준, 『대학연의보』 권85 都邑之建 上. 冀州. "書 禹貢曰 冀州 … 臣按 … 虞夏之時 天下分爲九州 冀州在中國之北 … 自古建都之地 上得天時 下得地勢 中得人心…"

견융(犬戎)의 침입으로 수도를 낙읍(洛邑 또는 洛陽)으로 옮겼다. 이 사건을 기점으로 서주시대와 동주시대로 나누어진다. 구준은 "진시황 26년(B.C.221)에 천하의 호걸(豪桀) 12만호를 함양으로 옮겼는데 이 사건이 천하의 많은 백성들을 옮겨 경사의 실상을 채우기 위한 시작점이다."라고 하였다.[447] 이후 사민은 새로운 국가의 수도가 결정되면 필요에 따라 이루어졌다.

둘째, 권87 성지지수는 성지의 설치와 성곽의 축성을 다루었다. 성지와 성곽의 설치에 대해서 『역경』 감괘(坎卦) 단사(彖辭)에 보면, "하늘의 험함은 가히 오르지 못함이요 땅의 험함은 산과 내와 구릉이니 왕공이 험한 곳에 [성곽(城郭)과 구지(溝池)를] 설치하여 그 나라를 지키니 험함의 때와 쓰임이 크도다."라고 하였다.[448] 구준은 이에 안설을 붙여 "옛날부터 제왕은 험(險)에 의지해서 나라를 세운다. 험에는 세 가지가 있으니 천험(天險), 지험(地險), 인험(人險)이며 이는 천리, 지세, 인력을 의미한다. 따라서 제왕이 천도와 지세를 따라서 성곽, 구지, 관애(關隘), 정장(亭障)을 만드는 것은 모두 나라를 지키는 것이다."라고 하였다.[449]

셋째, 권88 궁궐지거는 궁궐의 조성과 건축을 다루었다. 이와 관련하여 모시(毛詩)의 서문을 보면, "'定之方中'은 위(衛)나라 문공(文公)을 찬미하여 지은 시이다. 문공이 초구에 옮겨 살면서 비로소 성과 도시를 세우고 궁실을 운영하였는데, 그때와 제도가 얻어지니 모든 백성들이 설득되어 나라와 집안이 그곳에서 번성하고 부유하여 졌다."라고 하였다.[450] 구준은 이에 안설을 붙여 "고인은 궁궐을 짓는 일에 천시(天時), 지세(地勢), 토지의 적합 여부를 고려하였고, 인사(人事)를 다한 것만이 아니고 귀신에게도 질정하였다."라고 하였다.[451]

---

447) 구준, 『대학연의보』 권86 都邑之建 下. 秦始皇二十六年. "秦始皇二十六年 徙天下豪桀十二萬戶於咸陽 臣按 此後世起天下富民 塡實京師之始"

448) 구준, 『대학연의보』 권87 城池之守. 易坎之彖. "易 坎之彖 曰天險 不可升也 地險 山川丘陵也 王公設險 以守其國 險之時用 大矣哉"

449) 구준, 『대학연의보』 권87 城池之守. 易坎之彖. 丘濬按. "臣按 自古帝王必依險以立國 所謂險者有三焉 天險也 地險也 人險也 天險者 本天之理 地險者 因地之勢 人險者 用人之力 … 王公因天之道 順地之勢 爲之城郭 爲之溝池 爲之關隘 爲之亭障 皆所以守其國也…"

450) 구준, 『대학연의보』 권88 宮闕之居. 詩序曰 定之方中. "詩序曰 定之方中 美衛文公也 文公徙居楚丘 始建城市而營宮室 得其時制 百姓說之 國家殷富焉"

451) 구준, 『대학연의보』 권88 宮闕之居. 詩序曰 定之方中. 丘濬按. "臣按 古人作事 必順天時 察地勢

넷째, 권89 유유지설은 왕실의 화원과 과원의 설치를 다루었다. 이에 관련하여 『주례』에 보면, "유인(囿人)이 유유(囿游)의 수금(獸禁)을 담당하는 것이다. 온갖 짐승을 기르는 것은 제사, 상기(喪紀), 빈객에 산 짐승과 죽은 짐승을 제공하기 위한 것이다."라고 하였다.[452] 구준이 이에 안설을 붙여 "유유는 나라의 동산[苑囿]에 울타리를 치고 짐승을 기르는 곳으로 두루 다니면서 구경하는 곳이다. 이곳은 온갖 짐승을 길러 제사, 상기, 빈객에 제공하고 왕이 정사의 한가한 때에 잠시 다니면서 보고 즐기는 장소이다."라고 하였다.[453]

다섯째, 권90 면복지장과 새절지제는 면복과 새절(璽節)의 연혁과 제도를 다루었다. 면복의 기원은 『서경』에 보면, "내가[순임금] 고인의 형상을 보아 해·달·별·산·용·꿩의 육장문(六章紋)을 그리고, 호유(虎蜼, 호랑이와 원숭이)·수초·불·흰쌀·도끼 문양, 아자문(亞字紋)의 육장문을 수놓아 5가지 색으로 채색하여 옷을 만들고자 하니 그대가 밝혀주어야 한다."라고 하였다.[454] 이러한 순제의 12장복은 주대에 대구면(大裘冕), 곤면(袞冕), 별면(鷩冕), 취면(毳冕), 희면(希冕), 현면(玄冕)의 6면 6복으로 제도화되었다.[455] 송에서는 6면 6복의 면복에서 대구면·곤면만을 채택하였다. 명에서는 곤면[곤룡포와 면류관] 하나로 행례하였다. 이러한 면복이 중국 주변의 민족들에게 제왕의 관복으로 인식된 것은 당대 이후 한족의 문화권이 광대해지고, 중국에서 북쪽 번방의 왕들에게 번병(藩屛)의 표신으로 사여되기 시작하면서부터이다.[456] 새절의 기원은 『주례』 지관에 보면, "사시(司市)는 시의 정사를 담당하는 직분인데, 무릇 재화를 유통시키는 자는 새절[印章]을 썼다."라는 기록이 있고,[457] 『좌전(左傳)』에 보면,

---

審土宜 不徒盡夫人事也而又質之鬼神焉"

452) 구준, 『대학연의보』 권89 囿游之設. 周禮囿人. "周禮囿人 掌囿遊之獸禁 牧百獸 祭祀 喪紀 賓客 共其生獸死獸之物"

453) 구준, 『대학연의보』 권89 囿游之設. 周禮囿人. 丘濬按. "臣按 周官囿遊 蓋謂苑囿遊觀之處 … 所以然者 爲共祭祀 喪紀 賓客三者而已 故當政事閑暇之時 而爲遊行觀省之樂"

454) 구준, 『대학연의보』 권90 冕服之章. 書帝曰. "書 帝曰 予欲觀古人之象 日 月 星辰 山 龍 華蟲作會 宗彝 藻 火 粉米 黼 黻 絺繡 以五采彰施於五色作服 汝明"

455) 구준, 『대학연의보』 권90 冕服之章. 司服掌王之吉凶衣服. "司服掌王之吉凶衣服 辨其名物 與其用事 王之吉服 祀昊天上帝 則服大裘而冕 祀五帝亦如之 享先王 則袞冕 享先公饗射 則鷩冕 祀四望山川 則毳冕 祭社稷五祀則希冕 祭群小祀 則玄冕"

456) 한국민족문화대백과사전, 면복(冕服). https://100.daum.net/encyclopedia/view/14XXE0018146

"노양공이 29년에 초나라에서 노나라로 돌아오는데, 방성에 도착했을 때, 노의 계무자(季武子)가 변읍(卞邑)을 점령했다. 공야로 하여금 인장을 찍어 편지를 봉하여 양공에게 전달하게 하였다."라고 하였고, 구준이 이에 안설을 붙여 "진 이후에 천자만이 사용하는 인장을 '璽'라고 칭하고, 천자의 제조(制詔)를 새서라 일컫게 되었다."라고 하였다.[458] 『한구의(漢舊儀)』[459]에 의하면, "새는 모두 백옥에 이호(螭虎) 끈을 사용하는데, 육새는 황제행새(皇帝行璽), 황제지새(皇帝之璽), 황제신새(皇帝信璽), 천자행새(天子行璽), 천자지새(天子之璽), 천자신새(天子信璽)이다. 황제행새는 제후왕을 봉할 때 사용하고, 황제신새는 병사를 일으켜 대신을 소집할 때 사용하며, 천자행새는 외국 사절을 책배하거나 천지와 귀신을 섬길 때 사용한다."라고 하였다.[460] 이것이 한나라 육새 제도의 시작이며 후세에 이를 준용하였다.

여섯째, 권91 여위지의는 여의 종류와 관련 기물의 의미를 다루었다. 여의 종류는 『주례』에 보면, "황제가 타는 다섯 가지 수레[五輅 또는 五路]는 옥로(玉路), 금로(金路), 상로(象路), 혁로(革路), 목로(木路)이다."라고 하였고, 구준은 이에 안설을 붙여, "주나라 사람들이 여를 숭상하여 이미 동관(冬官)에 여인(輿人) 등의 관직을 설치하여 수레 만드는 일을 맡게 하였고, 건거(巾車)의 관직을 설치하여 춘관(春官)에 속하도록 하였다. 춘관은 나라의 예를 관장하는데 예에는 반드시 로를 타고, 로에는 반드시 장식을 하는데, 건은 장식을 하는 물건이다."라고 하였다.[461] 관련 기물의 의미는 진(軫), 륜(輪), 기(旗) 등에 대해 상세하게 다루었다.

일곱째, 권92~권93 역상지법 상·하는 천문과 역법을 다루었다. 역상지법 상은 중

---

457) 구준, 『대학연의보』 권90 璽節之制. 周禮地官. "周禮地官 司市 凡通貨賄 以璽節出入之"

458) 구준, 『대학연의보』 권90 璽節之制. 左傳 襄公二十九年. "左傳 襄公二十九年 公自楚還及方城 季武子取卞 使公冶問 璽書追而與之… 臣按 … 自秦以來 惟天子印得稱璽 其制詔謂之璽書 …"

459) 『한구의(漢舊儀)』는 후한 광무제 때 위굉(衛宏)의 저술로 4권이다. 전한시대의 제도에 대해 전체적으로 기술했는데, 관제뿐만 아니라 적전, 종묘, 춘잠, 제천 등 예제에 대해서도 폭넓게 기록하였다.

460) 구준, 『대학연의보』 권90 璽節之制. 漢舊儀. "漢舊儀曰 璽皆白玉螭虎紐 文曰皇帝行璽 皇帝之璽 皇帝信璽 天子行璽 天子之璽 天子信璽 凡六璽 皇帝行璽封賜諸侯王書 信璽發兵徵大臣 天子行璽策拜外國 事天地鬼神"

461) 구준, 『대학연의보』 권91 輿衛之儀. 周禮. "周禮 … 王之五路 一曰玉路 金路 象路 革路 木路 … 臣按 周人尙輿 旣於冬官設輿人等官掌作車之事 而又設巾車之官屬於春官者 蓋春官掌邦禮 禮必乘輅 輅必有其飾 巾者設飾之物也"

국 고대의 천문과 역법의 중요성을 다루었다.『역경』에 보면, “주역 비괘의 단에서 말하기를, 천문(天文)을 보아서, 사시(四時) 변화를 관찰한다.”라고 하였고, “혁괘의 상에서 말하기를, 연못 속에 불이 있는 것이 혁이니 군자는 책력을 만들어서 사시를 밝히는 것이다.”라고 하였다.[462] 천문을 관찰하고 책력을 만드는 중요한 일에 대해서『서경』홍범(洪範)에서도 “‘協用五紀’라 하였으니, 오기는 세(歲)·일(日)·월(月)·성신(星辰)·역수(曆數)이다.”라고 하였고, 이에 대해 구준은 “세·일·월·성신은 천문과 관련된 것이고, 역수는 인간에 의해 이루어지는 것이다. 따라서 오기를 협용하면 위로는 하늘의 운행을 관찰하고 아래로는 사람이 그것을 다스리니 마침내 천지합일(天地合一)이 된다.”라고 하였다.[463] 역상지법 하는 새로운 역법과 기기 제작 및 학설들을 다루었다. 새로운 역법에 대해서는 양자(揚子, 또는 揚雄, B.C.53~A.D.18)의『법언(法言)』중려(重黎)에 의하면, “어떤 이가 혼천(渾天)에 대해 물었다. 양자가 대답하기를, 낙하굉이 그것[渾天儀]을 발명하였고, 선우망인이 그것으로 [별을] 측량하였으며, 경중승[耿壽昌]이 그것[天體圖]을 제작하였다. 정밀하여 실제와 조금도 어긋남이 없었다. 어떤 이가 개천설(蓋天說)에 대해 물으니 양자가 대답하기를, 개천설 말인가 그것은 잘못된 것이다. 정밀한 이론이 아니다.”라고 하였다.[464] 이는 한나라의 양웅이 개천설을 논박하고 혼천설을 주장한 유명한 글이다. 개천설은 춘추전국시대부터 전한시대까지 널리 믿었던 ‘하늘은 둥글고 땅은 평평하다(天圓地方)’는 동양의 대표적인 우주구조론이다. 혼천설은 하늘이 땅을 둘러싸고 있어 마치 새알의 껍질이 노른자위를 싸고 있는 것과 같다는 우주관으로 하늘의 일월과 5위(五緯, 5행성)의 관측을 위한 기계인 혼천의의 제작의 기본이 되었다.[465] 한 무제(武帝)는 태초(太初) 원년(B.C.104) 여름에 기존에 사용하던 역법[秦의 顓頊曆]을 태초력으로 개정하고, 정월(음력 1월)을

---

462) 구준,『대학연의보』권92 曆象之法 上. 易賁之彖, 革之象. “易賁之彖曰 觀乎天文 以察時變 …革之象曰 澤中有火 革 君子以治曆明時”

463) 구준,『대학연의보』권92 曆象之法 上. 洪範. “洪範 四曰協用五紀 四 五紀 一曰歲 二曰月 三曰日 四曰星辰 五曰曆數 … 臣按 五者之紀 其中四者皆系於天 最後一者乃成乎人… 謂之曰協用五紀者 則天運於上 人爲於下 皆有以合而一之矣”

464) 구준,『대학연의보』권93 曆象之法 下. 揚子. “揚子 或問渾天 曰 落下閎營之 鮮于妄人度之 耿中丞象之 幾幾乎莫之能違也 請問蓋天 曰 蓋哉蓋哉 應難未幾也”

465) 한국민족문화대백과사전, 혼천설(渾天說). https://100.daum.net/encyclopedia/view/14XXE0063919

세수로 삼았으며 황색을 숭상하여 관인을 5글자로 바꾸고 그해를 태초원년이라 하였다.[466] 이 역법은 이후 대연력(大衍曆), 선명력(宣明曆), 기원력(紀元曆), 통천력(統天曆), 대명력(大明曆), 수시력(授時曆)으로 발전되었다.

여덟째, 권94 도적지저는 지도 제작과 서적 수집 및 관리에 관한 것을 다루었다. 지도 제작은 『주례』를 보면, "대사도의 직분은 국토의 지도와 그 인민의 숫자를 관장함으로써 왕을 도와 나라를 안정시키는 것이다."라고 하였고, 구준은 이에 주석을 붙여 "홍무 3년(1370) 위준민(魏俊民) 등 6인이 황명을 받아 천하 군현의 지리형세를 기록한 것은 『대명지(大明志)』이고, 영종(英宗) 황제시[천순 5년(1461)]에 명나라의 유신[이현(李賢)] 등이 왕의 뜻을 받들어 고금사적, 형승, 풍속 등을 편찬한 것이 『대명일통지(大明一統志)』이다."라고 하였다.[467] 서적 수집 및 관리는 진(秦)의 분서(焚書), 한(漢)의 서적수집과 유흠(劉歆)의 분류 해제 목록인 『칠략(七略)』 작성, 송대의 서적보관 제도 등을 구체적으로 다루었다.[468]

아홉째, 권95 권량지근은 도량형 제도와 표준제정을 다루었다. 도는 길이, 양은 부피, 형은 무게를 나타내는데, 이에 대응되는 기구를 보면 길이는 흔히 '자[尺]'로 재며, 부피는 됫말, 무게는 저울로 재는 것이 가장 일반적이다. 이러한 기구를 '도량형기(度量衡器)'라고 하고, 각각을 도기(度器: 자), 양기(量器: 말·되·홉), 형기(衡器: 저울)라고 부른다.[469] 『서경』 순전(舜典)에 의하면, "율과 도량형을 통일한다."고 하였고,[470] 진시황 26년(B.C.221)에 형석(衡石)·장척(丈尺)이 통일되었으며,[471] 송 태조는

466) 司馬遷, 『사기(史記)』 孝武帝本紀 43 太初曆. "夏 漢改曆 以正月爲歲首 而色上黃 官名更印章以五字 因爲太初元年"

467) 구준, 『대학연의보』 권94 圖籍之儲. 周禮 大司徒之職. "大司徒之職 掌建邦之土地之圖 與其人民之數 以佐王安擾邦國 … 臣按 國朝洪武三年 命儒士魏俊民等六人 編類天下郡縣地理形勢 降附始末 爲大明志 … 英宗皇帝乃命儒臣因其舊 脩成一書 命曰大明一統志 然所輯者皆沿前代之舊 載古今事跡 紀形勝 備風俗 考沿革 廣見聞 前古所未有也"

468) 구준, 『대학연의보』 권94 圖籍之儲. 秦始皇三十四年, 漢書藝文志序曰, 宋初有書萬餘卷.

469) 역사용어사전, 도량형(渾天說). https://100.daum.net/encyclopedia/view/177XX61300310

470) 구준, 『대학연의보』 권95 權量之謹. 舜典. "舜典 同律度量衡"

471) 구준, 『대학연의보』 권95 權量之謹. 秦始皇二十六年. "秦始皇二十六年 一衡石丈尺" 진시황의 통일된 도량형은 1척(尺) 23.1cm, 1승(升) 201mg, 1두(斗) 2010mL, 1근(斤)은 256.25g, 1석(石) 30.75kg으로 추정하였다.

가량(嘉量)과 권형(權衡)의 표준을 새로 정하였다.[472] 시대별로 도량형의 제도와 표준이 바뀌면서 발전하였다.

열 번째, 권96 보옥지기는 옥의 용도를 다루었다. 옥의 용도는『서경』순전에 의하면, "[요임금이] 다섯 개의 홀을 거두는데 한 달이 다 되었거늘, 이에 날마다 사방의 제후와 구주의 지방관들을 만나보시고 그들에게 홀을 나누어 주었다."라고 하였다.[473]『주례』춘관에 의하면, "대종백(大宗伯)은 "옥으로 육서(六瑞)를 만들어서 방국의 등급을 매긴다. 왕은 진규를 잡고, 공은 환규를 잡고, 후는 신규를 잡고, 백은 궁규를 잡고, 자는 곡벽을 잡고, 남은 포벽을 잡는다."라고 하였다.[474] 요임금의 오서(五瑞) 및 주의 육서(六瑞)는 규홀(圭笏)제도이며 옥으로 만든 규홀의 이름을 달리하여 신분별로 차이를 둔 것이다. 옥은 제사용품인 예기에도 사용되었는데,『주례』춘관에 의하면, "옥으로 여섯 가지 그릇을 만들어 천지사방에 제사를 지낸다. 창벽(蒼璧)으로 하늘에, 황종(黃琮)으로 땅에, 청규(青圭)로 동방에, 적장(赤璋)으로 남방에, 백호(白琥)로 서방에, 현황(玄璜)으로 북쪽에 제사를 지낸다."라고 하였다.[475] 따라서 예기로 분류될 수 있는 옥기는 창벽, 황종, 청규, 적장, 백호, 현황이다. 구준은『주례』동관(冬官) 고공기(考工記)에 나오는 '玉人之事'에 주석을 붙여, "성주(成周) 시대를 관찰해보면, 옥서와 옥기를 만드는 것은 신에게 제사지내고 예를 행하는 데 사용된 것만이 아니라 사시(四時)의 빈객에게 증정하거나 흉년에 진휼하거나 군사를 일으키기 위해 만들지 않은 적이 없었습니다. 그런데 후세에 만드는 까닭은 복식이나 완호용으로 만든 것이 많고, 심한 것은 노리개로 만드는 경우가 많습니다. 그래서 예를 위하여 만드는 경우는 대체로 드뭅니다. 옛날 사람이 옥을 덕에 비유한 것은 하늘을 섬기고 상제에게 제사지내는 기구였기 때문입니다. 그런데 평상의 대자리 사이에 가까이 두는 장난감으로 쓰니 그 불공함이 심합니다."라고 하였다.[476] 이는 옥이 옥서

---

472) 구준,『대학연의보』권95 權量之謹. 宋太祖詔有司. "宋太祖詔有司 精考古式 作爲嘉量 以頒天下 凡四方鬥斛 不中度 不中式者 皆去之 又詔有司 按前代舊式 作新權衡 以頒天下 禁私造者"

473) 구준,『대학연의보』권96 寶玉之器. 書 輯五瑞. "書 輯五瑞 旣月 乃日覲四嶽群牧 班瑞於群后"

474) 구준,『대학연의보』권96 寶玉之器. 春官 大宗伯. "春官 大宗伯 以玉作六瑞 以等邦國 王執鎭圭 公執桓圭 侯執信圭 伯執躬圭 子執穀璧 男執蒲璧"

475) 구준,『대학연의보』권96 寶玉之器. 以玉作六器. "以玉作六器 以禮天地四方 以蒼璧禮天 以黃琮禮地 以青圭禮東方 以赤璋禮南方 以白琥禮西方 以玄璜禮北方 皆有牲幣 各放其器之色"

와 옥기에서 복식이나 완호용, 노리개로 사용됨으로 인하여 불공함이 심해졌음을 탄식한 것이다.

열한 번째, 권97 공작지용은 공인들의 직책과 기술을 다루었다. 『서경』 순전에 의하면, "순임금이 말하기를 '누가 능히 내 백공(百工)의 일을 순리로 다스릴 사람인가' 물으니, 여러 신하가 말하기를 '수(垂)가 있습니다.'라고 하였다. 순임금이 말하기를 '옳거니. 아, 수야. 네가 백공에 이바지하도록 하라.'"고 하였다.[477] 백공들은 당시 8가지 재료인 주(珠), 상(象), 옥(玉), 석(石), 목(木), 금(金), 혁(革), 우(羽) 등을 가공하여 민생과 일용에 필요한 의복, 기계 등을 만들었다.[478]

열두 번째, 권98 장복지변과 서예지역은 장복(章服)제도와 서예(胥隸)의 역할을 다루었다. 장복제도는 『서경』 순전을 보면, "분명하게 공적을 심사하시고, 그 공로로 수레와 옷을 내리셨다."라고 하였고,[479] "당 태종 정관(貞觀) 4년(630)에 장복을 색에 따라 3품 이상 자색(紫色), 4품·5품 비색(緋色), 6품·7품 녹색(綠色), 8품·9품 청색(青色)으로 하였다."라고 하였다.[480] "송 초기는 오대(五代)의 제도를 답습하여 매년 세시(歲時)에 신하들에게 일상 집무복인 시복(時服)을 하사하였다."라고 하였고,[481] 태조 건륭(建隆) 3년(962)조 구준의 안설에 의하면, "비단과 베로 만든 도포인 금포(錦袍)를 하사하였는데, 공·후·부마·백에게 기린 문양, 문관에게 비조(飛鳥) 문양, 무관에게

---

476) 구준, 『대학연의보』 권96 寶玉之器. 玉人之事 丘濬按. "臣按 … 抑觀成周之世 所以爲玉瑞玉器者 無非爲祭神 行禮 致四時 贈賓客 卹凶荒 起軍旅而作 後世所以造作者 多以爲服飾 玩好 甚者以爲戲具 求其爲禮而作者蓋鮮矣 夫以古人比德之玉 所以事天享帝之具 而用以爲褻玩於床第之間 其不恭甚矣"

477) 구준, 『대학연의보』 권97 工作之用. 書帝曰. "書 帝曰 疇若予工 僉曰垂哉 帝曰 兪 咨垂汝共工"

478) 구준, 『대학연의보』 권97 工作之用. 周禮. "周禮 太宰以九職任萬民 五曰百工 飭化八材 鄭玄曰 八材 珠曰切 象曰磋 玉曰琢 石曰磨 木曰刻 金曰鏤 革曰剝 羽曰析 臣按 周太宰以九職任萬民 而必謹於百工飭化八材者 以民生日用 衣服器械之所由出也"

479) 구준, 『대학연의보』 권98 章服之辨. 書舜典曰. "書舜典曰 [五載一巡守 羣后四朝 敷奏以言] 明試以功 車服以庸"

480) 구준, 『대학연의보』 권98 章服之辨. 唐太宗貞觀四年. "唐太宗貞觀四年 詔三品以上服紫 四品五品服緋 六品七品以綠 八品九品以青"

481) 구준, 『대학연의보』 권98 章服之辨. 宋初因五代舊制. "宋初因五代舊制 每歲諸臣 皆賜時服 然止賜將相 學士 禁軍大校 建隆三年 太祖謂侍臣曰 百官不賜甚無謂也 乃徧賜之 歲遇端午 十月一日 文武群臣將校皆給焉"

주수(走獸) 문양의 금포를 내렸다."라고 하였다.[482] 이는 중국의 장복제도가 순임금에게서 시작되어 시대별로 잘 발전되었음을 알 수 있는 것이다. 서예의 역할은『주례』에 의하면, "천관총재는 모든 관부의 징령을 주관하고 그 여덟 직책을 다스린다. 다섯 번째는 부(府)니 관의 문서를 주관하여 문서와 기물을 다스리고, 여섯 번째는 사(史)니 관청의 문서를 주관하여 문서의 초안을 돕고, 일곱 번째는 서(胥)니 관서를 주관하여 서열을 다스리고, 여덟 번째는 도(徒)니 관령을 주관하여 명령을 전달한다."라고 하였다.[483] 구준은『주례』에 안설을 붙여 "천관총재의 팔직 중 부·사·서·도는 서인(庶人)으로 관에서 일하는 아전들이다. 부는 오늘날 창고에 저장된 물품을 관리하는 고장(庫藏) 직이고, 사는 이전(吏典)에서 문안을 담당하는 직이며, 서는 지금의 도리(都吏)이고, 도는 도리를 돕는 예졸(隸卒) 직이다."라고 하였다.[484]

열세 번째, 권99 우전지치와 도도지비는 우전(郵傳)을 통한 문서행정 체계와 도도(道涂: 도로와 수로)의 정비를 다루었다. 우전에 대해서는『주례』에 의하면, "경대부의 직은 국가에 큰 사고가 있으면 백성들로 하여금 각자 자기의 여(閭: 마을의 문)를 지켜 정령을 기다리게 하고, 정절(旌節: 왕명을 받고 온 사자)로 명령을 받들어 전달하도록 하였다."라고 하였다.[485] 이는 주대에 이미 국가적 공문서체계가 성립되어 있음을 알 수 있는 것이다. 또한 공문서를 전달하는 전사(專使)의 접대 및 숙식 제공을 위해『주례』에 의하면 "유인(遺人)이 향리의 위자(委積: 양식과 건초를 비축해 두는 것)로 빈객을 대접한다."라고 하였고, 구준은 이에 안설을 붙여 "이는 후세 역전(驛傳: 역참(驛站)에서 공문을 주고받던 일)의 늠전(廩田: 지방 관아의 경비조달을 위해 지급된 토지)을 의미하는 것이다."라고 하였다.[486] 도로와 수로의 정비는『주례』에 의하면, "사험(司險)이

---

482) 구준,『대학연의보』권98 章服之辨. 太祖建隆三年. "太祖建隆三年 … 臣按 此宋朝給賜錦袍之制 錦凡數樣 爲鳥獸之形 我朝定制 品官各有花樣 公侯駙馬伯 繡麒麟白澤 不在文武之數 文武官一品至九品 皆有應服花樣. 文官用飛鳥 象其文彩也 武官用走獸 象其猛鷙也 定爲常制 頒之天下…"

483) 구준,『대학연의보』권98 胥隸之役. 周禮. "周禮 宰夫掌百官府之徵令 辨其八職 五曰府 掌官契以治藏 六曰史 掌官書以贊治 七曰胥 掌官敘以治敘 八曰徒 掌官令以徵令"

484) 구준,『대학연의보』권98 胥隸之役. 周禮 臣按. "臣按 宰夫八職 其前四者皆王臣 此四者乃庶人在官者耳 府如今世掌庫藏之吏 史若今吏典掌文案者也 胥若今之都吏 所謂一胥則十徒 才智爲什長者也 徒若今隸卒之屬"

485) 구준,『대학연의보』권99 郵傳之置. 周禮. "周禮 鄕大夫之職 國有大故 則令民各守其閭以待政令 以旌節輔令則達之"

구주의 판도를 장악하여, 그 산림과 천택의 험조(險阻)를 두루 알아 도로를 통하게 하고, 나라에 5구(五溝)와 5도(五涂)를 설치하고, 나무를 심어 험하고 튼튼하게 하여, 모두 수금(守禁)이 있게 하고, 도로를 통하게 하여 나라에 변이 있게 되면, 번새(藩塞)가 길을 막아 지나는 자를 저지시켜 단속하고 오직 부절을 가진 자만이 통하게 한다." 라고 하였다.[487] 이에는 구혁(溝洫: 길가나 논밭 사이의 작은 도랑)을 정비하는 업무가 등장하는데, 구혁은 도로의 총칭으로서 그 안에는 5구와 5도가 있다. 오구는 수(遂), 구(溝), 혁(洫), 회(澮), 천(川)이며 수로이고, 오도는 경(徑), 진(畛), 도(涂), 도(道), 로(路)이며 사람과 수레가 다니는 도로이다.

2) 신형헌 14권(권100~권113)은 14세목이다. 권100 총론제형지의 상, 권101 총론제형지의 하, 권102 정율령지제 상, 권103 정율령지제 하, 권104 제형옥지구, 권105 명유속지의, 권106 상청단지법, 권107 의당원지벽과 순천시지령, 권108 근상언지의, 권109 신원억지정과 신생재지사, 권110 명복수지사, 권111 간전옥지관, 권112 존흠휼지심, 권113 계남종지실 등이다.

첫째, 권100~권101 총론제형지의 상·하는 형법의 제정과 집행을 다루었다. 『역경』 서합괘(噬嗑卦)에 의하면, "서합은 형통하니 형옥(刑獄)을 씀이 이롭다." 하였고, 정이(程頤)는 이에 주를 붙여 "입안에 물건이 있으면 상하에 가로막혀 합할 수가 없으니 반드시 씹으면 합할 수가 있으므로 서합이라고 하였다. 성인이 이 괘의 형상을 가지고 천하의 일에 미루어 입에 물건이 있으면 가로막혀 합할 수 없게 되고 천하에 있어서는 강경하거나 참사한 자가 그 사이에 가로막고 있으면 천하의 일을 합할 수가 없으니 마땅히 형법을 사용하여 작은 것이면 징계하고 큰 것이면 주륙하여 이것을 제거한 뒤에야 천하의 다스림이 이루어진다."라고 하였다.[488] 또한 『서경』 여형(呂刑)

---

486) 구준, 『대학연의보』 권99 郵傳之置. 周禮 遺人. "遺人 掌郊里之委積以待賓客 野鄙之委積以待羇旅 … 臣按 委積以待賓客 卽後世驛傳給廩之意"

487) 구준, 『대학연의보』 권99 道涂之備. 周禮. "周禮 司險掌九州之圖 以周知其山林川澤之阻 而達其道路 設國之五溝五涂 而樹之林以爲阻固 皆有守禁而達其道路 國有故 則藩塞阻路 而止行者 以其屬守之 唯有節者達之"

488) 구준, 『대학연의보』 권100 總論制刑之義 上. 易 噬嗑. "易 噬嗑 亨 利用獄 程頤曰 口中有物 則隔其上下不得嗑 必齧之則得嗑 故爲噬嗑 聖人以卦之象 推之於天下之事 在口則爲有物隔而不得合 在天下則爲有强梗或讒邪間隔於其間 故天下之事不得合也 當用刑法 小則懲戒 大則誅戮 以除去之 然後天

19장에 의하면, "여러 벌을 가볍게 하고 무겁게 함이 권도(權道)이다. 형과 벌을 세상에 따라 가볍게 하고 무겁게 하여야 하며 똑같지 않은 형벌로 가지런히 하니 질서가 있고 요점이 있는 것이다."라고 하였다.[489)]

둘째, 권102~권103 정율령지제 상·하는 율령 제정과 기준을 다루었다. 『주례』 추관(秋官)에 의하면, "사사(士師)의 직책은 나라의 다섯 가지 금하는 법을 관장하는 것이다. 첫째 궁금(宮禁: 왕궁에서 금하는 것), 둘째 관금(官禁: 관부에서 하는 금지하는 것), 셋째 국금(國禁: 성중(城中)에서 금지하는 것), 넷째 야금(野禁: 교야(郊野)에서 금지하는 것), 다섯째 군금(軍禁: 군려(軍旅)에서 금지하는 것)이다."라고 하였다.[490)] 오금지법은 정식 율령은 아니었지만 율령에 준하는 예법(豫法) 체계였다. 형법이 체계화된 것은 전국시대 위(魏) 문후(文侯) 시 이회(李悝)가 『법경(法經)』 6편 즉 도법(盜法), 적법(賊法), 수법(囚法), 포법(捕法), 잡법(雜法), 구법(具法)을 지은 데서 비롯되었다.[491)] 율령이 체계화된 것을 보면, 한(漢) 고조(高祖)가 함곡관에 들어갔을 때 '약법삼장(約法三章)'을 백성에게 사용하도록 하였고, 소하(蕭何)에게 명하여 진법(秦法)을 모아 율령을 정하도록 하였으며, 이회가 지은 『법경』 6편에 사율(事律), 천흥(擅興), 구고(廐庫) 3편을 더하여 9편이 되도록 하였다.[492)]

셋째, 권104 제형옥지구는 형옥의 제도를 다루었다. 『서경』 순전에 보면, "채찍질로 관리를 다스리는 형벌을 만들었고, 회초리로 학교의 형벌로 삼았다."라고 하였다.[493)] 편복(鞭扑)은 형벌 중의 가벼운 것이고, 무거운 것이 육형(肉刑)인데,[494)] 이는

---

下之治得成矣"

489) 구준, 『대학연의보』 권101 總論制刑之義 下. 書經 呂刑. "輕重諸罰有權 刑罰世輕世重 惟齊非齊 有倫有要"

490) 구준, 『대학연의보』 권102 定律令之制 上. 周禮. "士師之職 掌國之五禁之法 以左右刑罰 一曰宮禁 二曰官禁 三曰國禁 四曰野禁 五曰軍禁"

491) 구준, 『대학연의보』 권102 定律令之制 上. 魏文侯時. "魏文侯時 李悝著法經六篇 一盜法 二賊法 三囚法 四捕法 五雜法 六具法 臣按 刑法之著爲書始於此 …"

492) 구준, 『대학연의보』 권102 定律令之制 上. 漢高祖初入咸陽. "漢高祖 初入咸陽 與民約法三章 殺人者死 傷人及盜抵罪 餘悉除去秦苛法 後以三章之法不足以禦姦 遂令蕭何攈摭秦法 定律令 除參夷連坐之法 增部主見知之條 於李悝所造六篇 益事律 擅興 廐庫 三篇 合爲九篇 … 臣按 律之名始見於此 …"

493) 구준, 『대학연의보』 권104 制刑獄之具. 舜典. "舜典曰 鞭作官刑 扑作教刑"

494) Daum 한국어. 육형(肉刑). https://dic.daum.net/word/ 예전에 중국에서, 죄인의 육체에 과하던 형

한 문제(文帝) 13년(B.C.167)에 폐지되었다. 육형 대신 태형(笞刑: 태장으로 볼기를 치던 형벌)이 사용되었는데, 구체화 된 것을 보면, "한 경제(景帝) 6년(B.C.151)에 추령(箠令)을 정하였는데, 승상 유사(劉舍)와 어사대부 위관(衛綰)이 청한 것이다. 태형은 채찍의 길이를 5척(尺)으로 했는데 그 본래 크기가 일촌(一寸)으로 대나무로 만들었지만 끝에 가서는 반촌(半寸)으로 얇게 하고 그 마디를 평평하게 하였다. 태를 맞는 사람은 볼기를 맞게 하였고 사람을 바꾸지 못하였다. 한 가지 죄목이 끝나야 사람을 바꾸도록 하였다. 이로부터 태형을 받은 사람들이 온전할 수 있었다."라고 하였다.[495] 수(隋) 문제(文帝) 시 비로소 5형을 정하였고, 당·송에서 형구(刑具)가 만들어지고 등제(等第)가 정해졌다.[496] 수·당대 이후의 5형은 태형(笞刑)·장형(杖刑: 곤장형)·도형(徒刑: 징역형)·유형(流刑: 귀양형)·사형(死刑)을 말하는 것이다.

넷째, 권105 명유속지의는 유형(流刑)과 속형(贖刑)을 다루었다. 유형은 『서경』 순전에 보면, "귀양살이로 오형(五刑: 자자(刺字), 의(劓), 비(剕), 궁(宮), 대벽(大辟))의 형벌을 너그러이 하셨다."라고 하였다.[497] 이는 은 시대에 중한 죄를 범하면 차마 오형에 처하지 못하고 먼 곳으로 보내 생활하도록 한 것임을 알 수 있다. 수에서 정한 신율(新律)을 보면, "유형은 죄에 따라 일천·일천오백·이천 리(里)의 3등급으로 처분하도록 규정되고, 배우자가 동행한 수형자에게 노역[居作]이 부과되는 것은 천리에 2년, 일천오백리에 2년반, 이천리에 3년이다."라고 하였다.[498] 당 고조(高祖)가 갱신한 율령에 의하면, "유형은 죄에 따라 3등급에 천리를 더하고[이천·이천오백·삼천리의 3등급], 노역은 3년에서 2년·2년 반은 모두 1년으로 한다."라고 하였다.[499] 송의 유형

---

벌. 곧 먹물을 들이는 자자(刺字), 코를 베는 의(劓), 발뒤꿈치를 자르는 비(剕), 고환을 썩게 하는 궁(宮), 목을 베는 대벽(大辟) 등을 이른다.

495) 구준, 『대학연의보』 권104 制刑獄之具. 漢景帝中六年. "漢景帝中六年 定箠令 丞相劉舍 禦史大夫衛綰 請 笞者 箠長五尺 其本大一寸 竹也 末薄半寸 皆平其節 當笞者笞臀 毋得更人 畢一罪乃更人 自是笞者得全"

496) 구준, 『대학연의보』 권104 制刑獄之具. 宋太祖定折杖之制 臣按. "宋太祖 定折杖之制 … 臣按 唐虞三代以來 俱用肉刑 至漢文帝始廢肉刑用笞 其原蓋權輿 虞刑之鞭撲也 … 隋文帝始定爲今之五刑 … 唐宋因之 制爲刑具. 各有等第 …"

497) 구준, 『대학연의보』 권105 明流贖之意. 舜典. "舜典曰 流宥五刑"

498) 구준, 『대학연의보』 권105 明流贖之意. 隋定新律. "隋定新律曰 流刑三 有千裏 千五百裏 二千裏 應配者 千裏 居作二年 千五百裏 居作二年半 二千裏 居作三年"

은 절장법(折杖法)[500]에 의거한 4가지인데, 노역과 유형에 척장(脊杖) 20을 더하여 배역(配役)은 3년으로 하고, 유형 삼천리 척장 20, 유형 이천오백리 척장 18, 유형 이천리 척장 17로 하고 각각 배역은 1년으로 정하였다.[501] 속형은 『서경』 순전에 보면, "금(金: 재화)으로 대속하는 형벌을 만드셨다."라고 하였다.[502] 이 속형에 대해 구준은 여형(呂刑)에 안설을 붙여, "여형의 속법은 채침·주희[蔡氏本·朱子意]에 의하면, 순전에 이른바 속(贖)은 관부(官府) 학교(學校: 鞭·扑)의 형에 해당하는 것이고, 오형에는 속이 있지 않았다."라고 하였다.[503] 이 법은 송대에 와서 관료들과 그 친속(親屬)들에게 일정한 재화의 납부를 통해 실형의 집행에 대신하는 형벌의 경감제도로 발전하였다.[504]

다섯째, 권106 상청단지법은 청송하는 관리의 자세와 판단을 다루었다. 『역경』 송(訟)괘 단전(彖傳)에 의하면, "송괘는 위가 강하고 아래가 험하다. 험하고 굳건함이 송이다. 송은 믿음이 있으면 막혀서 두렵지만, 가운데 길함[中吉]은 굳셈이 와서 중을 얻었음이다. 마침이 흉함[終凶]은 송사를 이룰 수 없음이다. 대인을 보아야 이로움은 중정을 숭상함이다."라고 하였다.[505] 이는 청송자가 '中正'을 숭상하여 소송의 사정을 편견 없이 듣고[聽不偏], 합리적으로 판단하는 것[斷合理]이 중요하다는 것을 말한

---

499) 구준, 『대학연의보』 권105 明流贖之意. 唐高祖更撰律令. "唐高祖更撰律令 流罪三 皆加千裏 居作三歲至二歲半者 悉爲一歲"

500) 이정란, 「고려 전기 절장법(折杖法)의 규정과 운용」, 『역사와 현실』 75, 2010, 30쪽을 참조하면, "절장법은 오형 가운데 사형(死刑)을 제외한 태(笞)·장(杖)·도(徒)·유(流) 4종의 형벌을 몽둥이로 신체를 때리는 형벌인 장형(杖刑)으로 환산하여 집행하는 방식을 이르는 말이다. … 현주지에서 소정(所定)의 원격지로의 강제이주와 이주지에서의 1년을 노역하는 형벌인 유형의 경우 등을 13대에서 20대 때리되 각각 1년간의 배역(配役), 즉 강제노역을 아울러 병행하도록 한 것이, 바로 절장법의 구체적인 내용이다."

501) 구준, 『대학연의보』 권105 明流贖之意. 宋流刑四. "宋流刑四 加役流 脊杖二十 配役三年 流三千裏 脊杖二十 二千五百裏 脊杖十八 二千裏 脊杖十七 並配役一年"

502) 구준, 『대학연의보』 권105 明流贖之意. 舜典. "舜典曰 金作贖刑"

503) 구준, 『대학연의보』 권105 明流贖之意. 呂刑曰 臣按. "呂刑曰 … 臣按 呂刑之贖法 蔡氏本朱子意 謂舜典所謂贖者 官府學校之刑耳 若五刑則固未嘗贖也"

504) 구준, 『대학연의보』 권105 明流贖之意. 宋制. "宋制 凡用官蔭得減贖 太祖乾德四年 太理正高繼申言 刑統名例律 三品五品七品以上官 親屬犯罪 各有等第減贖"

505) 구준, 『대학연의보』 권106 詳聽斷之法. 易訟之彖曰. "易 訟之彖曰 訟 上剛下險 險而健訟 訟有孚窒惕 中吉 剛來而得中也 終凶 訟不可成也 利見大人 尙中正也"

것이다.[506)]

여섯째, 권107 의당원지벽과 순천시지령은 형벌의 감면과 공정한 집행을 다루었다. 형벌 감면 제도는 주시대의 팔벽법(八辟法)이었다. 이 법은 보통 팔의법(八議法)이라고 하는데, 『주례』를 참조하면, "팔벽은 군주와 친속 관계에 있는 자들[議親], 군주의 옛 친구[議故], 현명한 자[議賢], 능력 있는 자[議能], 공을 세운 자[議功], 벼슬이 높은 자[議貴], 근면한 자[議勤], 전 왕조의 후손과 같이 손님으로 대우해야 할 자[議賓]를 말한다."고 하였다.[507)] 이는 『예기』 곡례(曲禮)에 보이는 '형불상대부(刑不上大夫)'와도 관련되며 이에 대해 호인(胡寅)은 "서인은 빈천하여 예를 갖출 수가 없으므로 예를 행하지 않아도 무방하고, 대부는 존귀하여 형을 집행할 수 없으므로 형벌을 받지 않는다."라고 하였다.[508)] 이 팔의법은 당률과 명률에도 영향을 끼쳤고, 조선의 법률에도 반영되었다. 형벌의 공정한 집행은 『예기』 월령(月令)에 보면, "중춘(음력 2월)에는 유사에게 명령하여 옥에 구금된 자를 살펴보고, 죄가 가벼운 자는 수갑과 족쇄를 풀어주고, 사형수들을 매질하여 고문하지 말며, 그리고 백성들을 깨우쳐 옥사(獄事)를 그치도록 한다."라고 하였고,[509)] "맹하(음력 4월)에는 경미한 형벌을 단행하고 작은 죄를 판결하며 가벼운 죄로 구류 중에 있는 자를 내보낸다."라고 하였으며,[510)] "맹추(음력 7월)에는 유사에게 명령하여 법제를 손질하고 감옥을 수선하며 질곡을 완비하고 간통을 금지하며 죄를 벌하는 자는 신중히 죄를 주어 포박하는 데 힘쓰게 한다."라고 하였다.[511)] 중추(음력 8월), 계추(음력 9월), 맹동(음력 10월)에는 형벌을 엄하

---

506) 구준, 『대학연의보』 권106 詳聽斷之法. 九五 訟元吉 朱熹曰. "九五 訟元吉 象曰 訟元吉 以中正也 … 朱熹曰 中則聽不偏 正則斷合理"

507) 구준, 『대학연의보』 권107 議當原之辟. 以八辟麗邦法附刑罰. "以八辟(法也) 麗(附也)邦法 附刑罰 一曰議親之辟 二曰議故之辟 三曰議賢之辟 四曰議能之辟 五曰議功之辟 六曰議貴之辟 七曰議勤之辟 八曰議賓之辟"

508) 구준, 『대학연의보』 권107 議當原之辟. 禮記曲禮 胡寅曰. "禮記曲禮 曰刑不上大夫 … 胡寅曰 庶人貧賤不能備禮 故不責以行禮 大夫尊貴不可加刑 故不使之受刑"

509) 구준, 『대학연의보』 권107 順天時之令. 禮記月令 仲春之月. "禮記月令 仲春之月 命有司省囹圄 去桎梏 毋肆掠 止獄訟"

510) 구준, 『대학연의보』 권107 順天時之令. 禮記月令 孟夏之月. "孟夏之月 斷薄刑 決小罪 出輕繫"

511) 구준, 『대학연의보』 권107 順天時之令. 禮記月令 孟秋之月. "孟秋之月 命有司脩法制 繕囹圄 具桎梏 禁止姦 慎罪邪 務搏執"

게 하고 형옥을 재촉하여 지체 없이 처벌하도록 하였다.[512)]

일곱째, 권108 근상언지의는 상언(詳讞: 범죄 사실을 자세히 밝혀 죄를 결단함)의 의미와 심리 및 도덕률을 다루었다. 『서경』 순전에 보면, "과오와 불행 때문에 범죄를 저지른 자는 풀어서 사면해 주고, 믿는 구석이 있어서 재차 범죄를 저지른 자는 사형에 처해야 한다."라고 하였다.[513)] 『주례』에서는 이 '眚災肆赦 怙終賊刑'을 심리할 때의 대원칙을 천명했는데, "사자(司刺)는 3번 묻고 3번 너그럽게 하고 3번 방면해 주는 법을 관장하여, 사구(司寇)가 옥사와 송사를 청취하는 일을 돕는다."라고 하였다.[514)] 구준은 형을 확정하는 기준은 도덕률에 의거할 것을 강조하였는데, "형은 교화를 보완하는 도구이며 형은 법을 말하고, 교는 이(理)를 말한다. 똑같은 것은 의(義)로 제어하는 것이다. 의에 합당하지 않은 것은 법으로 적용하고, 의에 합당한 것은 이에 근거를 둔다. 법에서 분명하게 금지하는 것이라 하더라도 그 사정이 이에 어긋나지 않고 의로 제어할 수 있다면 법으로 하지 않아도 된다."라고 하였다.[515)]

여덟째, 권109 신원억지정과 신생재지사는 백성들의 억울한 사정[民怨]을 밝히고, 법에 저촉된 자를 유사(宥赦: 용서하여 사면함) 시 신중하게 처리하는 사례를 다루었다. 신원억지정은 『주례』에 의하면, "폐석(肺石)으로 궁민(窮民: 호소할 곳 없는 사람)의 의사를 전달한다. 무릇 원근의 외로운 노약자들이 왕에게 아뢰고 싶은 일이 있는데도 그 고을의 장관이 아뢰어 주지 않을 경우, 폐석 옆에 가서 사흘 동안 서 있으면 조사(朝士)는 그 진술을 들어 왕에게 보고하여 그 우두머리에게 죄를 준다."라고 하였다.[516)] 또한 "태복이 노고(路鼓)를 대침(大寢: 천자가 정사를 처리하는 궁실) 문 밖에 설

---

512) 구준, 『대학연의보』 권107 順天時之令. 禮記月令 仲秋之月 季秋之月 孟冬之月. "仲秋之月 乃命有司申嚴百刑 斬殺必當 毋或枉撓 枉撓不當 反受其殃 季秋之月 乃趣獄刑 毋留有罪 孟冬之月 是察阿黨則罪無所掩蔽" 중추(음력 8월)에는 이에 유사에게 명하여 모든 형벌을 엄하게 하고, 베어 죽이는 일에 반드시 법을 굽히는 일이 없게 한다. 법을 부당하게 하면, 도리어 재앙을 받게 될 것이다. 계추(음력 9월)에는 형옥(刑獄)을 재촉하여 죄인들을 지체 없이 처벌토록 한다. 맹동(음력 10월)에는 아당(阿黨: 간사하며 공정하지 못함) 하는 자를 살펴서 죄가 있으면 엄폐하는 일이 없도록 한다.

513) 구준, 『대학연의보』 권108 謹詳讞之議. 舜典. "舜典 眚災肆赦 怙終賊刑"

514) 구준, 『대학연의보』 권108 謹詳讞之議. 周禮. "周禮 司刺掌三刺三宥三赦之法 以贊司寇聽獄訟"

515) 구준, 『대학연의보』 권108 謹詳讞之議. 臣按. "臣按 刑以弼教 刑言其法 教言其理 一惟制之以義而已 義所不當然則入於法 義所當然則原於理 故法雖有明禁 然原其情而於理不悖 則當制之以義而不可泥於法焉"

치하고 정사를 관장하면서 원한이 있거나 급히 명령을 전달하는 자들을 기다렸다가 북소리가 들리면 신속하게 어복과 어서자를 맞이한다."라고 하였다.[517] 신생재지사는 『주례』에 의하면, "사자(司刺)는 첫째 알지 못해서 죄를 지었다고 너그럽게 생각하고, 둘째 고의가 아닌 과실로 죄를 지었다고 너그럽게 여기며, 셋째 건망증 때문에 죄를 지었다고 너그럽게 생각한다. 첫째 어린 아이[8세 미만]를 방면하고, 둘째 노인[80세 이상]을 방면하며, 셋째 보통 사람보다 모자라는 바보를 방면한다."라고 하였다.[518] 유사의 제도는 덕치를 중시하여 어리석은 백성을 불쌍히 여기는 제도인데, 후대는 크게 효과를 보지 못한 적도 있었다. 한 원제(元帝) 15년(B.C.34)에 십사(十赦)를 행하였는데 효과를 보지 못하자, 광형(匡衡)이 상소하여 사회의 잘못된 관행을 고치고 근원을 바로잡아서 사면을 행해야 함을 피력하였다.[519]

아홉째, 권110 명복수지사는 복수의 의미와 사례를 다루었다. 『주례』에 의하면, "조인(調人)은 백성들 가운데 서로 원수 관계인 백성들을 화해시키는 일을 관장한다. 실수로 사람을 죽이거나 다치게 한 자는 당사자끼리 화해하게 한다. 아버지의 원수는 해외로 피하게 하고 형제의 원수는 천 리 밖으로 피하게 한다. 임금의 원수는 아버지의 원수와 같이 여기고 피하지 않으면, 서절(瑞節)을 주어서 체포하게 한다. 살인을 한 자가 또 다시 살인을 하면 모두 원수로 여긴다. 사람을 죽인 일이 의로운 것이라면 나라만 함께 하지 않게 하고 원수로 여기지 않게 하며 그를 원수로 여기면 주벌한다."라고 하였다.[520] 당 현종 개원 29년(741)의 사례를 보면, "장심소(張審素)가 죄[장오죄

---

516) 구준, 『대학연의보』 권109 伸寃抑之情. 周禮. "周禮 大司寇以肺石達窮民 凡遠近惸獨老幼之欲有復於上 而其長弗達者 立於肺石三日 士聽其辭 以告於上而罪其長"

517) 구준, 『대학연의보』 권109 伸寃抑之情. 周禮. "太僕建路鼓於大寢之門外 而掌其政以待達窮者與遽令 聞鼓聲則速逆禦仆與禦庶子"

518) 구준, 『대학연의보』 권109 愼眚災之赦. 周禮. "周禮 司刺一宥曰不識 再宥曰過失 三宥曰遺忘 一赦曰幼弱 再赦曰老耄 三赦曰惷愚"

519) 구준, 『대학연의보』 권109 愼眚災之赦. 元帝在位十五年凡十赦. "元帝在位十五年凡十赦 匡衡上疏曰 陛下躬聖德 開太平之路 閔愚民觸法抵禁 比年大赦 使百姓得改行自新 天下幸甚 臣竊見大赦之後 姦邪不爲衰止 今日大赦 明日犯法 相隨入獄 此殆導之未得其務也 蓋保民者 陳之以德義示之以好惡 觀其失而利其宜 故動之而和 綏之而安 今天下俗貪財賤義好聲色 上侈靡 廉恥之節薄 淫僻之意縱 綱紀失序 疏者逾內 親戚之恩薄 昏姻之黨隆 苟合徼倖以身設利 不改其原 雖歲赦之 刑猶難使錯而不用也"

520) 구준, 『대학연의보』 권110 明復讐之赦. 周禮. "周禮 調人掌司萬民之難 而諧和之 凡過而殺傷人者以民成之 鳥獸亦如之 和難父之讐辟諸海外 兄弟之讐辟諸千裏之外 從父兄弟之讐不同國 君之讐眡

(贓汚罪: 관리가 관청 소유의 물품을 사적으로 취하고, 백성의 재물을 빼앗거나 뇌물을 받는 등 부정한 방법으로 재물을 구하는 행위에 관한 죄)]를 범했다는 것으로 고발을 당했는데 어사 양왕(楊汪)이 조서를 받들고 가서 안찰하여 죽였다. 그리고 심소의 두 아들인 장황(張瑝)·장수(張琇)도 연좌되어 영외(嶺外)로 유배갔는데, 양왕이 억울하게 죽인 것에 대해 늘 통분해 하다가 몰래 도망쳐 돌아와 도성 안에서 양왕을 죽였다. 장구령(張九齡)이 그들을 살리려 하였지만 배요경(裵耀卿)·이임보(李林甫)는 법을 무너뜨렸다 하여 끝내 죽였는데, 당시 사민들은 모두 가엾게 여겼다."라고 하였다.[521] 이 사건은 법률로 논할 경우 죄주는 것이 당연한데 백성들은 불쌍하게 여겼으니 인정의 소재를 참작할 만한 사례에 해당된다.

열 번째, 권111 간전옥지관은 형옥을 담당하는 관리와 직분을 다루었다.『주례』를 참조하면, "형관은 대사구(大司寇), 소사구(小司寇), 사사(士師), 향사(鄕士)이다."라고 하였고, 구체적인 직분을 보면, "향사는 나라의 100리 안의 교(郊)를 관장한다. 각기 그 향(鄕)에 살고 있는 인구를 관장하고 그들의 잘못을 규찰하여 바로 잡는다. 그들의 옥사와 송사를 들어 주고 그들의 언사를 살펴서 옥사와 송사를 판결하여 준다. 사형에 해당하는 죄인은 죄의 내용을 문서로 꾸며서 10일 동안 기다렸다가 직분으로 사구에게 올려서 조정의 판결을 기다린다. 사구는 이를 듣고 그 옥사를 판결하는 일은 송사의 판결을 미루고 조정에서 판결하게 한다. 여러 관리들 가운데 형을 집행하는 담당들은 각기 그 법령에 저촉되는 부분을 살펴서 이로써 송사를 따지며 의논한다. 사사는 이에 맞는 공문서를 받아서 사형 날짜를 협의하고 사형을 집행한다."라고 하였다.[522]

---

父 師長之讐眡兄弟 主友之讐眡從父兄弟 弗辟則與之瑞節而以執之 凡殺人有反殺者 使邦國交讐之 凡殺人而義者 不同國 令勿讐 讐之則死 凡有鬬怒者成之 不可成者則書之 先動者誅之"

521) 구준,『대학연의보』권110 明復讐之赦. 玄宗開元二十九年. "玄宗開元二十九年 嶲州都督張審素 人有告其罪者 詔監察禦史楊汪按之 告者複告審素與總管董元禮謀反 元禮以兵 圍汪脇使雪審素罪 旣而吏共斬元禮 汪得出 遂當審素實反 斬之 沒其家 時審素子瑝琇俱幼 坐流嶺表 尋逃歸手殺汪於都城 係表於斧 言父冤狀 爲有司所得 中書令張九齡等皆稱其孝烈 宜貸死 裴耀卿李林甫等陳不可 帝亦謂然 謂九齡曰 孝子之情 義不顧死 然殺人而赦之 此塗不可啓也 乃下敕曰 國家設法 期於止殺 各伸爲子之志 誰非徇孝之人 展轉相讐 何有限極 咎繇作士 法在必行 曾參殺人 亦不可恕 宜付河南府杖殺 士民皆憐之"

522) 구준,『대학연의보』권111 簡典獄之官. 周禮. "周禮 刑官屬 大司寇卿一人 小司寇中大夫二人 士師

열한 번째, 권112 존흠휼지심은 휼형(恤刑)의 의미를 다루었다. 『서경』 순전에 보면, “신중히 하라, 형을 집행함에 신중히 해야 한다.”라고 하였다.[523] 이는 형의 집행을 신중히 하여 잘못되거나 치우침이 없도록 하라는 내용이다. 당 태종이 형벌 집행 시 관용을 베푼 내용을 보면, “태종[6년(740)]이 직접 죄수의 죄안을 검토하고서 사형에 해당하는 죄를 지은 사람 390인을 풀어주어 집으로 돌려보내고 다음에 가을에 나아가 형법을 받도록 약속을 정하였다. 기한이 되자 죄수들이 모두 [조당에] 돌아오니 이에 용서해 주었다.”라고 하였다.[524] 이는 형을 집행함에 있어 남형(濫刑)을 경계하고 용서하여 죄인을 석방한 사례에 해당된다.

열두 번째, 권113 계남종지실은 형의 공정한 집행과 법령 남발의 사례를 다루었다. 『서경』 여형을 참조하면, “송사의 뇌물은 보배가 아니다. 오직 죄짓는 일만이 쌓이게 되어 여러 사람의 원망으로 보복당하게 된다. 영원히 두려워할 것은 형벌이다. 하늘은 바르지 않음이 없으니 오직 사람들이 그 명을 잘 살펴야 한다. 하늘의 벌이 백성에게 미치지 못하면 서민에게는 모두 선한 정치가 천하에 시행되는 것이 없게 된다.”라고 하였다.[525] 법령 남발은 한의 환제(桓帝, 146~167)·영제(靈帝, 167~189) 시 당고(黨錮),[526] 무후제(武后帝, 684~705) 시 혹형(酷刑), 당 현종(玄宗, 712~756) 시 대옥(大獄) 등의 사례를 다루었다.

---

下大夫四人 鄕士上士八人 中士十有六人 旅下士三十有二人 府六人 史十有二人 胥十有二人 徒百有二十人… 鄕士掌國中 各掌其鄕之民數 而糾戒之 聽其獄訟 察其辭 辯其獄訟 異其死刑之罪而要之 旬而職聽於朝 司寇聽之 斷其獄弊其訟於朝 群士司刑皆在 各麗其法 以議獄訟 獄訟成 士師受中 協日刑殺…”

523) 구준, 『대학연의보』 권112 存欽恤之心. 舜典. “舜典 欽哉欽哉 惟刑之恤哉”

524) 구준, 『대학연의보』 권112 存欽恤之心. 太宗. “太宗 親錄囚徒 縱死罪三百九十人歸家 期以明年秋卽刑 如期皆來 乃赦之”

525) 구준, 『대학연의보』 권113 戒濫縱之失. 周書 呂刑. “獄貨非寶 惟府辜功 報以庶尤 永畏惟罰 非天不中 惟人在命 天罰不極 庶民罔有令政在於天下”

526) 당고(黨錮)는 중국 후한(後漢) 말기인 환제와 영제 시 관료와 환관(宦官)이 충돌하여, 환관세력이 관료를 금고(禁錮)에 처한 탄압 사건이다.

### 5.6.2. 비규제와 신형헌의 교감 내용

#### 1) 비규제의 교감 내용

비규제 15권(권85~권99)은 16세목이다. 권85 도읍지건 상, 권86 도읍지건 하, 권87 성지지수, 권88 궁궐지거, 권89 유유지설, 권90 면복지장과 새절지제, 권91 여위지의, 권92 역상지법 상, 권93 역상지법 하, 권94 도적지저, 권95 권량지근, 권96 보옥지기, 권97 공작지용, 권98 장복지변과 서예지역, 권99 우전지치와 도도지비 등이다.

비규제 15권(권85~권99)의 교감은『유의평례』2 권16첨 9항목, 권17첨 20항목과 권18첨 1항목이다.

1)『유의평례』2 권16첨 9항목인데, 이에 대해 살펴보면 다음과 같다.

①'書禹貢曰冀州'는『대학연의보』권85 도읍지건 상에 나오는 권수 부분이다. 채침(蔡沉)의 주석과 구준의 안설이 함께 실려 있다.

> 윤(B)은 "이 조목 아래 구씨(丘氏)의 설은 단지 연경(燕京)의 빼어난 지형을 찬탄한 것입니다. 따라서 너무 번다히 실을 필요가 없으니, 간간이 간략히 추려 내는 것이 좋을 듯합니다." 하였다. 정조(C)는 윤(B)의 의견에 반대하여 "다시 보니 추려 내기가 또한 매우 어려우니 그대로 두는 것이 좋겠다." 하였다.527)

규 291『어정대학유의』권15를 보면, 이 항목 다음에 채침의 주석은 삭제되었고, 구준의 안설 중 "臣按 朱熹語錄 冀都 …猗歟盛哉"까지는 그대로 실렸으며, 이후 "孔子曰 爲政以德 譬如北辰 居其所而衆星共之…國家如泰山之安 與天地相爲悠久矣"의 문장은 생략되었다.

②'丘濬曰所貴乎人主者'는『대학연의보』권88 궁궐지거에 나오는 "文帝卽位二十三年 宮室 苑囿 車騎服御 無所增益 有不便 輒弛以利民 嘗欲作露臺 召匠計之直百金 上曰 百金 中人十家之產也 吾奉先帝宮室 常恐羞之 何以臺爲"의 부분에 구준이 붙인 안설이다.

527) 정조,『홍재전서』권128 類義評例 2 권16첨 書禹貢曰冀州. "書禹貢曰冀州 臣光顔籤曰 此條下丘說只是贊燕京形勝者 不必太繁 間間刪節似好 御籤曰 更看 刪亦極難。仍舊可也"

> 정조(C)는 "경산(瓊山)의 안설은 격언이 아님이 없으니, 이러한 설화(說話) 정도는 그저 다반사에 불과하여 도리어 진부한 듯하니 추려 내는 것도 좋겠고 절록하는 것도 좋겠다." 하였다.[528]

규 291 『어정대학유의』 권15를 보면, 구준의 안설은 발췌되었다.

③'詩靈臺篇曰經始靈臺'는 『대학연의보』 권89 유유지설 권수 『시경』 대아의 문왕지십(文王之什) 8편 영대(靈臺) 4장 중 제1장과 제2장에 나오는 "詩大雅靈台篇曰 經始靈台 經之營之 庶民攻之 不日成之 經始勿亟 庶民子來 王在靈囿 麀鹿攸伏 麀鹿濯濯 白鳥翯翯 王在靈沼 於刃魚躍"의 본문, 주희의 주석 및 구준의 안설이 실렸다.

> 윤(B)은 "이 영대편 조목은 수장(首章)이 이미 관민력편(寬民力篇)에 실려 있으니, 다시 상의하여 추려 내는 것이 좋을 듯합니다." 하였다. 정조(C)는 윤(B)의 의견에 반대하여 "수장이 비록 다른 편에 실려 있긴 하지만 다른 장(章)의 의의 또한 깊이 음미해야 할 것이니, 그대로 두도록 하라." 하였다.[529]

규 291 『어정대학유의』 권15를 보면, 본문 중 『시경』 대아의 문왕지십 8편 영대 4장[530] 중 제1장은 생략되고 제2장인 "王在靈囿 麀鹿攸伏 麀鹿濯濯 白鳥翯翯 王在靈沼 於刃魚躍"의 부분만 발췌되었고, 주희의 주석은 삭제되었으며 구준의 안설은 그대로 실렸다.

④'左傳襄公十七年宋皇國父'는 『대학연의보』 권89 유유지설에 나오는 "左傳 襄公十七年 宋皇國父爲太宰 爲平公築台 妨於農功 子罕請俟農功之畢 公弗許 築者謳曰 澤門之晳 實興我役 邑中之黔 實慰我心 子罕聞之 親執扑以行築者 而抶其不

---

528) 정조, 『홍재전서』 권128 類義評例 2 권16첨 丘濬曰所貴乎人主者. "丘濬曰 所貴乎人主者 御籤曰 瓊山之按 無非格言 此等說話 特是茶飯 反近陳腐 刪亦可節亦可"

529) 정조, 『홍재전서』 권128 類義評例 2 권16첨 詩靈臺篇曰經始靈臺. "詩靈臺篇曰 經始靈臺 臣光顔籤曰 此靈臺條首章 已載於寬民力篇 更商刪之似好 御籤曰 首章雖載他篇 餘章意義 亦合優游 當存之"

530) 『시경(詩經)』 대아편(大雅)의 문왕지십(文王之什) 8편 영대(靈臺) 4장은 문왕이 천명(天命)을 받아 주(周)나라를 일으켰음을 읊은 것이다.

勉者 曰 吾儕小人 皆有闔廬以辟燥濕寒暑 今君爲一臺而不速成 何以爲役 謳者乃止 或問其故 子罕曰 宋國區區而有詛有祝 禍之本也"의 본문, 두예(杜預)의 주석 및 구준의 안설이 실린 부분이다.

> 윤(B)은 "이 조목 중 자한(子罕)의 설은 비록 임금에 대한 비난을 분담하겠다는 생각에서 나온 것이긴 하지만, 임금을 위해 원망하는 말을 떠맡음으로써 총애를 사는, 후세의 아첨하는 사람의 효시(嚆矢)가 되지 않는다는 보장이 없으니, 추려 냄이 좋을 듯합니다." 하였고, 서(A)는 "이는 임금에 대한 비난을 분담한 것이지, 임금에 대한 원망을 떠맡음으로써 총애를 산 것이 아닙니다. 하필 혹리(酷吏)로 간주하여 가혹한 평가를 내릴 것이 있겠습니까. 그대로 두어야 할 듯합니다." 하였다. 정조(C)는 윤(B)의 의견을 수용하여 "윤(尹)의 설이 일리가 있으니 추려 내도록 하라." 하였다.[531]

규 291 『어정대학유의』 권15를 보면, '左傳襄公十七年宋皇國父'의 본문, 두예의 주석, 구준의 안설은 모두 삭제되었다.

⑤ '國語楚靈王爲章華之臺'는 『대학연의보』 권89 유유지설에 나오는 부분으로, 초(楚)의 영왕(靈王, B.C.541~B.C.529)이 장화궁(章華宮)의 대(臺)를 만들자 오거(伍擧, 춘추시대 초나라 대부)가 올린 상소문이다.

> 윤(B)은 "이 조목은 이미 계일욕편(戒逸欲篇)에 들어 있으니, 추려 내어야 할 것입니다." 하였다. 정조(C)는 윤(B)의 의견을 조정하여 "다시 계일욕편을 상고하여 상세한 쪽을 그대로 실어 두되 이 조목을 만약 그대로 실어 둘 경우엔 안설(按說)도 수록해야 할 것이다." 하였다.[532]

규 291 『어정대학유의』 권15를 보면, 이 항목의 끝부분에 있는 "國語伍擧曰 故先

---

531) 정조, 『홍재전서』 권128 類義評例 2 권16첨 左傳襄公十七年宋皇國父. "左傳襄公十七年 宋皇國父 臣光顏籤曰 此條中子罕之說 雖出於分謗之計 而未必不爲後世諂人爲君上任怨以市寵者之倡 刪之似好 臣瀅修籤曰 此分謗也 非任怨以市寵也 何必作酷吏苛評 似當存之 御籤曰 尹說可取 刪之"

532) 정조, 『홍재전서』 권128 類義評例 2 권16첨 國語楚靈王爲章華之臺. "國語 楚靈王爲章華之臺 臣光顏籤曰 此條已入於戒逸欲篇 合刪 御籤曰 更考戒逸欲篇 從詳仍置 而此條若仍置 按說亦當錄"

王之爲臺榭也 榭不過講軍實 臺不過望氛祥 故榭度於大卒之居 臺度於臨觀之高 其所不奪穡地 其爲不匱財用 其事不煩官業 其日不廢時務 瘠磽之地 於是乎爲之 城守之末 於是乎用之" 부분이 발췌되었고, 구준의 안설은 삭제되었다.

⑥ '齊宣王問曰文王之囿'는 『대학연의보』 권89 유유지설에 나오는 부분이다. 제선왕과 맹자가 '문왕의 동산'을 주제로 문답한 것으로 『맹자』 양혜왕장구(梁惠王章句) 하에 실려 있다. 이 항목 다음에 주희와 장식(張栻, 1133~1180)의 주석 및 구준의 안설이 실려 있다.

> 윤(B)은 "이 조목 아래에, 본서 중 '맹자가 양 혜왕을 뵈었는데 왕이 못가에 있다가[孟子見梁惠王王立於沼上]'로 시작하는 조목을 첨가해 실어야 할 듯합니다. 이 조목에서 비록 『시경』 영대편(靈臺篇)을 인용하긴 하였으나 이는 인용문에 해당하므로 중첩된 것은 아닐 듯합니다." 하였다. 정조(C)는 윤(B)의 의견에 반대하여 "위에 이미 영대장(靈臺章)이 있으니 이는 거듭 나온 셈이 된다. 동시에 '문왕(文王)의 유(囿)'는 『시경』과 『맹자』가 내용상 매우 차이가 있으니 굳이 초록할 필요가 없다." 하였고, 또 이르기를, "이 단락의 안설은 수록하여야 할 것이다." 하였다.[533]

규 291 『어정대학유의』 권15를 보면, 정조의 의견대로 본문과 구준의 안설이 실렸고, 주희 및 장식의 주석은 삭제되었다.

⑦ '易坤爲大輿'는 『대학연의보』 권91 여위지의 권수에 나오는 "易坤爲大輿"의 본문과 오징의 간략한 주석인 "吳澂曰 爲大輿 三畫虛 所容載者多也"의 내용이 있다.

> 윤(B)은 "'곤은 큰 수레가 된다[坤爲大輿]'는 것은 단지 괘(卦) 중에 이러한 상(象)이 있는 것일 뿐이니, '의상(衣裳)을 건곤(乾坤)에서 취했다'는 유(類)와는 같지 않습니다. 이 조목은 굳이 실을 필요가 없을 듯합니다." 하였다. 정조(C)는 윤(B)의 의견에 반대하여 "상(象)을 취했다는 측면에서는 일반이니 추려낼 필요가 없다." 하였다.[534]

---

533) 정조, 『홍재전서』 권128 類義評例 2 권16첨 齊宣王問曰文王之囿. "齊宣王問曰 文王之囿 臣光顔籤曰 此條下本書中孟子立於沼上條 似當添載 此條雖引靈臺詩 而係是引文 則似不爲疊矣 御籤曰 上旣有靈臺章 則此爲重出 同是文王之囿詩與孟子有甚異同 不必鈔 此段按說當錄"

534) 정조, 『홍재전서』 권128 類義評例 2 권16첨 易坤爲大輿. "易坤爲大輿 臣光顔籤曰 坤爲大輿 只是卦

규 291『어정대학유의』 권15를 보면, 정조의 의견대로 주역의 본문과 오징의 주석이 실렸다.

⑧‘考工記曰軫之方也’는『대학연의보』 권91 여위지의에 나오는 “考工記曰 軫之方也 以象地也 蓋之圜也 以象天也 輪輻三十 以象日月也 蓋弓二十有八 以象星也”의 본문과 정현(鄭玄), 가공언(賈公彦), 왕소우(王昭禹), 정초(鄭樵)의 주석 및 구준의 안설이 실려 있다.

> 윤(B)은 “이 조목 아래 정씨(鄭氏)와 구씨의 두 설은 모두 불필요하게 기니 모두 추려 내고 본서 중 정현과 왕소우 두 사람의 설을 취하여 대신 싣는 것이 간략할 듯합니다.”라고 하였다. 정조(C)는 윤(B)의 의견을 조정하여 “정현의 설 한 조목은 당연히 실어야 한다.” 하였다.[535]

규 291『어정대학유의』 권15를 보면, 본문과 정현의 주석은 실렸고 가공언, 왕소우, 정초의 주석과 구준의 안설은 삭제되었다.

⑨‘凡天子之車曰玉路’는『대학연의보』 권91 여위지의에 나오는 “凡天子之車 曰玉輅者 祭祀 納後所乘也 …”의 부분이며 천자의 수레인 옥로에 관련된 내용이다.

> 윤(B)은 “이 책의 주의(主意)는 임금의 덕을 돕고 치도(治道)를 비추어 보이는 데 있습니다. 따라서 명물(名物)과 도수(度數)와 같은 것은 유사의 일이니 임금을 계도하는 공부에 절실하지 않습니다. 더욱이 이처럼 간추려 요약한 책에 상세한 내용을 싣기가 어려우니, 그 대개(大概)를 실어 두고 번다한 부분을 추려 내는 것이 불가할 리 없다고 생각합니다. 이 조목 가운데 여(輿)와 위(衛, 임금을 호위하는 무사) 등의 제도는 더욱 번쇄하니 무엇보다 삭제해야 마땅할 것입니다.” 하였고, 서(A)는 “이러한 제도는 모두 예악을 제작하는 것 중 한 가지입니다. 명물과 도수를 만약 개괄적으로 보이지 않는다면 비록 좋은 유사가 있다 하더라도 어디에서 상고할 수 있겠습니까. 문헌이 부족하다고 성인이 탄식하였으니, 다시 생각해 보는 것이 합당할 듯합니다.” 하였다.

---

中有此象而已 與衣裳取諸乾坤之類不同 此條似不必載之 御籤曰 取象則一也 未必刪”

535) 정조,『홍재전서』 권128 類義評例 2 권16첨 考工記曰軫之方也. “考工記曰 軫之方也 臣光顔籤曰 此條下鄭丘二說俱冗長 竝刪之 取本書中鄭玄 王昭禹二說 鈔代似簡 御籤曰 鄭玄說一條當錄”

> 윤(B)은 또한 "문헌을 어찌 갖추지 않을 수 있겠습니까. 그렇지만 이는 간추려 요약한 책이니 그 대개를 실어야지 상세한 내용을 실어 두어서는 안 될 것입니다. 만약 제작하는 데 본보기를 찾고자 한다면 전서(全書)를 고찰하면 될 것이니, 하필 이 책에 다 실을 필요가 있겠습니까." 하였다. 정조(C)는 두 사람의 의견을 조정하여 "구씨의 학문은 명물에 근본을 둔 것이 많으니, 지금 만약 번다한 부분들을 일체 추려 낸다면 전혀 그 본색(本色)이 아닐 것이다. 그러나 실어 둘 수밖에 없는 것 외에는 되도록 생략하는 편이 좋겠다." 하였다.[536]

규 291『어정대학유의』 권15를 보면, '凡天子之車曰玉路' 관련된 본문은 그대로 실렸다.

2)『유의평례』 2 권17첨 20항목인데, 이에 대해 살펴보면 다음과 같다.

① '書帝曰咨汝羲暨和'는『대학연의보』 권92 역상지법 상에 나오는 "帝曰 咨汝羲暨和 朞三百有六旬有六日 以閏月定四時成歲"의 부분이며, 주희의 주석과 구준의 안설이 함께 실려 있다.

> 윤(B)은 "이 조목 아래 구씨(丘氏)의 설 중 '선유(先儒)'부터 '대요(大要)'까지의 한 구절은 추려 내는 것이 좋을 듯합니다." 하였고, 서(A)는 "추려 내고자 하는 부분이 바로 이 단락의 안목(眼目)에 해당하는 듯하니 다시 상고하는 것이 좋을까 합니다." 하였다. 정조(C)는 두 사람의 의견을 조정하여 "두 첨(籤)의 견해가 저마다 일리가 있으니 다시 상고하여 합일점을 찾도록 하라." 하였다.[537]

규 291『어정대학유의』 권15를 보면, 본문, 주희의 주석, 구준의 안설이 모두 실렸다.

---

536) 정조,『홍재전서』 권128 類義評例 2 권16첨 凡天子之車曰玉路. "凡天子之車曰玉路 臣光顔籤曰 此書主意 在於裨君德鑒治道 至於名物度數 有司之事 固非要切於啓沃之工 又難詳該於節約之書 存其槩而刪其繁 恐無不可 如此條輿衛等制 尤爲冗瑣 最合刊落 臣瀅修籤曰 此等制度 皆制禮作樂中一事 名物度數 若不槩見 雖有良有司 何從以考之 文獻之不足 聖人發歎 似合更商 臣光顔籤曰 文獻何可不備 但此是節約之書 當存其槩 不可存其詳 如欲制作倣效 則當自考全書 何必於此盡載 御籤曰 丘氏之學 多本於名物 今若一切汰冗 殊非本色 然不得不存者外 從略可"

537) 정조,『홍재전서』 권128 類義評例 2 권17첨 書帝曰咨汝羲暨和. "書帝曰咨汝羲暨和 臣光顔籤曰 此條下丘說中 自先儒 止大要一句 刪之似好 臣瀅修籤曰 所欲節者 似爲此段眼目 更詳恐好 御籤曰 兩籤各有意見 更詳歸一"

②'在璿璣玉衡'은『대학연의보』권92 역상지법 상에 나오는 "在璿璣玉衡 以齊七政"의 부분이며, 주희의 주석과 구준의 안설이 함께 실려 있다.

> 서(A)는 "이 조목 아래 주자의 설은 단지 훈고(訓詁)일 뿐이니 추려 내는 것이 좋을 듯합니다." 하였다. 정조(C)는 서(A)의 의견에 반대하여 "비록 단지 훈고이긴 하지만 풀이가 매우 좋으니 그대로 두도록 하라." 하였다.[538]

규 291『어정대학유의』권15를 보면, 본문은 그대로 실렸고 주희의 주석 및 구준의 안설은 발췌되었다.

③'周禮馮相氏掌十有二歲'는『대학연의보』권92 역상지법 상에 나오는 "馮相氏掌十有二歲 十有二月 十有二辰 十日二十有八星之位 辨其敘事以會天位 冬夏致日 春秋致月 以辨四時之序"의 부분이며, 정현, 오징의 주석과 구준의 안설이 함께 실려 있다.

> 윤(B)은 "이 조목 아래 오씨(吳氏)의 설은 너무 번다한데, 추려 내자면 전부 추려 내야 하고 간추리기는 어려울 듯하니, 다시 상의하여 간략하게 하는 것이 좋을 듯합니다." 하였다. 정조(C)는 윤(B)의 의견을 조정하여 "과연 그렇다. 그러나 '세성(歲星)'부터 '이십팔수지위(二十八宿之位)'까지는 서사변시(敘事辨時)한 것이니 실어 두지 않을 수 없기에 지금 필삭을 가하고자 하는데 여러분의 의견을 듣고자 한다." 하였다.[539]

규 291『어정대학유의』권15를 보면, 본문과 오징의 주석이 실렸고, 정현의 주석 및 구준의 안설은 삭제되었다.

④'保章氏掌天星'은『대학연의보』권92 역상지법 상에 나오는 "保章氏掌天星以志 日月星辰 之變動以觀天下之遷 辨其吉凶以星土辨九州之地所封 封域皆有分

---

538) 정조,『홍재전서』권128 類義評例 2 권17첨 在璿璣玉衡. "在璿璣玉衡 臣瀅修籤曰 此條下朱子說 只是訓詁 刪之恐好 御籤曰 雖只是訓詁。詮釋甚好 當存之"

539) 정조,『홍재전서』권128 類義評例 2 권17첨 周禮馮相氏掌十有二歲. "周禮 馮相氏掌十有二歲 臣光顔籤曰 此條下吳氏說太繁氄 刪則全刪 節則恐難 更商歸約恐好 御籤曰 果然 而歲星至二十八宿之位敘事辨時 不可不存 今加筆削 欲聞僉見"

星以觀妖祥以十有二歲之相 觀天下之妖祥 以五雲之物 辨吉凶水旱降豐荒之祲象 以十有二風察天地之和 命乖別之妖祥 凡此五物者 以詔救政 訪序事의 부분이며, 정현, 오징의 주석과 구준의 안설이 함께 실려 있다.

> 윤(B)은 "이 조목 아래 오씨(吳氏)의 설을 간간이 절취(節取)하면 그 번다함을 간략히 할 수 있을 듯합니다." 하였다. 정조는 윤(B)의 의견을 조정하여 "대문(大文)까지 모두 추려 내는 것이 좋겠다." 하였다.[540]

규 291『어정대학유의』 권15를 보면, 본문은 그대로 실렸고, 오징의 주석은 "天星天文星度也 … 故命之使知所趨避(以上解以十二風 至乖別之妖祥)"까지 발췌되어 실렸고, 정현의 주석 및 구준의 안설은 삭제되었다.

⑤'左傳文公元年'은 『대학연의보』 권92 역상지법 상에 나오는 "左傳 公元年曰 於是閏三月 非禮也 先王之正時也 履端於始 擧正於中 歸餘於終 履端於始 序則不愆 擧正於中 民則不惑 歸餘於終 事則不悖"의 부분이며, 두예, 공영달(孔穎達)의 주석과 구준의 안설이 함께 실려 있다.

> 서(A)는 "이 조목 및 아래 두씨(杜氏)의 주와 공씨(孔氏)의 설과 구씨의 안설은 모두 추려 내야 합당할 듯합니다." 하였고, 윤(B)은 "좌씨(左氏)의 세 마디 말은 역법(曆法)을 다스리는 요령이니 추려 내어서는 안 되겠지만, 주는 절취하거나 추려 내어도 무방할 듯합니다." 하였다. 정조(C)는 두 사람의 의견을 조정하여 "대문(大文)과 주를 모두 추려 내는 것이 좋겠다." 하였다.[541]

규 291『어정대학유의』 권15를 보면, 본문을 비롯하여 두예, 공영달의 주석과 구준의 안설은 모두 삭제되었다.

---

540) 정조, 『홍재전서』 권128 類義評例 2 권17첩 保章氏掌天星. "保章氏掌天星 臣光顔籤曰 此條下吳說間間節之 則似可以略殺其繁 御籤曰 與大文竝刪可"

541) 정조, 『홍재전서』 권128 類義評例 2 권17첩 左傳文公元年. "左傳文公元年 臣瀅修籤曰 此條及下杜註孔說丘按 似合竝刪 臣光顔籤曰 左氏三言 治曆之要領 恐不宜刪 註則節刪 似無妨 御籤曰 大文與註竝刪可"

⑥‘史記太史公曰神農以前’은『대학연의보』 권93 역상지법 하에 나오는 부분으로 역서(曆書)에 대한 사마천의 논평 본문과 구준의 안설이 실려 있다.

> 윤(B)은 “태초력(太初曆)의 연기(緣起)는 반고(班固)의『한서(漢書)』 율력지(律曆志)에 이미 상세히 실려 있습니다. 게다가 이 조목에 서술한 정삭과 복색 등의 설은 모두 긴밀한 관계가 없으며, 율과 역 두 책은 저소손(褚少孫)의 손을 거쳐 보충 완성된 것으로 사의(辭意)가 많이 거칠고 조잡하니 이 조목은 전부 추려 내는 것이 좋을 듯합니다.” 하였고, 서(A)는 “율력의 연기는『한서』 율력지에 상세히 실려 있으니, 이 조목 중 ‘인조(因詔)’ 이하 및 구씨의 안설은 모두 추려 내는 것이 좋을 듯합니다.” 하였다. 정조(C)는 서(A)의 설을 수용하여 “율력에 밝다고 하여 태사공이라 일컬었던 것이니, 서의 설을 따르도록 하라.” 하였다.[542)]

규 291『어정대학유의』 권15를 보면, 서(A)의 의견대로 사마천의 역서에 대한 논평의 본문 중 “史記 太史公曰 神農以前尙矣 … 今上(謂武帝)卽位 招致方士唐都 分其天部 而巴落下閎運算轉曆 然後日辰之度與夏正同 乃改元 更官號”의 부분이 실렸고, 본문의 ‘因詔禦史曰’ 이하와 구준의 안설은 삭제되었다.

⑦‘蔡邕天文志曰言天體’는『대학연의보』 권93 역상지법 하에 나오는 “蔡邕天文志曰 言天體者有三家 一曰周髀 二曰宣夜 三曰渾天 宣夜之學絶無師說 周髀術數具存 考驗天象 多所違失 故史官不用惟渾天者近得其情 今史官所用候台銅儀則其法也 立八尺圓體之度 而具天地之形 以正黃道 以察發斂 以行日月 以步五緯 精微深妙 萬世不易之道也”의 부분이며 우희(虞喜), 왕번(王蕃)의 주석과 구준의 안설이 함께 실려 있다.

> 윤(B)은 “이 조목 중 ‘입팔척(立八尺)’ 이하는 추려 내고, 본서 중 우희의 설을 취하여 이 조목 아래 첨가해 싣는 것이 좋을 듯합니다.” 하였고, 서(A)는 “우희의 설은

542) 정조,『홍재전서』 권128 類義評例 2 권17첨 史記太史公曰神農以前. “史記 太史公曰神農以前 臣光顔鐵曰 太初曆緣起 旣詳於班志 且此條所叙正朔服色等說 俱無關緊 律曆二書 係褚少孫所補成 辭意固多蕪蕪 此條全刪似好 臣瀅修鐵曰 律曆緣起 詳於漢志 此條中因詔以下及丘說 竝刪似好 御鐵曰 明於律曆 稱太史公 當從徐說”

> 별로 긴밀한 관계가 없으니, 굳이 첨가해 넣어야 할지 모르겠습니다." 하였다. 정조(C)는 서(A)의 설을 수용하여 "서의 설이 옳다." 하였다.[543)]

규 291『어정대학유의』권15를 보면, 서(A)의 의견대로 본문과 왕번의 주석 및 구준의 안설은 실렸고, 우희의 주석은 삭제되었다.

⑧'唐志曰曆法尙矣'는『대학연의보』권93 역상지법 하에 나오는 것으로 본문 및 주자의 주석과 구준의 안설이 실려 있다.

> 서(A)는 "이 조목 및 주자의 설을 간간이 산정(刪正)해야 군더더기 말이 없어지고 차법(差法)이 거두어질 것입니다." 하였다. 정조(C)는 서(A)의 의견에 반대하고 본인이 수정한 첨을 그대로 할 것을 주장하여 "과연 그렇기에 지금 이처럼 산정한 것이다." 하였다.[544)]

규 291『어정대학유의』권15를 보면, 본문과 주자의 주석은 발췌되었고, 구준의 안설은 삭제되었다.

⑨'周禮大司徒之職'은『대학연의보』권94 도적지저에 나오는 내용이다. 본문, 정현의 주석 및 구준의 안설이 실려 있다.

> 서(A)는 "『대명일통지(大明一統志)』는 수록된 읍명과 지명이 어긋나지 않는 데가 없어 가장 정밀하지 못한 책으로 알려져 있으니, 이 조목 아래 구씨의 설 중 '국조(國朝)' 이하는 추려 내는 것이 좋을 듯합니다." 하였고, 윤(B)은 "『대명일통지』는 오류가 실로 많아 좋은 책이라 할 수 없으니, 고염무(顧炎武) 등 여러 사람들이 일찍이 증명한 바 있습니다. 그러나 이 책은 본래 황조의 여지전서이니, 구씨가 여기에 첨부한 것은 당연합니다. 어찌 그 책이 정밀하지 못하다고 하여 추려낼 필요가 있겠습니까. 그 하

543) 정조,『홍재전서』권128 類義評例 2 권17첨 蔡邕天文志曰言天體. "蔡邕天文志曰 言天體 臣光顔籤曰 此條中立八尺以下刪之 而取本書中虞喜說 添載於此條下恐好 臣瀅修籤曰 虞說別無緊關 未見其必可添 御籤曰 徐說可"

544) 정조,『홍재전서』권128 類義評例 2 권17첨 唐志曰曆法尙矣. "唐志曰 曆法尙矣 臣瀅修籤曰 此條及朱子說 間間刪正 然後衍語除而差法收 御籤曰 果然 今加刪正如此"

> 단만 절취함이 좋을 듯합니다." 하였다. 정조(C)는 두 사람의 의견을 조정하여 "굳이 전부를 추려낼 필요는 없으며, 또한 굳이 지나치게 상세히 실을 필요도 없다. 단지 이 지지(地志)를 편찬하게 된 내력만 싣는 것이 좋겠다." 하였다.[545]

규 291 『어정대학유의』 권16을 보면, 정조(C)가 두 사람의 의견을 조정하여 지시한 대로 본문과 구준의 안설 중 『대명일통지』 편찬 내력만 발췌되어 실렸고[546] 정현의 주는 삭제되었다.

⑩ '孔安國曰孔子生於周末'은 『대학연의보』 권94 도적지저에 나오는 "史記 孔子之時 周室微 而禮樂廢 詩書缺 … 乃因史記作春秋 上至隱公 下訖哀公十四年"의 부분에 붙인 공안국의 주석이다. 이어 주자의 주석 및 구준의 안설이 실려 있다.

> 정조(C)는 "이미 본보기가 되고 감계(鑑戒)가 될 만한 공자의 산서(刪書)와 진시황의 분서(焚書)가 아닌즉 한나라와 당나라 이하의 책 목록은 굳이 다 수록할 필요가 있겠는가. 대저 경륜에 무익하고 진덕수업(進德修業)에 무익한데 쓸데없이 많이 등사하여 책 장사들 입에나 오르게 만든다면 매우 의미가 없는 일이 아니겠는가. 이러한 뜻을 알았으니 곧 번다한 부분을 제거해야 할 것이다." 하였다.[547]

규 291 『어정대학유의』 권16을 보면, "史記 孔子之時"로 시작하는 본문과 구준의 안설이 실렸고 공안국과 주자의 주석은 삭제되었다.

---

545) 정조, 『홍재전서』 권128 類義評例 2 권17첨 周禮大司徒之職. "周禮大司徒之職 臣瀅修籤曰 大明一統志 邑名地名 無不舛錯 最稱不精之書 此條下丘說中國朝以下刪之似好 臣光顔籤曰 一統志訛謬固多 未得爲善書 顧炎武諸人 嘗證之矣 然而此故是皇朝輿誌全書 丘氏之附載於此固也 何必以其書之不精而刪之也 第節其下段似好 御籤曰 未必全刪 亦未必過詳 只錄編志之來歷爲可"

546) 『어정대학유의』 권16 衍義補 治國平天下之要 8 備規制 下 周禮大司徒之職. "周禮 大司徒之職 掌建邦之土地之圖 周知九州之地域廣輪之數 辨其山林川澤丘陵墳衍原隰之名物 丘濬曰 此卽後世地志圖經之所始也 國朝洪武三年 命儒士魏俊民等 編類天下郡縣地理形勢 爲大明志 永樂十六年 又遣官分行天下 采摭事實 然未成書 英宗皇帝乃命儒臣因其舊 修成一書 命曰大明一統志 載古今事跡 紀形勝備風俗 考沿革 廣見聞 前古所未有也"

547) 정조, 『홍재전서』 권128 類義評例 2 권17첨 孔安國曰孔子生於周末. "孔安國曰 孔子生於周末 御籤曰 旣非聖人之刪書秦皇之焚書之爲可師可戒 則漢唐以下冊目錄 何須備錄 大抵無益於經綸 無益於進修而漫費煩謄 以資冊儈之誦傳 不亦無義之甚乎 知此義 就加芟煩"

⑪ ‘漢書藝文志序’는 『대학연의보』 권94 도적지저에 나오는 “漢書藝文志序曰 昔仲尼沒而微言絶 … 歆於是總群書而奏其七略 故有輯略 有六藝略 有諸子略 有詩賦略 有兵書略 有術數略 有方技略”의 부분이며, 구준의 안설이 함께 실려 있다.

> 서(A)는 “이 조목은 간간이 추려서 절록하는 것이 좋을 듯합니다.” 하였다. 정조(C)는 서(A)의 의견을 조정하여 “그다지 별반 의의가 없으니 추려 내도 좋을 것이다. 만약 전한(前漢)의 역사를 전부 빠뜨려서는 안 된다고 한다면 ‘효무(孝武)’ 이하의 구절을 간략히 초록할 수도 있겠으나 아무래도 수록하지 않는 것이 바를 것이다.” 하였다.[548]

규 291 『어정대학유의』 권16을 보면, 본문이 발췌되어 실렸고 구준의 안설인 ‘此前漢藏書之始末’은 삭제되었다.

⑫ ‘丘濬曰此漢書籍之始末’은 『대학연의보』 권94 도적지저에 나오는 “光武中興篤好文雅 明章繼軌 尤重經術 … 後長安之亂 一時焚蕩 莫不泯盡焉”에 구준이 붙인 안설이다.

> 정조(C)는 “구씨의 설은 이미 아래 글에 실렸으니 간간이 추려 내는 것도 좋겠다.” 하였다.[549]

규 291 『어정대학유의』 권16을 보면, ‘光武中興’의 본문 다음에 구준의 안설인 ‘此後漢書籍之始末’은 전문이 수록되었다.

⑬ ‘唐分書爲四類’는 『대학연의보』 권94 도적지저에 나오는 부분이다. 본문, 구양수의 주석 및 구준의 안설이 실려 있다.

> 정조(C)는 “이 조목은 어찌 번다하지 않겠는가. 간추려 수록하거나 아니면 ‘서적을

---

548) 정조, 『홍재전서』 권128 類義評例 2 권17첨 漢書藝文志序. “漢書藝文志序 臣瀅修籤曰 此條間間刪節恐好 御籤曰 無甚別般意義 刪之爲可 若以前漢史之全漏爲不可 則孝武以下句語略鈔 而終不若不錄之爲正”

549) 정조, 『홍재전서』 권128 類義評例 2 권17첨 丘濬曰此漢書籍之始末. “丘濬曰 此漢書籍之始末 御籤曰 丘說旣載下文 間間加刪亦可”

네 부류로 나누었으니[分書四類]'로 시작하는 조목의 한두 줄을 수록하는 것이 좋겠다." 하였다.[550]

규 291 『어정대학유의』 권16을 보면, '唐分書爲四類'의 본문이 발췌되어 실렸고 구양수의 주석 및 구준의 안설은 삭제되었다.

⑭ '宋初有書萬餘卷'은 『대학연의보』 권94 도적지저에 나오는 부분이다. 본문, 사신(史臣)의 주석과 구준의 안설이 실려 있다.

정조(C)는 "송나라 서적에 관한 조목은 더욱 긴요하지 않으니, 되도록 많이 추려내도록 하라." 하였다.[551]

규 291 『어정대학유의』 권16을 보면, '宋初有書萬餘卷'의 본문이 발췌되어 실렸고, 사신의 주석과 구준의 안설은 삭제되었다. 대신 '宋初有書萬餘卷' 다음에 '仁宗嘉祐中詔曰'에 붙인 구준의 '宋朝以文爲治' 안설이 실렸다.

⑮ '舜典同律度量衡'은 『대학연의보』 권95 권량지근 권수에 나오는 부분이다. 공영달, 채침의 주석과 구준의 안설이 함께 실려 있다.

윤(B)은 "이 조목 아래 구씨의 설 중 위 구절에 '도량형(度量衡)' 석 자가 없는 채 곧바로 '아래에 반포하다[頒之於下].'라 하였은즉 문세가 비로소 통창(通暢)하지 못한 듯합니다. '성인(聖人)' 위에, 본문 중 '율자(律者)'부터 '동연(同然)'까지 34자를 첨가해 넣어야 문세가 비로소 통창하고 아래 글이 위 글과 조응(照應)하게 될 것입니다." 하였다. 정조(C)는 윤(B)의 의견을 조정하여 "첨지(籤紙)의 의견이 과연 옳다. 그러나 이 조목은 너무 내용이 번다하니 되도록 매우 정밀하게 초록해야 난잡함을 면할 수 있을 것이다." 하였다.[552]

---

550) 정조, 『홍재전서』 권128 類義評例 2 권17첨 唐分書爲四類. "唐分書爲四類 御籤曰 此條豈不煩冗乎略錄或只錄分書四類條一二行爲可"

551) 정조, 『홍재전서』 권128 類義評例 2 권17첨 宋初有書萬餘卷. "宋初 有書萬餘卷 御籤曰 宋書籍條尤不緊 務從刪汰"

552) 정조, 『홍재전서』 권128 類義評例 2 권17첨 舜典同律度量衡. "舜典 同律度量衡 臣光顔籤曰 此條下

규 291『어정대학유의』 권16을 보면, 본문 다음에 공영달과 채침의 주석은 생략되었고, 구준의 안설은 윤(B)의 의견이 반영되어 발췌되었다.[553]

⑯ '周禮典瑞璧羨以起度'는『대학연의보』 권95 권량지근에 나오는 "典瑞璧羨以起度 玉人璧羨度尺 好 三寸以爲度"의 부분이며, 본문, 정현, 채원정(蔡元定), 왕소우(王昭禹)의 주석과 구준의 안설이 함께 실려 있다.

> 윤(B)은 "벽선(璧羨, 둥글지 않은 구슬)은 풀이가 없어서는 안 될 것이니, 본서 중 정현의 설을 취하여 첨가해 넣는 것이 좋을 듯합니다. 이 조목은 보옥편(寶玉篇)에 또 실려 있으니, 보옥편을 전부 추려 낸다면 그 아래 구씨의 설은 이 아래로 옮겨 넣는 것이 좋을 듯합니다." 하였다. 정조(C)는 윤(B)의 의견을 조정하여 "과연 그렇다. 두 조목 중 하나를 추려 낸다면 구씨의 안설은 전부 추려도 좋을 것이다." 하였다.[554]

규 291『어정대학유의』 권16을 보면, 본문은 실렸고, 정현과 왕소우의 주석은 삭제되었으며, 채원정의 주석과 구준의 안설은 발췌되었다.

⑰ '栗氏爲量'은『대학연의보』 권95 권량지근에 나오는 "栗氏爲量 改煎金錫則不耗 不耗然後權之 權之然後準之 準之然後量之 量之以爲鬴 深尺內方尺而圜其外 其實一鬴 其臀一寸 其實一豆 其耳三寸 其實一升 重一鈞 其聲中黃鍾之宮 槪而不稅 其銘曰 時文思索 允臻其極 嘉量旣成 以觀四國 永啓厥後 茲器維則"의 부분이

---

丘說中上句 無度量衡三字 而直曰頒之於下 則文勢恐未暢 聖人上 添入本文中 自律者 止同然三十四字 然後文始暢而下有照應 御籤曰 籤紙果然 而此條太繁 務極精鈔 然後庶免猥雜"

553) 『어정대학유의』 권17 衍義補 治國平天下之要 8 備規制 下 權量之謹 舜典同律度量衡. "舜典同律度量衡 丘濬曰 律者候氣之管 所以作樂者也 而度量衡用以度長短 量多寡 稱輕重 所用與律不同 聖人不徒因律而作樂 而用之於郊廟 朝廷之上 而[又按律以制度量衡] 而頒之於下 使天下之人 用之以爲造作出納 交易之則焉 其作於上也有常制 其頒於下也有定法 苟下之所用者 與上之所頒者不同 下虧於民上損於官 操執者有增減之弊 交易者有欺詐之害 監守出納者 有侵剋倍備之患 其所關系蓋亦不小也 雖唐虞之世民淳俗厚 帝王爲治 尙不之遺 而況後世民僞日滋之時乎 乞敕所司 每正歲申明舊制 自朝廷始 先校在官之尺度斗斛權衡 使凡收受民間租稅器物 不許過則 又於凡市場交易之處 懸掛則樣以爲民式 在內京尹及五城兵馬司官 在外府州縣官 每月一次校勘 憲臣出巡所至 必令所司具式呈驗 公私所用有不如式者 坐其所司及所造所用之人 是亦王政之一端也"

554) 정조, 『홍재전서』 권128 類義評例 2 권17첨 周禮典瑞璧羨以起度. "周禮 典瑞璧羨以起度 臣光顔籤曰 璧羨不可無解 取本書中鄭玄說添入似好 而此條又載於寶玉篇 寶玉篇如全删 則其下丘說 移入於此下似好 御籤曰 果然 二條中删一 丘按則全拔亦可"

다. 본문과 왕소우, 정경중(鄭敬仲)의 주석 및 구준의 안설이 함께 실려 있다.

> 서(A)는 "이 조목 중 '위량(爲量)' 아래에, 본문 중 '개전(改煎)'부터 '불세(不稅)'까지의 한 단락을 주(註)까지 함께 수록한 뒤에 '기명왈(其銘曰)' 이하로 잇고 구씨의 설은 추려 내는 것이 좋을 듯합니다. 대저 이 가량(嘉量)은 고제(古制) 중 가장 무거운 중량이 되는 것이니 그 도수(度數)를 갖추어 싣지 않을 수 없기 때문입니다." 하였다. 정조(C)는 서(A)의 의견을 반영하여 "가량(嘉量)은 그 얼마나 아름다운 제도인가. 그 명(銘)까지 삼가 싣도록 하라." 하였다.[555]

규 291 『어정대학유의』 권16을 보면, 본문은 실렸고, 정경중의 주석 및 구준의 안설은 삭제되었으며 왕소우의 주석은 발췌되었다.

⑱ '王制古者以周尺八尺爲步'는 『대학연의보』 권95 권량지근에 나오는 "王制 古者以周尺八尺爲步 今以周尺六尺四寸爲步 古者百畝 當今東田百四十六畝 三十步 古者百里 當今百二十一里 六十步 四尺二寸二分"의 부분이다. 본문과 진호(陳澔) 및 구준의 안설이 실려 있다.

> 정조(C)는 "대문(大文)과 안설을 모두 추려 내는 것이 좋겠다." 하였다.[556]

규 291 『어정대학유의』 권16을 보면, 본문은 실렸고, 진호의 주석은 삭제되었으며 구준의 안설은 발췌되었다.

⑲ '程子曰爲政'은 『대학연의보』 권95 권량지근에 나오는 "程頤曰 爲政須要有綱紀文章 謹權審量 讀法平價皆不可闕"의 부분이다. 본문, 주자의 주석과 구준의 안설이 실려 있다.

---

555) 정조, 『홍재전서』 권128 類義評例 2 권17첨 栗氏爲量. "㮚氏爲量 臣瀅修籤曰 此條中爲量下 取本文中 自改煎 止不稅一段 竝註入錄 然後以其銘曰以下繼之 而丘說則刪之恐好 蓋此嘉量爲古制之最重者 不可不備載度數故耳 御籤曰 嘉量何等美制 不可不竝銘謹載之"

556) 정조, 『홍재전서』 권128 類義評例 2 권17첨 王制古者以周尺八尺爲步. "王制古者以周尺八尺爲步 御籤曰 文與按竝刪可"

> 윤(B)은 "이 조목 아래 주자의 설은 이미 구씨의 설 중에 갖추어져 있으니 따로 실을 필요가 없을 듯합니다. 구씨의 설에는 매양 '주희(朱熹)'라고 칭하였는데 지금 '주자(朱子)'라 한 것은 무슨 이례(異例)입니까. 위는 추려 내고 아래는 고치는 것이 좋을 듯합니다." 하였다. 정조(C)는 윤(B)의 의견을 반영하여 "구씨 설은 이례이니 모두 추려 내라." 하였다.[557]

규 291『어정대학유의』 권16을 보면, 본문은 '程頤曰'이 '程子曰'로 바뀌어 그대로 실렸고, 주자의 주석은 삭제되었으며 구준의 안설은 발췌되었다.

⑳'典瑞掌玉瑞'는『대학연의보』 권96 보옥지기에 나오는 "典瑞掌玉瑞玉器之藏 辨其名物與其用事 … 璧羨以起度"의 부분이다. 본문과 정현의 주석 및 구준의 안설이 실려 있다.

> 정조(C)는 "이 조목은 절록하라. 안설도 마찬가지이다." 하였다.[558]

규 291『어정대학유의』 권16을 보면, 본문은 발췌되어 실렸고 정현의 주석과 구준의 안설은 삭제되었다. 대신 '典瑞掌玉瑞' 다음에 '玉人之事'에 붙인 구준의 안설이 발췌되었다.

3)『유의평례』2 권18첨 1항목인데, 이에 대해 살펴보면 다음과 같다.

①'遺人掌郊野之委積'는『대학연의보』 권99 우전지치에 나오는 "遺人 掌郊里之委積以待賓客 野鄙之委積以待羇旅 凡賓客會同 師役掌其道路之委積 凡國野之道十里有廬 廬有飮食 三十里有宿 宿有路室 路室有委 五十里有市 市有候館 候館有積"의 부분이다. 본문, 정현과 가공언의 주석, 구준의 안설이 실려 있다.

> 서(A)는 "이 조목 아래에, 본서의 구씨설 중 '위자(委積)'부터 '정야(亭也)'까지의 한 단락을 첨가해 넣는 것이 좋을 듯합니다. 대개 위의 조목에 구씨의 설을 이미 실었은즉 이 조목 역시 일례(一例)로 구씨의 설을 수록해야 할 것입니다." 하였다. 정조(C)는

---

557) 정조,『홍재전서』 권128 類義評例 2 권17첨 程子曰爲政. "程子曰爲政 臣光顔籤曰 此條下朱子說 已具於丘說中 似不必另載 丘說每稱朱某 今云朱子 亦何異例耶 上刪下改恐好 御籤曰 丘說異例 竝刪"

558) 정조,『홍재전서』 권128 類義評例 2 권17첨 典瑞掌玉瑞. "典瑞掌王瑞 御籤曰 此條當節錄 按說同"

서(A)의 의견을 수용하여 "일례가 되도록 하라." 하였다.[559]

규 291 『어정대학유의』 권16을 보면, 본문은 실렸고 정현과 가공언의 주석은 생략되었으며, 구준의 안설인 "丘濬曰 委積以待賓客 卽後世驛傳給廩之意 候館樓 卽所謂驛舍之郵亭也"는 실렸다.

**2) 신형헌의 교감 내용**

신형헌 14권은 14세목이다. 권100 총론제형지의 상, 권101 총론제형지의 하, 권102 정율령지제 상, 권103 정율령지제 하, 권104 제형옥지구, 권105 명유속지의, 권106 상청단지법, 권107 의당원지벽과 순천시지령, 권108 근상언지의, 권109 신원억지정과 신생재지사, 권110 명복수지사, 권111 간전옥지관, 권112 존흠휼지심, 권113 계남종지실 등이다.

신형헌 14권(권100~권113)의 교감은 『유의평례』 2 권19첩 9항목이다. 이에 대해 살펴보면 다음과 같다.

① '輕重諸罰有權'은 『대학연의보』 권101 총론제형지의 하에 나오는 "輕重諸罰有權 刑罰世輕世重惟齊非齊 有倫有要"의 부분이다. 본문과 채침의 주석 및 구준의 안설이 실려 있다.

> 정조(C)는 "여형(呂刑) 한 편 가운데 이 조목이 안목(眼目)이니 추려 내어서는 안된다." 하였다.[560]

규 291 『어정대학유의』 권17을 보면, 본문은 실렸고, 채침의 주석은 발췌되었으며 구준의 안설은 삭제되었다.

---

559) 정조, 『홍재전서』 권128 類義評例 2 권18첩 遺人掌郊野之委積. "遺人掌郊野之委積 臣瀅修籤曰 此條下 取本書丘說中 自委積 止亭也一段添入似好 蓋上條旣錄丘說 則此條亦合一例收入 御籤曰 可使一例"

560) 정조, 『홍재전서』 권128 類義評例 2 권19첩 輕重諸罰有權. "輕重諸罰有權 御籤曰 呂刑一篇 此條爲眼目 不可刪"

②'周禮正月之吉'은 『대학연의보』 권102 정율령지제 상에 나오는 "周禮 正月之吉 始和布刑於邦國 都鄙 乃縣刑象之灋(=法)於象魏, 使萬民觀刑象 挾日而斂之"의 부분이다. 본문, 정현, 왕소우의 주석 및 구준의 안설이 실려 있다.

> 윤(B)은 "이 조목 아래 오씨(吳氏)의 설은 추려 내고 풀이에 해당하는 경문(經文) 부분을 소주(小註)로 삼는 것이 좋을 듯합니다." 하였다. 정조(C)는 윤(B)의 의견에 반대하여 "소주는 이미 모두 추려 내기로 범례(凡例)를 정했으니 지금 범례를 고칠 수는 없다." 하였다.[561]

규 291 『어정대학유의』 권17을 보면, '周禮正月之吉'의 본문, 정현, 왕소우의 주석 및 구준의 안설은 모두 삭제되었다.

③'十三年除肉刑'은 『대학연의보』 권102 정율령지제 상에 나오는 부분이며, 한의 문제(文帝) 13년에 조서를 내려 육형을 없앤 내용이다. 본문, 마단림(馬端臨)의 주석 및 구준의 안설이 실려 있다.

> 윤(B)은 "이 조목 아래에, 본서 중 한 문제의 조서 조목을 취하여 첨가해 넣어야 할 것이며, 마단림의 설 또한 싣지 않을 수 없을 것입니다. 대개 육형(肉刑)을 없애라는 조서는 천고의 대인(大仁)이므로 그 글을 수록하지 않을 수 없기 때문입니다." 하였다. 정조(C)는 윤(B)의 의견을 반영하여 "과연 그렇다. 두 단락을 첨가해 넣는 것이 좋겠다." 하였다.[562]

규 291 『어정대학유의』 권17을 보면, '十三年除肉刑'의 본문이 발췌되어 실렸고, 마단림의 주석과 구준의 안설이 실렸다.

④'唐之刑書 其用刑有五'는 『대학연의보』 권103 정율령지제 하에 나오는 당의

---

561) 정조, 『홍재전서』 권128 類義評例 2 권19첨 周禮正月之吉. "周禮正月之吉 臣光顔籤曰 此條下吳說刪之 而經文費解處作小註似好 御籤曰 小註則旣以竝刪發凡 今不可更例"

562) 정조, 『홍재전서』 권128 類義評例 2 권19첨 十三年除肉刑. "十三年 除肉刑 臣光顔籤曰 此條下 取本書中文帝詔書一條 似當添入 而馬端臨說 亦不可不載 蓋除肉刑詔 是千古大仁 其文不可不錄故也 御籤曰 果然 二段添錄爲可"

형서에 관한 내용이다. 본문과 구준의 안설이 실려 있다.

> 서(A)는 "이 조목 중 '형서(刑書)' 아래에, 본서 중 '유사(有四)' 이하 한 구절을 첨가해 넣어야 문의(文義)가 통창할 것입니다." 하였다. 정조(C)는 서(A)의 의견을 반영하여 "'유사(有四)'부터 '단옥(斷獄)'까지를 첨가해 넣도록 하라." 하였다.[563]

규 291 『어정대학유의』 권17을 보면, 서(A)의 의견대로 '唐之刑書'와 '其用刑有五' 사이에 '有四曰律令格式 令者 尊卑貴賤之等數國家之制度也 格者 百官有司之所常行之事也 式者 其所常守之法也 凡邦國之政 必從事於此 三者 其有所違 及人之爲惡而入於罪戾者 一斷以律 律之爲書因隋之舊 爲十有二篇 一曰名例 二曰衛禁 三曰職制 四曰戶昏 五曰廐庫 六曰擅興 七曰盜賊 八曰鬥訟 九曰詐僞 十曰雜律 十一曰捕亡 十二曰斷獄'의 부분이 보충되었고, 구준의 안설은 발췌되었다.

⑤ '小司寇以五聲'은 『대학연의보』 권106 상청단지법에 나오는 "小司寇 以五聲聽獄訟 求民情 一曰辭聽 二曰色聽 三曰氣聽 四曰耳聽 五曰目聽" 부분이다. 본문, 정현, 왕안석(王安石)의 주석 및 구준의 안설이 실려 있다.

> 서(A)는 "이 조목 아래에, 본서 중 약제(約劑)에 관해 말한 한 조목을 첨가해 넣지 않아서는 안 될 듯하니, '사사(士師)'부터 '약제(約劑)'까지와 그 아래 주자(朱子)의 주(註)에서 '청칭(聽稱)'부터 '자야(者也)'까지를 모두 초록하여 싣고 끝 부분에 소주(小註)로 '이상은 옥사를 처리하는 것이다[以上聽訟].'라고 쓰는 것이 온당할 듯합니다." 하였다. 정조(C)는 서(A)의 의견을 반영하여 "그렇다. 다른 조목도 '청옥(聽獄)'의 소주처럼 누락된 것이 있는지 일일이 상고(詳考)하여 첨가해 넣도록 하라." 하였다.[564]

규 291 『어정대학유의』 권17을 보면, 서(A)의 의견대로 '小司寇以五聲'의 본문,

---

563) 정조, 『홍재전서』 권128 類義評例 2 권19첨 唐之刑書其用刑有五. "唐之刑書 其用刑有五 臣瀅修籤曰 此條中刑書下 添入本文中有四以下一節 然後文義通暢 御籤曰 自有四至斷獄 當添入"

564) 정조, 『홍재전서』 권128 類義評例 2 권19첨 小司寇以五聲. "小司寇以五聲 臣瀅修籤曰 此條下本書中約劑一條 似不可不入錄 自士師 止約劑及下朱註 自聽稱 止者也竝鈔載 而末端以小註書之曰以上聽訟恐當 御籤曰可 他條如聽獄之小註見漏者 一一詳考添錄"

정현, 왕안석의 주석 및 구준의 안설이 그대로 실렸고, 바로 다음에 '士師之職 凡以財獄訟者 正之以傅別於約劑'의 본문 및 주희의 주석인 '朱 申曰 聽稱責以傅別 聽買賣以約劑 二者皆劵書之名 所以正實僞者也'가 실렸으며 주희의 주석 끝에 소주로 '以上聽獄訟'이 기재되었다.

⑥'唐太宗嘗覽明堂針灸圖'는『대학연의보』권112 존흠휼지심에 나오는 "太宗嘗覽明堂針灸圖 見人之五髒皆近背 失所則其害致死 歎曰 夫棰者五刑之輕 死者人之所重 安得犯至輕之刑而或至死 乃詔罪人毋得鞭背"의 부분이다. 본문과 구준의 안설이 실려 있다.

> 윤(B)은 "이 조목은 이미 원편(原編)『대학연의』심치체편(審治體篇)에 실려 있으니, 추려 내는 것이 온당할 듯합니다." 하였다. 정조(C)는 윤(B)의 의견을 조정하여 "원편에 실려 있는 것을 발췌하여 여기에 옮겨 싣는 것이 좋겠다." 하였다.[565]

규 291『어정대학유의』권17을 보면, '唐太宗嘗覽明堂針灸圖'의 본문과 구준의 안설이 빠져 있어 정조의 의견이 반영되지 않은 것으로 보인다.

⑦'太宗時有失入者'는『대학연의보』권112 존흠휼지심에 나오는 "太宗時 有失入者不加罪 太宗問大理卿劉德威曰 近日刑網稍密 何也 對曰 此在主上 不在群臣 人主好寬則寬 好急則急 律文失入減三等 失出減五等 今失入無辜 失出更獲大罪 是以吏各自免 競就深文 非有敎使之 然畏罪故耳 儻一斷以律 則此風立止矣 太宗悅從之 自是斷獄平允"의 부분이다. 본문과 구준의 안이 실려 있다.

> 윤(B)은 "'헌종 때 이길보와 이강이 재상이 되었는데[憲宗時 李吉甫李絳 爲相]'로 시작하는 한 조목을 본서(本書) 중에서 초록하여 이 조목 아래에 첨가해 실으면 내용이 제대로 갖추어질 듯합니다." 하였다. 정조(C)는 윤(B)의 의견을 조정하여 "이 조목은 당연히 초록하여야 한다. 그러나 '천자가 그렇다고 했다[帝以爲然].' 이상만 수록하도록 하라." 하였다.[566]

---

565) 정조,『홍재전서』권128 類義評例 2 권19첨 唐太宗嘗覽明堂針灸圖. "太宗嘗覽明堂鍼灸圖 臣光顔籤曰 此條已載於原編審治體篇 似當刪 御籤曰 原編拔之 移錄於此爲可"

규 291 『어정대학유의』 권17을 보면, '太宗時有失入者' 항목은 '太宗時 有失入者 不加罪'와 '此在主上 不在群臣'만 생략되었고 나머지 본문은 모두 실렸다. 구준의 안설은 삭제되었고, 그 다음에 있는 본문 중 "憲宗時 李吉甫李絳爲相 吉甫言 治天下必任賞罰 陛下頻降赦令 蠲逋賑飢 恩德至矣 然典刑未擧 中外有懈怠心 絳曰 今天下雖未大治 亦不甚亂 乃古平國用中典之時 自古欲治之君 必先德化 至暴亂之世 乃專任刑法 吉甫之言過矣 帝以爲然"의 부분이 발췌되어 실렸으며, 이에 붙어 있던 구준의 안설도 삭제되었다.

⑧ '武帝卽位之後'는 『대학연의보』 권113 계남종지실에 나오는 "武帝卽位之後 自公孫弘以春秋之義繩下 張湯以峻文決理 於是見知之法生 而廢格沮誹窮治之獄用 湯奏顔異九卿見令不便 不入言而腹誹 論死 是後有腹誹之法比 公卿大夫 多諂諛取容矣"의 부분이다. 본문과 호인(胡寅)의 주석 및 구준의 안설이 실려 있다.

> 윤(B)은 "본서 중 호씨(胡氏)의 설을 이 조목 아래에 첨가해 넣는 것이 좋을 듯합니다." 하였다. 정조(C)는 윤(B)의 의견에 반대하여 "호씨의 설은 이미 『주역』의 효사(爻辭)에 감계(鑑戒)를 베풀어 둔 뜻에 위배되고 교묘하기 이를 데 없는 말재주만 부렸음을 숨길 수 없다. 경산(瓊山)이 이 조목을 취택한 것도 이미 불가한데 지금 다시 그 잘못을 답습하고자 하는 것은 어째서인가." 하였다.[567]

규 291 『어정대학유의』 권17을 보면, '武帝卽位之後' 항목은 본문 중 '武帝卽位之後 自公孫弘以春秋之義繩下 張湯以峻文決理 於是見知之法生 而廢格沮誹窮治之獄用' 부분만 발췌되어 실렸고, 호인의 주석 및 구준의 안설은 삭제되었다. 그 다음에 있는 본문 중 '武帝以法制御下 好尊用酷吏 民益輕犯法 盜賊滋起 道路不通 於是作沈命法曰 盜起不發覺 發覺而捕不滿品者 二千石以下 至小吏主者皆死 其後小吏畏誅 雖有盜不敢發 府亦使其不言 故盜賊浸多 上下相爲匿 以文辭避法焉' 부

---

566) 정조, 『홍재전서』 권128 類義評例 2 권19첨 太宗時有失入者. "太宗時 有失入者 臣光顔籤曰 憲宗時 李吉甫李絳爲相一條 就本書中鈔出 添載於此條下 似爲備 御籤曰 此條當添 而只錄帝以爲然以上"

567) 정조, 『홍재전서』 권128 類義評例 2 권19첨 武帝卽位之後. "武帝卽位之後 臣光顔籤曰 本書中胡說添入於此條下似好 御籤曰 胡說旣違義繇設戒之義 莫掩利口 如簧之巧 瓊山之取之已不可 又欲襲之何也"

분만 발췌되어 앞의 본문과 연결되어 실렸고, 호인의 주석은 삭제되었으며, 구준의 안설 중 '呂刑云 民之亂罔不中 是則治民之道無有過於中者也 是故 先王立法制刑 莫不用中 中則無過無不及 可以常用 而無弊不過 而嚴亦不及而寬 過而嚴 則民有不堪 而相率爲僞以避罪 不及而寬則民無所畏 而群聚競起以犯罪' 부분만 발췌되었다.

⑨ '以上戒濫縱之失'은 『대학연의보』 권113 계남종지실에 관한 사례를 선별하는 논의에 관한 것이다.

> 윤(B)은 "남종(濫縱)은 두 가지 일인 듯하니, 남(濫)은 과람(過濫: 형정을 과다히 하는 것)이요, 종(縱)은 이종(弛縱: 형정을 느슨히 하는 것)입니다. 그런데 이 조목은 전편에 수록한 내용이 모두 남(濫)에 관한 설이요, 오직 왕거영(王去榮)의 일 하나가 종(縱)에 속하니, 비록 남에 대한 감계가 종에 대한 설보다 더 강조되어야 마땅하겠지만 내용의 많고 적음이 너무 차이가 나니 흠이 될 만합니다." 하였다. 정조(C)는 윤(B)의 의견을 조정하여 "남종 운운한 것은 구씨의 뜻이 실로 첨의 말과 같으나, 상앙(商鞅)과 같은 혹리가 한 짓은 반드시 남에 해당하는 당시 임금의 형정에 속하는 것은 아닐 것이다. 종에 속하는 조목 중 왕거영의 일은 아마도 내용이 이 편과 맞지 않은 듯하다. 애석하다, 구씨가 문황(文皇)이 죄수를 풀어 준 일을 이 단락에 편입하지 않음이여. 전부 추려 내는 것이 좋겠거니와 혹 전부 추려 내는 것이 꺼림칙하면 상앙에 관한 조목 하나와 한 무제(漢武帝), 진총(陳寵), 위 효문제(魏孝文帝)에 관한 몇 조목들을 억지로라도 수록해야 할 것이다." 하였다.[568]

규 291 『어정대학유의』 권17을 보면, 남종에 관한 사례로, 후한 장제(章帝)시의 진총의 상소 건,[569] 위 효문제의 '有罪徙邊者多逋亡'의 건, 현종(玄宗) 시 이길보(李吉

---

568) 정조, 『홍재전서』 권128 類義評例 2 권19첨 以上戒濫縱之失. "以上戒濫縱之失 臣光顏籤曰 濫縱似是二事 濫是過濫 縱是弛縱 而全篇所收 皆是濫之說 惟王去榮一事屬縱 雖濫之戒 宜加於縱 而多寡亦太不倫 可欠 御籤曰 縱濫云者 丘意儘如籤說 而商鞅輩酷吏所爲 未必專歸時君之刑政 縱一條中去榮事恐不襯當 惜乎丘氏之不以文皇縱囚編入此段也 全删爲可 或以全删爲嫌 則商鞅一條 漢武陳寵魏孝文數條 當强錄"

569) 진총(陳寵)은 후한(後漢) 장제(章帝)·화제(和帝) 때의 인물이다. 진총이 장제에게 상서를 올려 번거롭고 가혹한 율령(律令)을 없애고 태(笞)·장(杖) 등의 형벌을 감면하고 백성들의 고통을 구제토록

甫) 건, 숙종(肅宗) 시 왕거영의 일 등이 선별되어 실렸다.

### 5.6.3. 비규제와 신형헌의 교감 결과

『유의평례』 2 권16첨 9항목, 권17첨 20항목, 권18첨 1항목 및 권19첨 9항목의 교감 내용의 결과를 〈표 8〉로 종합하면 다음과 같다.

**〈표 8〉『유의평례』 2 권16첨 9항목, 권17첨 20항목, 권18첨 1항목 및 권19첨 9항목의 서형수, 윤광안, 정조의 교열에 관한 기록**

| 『유의평례』 권첨 및 교열 항목 수 | 교열 항목 | 서형수 (A) | 윤광안 (B) | 정조(C) 최종 결정 및 선택 | 정조(C)의 최종 결정 내용 |
|---|---|---|---|---|---|
| 권2<br>卷16籤<br>(9)<br>備規制 | ① 書禹貢曰冀州 | – | B | C(BX) | 『대학연의보』 권85 도읍지건 상에 나오는 권수 부분이다. 정조(C)는 윤(B)의 의견에 반대하여 "다시 보니 추려 내기가 또한 매우 어려우니 그대로 두는 것이 좋겠다."라고 하였다. 규 291 『어정대학유의』 권15를 보면, 이 항목 다음에 채침의 주석은 삭제되었고, 구준의 안설 중 일부 내용이 발췌되어 실렸다. |
| | ② 丘濬曰所貴乎人主者 | – | – | C | 『대학연의보』 권88 궁궐지거의 부분에 구준이 붙인 안설이다. 정조(C)는 "구준의 안설은 격언이 아님이 없으니, 추려 내는 것도 좋겠고 절록하는 것도 좋겠다." 하였다. 규 291 『어정대학유의』 권15를 보면, 구준의 안설은 발췌되어 실렸다. |
| | ③ 詩靈臺篇曰經始靈臺 | – | B | C(BX) | 『대학연의보』 권89 유유지설 권수 『시경』 대아의 문왕지십(文王之什) 8편 영대(靈臺) 4장 중 제1장과 제2장의 본문이다. 정조(C)는 윤(B)의 의견에 반대하여 "수장이 비록 다른 편에 실려 있긴 하지만 다른 장(章)의 의의 또한 깊이 음미해야 할 것이니, 그대로 두도록 하라." 하였다. 규 291 『어정대학유의』 권15를 보면, 『시경』 대아의 문왕지십 8편 영대 4장 제1장은 생략되었고, 제2장인 '王在靈囿 麀鹿攸伏 麀鹿濯濯 白鳥翯翯 王在靈沼 於刃魚躍'의 부분만 발췌되어 실렸으며, 주희의 주석은 삭제되었고 구준의 안설은 실렸다. |

청하였는데, 장제가 형벌 중 참혹한 조항 50여 조를 폐지하도록 하였다.

| 『유의평례』 권첨 및 교열 항목 수 | 교열 항목 | 서형수 (A) | 윤광안 (B) | 정조(C) 최종 결정 및 선택 | 정조(C)의 최종 결정 내용 |
|---|---|---|---|---|---|
| 권2 卷16籤 (9) 備規制 | ④ 左傳襄公十七年宋皇國父 | A | B | C(B) | 『대학연의보』 권89 유유지설에 나오는 부분이다. 정조(C)는 윤(B)이 주장한 "이 조목 중 자한(子罕)의 설은 비록 임금에 대한 비난을 분담하겠다는 생각에서 나온 것이긴 하지만, 임금을 위해 원망하는 말을 떠맡음으로써 총애를 사는, 후세의 아첨하는 사람의 효시가 되지 않는다는 보장이 없으니, 추려 냄이 좋을 듯합니다."라는 의견을 수용하였다. 규 291 『어정대학유의』 권15를 보면, 본문, 두예의 주석, 구준의 안설은 모두 삭제되었다. |
| | ⑤ 國語楚靈王爲章華之臺 | – | B | C(BO) | 『대학연의보』 권89 유유지설에 나오는 부분이다. 정조(C)는 윤(B)의 의견을 조정하여 "다시 계일욕편을 상고하여 상세한 쪽을 그대로 실어 두되 이 조목을 만약 그대로 실어 둘 경우엔 안설도 수록해야 할 것이다." 하였다. 규 291 『어정대학유의』 권15를 보면, 이 항목의 끝부분에 있는 "國語伍擧曰 … 於是乎用之" 부분이 발췌되어 실렸고, 구준의 안설은 삭제되었다. |
| | ⑥ 齊宣王問曰文王之囿 | – | B | C(BX) | 대학연의보』 권89 유유지설에 나오는 부분이다. 정조(C)는 윤(B)의 의견에 반대하여 "위에 이미 영대장(靈臺章)이 있으니 이는 거듭 나온 셈이 된다. 동시에 '문왕(文王)의 유(囿)'는 『시경』과 『맹자』가 내용상 매우 차이가 있으니 굳이 초록할 필요가 없다." 하였고, 또 이르기를, "이 단락의 안설은 수록하여야 할 것이다." 하였다. 규 291 『어정대학유의』 권15를 보면, 정조의 의견대로 본문과 구준의 안설이 실렸고, 주희 및 장식의 주석은 삭제되었다. |
| | ⑦ 易坤爲大輿 | – | B | C(BX) | 『대학연의보』 권91 여위지의 권수 부분이다. 정조는 윤(B)의 의견에 반대하여 "'곤은 큰 수레가 된다[坤爲大輿]'는 것은 상(象)을 취했다는 측면에서는 일반이니 추려낼 필요가 없다." 하였다. 규 291 『어정대학유의』 권15를 보면, 정조의 의견대로 주역의 본문과 오징의 주석이 실렸다. |
| | ⑧ 考工記曰軫之方也 | – | B | C(BO) | 『대학연의보』 권91 여위지의에 나오는 부분이다. 정조(C)는 윤(B)의 의견을 조정하여 "정현의 설 한 조목은 당연히 실어야 한다." 하였다. 규 291 『어정대학유의』 권15를 보면, 본문과 정현의 주석은 실렸고, 가공언, 왕소우, 정초의 주석과 구준의 안설은 삭제되었다. |

| 『유의평례』 권첨 및 교열 항목 수 | 교열 항목 | 서형수 (A) | 윤광안 (B) | 정조(C) 최종 결정 및 선택 | 정조(C)의 최종 결정 내용 |
|---|---|---|---|---|---|
| 권2 卷16籤 (9) 備規制 | ⑨ 凡天子之車曰玉路 | A | B | C(AO, BO) | 『대학연의보』 권91 여위지의에 나오는 부분이다. 정조(C)는 두 사람의 의견을 조정하여 "구씨의 학문은 명물에 근본을 둔 것이 많으니, 지금 만약 번다한 부분들을 일체 추려 낸다면 전혀 그 본색이 아닐 것이다. 그러나 실어 둘 수밖에 없는 것 외에는 되도록 생략하는 편이 좋겠다." 하였다. 규 291 『어정대학유의』 권15를 보면, '凡天子之車曰玉路' 관련된 본문은 그대로 실렸다. |
| 권2 卷19籤 (20) 備規制 | ① 書帝曰咨汝羲暨和 | A | B | C(AO, BO) | 『대학연의보』 권92 역상지법 상에 나오는 부분이다. 정조(C)는 두 사람의 의견을 조정하여 "두 첨(籤)의 견해가 저마다 일리가 있으니 다시 상고하여 합일점을 찾도록 하라." 하였다. 규 291 『어정대학유의』 권15를 보면, 본문, 주희의 주석, 구준의 안설이 모두 실렸다. |
| | ② 在璿璣玉衡 | A | – | C(AX) | 『대학연의보』 권92 역상지법 상에 나오는 부분이다. 정조(C)는 서(A)의 의견에 반대하여 "비록 단지 훈고이긴 하지만 풀이가 매우 좋으니 그대로 두도록 하라." 하였다. 규 291 『어정대학유의』 권15를 보면, 본문은 그대로 실렸고 주희의 주석 및 구준의 안설은 발췌되어 실렸다. |
| | ③ 周禮馮相氏掌十有二歲 | – | B | C(BO) | 『대학연의보』 권92 역상지법 상에 나오는 부분이다. 정조(C)는 윤(B)의 의견을 조정하여 "과연 그렇다. 그러나 '세성(歲星)'부터 '이십팔수지위(二十八宿之位)'까지는 서사변시(敍事辨時)한 것이니 실어 두지 않을 수 없기에 지금 필삭을 가하고자 하는데 여러분의 의견을 듣고자 한다." 하였다. 규 291 『어정대학유의』 권15를 보면, 본문과 오징의 주석이 실렸고, 정현의 주석 및 구준의 안설은 삭제되었다. |
| | ④ 保章氏掌天星 | – | B | C(BO) | 『대학연의보』 권92 역상지법 상에 나오는 부분이다. 정조(C)는 윤(B)의 의견을 조정하여 "대문(大文)까지 모두 추려 내는 것이 좋겠다." 하였다. 규 291 『어정대학유의』 권15를 보면, 본문은 그대로 실렸고, 오징의 주석은 "天星 天文星度也 … 故命之使知所趨避(以上解以十二風 至乖別之妖祥)"까지 발췌되어 실렸으며, 정현의 주석 및 구준의 안설은 삭제되었다. |
| | ⑤ 左傳文公元年 | A | B | C(AO, BO) | 『대학연의보』 권92 역상지법 상에 나오는 부분이다. 정조(C)는 두 사람의 의견을 조정하여 "대문과 주를 모두 추려 내는 것이 좋겠다." 하였다. 규 291 『어정대학유의』 권15를 보면, 본문을 비롯하여 두예, 공영달의 주석과 구준의 안설은 모두 삭제되었다. |

| 『유의평례』 권첨 및 교열 항목 수 | 교열 항목 | 서형수 (A) | 윤광안 (B) | 정조(C) 최종 결정 및 선택 | 정조(C)의 최종 결정 내용 |
|---|---|---|---|---|---|
| 권2 卷19籤 (20) 備規制 | ⑥ 史記太史公曰 神農以前 | A | B | C(A) | 『대학연의보』 권93 역상지법 하에 나오는 부분이다. 정조(C)는 서(A)의 설을 수용하여 "율력에 밝다고 하여 태사공이라 일컬었던 것이니, 서의 설을 따르도록 하라" 하였다. 규 291 『어정대학유의』 권15를 보면, 서(A)의 의견대로 사마천의 역서에 대한 논평의 본문 중 "史記 太史公曰 神農以前尙矣 … 乃改元 更官號"의 내용만 실렸고, 본문의 '因詔禦史曰' 이하와 구준의 안설은 삭제되었다. |
| | ⑦ 蔡邕天文志曰 言天體 | A | B | C(A) | 『대학연의보』 권93 역상지법 하에 나오는 부분이다. 정조(C)는 서(A)의 "우희의 설은 별로 긴밀한 관계가 없으니, 굳이 첨가해 넣어야 할지 모르겠습니다."라는 주장을 수용하였다. 규 291 『어정대학유의』 권15를 보면, 본문과 왕번의 주석 및 구준의 안설은 실렸고, 우희의 주석은 삭제되었다. |
| | ⑧ 唐志曰曆法尙矣 | A | – | C(AX) | 『대학연의보』 권93 역상지법 하에 나오는 부분이다. 정조(C)는 서(A)의 의견에 반대하고 본인이 수정한 첨을 그대로 할 것을 주장하여 "과연 그렇기에 지금 이처럼 산정한 것이다." 하였다. 규 291 『어정대학유의』 권15를 보면, 본문과 주자의 주석은 발췌되어 실리고, 구준의 안설은 삭제되었다. |
| | ⑨ 周禮大司徒之職 | A | B | C(AO, BO) | 『대학연의보』 권94 도적지저에 나오는 부분이다. 정조(C)는 두 사람의 의견을 조정하여 "굳이 전부를 추려낼 필요는 없으며, 또한 굳이 지나치게 상세히 실을 필요도 없다. 단지 이 지지(地志)를 편찬하게 된 내력만 싣는 것이 좋겠다." 하였다. 규 291 『어정대학유의』 권16을 보면, 본문과 구준의 안설 중 『대명일통지』 편찬 내력만 발췌되어 실렸고 정현의 주는 삭제되었다. |
| | ⑩ 孔安國曰孔子生於周末 | – | – | C | 『대학연의보』 권94 도적지저에 나오는 부분이다. 정조(C)는 "이미 본보기가 되고 감계가 될 만한 공자의 산서(刪書)와 진시황의 분서가 아닌즉 한나라와 당나라 이하의 책 목록은 굳이 다 수록할 필요가 있겠는가? 번다한 부분을 제거해야 할 것이다." 하였다. 규 291 『어정대학유의』 권16을 보면, "史記 孔子之時"로 시작하는 본문과 구준의 안설이 실렸고 공안국과 주자의 주석은 삭제되었다. |
| | ⑪ 漢書藝文志序 | A | – | C(AO) | 『대학연의보』 권94 도적지저에 나오는 부분이다. 정조(C)는 서(A)의 의견을 조정하여 "'효무(孝武)' 이하의 구절을 간략히 초록할 수도 있겠으나 아무래 |

| 『유의평례』 권첨 및 교열 항목 수 | 교열 항목 | 서형수 (A) | 윤광안 (B) | 정조(C) 최종 결정 및 선택 | 정조(C)의 최종 결정 내용 |
|---|---|---|---|---|---|
| | | | | | 도 수록하지 않는 것이 바를 것이다." 하였다. 규 291 『어정대학유의』 권16을 보면, '漢書藝文志序'의 본문이 발췌되어 실리고 구준의 안설인 '此前漢藏書之始末'은 삭제되었다. |
| | ⑫ 丘濬曰此漢書籍之始末 | – | – | C | 『대학연의보』 권94 도적지저에 나오는 부분이다. 정조(C)는 "구씨의 설은 이미 아래 글에 실렸으니 간간이 추려 내는 것도 좋겠다." 하였다. 규 291 『어정대학유의』 권16을 보면, '光武中興'의 본문 다음에 구준의 안설인 '此後漢書籍之始末'의 전문이 수록되었다. |
| | ⑬ 唐分書爲四類 | – | – | C | 『대학연의보』 권94 도적지저에 나오는 부분이다. 정조(C)는 이에 대해 "'서적을 네 부류로 나누었으니[分書四類]'로 시작하는 조목의 한두 줄을 수록하는 것이 좋겠다." 하였다. 규 291 『어정대학유의』 권16을 보면, '唐分書爲四類'의 본문이 발췌되어 실렸고 구양수의 주석 및 구준의 안설은 삭제되었다. |
| 권2<br>卷19籤<br>(20)<br>備規制 | ⑭ 宋初有書萬餘卷 | – | – | C | 『대학연의보』 권94 도적지저에 나오는 부분이다. 정조(C)는 "송나라 서적에 관한 조목은 더욱 긴요하지 않으니, 되도록 많이 추려 내도록 하라." 하였다. 규 291 『어정대학유의』 권16을 보면, '宋初有書萬餘卷'의 본문이 발췌되어 실렸고, 사신의 주석과 구준의 안설은 삭제되었다. 대신 '宋初有書萬餘卷' 다음에 '仁宗嘉祐中詔曰'에 붙인 구준의 안설인 '宋朝以文爲治'가 실렸다. |
| | ⑮ 舜典同律度量衡 | – | B | C(BO) | 『대학연의보』 권95 권량지근 권수에 나오는 부분이다. 정조(C)는 윤(B)의 의견을 조정하여 "첨지(籤紙)의 의견이 과연 옳다. 그러나 이 조목은 너무 내용이 번다하니 되도록 매우 정밀하게 초록해야 난잡함을 면할 수 있을 것이다." 하였다. 규 291 『어정대학유의』 권16을 보면, 본문 다음에 공영달과 채침의 주석은 생략되었고, 구준의 안설은 윤(B)의 의견이 반영되어 발췌되었다. |
| | ⑯ 周禮典瑞璧羨以起度 | – | B | C(BO) | 『대학연의보』 권95 권량지근에 나오는 부분이다. 정조(C)는 윤(B)의 의견을 조정하여 "과연 그렇다. 두 조목 중 하나를 추려 낸다면 구씨의 안설은 전부 추려도 좋을 것이다." 하였다. 규 291 『어정대학유의』 권16을 보면, 본문은 실렸고, 정현과 왕소우의 주석은 삭제되었으며, 채원정의 주석과 구준의 안설은 발췌되었다. |

| 『유의평례』 권첨 및 교열 항목 수 | 교열 항목 | 서형수 (A) | 윤광안 (B) | 정조(C) 최종 결정 및 선택 | 정조(C)의 최종 결정 내용 |
|---|---|---|---|---|---|
| 권2<br>卷19籤<br>(20)<br>備規制 | ⑰ 粟氏爲量 | A | – | C(A) | 『대학연의보』 권95 권량지근에 나오는 부분이다. 정조(C)는 서(A)의 의견을 반영하여 “가량(嘉量)은 그 얼마나 아름다운 제도인가. 그 명(銘)까지 삼가 싣도록 하라.” 하였다. 규 291 『어정대학유의』 권16을 보면, 본문은 실렸고, 정경중의 주석 및 구준의 안설은 삭제되었으며 왕소우의 주석은 발췌되었다. |
| | ⑱ 王制古者以周尺八尺爲步 | – | – | C | 『대학연의보』 권95 권량지근에 나오는 부분이다. 정조(C)는 이에 대해 “대문과 안설을 모두 추려 내는 것이 좋겠다.” 하였다. 규 291 『어정대학유의』 권16을 보면, 본문은 실렸고, 진호의 주석은 삭제되었으며 구준의 안설은 발췌되었다. |
| | ⑲ 程子曰爲政 | – | B | C(B) | 『대학연의보』 권95 권량지근에 나오는 부분이다. 정조(C)는 윤(B)의 의견을 반영하여 “구씨 설은 이례이니 모두 추려 내라.” 하였다. 규 291 『어정대학유의』 권16을 보면, 본문은 ‘程頤曰’이 ‘程子曰’로 바뀌어 그대로 실렸고, 주자의 주석은 삭제되었으며 구준의 안설은 발췌되었다. |
| | ⑳ 典瑞掌玉瑞 | – | – | C | 『대학연의보』 권96 보옥지기에 나오는 부분이다. 정조(C)는 “이 조목은 절록하라. 안설도 마찬가지이다.” 하였다. 규 291 『어정대학유의』 권16을 보면, ‘典瑞掌玉瑞’의 본문은 발췌되었고 정현의 주석과 구준의 안설은 삭제되었다. 대신 ‘典瑞掌玉瑞’ 다음에 ‘玉人之事’에 붙인 구준의 안설이 발췌되었다. |
| 권2<br>卷18籤<br>(1)<br>備規制 | ① 遺人掌郊野之委積 | A | – | C(A) | 『대학연의보』 권99 우전지치에 나오는 부분이다. 정조(C)는 서(A)의 “이 조목 아래에, 본서의 구씨설 중 ‘위자(委積)’부터 ‘정야(亭也)’까지의 한 단락을 첨가해 넣는 것이 좋을 듯합니다.”라는 의견을 수용하였다. 규 291 『어정대학유의』 권16을 보면, 본문은 실렸고 정현과 가공언의 주석은 생략되었으며, 구준의 안설인 ‘丘濬曰 委積以待賓客 卽後世驛傳給廩之意 候館樓 卽所謂驛舍之郵亭也’는 실렸다. |
| 권2<br>卷19籤<br>(9)<br>愼刑憲 | ① 輕重諸罰有權 | – | – | C | 『대학연의보』 권101 총론제형지의 하에 나오는 부분이다. 정조(C)는 이에 대해 “여형(呂刑) 한 편 가운데 이 조목이 안목(眼目)이니 추려 내어서는 안 된다.” 하였다. 규 291 『어정대학유의』 권17을 보면, 본문은 실렸고, 채침의 주석은 발췌되었으며 구준의 안설은 삭제되었다. |
| | ② 周禮正月之吉 | – | B | C(B) | 『대학연의보』 권102 정율령지제 상에 나오는 부분이다. 정조(C)는 윤(B)의 의견에 반대하여 “소주는 이미 모두 추려 내기로 범례(凡例)를 정했으니 지금 |

| 『유의평례』 권첨 및 교열 항목 수 | 교열 항목 | 서형수 (A) | 윤광안 (B) | 정조(C) 최종 결정 및 선택 | 정조(C)의 최종 결정 내용 |
|---|---|---|---|---|---|
| 권2 卷19籤 (9) 愼刑憲 | | | | | 범례를 고칠 수는 없다." 하였다. 규 291 『어정대학유의』 권17을 보면, '周禮正月之吉'의 본문, 정현, 왕소우의 주석 및 구준의 안설은 모두 삭제되었다. |
| | ③ 十三年除肉刑 | – | B | C(B) | 『대학연의보』 권102 정율령지제 상에 나오는 부분이다. 정조(C)는 윤(B)의 "이 조목 아래에, 본서 중한 문제의 조서 조목을 취하여 첨가해 넣어야 할 것이며, 마단림의 설 또한 싣지 않을 수 없을 것입니다. 대개 육형(肉刑)을 없애라는 조서는 천고의 대인(大仁)이므로 그 글을 수록하지 않을 수 없기 때문입니다."라는 의견을 수용하였다. 규 291 『어정대학유의』 권17을 보면, '十三年除肉刑'의 본문이 발췌되었고, 마단림의 주석과 구준의 안설이 실렸다. |
| | ④ 唐之刑書 其用刑有五 | A | – | C(A) | 『대학연의보』 권103 정율령지제 하에 나오는 부분이다. 정조(C)는 서(A)의 의견을 반영하여 "'유사(有四)'부터 '단옥(斷獄)'까지를 첨가해 넣도록 하라." 하였다. 규 291 『어정대학유의』 권17을 보면, 서(A)의 의견대로 '唐之刑書'와 '其用刑有五' 사이에 '有四曰律令格式 … 十二曰斷獄'의 부분이 보충되었고, 구준의 안설은 발췌되었다. |
| | ⑤ 小司寇以五聲 | A | – | C(A) | 『대학연의보』 권106 상청단지법에 나오는 부분이다. 정조(C)는 서(A)의 의견을 반영하여 "그렇다. 다른 조목도 '청옥(聽獄)'의 소주처럼 누락된 것이 있는지 일일이 상고(詳考)하여 첨가해 넣도록 하라." 하였다. 규 291 『어정대학유의』 권17을 보면, '小司寇以五聲'의 본문, 정현, 왕안석의 주석 및 구준의 안설이 그대로 실렸고, 바로 다음에 "士師之職 凡以財獄訟者 正之以傅別於約劑"의 본문 및 주희의 주석인 "朱 申曰 聽稱責以傅別 聽買賣以約劑 二者皆券書之名 所以正實僞者也"가 실렸으며 주희의 주석 끝에 소주로 '以上聽獄訟'이 기재되었다. |
| | ⑥ 唐太宗嘗覽明堂針灸圖 | – | B | C(BO) | 『대학연의보』 권112 존흠휼지심에 나오는 부분이다. 정조(C)는 윤(B)의 의견을 조정하여 "원편에 실려 있는 것을 발췌하여 여기에 옮겨 싣는 것이 좋겠다." 하였다. 규 291 『어정대학유의』 권17을 보면, '唐太宗嘗覽明堂針灸圖'의 본문과 구준의 안설이 빠져 있어 정조의 의견이 반영되지 않은 것으로 보인다. |
| | ⑦ 太宗時有失入者 | – | B | C(BO) | 『대학연의보』 권112 존흠휼지심에 나오는 부분이다. 정조(C)는 윤(B)의 의견을 조정하여 "이 조목은 당연히 초록하여야 한다. 그러나 '천자가 그렇다고 |

| 『유의평례』 권첨 및 교열 항목 수 | 교열 항목 | 서형수 (A) | 윤광안 (B) | 정조(C) 최종 결정 및 선택 | 정조(C)의 최종 결정 내용 |
|---|---|---|---|---|---|
| | | | | | 했다[帝以爲然].' 이상만 수록하도록 하라." 하였다. 규 291 『어정대학유의』 권17을 보면, '太宗時有失入者' 항목은 '太宗時 有失入者不加罪'와 '此在主上 不在群臣'만 생략되고 나머지 본문은 모두 실렸고, 구준의 안설은 삭제되었으며, 그 다음에 있는 본문 중 "憲宗時 李吉甫李絳爲相 … 帝以爲然"의 부분은 발췌되었고 이에 붙어 있던 구준의 안설은 삭제되었다. |
| 권2 卷19籤 (9) 愼刑憲 | ⑧ 武帝卽位之後 | – | B | C(BX) | 『대학연의보』 권113 계남종지실에 나오는 부분이다. 정조(C)는 윤(B)의 의견에 반대하여 "호씨의 설은 이미 『주역』의 효사(爻辭)에 감계(鑑戒)를 베풀어 둔 뜻에 위배되고 교묘하기 이를 데 없는 말재주만 부렸음을 숨길 수 없다. 경산(瓊山)이 이 조목을 취택한 것도 이미 불가한데 지금 다시 그 잘못을 답습하고자 하는 것은 어째서인가." 하였다. 규 291 『어정대학유의』 권17을 보면, 본문 중 '武帝卽位之後 … 而廢格沮誹窮治之獄用' 부분만 발췌되었고, 호인의 주석 및 구준의 안설은 삭제되었다. 그 다음에 있는 본문 중 '武帝以法制御下 … 以文辭避法焉' 부분만 발췌되어 앞의 본문과 연결되어 실렸고, 호인의 주석은 삭제되었으며, 구준의 안설 중 '呂刑云民之亂罔不中 … 而群聚競起以犯罪' 부분만 발췌되었다. |
| | ⑨ 以上戒濫縱之失 | – | B | C(BO) | 『대학연의보』 권113 계남종지실에 관한 사례를 선별하는 논의에 관한 것이다. 정조(C)는 윤(B)의 의견을 조정하여 "전부 추려 내는 것이 좋겠거니와 혹 전부 추려 내는 것이 꺼림칙하면 상앙에 관한 조목 하나와 한 무제, 진총, 위 효문제에 관한 몇 조목들을 억지로라도 수록해야 할 것이다." 하였다. 규 291 『어정대학유의』 권17을 보면, 남종에 관한 사례로, 후한 장제 시 진총의 상소 건, 현종시 이길보 건, 숙종 시 왕거영의 일 등이 선별되어 실렸다. |

위 〈표 8〉의 내용을 종합하면 다음과 같다.

1) 비규제 15권(권85~권99)의 교감은 『유의평례』 2 권16첨 9항목, 권17첨 20항목, 권18첨 1항목이다. 그중 권16첨 9항목은 도읍지건 상 1건, 궁궐지거 1건, 유유지설 4건, 여위지의 3건의 교감이 이루어졌고, 권17첨 20항목은 역상지법 상 5건, 역상지

법 하 3건, 도적지저 6건, 권량지근 5건, 보옥지기 1건의 교감이 이루어졌으며, 권18 첨 1항목은 우전지치 1건의 교감이 이루어졌다.

첫째, 권16첨 9항목의 교감을 살펴보면, 도읍지건 상 1건은 ① 書禹貢曰冀州이다. 이 항목 다음에 채침의 주석은 삭제되었고, 구준의 안설 중 일부 내용이 발췌되었다. 궁궐지거 1건은 ② 丘濬曰所貴乎人主者이다. 구준의 안설은 발췌되었다. 유유지설은 ③, ④, ⑤, ⑥ 4건이다. ③ 詩靈臺篇曰經始靈臺는『시경』대아의 문왕지십 8편 영대 4장 제1장은 생략되었고, 제2장인 "王在靈囿 麀鹿攸伏 麀鹿濯濯 白鳥翯翯 王在靈沼 於牣魚躍"의 부분만 발췌되어 실렸으며, 주희의 주석은 삭제되었고 구준의 안설은 실렸다. ④ 左傳襄公十七年宋皇國父는 이 항목의 본문, 두예의 주석, 구준의 안설은 모두 삭제되었다. ⑤ 國語楚靈王爲章華之臺는 이 항목의 끝부분에 있는 "國語伍擧曰 … 於是乎用之" 부분이 발췌되었고, 구준의 안설은 삭제되었다. ⑥ 齊宣王問曰文王之囿는 정조(C)의 의견대로 '齊宣王問曰文王之囿'의 본문과 구준의 안설이 실렸고, 주희 및 장식의 주석은 삭제되었다. 여위지의는 ⑦, ⑧, ⑨ 3건이다. ⑦ 易坤爲大輿는 정조의 의견대로 주역의 본문과 오징의 주석이 실렸다. ⑧ 考工記曰軫之方也는 본문과 정현의 주석은 실렸고 가공언, 왕소우, 정초의 주석과 구준의 안설은 삭제되었다. ⑨ 凡天子之車曰玉路는 옥로와 관련된 본문만 그대로 실렸다.

둘째, 권17첨 20항목의 교감을 살펴보면, 역상지법 상은 ①, ②, ③, ④, ⑤ 5건이다. ① 書帝曰咨汝羲暨和는 본문, 주희의 주석, 구준의 안설이 모두 실렸다. ② 在璿璣玉衡은 본문은 그대로 실렸고 주희의 주석 및 구준의 안설은 발췌되었다. ③ 周禮馮相氏掌十有二歲는 본문과 오징의 주석이 실렸고, 정현의 주석 및 구준의 안설은 삭제되었다. ④ 保章氏掌天星은 본문은 그대로 실렸고, 오징의 주석은 "天星 天文星度也 … 故命之使知所趨避(以上解以十二風 至乖別之妖祥)"까지 발췌되었으며, 정현의 주석 및 구준의 안설은 삭제되었다. ⑤ 左傳文公元年은 본문을 비롯하여 두예, 공영달의 주석과 구준의 안설은 모두 삭제되었다. 역상지법 하는 ⑥, ⑦, ⑧ 3건이다. ⑥ 史記太史公曰神農以前은 서(A)의 의견대로 사마천의 역서에 대한 논평의 본문 중 "史記 太史公曰 神農以前尙矣 … 乃改元 更官號"의 내용만 실렸고, 본문의 '因詔禦史曰' 이하와 구준의 안설은 삭제되었다. ⑦ 蔡邕天文志曰言天體는 본문과 왕번의 주석 및 구준의 안설은 실렸고, 우희의 주석은 삭제되었다. ⑧ 唐志曰曆法尙矣

는 본문과 주자의 주석은 발췌되었고, 구준의 안설은 삭제되었다. 도적지저는 ⑨, ⑩, ⑪, ⑫, ⑬, ⑭ 6건이다. ⑨ 周禮大司徒之職은 정조(C)가 두 사람의 의견을 조정하여 본문과 구준의 안설 중 『대명일통지』 편찬 내력만 발췌되었고 정현의 주는 삭제되었다. ⑩ 孔安國曰孔子生於周末은 "史記 孔子之時"로 시작하는 본문과 구준의 안설이 실렸고 공안국과 주자의 주석은 삭제되었다. ⑪ 漢書藝文志序는 본문이 발췌되었고 구준의 '此前漢藏書之始末'의 안설은 삭제되었다. ⑫ 丘濬曰此漢書籍之始末은 '光武中興'의 본문 다음에 구준의 안설인 '此後漢書籍之始末'은 전문이 수록되었다. ⑬ 唐分書爲四類는 본문이 발췌되었고 구양수의 주석 및 구준의 안설은 삭제되었다. ⑭ 宋初有書萬餘卷은 본문이 발췌되어 실렸고, 사신의 주석과 구준의 안설은 삭제되었다. 대신 '宋初有書萬餘卷' 다음에 '仁宗嘉祐中詔曰'에 붙인 구준의 '宋朝以文爲治' 안설이 실렸다. 권량지근은 ⑮, ⑯, ⑰, ⑱, ⑲ 5건이다. ⑮ 舜典同律度量衡은 본문 다음에 공영달과 채침의 주석은 생략되었고, 구준의 안설은 윤(B)의 의견이 반영되어 발췌되었다. ⑯ 周禮典瑞璧羨以起度는 본문은 실렸고, 정현과 왕소우의 주석은 삭제되었으며, 채원정의 주석과 구준의 안설은 발췌되었다. ⑰ 栗氏爲量은 정경중의 주석 및 구준의 안설은 삭제되었으며 왕소우의 주석은 발췌되었다. ⑱ 王制古者以周尺八尺爲步는 본문은 실렸고, 진호의 주석은 삭제되었으며 구준의 안설은 발췌되었다. ⑲ 程子曰爲政은 본문을 보면, '程頤曰'이 '程子曰'로 바뀌어 그대로 실렸고, 주자의 주석은 삭제되었으며 구준의 안설은 발췌되었다. 보옥지기 1건의 ⑳ 典瑞掌玉瑞는 본문은 발췌되었고 정현의 주석과 구준의 안설은 삭제되었다. 대신 '典瑞掌玉瑞' 다음에 '玉人之事'에 붙인 구준의 안설이 발췌되었다.

셋째, 권18첨 1항목은 우전지치 1건이다. ① 遺人掌郊野之委積는 본문은 실렸고 정현과 가공언의 주석은 생략되었으며, 구준의 안설인 "丘濬曰 委積以待賓客 卽後世驛傳給廪之意. 候館樓 卽所謂驛舍之郵亭也"는 실렸다.

2) 신형헌의 교감은 『유의평례』 2 권19첨 9항목이다. 총론제형지의 하 1건, 정율령지례 상 2건, 정율령지례 하 1건, 상청단지법 1건, 존흠휼지심 2건, 계남종지실 2건 등이다.

총론제형지의 하 1건은 ① 輕重諸罰有權이다. 이 항목은 본문이 실렸고, 채침의 주석은 발췌되었으며 구준의 안설은 삭제되었다. 정율령지례 상 2건은 ②, ③이다.

② 周禮正月之吉은 본문, 정현, 왕소우의 주석 및 구준의 안설은 모두 삭제되었다. ③ 十三年除肉刑은 본문이 발췌되었고, 마단림의 주석과 구준의 안설이 실렸다. 정율령지례 하 1건은 ④ 唐之刑書 其用刑有五이다. 이 항목은 서(A)의 의견대로 '唐之刑書'와 '其用刑有五' 사이에 '有四曰律令格式 … 十二曰斷獄'의 부분이 보충되었고, 구준의 안설은 발췌되었다. 상청단지법 1건은 ⑤ 小司寇以五聲이다. 이 항목은 본문, 정현, 왕안석의 주석 및 구준의 안설이 그대로 실렸고, 바로 다음에 "士師之職 凡以財獄訟者 正之以傅別於約劑"의 본문 및 주희의 주석인 "朱 申曰 聽稱責以傅別 聽買賣以約劑 二者皆券書之名 所以正實僞者也"가 실렸고 주희의 주석 끝에 소주로 '以上聽獄訟'이 기재되었다. 존흠휼지심 2건은 ⑥, ⑦이다. ⑥ 唐太宗嘗覽明堂針灸圖는 본문과 구준의 안설이 빠져 있어 정조의 의견이 반영되지 않은 것으로 보인다. ⑦ 太宗時有失入者는 '太宗時 有失入者不加罪'와 '此在主上 不在群臣'만 생략되었고 나머지 본문은 모두 실렸다. 구준의 안설은 삭제되었으며, 그 다음에 있는 본문 중 "憲宗時 李吉甫李絳爲相 … 帝以爲然"의 부분이 발췌되었고 이에 붙어 있던 구준의 안설도 삭제되었다. 계남종지실 2건은 ⑧, ⑨이다. ⑧ 武帝卽位之後는 '武帝卽位之後 … 而廢格沮誹窮治之獄用' 부분만 발췌되어 실렸고, 호인의 주석 및 구준의 안설은 삭제되었다. 그 다음에 있는 본문 중 '武帝以法制御下 … 以文辭避法焉' 부분만 발췌되어 앞의 본문과 연결되어 실렸고, 호인의 주석은 삭제되었으며, 구준의 안설 중 '呂刑云 民之亂罔不中 … 而群聚競起以犯罪' 부분만 발췌되었다. ⑨ 以上戒濫縱之失은 남종에 관한 사례로, 후한 장제 시 진총의 상소 건, 현종시 이길보 건, 숙종 시 왕거영의 일 등이 선별되어 실렸다.

## 5.7. 엄무비의 세목 구성, 교감 내용 및 결과

### 5.7.1. 엄무비의 세목 구성

엄무비 29권(권114~권142)은 16세목이며 육부 중 병부(兵部)에 해당한다. 각 세목은 권114 총론위무지도 상, 권115 총론위무지도 중, 권116 총론위무지도 하, 권117 군오지제, 권118 궁금지위, 권119 경보지둔과 군국지수, 권120 본병지병, 권121 기계지리 상, 권122 기계지리 하, 권123 목마지정 상, 권124 목마지정 중, 권125 목마지정 하, 권126 간열지교 상, 권127 간열지교 하, 권128 장수지임 상지상, 권129 장수지임 상지 하, 권130 장수지임 중, 권131 장수지임 하, 권132 출사지율, 권133 전진지법 상, 권134 전진지법 하, 권135 찰군지정, 권136 알도지기 상, 권137 알도지기 중, 권138 알도지기 하, 권139 상공지격 상, 권140 상공지격 하, 권141 경무지요 상, 권142 경무지요 하 등이다.

첫째, 권114~권116 총론위무지도 상·중·하는 위무(威武)와 거병에 대한 총괄을 다루었다. 치도를 위한 위무의 의미는 『주역』 겸괘(謙卦)에 의하면, "겸괘의 육오(六五)는 그 이웃이 부유하지 않으니 침략과 정벌을 이용함이 이롭지 않음이 없다. 상(象)에서 말하길, 침략과 정벌을 사용함은 복종하지 않는 자를 정벌하는 것이다."라고 하였고, 정이가 이에 주석을 붙여 "임금의 도리가 오로지 겸손과 부드러움을 숭상해서는 안 되고, 반드시 위무를 갖춘 연후에 천하를 회유하여 복종시킬 수 있는 것이다. 그러므로 침략과 정벌을 사용함은 위덕(威德)이 아울러 드러난 연후에 임금의 도리가 합당하게 되어 이롭지 않은 바가 없게 되는 것이다. 복종하지 않는 자를 정벌하는 것은 그 문덕과 겸손으로 정복할 수 없는 자를 정벌하는 것이다. 문덕으로 정복할 수 없으면 위무를 사용하지 않고 어떻게 천하를 평치할 수 있겠는가?"라고 하였다.[570] 거병의 의미와 기준은 『순자(荀子)』에 의하면, "진효(陳囂)가 손경자(孫卿子)에게 물어 말하였다. '선생님께서 병법을 논할 때 항상 인과 의를 근본으로 삼으십니다. 인은 사람을 사랑하는 것이고 의는 이치를 따르는 것인데 그렇다면 무엇으로 전쟁을 할 수가 있겠습니까? 대개 전쟁을 하는 이유는 빼앗기 위한 것입니다.' 이에 손경자는 이렇게 대답하였다. '인은 사람을 사랑하는 것인데, 사람을 사랑하므로 사람을 해치는 것을 미워하고, 의는 이치를 따르는 것인데 이치를 따르므로 사람을 어지럽히는 것을 미워한다. 저 군사라는 것은 포악한 것을 금지하고 해악을 제거하는 것이지 빼앗기 위한

570) 구준, 『대학연의보』 권114 嚴武備 總論威武之道 上 謙 六五. "謙 六五 不富以其鄰 利用侵伐 無不利 象曰 利用侵伐 征不服也 程頤曰…然君道不可專尚謙柔 必須威武相濟 然後能懷服天下 故利行侵伐也 威德並著 然後盡君道之宜 而無所不利也 征不服者 征其文德謙遜 所不能服者也 文德所不能服而不用威武 何以平治天下…"

것은 아니다.'"라고 하였다.[571] 위무에는 위덕이 겸비되어야 하고, 거병은 백성을 보호하기 위한 목적이어야 하고, 그 기준은 '仁(=愛人)·義(=循理)'에 입각하여 '禁暴除害'가 되어야 하는 것임을 밝혔다.

둘째, 권117 군오지제는 역대 군제의 변천과 특징을 다루었다. 주대의 군제는『주례』에 의하면, "소사도(小司徒)는 만백성들로 편성된 졸오(卒伍)를 모아서 징용한다. 5인(人)을 1위(伍: 5명)로 삼고, 5위(伍)를 1양(兩: 五伍, 25명)으로 삼고, 4양(兩)을 1졸(卒: 四兩, 100명)로 삼고, 5졸(卒)을 1여(旅: 五卒, 500명)로 삼고, 5여(旅)를 1사(師: 五旅, 2500명)로 삼고, 5사(師)를 1군(軍: 五師, 12,500명)으로 삼는다."라고 하였고, 구준은 이에 안설을 붙여, "이는 향촌조직의 비(比), 려(閭), 여(旅), 당(黨), 주(州), 향(鄕)과 연계되었다."라고 하였다.[572] 당의 부병제(府兵制)는『신당서(新唐書)』병지(兵志)에 의하면, "서위(西魏)·후주(後周)에서 시작되고 수대에 제도가 구축되었다. 당대에 그 제도를 본받아서 무덕(武德, 618~626) 초기에 비로소 군부(軍府)를 두고 표기(驃騎)와 거기(車騎) 양 장군으로 관할하게 하였다. 태종 정관(貞觀) 10년(636)에 절충부(折衝府)를 두고 천하 10도에 부 634개를 두어 모두 이름을 붙였고, 관내는 261개를 두어 모두 여러 위(衛)에 예속되도록 하였다."라고 하였다.[573] 당의 부병제는 병농일치(兵農一致)의 징병제(徵兵制)로 국력을 강하게 하고 비용을 절감하는데 가장 좋은 군사제도였지만 중당(中唐) 이후 붕괴되었고, 송대는 모병제(募兵制)로 전환되었다.[574]

셋째, 권118 궁금지위는 왕실을 호위하는 숙위제(宿衛制)를 다루었다. 숙위제는『주례』에 의하면, "궁백(宮伯)은 왕궁의 위사(衛士)와 공경대부의 자제를 관장한다. 이들은 정령을 관장하고 녹봉과 부양을 받으며 주요 업무는 왕궁을 숙위하는 것이다.

---

571) 구준,『대학연의보』권116 嚴武備 總論威武之道 下 陳囂問孫卿子曰. "陳囂問孫卿子曰 先王議兵 常以仁義爲本 仁者愛人 義者循理 然則又何以兵爲 凡所爲有兵者 爲爭奪也 孫卿曰 仁者愛人 愛人故惡人之害之也 義者循理 循理故 惡人之亂之也 彼兵者所以禁暴除害也 非爭奪也"

572) 구준,『대학연의보』권117 嚴武備 軍伍之制 周禮小司徒. "周禮 小司徒 乃會萬民之卒伍 而用之 五人爲伍 五伍爲兩 四兩爲卒 五卒爲旅 五旅爲師 五師爲軍 … 臣按 此卽五家爲比 五比爲閭 四閭爲族 五族爲黨 五黨爲州 五州爲鄕之制"

573) 구준,『대학연의보』권117 嚴武備 軍伍之制 府兵之制. "府兵之制 起自西魏後周 而備於隋 唐興因之 武德初始置軍府 以驃騎車騎兩將軍領之 … 太宗貞觀十年 總置折衝府 凡天下十道置府六百三十四 皆有名號 而關內二百六十有一 皆以隸諸衛"

574) 안준광,『北宋廂軍의 組織과 그 役割』, 복현사림, 1988, 11·137쪽.

만약 국가에 대사가 있으면 궁안의 무리들을 만들어서 명령을 내린다."라고 하였다. 구준은 이에 주석을 붙여 "주나라 왕실의 숙위는 공·후·부마·백 및 국가에 공이 있는 자손들이 숙위직을 받으면 차례로 왕궁을 숙위하도록 하였다. 이와 같이 하면, 궁궐의 숙직을 담당하여 군주의 가까운 친족이 될 뿐만 아니라 훈족 자제 역시 봉록을 통해 부양을 받을 수 있으므로 인해 일거양득의 방법이 된다."라고 하였다.[575] 이러한 황제의 숙위제는 특히 당대에 부병위사(府兵衛士)로 구성된 부병숙위(府兵宿衛: 궁성, 황성, 장안성의 경비와 순찰)와 고품관인(高品官人)의 자제로 발탁된 삼위숙위(三衛宿衛: 황제의 시위(侍衛)와 의장 담당) 및 금군(禁軍: 궁성 맨 안쪽을 담당하는 좌우우림군(左右羽林軍)임)으로 체계화되었다.[576]

넷째, 권119 경보지둔과 군국지수는 보군(輔君) 설치와 지방군의 시대별 변천을 다루었다. 보군의 시작은 『한서(漢書)』 백관표(百官表)에 의하면, "중위(中尉)는 진(秦)의 관직으로 경사(京師)의 순찰을 담당하였으며 무제(武帝: 태초(太初) 원년(B.C.104))시 집금오(執金吾)로 명칭을 바꾸었다."라고 하였다.[577] 백관표에는 또한 "좌우경보도위와 위승, 병졸이 모두 중위에 속한다."라고 하였고, 이에 대한 역불(易祓)의 주석에 의하면, "한 무제 때 설치된 중위는 북군의 통사이다. 좌풍익(左馮翊: 북부)·우부풍(右扶風: 서부)·경조(京兆: 장안(長安)을 포함하는 동부)가 삼보(三輔)이다."라고 하였다.[578] 당대에는 화주(華州)·동주(同州)·봉상(鳳翔)의 삼보제로 바뀌었고, 송 휘종(徽宗) 숭녕(崇寧) 4년(1105) 경기 인근에 영창(穎昌), 양읍(襄邑), 정주(鄭州), 단주(澶州)의 사보를 두어 경사를 방어하도록 하고 병력이 편중되지 않게 하였으며 각 2만인을 배치하였다.[579] 지방군은 『주례』에 의하면, "큰 나라는 삼군[1군 12,500명×3 = 37,500명]이

575) 구준, 『대학연의보』 권118 嚴武備 宮禁之衛 周禮 宮伯. "宮伯 掌王宮之士庶子 凡在版者 掌其政令 行其秩敘 作其徒役之事 授八次八舍之職事 若邦有大事 作宮衆則令之 … 臣按… 臣竊以爲 今日宜廣此意 凡公侯駙馬伯 及凡有功德於國家者之子若孫 皆授此職 使之番上宿衛如此 則不徒宿直宮禁 得肺腑之臣 而勳戚子孫 亦得俸祿之養 蓋一擧而兩得焉"

576) 김호, 「唐 前期 三衛宿衛의 性格」, 『중국사연구』 30, 2004, 71쪽.

577) 구준, 『대학연의보』 권119 嚴武備 京輔之屯 漢 百官表. "漢 百官表 中尉 秦官 掌徼巡京師 武帝更名 執金吾"

578) 구준, 『대학연의보』 권119 嚴武備 京輔之屯 漢 百官表. "漢 百官表 左右京輔都尉 尉丞兵卒皆屬中尉 易祓曰 夫中尉乃天子北軍之統帥 … 左卽扶風 右卽馮翊 京卽京兆 謂之三輔"

579) 구준, 『대학연의보』 권119 嚴武備 京輔之屯 宋徽宗崇寧四年. "宋徽宗崇寧四年 於京畿四面置輔郡

고, 버금가는 나라는 이군[12,500명×2=25,000명]이며, 작은 나라는 일군[12,500명]이다."라고 하였다.[580] 이는 제후가 거느리는 군대이다. 진(秦)대를 보면, "진시황은 26년(B.C.221)에 천하를 통일하여 전국을 36개 군(郡)으로 나누고 재관(材官)을 두었다. 한(漢)나라도 군국(郡國)에 재관을 두었다."라고 하였다.[581] 당대의 부병제에서는 경사를 호위하는 군사는 위사(衛士)이고, 지방에 주둔하면서 변방을 담당하는 병사는 방인(防人)이었다. 중당(中唐) 이후 위사는 확기(彍騎)로, 방인은 단결병(團結兵) 및 장정건아(長征健兒)로 바뀌어 모병에 의해 충원되었다.[582] 송(宋)대를 보면, "송의 제도는 금군(禁軍)·상군(廂軍)·향군(鄕軍)이다. 국초에 날래고 용감한 백성을 모두 선발해서 궁궐로 보내 금위(禁衛)를 돕는다. 본성(本城)에 그대로 남아있던 상군은 여러 고을의 진병(鎭兵)이니, 각 고을의 본성에 예속되어 오로지 부역을 공급한다. 향군은 호적에서 선발하는데, 간혹 토착민[土民] 중에서 응모하면 소재지에서 단체로 훈련시켜서 수비병으로 삼는다."라고 하였다.[583]

다섯째, 권120 본병지병은 병권(兵權)을 관장하는 부서들을 다루었다.『서경』순전(舜典)에 의하면, "고요야, 만이가 중하를 어지럽히며 겁박하여 죽이고 밖을 어지럽히고 안을 어지럽히므로 너를 사(士)로 삼는다."라고 하였는데, 구준의 안설에 의하면, "여기서의 사는 형관(刑官)인데 후세 병관(兵官)이 하는 일을 겸직한 것이다."라고 하였다.[584]『주례』에 의하면, "오직 왕께서 나라를 세우고 이에 하관 사마(司馬)를 세웠다. 그로 하여금 하관에 속한 군사[육군(六軍)]를 거느리고 나라 정사를 관장하게 하였

---

以穎昌爲南輔 以襄邑縣建名輔州爲東輔 鄭州爲西輔 澶州爲北輔 詔四輔屛翰京師 兵力不可偏重 可各以二萬人爲額 臣按 自古建都者 皆於四近之地立爲輔郡 所以爲京師屛翰也 漢以京兆 左馮翊 右扶風爲三輔 唐亦以華州同州鳳翔爲輔 而宋初未遑建立 至於徽宗時 亦於畿郡立爲四輔焉 每輔則屯兵二萬人爲額"

580) 구준,『대학연의보』권119 嚴武備 郡國之守 周制. "周制 大國三軍 次國二軍 小國一軍"

581) 구준,『대학연의보』권119 嚴武備 郡國之守 秦始皇旣並天下爲三十六郡. "秦始皇旣並天下爲三十六郡 郡置材官 漢興踵秦置材官於郡國"

582) 안준광,『北宋廂軍의 組織과 그 役割』, 복현사림, 1988, 137~138쪽.

583) 구준,『대학연의보』권119 嚴武備 郡國之守 宋制 軍有禁軍. "宋制 軍有禁軍 有廂軍 有鄕軍 國初盡選驍勇 部送闕下 以補禁衛 餘留本城 廂軍者 諸州之鎭兵也 各隷其州之本城 專以給役 內總于侍衛司 鄕軍者選自戶籍 或土民應募 在所團結訓練 以爲防守之兵"

584) 구준,『대학연의보』권120 嚴武備 本兵之柄 舜典曰. "舜典曰 皐陶 蠻夷猾夏 寇賊奸宄 汝作士 臣按 帝舜命皐陶作士 刑官也 而以蠻夷猾夏爲言 是則後世兵官所掌之事也"

다. 그로써 왕을 보좌하고, [제후들을 평정하여] 천하를 바르게 하도록 한다."라고 하였다.[585] 여기서의 사마는 무관이며 육군의 수장이다. 당나라는 병부에는 병부상서(兵部尙書) 1인과 시랑(侍郞) 2인을 두고 무선(武選), 지도(地圖), 거마(車馬), 갑계(甲械)의 정사를 관장하도록 하였고,[586] 송나라는 추밀원(樞密院)이 천자를 보좌하여 병정(兵政)을 담당하였다.[587] 명나라는 추밀원을 없애고 오군도독부(五軍都督府)를 세워 군사 업무를 분장하도록 하였다.[588]

여섯째, 권121~권122 기계지리 상·하는 병기의 사용과 제조를 다루었다. 『서경』 비서(費誓)에 의하면, "네 갑주(甲冑)를 잘 수선하고 네 방패를 동여매되 감히 정밀하지 않음이 없으며, 네 궁시(弓矢)를 갖추고 네 과모(戈矛)를 단련하고 네 칼날을 갈되 감히 좋지 않음이 없도록 하여야 한다."라고 하였다. 채침은 이에 주석을 붙여 "갑주는 몸을 호위하는 것이고 궁시와 과모는 적을 이기는 것이니, 자기를 호위함을 먼저 하고 남을 공격함을 뒤에 함은 또한 그 순서이다."라고 하였다.[589] 병기에는 호신용인 갑주와 공격용인 궁(弓)·시(矢)·과(戈)·모(矛)가 있음을 알 수 있다. 병기에 관련된 부서는 『주례』에 의하면, "천관(天官)의 옥부(玉府)는 왕의 병기를 관리하고, 내부(內府)는 양질의 병기를 관리한다."라고 하였고, 구준은 이에 주석을 붙여 "추관에 의하면, 왕부와 내부는 병기를 소장하는 부서이고, 직금(職金)은 고인(槁人)에게 금석을 받아서 병기를 제작하는 부서이다."라고 하였다.[590] 이 내용에 의하면, 병기의 보관과 관리는 옥부와 내부에서 하고, 병기의 제작은 직금에서 한 것임을 알 수 있다.

---

585) 구준, 『대학연의보』 권120 嚴武備 本兵之柄 周禮. "周禮 惟王建國 乃立夏官司馬 使帥其屬而掌邦政 以佐王平邦國"

586) 구준, 『대학연의보』 권120 嚴武備 本兵之柄 唐志. "唐志 兵部尙書一人 侍郞二人 掌武選 地圖 車馬 甲械之政"

587) 구준, 『대학연의보』 권120 嚴武備 本兵之柄 宋志. "宋志 樞密院 佐天子執兵政"

588) 구준, 『대학연의보』 권120 嚴武備 本兵之柄 臣按. "臣按 我朝革去樞密院 設五軍都督府分掌軍旅"

589) 구준, 『대학연의보』 권121 嚴武備 器械之利 上 費誓曰. "費誓曰 善敹乃甲冑 敿乃干 無敢不弔 備乃弓矢 鍛乃戈矛 礪乃鋒刃 無敢不善 … 蔡沈曰 甲冑所以衛身 弓矢戈矛所以克敵 先自衛而後攻人 亦其序也"

590) 구준, 『대학연의보』 권121 嚴武備 器械之利 上 周禮天官. "周禮天官 玉府掌王之兵器 凡王之獻兵器受而藏之 內府掌受良兵良器 以待邦之大用 凡四方之幣獻之兵器入焉 臣按 此天官玉府 旣掌王之兵器 內府又受良兵兵器入焉 則是兵器之府 備於天官矣 而秋官又曰 入其金錫于爲兵器之府 蓋玉府內府所藏兵器之府也 職金入金錫於槁人 爲兵器之府也 謂之爲者 制作之謂也"

당 초기에는 병기 관리와 제작을 담당하는 군기감(軍器監)을 두었고, 송 신종(神宗) 희령(熙寧) 6년(1073)에 군기감을 두어 무기 개량에 치중하였다. 구준에 의하면, "병기 제조는 공부(工部)에 속하며 병기는 군기국(軍器局), 군장(軍裝)은 침공국(針工局), 말 안장과 고삐는 안비국(鞍轡局)에서 전담하였다."라고 하였다.[591]

일곱째, 권123~125 목마지정 상·중·하는 말의 종류와 양마(養馬) 및 마정(馬政)을 다루었다. 말의 종류는『역경』설괘에 의하면, "건괘는 하늘이 되고, 좋은 말이 되고[良馬], 늙은 말이 되고[老馬], 수척한 말이 되고[瘠馬], 얼룩말[駁馬]이 된다."라고 하였다.[592] 양마는『주례』를 참조하면, "수인(廋人)은 12개 마구간의 행정과 교육을 관장한다. 말을 성장시키고 수컷을 편안하게 하며, 어린 말을 가르치고 길들이며, 마조(馬祖)와 선목(先牧)에 제사지내고, 어린 말을 잡을 때는 말의 귀를 잡아 놀라지 않게 한다. 어마(圉馬)와 교인(校人: 왕의 말의 행정을 관장하는 사람)의 정원을 뽑는다. 말이 8척 이상이면 용(龍), 7척 이상이면 내(騋), 6척 이상이면 마(馬)라 한다."라고 하였고, "어사(圉師)는 어인(圉人)이 좋은 말을 키우도록 교육하는 일을 관장한다."라고 하였으며, "어인은 말을 기르고 방목(放牧)하여 가축에게 풀을 먹이는 일은 관장하며 어사가 시키는 일을 따른다."라고 하였다.[593] 마정은『서경』주서(周書)에 의하면, "사마는 군정을 관리한다."라고 하였다.[594] 구준의 안설에 의하면, "주나라 육관 중에 하관(夏官) 경만 사마(司馬)라고 이름한 것은 국가의 대사(大事)가 전쟁에 있으며, 병비(兵備) 중 가장 급한 것이 말에 있기 때문이다."라고 하였다.[595] 이는 당시 군대를 움직이는

---

591) 구준,『대학연의보』권122 嚴武備 器械之利 下 軍器監. "唐初 置軍器監 … 又熙寧六年 置軍器監… 臣按設官以造軍器 是誠嚴武備之要務 我祖宗以來 以其事屬之工部 凡軍器專設軍器局 軍裝設針工局 鞍轡設鞍轡局掌管…"

592) 구준,『대학연의보』권123 嚴武備 牧馬之政 上 易說卦. "易說卦 乾爲天 爲良馬 爲老馬 爲瘠馬 爲駁馬"

593) 구준,『대학연의보』권124 嚴武備 牧馬之政 中 廋人 圉師 圉人. "廋人 掌十有二閑之政教 以阜馬佚特 教駣 攻駒 及祭馬祖 祭閑之先牧 及執駒 散馬耳 圉馬 正校人員選 馬八尺以上爲龍 七尺以上爲騋 六尺以上爲馬 … 圉師 掌教圉人養馬 春除蓐 釁廄 始牧 夏庌馬 冬獻馬 … 圉人 掌養馬芻牧之事以役圉師"

594) 구준,『대학연의보』권123 嚴武備 牧馬之政 上 周書. "周書 司馬掌邦政"

595) 구준,『대학연의보』권123 嚴武備 牧馬之政 上 周書 臣按. "臣按 周六官其五者之卿皆以人爲名 而獨於夏官卿以馬名焉者 蓋以見國之大事雖在於戎 而戎之大用則在於馬 所謂五官者皆主於文事 而此一官獨用於武備 武備之設 所以平諸侯 正天下 無馬則無以駕車輅 而以爲禮 無馬 則無以整戎行 而以卽

중요 수단이 말이었기 때문에 마정의 중요성을 드러낸 것이라고 할 수 있다. 송대 왕안석이 창안한 보갑보마법(保甲保馬法)은 신종 희녕(熙寧) 3년(1070) 수도 개봉에서 실시되기 시작하여, 희녕 6년(1073) 전국으로 확대된 제도이다. 보갑법은 농민을 몇 단계의 조직으로 묶어 시행하고, 보마법은 관영에서 기르던 말을 보갑법 하의 농민에게 군사용 말을 기르도록 하였다. 백성들은 세금 감면의 혜택을 받았지만 정부의 강제에 의해 말의 사육을 떠맡아 말이 병으로 죽거나 쇠약해지면 엄청난 배상액을 지불해야 만 했다.[596] 명대는 태조 홍무(洪武) 6년(1373)에 군목감(群牧監)을 태복시(太僕寺)로 바꾸어 군정을 총괄하도록 하였고, 당대의 마정을 본받아 관목을 시행했으며, 송대의 보마법을 기초로 삼아 민목을 시행했다. 관목은 변방에 민목은 경사에 말을 지급하도록 하였다. 명대의 마정은 초기에는 융성하였으나 후기에는 쇠락하였다.[597]

여덟째, 권126~권127 간열지교 상·하는 군대의 교열과 강무(講武)를 다루었다. 군대의 교열은 『주례』에 의하면, "대종백은 군례로써 나라를 함께하고, 대전(大田)의 예로써 군중을 선발한다."라고 하였고, 또한 "대사마는 중춘(2월)에 '振旅'라 하여 군대를 정돈하는 일을 가르치고, 중하(5월)에 '茇舍'라 하여 노숙하는 일을 가르치며, 중추(8월)에 '治兵'이라 하여 군사훈련을 가르치고, 중동(11월)에 '大閱'이라 하여 병사들을 교열하고 전쟁을 익히게 한다."라고 하였다.[598] 강무는 『논어집주(論語集註)』에 의하면, "공자는 선인(善人)이 7년 동안 백성을 가르치면, 또한 군대[전쟁]에 나아가게

---

戎 邦政有所不行矣"

596) 구준, 『대학연의보』 권123 嚴武備 牧馬之政 上 詩鄘風 臣按. "王安石創爲保馬之法 國家未必得馬之用 而生民先受馬之害 此無他 其心不誠而慮不遠也 與其得安石之徒而用之 孰若得王毛仲張萬歲而用之哉 二人者高談雖不足 而猶忠實而近厚也"; 구준, 『대학연의보』 권125 嚴武備 牧馬之政 下 保甲養馬者. "保甲養馬者 自熙寧五年始 … 臣按 此宋熙寧保馬之法 大類今日兩京畿河南 山東編戶養馬之法 但宋人保甲養馬自願者 聽及以官馬給之 且免其體量草束 及折變緣納錢 …"; 이근명, 「王安石 新法의 시행과 黨爭의 발생」, 『역사문화연구』 46, 2013, 233~236쪽.

597) 구준, 『대학연의보』 권125 嚴武備 牧馬之政 下 建炎末 臣按. "臣按 古今馬政 漢人牧於民而用於官 唐人牧於官而給於民 至於宋朝始則牧之在官 後則蓄之於民 又其後則市之於戎狄 惟我朝則兼用前代之制 在內地則散之於民 卽宋人戶馬之令也 在邊地則牧之於官 卽唐人監牧之制也…"; 김동휘, 「明前期 馬政 운영의 실제 – 陝西의 官牧을 중심으로」, 명지대학원 사학과 대학원 석사학위논문, 2021, 6·50쪽.

598) 구준, 『대학연의보』 권126 嚴武備 簡閱之教 上 周禮. "周禮 大宗伯以軍禮同邦國 大田之禮 簡衆也 … 大司馬 中春教振旅 … 中夏教茇舍 … 中秋教治兵 … 中冬教大閱"

할 수 있다."고 하였고, 주희는 이에 주석을 붙여 "교민이란 백성에게 효제충신(孝悌忠信)의 행실과 농사를 힘쓰고 무예를 강마(講磨)하는 법을 가르치는 것이다."라고 하였다.[599] 이후 시대별로 행해진 강무의 예를 보면, "한나라는 진의 제도를 본받아 10월에 황제가 장안(長安) 수남문에 행차하여 오영의 병사들을 모아 8진(八陳)을 짜고 진퇴(進退)하니 이를 승지(乘之)라 이름하였다."라고 하였고, 이어 "후한 영제(靈帝) 중평(中平) 5년(188)에 조서를 내려 사방의 병사를 모아 평악관(平樂觀) 아래에서 강무를 하였다."라고 하였다.[600] "당의 제도에는 중동(11월)에 도외(都外)에서 강무를 하였다."라고 하였고, "현종(玄宗) 선천(先天) 2년(713) 10월에 여산(驪山) 아래에서 강무를 하였다."라고 하였다.[601] "송 태조 건륭(乾隆) 2년(961) 11월에 근교에서 강무하였다."라고 하였다.[602]

아홉 번째, 권128~권131 장수지임 상지상·상지하·중·하는 장수의 선발과 역할 및 종류와 등용을 다루었다. 장수의 선발과 역할에 대해서는 『자치통감(資治通鑑)』 한기(漢紀) 7에 보면, "문제(文帝) 11년(B.C.169) 흉노가 적도(狄道)를 침략하였다. 이때에 흉노가 자주 변방에서 근심거리가 되었는데, 태자가령 조조(鼂錯)가 군사에 관하여 말하였다. 병법에는 '반드시 승리를 하는 장수는 있어도 승리하는 백성은 없다.'고 하였습니다. 이에 따라서 보건데 변경을 편안하게 하고 공명을 세우는 것은 훌륭한 장수에게 있으니 반드시 선택하지 않으면 안 됩니다. 조조가 또 말하기를 '[병법에] 병기가 예리하지 않으면 그 병졸을 적에게 주는 것이고, 병졸을 [훈련이 되지 않아서] 쓸 수가 없다면 그 장수를 적에게 주는 것이고, 장수가 병법을 알지 못하면 그 군주를 적에게 주는 것이고, 군주가 장수를 가려 뽑지 않으면 그 나라를 적에게 주는 것이다.'

---

599) 구준, 『대학연의보』 권127 嚴武備 簡閱之教 下 子曰. "子曰 善人教民七年 亦可以卽戎矣 朱熹曰 教民者 教之孝弟忠信之行 務農講武之法"

600) 구준, 『대학연의보』 권127 嚴武備 簡閱之教 下 東漢制 立秋之日. "東漢制 立秋之日 郊禮畢 始揚威武 … 臣按 漢承秦制 三時不講 惟十月車駕幸長安水南門 會五營士爲八陳進退 名曰乘之"; 구준, 『대학연의보』 권127 嚴武備 簡閱之教 下 靈帝中平五年. "靈帝中平五年 詔發四方兵 講武於平樂觀下"

601) 구준, 『대학연의보』 권127 嚴武備 簡閱之教 下 唐制. "唐制 仲冬之月 講武於都外"; 구준, 『대학연의보』 권127 嚴武備 簡閱之教 下 玄宗先天二年. "玄宗先天二年十月 講武於驪山之下"

602) 구준, 『대학연의보』 권127 嚴武備 簡閱之教 下 宋太祖乾隆二年. "宋太祖乾隆二年 十一月講武於近郊"

라고 하였으니, 이 네 가지는 병법의 가장 중요한 것입니다."라고 하였다.[603] 장수의 종류와 등용은 소순(蘇洵)의 『형론(衡論)』 어장편(御將篇)에 보면, "임금이 신하를 부림에, 재상은 부리기 쉽고 장군은 부리기 어렵다. 장군에도 두 부류가 있으니, 현장(賢將)이 있고 재장(才將)이 있지만, 재장을 부리기가 더 어렵다. 재상을 부리는 데에는 예로써 하고, 장군을 부리는 데에는 수단으로써 하며, 현장을 부리는 수단은 신의로써 하고, 재장을 부리는 수단은 기지로써 한다. 한(漢)의 위청(衛靑)·곽거병(霍去病)·조충국(趙充國)과 당의 이정(李靖)·이적(李勣)은 현장들이요, 한의 한신(韓信)·경포(黥布)·팽월(彭越)과 당의 설만철(薛萬徹)·후군집(侯君集)·성언사(盛彦師)는 재장들이다. 현장이 많지 않으니, 재능 있는 자를 얻기만 하면 그를 임용하는 것이 옳다. 또 이런 사람은 부리기가 어렵다 하더라도, 이는 불초(不肖)한 자라고 생각한 다음에 [등용해 쓰면] 될 것이다. 두터운 은혜로 맺어서 진심을 보이고, 좋은 토지와 주택·풍성한 술과 음식·가동(歌童)·무녀(舞女)로써 그 입과 배와 귀와 눈의 욕망을 극도로 만족시켜 주되, 위엄으로써 그를 굴복시켰으니, 이것이 선왕들이 재장을 부리는 방법이다."라고 하였다.[604]

열 번째, 권132 출사지율은 거병과 출전을 다루었다. 거병은 『주역』 사(師)괘 단사(彖辭)에 이르기를, "사(師)는 무리이고, 정(貞)은 바름이니 무리를 바르게 이끌 수 있으면 왕노릇 할 수 있다. 가운데가 굳세면서 응하고[剛中而應: 강중은 사괘의 구이(九二)를 말하고, 응은 육오(六五)를 말함이다.] 험한 일을 행하여도 순응하며 이로써 천하를 해롭게 하는데도 백성들이 따르니, 길하며 또 무슨 허물이겠는가?"라고 하였다. 구준은 이에 안설을 붙여 "거병하여 백성을 동원하는 일은 독약으로 병을 공략하는 것과

---

603) 구준, 『대학연의보』 권129 嚴武備 將帥之任 上之下 文帝前十一年. "文帝前十一年 匈奴寇狄道 時匈奴數爲邊患 太子家令鼂錯上言兵事曰 兵法曰 有必勝之將 無必勝之民 繇此觀之 安邊境 立功名 在於良將 不可不擇也 … 錯又言曰 器械不利 以其卒予敵也 卒不可用 以其將予敵也 將不知兵 以其主予敵也 君不擇將 以其國予敵也 四者兵之至要也"

604) 구준, 『대학연의보』 권130 嚴武備 將帥之任 中 蘇洵作衡論 其御將篇. "蘇洵作衡論 其御將篇 有曰 人君御臣 相易而將難 將有二 有賢將 有才將 御賢將之術以信 御才將之術以智 漢之衛霍 趙充國 唐之李靖 李勣 賢將也 漢之韓信 黥布 彭越 唐之薛萬徹 侯君集 盛彦師 才將也 賢將既不多有 得 才者而任之可也 苟又曰是難御 則是不肖者而後可也 結以重恩 示以赤心 美田宅 豐飮食 極其口腹耳目之欲 而折之以威 此先王所以御才將者也"

같이 진실로 고질병이나 몹쓸병이 아니면 가볍게 사용해서는 안 된다."라고 하였다.[605] 출전은 『주역』 사괘 초육(初六)에 보면, "군대를 규율(規律)에 맞게 출동함이니, 그렇지 않으면 승리하더라도 흉하다."라고 하였다. 구준은 이에 안설을 붙여 "출전시에는 정의(正義)로 해야 하고, 임전시에는 호령(號令)과 절제(節制)가 있어야 한다."라고 하였다.[606]

열한 번째, 권133~권134 전진지법 상·하는 전거(戰車)와 진법을 다루었다. 전거는 『서경』 목서(牧誓)의 서문에 "무왕이 [은(殷)나라를 침공할 때], 융거(戎車)가 삼백 양(兩)이고, 호분(虎賁: 천자를 호위하는 금위군의 용맹한 병사)이 3백 명으로 목야(牧野)에서 전쟁을 하고 목서를 지었다."라고 하였고, 채침은 이에 주석을 붙여 "융거는 말이 끄는 전차인 치거(馳車)이다. 옛날에 치거 1대에 혁거(革車: 가죽으로 만든 수레) 1대이니 치거는 전쟁에 쓰는 것이고 혁거는 치거(輜車)로 기계, 재화, 의장을 싣는 수레이다. 2거를 양(兩)이라 하니 3백 양은 3만 인이다."라고 하였다.[607] 한의 무제(武帝) 때를 보면, "위청(衛青)의 군대가 변방에 나가 흉노를 치는데, 무강거(武剛車: 휘장이 있고 뚜껑이 있는 전차)를 원형으로 배치해 진영을 만들고, 기병 5천 명을 동원하여 흉노와 대적하게 하였다."라고 하였다.[608] 진법은 『춘추좌씨전(春秋左氏傳)』에 의하면, "주(周) 환공(桓公) 5년(B.C.715)에 왕이 제후를 거느리고 정(鄭)을 공격하니 정백이 방어하였다. 만백이 우군이 되었고 채중족이 좌군이 되었다. 원번과 고거미가 중군을 거느리고 정백을 모시며 어리진(魚麗陳)을 만들어 전차부대[1偏: 25乘]를 앞세우고 보병이 이를 뒤따르되 보병이 전차부대의 틈을 메워 이어주게 하였다."라고 하였다. 구준은 "전진법[戰陳法: 어리진법]이 경전에 언급된 최초의 사례이다."라고 하였

605) 구준, 『대학연의보』 권132 嚴武備 出師之律 易 師之象曰. "易 師之象 曰 師 衆也 貞 正也 能以衆正可以王矣 剛中而應 行險而順 以此毒天下而民從之 吉又何咎矣… 臣按 … 故興師動衆 如用毒藥以攻病 非眞有沈痼之疾 癥瘕之癖 決不可輕用也"

606) 구준, 『대학연의보』 권132 嚴武備 出師之律 易 師之初六. "初六 師出以律 否臧凶 … 臣按 律有二義 有出師之律 有行師之律 出師之律當以正以義 行師之律 當有號令有節制"

607) 구준, 『대학연의보』 권133 嚴武備 戰陳之法 上 書序. "書序 武王戎車三百兩 虎賁三百人 與受戰於牧野 作牧誓 蔡沈曰 戎車 馳車也 古者馳車一乘 則革車一乘 馳車 戰車 革車 輜車 載器械財貨衣裝者也 二車謂之兩 三百兩 三萬人也"

608) 구준, 『대학연의보』 권133 嚴武備 戰陳之法 上 武帝時. "武帝時 衛青軍出塞擊匈奴 以武剛車自環爲營 而縱五千騎往當匈奴"

다.[609] 또한 당 태종이 이정(李靖)에게 물은 육화진법(六花陳法)을 보면, “경이 만든 육화진은 과연 어떤 전술에서 나온 것이오? 하니 이정이 대답하였다. 육화진은 제갈량의 팔진(八陳)에서 나온 것입니다. 대진(大陳) 속에 소진(小陳)이 들어 있고, 대영(大營) 속에 소영(小營)이 들어 있습니다. 각 진영의 정면과 모퉁이 부분이 서로 빈틈없이 연결되고, 구부러지고 끊어진 부분은 부대들끼리 서로 간격을 잘 유지해서 질서정연하게 구성된 것이 특징입니다. 옛 진법[팔진도]의 진법이 이와 같습니다. 신은 팔진도에 근거해 육화진의 진도를 제작하였습니다. 외면은 각이 진 방진의 형태로 만들고, 내면은 고리 모양으로 둥글게 만들었습니다. 마치 6개 꽃잎처럼 보인다 해서 세간에서 ‘육화진’이라고 부르게 된 이유입니다.”라고 하였다.[610] 송대 오린(吳璘)이 만든 첩진법(疊陳法)을 보면, “매번 싸울 때 장창(長槍)을 든 군사를 맨 앞에 두는데 앉아서 일어나지 못하게 하고, 다음은 강궁(强弓), 또 그 다음은 강노(强弩)를 든 군사를 두는데 꿇어 앉아 기다리게 하고, 맨 뒤에는 신비궁을 가진 군사를 둔다. 적이 1백보쯤 떨어진 거리에 이르면 신비궁을 먼저 쏘고, 70보쯤 떨어진 거리가 되면 강궁과 강노를 함께 쏜다. 다음은 진(陳)도 그와 같이 한다. 진에는 기병(騎兵)의 침입을 막기 위해 울타리를 만들어 한도를 정하고 쇠갈고리로 연결한다. 부상자가 있으면 바꾸고 바꿀 때에는 북소리로 알리며 기병이 양 날개에 포진하여 앞에서 가리도록 한다. 진이 완성되면 기병이 물러나니 이를 첩진이라 일컬었다.”라고 하였다.[611]

열두 번째, 권135 찰군지정은 군대[民兵]의 상황과 동정을 다루었다. 『시경』 패풍(邶風) 31 격고(擊鼓)의 수장에 “북 치는 소리 둥둥 울리니, 무기를 들고 뛰어 나가네. 도성에서 흙일하고 조읍(漕邑: 위나라 고을 이름)에서 성을 쌓는데, 나 홀로 남쪽으로

---

609) 구준, 『대학연의보』 권133 嚴武備 戰陳之法 上 左傳 桓公五年. “左傳 桓公五年 王以諸侯伐鄭 鄭伯禦之 曼伯爲右拒 祭仲足爲左拒 原繁 高渠彌以中軍 奉公爲魚麗之陳 先偏後伍 伍承彌縫 … 臣按 杜氏所謂車戰二十五乘爲偏 司馬穰苴兵法之文也 五人爲伍 周禮司馬之文也 戰陳之法 見於經傳者始此”

610) 구준, 『대학연의보』 권134 嚴武備 戰陳之法 下 唐太宗問李靖曰. “唐太宗問李靖曰 卿所製六花陳法出何術乎 靖對曰 臣所本諸葛亮八陳法也 大陳包小陳 大營包小營 隅落鉤連 曲折相對 古制如此 臣爲圖因之 故外畫之方 內環之圜 是成六花 俗所號耳”

611) 구준, 『대학연의보』 권134 嚴武備 戰陳之法 下 宋吳璘立疊陳法. “宋吳璘立疊陳法 每戰以長槍[鎗]居前 坐不得起 次最强弓 次强弩 跪膝以俟 次神臂弓 約賊相搏至百步內則神臂先發 七十步强弓並發 次陳如之 凡陳以拒馬爲限 鐵鉤相連 俟其傷則更代之 遇更代則以鼓爲節 騎兩翼以蔽於前 陳成而騎退 謂之疊陳”

가네"라고 노래하였다. 주희의 주석에 의하면, "『춘추(春秋)』 은공편(隱公篇)에 은공 4년 송(宋)·위(衛)·진(陳)·채(蔡)가 정(鄭)나라를 토벌하니 바로 위(衛)의 주우(州吁)가 자립했을 때[위의 주우가 그의 주군인 환공(桓公) 완(完)을 죽이고 자립한 일]이다. 위나라의 종군하는 자가 스스로 그 하는 바를 말하고, 인하여 위나라 백성은 도성에서 토공일을 하고 조읍에서 성을 쌓는데, 나는 홀로 남쪽[남쪽 전쟁터]으로 가서 칼날과 화살촉에 죽을 걱정을 하니 위태롭고 괴로움이 더욱 심하다."라고 하였다.[612]

열세 번째, 권136~권138 알도지기 상·중·하는 국내외의 반란의 방지를 다루었다. 『주례』에 의하면, "사사(士師)는 팔성(八成)을 관장한다. 팔성은 방작(邦汋), 방적(邦賊), 방첩(邦諜), 범방령(犯邦令), 교방령(撟邦令), 위방도(爲邦盜), 위방붕(爲邦朋), 위방무(爲邦誣)이다."라고 하였고, 구준은 이에 안설을 붙여 "팔성은 국가의 대사이며 안위(安危)와 치란(治亂)에 관계되는 것이다. 방작과 방첩은 외국과 밀통하는 것이고, 범방령과 교방령은 왕법을 어기는 것이다. 방도는 국화(國貨)를 훔치는 것이고, 방붕은 작당하여 백성을 교란하는 것이며, 방무는 혹세무민하는 것이고, 방적은 역모를 꾀하여 내란을 일으키는 것이다. 방붕, 방무, 방적의 세 가지는 국가의 대악이자 백성의 재앙이니 천하 국가의 통치자들은 반란의 원인을 잘 살펴 경계해야 한다."라고 하였다.[613] 또한 『논어』 양화(陽貨)에는 "군자가 용맹만 있고 예가 없으면 반란을 일으키고 소인이 용맹만 있고 예가 없으면 도둑질을 한다."라고 하였고, 구준은 이에 대해 "반란과 도둑질은 모두 혈기의 용맹과 심지의 욕망에서 일어나는 것이다. 옛날의 성왕들은 백성의 생업을 보장하여 부모와 자식을 부양하게 하고 예의를 가르쳐 임금을 존경하고 어른을 섬기도록 하는 것을 천하의 급선무로 여겼다."라고 하였다.[614]

---

612) 구준, 『대학연의보』 권135 嚴武備 察軍之情 詩邶風擊鼓之首章曰. "詩邶風擊鼓之首章曰 擊鼓其鏜 踊躍用兵 土國城漕 我獨南行 朱熹曰 春秋 隱公四年 宋衛陳蔡伐鄭 正州吁自立之時 衛人從軍者 自言其所爲 因言衛國之民 或役土功於國 或築城於漕 而我獨南行 有鋒鏑死亡之憂 危苦尤甚也"

613) 구준, 『대학연의보』 권136 嚴武備 遏盜之機 上 士師掌士之八成. "士師掌士之八成 一曰邦汋 二曰邦賊 三曰邦諜 四曰犯邦令 五曰撟邦令 六曰爲邦盜 七曰爲邦朋 八曰爲邦誣 臣按 … 其事皆謂之邦者以見此乃國家之大事 所以係安危治亂者 非但鄉黨州閭之事也 八者之中 邦汋邦諜 是交通外國之事 犯令 撟令 是干犯王法之事 邦盜 不過竊取國貨而已 其間最是爲邦朋者 聚黨以亂民 爲邦誣者 訛言以惑衆 爲邦賊者構逆以稱亂 三者乃國家之大惡 生靈之禍本 有天下國家者 所當預懲宿戒者也 …"

614) 구준, 『대학연의보』 권136 嚴武備 遏盜之機 上 子曰 君子有勇而無義爲亂. "子曰 君子有勇而無義爲亂 小人有勇而無義爲盜 臣按 … 臣竊以爲亂與盜皆起於血氣之勇 心志之欲也 … 是以古之聖王 必制

열네 번째, 권139~권140 상공지격 상·하는 군주의 논공행상(論功行賞)을 다루었다. 『주역』 사괘(師卦)를 보면, "상육(上六)은 대군의 명이 있으니, 나라를 열고 집안을 잇는데 소인을 쓰지 말아야 한다. 상(象)에서 말하기를, 대군의 명이 있음은 그로서 공을 바르게 함이고, 소인을 쓰지 말라 함은 반드시 나라를 어지럽히기 때문이다."라고 하였다.[615] 『주례』에 보면, "사훈(司勳)은 육경에게 토지를 상으로 주는 법을 관장하여 이로써 그 공로에 등급을 매긴다. 훈(勳)은 왕공(王公: 왕업을 보좌한 것), 공(功)은 국공(國功: 국가를 보전한 것), 용(庸)은 민공(民功: 백성들에게 공로가 있는 것), 노(勞)는 사공(事功: 근로에 공로가 있는 것), 력(力)은 치공(治功: 정치 치적에 공로가 있는 것), 다(多)는 전공(戰功: 전쟁에 공로가 있는 것)이다."라고 하였다.[616] 당의 덕종이 양주에 거동했을 적에 백성 중에 오이와 과일을 올린 자가 있었는데, 상이 그에게 산시관의 벼슬을 주려고 하자 육지(陸贄)가 올린 상소문을 보면, "작위(爵位)라는 것은 천하의 공기(公器)이자 국가의 대병(大柄)입니다. 오로지 공훈과 재덕이 마땅한 경우에 처하는 것이니, 이 두 가지가 아니라면 상전(賞典)이 있어서는 안 되기 때문에, 항상 신중히 하고 아껴서 도리상 가볍게 여겨서는 안 됩니다."라고 하였다.[617] 이는 군주가 논공행상에 있어 신중하고 엄격하게 할 것임을 강조한 것이다

열다섯 번째, 권141~권142 경무지요 상·하는 경무의 요점과 역대 병서를 다루었다. 경무의 요점은 『서경』 「상서(商書)」 중훼지고(仲虺之誥)에 보면, "제후 중에 어진 이를 돕고 덕이 있는 사람을 보조하며, 충실한 사람을 드러내고 선량한 사람을 진취시키며, 약한 나라를 겸병하고 혼매한 나라를 공격하며, 어지러운 나라를 빼앗고 망할 형상이 있는 나라를 업신여기어, 망할 길이 보이는 나라를 밀어내고 보존할 길이 보이는 나라를 튼튼하게 해주어야 나라가 창성해질 것이다."라고 하였다.[618] 역대

---

民恒產 使其仰事俯育之有餘 教以禮義 使其知尊君親上之當務 …"

615) 구준, 『대학연의보』 권139 嚴武備 賞功之格 上 易師上六. "易師上六 大君有命 開國承家 小人勿用 象曰 大君有命 以正功也 小人勿用 必亂邦也"

616) 구준, 『대학연의보』 권139 嚴武備 賞功之格 上 司勳掌六卿賞地之法以等其功. "司勳掌六卿賞地之法以等其功 王功曰勳 國功曰功 民功曰庸 事功曰勞 治功曰力 戰功曰多"

617) 구준, 『대학연의보』 권140 嚴武備 賞功之格 下 德宗幸梁州. "德宗幸梁州 有百姓進瓜果者 上欲與散試官 陸贄上言曰 爵位者天下之公器 而國之大柄也 惟功勳才德所宜處之 非此二途 不在賞典 恒宜謹惜 理不可輕"

병서는 구준이 병서와 병가를 총평한 것을 보면, "송 원풍(元豐) 연간(1078~1085)에 『손자(孫子)』, 『오자(吳子)』, 『사마법(司馬法)』, 『이위공문대(李衛公問對)』, 『위료자(尉繚子)』, 『삼략(三略)』, 『육도(六韜)』를 무학(武學)에 반사하고 익히게 하니 칠서(七書)이다. 오늘날까지 세습되어 읽히고 무신들이 대대로 그것을 공부하니 유가(儒家)의 육경(六經)과 같다."라고 하였다. 또한 『한서(漢書)』 예문지에 의하면, 병가는 옛날 군사를 담당하는 관직에서 나온 것으로 역대 조정관리들이 담당한 군비(軍備)였다. 『서경』 「홍범(洪範)」에 팔정(八政)이 보이는데 여덟 번째가 군사다. 공자는 나라를 다스리는 사람은 '양식을 풍족하게 하고 군사를 충실하게 해야 한다'고 했고, '백성을 가르치지 않고 싸우게 한다면 이는 백성을 버리는 것이다'라고 했으니 군사의 중요성을 밝힌 말이다."라고 하였다.[619]

## 5.7.2. 엄무비의 교감 내용

엄무비 29권(권114~권142)은 16세목이다. 권114 총론위무지도 상, 권115 총론위무지도 중, 권116 총론위무지도 하, 권117 군오지제, 권118 궁금지위, 권119 경보지둔과 군국지수, 권120 본병지병, 권121 기계지리 상, 권122 기계지리 하, 권123 목마지정 상, 권124 목마지정 중, 권125 목마지정 하, 권126 간열지교 상, 권127 간열지교 하, 권128 장수지임 상지상, 권129 장수지임 상지하, 권130 장수지임 중, 권131 장수지임 하, 권132 출사지율, 권133 전진지법 상, 권134 전진지법 하, 권135 찰군지정, 권136 알도지기 상, 권137 알도지기 중, 권138 알도지기 하, 권139 상공지격 상, 권140 상공지격 하, 권141 경무지요 상, 권142 경무지요 하 등이다.

엄무비 29권(권114~권142)의 교감은 『유의평례』 2 권20첨 23항목으로 이에 대해

618) 구준, 『대학연의보』 권141 嚴武備 經武之要 上 仲虺之誥. "佑賢輔德 顯忠遂良 兼弱攻昧 取亂侮亡 推亡固存 邦乃其昌(仲虺之誥)"

619) 구준, 『대학연의보』 권142 嚴武備 經武之要 下 臣按 唐太宗李衛公問對. "臣按 唐太宗李衛公問對 … 臣嘗考宋元豐中 以孫子 吳子 司馬法 李衛公問對 尉繚子 三略 六韜 頒之武學 令習之 號七書 至今襲而用焉 武臣之冑世守之 如儒家之於六經 … 漢 藝文志 兵家者流 蓋出古司馬之職 王官之武備也 洪範八政 八曰師 孔子曰爲國者 足食足兵 以不敎民戰 是謂棄之 明兵之重也 …"

살펴보면 다음과 같다.

①'史記 兵者 聖人所以討彊暴'은 『대학연의보』 권116 총론위무지도 하에 나오는 부분이다. 구준의 안설이 함께 실려 있다.

> 윤(B)은 "사마천(司馬遷)이 병(兵)을 논한 것은 이치에 매우 비루하여 구씨(丘氏)도 전국 시대의 기습(氣習)이라고 기롱하였으니, 이 조목은 추려 내는 것이 좋을 듯합니다."라고 하였다. 정조(C)는 윤(B)의 의견에 반대하여 "태사공(太史公)이 병을 논한 것이 비록 이치에 비루하고 구씨도 그것을 기롱하였다고는 하지만, 그러나 이는 본래 삭제하지 않은 구어(句語)이고 그 글 또한 읽을 만하다. 전국 시대의 기습이라면 좌씨(左氏)도 면하기 어려운 것인데 어찌 이를 이유로 굳이 이 조목을 전부 추려낼 필요가 있겠는가." 하였다.[620]

규 291『어정대학유의』 권18을 보면, 본문은 '史記 兵者 聖人所以討彊暴 … 遂執不移等哉' 부분이 발췌되어 실렸고, 구준의 안설은 삭제되었다.

②'周禮 小司徒乃會萬民之卒伍'는 『대학연의보』 권117 군오지제에 나오는 "周禮 小司徒 乃會萬民之卒伍而用之 五人爲伍 五伍爲兩 四兩爲卒 五卒爲旅 五旅爲師 五師爲軍 以起軍旅 以作田役 以比追胥 以令貢賦" 부분이다. 정현(鄭玄)의 주석과 구준의 안설이 함께 실려 있다.

> 윤(B)은 "이 조목 중 '졸오(卒伍)' 아래에, 본문 중 '입이(入而)'부터 '위군(爲軍)'까지 27자를 첨가해 넣는 것이 좋을 듯합니다." 하였고, 서(A)는 "'오인(五人)'부터 '위군(爲軍)'까지 한 단락은 이미 다른 조목에 보이기 때문에 여기서는 중첩해 싣지 않은 것입니다. 아래 글의 '백성의 수를 계고한다.[稽民數]'는 대목에 이르러서는 조응(照應)하는 대목이 절로 있으니, '만민의 졸오를 모은다.[會萬民之卒伍]'는 한 구절은 첨가할 필요가 없을 듯합니다." 하였고, 윤(B)은 "'다섯 사람이 오가 된다[五人爲伍]'고 한 대목은 다른 조목에 넣지 않은 듯하니 이 조목에 첨가해 넣어야 하며, '상지가(上地家)'

620) 정조, 『홍재전서』 권128 類義評例 2 권20첨 史記兵者 聖人所以討彊暴. "史記 兵者 聖人所以討彊暴 臣光顔籤曰 史遷論 於理陋甚 丘氏亦譏其戰國之習 此條刪之似好 御籤曰 太史公論兵 雖曰於理陋甚 丘氏亦譏之 然此本不抹之句語 其文亦足可讀 至於戰國習氣 左丘之所難免 何必以此全刪"

> 이하는 방본(邦本)과 국용(國用) 두 편에 거듭 보이니 다시 상고하여 추려 내는 것이 좋을 듯합니다." 하였다. 정조(C)는 "과연 그렇다. 이에 따라 수정하도록 하라." 하였다. 서(A)는"이 조목 아래 구씨의 설 중 '수보(隨補)' 아래에, 본문 중 '차만(此萬)' 이하 9자를 첨가해 넣어야 결어(結語)가 원만할 것입니다." 하였다. 정조(C)는 "첨의 논의가 매우 옳다." 하였다.[621]

이 항목의 교감은 '周禮 小司徒'의 본문과 구준의 안설에 대해 윤(B)과 서(A)의 의견이 각 두 번씩 제기되고 정조(C)의 비답이 이루어졌는데, 실제 합의를 보지 못한 듯하다. 규 291 『어정대학유의』 권18을 보면, '周禮 小司徒'의 본문이 그대로 채택되었고, 정현(鄭玄)의 주석과 구준의 안설은 삭제되었으며, 다음에 나오는 '大司馬 凡制軍'의 본문이 연결되고 구준의 안설인 '成周之制 兵籍於大司徒'의 내용이 발췌되었다.[622]

③ '漢志 京師有南北軍'은 『대학연의보』 권117 군오지제에 나오는 "漢志 天下旣定 踵秦而制材官於郡國 京師有南北軍之屯 至武帝平百粵 內增七挍 外有樓船 皆歲時講肄 脩武備云 至元帝時 以貢禹議始罷角抵 而未正治兵振旅之事也" 부분이다. 역발(易祓), 임경(林駉)의 주석과 구준의 안설이 함께 실려 있다.

> 윤(B)은 "이 조목 아래 구씨의 안설을 본문대로 전부 싣는 것이 좋을 듯한데 다시 상고해 보니 끝에서 황조(皇朝)의 병제(兵制)를 논한 부분은 추려 내는 것이 마땅할

---

621) 정조, 『홍재전서』 권128 類義評例 2 권20첨 周禮 小司徒乃會萬民之卒伍. "周禮 小司徒乃會萬民之卒伍 臣光顏籤曰 此條中卒伍下 添入本文中 自入而止爲軍二十七字似好 臣瀅修籤曰 自五人 止爲軍一段 已見於他條 所以此不疊錄 至於下文稽民數照應 自有會萬民之卒伍一句 恐不必添 臣光顏籤曰 五人爲伍云云 似不入於他條 似當添入 而自上地家以下 疊見於邦本國用二篇 更詳刪之似好 御籤曰 果然 依此釐正 臣瀅修籤曰 此條下丘說中隨補下 添入本文中此萬以下九字 然後結語爲圓 御籤曰 籤論極是"

622) 『어정대학유의』 권18 衍義補 治國平天下之要 10 嚴武備 상 軍伍之制 周禮小司徒. "[周禮 小司徒乃會萬民之卒伍 … 以令貢賦] [大司馬 凡制軍 萬有二千五百人爲軍 王六軍 大國三軍 次國二軍 小國一軍 軍將皆命卿 二千有五百人爲師 師帥皆中大夫 五百人爲旅 旅帥皆下大夫 百人爲卒 卒長皆上士 二十五人爲兩 兩司馬皆中士 五人爲伍 伍皆有長 一軍則二府 六史 胥十人 徒百人] [丘濬曰 周之制 兵籍於大司徒 征行則屬之司馬 居則聯其家而爲比閭旅黨 出則聯其人以爲伍兩卒旅 六鄕之官 皆折衝禦侮之人 六鄕之人 皆敵愾仗節之士 父死而子繼 無招收之繁而數不闕 自耕而自食 無廩給之費而食自飽 兵無屯戍之勞 將無握兵之患 所以守則固 戰則克 內足衛中國 外足威四夷 豈非制軍之得其道歟]"

> 듯합니다." 하였다. 정조(C)는 윤(B)의 의견을 조정하여 "'억고고제(抑考古制)'부터 '소이별야(所以別也)'까지 46자만 첨가하도록 하라." 하였다.[623]

규 291『어정대학유의』 권18을 보면, 본문은 발췌되어 실렸고, 역발의 주석은 삭제되었으며, 임경의 주석과 구준의 안설은 발췌되었다.[624]

④'府兵之制 起自西魏後周'는『대학연의보』 권117 군오지제에 나오는 부분이다. 두목(杜牧), 구양수(歐陽修)와 구준의 안설이 실려 있다.

> 윤(B)은 "이 조목 중 '인지(因之)' 아래에, 본문 중 '범천(凡天)'부터 '제위(諸衛)'까지 30자를 첨가하여 부병 제도가 무엇인지를 대략 드러내는 것이 좋을 듯합니다." 하였다. 정조(C)는 윤(B)의 의견을 수용하여 "부병 제도는 주(周)나라 때 병적(兵籍)은 대사도(大司徒)가 맡고 통솔은 대사마(大司馬)가 맡았던 것보다는 조금 못하지만 후세의 병제(兵制) 중에는 가장 고제(古制)에 가까우니, 농사를 짓는 이가 병사가 되어 병(兵)과 민(民)이 일체이어서 비록 인구를 계산하여 농지를 주지는 않으나 절로 식량이 풍족하였기 때문이다. 따라서 지금 초략(草略)하게 기재해서는 안 될 것이니, 이 첨의 견해가 과연 옳다." 하였다.[625]

규 291『어정대학유의』 권18을 보면, 정조가 강조한 부병제의 본문 3항목이 합쳐졌고, 그에 합당한 주석 및 안설이 발췌되었다. 이 항목의 위에 있는 '唐志云…曰禁軍'이 먼저 실렸고, 이어 '又曰'로 연결하여 '府兵之制 起自西魏後周'의 내용이 발췌되

623) 정조,『홍재전서』 권128 類義評例 2 권20첨 漢志 京師有南北軍. "漢志 京師有南北軍 臣光顏籤曰 此條下丘氏按說 依本文全載似好 更詳之 而惟末端論皇朝兵制者 則節之恐宜 御籤曰 當只添抑考古制至所以別也四十六字"

624)『어정대학유의』 권18 衍義補 治國平天下之要 10 嚴武備 상 軍伍之制 漢志京師有南北軍. "[漢志 京師有南北軍 至武帝平百粵 內增七校 外有樓船 皆歲時講肄 脩武備云] [林駉曰 漢制南軍衛宮 衛尉主之 北軍護京 中尉主之 南軍則有郎衛兵衛之別 北軍則有調兵募兵之分 此漢人南北軍之制也] [丘濬曰 三代兵有定制 見於周官者可考也 自遷固史皆不志兵 遂使一代兵戎之制 無所於考 可慨也 抑考古制 王前朝後市而王宮在南 故漢衛宮之兵在城內者爲南 宮城之軍旣謂之南 則京城之軍謂之北 所以別也]"

625) 정조,『홍재전서』 권128 類義評例 2 권20첨 府兵之制 起自西魏後周. "府兵之制 起自西魏後周 臣光顏籤曰 此條中因之下 添入本文中 自凡天 止諸衛三十字 使略著府兵之制似好 御籤曰 府兵之制 稍遜於成周之籍於大司徒 隷於大司馬 而後世兵制中最爲近古者 以其農者爲兵 兵民爲一 雖不計口授畝 自能足食峙糧 今不可草略載錄 此籤果是"

어 실렸으며, 다음에 있는 본문인 '民年二十爲兵 … 排攢手步射'까지 실렸다. 다음에 구양수의 주석과 구준의 안설이 발췌되었다.[626]

⑤'民年二十爲兵'은 『대학연의보』 권117 군오지제에 나오는 "凡民年二十爲兵 六十而免 其能騎而射者爲越騎 其餘爲步兵武騎 排攢手步射" 부분이다.

> 서(A)는 "이 조목에서 말한 것은 당(唐)나라 제도만이 아니라 역대의 제도가 그렇지 않음이 없어 단지 나이 수에 다소 출입이 있을 뿐이니, 이 조목은 추려 내는 것이 좋을 듯합니다." 하였다. 정조(C)는 서(A)의 의견에 반대하여 "당나라 제도는 백성이 종군(從軍)하는 햇수가 40년인데 한(漢)나라 제도에 42년으로 되어 있는 것보다 나으니 종군에 관한 조목은 모두 그대로 두어 보는 이가 취사할 바를 알도록 하라." 하였다.[627]

규 291 『어정대학유의』 권18을 보면, 이 항목은 위에서 언급한 '府兵之制 起自西魏後周'의 본문 다음에 연결되었다.

⑥'宋之兵制 大槩有三'은 『대학연의보』 권117 군오지제에 나오는 "宋之兵制 大槪有三 天子之衛兵 以守京師 備征戍曰禁軍 諸州之鎭兵 以分給役使曰廂軍 選於戶籍或應募使之團結訓鍊 以爲在所防守 則曰鄕兵 又有蕃兵 其法始於國初 且籍塞下 團結以爲藩籬之兵 其後分隊伍 給旗幟 繕營堡 備器械 一律以鄕兵之制" 부분이다.

---

626) 『어정대학유의』 권18 衍義補 治國平天下之要 10 嚴武備 상 軍伍之制 唐志云. "[唐志云 唐有天下二百餘年 而兵之大勢三變 其始盛時 有府兵 府兵後廢而爲彍騎 彍騎又廢爲方鎭之兵 及其末也 强臣悍將 兵布天下 而天子亦自置兵於京師 曰禁軍] [又曰 府兵之制 起自西魏後周 而備於隋 唐興因之 凡天下十道 置府六百三十四 皆有名號 而關內四百六十有一 皆以隸諸衛] [民年二十爲兵 六十而免 其能騎而射者爲越騎 其餘爲步兵武騎 排攢手步射] [歐陽脩曰 古者兵法起於井田 自周衰王制壞而不復 至於府兵始一寓之於農 雖不能盡合古法 蓋得其大意焉] [丘濬曰 府兵 無事時 耕於野其番上者 宿衛京師而已 若四方有事 則命將以出 事解輒罷兵散於府 將歸於朝 故士不失業 而將帥無握兵之重 所以防微杜漸 絶禍亂之源也]"

627) 정조, 『홍재전서』 권128 類義評例 2 권20첨 民年二十爲兵. "民年二十爲兵 臣瀅修籤曰 此條云云 不特唐制 歷代蓋莫不然 特有年數之稍有出入 此條刪之似好 御籤曰 唐制從軍四十年 勝於漢制四十二年 從軍竝存之 使覽者知所取捨"

> 정조(C)는 "송나라의 병제는 볼만한 내용이 없으니 간략히 초록하는 것이 좋겠다." 하였다.[628]

규 291 『어정대학유의』 권18을 보면, 이 항목은 바로 앞에 있는 '自高宗武后時天下久不用兵…明年更號曰彍騎'와 '德宗與李泌 議復府兵…上曰 俟平河中 當與卿議之'의 본문 다음에 연결되어 모두 실렸다.

⑦ '周官曰司馬掌邦政'은 『대학연의보』 권120 본병지병에 나오는 "周官曰 司馬掌邦政 統六師 平邦國" 부분이다. 여조겸(呂祖謙)의 주석과 구준의 안설이 함께 실려 있다.

> 윤(B)은 "이 편은 이미 병(兵)을 관장하는 관원에 대하여 논하였은즉 요순 시대에 병관(兵官)을 형관(刑官)과 합일시켰던 제도 및 육사(六師)를 관장하도록 한 효시에 관한 내용을 수록하지 않아서는 안 될 것이니, 본서 중 『서경』 순전편(舜典篇)과 윤정편(胤征篇)에서 각각 발췌한 두 조목과 대사마(大司馬)의 직책에 관한 여러 조목들을 주(註)까지 간추려서 절록(節錄)해 넣는 것이 좋을 듯합니다. 그렇게 하지 않으면 내용이 너무 소략할 듯합니다." 하였다. 정조(C)는 윤(B)의 의견을 조정하여 "순전 한 조목을 동종(董琮)의 설과 구씨의 안설까지 함께 첨가해 넣는 것은 진실로 좋으나 윤정편 한 단락은 수록하지 않는다 하더라도 불가할 것이 없다. '주례유왕건국(周禮惟王建國)'으로 시작하는 한 조목 및 '대사마경일인(大司馬卿一人)'으로 시작하는 조목, '소사마(小司馬)'로 시작하는 조목, '군사마(軍司馬)'로 시작하는 조목을 수록해야 할 것이고, 안설을 단지 '주례유왕건국(周禮惟王建國)'으로 시작하는 조목의 정현(鄭玄) 설과 구씨 안설, '대사마경일인(大司馬卿一人)'으로 시작하는 조목의 안설을 절록하여 본병(本兵)의 뜻을 상세히 나타내어야 할 것이다." 하였다.[629]

---

628) 정조, 『홍재전서』 권128 類義評例 2 권20첨 宋之兵制 大槩有三. "宋之兵制 大槩有三 御籤曰 宋之兵制無足觀 略鈔爲可"

629) 정조, 『홍재전서』 권128 類義評例 2 권20첨 周官曰司馬掌邦政. "周官曰司馬掌邦政 臣光顔籤曰 此篇既論掌兵之官 則唐虞兵合於刑官之規及命掌六師之始 似不可不載 取本書中帝典胤征二條及大司馬職諸條竝註 略略節入恐好 不然則似太略矣 御籤曰 帝典一條與董說丘按添之固可 胤征一段 雖不錄無所不可 周禮惟王建國一條及大司馬卿一人條小司馬條軍司馬條當錄 按說則只周禮條鄭玄說丘按大司馬條按說當節錄 以詳本兵之義"

규 291『어정대학유의』 권18을 보면, 실제 이 항목의 본문과 여조겸의 주석 및 구준의 안설은 모두 삭제되었고, 다음에 나오는 '大司馬 卿一人 … 徒三百有二十人'의 본문이 실렸으며, 구준의 안설은 약간 수정되어 실렸다.[630)]

⑧ '考工記曰 函人爲甲'은『대학연의보』 권121 기계지리 상에 나오는 "考工記曰 函人爲甲 犀甲七屬 兕甲六屬 合甲五屬 犀甲壽百年 兕甲壽二百年 合甲壽三百年 凡爲甲 必先爲容 然後制革 權其上旅 與其下旅 而重若 一 以其長爲之圍 凡甲鍛不摯 則不堅 已敝則撓 凡察革之道 眡其鑽空 欲其窓也 眡其裏 欲其易也 眡其朕 欲其直也 櫜之 欲其約也 擧而眡之 欲其豐也 衣之 欲其無齘也 眡其鑽空而窓 則革堅也 眡其裏而易 則財更也 眡其朕而直 則制善也 櫜之而約則周也 擧之而豐則" 부분이다. 구준의 안설이 함께 실려 있다.

> 정조(C)는 "'지기찬공(眡其鑽空)' 이하는 뜻이 중첩되니, 추려 내도 될 것이다." 하였다.[631)]

규 291『어정대학유의』 권18을 보면, 정조(C)가 언급한 '眡其鑽空而窓' 이하의 중첩되는 부분이 삭제되어 실렸고, 구준의 안설은 발췌되었다.[632)]

⑨ '凡爲弓 冬析幹'은『대학연의보』 권121 기계지리 상에 나오는 "凡爲弓 冬折幹

---

630)『어정대학유의』 권18 衍義補 治國平天下之要 10 嚴武備 상 本兵之柄 大司馬卿一人. "[大司馬 卿一人 小司馬 中大夫二人 軍司馬 下大夫四人 輿司馬上士八人 行司馬中士十有六人 旅下士三十有二人 府六人 史十有六人 胥三十有二人 徒三百有二十人] [丘濬曰 周禮五官之卿 所謂大司徒小司徒 大司寇小司寇之外 而其官聯未有以徒寇爲名者 而夏官大司馬小司馬外 又有軍司馬 輿司馬 行司馬 與夫都司馬家司馬焉 意者大司馬與其貳掌邦政 在天子之左右 總其大綱 所謂國司馬 公司馬者也 若其用以主軍賦者 則謂之軍 主車馬者 則謂之輿 主征行者則謂之行 曰都 曰家 則各司其兩及都家者 其職任有大小 而其所掌之軍賦皆同 非若他官所掌者各異其事 此其所以不嫌於同名也歟]

631) 정조,『홍재전서』 권128 類義評例 2 권20첨 考工記曰 函人爲甲. "考工記曰 函人爲甲 御籤曰 眡其鑽空以下意疊 刪亦可"

632)『어정대학유의』 권18 衍義補 治國平天下之要 10 嚴武備 상 器械之利 상 考工記曰 函人爲甲. "[考工記曰 函人爲甲 …欲其無齘也] [丘濬曰 古之言兵者 多以甲冑爲先 蓋甲所以衛身 身必得其衛 然後可以制人 苟無甲焉 則一身且無所包容矣 故制甲者古謂之函人焉 孟子稱函人爲仁術 臣亦竊以謂甲冑爲仁器也 蓋五兵皆主於殺傷 而甲冑獨專於蔽衛 謂之爲仁 不亦宜乎 古人於一甲之製 而詳悉周全如此 其愼重 於戰陳之際可知矣 後世之甲 多用銅鐵而少用革札 蓋日趨簡便也 金質重而易於澁繡 若用革爲甲而制之 眡之 誠如函人之詳且周焉 則其輕而堅 視銅鐵之重而易於綻裂 豈不優哉]"

而春液角 夏治筋 秋合三材 寒奠體 冰析灂 冬折幹則易 春液角則合 夏治筋則不煩 秋合三材則合 寒奠體則張不流 冰析灂則審環 春被弦 則一年之事" 부분이다. 정현, 왕소우(王昭禹)의 주석과 구준의 안설이 붙어 있다.

> 윤(B)은 "이 한 조목은 추려 내는 것이 좋을 듯합니다. 대저 기계(器械) 한 편은 내용이 너무 많으니, 고공기의 여러 조목들은 간간이 간추리는 것이 좋겠으나 추려 내기는 어려우니 다시 의논하여 거취를 정해야 할 것입니다." 하였다. 정조(C)는 윤(B)의 의견을 조정하여 "이미 철에 따라 육재(六材)를 취함을 말했은즉 '교자(巧者)'란 장인(匠人)의 일에 불과하니 이 구절은 추려 내어야 할 것이다. '간(幹)', '각(角)', '근(筋)', '사(絲)', '칠(漆)'을 이미 갖추어 실었은즉 '연후위량(然後爲良)'이란 구절은 수록할 필요가 없을 것이며, 육재를 이미 수록했은즉 삼재(三材)를 추려 내어서는 안 될 것이다. 무릇 활을 만드는 것에 관한 조목은 그대로 두되 '한정체(寒定體)'와 '빙석조(冰析灂)' 상하 두 구절은 추려 내어도 무방할 것이니, 이와 같이 수정하도록 하라." 하였다.[633]

규 291『어정대학유의』권18을 보면, 실제 이 조목 앞에 있는 "弓人爲弓 取六材必以其時 … 然後可以爲良"의 본문에 "凡爲弓 冬折幹 而春液角 夏治筋 秋合三材 冬折幹則易 春液角則合 夏治筋則不煩 秋合三材則合" 부분이 발췌되어 연결되었고, 정현, 왕소우의 주석은 생략되었으며, 구준의 안설은 발췌되었다.[634]

⑩'矢人爲矢 鍭矢參分'은『대학연의보』권121 기계지리 상에 나오는 "矢人爲矢 鍭矢參分 茀矢參分 一在前 二在後 兵矢田矢五分 二在前 三在後 殺矢七分 二在前 四在後 參分其長而殺其一 五分其長而羽其一 以其笴厚 爲之羽 深水之以辨其

---

633) 정조,『홍재전서』권128 類義評例 2 권20첨 凡爲弓 冬析幹. "凡爲弓 冬析幹 臣光顔籤曰 此一條刪之似好 大抵器械一篇太多 如考工記諸條 間間節刪爲好 而刪亦難 當更商去取 御籤曰 既言六材以時則巧者不過匠人 此句當拔 幹也角也筋也膠也絲也漆也亦既備載則然後爲良之句 不必錄 六材既錄則三材不可拔 凡爲弓條仍之 而寒定體冰析灂上下二句 刪之無妨 如是釐正爲可"

634)『어정대학유의』권18 衍義補 治國平天下之要 10 嚴武備 상 器械之利 상 凡爲弓 冬析幹. "[凡爲弓 冬析幹 … 秋合三材則合][丘濬曰 考工記 於弓人一事 委曲詳盡也如此 此其器所以無不良 而用無不效 功無不成也歟 況五兵之用 用之以威天下者 惟弧矢之利爲大 上而天文戈戟殳矛 皆無其星 而弧矢之象 特懸於穹蒼之上 易之制器尚象 五兵之中 獨言弧矢是兵莫大於弓矢也]"

陰陽 夾其陰陽 以設其比 夾其比以設其羽 參分其羽 以設其刃 則雖有疾風亦弗之能憚矣 刃長寸圍寸 鋌十之重三垸 前弱則俛 後弱則翔 中弱則紆 中强則揚 羽豐則遲 羽殺則趮 是故夾而搖之 以眡其豐殺之節也 撓之以眡其鴻殺之稱也 凡相笴欲生而摶 同摶欲重 同重節欲疏 同疏欲栗" 부분이다. 오징(吳澂)의 주석과 구준의 안설이 함께 실려 있다.

> 정조(C)는 "이 장은 오로지 화살을 만드는 제도의 분수(分數)를 말하는 한편 아울러 화살 힘의 원근을 비유하였으며, 후시(鍭矢)에 대해서는 이미 앞부분은 짧고 뒷부분은 긴 구별을 말하였으니, 나머지는 유추할 수 있을 것이다. 이러한 기준에 따라 산정(刪定)하도록 하라." 하였다. 윤(B)이 이에 대해 "이 조목 아래 구씨의 안설 중 '오병(五兵)' 이하 8자는 이미 위 조목의 안설에 보이니 여기서는 추려 내고, '고공기(考工記)' 석 자도 추려 낸 다음 곧바로 '관어시인(觀於矢人)'이라고 하는 것이 간략하고 적당할 듯합니다." 하였다. 정조(C)는 윤(B)의 주장에 반대하여 "'어(於)' 자는 본문에 없는 것인데 어찌 첨가할 수 있겠는가. 그렇다면 '고공기(考工記)' 석 자는 그대로 두도록 하라." 하였다.[635]

규 291『어정대학유의』권18을 보면, 본문은 그대로 실렸고, 오징의 주석은 삭제되었으며, 구준의 안설은 정조(C)의 의견대로 발췌되었다.[636]

⑪'廬人爲廬器'는『대학연의보』권121 기계지리 상에 나오는 "廬人爲廬器 戈柲六尺有六寸 殳長尋有四尺車戟常 酋矛常有四尺 夷矛三尋 凡兵無過三其身 過三其身 弗能用也 而無已 又以害人 故攻國之兵欲短 守國之兵欲長 攻國之人衆 行地遠 食飮飢 且涉山林之阻 是故兵欲短 守國之人寡 食飮飽 行地不遠 且不涉山林之

---

635) 정조,『홍재전서』권128 類義評例 2 권20첨 矢人爲矢 鍭矢參分. "矢人爲矢 鍭矢參分 御籤曰 此章專言矢制分數 兼喩矢力遠近 而鍭矢旣言前短後長之別 餘可類推 如是刪定 臣光顔籤曰 此條下丘按中五兵以下八字 已見於上條按說 此則刪 而考工記三字 亦刪之 直曰觀於矢人云云 似簡當 御籤曰 於字本文所無者 豈可添乎 然則考工記三字當存"

636)『어정대학유의』권18 衍義補 治國平天下之要 10 嚴武備 상 器械之利 상 矢人爲矢 鍭矢參分. "[矢人爲矢 鍭矢參分 …同疏欲栗] [丘濬曰 古人之爲矢其愼重周密如此 此所以射無不中也 五兵之用 弓矢爲長 弓良而矢不合度 雖其人巧力俱全 而亦不能以命中矣 觀考工記 於矢人爲矢 則可見古人之學無所不該 而小物之不遺也如此 此三代盛時 文事武備後世皆所不能及也]"

阻 是故兵欲長" 부분이다. 오징의 주석과 구준의 안설이 함께 실려 있다.

> 윤(B)은 "이 조목 중 '용야(用也)' 아래에, 본문 중 '이무(而無)' 이하 한 단락을 첨가해 넣는 것이 좋을 듯합니다." 하였다. 정조(C)는 윤(B)의 의견에 반대하여 "'과삼기신불능용야(過三其身不能用也)' 8자는 추려 내고 곧바로 '공국(攻國)'과 '수국(守國)' 구절로 연접하는 것이 좋겠다." 하였고, 정조(C)는 또 "'식욕포(食欲飽)'는 마땅히 본문대로 실어야 할 것이니 본문에는 '욕(欲)' 자가 '음(飮)' 자로 되어 있다. 아래 구절의 '식욕포(食欲飽)' 역시 '식음포(食飮飽)'로 되어야 옳을 것이다." 하였다.[637]

규 291『어정대학유의』 권18을 보면, 본문에서는 정조(C)의 의견대로 '過三其身弗能用也 而無已 又以害人' 부분이 삭제되어 실렸고, 오징의 주석은 삭제되었으며, 구준의 안설은 '戈戟皆刺兵也 … 卽古人之矛遺制也' 부분이 발췌되었다.

⑫ '荀子曰 魏氏武卒'은『대학연의보』 권122 기계지리 하에 나오는 "荀子曰 魏氏武卒 衣三屬之甲 操十二石之弩 負矢五十個 置戈其上 軸帶劍 贏三日之糧" 부분이다. 여순(如淳)의 주석과 구준의 안설이 함께 실려 있다.

> 윤(B)은 "이 조목 아래 여씨(如氏)의 설은 추려 내고 대문(大文)에 구두가 끊기는 곳 아래에 소주(小註)를 다는 것이 좋을 듯합니다. 소주를 다는 문제는 다시 생각해 보아야 할 것입니다." 하였다. 정조(C)는 윤(B)의 의견을 조정하여 "소주를 다는 것은 정당(停當)한 뒤에야 의논할 수 있는 문제인데 이미 일일이 주석을 달 수 없을 바에는 아예 달지 않는 것이 낫다." 하였다.[638]

규 291『어정대학유의』 권18을 보면, 본문과 구준의 안설은 실렸고, 여순의 주석은 삭제되었다.

---

637) 정조,『홍재전서』 권128 類義評例 2 권20첨 廬人爲廬器. "廬人爲廬器 臣光顔籤曰 此條中用也下 添入本文中而無以下一段似好 御籤曰 過三其身不能用也八字刪之 直接攻守之句爲可 食欲飽 當依本文 本文欲作飮 下句食欲飽 亦當作食飮飽"

638) 정조,『홍재전서』 권128 類義評例 2 권20첨 荀子曰 魏氏武卒. "荀子曰 魏氏武卒 臣光顔籤曰 此條下如說刪之 作小註於大文句絶之下似好 小註一款 更當商量 御籤曰 小註一款停當 後可議 而旣不能一一註釋 則莫若不爲"

⑬ '六韜曰 陷堅陳'은 『대학연의보』 권122 기계지리 하에 나오는 "六韜曰 陷堅陳 敗强敵 以大黃 參連弩 飛梟電景矢自副" 부분이다. 『주례』의 본주와 구준의 안설이 함께 실려 있다.

윤(B)은 "이 조목에서 말한 '대황(大黃)', '비부(飛梟)' 등의 명물(名物)은 모두 상고할 수 없으니, 주(註)까지 함께 추려 내는 것이 좋겠고, 구씨의 설에 '삼련(參連)'의 뜻이 비록 상세히 설명된 듯하나 '한 사람으로서 세 사람의 능력을 겸한다'는 것은 『주례』의 본주(本註)와 맞지 않습니다. 대개 고대의 활쏘기는 넉 대의 화살로 일순(一巡)을 삼습니다. 그러므로 '먼저 화살 한 대를 쏘고 뒤에 석 대를 쏜다'고 한 것입니다. 구씨의 설은 이미 잘못되었으니 추려 내어야 할 듯합니다." 하였다. 정조(C)는 윤(B)의 의견에 반대하여 "이 조목은 추려 내어서는 안 된다. 삼련(參連)의 설에 이르러서는 추려 낸다면 해백(海伯)이 듣고 반드시 고루하다 할 것이며, 『소학』의 훈의(訓義)가 지탱되는 것도 이 조목의 주해로 말미암으니, 그대로 두도록 하라." 하였다.[639)]

규 291 『어정대학유의』 권18을 보면, 본문은 그대로 실렸고, 『주례』의 본주는 삭제되었으며, 구준의 안설은 '有能射疏及遠者 已爲奇矣'만 제외되고 모두 실렸다.[640)]

⑭ '漢武帝元狩二年 李廣將四千騎'는 『대학연의보』 권122 기계지리 하에 나오는 부분이다. 복건(服虔)의 주석이 함께 실려 있다.

윤(B)은 "이 조목 아래에, 본서 중 '애제 때 무장륭이 말하기를[哀帝時 毋將隆言]'로 시작하는 조목과 그 아래 임씨(林氏)의 설과 구씨의 설 및 '조조가 문제에게 말하기를

---

639) 정조, 『홍재전서』 권128 類義評例 2 권20첨 六韜曰 陷堅陳. "六韜曰 陷堅陳 臣光顔籤曰 此條所稱大黃飛梟等名物 皆不可考 竝註刪之爲好 丘說參連之義 雖似該詳 而其所云一人兼三人之用者 不合於周禮本註 蓋古之射 以乘矢爲一巡 故曰前放一矢 後放三矢也 丘說旣誤 則似合刪 御籤曰 此條不可刪 至於參連之說拔之 則海伯聞之 必當以爲固陋 小學訓義之相持 亦由此條之註解 當存之"

640) 『어정대학유의』 권18 衍義補 治國平天下之要 10 嚴武備 상 器械之利 하 六韜曰 陷堅陳. "[六韜曰 陷堅陳 … 飛梟電景矢自副] [丘濬曰 周禮 六射之目 其二曰參連 參連云者 謂前放一矢 後放三矢 連續而去也 考吳越春秋 有云 夫射之道 從分望敵 合以參連 後漢書亦云 弩射以參連爲奇 夫古人自八歲入小學 已學射藝 而教以參連之法 自幼及長 習熟其事 故仕而爲將 不仕而爲卒 無不能射者 今世古法盡廢 若夫參連之法 少有知者 誠能以古參連法教士卒 使當矢石之間 一射而連放三矢 則是一人而兼三人之用也 意者李廣以二千騎 當胡騎四萬之圍 所謂大黃 卽六韜所謂大黃參連乎]"

> [鼂錯言於文帝]'로 시작하는 한 조목과 그 아래 구씨의 설을 취하여 수록해야 할 것이니, 이는 모두 전고(典故)를 살펴볼 만한 것들인데 삭제되어 아깝습니다. 지금 모두 다시 수록하고, 구씨의 설은 절록해 넣는 것이 좋을 듯합니다." 하였다. 정조(C)는 윤(B)의 의견을 조정하여 "무장륭(毋將隆)의 말은 의미가 없고 구씨의 안설도 마찬가지이니, 굳이 첨가해 실을 필요가 없다. 조조의 말은 초록해도 되고 추려 내도 될 것이다." 하였다.[641]

규 291『어정대학유의』권18을 보면, '漢武帝元狩二年 李廣將四千騎'의 항목과 복건의 주는 삭제되었고, 앞에 있는 '鼂錯言於文帝曰'의 본문이 그대로 실렸으며, 구준의 안설이 발췌되었다.[642]

⑮'唐府兵之法 人具弓一'은『대학연의보』권122 기계지리 하에 나오는 "府兵之法 人具弓一 矢三十 刀一 其介胄戎具皆藏于庫 有所征行則給之 番上宿衛者給弓矢橫刀而已" 부분이다. 구준의 안설이 함께 실려 있다.

> 윤(B)은 "이 조목 위에, 본서 중 '경공(耿恭)이 독약을 화살에 발랐다'는 내용의 한 조목을 구씨의 설과 함께 절록해 넣는 것이 좋을 듯합니다." 하였다. 정조(C)는 윤(B)의 의견에 반대하여 "경공의 일은 옛날의 양장(良將)이 하기 부끄러워할 바이니 수록해서는 안 된다. 이른바 신기전(神機箭)이란 것도 호령을 발할 때는 단지 선지(線紙)만 쓰고 진(陳)에 임하여 전촉(錢鏃)을 아울러 쓰니, 그 밖에 어찌 다른 방법이 있겠는가." 하였다.[643]

---

641) 정조,『홍재전서』권128 類義評例 2 권20첨 漢武帝元狩二年 李廣將四千騎. "臣光顔籤曰 此條下 取本書中哀帝時毋將隆言條 竝下林說丘說及鼂錯言於文帝一條 竝下丘說 皆可備典故而見刪可惜 今竝還入 丘說則節入似好 御籤曰 毋將隆之言 無意味 丘按亦然 不必添 鼂錯之說 鈔亦可刪亦可"

642)『어정대학유의』권18 衍義補 治國平天下之要 10 嚴武備 상 器械之利 하 晁錯言於文帝曰. "[鼂錯言於文帝曰 勁弩長戟 射疏及遠 匈奴之弓弗能格也 堅甲利刃 長短相雜 遊弩往來什伍俱前 匈奴之兵弗能當也 材官騶發 矢道同的 匈奴之革笥 木薦弗能支也 下馬地鬬 劍戟相接 去就相薄 匈奴之足弗能給也 此中國之長技也] [丘濬曰 自昔談兵者皆以弩爲中國之長技 故漢兵器以弩爲尙 將軍有强弩積弩之名 而其用人亦有材官蹶張之目 今世則惟用弓矢 而所謂弩者 隊伍之間 不復用矣 意者有神機火槍之用以代之 故不復置歟 然以臣觀之 二者皆不可偏廢也]"

643) 정조,『홍재전서』권128 類義評例 2 권20첨 唐府兵之法 人具弓一. "臣光顔籤曰 此條上 取本書中耿恭以毒藥傅矢一條 竝丘說節入似好 御籤曰 耿恭事 古之良將之所恥爲 不可錄 所謂神機箭 發號只用線紙 臨陳兼用錢鏃 其外豈有他術"

규 291 『어정대학유의』 권18을 보면, 윤(B)이 제기한 이 항목 위의 '明帝永平中北匈奴攻金浦城 耿恭爲戊己校尉 以毒藥傅矢'의 항목과 구준의 안설은 삭제되었고, 본 항목인 '唐府兵之法 人具弓一'은 채택되었으며 구준의 안설은 삭제되었다.

⑯ '眞宗咸平五年 石普言'은 『대학연의보』 권122 기계지리 하에 나오는 "五年 石普言能發火毬火箭" 부분이다. 구준의 안설이 함께 실려 있다.

> 정조(C)는 "구씨의 안설은 엉성하고 어긋난 부분이 많다. 포(砲)를 말하면서는 홍이(紅夷: 서양 대포)를 말하지 않고 화약(火藥)을 말하면서는 초석(硝石)을 구워서 만드는 별다른 방법을 말하지 않았으니, 이 조목은 간간이 절록하는 것이 좋겠다." 하였다.[644]

규 291 『어정대학유의』 권18을 보면, 본문은 채택되었고, 구준의 안설은 발췌되었다.

⑰ '唐制 仲冬之月講武'는 『대학연의보』 권127 간열지교 하에 나오는 부분이다.

> 윤(B)은 "이 조목 제22행의 '동군(東軍)'은 '북군(北軍)'이 되어야 옳을 듯하며, 제24행의 '서군(西軍)'은 '남군(南軍)'이 되어야 옳을 듯하고 '동군'은 '북군'이 되어야 옳을 듯합니다. 이렇게 되어야 아래 글에 이른바 '오행상승(五行相勝)'이라고 한 것이 비로소 조응되는 대목이 있을 것이니, 다시 『당서(唐書)』를 상고한 다음 수정하는 것이 좋을 듯합니다." 하였고, 서(A)는 "『당서』를 살펴본 결과, '동군이 한번 북을 치고서 청색 기를 들고 직진(直陳)을 치면 서군 역시 북을 치고서 백색 기를 들고 방진(方陳)을 쳐서 이에 응한다. 다음으로 서군이 북을 치고서 적색 기를 들고 예진(銳陳)을 치면 동군 역시 북을 치고서 흑색 기를 들고 곡진(曲陳)을 쳐서 이에 응한다. 다음으로 동군이 북을 치고서 황색 기를 들고 환진(圜陳)을 치면 서군 역시 북을 치고서 청색 기를 들고 직진을 쳐서 이에 응한다. 다음으로 서군이 북을 치고서 백색 기를 들고 방진을 치면 동군 역시 북을 치고서 적색 기를 들고 예진을 쳐서 이에 응한다. 다음으로 동군이 북을 치고서 흑색 기를 들고 곡진을 치면 서군 역시 북을 치고서 황색 기를 들고 환진을 쳐서 이에 응한다.'고 되어 있었습니다." 하였고, 윤(B)은 또 "『당서』의 본문부터가 착오가 있는 듯합니다." 하였다. 정조(C)는 "무릇 군(軍)은 먼저 기를 드는 쪽이

644) 정조, 『홍재전서』 권128 類義評例 2 권20첨 眞宗咸平五年 石普言. "眞宗咸平五年 石普言 御籤曰丘按多疏舛 言礮不言紅夷 言藥不言煮硝別方 此條間間節錄可"

> 객(客)이 되는즉 동군이 재차 북을 울렸을 때 주(主)가 된다. 게다가 곡진은 오행(五行)에 있어 수(水)에 해당하니, 곧 '하늘이 일로써 물을 낳는 것[天一生水]'이며 환진은 하늘을 형상한 것인즉 동군이 곡진과 환진에 모두 주가 됨이 당연하다. 그리고 오행의 바탕이 생겨나는 순서를 말하면 수가 비록 먼저이지만 오행의 기운이 운행하는 순서로 논한다면 목(木)이 첫 번째이다. 따라서 지금 동군이 흑색 기를 들고 다시 황색 기를 들었다는 것은 어찌 의심이 가는 대목이 아니겠는가. 북군에 대해서는 개괄적으로 기록하지 않았는데, 옛날 제도의 중군(中軍)과 오늘날 제도의 노영(老營)이 또한 이것이다." 하였다.[645]

이 항목의 교감은 '唐制 仲冬之月講武'의 본문에 대해 윤(B)의 의견이 두 번, 서(A)의 의견이 한번 제기되었고 정조(C)의 비답이 이루어졌는데, 실제 합의를 보지 못한 듯하다. 규 291 『어정대학유의』 권18을 보면, 실제 서(A)가 『당서』를 참고한 내용 그대로 수정 없이 실렸고,[646] 구준의 안설은 발췌되었다.

⑱ '丘濬曰 轍此言'은 『대학연의보』 권129 장수지임 상지하에 나오는 부분이다.

> 정조(C)는 "이 주(註)는 '한 고조(漢高祖)' 조목에 옮겨 수록해야 할 것이다." 하였다.[647]

---

645) 정조, 『홍재전서』 권128 類義評例 2 권20첨 唐制 仲冬之月講武. "唐制 仲冬之月講武 臣光顔籤曰 此條第二十二行東軍 似當作北軍 第二十四行西軍 似當作南軍 東軍似當作北軍 如是然後下文所謂五行相勝云者 方有照應 更考唐書釐正恐好 臣瀅修籤曰 考之唐書 則東軍一鼓 擧青旗爲直陳 西軍亦鼓 擧白旗爲方陳以應 次西軍鼓 擧赤旗爲銳陳 東軍亦鼓 擧黑旗爲曲陳以應 次東軍鼓 擧黃旗爲圜陳 西軍亦鼓 擧青旗爲直陳以應 次西軍鼓 擧白旗爲方陳 東軍亦鼓 擧赤旗爲銳陳以應 次東軍鼓 擧黑旗爲曲陳 西軍亦鼓 擧黃旗爲圜陳以應 臣光顔籤曰 自唐書本文 恐有誤 御籤曰 凡軍先擧者爲客 則東軍之再鼓爲主 況曲在五行爲水 卽天一生水 而圜是象天 則東軍之皆主曲圜兩陳 固然矣 且語其生質之序 則水雖居先 論以斡氣之序 則木必爲首 今曰東軍擧黑旗 又擧黃旗者 豈有可疑耶 北軍之不爲概見 古制之中軍 今制之老營 又是也"

646) 『어정대학유의』 권18 衍義補 治國平天下之要 10 嚴武備 상 簡閱之敎 하 唐制 仲冬之月 講武. "唐制 仲冬之月 講武於都外 … 東軍一鼓 擧青旗爲直陳 西軍亦鼓 擧白旗爲方陳以應之 次西軍亦鼓 擧赤旗爲銳陳 東軍亦鼓 擧黑旗爲曲陳以應之 次東軍鼓 而擧黃旗爲圜陳 西軍亦鼓 而擧青旗爲直陳以應之 次西軍鼓 而擧白旗爲方陳 東軍亦鼓 而擧赤旗爲銳陳以應之 次東軍鼓 而擧黑旗爲曲陳 西軍亦鼓 而擧黃旗爲圜陳以應之 …遂投旅 侍中奏禮畢 乃還"

647) 정조, 『홍재전서』 권128 類義評例 2 권20첨 丘濬曰 轍此言. "丘濬曰 轍此言 御籤曰 此註當移錄於漢高祖條"

규 291 『어정대학유의』 권19를 보면, 이 부분은 삭제되었다.

⑲ '唐馬燧爲河東節度使'는 『대학연의보』 권133 전진지법 상에 나오는 "唐大曆中 馬燧爲河中節度使 造戰車冒以狻猊象 列戟於後 行以載兵 止則爲陳 或塞險厄以遏奔沖 器械無不犀利" 부분이다. 구준의 안설이 함께 실려 있다.

> 정조(C)는 "이 아래에, '위승(魏勝)' 조목의 구씨 안설을 수록하고, '우왈(又曰)'이라 써서 표시하여야 할 것이다." 하였다.[648]

규 291 『어정대학유의』 권19를 보면, 이 항목의 본문은 '馬燧爲河東節度使 造戰車冒以狻猊象'만 발췌되어 실렸다. '唐馬燧爲河東節度使' 다음에 있는 안설이 실렸고, '魏勝創爲如意戰車' 다음에 나오는 안설이 '又曰'로 연결된 다음에 발췌되었다.[649]

⑳ '左傳桓公五年'은 『대학연의보』 권133 전진지법 상에 나오는 "左傳桓公五年 王以諸侯伐鄭 鄭伯禦之 曼伯爲右拒 祭仲足爲左拒 原繁高渠彌以中軍 奉公爲魚麗之陳 先偏後伍 伍承彌縫" 부분이다. 두예(杜預), 이정(李靖)의 주석 및 구준의 안설이 함께 실려 있다.

> 정조(C)는 "애석하다. 구씨가 태사공 『육도(六韜)』의 미봉(彌縫) 제도를 싣지 않고 무엄한 정(鄭)나라 군대의 미봉 제도를 수록함이여. 이 조목은 추려 내어야 할 것이다." 하였다.[650]

규 291 『어정대학유의』 권19를 보면, 이 항목은 본문과 두예, 이정의 주석 및 구준의 안설이 모두 삭제되었다.

---

648) 정조, 『홍재전서』 권128 類義評例 2 권20첨 唐馬燧爲河東節度使. "唐馬燧爲河東節度使 御籤曰 此下當錄魏勝條丘按 書以又曰"

649) 『어정대학유의』 권19 衍義補 治國平天下之要 10 嚴武備 하 戰陳之法 상 唐馬燧爲河東節度使. "[唐馬燧爲河東節度使 造戰車冒以狻猊象] [丘濬曰 馬燧此車 卽哥舒翰所用以收黃河九曲者也 範仲淹亦嘗以此車請造於朝] [又曰 兵車乃古者常戰之具 閉門造車 出門合轍 彼此同一其制焉 後世則人自爲之製 隨其時勢用其智巧而創爲之 不拘拘於古法 然善用之者則亦可以取勝(以上車法)]"

650) 정조, 『홍재전서』 권128 類義評例 2 권20첨 左傳桓公五年. "左傳桓公五年 御籤曰 惜乎丘氏不載太公六韜彌縫之制 乃以鄭師無嚴之彌縫錄之也 此條當刪"

㉑ '詩小雅采薇首章'은 『대학연의보』 권135 찰군지정에 나오는 "小雅采薇首章曰 采薇采薇 薇亦作止 曰歸曰歸 歲亦莫止 靡室靡家 玁狁之故 不遑啓居 玁狁之故 其卒章曰 昔我往矣 楊柳依依 今我來思 雨雪霏霏 行道遲遲 載渴載饑 我心傷悲 莫知我哀(詳見眞氏前書)" 부분이다. 주희와 범씨(范氏)의 주석 및 구준이 안설이 함께 실려 있다.

> 윤(B)은 "이 조목은 주(註)까지 함께 『대학연의』의 격물치지지요편(格物致知之要篇)에 이미 보이니, 여기서는 추려 내어야 할 것입니다." 하였다. 정조(C)는 윤(B)의 의견에 반대하여 "위 편에서 추려 내어야 할 것이니, 이 단락은 결코 추려 내어서는 안 된다." 하였다.[651)]

규 291 『어정대학유의』 권19를 보면, '詩小雅采薇首章'의 본문은 그대로 실렸고, 본문 끝의 소주(小註)인 '詳見眞氏前書'는 삭제되었다. 주희의 주석과 구준의 안설은 삭제되었고, 범씨의 주석인 '范氏曰 予於采薇 見先王以人道使人 後世則牛羊而已'의 내용만 실렸다.

㉒ '靈帝時 鉅鹿張角事黃老'는 『대학연의보』 권137 알도지기 중에 나오는 부분이다. 본문과 구준의 안설이 함께 실려 있다.

> 정조(C)는 "장각(張角), 황소(黃巢), 왕선지(王仙芝), 방랍(方臘) 같은 자들의 사적은 '도적의 기미를 막는 기추[遏盜之機]'에 해당한다 할 수 없으니 모두 추려 내어야 할 것이다. 왕소파(王小波)의 사적만을 수록해 두는 것도 의미가 없을 듯하니, 역시 추려 내는 것이 좋지 않겠는가." 하였다.[652)]

규 291 『어정대학유의』 권19를 보면, 이 항목과 구준의 안설은 삭제되었다.

---

651) 정조, 『홍재전서』 권128 類義評例 2 권20첩 詩小雅采薇首章. "詩小雅采薇首章 臣光顔籤曰 此條竝註已見於衍義格致篇 此則當刪 御籤曰 上編當刪 此段決不可刪"

652) 정조, 『홍재전서』 권128 類義評例 2 권20첩 靈帝時 鉅鹿張角事黃老. "靈帝時 鉅鹿張角事黃老 御籤曰 張角 黃巢 王仙芝 方臘輩事 未可謂之遏盜之機 竝刪而獨錄王小波似無味 亦拔爲可耶"

㉓‘司勳掌六卿賞地之法’은『대학연의보』 권139 상공지격 상에 나오는 “周禮 司勳掌六卿賞地之法以等其功 王功曰勳國功曰功 民功曰庸 事功曰勞 治功曰力 戰功曰多 凡有功者 銘書於王之太常 祭於太烝 司勳詔之 大功司勳藏其貳 掌賞地之政令 凡賞無常 輕重眡功 凡頒賞地參之一食 唯加田無國正” 부분이다. 왕소우(王昭禹)의 주석과 구준의 안설이 함께 실려 있다.

정조(C)는 “이미 ‘경무지요편(經武之要篇)’에 실었다.” 하였다.[653)]

규 291『어정대학유의』 권19를 보면, 본문은 그대로 실렸고, 왕소우의 주석인 “王昭禹曰 先王於有功之臣 銘書於王之太常 使與日月同其光 識之於不忘也 祭於太烝 使與先王同其榮 報之而致厚也”는 채택되었으며, 구준의 안설은 삭제되었다.

### 5.7.3. 엄무비의 교감 결과

『유의평례』 2 권20첩 23항목의 교감 내용의 결과를 종합하면 다음 〈표 9〉와 같다

〈표 9〉『유의평례』 2 권20첩 23항목의 서형수, 윤광안, 정조의 교열에 관한 기록

| 『유의평례』 권첩 및 교열 항목 수 | 교열 항목 | 서형수 (A) | 윤광안 (B) | 정조(C) 최종 결정 및 선택 | 정조(C)의 최종 결정 내용 |
|---|---|---|---|---|---|
| 권2 卷20籤 (23) 嚴武備 | ① 史記 兵者 聖人所以討彊暴 | - | B | C(BX) | 『대학연의보』 권116 총론위무지도 하에 나오는 부분이다. 정조(C)는 윤(B)의 의견에 반대하여 “태사공(太史公)이 병을 논한 것이 비록 이치에 비루하고 구씨도 그것을 기롱하였다고는 하지만, 그러나 이는 본래 삭제하지 않은 구어(句語)이고 그 글 또한 읽을 만하다. 전국 시대의 기습이라면 좌씨(左氏)도 면하기 어려운 것인데 어찌 이를 이유로 굳이 이 조목을 전부 추려낼 필요가 있겠는가.” 하였다. 규 291『어정대학유의』 권18을 보면, 본문은 ‘史記 兵者 聖人所以討彊暴 … 遂執不移等哉’ 부분이 발췌되어 실렸고, 구준의 안설은 삭제되었다. |

653) 정조, 『홍재전서』 권128 類義評例 2 권20첩 司勳掌六卿賞地之法. “司勳掌六卿賞地之法 御籤曰 已錄於經武之要”

| 『유의평례』 권첨 및 교열 항목 수 | 교열 항목 | 서형수 (A) | 윤광안 (B) | 정조(C) 최종 결정 및 선택 | 정조(C)의 최종 결정 내용 |
|---|---|---|---|---|---|
| 권2 卷20籤 (23) 嚴武備 | ② 周禮 小司徒 乃會萬民之卒伍 | A | B | C(AO, BO) | 『대학연의보』 권117 군오지제에 나오는 부분이다. 이 항목의 교감은 '周禮 小司徒'의 본문과 구준의 안설에 대해 윤(B)과 서(A)의 의견이 각 두 번씩 제기되고 정조(C)의 비답이 이루어졌는데, 실제 합의를 보지 못한 듯하다. 규 291 『어정대학유의』 권18을 보면, '周禮 小司徒'의 본문이 그대로 채택되었고, 정현(鄭玄)의 주석과 구준의 안설은 삭제되었으며, 다음에 나오는 '大司馬凡制軍'의 본문이 연결되고 구준의 안설인 '成周之制 兵籍於大司徒'의 내용이 발췌되었다. |
| | | A | B | C(AO, BO) | |
| | ③ 漢志 京師有南北軍 | – | B | C(BO) | 『대학연의보』 권117 군오지제에 나오는 부분이다. 정조(C)는 윤(B)의 의견을 조정하여 "'억고고제(抑考古制)'부터 '소이별야(所以別也)'까지 46자만 첨가하도록 하라." 하였다. 규 291 『어정대학유의』 권18을 보면, 본문은 발췌되어 실렸고, 역발의 주석은 삭제되었으며, 임경의 주석과 구준의 안설은 발췌되었다. |
| | ④ 府兵之制 起自西魏後周 | – | B | C(B) | 『대학연의보』 권117 군오지제에 나오는 부분이다. 정조(C)는 윤(B)의 의견을 수용하여 "부병 제도는 주(周)나라 때 병적(兵籍)은 대사도(大司徒)가 맡고 통솔은 대사마(大司馬)가 맡았던 것보다는 조금 못하지만 후세의 병제(兵制) 중에는 가장 고제(古制)에 가까우니, 농사를 짓는 이가 병사가 되어 병(兵)과 민(民)이 일체이어서 비록 인구를 계산하여 농지를 주지는 않으나 절로 식량이 풍족하였기 때문이다. 따라서 지금 초략(草略)하게 기재해서는 안 될 것이니, 이 첨의 견해가 과연 옳다." 하였다. 규 291 『어정대학유의』 권18을 보면, 정조가 강조한 부병제의 본문 3항목이 합쳐졌고, 그에 합당한 주석 및 안설이 발췌되었다. 이 항목의 위에 있는 '唐志云…曰禁軍'이 먼저 실렸고, 이어 '又曰'로 연결하여 '府兵之制 起自西魏後周'의 내용이 발췌되어 실렸으며, 다음에 있는 본문인 '民年二十爲兵…排攢手步射'까지 실렸다. 다음에 구양수의 주석과 구준의 안설이 발췌되었다. |
| | ⑤ 民年二十 爲兵 | A | – | C(AX) | 『대학연의보』 권117 군오지제에 나오는 부분이다. 정조(C)는 서(A)의 의견에 반대하여 "당나라 제도는 백성이 종군(從軍)하는 햇수가 40년인데 한(漢)나라 제도에 42년으로 되어 있는 것보다 나으니 종군에 관한 조목은 모두 그대로 두어 보는 이가 취사할 바를 알도록 하라." 하였다. 규 291 『어정대학유의』 권18을 보면, 이 항목은 위에서 언급한 '府兵之制 起自西魏後周'의 본문 다음에 연결되었다. |

| 『유의평례』 권첨 및 교열 항목 수 | 교열 항목 | 서형수 (A) | 윤광안 (B) | 정조(C) 최종 결정 및 선택 | 정조(C)의 최종 결정 내용 |
|---|---|---|---|---|---|
| 권2 卷20籤 (23) 嚴武備 | ⑥ 宋之兵 制 大槩有三 | – | – | C | 『대학연의보』 권117 군오지제에 나오는 부분이다. 정조(C)는 이에 대해 "송나라의 병제는 볼만한 내용이 없으니 간략히 초록하는 것이 좋겠다." 하였다. 규 291 『어정대학유의』 권18을 보면, 이 항목은 바로 앞에 있는 '自高宗武后時 天下久不用兵…明年更號曰彍騎'와 '德宗與李泌 議復府兵…上曰 俟平河中 當與卿議之' 두 개의 본문 다음에 연결되어 모두 실렸다. |
| | ⑦ 周官曰 司馬掌邦政 | – | B | C(BO) | 『대학연의보』 권120 본병지병에 나오는 부분이다. 정조(C)는 윤(B)의 의견을 조정하여 "순전 한 조목을 동종(董琮)의 설과 구씨의 안설까지 함께 첨가해 넣는 것은 진실로 좋으나 윤정편 한 단락은 수록하지 않는다 하더라도 불가할 것이 없다. '주례유왕건국(周禮惟王建國)'으로 시작하는 한 조목 및 '대사마경일인(大司馬卿一人)'으로 시작하는 조목, '소사마(小司馬)'로 시작하는 조목, '군사마(軍司馬)'로 시작하는 조목을 수록해야 할 것이고, 안설을 단지 '주례유왕건국(周禮惟王建國)'으로 시작하는 조목의 정현(鄭玄) 설과 구씨 안설, '대사마경일인(大司馬卿一人)'으로 시작하는 조목의 안설을 절록하여 본병(本兵)의 뜻을 상세히 나타내어야 할 것이다." 하였다. 규 291 『어정대학유의』 권18을 보면, 실제 이 항목의 본문과 여조겸의 주석 및 구준의 안설은 모두 삭제되었고, 다음에 나오는 '大司馬 卿一人 … 徒三百有二十人'의 본문이 실렸으며, 구준의 안설은 약간 수정되어 실렸다. |
| | ⑧ 考工記曰 函人爲甲 | – | – | C | 『대학연의보』 권121 기계지리 상에 나오는 부분이다. 정조(C)는 이에 대해 "'지기찬공(胝其鑽空)' 이하는 뜻이 중첩되니, 추려 내도 될 것이다." 하였다. 규 291 『어정대학유의』 권18을 보면, 정조(C)가 언급한 '胝其鑽空而窓'이하의 중첩되는 부분이 삭제되어 실렸고, 구준의 안설은 발췌되었다. |
| | ⑨ 凡爲弓 冬析幹 | – | B | C(BO) | 『대학연의보』 권121 기계지리 상에 나오는 부분이다. 정조(C)는 윤(B)의 의견을 조정하여 "이미 철에 따라 육재(六材)를 취함을 말했은즉 '교자(巧者)'란 장인(匠人)의 일에 불과하니 이 구절은 추려 내어야 할 것이다. '간(幹)', '각(角)', '근(筋)', '사(絲)', '칠(漆)'을 이미 갖추어 실었은즉 '연후위량(然後爲良)'이란 구절은 수록할 필요가 없을 것이며, 육재를 이미 수록했은즉 삼재(三材)를 추려 내어서는 |

| 『유의평례』 권첨 및 교열 항목 수 | 교열 항목 | 서형수 (A) | 윤광안 (B) | 정조(C) 최종 결정 및 선택 | 정조(C)의 최종 결정 내용 |
|---|---|---|---|---|---|
| 권2<br>卷20籤<br>(23)<br>嚴武備 | | | | | 안 될 것이다. 무릇 활을 만드는 것에 관한 조목은 그대로 두되 '한정체(寒定體)'와 '빙석조(冰析灂)' 상하 두 구절은 추려 내어도 무방할 것이니, 이와 같이 수정하도록 하라." 하였다. 규 291 『어정대학유의』 권18을 보면, 실제 이 조목 앞에 있는 "弓人爲弓 取六材必以其時…然後可以爲良"의 본문에 "凡爲弓 冬折幹 而春液角 夏治筋 秋合三材 冬折幹則易 春液角則合 夏治筋則不煩 秋合三材則合" 부분이 발췌되어 연결되었고, 정현, 왕소우의 주석은 생략되었으며, 구준의 안설은 발췌되었다. |
| | ⑩ 矢人爲矢 鍭矢參分 | – | B | C(BX) | 『대학연의보』 권121 기계지리 상에 나오는 부분이다. 정조(C)는 윤(B)의 주장에 반대하여 "'어(於)' 자는 본문에 없는 것인데 어찌 첨가할 수 있겠는가. 그렇다면 '고공기(考工記)' 석 자는 그대로 두도록 하라." 하였다. 규 291 『어정대학유의』 권18을 보면, 본문은 그대로 실렸고, 오징의 주석은 삭제되었으며, 구준의 안설은 정조(C)의 의견대로 발췌되었다. |
| | ⑪ 廬人 爲廬器 | – | B | C(BX) | 『대학연의보』 권121 기계지리 상에 나오는 부분이다. 정조(C)는 윤(B)의 의견에 반대하여 "'과삼기신 불능용야(過三其身不能用也)' 8자는 추려 내고 곧바로 '공국(攻國)'과 '수국(守國)' 구절로 연접하는 것이 좋겠다." 하였고, 정조(C)는 또 "'식욕포(食欲飽)'는 마땅히 본문대로 실어야 할 것이니 본문에는 '욕(欲)' 자가 '음(飮)' 자로 되어 있다. 아래 구절의 '식욕포(食欲飽)' 역시 '식음포(食飮飽)'로 되어야 옳을 것이다." 하였다. 규 291 『어정대학유의』 권18을 보면, 본문에서는 정조(C)의 의견대로 '過三其身 弗能用也 而無已 又以害人' 부분이 삭제되어 실렸고, 오징의 주석은 삭제되었으며, 구준의 안설은 '戈戟皆刺兵也 …卽古人之矛遺制也' 부분이 발췌되었다. |
| | ⑫ 荀子曰 魏氏武卒 | – | B | C(BO) | 『대학연의보』 권122 기계지리 하에 나오는 부분이다. 정조(C)는 윤(B)의 의견을 조정하여 "소주를 다는 것은 정당(停當)한 뒤에야 의논할 수 있는 문제인데 이미 일일이 주석을 달 수 없을 바에는 아예 달지 않는 것이 낫다." 하였다. 규 291 『어정대학유의』 권18을 보면, 본문과 구준의 안설은 실렸고, 여순의 주석은 삭제되었다. |

| 『유의평례』 권첨 및 교열 항목 수 | 교열 항목 | 서형수 (A) | 윤광안 (B) | 정조(C) 최종 결정 및 선택 | 정조(C)의 최종 결정 내용 |
|---|---|---|---|---|---|
| 권2 卷20籤 (23) 嚴武備 | ⑬ 六韜曰 陷堅陳 | – | B | C(BX) | 『대학연의보』 권122 기계지리 하에 나오는 부분이다. 정조(C)는 윤(B)의 의견에 반대하여 "이 조목은 추려 내어서는 안 된다. 삼련(參連)의 설에 이르러서는 추려 낸다면 해백(海伯)이 듣고 반드시 고루하다 할 것이며,『소학』의 훈의(訓義)가 지탱되는 것도 이 조목의 주해로 말미암으니, 그대로 두도록 하라." 하였다. 규 291『어정대학유의』 권18을 보면, 본문은 그대로 실렸고,『주례』의 본주는 삭제되었으며, 구준의 안설은 '有能射疏及遠者 已爲奇矣'만 제외되고 모두 실렸다. |
| | ⑭ 漢武帝元狩二年 李廣將四千騎 | – | B | C(BO) | 『대학연의보』 권122 기계지리 하에 나오는 부분이다. 정조(C)는 윤(B)의 의견을 조정하여 "무장륭(毋將隆)의 말은 의미가 없고 구씨의 안설도 마찬가지이니, 굳이 첨가해 실을 필요가 없다. 조조의 말은 초록해도 되고 추려 내도 될 것이다." 하였다. 규 291『어정대학유의』 권18을 보면, '漢武帝元狩二年 李廣將四千騎'의 항목과 복건의 주는 삭제되었고, 앞에 있는 '鼂錯言於文帝曰'의 본문이 그대로 실렸으며, 구준의 안설이 발췌되었다. |
| | ⑮ 唐府兵之法 人具弓一 | – | B | C(BX) | 『대학연의보』 권122 기계지리 하에 나오는 부분이다. 정조(C)는 윤(B)의 의견에 반대하여 "경공의 일은 옛날의 양장(良將)이 하기 부끄러워할 바이니 수록해서는 안 된다. 이른바 신기전(神機箭)이란 것도 호령을 발할 때는 단지 선지(線紙)만 쓰고 진(陳)에 임하여 전촉(錢鏃)을 아울러 쓰니, 그 밖에 어찌 다른 방법이 있겠는가." 하였다. 규 291『어정대학유의』 권18을 보면, 윤(B)이 제기한 이 항목 위의 '明帝永平中 北匈奴攻金浦城 耿恭爲戊己校尉 以毒藥傅矢'의 항목과 구준의 안설은 삭제되었고, 본 항목인 '唐府兵之法 人具弓一'은 채택되었으며 구준의 안설은 삭제되었다. |
| | ⑯ 眞宗咸平五年 石普言 | – | – | C | 『대학연의보』 권122 기계지리 하에 나오는 부분이다. 정조(C)는 "구씨의 안설은 엉성하고 어긋난 부분이 많다. 포(砲)를 말하면서는 홍이(紅夷: 서양 대포)를 말하지 않고 화약(火藥)을 말하면서는 초석(硝石)을 구워서 만드는 별다른 방법을 말하지 않았으니, 이 조목은 간간이 절록하는 것이 좋겠다." 하였다. 규 291『어정대학유의』 권18을 보면, 본문은 채택되었고, 구준의 안설은 발췌되었다. |

| 『유의평례』 권첨 및 교열 항목 수 | 교열 항목 | 서형수 (A) | 윤광안 (B) | 정조(C) 최종 결정 및 선택 | 정조(C)의 최종 결정 내용 |
|---|---|---|---|---|---|
| 권2 卷20籤 (23) 嚴武備 | ⑰ 唐制 仲冬之月講武 | A | B | C(AO, BO) | 『대학연의보』 권127 간열지교 하에 나오는 부분이다. 이 항목의 교감은 '唐制 仲冬之月講武'의 본문에 대해 윤(B)의 의견이 두 번, 서(A)의 의견이 한 번 제기되었고 정조(C)의 비답이 이루어졌는데, 실제 합의를 보지 못한 듯하다. 규 291 『어정대학유의』 권18을 보면, 실제 서(A)가 『당서』를 참고한 내용 그대로 수정 없이 실렸고, 구준의 안설은 발췌되었다. |
| | | – | B | C(BO) | |
| | ⑱ 丘濬曰 輙此言 | – | – | C | 『대학연의보』 권129 장수지임 상지하에 나오는 부분이다. 정조(C)는 "이 주(註)는 '한 고조(漢高祖)' 조목에 옮겨 수록해야 할 것이다." 하였다. 규 291 『어정대학유의』 권19를 보면, 이 부분은 삭제되었다. |
| | ⑲ 唐馬燧爲河東節度使 | – | – | C | 『대학연의보』 권133 전진지법 상에 나오는 부분이다. 정조(C)는 "이 아래에, '위승(魏勝)' 조목의 구씨 안설을 수록하고, '우왈(又曰)'이라 써서 표시하여야 할 것이다." 하였다. 규 291 『어정대학유의』 권19를 보면, 이 항목의 본문은 '馬燧爲河東節度使造戰車冒以狻猊象'만 발췌되어 실렸다. '唐馬燧爲河東節度使' 다음에 있는 안설이 실렸고, '魏勝創爲如意戰車' 다음에 나오는 안설이 '又曰'로 연결된 다음에 발췌되었다 |
| | ⑳ 左傳桓公五年 | – | – | C | 『대학연의보』 권133 전진지법 상에 나오는 부분이다. 정조(C)는 "애석하다. 구씨가 태사공 『육도』의 미봉(彌縫) 제도를 싣지 않고 무엄한 정(鄭)나라 군대의 미봉 제도를 수록함이여. 이 조목은 추려 내어야 할 것이다." 하였다. 규 291 『어정대학유의』 권19를 보면, 이 항목은 본문과 두예, 이정의 주석 및 구준의 안설이 모두 삭제되었다. |
| | ㉑ 詩小雅采薇首章 | – | B | C(BX) | 『대학연의보』 권135 찰군지정에 나오는 부분이다. 정조(C)는 윤(B)의 의견에 반대하여 "위 편에서 추려 내어야 할 것이니, 이 단락은 결코 추려 내어서는 안 된다." 하였다. 규 291 『어정대학유의』 권19를 보면, '詩小雅采薇首章'의 본문은 그대로 실렸고, 본문 끝의 소주(小註)인 '詳見眞氏前書'는 삭제되었다. 주희의 주석과 구준의 안설은 삭제되었고, 범씨의 주석인 '范氏曰 予於采薇 見先王以人道使人 後世則牛羊而已'의 내용만 실렸다. |

| 『유의평례』 권첨 및 교열 항목 수 | 교열 항목 | 서형수(A) | 윤광안(B) | 정조(C) 최종 결정 및 선택 | 정조(C)의 최종 결정 내용 |
|---|---|---|---|---|---|
| 권2 卷20籤 (23) 嚴武備 | ㉒ 靈帝時 鉅鹿張角事黃老 | – | – | C | 『대학연의보』 권137 알도지기 중에 나오는 부분이다. 정조(C)는 "장각(張角), 황소(黃巢), 왕선지(王仙芝), 방랍(方臘) 같은 자들의 사적은 '도적의 기미를 막는 기추[遏盜之機]'에 해당한다 할 수 없으니 모두 추려 내어야 할 것이다. 왕소파(王小波)의 사적만을 수록해 두는 것도 의미가 없을 듯하니, 역시 추려 내는 것이 좋지 않겠는가." 하였다. 규 291『어정대학유의』 권19를 보면, 이 항목과 구준의 안설은 삭제되었다. |
| | ㉓ 司勳掌六卿賞地之法 | – | – | C | 『대학연의보』 권139 상공지격 상에 나오는 부분이다. 정조(C)는 "이미 '경무지요편(經武之要篇)'에 실었다." 하였다. 규 291『어정대학유의』 권19를 보면, 본문은 그대로 실렸고, 왕소우의 주석인 "王昭禹曰 先王於有功之臣 銘書於王之太常 使與日月同其光 識之於不忘也 祭於太烝 使與先王同其榮 報之而致厚也"는 채택되었으며, 구준의 안설은 삭제되었다. |

위 〈표 9〉의 내용을 종합하면 다음과 같다.

엄무비 29권(권114~권142) 16세목의 교감은『유의평례』2 권20첨 23항목이다. 총론위무지도 1건, 군오지제 5건, 본병지병 1건, 기계지리 9건, 간열지교 1건, 장수지임 1건, 전진지법 2건, 찰군지정 1건, 알도지기 1건, 상공지격 1건의 교감이 이루어졌다.

첫째, 총론위무지도 하 1건은 ① 史記 兵者 聖人所以討彊暴이다. 정조(C)는 윤(B)의 의견에 반대하여, 본문은 '史記 兵者 聖人所以討彊暴 … 遂執不移等哉' 부분이 발췌되어 실렸고, 구준의 안설은 삭제되었다.

둘째, 군오지제 5건은 ②, ③, ④, ⑤, ⑥이다. ② 周禮 小司徒 乃會萬民之卒伍는 '周禮 小司徒'의 본문과 구준의 안설에 대해 윤(B)과 서(A)의 의견이 각 두 번씩 제기되고 정조(C)의 비답이 이루어졌는데, 실제 합의를 보지 못한 듯하다. '周禮 小司徒'의 본문이 그대로 채택되었고, 정현의 주석과 구준의 안설은 삭제되었으며, 다음에 나오는 '大司馬凡制軍'의 본문이 연결되고 구준의 안설인 '成周之制 兵籍於大司徒'의 내용이 발췌되었다. ③ 漢志 京師有南北軍은 정조(C)는 윤(B)의 의견을 조정하여 본문은 발췌되어 실렸고, 역발의 주석은 삭제되었으며, 임경의 주석과 구준의 안설은 발췌되었다. ④府兵之制 起自西魏後周는 정조(C)는 윤(B)의 의견을 수용하여 부병제의 본문 3항목이 합쳐졌고, 그에 합당한 주석 및 안설이 발췌되었다. 이 항목의 위에 있는 '唐志云 … 曰禁軍'이 먼저 실렸고, 이어 '又曰'로 연결하여 '府兵之制 起自西魏後周'의 내용이 발췌되어 실렸으며, 다음에 있는 본문인 '民年二十爲兵…排攢手步射'까지 실렸다. 다음에 구양수의 주석과 구준의 안설이 발췌되었다. ⑤民年二十 爲兵은 정조(C)가 서(A)의 의견에 반대하여 이 항목은 '府兵之制 起自西魏後周'의 본문 다음에 연결되었다. ⑥宋之兵制 大槩有三은 정조(C)의 단독 의견으로 이 항목은 바로 앞에 있는 '自高宗武后時 天下久不用兵…明年更號曰彍騎'와 '德宗與李泌 議復府兵 … 上曰 俟平河中 當與卿議之' 두 개의 본문 다음에 연결되어 모두 실렸다.

셋째, 본병지병 1건은 ⑦周官曰 司馬掌邦政이다. 정조(C)가 윤(B)의 의견을 조정하여 실제 이 항목의 본문과 여조겸의 주석 및 구준의 안설은 모두 삭제되었고, 다음에 나오는 '大司馬 卿一人 … 徒三百有二十人'의 본문이 실렸으며, 구준의 안설은 약간 수정되어 실렸다.

넷째, 기계지리 9건은 ⑧, ⑨, ⑩, ⑪, ⑫, ⑬, ⑭, ⑮, ⑯이다. ⑧考工記曰 函人爲甲은 정조(C)가 언급한 '眡其鑽空而窓' 이하의 중첩되는 부분이 삭제되어 실렸고, 구준의 안설은 발췌되었다. ⑨凡爲弓 冬析幹은 정조(C)가 윤(B)의 의견을 조정하여 실제 이 조목 앞에 있는 "弓人爲弓 取六材必以其時 … 然後可以爲良"의 본문에 "凡爲弓 冬折幹 而春液角 夏治筋 秋合三材 冬折幹則易 春液角則合 夏治筋則不煩 秋合三材則合" 부분이 발췌되어 연결되었고, 정현, 왕소우의 주석은 생략되었으며, 구준의 안설은 발췌되었다. ⑩矢人爲矢 鍭矢參分은 정조(C)가 윤(B)의 주장에 반대하여 본문은 그대로 실렸고, 오징의 주석은 삭제되었으며, 구준의 안설은 발췌되었다. ⑪廬人 爲廬器는 정조(C)가 윤(B)의 의견에 반대하여 본문에서 '過三其身 弗能用也 而無已 又以害人' 부분이 삭제되어 실렸고, 오징의 주석은 삭제되었으며, 구준의 안설은 '戈戟皆刺兵也 … 卽古人之矛遺制也' 부분이 발췌되었다. ⑫荀子曰 魏氏武卒은 정조(C)가 윤(B)의 의견을 조정하여 본문과 구준의 안설은 실렸고, 여순의 주석은 삭제되었다. ⑬六韜曰 陷堅陳은 정조(C)가 윤(B)의 의견에 반대하여 본문은 그대로 실렸고, 『주례』의 본주는 삭제되었으며, 구준의 안설은 '有能射疏及遠者 已爲奇矣'만 제외되고 모두 실렸다. ⑭ 漢武帝元狩二年 李廣將四千騎는 정조(C)가 윤(B)의 의견을 조정하여 본문과 복건의 주는 삭제되었고, 앞에 있는 '鼂錯言於文帝曰'의 본문이 그대로 실렸으며, 구준의 안설이 발췌되었다. ⑮ 唐府兵之法 人具弓一은 정조(C)가 윤(B)의 의견에 반대하여 이 항목 위의 '明帝永平中 北匈奴攻金浦城 耿恭爲戊已校尉 以毒藥傅矢'의 항목과 구준의 안설은 삭제되었고, 본 항목인 '唐府兵之法 人具弓一'은 채택되었으며 구준의 안설은 삭제되었다. ⑯ 眞宗咸平五年 石普言은 정조(C)의 단독 의견에 의해 본문은 채택되었고, 구준의 안설은 발췌되었다.

다섯째, 간열지교 1건은 ⑰ 唐制 仲冬之月講武이다. 이 항목의 교감은 본문에 대해 윤(B)의 의견이 두 번, 서(A)의 의견이 한번 제기되었고 정조(C)의 비답이 이루어졌는데, 실제 합의를 보지 못한 듯하다. 서(A)가 『당서』를 참고한 내용 그대로 수정 없이 실렸고, 구준의 안설은 발췌되었다.

여섯째, 장수지임 1건은 ⑱ 丘濬曰 輙此言이다. 이 부분은 정조(C)의 단독 의견으로 삭제되었다.

일곱째, 전진지법 2건은 ⑲, ⑳이다. ⑲ 唐馬燧爲河東節度使은 정조(C)의 단독 의견에 의해 이 항목의 본문은 '馬燧爲河東節度使 造戰車冒以狻猊象'만 발췌되어 실렸다. '唐馬燧爲河東節度使' 다음에 있는 안설이 실렸고, '魏勝創爲如意戰車' 다음에 나오는 안설이 '又曰'로 연결된 다음에 발췌되었다. ⑳ 左傳桓公五年은 정조(C)의 단독 의견에 의해 이 항목은 본문과 두예, 이정의 주석 및 구준의 안설이 모두 삭제되었다.

여덟째, 찰군지정 1건은 ㉑ 詩小雅采薇首章이다. 정조(C)는 윤(B)의 의견에 반대하여 본문은 그대로 실렸고, 본문 끝의 소주인 '詳見眞氏前書'는 삭제되었다. 주희의 주석과 구준의 안설은 삭제되었고, 범씨의 주석인 '范氏曰 予於采薇 見先王以人道使人 後世則牛羊而已'의 내용만 실렸다.

아홉째, 알도지기 1건은 ㉒ 靈帝時 鉅鹿張角事黃老이다. 정조(C)의 단독 의견에 의해 이 항목과 구준의 안설은 삭제되었다.

열 번째, 상공지격 1건은 ㉓ 司勳掌六卿賞地之法이다. 정조(C)의 단독 의견에 의해 본문은 그대로 실렸고, 왕소우의 주석인 "王昭禹曰 先王於有功之臣 銘書於王之

太常 使與日月同其光 識之於不忘也 祭於太烝 使與先王同其榮 報之而致厚也"는 채택되었으며, 구준의 안설은 삭제되었다.

## 5.8. 어이적과 성공화의 세목 구성, 교감 내용 및 결과

### 5.8.1. 어이적과 성공화의 세목 구성

어이적 14권(권143~권156)은 육부 중 병부의 일부에 해당하고, 성공화 4권(권157~권160)은 치국평천하의 요점인 성신공화지극에 해당한다. 각 세목에 대해 설명하면 다음과 같다.

어이적 14권(권143~권156)은 9세목이다. 권143 내하외이지한 상, 권144 내하외이지한 하, 권145 신덕회원지도와 역언빈대지례, 권146 정토완화지의 상, 권147 정토완화지의 하, 권148 수양제어지책 상, 권149 수양제어지책 하, 권150 수변고어지략 상, 권151 수변고어지략 하, 권152 열둔견수지제, 권153 사방이락지정 상, 권154 사방이락지정 중, 권155 사방이락지정 하, 권156 겁유궁독지실 등이다.

첫째, 권143~권144 내하외이지한 상·하는 화하와 이적의 구분을 다루었다. 화이의 구분은 『서경』 우공편(禹貢篇)에 보면, "후복 밖의 5백 리를 수복(綏服)이라 하였다. 3백 리의 땅은 문교로 다스렸고, 2백 리의 땅은 무위를 떨쳐 다스렸다."라고 하였고, 구준은 이에 안설을 붙여 "우공편의 오복제(五服制: 왕기(王畿)를 중심으로 5백 리씩 차례로 나눈 다섯 구역)는 전복(甸服: 왕기(王畿)로부터 5백 리 안의 땅), 후복(侯服: 전복 밖의 사방 5백 리의 땅), 수복, 요복(要服: 수복 밖 5백 리로 일종의 완충지대), 황복(荒服: 요복 밖 5백 리로 이민족 지역)이다. 나라 안의 전복과 후복은 화하(華夏)의 땅이고, 나라 밖의 요복과 황복은 이적(夷狄)의 땅이다. 수복은 그 가운데 있어 화이(華夷)의 사이에 해당한다."라고 하였다.[654] 이 5복제는 주(周)대에 9복제로 바뀌었는데 『주례(周禮)』

654) 구준, 『대학연의보』 권143 馭夷狄 內夏外夷之限 上 禹貢. "禹貢 五百裏 綏服 三百裏揆文教 二百裏奮武衛 臣按 禹貢五服之制 曰甸服 曰侯服 曰綏服 曰要服 曰荒服 內而甸侯二服 爲華夏之地 外而要荒二服 爲夷狄之區 而綏服居乎其中 則介乎華夷之間也"

에 의하면, "직방씨(職方氏)가 왕기(王畿)의 외방을 구복으로 나누어 5백 리마다 차례로 후복(侯服), 전복(甸服), 남복(男服), 채복(采服), 위복(衛服), 만복(蠻服), 이복(夷服), 진복(鎭服), 번복(藩服)의 아홉 구역으로 하였다."라고 하였다.[655] 이 화이관은 공자가 저술한『춘추(春秋)』필법에서 엄격해졌고,[656] 특히『논어(論語)』에서는 "관중(管仲)이 환공(桓公)을 도와 제후의 패자가 되게 하여 한 번 천하를 바로잡으니, 백성들이 지금까지 그 혜택을 받고 있다. 관중이 없었다면 우리는 아마도 머리를 풀어헤치고 옷깃을 왼편으로 여몄을 터이다."라고 하였다.[657] 이는 공자가 문화적 우열로 화이를 구분하여 중화 문화의 수호를 중요한 가치로 천명한 것이다.

둘째, 권145 신덕회원지도와 역언빈대지례는 명덕의 정치와 역관 제도를 다루었다. 명덕의 정치는『서경』순전(舜典)에 의하면, "순임금이 12 목(牧)에게 물어 말하였다. 곡식은 농사철을 잘 맞추어야 하니, 멀리 있는 자를 회유하고 가까이 있는 자를 길들이며 덕이 있는 자를 후대하고 어진 자를 믿으며 간사한 자를 막으면, 만이(蠻夷)도 거느리고 와서 복종할 것이다."라고 하였으니,[658] 농정의 시행, 어진 이의 등용 및 화이의 복종이 핵심이라고 할 수 있다. 역관 제도는『예기(禮記)』에 의하면, "중국과 사방 오랑캐 즉 오방의 백성은 모두 특성[지역별]이 있어서 변화시킬 수 없다. 오방민들은 언어가 통하지 않고 기호와 욕망이 같지 않다. 그 뜻을 전달하고 그 기욕을 소통시키는데 있어 역관의 명칭을 동방은 기(寄), 남방은 상(象), 서방은 적제(狄鞮), 북방은 역(譯)이라 하였다."라고 하였다.[659] 이는 지역별로 역관의 명칭을 다르게 하

---

655) 구준,『대학연의보』권143 馭夷狄 內夏外夷之限 上 周禮 職方氏. "周禮 職方氏乃辨九服之邦國 方外千裏曰王畿 其外方五百裏曰侯服 又其外方五百裏曰甸服 又其外方五百裏曰男服 又其外方五百裏曰采服 又其外方五百裏曰衛服 又其外方五百裏曰蠻服 又其外方五百裏曰夷服 又其外方五百裏曰鎭服 又其外方五百裏曰藩服"

656) 구준,『대학연의보』권143 馭夷狄 內夏外夷之限 上 春秋 臣按. "春秋 隱公二年 公會戎於潛 … 臣按 胡呂二儒之言 約見聖人作春秋之意 所以華夷之辨 萬世王中國者 所當鑑戒也 …"

657) 구준,『대학연의보』권144 馭夷狄 內夏外夷之限 下 論語曰. "論語曰 管仲相桓公 霸諸侯 一匡天下 民到於今受其賜 微管仲 吾其被發左衽矣"

658) 구준,『대학연의보』권145 馭夷狄 愼德懷遠之道 舜典. "舜典 咨十有二牧曰 食哉惟時 柔遠能邇 惇德允元 而難任人 蠻夷率服"

659) 구준,『대학연의보』권145 馭夷狄 譯言賓待之禮 禮記. "禮記 中國夷戎 五方之民皆有性也 不可推移 五方之民 言語不通 嗜欲不同 達其志 通其欲 東方曰寄 南方曰象 西方曰狄鞮 北方曰譯"

여 언어와 문화의 소통에 힘썼음을 알 수 있다. 이에 대한 구준의 안설에 의하면, "명대 태종문황제(太宗文皇帝, 1360~1424, 재위 1402~1424)가 팔관(八館)을 설치하였는데, 서천(西天), 달달(韃韃), 회회(回回), 여직(女直), 고창(高昌), 서번(西番), 면전(緬甸), 백이(百夷)이다. 초기에는 거인(擧人: 예전에 과거를 보는 선비를 이르던 말)에게 통역을 하도록 하였고, 그들이 예부시(禮部試)를 통과하면 번이(番夷)들의 서적을 번역하도록 하였다."라고 하였다.[660] 이는 명대에 역관제도가 세분화되고 역서의 번역이 매우 중시되었음을 파악할 수 있다.

셋째, 권146~권147 정토완화지의 상·하는 이적의 정토와 완화를 다루었다. 이적의 정토는 『서경』 우서(虞書)에 보면, "순임금이 말하였다. 아, 우여! 오직 묘족만이 복종하지 않고 있으니 그대가 출정하여 평정하도록 하시오. 이어 우는 곧 제후들과 회합하고 군사들 앞에서 서약하며 훈시하였다. 여러분, 모두 나의 명을 들으시오. 어리석은 묘족이 있는데, 사리분별이 어려워 공경할 줄 모르고, 남을 모멸하면서 스스로 현명하다고 하고 있으며, 도를 그르치면서 덕을 손상시키고 있다. 군자들은 초야에 묻혀 있고 소인들은 벼슬자리에 있으며 백성들은 그곳을 포기한 채 보호받지 못하고 있으니 하늘이 이에 천벌을 내린 것 같다. 드디어 내가 그대들과 함께 임금님의 명을 받들어 그 죄를 징벌하고자 하니 그대들은 이제 마음과 힘을 하나로 뭉쳐 그 난국을 극복하고 공훈을 세워야 한다."라고 하였다.[661] 구준은 이에 대해 안설을 붙여 "이는 오랜 세월에 중국 제왕이 만이(蠻夷)를 정토한 시작점이다. 대개 이적은 4종류가 있는데 남방에 있는 것이 묘(苗)이다. 묘민이 정리(正理)를 따르지 않아 순임금이 우를 파견하여 정벌한 것이다. 후세에 사이(四夷)를 정벌한 것은 그들이 중국의 국경을 침입하여 백성을 장적(戕賊: 사람을 해치고 죽임)하니 군대를 일으켜 토벌한 것이다."라고 하여[662] 순임금의 토벌은 도덕주의 차원에서 정리를 따르게 한 것이고,

---

660) 구준, 『대학연의보』 권145 馭夷狄 譯言賓待之禮 禮記 臣按. "臣按 … 我文皇帝始設爲八館 曰西天 曰韃韃 曰回回 曰女直 曰高昌 曰西番 曰緬甸 曰百夷 初以擧人爲之 其就禮部試 則以番書譯"

661) 구준, 『대학연의보』 권146 馭夷狄 征討綏和之義 上 虞書. "虞書 帝曰 咨禹 惟時有苗弗率 汝徂征 禹乃會群后 誓於師曰 濟濟有衆 咸聽朕命 蠢玆有苗 昏迷不恭 侮慢自賢 反道敗德 君子在野 小人在位 民棄不保 天降之咎 肆予以爾衆士 奉辭伐罪 爾尙一乃心力 其克有勳"

662) 구준, 『대학연의보』 권146 馭夷狄 征討綏和之義 上 虞書 臣按. "臣按 此萬世中國帝王征討蠻夷之始 蓋夷有四而居南方者謂之苗 苗民弗循正理 故帝舜遣禹征之 由此一事而觀 可見唐虞之世非獨政教

후대는 이적이 중국의 국경을 침입한 것에 대한 대비책이라고 하였다. 이적의 정토와 완화는 구준이 정토완화지의 하에서 종합한 것을 보면, “전(戰)·수(守)·화(和)는 적을 응대하는 도구이고 적을 제어하는 근본은 아니다. 한인(漢人)이 말하는 치융삼책(治戎三策)은 모두 이 세 가지에 있다. 상책은 수보다 더 좋은 것이 없고, 전쟁을 하는 것은 우리가 지키려는 것을 확고히 하는 것이며, 화를 하는 것은 우리가 지키려는 것을 안전하게 하는 것이다. 이 때문에 세 가지 가운데 나라를 지키는 것은 수하는 것을 근본으로 삼아야 한다.”라고 하였다.[663)]

넷째, 권148~권149 수양제어지책 상·하는 이적 제어의 근본과 방책을 다루었다. 이적 제어의 근본은『시경』거공(車攻)의 서문에 의하면, “선왕이 안으로 정사를 닦고 밖으로 이적을 물리쳐 문왕과 무왕 때의 국경을 회복하였으며 수레와 말을 정비하고 각종 도구를 갖추어 다시 제후들을 동도(東都)에 모았다.”라고 하였다. 구준은 이에 주석을 붙여 “제왕이 정치를 하는 것은 안으로 정사를 닦고 밖으로 이적을 물리치는 것이니 내수(內脩)가 외양(外攘)의 근본이다.”라고 하였다.[664)] 이적 제어의 방책에 대해서 보면, 범중엄(范仲淹)은 송 인종(仁宗: 경력(慶曆) 4년(1044)) 때에 화(和)·수(守)·공(攻)·비(備)의 4가지 정책을 아뢰면서 비책(備策)에 대한 7가지 방안을 제시하였다. 이를 보면, “첫째, 경략(經略)을 만들 것, 둘째, 병둔(兵屯) 문제를 재의(再議)할 것, 셋째, 병사들의 선발을 관할 기구에서 전담할 것, 넷째, 교전(教戰)을 서두를 것, 다섯째, 의용(義勇: 주현(州縣)에서 민(民)을 선발하여 조직한 군대)을 훈련할 것, 여섯째, 경성(京城)과 외성(外城)을 정비할 것, 일곱째, 토벌(討伐)의 계획을 정할 것 등이다.”라고 하였다.[665)] 범중엄은 또한 인종에게 재상권을 확대할 것을 주청하여 보신(輔臣)

與後世不同 其征伐亦與後世不同也 何也 後世之征伐四夷 皆以其侵軼我邊境 戕賊我生靈 以故興師討之”

663) 구준,『대학연의보』권147 馭夷狄 征討綏和之義 下 以上征討綏和之義 臣按. “以上征討綏和之義 臣按 昔以謂戰守和 皆應敵之具 而非制敵之本 … 漢人所謂治戎三策者皆在焉 然就其三者而言之 上策莫如守 … 所以戰者 以固吾守 … 所以和者 以安吾守 … 是則三者之中 則又以守爲本焉”

664) 구준,『대학연의보』권148 馭夷狄 脩攘制禦之策 上 詩序 又曰. “詩序 又曰 宣王能內脩政事 外攘夷狄 復文武之境土 脩車馬 備器械 復會諸侯於東都 臣按 … 夫以帝王爲治 先內而後外 必內之政事旣無不脩 然後外之夷狄攘斥焉 是知內脩者 外攘之本也”

665) 구준,『대학연의보』권149 馭夷狄 脩攘制禦之策 下 範仲淹上仁宗. “範仲淹上仁宗 和守攻備四策 其備策曰 請朝廷力行七策以防大患 一密爲經略 二再議兵屯 三專於選將 四急於教戰 五訓練義勇 六修

이 군사 업무를 겸임하고 관리 승천에도 관여할 수 있도록 하여 개혁의 폭과 깊이를 더욱 강화하였다.[666)]

다섯째, 권150~권151 수변고어지략 상·하는 이적을 방어하는 근본대책인 수비와 장성 축조 등을 다루었다. 수비는 『시경』 소아(小雅) 출거(出車) 3장에 의하면, "왕[주 문왕]께서 남중(南仲)에게 명하시어 북방에 성을 쌓게 하셨네. 떠나는 수레소리 웅장하고 깃발이 선명하게 펄럭이네. 천자께서 내게 명하시어 북방에 성을 쌓게 하시니, 남중이 혁혁한 공을 세워 북쪽 오랑캐인 험윤(玁狁)을 물리쳤네."라 하였고, 구준이 안설에서 정이(程頤)의 말을 인용하여, "융적을 방어하는 방법은 수비가 근본이고 공전(攻戰)이 우선이 아니다."라고 하였다.[667)] 장성 축조는 『좌전(左傳)』에 보면, "진시황 33년(B.C.214) 몽염(蒙恬)이 서북쪽으로 흉노를 축출하였다. 흉노의 선우(單于)는 진을 이기지 못하여 북쪽으로 옮겼다. 몽염은 하남 땅을 다시 회복하였고, 아울러 황하를 따라 동쪽으로 음산(陰山)에 이르렀다. 하수를 따라 요새를 만들고 장성을 축조하였다. 지형의 험새를 살려 경계선으로 하고 골짜기를 살려 참호로 만들며, 수선해야 할 곳은 보충하여 임조(臨洮)에서 요동(遼東)에 이르기까지 만여 리에 달하는 장성을 쌓았다."라고 하였다. 구준은 이에 안설을 붙여 "장성 축조는 진시황 이전에 소왕(昭王)때 농서(隴西), 북지(北地), 상군(上郡)에 장성을 축조하였고, 조(趙)는 음산 아래에서 고궐(高闕)까지, 연(燕)은 조양(造陽)에서 양평(襄平)까지 장성을 쌓았다. 진 이후에 위(魏), 북제(北齊), 수(隋)에서도 장성을 쌓았다."라고 하였다.[668)] 만리장성은

---

京師外城 七定討伐之謀"

666) 강길중, 「범중엄(范仲淹)의 현실인식(現實認識)과 경세사상(經世思想)」, 『역사학연구』 63, 2016, 143쪽; 『속자치통감장편(續資治通鑑長編)』 권143. "公援唐故事 請以輔臣分總其務 雖嘗降敕 然其後弗果行"

667) 구준, 『대학연의보』 권150 馭夷狄 守邊固圉之畧 上 詩 小雅出車之三章曰. "詩 小雅出車之三章曰 王命南仲 往城于方 出車彭彭 旂旐央央 天子命我 城彼朔方 赫赫南仲 玁狁于襄 … 臣按 … 程氏謂禦戎敵之道 守備爲本 不以攻戰爲先 乃帝王禦戎之要法 萬世所當遵守者也"

668) 구준, 『대학연의보』 권150 馭夷狄 守邊固圉之畧 上 秦始皇三十三年. "秦始皇三十三年 蒙恬于西北斥逐匈奴 單于不勝秦北徙 盡收河南地 並河以東屬之陰山 因河爲塞 築長城 因邊山險塹谿谷 可繕者治之 起臨洮至遼東萬餘里 臣按 長城之築 起臨洮至遼東 延袤萬餘里 其爲計也亦勞矣 然此豈獨始皇築也 昭王時已於隴西北地上郡築長城以拒胡矣 亦非盡秦築也 趙自代並陰山下至高闕爲塞 燕自造陽至襄平亦皆築長城 是則秦之前固有築者矣 豈但秦也 秦之後 若魏 若北齊 若隋 亦皆築焉"

시대별로 증축되면서 중국의 오랜 성벽 역사의 산물이자 지속적인 문화유산에 대한 증거가 되었다.

여섯째, 권152 열둔견수지제는 변방의 수자리 제도와 적수를 다루었다. 변방의 수자리 제도는 한(漢)의 경우를 보면, "한의 경(更: 변방에 수자리 서는 역(役))은 3품(品)이 있으니, 졸경(卒更)과 천경(踐更)과 과경(過更)이다. 옛날에 정졸(正卒)은 항상 하는 사람이 없고, 모두 마땅히 교대로 그것을 하였으며 한 달에 한 번 수자리를 서니, 이를 졸경(卒更)이라 한다. 가난한 자가 경전(更錢)으로 삯돈을 얻기를 원하고, 다음 차례가 된 자가 돈을 주고 그를 고용할 경우에 한 달에 2,000이니, 이것을 천경이라 한다. 천하의 사람들은 모두 곧바로 변경에서 수자리를 3일 하는데 각각 경(更)이 되고, 율(律)에 이른바 요수(繇戍)이다. 비록 정승의 아들이 수졸(戍卒)에 선발되더라도 모든 사람이 스스로 수자리를 3일 서는 것은 불가하였다. 수자리에 가지 않을 경우 300전을 관청에 지불하여 수자리 서는 자에게 지급하니, 이것을 과경이라 한다."라고 하였다.[669] 적수는 "명제(明帝)가 영평(永平) 8년(65)에 군국(郡國)에 있는 도관(都官)에 조서를 내려 죽음에 상당하는 죄를 지어 감옥에 갇힌 죄수는 일등을 감죄하여 태형을 가하지 말고 삭방(朔方)·오원(五原)군(郡)[670]의 변경에 있는 여러 현(縣)에 주둔하게 하였다. 후에 또 조서를 내려 변경에 가는 자에게는 처자가 따라가도록 하였다."라고 하였고, 구준은 이에 안설을 붙여 "진(秦)·한 이래로 범죄자로 하여금 변방에 가서 지키게 하는 것 즉 적수의 효시는 명제 영평 8년(65)이다."라고 하였다.[671]

일곱째, 권153~권155 사방이락지정 상·중·하는 이적의 특성과 그들에 대한 기미정책(羈縻政策) 및 서역과의 교류를 다루었다. 이적의 특성은『예기』왕제(王制)에 의

---

669) 구준,『대학연의보』권152 馭夷狄 列屯遣戍之制 漢更有三品. "漢更有三品 有卒更 有踐更 有過更 古者正卒無常人 皆迭爲之 一月一更 爲更卒也 貧者欲得雇更錢 次直者出錢雇之 月二千 是爲踐更也 天下人皆直戍邊三日 亦名爲更 律所謂繇戍也 雖丞相子亦在戍邊之調 不可人人自行三日戍 又行者當自戍三日 不可往便還 因便往一歲一更 諸不行者出錢三百 入官以給戍者 是謂過更也"

670) 班固 編, 顔師古 注,『한서(漢書)』卷28 下 地理志 第8 下. 朔方郡 五原郡. "朔方郡 武帝元朔二年開 西部都尉治窳渾 莽曰溝搜 屬幷州 戶三萬四千三百三十八 口十三萬六千六百二十八 縣十 五原郡 秦九原郡 武帝元朔二年更名 東部都尉治稒陽 莽曰獲降 屬幷州 戶三萬九千三百二十二 口二十三萬一千三百二十八 縣十六"

671) 구준,『대학연의보』권152 馭夷狄 列屯遣戍之制 明帝永平八年. "明帝永平八年 詔郡國中都官 死罪繫囚 減罪一等 勿笞 屯朔方五原之邊縣 後又詔詣邊者妻子自隨 臣按 此秦漢以來 謫有罪者 戍邊之始"

하면, “중국과 사이(四夷) 즉 오방(五方)의 백성들은 모두 특성을 지니고 있어 변화시킬 수 없다. 동방은 이(夷)라 칭하고, 머리카락을 풀어 헤치고 몸에 문신을 하며, 음식을 불에 익혀 먹지 않는다. 남방은 만(蠻)이라 칭하고, 이마에 문신을 새기고 교지(交趾)[672]하고 있으며, 음식을 불에 익혀 먹지 않는다. 서방은 융(戎)이라 칭하고, 머리를 풀어 헤치고 가죽옷을 입으며, 알곡으로 밥을 해 먹지 않는다. 북방은 적(狄)이라 칭하고, 짐승의 털옷을 입고 동굴 속에 거처하며 알곡으로 밥을 해 먹지 않는다.”라고 하여 중국과 이·만·융·적의 지형과 풍속의 차이를 설명하였다.[673] 이적에 대한 기미정책은 『통전(通典)』에 보면, “이적을 바깥으로 삼고 중화 안으로 들이지 않으며 이적과 소통은 하되 친근하게 여기지 않았다. 이적이 침범하면 막고, 침범하지 않으면 방비하는 것이다.”라고 하였고, 구준은 이에 안설을 붙여 “이적이 침범하면 막고 침범하지 않으면 방비하는 것[不出乎來則禦之 去則備之]’이 이적을 막는 요법(要法)이다.”라고 하여[674] 기미정책의 핵심을 언급하였다. 서역과의 교류는 『후한서(後漢書)』에 의하면, “후한 광무제(光武帝) 건무(建武) 21년(45)에 서역 18국이 아들을 보내어 입시하고 도호(都護)를 청하였으니 황제가 허락하지 않았다. 서역에서 보낸 여러 나라의

---

672) 최수경, 「17세기 중국(中國) 여행기에 그려진 베트남의 경관 – 해외기사(海外紀事)를 중심으로」, 『중국학보』 89, 2019, 100쪽에 의하면, “이들은 남녀가 함께 시냇물에서 목욕을 하는 풍속이 있다. 그래서 교지(交阯)라고 하는 것이다[『後漢書』 卷116 「南蠻列傳」 第76 禮記稱 南方曰蠻 雕題交阯 其俗男女同川而浴 故曰交阯]. 교지(交趾)의 해석에 대해 억측일 가능성이 높지만, 이 짧은 문장에 함축하고 있는 문신, 물, 자유로운 남녀관계는 이후에도 중국인들이 베트남을 상상하는 데 있어 주요한 모티프가 된다.”라고 하여 교지(交趾)에 대한 새로운 해석의 여지를 남겼다. 또한 최수경(2019) 논문 각주 27)을 보면, 『宋史』를 예로 들면 ‘交趾’의 역사를 설명하는 부분에서 첫머리를 “交趾는 본래 漢 나라 초기 南越의 땅이었다. 漢武帝가 남월을 평정한 다음 그 영역을 儋耳, 珠崖, 南海, 蒼梧, 鬱林, 合浦, 交趾, 九眞, 日南의 아홉 개 군으로 나누고 交趾刺史를 두어 통제하게 했다(交阯, 本漢初南越之地, 漢武平南越, 分其地爲儋耳·珠崖·南海·蒼梧·鬱林·合浦·交阯·九眞·日南凡九郡·置交阯刺史以領之)”(『宋史』 卷488 「列傳」 第247 「外國」 4)라는 말로 시작한다.”라고 하여 교지자사(交趾刺史)가 다스리는 9개의 영역 안에 교지가 들어 있어, 교지 안에 교지가 포함되어 있음을 알 수 있다.

673) 구준, 『대학연의보』 권153 馭夷狄 四方夷落之情 上 王制曰. “王制曰 中國戎狄五方之民 皆有性也 不可推移 東方曰夷 被發文身 有不火食者矣 南方曰蠻 雕題交趾 有不火食者矣 西方曰戎 被發衣皮 有不粒食者矣 北方曰狄 衣羽毛穴居 有不粒食者矣”

674) 구준, 『대학연의보』 권153 馭夷狄 四方夷落之情 上 通典曰 臣按. “通典曰 緬惟古之中華 多類今之夷狄 有居處巢穴焉 有葬無封樹焉 有手團食焉 有祭立屍焉 聊陳一二 不能遍擧其地偏 其氣梗 不生聖哲 莫革舊風 訓誥之所不可 禮義之所不及 外而不內 疏而不戚 來則禦之 去則備之 臣按 自古馭四夷之要法 不出乎來則禦之 去則備之二言而已”

시자(侍子)들이 오랫동안 돈황에 머무르니, 모두 근심하여 도망쳐 돌아갈 것을 생각하였다. 사거(莎車: 고사국(姑師國) 임) 왕 현(賢)이 한나라 도호가 오지 않을 것을 알고는 선선(鄯善)을 격파하였다. 선선왕 안(安)이 글을 올려 다시 아들을 보내 입시하기를 원하고, 다시 도호가 와주기를 청하였다. 황제가 답서를 보내기를, '지금 사자(使者)의 대병이 나갈 수가 없으니 만일 여러 나라가 힘이 마음을 따르지 못한다면 동서남북은 따르고 싶은 대로 해야 한다.'"라고 하였다. 구준은 이에 안설을 붙여 "후한 광무제는 정치에 있어서 반드시 한나라처럼 사신을 보내 도호를 설치하고 질자(質子)를 두어 통혼하고 진귀한 물품을 구하는 것은 모두 치란(治亂)에 도움이 되지 않는다고 주장하였다. 그는 반고가 언급한 '얻는다 하더라도 이익이 되지 않고 버려두어도 손해될 것이 없다[得之不爲益 棄之不爲損].'라고 한 말을 인용하여 이 말이 그 뜻을 남김없이 드러낸 것이다."라고 하였다.[675]

여덟째, 권156 겁유궁독지실은 궁병독무(窮兵黷武: 병력을 남용하여 정벌을 일삼는 것)의 남용에 대한 경계를 다루었다. 궁병독무의 가장 대표적인 전한 무제를 보면, "전한 무제(武帝) 원삭(元朔) 2년(B.C.127)에 흉노가 침입하니 위청(衛青) 등을 보내어 쳐서 마침내 하남의 땅을 취하여 삭방군을 두었다. 5년(B.C.124)에 위청을 보내어 여섯 장군을 거느리고 흉노를 쳤다. 돌아옴에 위청으로 대장을 삼았다. 이듬해(B.C.123) 또 여섯 장군을 거느리고 흉노를 격파하였다. 원수(元狩) 2년(B.C.121)에 곽거병(霍去病)을 표기장군으로 삼아 흉노를 쳐서 패퇴시키고 언기(焉耆)를 지나서 기련산에 이르렀다가 돌아왔다. 4년(B.C.119)에 위청과 곽거병을 보내 흉노를 격파하였다. 원봉(元封) 원년(B.C.110)에 황제가 장성에 나가서 선우대에 올랐다가 병사를 정비하여 돌아왔다. 3년(B.C.108)에 조파노(趙破奴)를 파견하여 누란을 쳤다. 태초(太初) 원년(B.C.104)에 이광리(李廣利)를 파견하여 흉노를 쳤다."라고 하였다. 이에 대해 구준은 안설을 붙여 "이적이 우리의 국경을 침입하여 백성을 해치면 군대를 출정시켜 백성들이 피해

---

675) 구준, 『대학연의보』 권155 馭夷狄 四方夷落之情 下 光武建武二十一年. "光武建武二十一年 西域十八國俱遣子入侍 請都護 帝不許 諸國侍子久留敦煌 皆愁思亡歸 莎車王賢 知都護不出 擊破鄯善 鄯善王安 上書 願復遣子入侍 請都護 帝報曰 今使者大兵 未能得出 如諸國力不從心 東西南北自在也 臣按 … 正不必如漢人之遣使臣 設都護 置質子 通昏姻 求珍貨 是皆無益於治亂 班因所謂 得之不爲益 棄之不爲損 斯言盡之矣 …"

를 당하지 않도록 하는 것은 옳다. 저들이 우리의 국경을 침범하지 않았는데 이유 없이 군대를 일으켜 변경에 나아가 전쟁을 하는 것은 그 곡직(曲直)이 있어야 한다."라고 하였다.[676]

성공화 4권(권157~권160)은 1세목이다. 권157 성신공화지극(聖神功化之極) 상지상, 권158 성신공화지극 상지하, 권159 성신공화지극 중, 권160 성신공화지극 하 등이다.

첫째, 권157 성신공화지극 상지상은 성신 공화의 극치를 『주역』의 이치에 근거하여 설명하였다. 『주역』의 건괘를 보면, "건은 원(元)하고, 형(亨)하고, 이(利)하고, 정(貞)하다."라고 하였고, 구준은 이에 안설을 붙여 "건괘의 삼획(三畫)과 사덕(四德)은 문자와 의리의 조종(祖宗)이 된다. 하늘에 있으면 춘·하·추·동이 되고 사람에 있으면 인·의·예·지가 되며 천지간에 유행하면 우주의 순환 원리인 원(元)·회(會)·운(運)·세(世)가 된다."라고 하였다.[677] 성신 공화의 극치는 항괘의 단사를 통해 설명하였는데, "항은 형통하여 허물이 없지만 곧아야 이롭다는 것은 그 도를 오래하는 것이다. 천지의 도는 항구하여 그치지 않는다. 가는 바를 둠이 이롭다는 것은 끝이 나면 시작이 있기 때문이다. 해와 달이 천리에 따라 오래 비추며, 사시가 변화하여 오랫동안 이루며, 성인이 도를 오래하여 천하가 교화되어 이루어지니, 항상하는 바를 보면 천지 만물의 정(情)을 알 수 있다."라고 하였다.[678]

둘째, 권158 성신공화지극 상지하는 성신 공화의 극치를 요임금의 위대한 덕성과 치적에 견주어 설명하였다. 『서경』 요전에 의하면, "옛날 요임금을 상고하건대 방훈(放勳: 공이 지극히 크다는 의미)이시니, 공경하고 밝고 문채롭고 생각함이 편안하고

---

676) 구준, 『대학연의보』 권156 馭夷狄 劫誘窮黷之失 武帝元朔二年. "武帝元朔二年 匈奴入寇 遣衛青擊之 取河南地 立朔方郡 五年 遣青率六將軍擊匈奴 還以青爲大將軍 明年 又率六將軍擊之 元狩二年 以霍去病爲驃騎將軍擊匈奴 敗之 過焉耆至祁連山而還 四年 遣衛青 霍去病擊匈奴 元封元年 帝出長城 登單於台 勒兵而還 三年 遣趙破奴擊樓蘭 太初元年 遣李廣利擊匈奴 臣按 … 夷狄入吾境 賊吾民 不得已驅而出之 使吾民不罹其害可也 彼不犯吾邊 乃無故興兵出塞 求而擊之 其曲直有在矣 …"

677) 구준, 『대학연의보』 권157 成功化 聖神功化之極 上之上 易乾. "易乾 元亨利貞 … 臣按 幹之三畫 萬世文字之祖 元亨利貞四字 萬世義理之宗 在天則爲春夏秋冬 在人則爲仁義禮智 流行於天地間 則爲元會運世"

678) 구준, 『대학연의보』 권157 成功化 聖神功化之極 上之上 恒之彖. "恒之彖曰 恒亨無咎利貞 久於其道也 天地之道 恒久而不已也 利有攸往 終則有始也 日月得天而能久照 四時變化而能久成 聖人久於其道而天下化成 觀其所恒而天地萬物之情 可見矣"

편안하시며 진실로 공손하고 능히 겸양하시어 그 공덕의 빛이 사방 너머까지 뒤덮었으며 하늘과 땅까지 이르렀다."라고 하였고, 구준은 이에 안설을 붙여 "요임금은 만세 제왕의 으뜸이 된다. 임금의 덕을 논할 때는 요임금의 '공경하고 밝고 문채롭고 생각함이 편안하고 편안하시며[欽明文思安安]'에 이르고, 치도(治道)를 논할 때는 요임금의 백성들이 '백성들이 아, 변화하여 이에 화목해진다[黎民於變時雍].'에 이르는 것이니, 성신 공화의 극치는 요임금이 그 표준이 된다."라고 하였다.[679]

셋째, 권159 성신공화지극 중은 성신 공화의 극치를 『대학』의 조목에 근거하여 설명하였다. 『대학』에 의하면, "대학의 도는 밝은 덕을 밝히는 데 있고 백성들을 새롭게 하는 데 있으며 지극한 선에 머무는 데 있다[大學之道 在明明德 在新民 在止於至善]."라고 하였고, 주희는 이에 주석을 붙여 "대학은 대인(大人)의 학문이다. 명은 밝히는 것이다. 명덕(明德)은 사람이 하늘에서 얻은 것으로 마음에 잡스러운 것이 없고 영묘하여 어둡지 않아 모든 이치를 갖추고 사물에 응하는 것이다. 신(新)은 옛 것을 고치는 것으로 자신의 밝은 덕을 밝혀서 백성의 밝은 덕을 밝히는 것이다. 지(止)는 사리의 당연한 극치인 지선(至善)에 머물러 옮겨가지 않는 것이다. 이 세 가지가 대학의 강령이다."라고 하였으며, 구준은 이에 안설을 붙여 "대학의 도는 진선진미(盡善盡美)하니, 그 근본[全體]이 서고, 대용(大用)이 실행되면 성신의 공화가 극치에 이른다."라고 하였다.[680]

넷째, 권160 성신공화지극 하는 성신 공화의 극치를 『중용』의 조목에 근거하여 설명하였다. 『중용』에 의하면, "중(中: 천하의 근본)·화(和: 천하에 통하는 도리)를 지극히 하면 천지가 편안히 제자리를 잡고 만물(萬物)이 제대로 길러진다[致中和 天地位焉 萬物育焉]."라고 하였고, 주희는 이에 주석을 붙여 "치(致)는 미루어 끝까지 다하는

679) 구준, 『대학연의보』 권158 成功化 聖神功化之極 上之下 堯典若曰. "堯典若曰 稽古帝堯 曰 放勳 欽明文思安安 允恭克讓 光被四表 格於上下 … 臣按 … 堯之爲帝 萬世帝王之宗 … 論君德而至於堯之欽明文思安安 論治道而至於唐之黎民於變時雍 所謂聖神功化之極 茲其標準歟"

680) 구준, 『대학연의보』 권159 成功化 聖神功化之極 中 大學之道. "大學之道 在明明德 在新民 在止於至善 朱熹曰 大學者 大人之學也 明 明之也 明德者 人之所得乎天而虛靈不昧 以具衆理 而應萬事者也 … 新者 革其舊之謂也 言旣自明其明德 又當推以及人… 止者 必至於是而不遷之意 至善 則事理當然之極也 … 此三者 大學之綱領也 臣按 … 大學之道 盡善盡美 全體以立 大用以行 聖神功化 於是乎極矣"

것이다. 위(位)는 제자리에 편안한 것이다. 육(育)은 그 생명을 이루는 것이다. 계구(戒懼: 경계하고 두려워 함, 未發의 공부)의 공부로부터 요약하여 지극히 고요한 가운데 이르러서 편벽된 바도 없고 기울어짐도 없어서 그 지킴을 잃지 않으면 그 중(中)을 극진히 해서 천지가 제자리를 잡는다. 근독(謹獨: 홀로 있을 때 몸가짐과 언행을 삼가는 것, 已發의 공부)으로부터 그것을 정밀하게 살펴서 사물과 응접하는 것에서 조금의 오차나 잘못도 없게 해서 어떤 상황에 가더라도 그렇지 않은 것이 없음에 이르게 되면 그 화(和)를 극진히 해서 만물이 다 육성된다. 이것이 학문의 지극한 공효이며 성인이 능히 할 수 있는 일이다."라고 하였으며, 구준은 이에 안설을 붙여 "『중용』의 이 세 가지 말씀이 『중용장구』에 언급한 학문의 극공이요 성인의 능사이니, 총괄하면 성인과 신인의 공효와 조화의 극치를 말한 것이다."라고 하였다.[681]

## 5.8.2. 어이적과 성공화의 교감 내용

### 1) 어이적의 교감 내용

어이적 14권(권143~권156)은 9세목이다. 권143 내하외이지한 상, 권144 내하외이지한 하, 권145 신덕회원지도와 역언빈대지례, 권146 정토완화지의 상, 권147 정토완화지의 하, 권148 수양제어지책 상, 권149 수양제어지책 하, 권150 수변고어지략 상, 권151 수변고어지략 하, 권152 열둔견수지제, 권153 사방이락지정 상, 권154 사방이락지정 중, 권155 사방이락지정 하, 권156 겁유궁독지실 등이다.

어이적 14권(권143~권156)의 교감은 『유의평례』 2 권21첨 13항목으로 이에 대해 살펴보면 다음과 같다.

① '治國平天下之要十一'은 『대학연의보』 권143~권156 어이적 14권에 해당된다. 이와 관련하여 언급된 내용은 『대학연의보』 권143 내하외이지한 상 권수에 실려 있는

681) 구준, 『대학연의보』 권160 成功化 聖神功化之極 下 中庸. "中庸 致中和 天地位焉 萬物育焉 朱熹曰 致 推而極之也 位者 安其所也 育者 遂其生也 自戒懼而約之 以至於至靜之中 無所偏倚而其守不失 則極其中 而天地位矣 自謹獨而精之 以至於應物之處 無少差謬 而無適不然 則極其和 而萬物育矣 … 此學問之極功 聖人之能事 … 臣按 中庸此三言者 章句以爲學問之極功 聖人之能事 而又總一言以 結之 曰聖神功化之極"

"舜典 帝曰 皐陶蠻夷猾夏 寇賊姦宄 汝作士" 부분이다. 주희(朱熹)의 주석과 구준의 안설이 함께 실려 있다.

> 정조(C)는 "이적(夷狄)을 거느리는 방법이 경전(經傳)에 처음 보이는 것은 바로 순(舜)임금이 고요(皐陶)에게 명한 말인데 구씨(丘氏)의 설이 역시 그 은미한 취지를 잘 발명(發明)하였으니, 후세의 법으로 삼을 만하다. 순전에서 발췌한 조목과 그 아래 구씨의 안설을 절록해 싣는 것이 좋겠거니와 만약 원편(原編)에 들어 있다면 역시 하나는 남겨 두고 하나는 추려 내어야 할 것이다." 하였다.[682]

규 291『어정대학유의』권20을 보면, 본문, 주희 주 및 구준의 안설은 모두 삭제되었다.

②'僖公二十二年初 平王之東遷'은『대학연의보』권143 내하외이지한 상에 나오는 "僖公二十二年初 平王之東遷也 辛有適伊川 見被髮而祭於野者 曰不及百年 此其戎乎 其禮先亡矣 秋 秦晉遷陸渾之戎於伊川" 부분이다. 여조겸(呂祖謙)의 주석과 구준의 안설이 함께 실려 있다.

> 윤(B)은 "화이의 구별을 엄히 하기로는『춘추』보다 더한 것이 없는데 이 편(篇)이『춘추』의 경문(經文)에 실려 있지 않은 것은 흠전(欠典)이 아닌가 합니다. '은공 2년에 공이 잠 땅에서 융과 회합하였다[隱公二年 公會戎于潛]'는 조목을 그 아래 호씨(胡氏)의 전(傳)과 여씨(呂氏)의 설(說)과 구씨의 안설과, '공과 융이 당 땅에서 맹약하였다[公及戎 盟于唐]'는 조목, '애공 13년에 공이 진후 및 오자와 황지에서 회합하였다[哀公十有三年 公會晉侯及吳子于黃池]'는 조목을 모두 그 아래 호씨의 전과 함께 본서(本書)에서 발췌하여 이 조목 아래 첨가해 넣는 것이 좋을 듯합니다." 하였다. 정조(C)는 윤(B)의 의견에 반대하여 "『춘추』의 뜻은 중국을 높이고 이적을 물리치는 것이 큰데 지금 이 선집(選集) 형식을 띤 책에서 잠(潛) 땅에서 융(戎)과 회맹한 일과 당(唐) 땅에서 융과 맹약한 일을 제일의(第一義)로 삼는다면 하당(下堂)의 수치만 더하기에

682) 정조,『홍재전서』권128 類義評例 2 권21첨 治國平天下之要十一. "治國平天下之要十一 御籤曰 馭狄之方始見於經傳者 卽舜命皐陶之辭 而丘說亦能發明微旨 可以爲後世法。舜典竝丘按 節載可 如入原編 亦當存一删一"

> 알맞을 것이니, '장공 31년에 제후가 와서 융을 치고 승리하여 얻은 전리품을 바쳤다[莊公三十一年 齊侯獻戎捷]'는 조목을 구씨의 안설과 함께 편입하여 은미한 뜻을 보이는 것이 좋겠다. 제(齊)나라가 융을 정벌한 것은 비록 왕의 허락 없이 독단적으로 한 일이긴 하지만 처음부터 왕의 명을 받들지 않고 마지막에도 전리품을 바치지 않는 다른 제후들에 비하면 다소 차이가 있을 것이다." 하였다.[683]

규 291 『어정대학유의』 권20을 보면, 본문은 실렸고, 여조겸의 주석과 구준의 안설은 삭제되었다.

이 교감 부분과 관련하여 언급된 내용은 『대학연의보』 권144 내하외이지한 하 권수에 실려 있는 "論語曰 管仲相桓公 霸諸侯 一匡天下 民到於今受其賜 微管仲 吾其被發左衽矣" 부분과 주희와 김이상(金履祥) 주석 및 구준의 안설, 그리고 "孟子曰 周公兼夷狄 驅猛獸而百姓寧 又曰 詩曰 戎狄是膺 荊舒是懲 則莫我敢承 無父無君 是周公所膺也" 부분과 주희의 주석 및 구준의 안설이다.

> 윤(B)은 "『논어』 '微管仲' 조목 및 『맹자』 '戎狄是膺' 조목을 안설까지 함께 이 조목 위에 초록하여 싣는 것이 좋겠습니다." 하였다. 정조(C)는 윤(B)의 의견을 조정하여 "『논어』의 '微管仲' 한 조목과 인산(仁山)의 주설(註說)을 싣고 『맹자』는 실을 필요가 없다." 하였다.[684]

규 291 『어정대학유의』 권20을 보면, 『논어』 '微管仲' 조목은 "論語曰 管仲相桓公 霸諸侯 一匡天下 民到於今受其賜 微管仲 吾其被發左衽矣"의 본문과 김이상의 주석인 "金履祥曰 夫子傷周室之衰 諸夏之弱 夷狄之盛 而許管仲之仁 此聖人衰世之

---

683) 정조, 『홍재전서』 권128 類義評例 2 권21첨 僖公二十二年初 平王之東遷. "僖公二十二年初 平王之東遷 臣光顔鑯曰 嚴華夷之辨 莫尙於春秋 此篇之不載春秋經文 似屬欠典 如隱二年會戎于潛條 竝胡傳呂說丘說及公及戎盟于唐條 哀十三年會吳于黃池條 皆竝胡傳 鈔出本書 添入於此條下似好 御籤曰 春秋之義 尊華攘夷爲大 而今於鈔揀之書 以會潛盟唐 首揭爲第一義 則適增下堂之愧 以莊三十一年齊侯獻戎捷 竝丘說編入 以示微意爲可 齊之伐戎 雖涉專擅 比之始不奉命終不獻捷之諸侯 差有間焉耳"

684) 정조, 『홍재전서』 권128 類義評例 2 권21첨 臣光顔籤曰 論語微管仲條. "臣光顔籤曰 論語微管仲條及孟子戎狄是膺條竝按說 鈔載於此條上亦宜 御籤曰 論語微管仲一章 與仁山註說載之 孟子則不必錄"

意也" 부분이 실리고, 주희의 주석 및 구준의 안설은 삭제되었다.『맹자』'戎狄是膺'의 조목과 주희의 주석 및 구준의 안설은 모두 삭제되었다.

③'中庸曰凡爲天下國家'는『대학연의보』권145 신덕회원지도에 실려 있는 "中庸孔子曰 凡爲天下國家有九經 其八曰柔遠人也 又曰 柔遠人則四方歸之 送往迎來 嘉善而矜不能 所以柔遠人也" 부분이다. 주희의 주석과 구준의 안설이 함께 실려 있다.

> 윤(B)은 "구경(九經) 장(章)은 이미『대학연의』첫째 편에 실려 있으니 이 조목은 추려 내고, 다른 편에 흩어져 들어 있는 여러 조목들도 마땅히 같은 예(例)를 적용해서 다시 상고해야 할 것입니다." 하였다. 정조(C)는 윤(B)의 의견을 조정하여 "과연 그러하다. 다시 상세히 보아야 할 것이다." 하였다.[685]

규 291『어정대학유의』권20을 보면, 본문, 주희의 주석 및 구준의 안설은 모두 삭제되었다.

④'詩序采芑'는『대학연의보』권146 정토완화지의 상에 실려 있는 "詩序采芑 宣王南征也 其首章曰 薄言采芑 于彼新田 于此菑畝 方叔涖止 其車三千 師干之試 方叔率止 乘其四騏 四騏翼翼 路車有奭 簟茀魚服 鉤膺鞗革" 부분이다. 주희의 주석이 함께 실려 있다.

> 윤(B)은 "유월편(六月篇)을 추려 내고 채기편(采芑篇)만을 남겨 두는 것은 의미가 없는 듯하니, 본서 중 유월편에 대한 시서(詩序) 및 제4, 5장을 모두 이 조목 위에 첨가해 싣는 것이 좋을 듯합니다." 하였다. 정조(C)는 윤(B)의 의견을 조정하여 "유월편과 채기편을 모두 초록하는 것이 좋겠다." 하였다.[686]

규 291『어정대학유의』권20을 보면, '詩序六月'로 시작하는 유월편의 수장(首長)

---

685) 정조,『홍재전서』권128 類義評例 2 권21첨 中庸曰凡爲天下國家. "中庸曰凡爲天下國家 臣光顔籤曰 九經章 已全載於衍義首篇 此條當刪 而諸條之散入諸篇者當一例 更商 御籤曰 果然 更加看詳"

686) 정조,『홍재전서』권128 類義評例 2 권21첨 詩序采芑. "詩序采芑 臣光顔籤曰 刪六月詩而獨存采芑 似無意義 取本書中六月序及第四五章 竝添載此條上似好 御籤曰 六月采芑竝鈔可"

의 본문만 실렸다. '詩序采芑'의 항목에서는 '詩序采芑 宣王南征也'의 문장만 발췌되었고, 수장은 생략되었으며, 주희의 주석은 삭제되었다. 이어서 채기편의 졸장(卒章)과 구준의 안설이 발췌되어 실렸다.[687]

⑤'左傳魏絳曰和戎'은 『대학연의보』 권147 정토완화지의 하에 실린 "左傳 襄公四年 晉悼公曰 然則莫如和戎乎 魏絳曰 和戎有五利焉 戎狄荐居 貴貨易土 土可賈焉 一也 邊鄙不聳 民狎其野 穡人成功 二也 戎狄事晉 四鄰振動 諸侯威懷 三也 以德綏戎 師徒不勤 甲兵不頓 四也 鑒於後羿而用德度 遠至邇安 五也 君其圖之 公說 使魏絳盟諸戎" 부분이다. 구준의 안설이 함께 실려 있다.

> 윤(B)은 "이 조목 아래 구씨의 설을 아래 조목 아래 옮겨 싣고, '襄公十一年' 다섯 자를 '鄭人' 위에 첨가하여 '盟諸戎' 아래와 접속하되, 아래 조목의 구씨의 설은 추려 내는 것이 좋을 듯합니다." 하였다. 정조(C)는 윤(B)의 의견을 조정하여 "구씨의 설을 아래 조목으로 옮기는 것은 이례(異例)이니 불가하다. 하단(下段)에 구씨의 안설은 그대로 두되, 다섯 자를 첨가하는 것은 좋겠다." 하였다.[688]

규 291 『어정대학유의』 권20을 보면, 이 '左傳魏絳曰和戎' 항목은 '左傳 襄公四年'의 본문이 그대로 실리고, 구준의 안설은 생략되었다. 이어서 '襄公十一年'의 본문이 발췌되어 실리고, 구준의 안설이 수록되었다.

⑥'賈誼疏曰匈奴'는 『대학연의보』 권147 정토완화지의 하에 실려 있는 "文帝時 賈誼上疏曰 匈奴侮嫚侵掠 而漢歲致金絮采繒以奉之 翫細娛而不圖大患 非所以

---

687) 『어정대학유의』 권20 衍義補 治國平天下之要 11 馭夷狄 征討綏和之義 詩序六月. "詩序六月 宣王北伐也 其首章曰 六月棲棲 戎車旣飭 四牡騤騤 載是常服 玁狁孔熾 我是用急 王于出征 以匡王國 [詩序采芑 宣王南征也] 其卒章曰 蠢爾蠻荊 大邦爲讐 方叔元老 克壯其猶 方叔率止 執訊獲醜 戎車嘽嘽 嘽嘽焞焞 如霆如雷 顯允方叔 征伐玁狁 蠻荊來威 丘濬曰 中國之外有四夷 惟南蠻北狄最爲中國患 而在帝世已有有苗之師矣 北狄之寇 見于經者始於宣王之世 是時北有玁狁之征 六月之師是也 南有蠻荊之伐 采芑之詩是也 說者謂二詩皆班師時作 六月之辭迫 采芑之辭緩 六月以計而定 采芑以威而服也"

688) 정조, 『홍재전서』 권128 類義評例 2 권21첨 左傳魏絳曰和戎. "左傳魏絳曰和戎 臣光顔籤曰 此條下丘說 移錄於下條下 而添襄公十一年五字於鄭人之上 以接盟諸戎之下。下條丘說刪之似好 御籤曰 丘說移下 異例不可 下段丘按仍之 五字添亦可"

爲安也 欲試屬國 施五餌三表以系單于"이다. 안사고(顔師古)의 주석과 구준의 안설이 함께 실려 있다.

> 서(A)는 "안사고의 삼표(三表)와 오이(五餌)에 대한 주(註)는, 선유(先儒)가 견강부회하여 주를 단 것이라 기롱하였으며, 가의(賈誼) 상소의 상단(上段)은 이미 위에 보이니, 이 조목은 추려 내는 것이 합당할 것입니다." 하였다. 정조(C)는 서(A)의 의견을 수용하여 "견강부회한 풀이는 취할 필요가 없고 중첩되어 나오는 것은 추려 냄이 마땅하다." 하였다.[689]

규 291『어정대학유의』권20을 보면, '賈誼疏曰匈奴'의 본문, 안사고의 주석과 구준의 안설은 모두 삭제되었다.

⑦'唐文宗太和五年'은『대학연의보』권147 정토완화지의 하에 실려 있는 "唐文宗太和五年 吐蕃維州副使悉怛謀請降 盡帥其衆奔成都 李德裕遣兵據其城 具奏其狀 … 詔贈悉怛謀右衛將軍"의 부분이다. 사마광(司馬光)과 호인(胡寅)의 주석 및 구준의 안설이 실려 있다.

> 윤(B)은 "유주(維州)의 일은 사마광의 설이 아무래도 고체(固滯)되어 호인의 설만 못한 듯한데 이것을 싣고 저것은 버렸으니, 사람들의 의혹을 일으킬까 염려됩니다. 구씨의 설에 이르러서는 별로 긴요한 관계가 없으니, 이른바 '그들이 땅을 바쳤는데도 그 사람을 받아들이지 않았은즉'이라고 한 것 또한 통하지 않는 주장입니다. 이덕유(李德裕)가 진실로 '조명(詔命)의 뜻이 엄절하여 신으로 하여금 그들을 잡아서 본국으로 돌려보내게 하였다.'고 하였으니, 비록 돌려주지 않고자 한들 가능했겠습니까. 추려 내는 것이 합당할 듯합니다." 하였다. 정조(C)는 윤(B)의 의견을 수용하여 "사마광이 우승유(牛僧孺)를 편든 것은 공정한 마음에서이다. 그러므로 다시 '편안함을 훔치고 용납되기를 구하였다[偸安取容]'는 말로 그가 천자의 물음에 잘못 대답했을 때를 비판하였은즉 어찌 너무도 각박한 호인의 설과 나란히 논할 수 있겠는가. 주자(朱子)가『강목(綱目)』에서 사씨(史氏)의 '이덕유가 우승유를 원망하는 마음이 더욱 깊어졌

689) 정조,『홍재전서』권128 類義評例 2 권21첨 賈誼疏曰匈奴. "賈誼疏曰匈奴 臣瀅修籤曰 師古三表五餌之註 先儒以揣牽塡註譏之 且賈疏上款已見上 此條合刪 御籤曰 牽解不必取 疊出所當刪"

다'는 설을 실었은즉 그 은미하고 완곡한 뜻을 알 수 있다. 사마광의 설과 구씨의 안설을 모두 추려 내라." 하였다.[690]

규 291 『어정대학유의』 권20을 보면, '唐文宗太和五年'의 본문은 실리고, 사마광과 호인의 주석 및 구준의 안설은 삭제되었다.

⑧ '建平中揚雄上書'는 『대학연의보』 권148 수양제어지책 상에 실려 있는 "哀帝建平中 匈奴單于上書願朝 哀帝以問公卿 亦以爲虛費府帑 可且勿許 揚雄上書諫曰… 惟陛下少留意於未亂未戰 以遏邊萌之禍" 부분이다. 구준의 안설이 함께 실려 있다.

윤(B)은 "이 조목 아래에, 본서 중 엄우(嚴尤)가 융(戎)을 방어하는 세 가지 계책을 논한 대목을 주(註)까지 함께 절록해 넣는 것이 좋을 듯합니다." 하였다. 정조(C)는 윤(B)의 의견에 반대하여 "엄우는 양웅보다 더욱 심하니, 내 집 문에 있을 경우 마땅히 물리쳐야 한다. 모두 추려 내도록 하라." 하였다.[691]

규 291 『어정대학유의』 권20을 보면, 이 항목과 구준의 안설, 다음에 나오는 '王莽時 匈奴入雲中塞 諸將在邊 未敢出擊 嚴尤諫曰 … 是爲無策'의 본문, 유황(劉貺)의 주석 및 구준의 안설이 모두 삭제되었다.

⑨ '秦始皇三十三年'은 『대학연의보』 권150 수변고어지략 상에 실려 있으며, 진시황 33년(B.C.214) 몽염 장군의 흉노 축출과 만리장성 축조에 관한 부분이다. 구준의 안설이 함께 실려 있다.

윤(B)은 "이 조목 아래 구씨의 설 중 '亦非' 이하는 본문에 '起秦' 운운한 대목이

---

690) 정조, 『홍재전서』 권128 類義評例 2 권21첨 唐文宗太和五年. "唐文宗太和五年 臣光顔籤曰 維州事司馬氏說 終爲固滯 似輸於胡說 而載此遺彼 恐啓人惑 至於丘說則別無緊關 所謂歸其地而不與其人云者 亦不通之論 德裕固言詔旨嚴切 使臣執送矣 雖欲不予得乎 似合刪 御籤曰 司馬氏之右牛氏 公心也 故又以偸安取容 譏其失對於帝問之時 則豈可與胡說之深刻者比論哉 朱子於綱目 載史氏德裕怨僧孺益深之說 則有可以知其微婉之旨矣 馬說丘按當刪"

691) 정조, 『홍재전서』 권128 類義評例 2 권21첨 建平中揚雄上書. "建平中揚雄上書 臣光顔籤曰 此條下取本書中嚴尤論禦戎三策之說竝註 節入恐好 御籤曰 嚴尤甚於揚雄 在門當揮 竝刪"

있음으로 해서 발한 것이니, 지금 그 아래 글을 추려 내었은즉 이 한 구절은 접속할 데가 없습니다. 그리고 본문 중 '후대에 만리장성을 이어 보수하지 못하여 이미 이루어 놓은 공을 폐기하였다.'고 애석해한 대목은 초록해 넣어야 합당할 듯하나 이 단락은 다시 생각해 보고 결정해야 마땅할 것이며, '前代關隘' 이하는 '又曰'을 써넣어 구별하는 것이 좋을 듯합니다." 하였다. 정조(C)는 윤(B)의 의견을 조정하여 "구씨의 설은 단지 만리장성의 내력만 채택하는 것이 좋겠다. 연경(燕京)은 중국의 한 귀퉁이니 반드시 제왕(帝王)이 살 만한 땅은 못 된다. '前代關隘' 이하는 추려 내는 편이 좋겠다." 하였다.[692]

규 291『어정대학유의』 권20을 보면, 본문은 '秦始皇三十三年 因河爲塞 築長城 因邊山險塹谿谷 可繕者治之 起臨洮至遼東萬餘里' 부분만 발췌되었고, 구준의 안설은 거의 수록되었으며 뒷부분만 조정되었다.[693]

⑩ '五代晉高祖'는『대학연의보』 권151 수변고어지략 하에 실려 있는 "五代 晉高祖割幽薊瀛莫涿檀順新嬀儒武雲應寰朔蔚十六州與契丹" 부분이다. 호삼성(胡三省)의 주석과 구준의 안설이 함께 실려 있다.

윤(B)은 "이 조목 아래 구씨의 설 중 '안의 울타리[內之藩籬]'라느니 '밖의 울타리[外之藩籬]'라느니 하는 말은 이미 위 조목의 주에 보이니, 중첩해서는 안 됩니다. 추려 내어야 할 것입니다." 하였다. 정조(C)는 윤(B)의 의견에 반대하여 "앞의 단락을 이미

692) 정조,『홍재전서』 권128 類義評例 2 권21첨 秦始皇三十三年. "秦始皇三十三年臣光顔籤曰 此條下丘說中亦非以下 蓋以本文中有起秦云云之說而發也 今刪其下文 則此一句無承接 且本文中惜後代之不能修葺長城廢已成之功者 似合鈔入 此段當更商定 而前代關隘以下 則以又曰發之似好 御籤曰 丘說只採長城顚末爲好 燕都卽中國之一隅也 未必爲帝王可居之地 前代關隘以下竝刪可"

693)『어정대학유의』 권20 衍義補 治國平天下之要 11 馭夷狄 守邊固圉之畧 秦始皇三十三年 丘濬曰. "丘濬曰 長城之築 起臨洮至遼東 延袤萬餘裏 其爲計也亦勞矣 然此豈獨始皇築也 昭王時已於隴西 北地上郡築長城以拒胡矣 亦非盡秦築也 趙自代並陰山下至高闕爲塞 燕自造陽至襄平亦皆築長城 是則秦之前固有築者矣 豈但秦也 秦之後若魏 若北齊 若隋亦皆築焉 蓋天以山川爲險隘限夷 狄有所不足增而補之 亦不爲過 然內政不脩 而區區於外侮之禦 乃至於竭天下之財以興無窮已之功 是則不知所務矣 雖然 長城之築 雖曰勞民 然亦有爲民之意存焉 設使漢之繼秦 因其已成之勢加以修葺 魏之繼漢晉之繼魏 世世皆然 則天下後世亦將有以賴之矣 限隔華夷 使腥羶桀驁之虜 不得以爲吾民害矣 奈何後之人懲秦人起閭左之失慮 蒙恬絶地脉之禍 而廢其已成之功 豈不可惜哉 後世守邊者 于邊塞之地 順形便築爲邊牆 以扼虜亦不可無也"

추려 내었으니 이 조목은 그대로 두어야 할 것이다." 하였다.[694)]

규 291『어정대학유의』 권20을 보면, 본문은 실리고, 호삼성의 주석은 삭제되었으며, 구준의 안설은 일부의 내용을 제외하고 모두 수록되었다.[695)]

⑪'漢吏有三品'은『대학연의보』 권152 열둔견수지제에 실려 있으며, 한나라 때 변방의 수자리 제도인 졸경과 천경과 과경에 관한 부분이다. 마단림(馬端臨)의 주석과 구준의 안설이 함께 실려 있다.

> 윤(B)은 "이 조목 아래 구씨의 설은 그다지 긴요한 관계가 없으니 추려 내고 본문 중 마단림의 설을 절록하여 싣는 것이 좋을 듯합니다." 하였다. 정조(C)는 윤(B)의 의견에 반대하여 "구씨의 설을 추려 내어서는 안 되며, 마단림의 설은 수록할 필요가 없다." 하였다.[696)]

규 291『어정대학유의』 권20을 보면, 본문은 '漢過更 律所謂繇戍也 一歲一更 不

---

694) 정조,『홍재전서』 권128 類義評例 2 권21첨 五代晉高祖. "五代晉高祖 臣光顔籤曰 此條下丘說中內外藩籬之說 已見於上條註 不可疊 合刪 御籤曰 前段旣刪 此條當仍"

695)『어정대학유의』 권20 衍義補 治國平天下之要 11 馭夷狄 守邊固圉之畧 五代晉高祖 丘濬曰. "丘濬曰 石晉所賂契丹十六州地 幽 薊 瀛 莫 涿 檀 順七州在山前 新 嬀 儒 武 雲 應 寰 朔 蔚九州在山後 合前此契丹所自取營 平二州通計之 蓋十有八州也 自是中國非但失其土地 人民 乃並其關隘而失之 晉人自捐其險隘與人 旣無以自守其國 宋人承其後而不能複中國之舊 遂以白溝河爲界 故二國所受禍略同 夫自晉天福元年以其地賂契丹 首尾四百五十餘年 我太祖始逐出元人 而復爲中國 有蓋援之於泥塗之中 太宗又於此建都 則隮之天日之上矣 夫以百二山河而有天然之地險 重城萬雉 屯百萬貔貅於此鎭壓之 是誠萬萬年不拔之基也 苟委任得人 守禦有法 可保其無外患也 惟昌平東遵化 永平一帶往者有大寧都司興營義會等衛在山之後以爲外障 其後移入內地 以此之故 京師東北藩籬單薄之甚 異時卒有外患 未必不出於此 請下大臣議 居庸以東歷黃花鎭 古北口 直抵山海關山之後 皆荒漠無人之境 非如居庸以西大小邊鎭兩層可以防備 若何可以善其後而使之永無外患 必有奇謀宏略出於其間 必不得已 而臣有一見 請將洪武中大寧都司後移保定者立于永平 或遵化或薊州以爲重鎭 凡舊所屬衛所移於沿山要害 相爲聲勢 仍於山之後去山五裏 或十裏或三四十裏量其地勢 因其形便築爲墩臺 就其空缺之地接連以爲邊牆 就於其間擇一要地設爲關鎭 屯軍守備 以爲兀良合入貢之道 一以衛都城 一以護陵寢 此誠千萬年之遠謀也 不然 國家養銳儲材俟 吾力有餘而其機可乘 仍復洪武中山後帥閫之舊 俾與宣府 大同列爲三鎭 直達遼東之境 則是國家之險要旣失 復得藩籬厚而無可乘之隙 根本固而無意外之患矣"

696) 정조,『홍재전서』 권128 類義評例 2 권21첨 漢吏有三品. "漢吏有三品 臣光顔籤曰 此條下丘說 無甚緊關刪之 而取本文中馬端臨說 節而載之似好 御籤曰 丘說不當刪 馬說不必錄"

行者出錢三百 入官以給戍者'만 발췌되어 실렸고, 마단림의 주석은 생략되었으며, 구준의 안설은 일부의 내용을 제외하고 모두 수록되었다.[697]

⑫'高祖十一年'은『대학연의보』권152 열둔견수지제에 실려 있는 "高祖十一年 發巴蜀材官衛軍霸上 景帝後二年發車騎材官 屯鴈門 宣帝神爵元年發三河 潁川 沛郡 淮陽 汝南 材官詣金陵" 부분이다. 구준의 안설이 함께 실려 있다.

> 윤(B)은 "이 조목은 구씨의 설까지 함께 추려 내는 것이 좋을 듯합니다." 하였고, 정조(C)는 윤(B)의 의견에 반대하여 "한(漢)나라 초기의 변방을 수비하던 제도를 어찌 생략할 수 있겠는가." 하였다.[698]

규 291『어정대학유의』권20을 보면, 본문은 '高祖十一年 發巴蜀材官衛軍霸上'만 발췌되어 실렸고, 구준의 안설도 '丘濬曰 此漢初遣軍戍邊' 부분만 발췌되어 수록되었다.

⑬'以上劫誘窮黷之失'은『대학연의보』권156 겁유궁독지실에 실린 내용 전반에 대한 것이다.

> 윤(B)은 "겁유궁독(劫誘窮黷)의 잘못에 관해 논한 내용이 너무 소략하니, 본서 중 한 무제(漢武帝)가 마읍(馬邑)을 정벌한 일과 수 양제(隋煬帝)가 고구려를 정벌한 일 및 육지(陸贄)의 상소 등 몇 단락을 모두 이 조목 위에 초록해 넣는 것이 좋을 듯합니다." 하였다. 정조(C)는 윤(B)의 의견에 반대하여 "단지 취한 조목들 내에서만 상의하는 것이 좋겠다." 하였다.[699]

---

697)『어정대학유의』권20 衍義補 治國平天下之要 11 馭夷狄 列屯遣戍之制 漢過更 丘濬曰. "丘濬曰 漢時戍邊有過更之法 凡民當戍者不願行 則聽其出錢縣官以給戍者 此法今亦可行 內地衛所官軍戍邊者每歲往來 頗爲勞苦 且內地人多怯弱 不耐寒苦 而其衛所輪差之際 不免作弊 請準古過更法 每歲該戍邊方 衛所官旗軍餘 計口出錢 貼助應戍之人 其有壯健之士 願受直代人出戍者 聽官爲驗其身力年齒相當 一體給與 合得糧賞 惟在得人不必正身"

698) 정조,『홍재전서』권128 類義評例 2 권21첨 高祖十一年. "高祖十一年 臣光顔籤曰 此條竝丘說刪之似好 御籤曰 漢初戍邊之制 何可闕略"

699) 정조,『홍재전서』권128 類義評例 2 권21첨 以上劫誘窮黷之失. "以上劫誘窮黷之失 臣光顔籤曰 論劫誘窮黷之失太略 就本書如漢武馬邑隋煬帝高麗事及陸贄疏等數段 竝鈔入於此目上恐好 御籤曰 只取內相議可"

규 291『어정대학유의』 권20을 보면, 윤(B)이 주장한 내용 중에 '陸贄言于德宗曰'과 구준의 안설이 발췌되어 실렸다.[700]

### 2) 성공화 교감 내용

성공화 4권(권157~권160)은 1세목이다. 권157 성신공화지극 상지상, 권158 성신공화지극 상지하, 권159 성신공화지극 중, 권160 성신공화지극 하 등이다.

성공화 4권(권157~권160)의 교감은『유의평례』2 권22첨 4항목이다. 이에 대해 살펴보면 다음과 같다.

①'易乾元亨利貞'은『대학연의보』권157 성신공화지극 상지상에 실려 있는 '易乾元亨利貞' 부분이다. 정이(程頤)와 주희의 주석 및 구준의 안설이 실려 있다.

> 윤(B)은 "이 조목 아래 구씨(丘氏)의 설은 굳이 실을 필요가 없을 듯하니 추려 내고 하단(下段)의 '彖曰'을 이 단락 '利貞' 아래에 이어서 적는 편이 좋을 듯합니다." 하였다. 정조(C)는 윤(B)의 의견에 반대하여 "건괘의 삼획(三畫)과 사덕(四德)은 문자와 의리의 조종(祖宗)이 된다는 대목은 극히 정채로우니 추려 내어서는 안 된다. 추려 내려면 '流行' 이하를 추려 내는 것은 혹 가능할 것이다." 하였다.[701]

규 291『어정대학유의』 권21을 보면, 본문이 실려 있고, 정이와 주희의 주석은 삭제

---

700) 『어정대학유의』 권20 衍義補 治國平天下之要 11 馭夷狄 劫誘窮黷之失 陸贄言于德宗曰. "陸贄言于德宗曰 懷生畏死 蠢動之大情 慮危求安 品物之恒性 有天下而子百姓者 以天下之欲爲欲 以百姓之心爲心 固當遂其所懷 去其所畏 給其所求 使家家自寧 人人自遂 是則好生以及物者 乃自生之方 施安以及物者 乃自安之術擠彼於死地 而求此之久生也 從古及今未之有焉 其有反易常理 昏迷不恭 則當外察其崛彊之由 內省於撫馭之失 修近以來遠 檢身而率人 故 書曰 惟幹戈省厥躬 又曰舞干羽于兩階七旬有苗格 孔子曰 遠人不服 則修文德以來之此其證也 如或昧於懷柔 務在攻取 不徵敎化之未至 不疵誠感之未孚 惟峻威是臨 惟忿心是肆 視人如禽獸而暴之原野 輕人如草芥而剿之銛鋒 叛者不賓則命致討 討者不克 則議刑 使負釁者懼必死之誅 奉辭者慮無功之責 編甿以困於杼軸而思變 士卒以憚於死喪 萬情相攻 亂豈有定 一夫不率 闔境罹殃 一境不寧 普天致擾 兵孥禍結 變起百端 丘濬曰 陸贄此言 卽大學絜矩之道 孔子所謂恕一言可以終身行之者也 人君恒書此數言於坐右 非爲生人安衆 必不肯勞民殺人 而爲窮兵黷武之擧矣"

701) 정조,『홍재전서』권128 類義評例 2 권22첨 易乾元亨利貞. "易乾元亨利貞臣光顔籤曰 條下丘說 似不必載 删之 而連書下條彖曰於此利貞下恐好 御籤曰 三畫四德之爲文字義理之祖宗云者 極有精神 不可删 欲删則流行以下删或可"

되었으며, 구준의 안설인 '丘濬曰 幹之三畫 萬世文字之祖 元亨利貞四字 萬世義理之宗 在天則爲春夏秋冬 在人則爲仁義禮智 流行於天地間 則爲元會運世'는 수록되었다.

② '賁之彖曰 觀乎天文'은『대학연의보』권157 성신공화지극 상지상에 실려 있는 "賁之彖曰 觀乎天文以察時變 觀乎人文以化成天下" 부분이다. 정이, 호윤(胡允)의 주석과 구준의 안설이 실려 있다.

> 윤(B)은 "본서 중 항괘 한 조목은 '成功化'라는 조목의 뜻에 가장 절실하니 추려 내어서는 안 될 듯합니다. 정자(程子)의 전(傳)과 구씨의 설까지 함께 절록하여 이 조목 아래에 싣는 것이 좋을 듯합니다." 하였다. 정조(C)는 윤(B)의 의견을 조정하여 "과연 그렇다. '聖人久於其道' 이하를 초록하고, 정자의 설 역시 절록하여야 할 것이다. 그러나 구씨의 안설은 취할 필요가 없다." 하였다.[702]

이 교감의 내용은 실제 '賁之彖曰 觀乎天文'이 아니고, 다음에 있는 "恒之彖曰 恒亨無咎利貞 久於其道也 天地之道 恒久而不已也 利有攸往 終則有始也 日月得天而能久照 四時變化而能久成 聖人久於其道而天下化成 觀其所恒而天地萬物之情 可見矣" 부분이다. 정이, 주희의 주석과 구준의 안설이 함께 실려 있다. 규 291『어정대학유의』권21을 보면, 본문은 '恒之彖曰 天地之道 恒久而不已也 日月得天而能久照 四時變化而能久成 聖人久於其道而天下化成 觀其所恒而天地萬物之情 可見矣' 부분이 발췌되어 실렸다. 정자의 주석은 발췌되어 실렸고 주희의 주석은 삭제되었으며 구준의 안설은 수록되었다.[703]

---

702) 정조,『홍재전서』권128 類義評例 2 권22첩 賁之彖曰 觀乎天文. "賁之彖曰 觀乎天文 臣光顔籤曰 本書中恒卦一條 最切於成功化之義 恐不可刪 竝程傳丘說 節而載之於此條下似好 御籤曰 果然 聖人久於其道以下當鈔 程說則亦當節錄 丘按未必取"

703)『어정대학유의』권21 衍義補 治國平天下之要 12 成功化 聖神功化之極 恒之彖曰 程子曰. "程子曰天地之所以不已 蓋有恒久之道 人能恒於可恒之道 則合天地之理也 天地之理未有不動而能恒者也 動則終而復始 所以恒而不窮 故恒非一定之謂也 一定則不能恒矣 唯隨時變易 乃常道也 日月順天之道往來盈縮 故能久照而不已得天順天理也 四時之氣 往來變化 生成萬物 亦以得天 故常久不已 聖人以常久之道行之有常 而天下化之以成美俗也 觀其所恒 謂觀日月之久照 四時之久成 聖人之道所以能常久之理 觀此則天地萬物之情理 可見矣 天地常久之道 天下常久之理 非知道者孰能識之 丘濬曰 爲

③ '中庸致中和'는 『대학연의보』 권160 성신공화지극 하에 실려 있는 "中庸 致中和 天地位焉 萬物育焉" 부분이다. 주희의 주와 구준의 안설이 함께 실려 있다.

> 윤(B)은 "이 조목은 이미 『대학연의』 명도술편(明道術篇)에 보이니 추려 내어야 할 듯합니다. 그러나 이 조목은 학문의 극공(極功)이요 성인의 능사(能事)인즉 '成功化'란 조목에 그야말로 긴절하니 구씨의 안설과 함께 그대로 실어 두는 것도 무방할 듯합니다. 다시 생각해 보시기 바랍니다." 하였다. 정조(C)는 윤(B)의 의견을 조정하여 "그렇다면 명도술편을 추려 내는 것이 좋겠다. 다시 상고하여 수정하도록 하라." 하였다.[704]

규 291 『어정대학유의』 권21을 보면, 본문이 실렸고, 주희의 주석은 삭제되었으며 구준의 안설은 수록되었다.[705]

④ '張載曰爲天地立心'은 『대학연의보』 권160 성신공화지극 하에 실려 있는 "張載曰 爲天地立心 爲生民立命 爲往聖繼絶學 爲萬世開太平" 부분이다. 구준의 안설이 함께 실려 있다.

> 윤(B)은 "이 조목의 '장재(張載)' 두 자는 장자(張子)로 고쳐야 할 듯합니다." 하였다. 정조(C)는 윤(B)의 의견에 반대하여 "경연(經筵)에서도 피휘(避諱)하지 않으니 고쳐서는 안 된다. 앞의 첨(籤)대로 부르도록 하라." 하였다.[706]

---

治之道貴乎能恒 恒則能久 久則可大 彼朝令而夕改 歲異而月不同者 必不能待 夫必世之久 而致治具之周備 仁恩之洽浹也"

704) 정조, 『홍재전서』 권128 類義評例 2 권22첨 中庸致中和. "中庸致中和 臣光顔籤曰 此條 已見於衍義明道術篇 似當刪 而此是學問極功 聖人能事 則正切於成功化之目 與丘說仍存 亦無妨 更商之 御籤曰 然則明道術篇 刪之爲可 更考釐正"

705) 『어정대학유의』 권21 衍義補 治國平天下之要 12 成功化 聖神功化之極 中庸致中和. 丘濬曰. "丘濬曰 中庸此三言者 章句以爲學問之極功 聖人之能事 而又總一言以結之 曰聖神功化之極 至於 或問又曰 萬化之本原 一心之妙用 聖人之能事 學問之極功 是則古今爲學爲治之道 皆莫有大於此者矣 吁 上而天 下而地 萬物群生於其中 人爲物之靈 人君又爲人之最靈 而至貴者也 以最靈至貴之人 立乎天地之間 出乎人物之表 大而能化 神妙莫測 參贊兩間而爲三才之主 首出萬物而居五位之尊 具天地之氣以生 而能定天地之位 受萬物之養以成 而能致萬物之育 是豈無故而然哉 亦惟本乎一心焉耳 其心之體爲性 而有天然自有之中 戒懼以致其中 所以守其未發之大本 而天命之性於是乎養矣 心之用爲情 而有本然自有之和 愼獨以致其和 所以精其中節之達道 而率性之道於是乎全矣 先儒謂前後只是性道兩句功夫 而敎在其中 其用功處 只在戒愼恐懼愼致六字而已 孰謂聖神功化之極 而有外於人之一心哉"

규 291『어정대학유의』권21을 보면, 본문이 실렸고, 구준의 안설은 발췌되었다.[707]

### 5.8.3. 어이적과 성공화의 교감 결과

『유의평례』2 권21첨 13항목과 권22첨 4항목의 교감 내용의 결과를 종합하면 다음 〈표 10〉과 같다.

〈표 10〉『유의평례』2 권21첨 13항목과 권22첨 4항목의 서형수, 윤광안, 정조의 교열에 관한 기록

| 『유의평례』 권첨 및 교열 항목 수 | 교열 항목 | 서형수 (A) | 윤광안 (B) | 정조(C) 최종 결정 및 선택 | 정조(C)의 최종 결정 내용 |
|---|---|---|---|---|---|
| 권2 卷21籤 (13) 馭夷狄 | ① 治國平天下之要十一 | – | – | C | 『대학연의보』권143 내하외이지한 상 권수에 나오는 부분이다. 정조(C)는 이에 대해 "이적을 거느리는 방법이 경전에 처음 보이는 것은 바로 순임금이 고요에게 명한 말인데 구씨의 설이 역시 그 은미한 취지를 잘 발명하였으니, 후세의 법으로 삼을 만하다. 순전에서 발췌한 조목과 그 아래 구씨의 안설을 절록해 싣는 것이 좋겠거니와 만약 원편에 들어 있다면 역시 하나는 남겨 두고 하나는 추려 내어야 할 것이다." 하였다. 규 291『어정대학유의』권20을 보면, 본문, 주희 주 및 구준의 안설은 모두 삭제되었다. |

706) 정조,『홍재전서』권128 類義評例 2 권22첨 張載曰 爲天地立心. "張載曰 爲天地立心 臣光顔籤曰 此條張某二字 似當稱張子 御籤曰 經筵不諱 不可改之 由前籤言之"

707)『어정대학유의』권21 衍義補 治國平天下之要 12 成功化 聖神功化之極 張載曰 丘濬曰. "張載曰 爲天地立心 爲生民立命 爲往聖繼絶學 爲萬世開太平 丘濬曰 大學之道 其綱領在明德 新民 止至善 其條目 在格物致知 誠意正心 修身齊家 治國 平天下 外有以極其規模之大 內有以盡其節目之詳 要必析之極其精而不亂 然後合之盡其大而無餘 所謂全體大用之學也 所謂聖神功化之極也 由物格知至而至於天下平 則學問之極功於是乎備 聖人之能事於是乎畢矣 是以大學一經十傳 行其道於當時則有以爲一世立太平 傳其書於來世則有以爲萬世開太平開之於萬世者 卽其所以平之於一時者也 蓋天地有形而無心 以爲天地立心者聖人也 生民有命而不能自遂 所以立夫生民之命 而使之遂其生者 則有待於聖人焉 吁 聖人闡明斯道以立天地之心 推行斯道以立生民之命 自伏羲堯舜以來 至於文武周公則然矣 不幸中絶而孔子繼之 作爲大學經之一章 曾子又述其意以爲十傳 惜其有德無位不能立一時之太平 而實垂之天下後世 有以開萬世之太平焉 不幸而再絶 歷漢魏隋唐而不能振起 至於有宋兩程兄弟始表章之於禮記之中 朱熹又爲之章句或問 眞德秀又彙經傳子史以塡實之 以爲衍義 所以推而廣之 擴而大之 使天下後世知大學之書 無一理不該 無一事不備 而有萬世開太平之具也 … 唐虞夏商有周之盛治居然可致矣 臣幼讀此書 偶有所見 晩輯成帙 上塵聖聽 儻見施行 則臣雖死而生矣 無任懇悃願效之至"

| 『유의평례』 권첨 및 교열 항목 수 | 교열 항목 | 서형수 (A) | 윤광안 (B) | 정조(C) 최종 결정 및 선택 | 정조(C)의 최종 결정 내용 |
|---|---|---|---|---|---|
| 권2<br>卷21籤<br>(13)<br>馭夷狄 | ② 僖公二十二年初平王之東遷 | – | B | C(BX) | 『대학연의보』 권143 내하외이지한 상에 나오는 부분이다. 정조(C)는 윤(B)의 의견에 반대하여 "『춘추』의 뜻은 중국을 높이고 이적을 물리치는 것이 큰데 지금 이 선집 형식을 띤 책에서 잠 땅에서 융과 회맹한 일과 당 땅에서 융과 맹약한 일을 제일의로 삼는다면 하당의 수치만 더하기에 알맞을 것이니, '장공 31년에 제후가 와서 융을 치고 승리하여 얻은 전리품을 바쳤다[莊公三十一年 齊侯獻戎捷]'는 조목을 구씨의 안설과 함께 편입하여 은미한 뜻을 보이는 것이 좋겠다. 제 나라가 융을 정벌한 것은 비록 왕의 허락 없이 독단적으로 한 일이긴 하지만 처음부터 왕의 명을 받들지 않고 마지막에도 전리품을 바치지 않는 다른 제후들에 비하면 다소 차이가 있을 것이다." 하였다. 규 291 『어정대학유의』 권20을 보면, 본문은 실렸고, 여조겸의 주석과 구준의 안설은 삭제되었다. |
| | '論語曰<br>管仲相桓公霸諸侯'<br>'孟子曰<br>周公兼夷狄' | – | B | C(BO) | 『대학연의보』 권144 내하외이지한 하 권수에 나오는 부분이다. 정조(C)는 윤(B)의 의견을 조정하여 "『논어』의 '微管仲' 한 조목과 인산의 주설을 싣고 『맹자』는 실을 필요가 없다." 하였다. 규 291 『어정대학유의』 권20을 보면, 『논어』 '微管仲' 조목은 "論語曰 管仲相桓公 霸諸侯 一匡天下 民到於今受其賜 微管仲 吾其被發左衽矣"의 본문과 김이상의 주석인 "金履祥曰 夫子傷周室之衰 諸夏之弱 夷狄之盛 而許管仲之仁 此聖人衰世之意也" 부분이 실렸고, 주희의 주석 및 구준의 안설은 삭제되었다. 『맹자』 '戎狄是膺'의 조목과 주희의 주석 및 구준의 안설은 모두 삭제되었다. |
| | ③ 中庸曰凡爲天下國家 | – | B | C(BO) | 『대학연의보』 권145 신덕회원지도에 나오는 부분이다. 정조(C)는 윤(B)의 의견을 조정하여 "과연 그러하다. 다시 상세히 보아야 할 것이다." 하였다. 규 291 『어정대학유의』 권20을 보면, 본문, 주희의 주석 및 구준의 안설은 모두 삭제되었다. |
| | ④ 詩序采芑 | – | B | C(BO) | 『대학연의보』 권146 정토완화지의 상에 나오는 부분이다. 정조(C)는 윤(B)의 의견을 조정하여 "유월편과 채기편을 모두 초록하는 것이 좋겠다." 하였다. 규 291 『어정대학유의』 권20을 보면, 유월편은 '詩序六月'로 시작하는 수장의 본문만 실렸다. 채기편은 '詩序采芑'의 본문에서 '詩序采芑 宣王南征也'의 문장만 발췌되었고, 수장은 생략되었으며, 주희의 주석은 삭제되었다. 이어서 채기편의 졸장과 구준의 안설이 발췌되어 실렸다. |

| 『유의평례』 권첨 및 교열 항목 수 | 교열 항목 | 서형수 (A) | 윤광안 (B) | 정조(C) 최종 결정 및 선택 | 정조(C)의 최종 결정 내용 |
|---|---|---|---|---|---|
| 권2 卷21籤 (13) 馭夷狄 | ⑤ 左傳魏絳曰和戎 | – | B | C(BO) | 『대학연의보』 권147 정토완화지의 하에 나오는 부분이다. 정조(C)는 윤(B)의 의견을 조정하여 "구씨의 설을 아래 조목으로 옮기는 것은 이례이니 불가하다. 하단에 구씨의 안설은 그대로 두되, 다섯 자를 첨가하는 것은 좋겠다." 하였다. 규 291 『어정대학유의』 권20을 보면, 이 '左傳魏絳曰和戎' 항목은 '左傳 襄公四年'의 본문이 그대로 실리고, 구준의 안설은 생략되었다. 이어서 '襄公十一年'의 본문이 발췌되어 실리고, 구준의 안설이 수록되었다. |
| | ⑥ 賈誼疏曰匈奴 | A | – | C(A) | 『대학연의보』 권147 정토완화지의 하에 나오는 부분이다. 정조(C)는 서(A)가 주장한 "안사고의 삼표(三表)와 오이(五餌)에 대한 주는, 선유가 견강부회하여 주를 단 것이라 기롱하였으며, 가의 상소의 상단은 이미 위에 보이니, 이 조목은 추려 내는 것이 합당할 것입니다."라는 의견을 수용하였다. 규 291 『어정대학유의』 권20을 보면, '賈誼疏曰匈奴'의 본문, 안사고의 주석과 구준의 안설은 모두 삭제되었다. |
| | ⑦ 唐文宗太和五年 | – | B | C(B) | 『대학연의보』 권147 정토완화지의 하에 나오는 부분이다. 정조(C)는 윤(B)의 의견을 수용하여 "사마광이 우승유를 편든 것은 공정한 마음에서이다. 그러므로 다시 '편안함을 훔치고 용납되기를 구하였다[偸安取容]'는 말로 그가 천자의 물음에 잘못 대답했을 때를 비판하였은즉 어찌 너무도 각박한 호인의 설과 나란히 논할 수 있겠는가. 주자(朱子)가 『강목』에서 사씨의 '이덕유가 우승유를 원망하는 마음이 더욱 깊어졌다'는 설을 실었은즉 그 은미하고 완곡한 뜻을 알 수 있다. 사마광의 설과 구씨의 안설을 모두 추려 내라." 하였다. 규 291 『어정대학유의』 권20을 보면, '唐文宗太和五年'의 본문은 실리고, 사마광과 호인의 주석 및 구준의 안설은 삭제되었다. |
| | ⑧ 建平中揚雄上書 | – | B | C(BX) | 『대학연의보』 권148 수양제어지책 상에 나오는 부분이다. 정조(C)는 윤(B)의 의견에 반대하여 "엄우는 양웅보다 더욱 심하니, 내 집 문에 있을 경우 마땅히 물리쳐야 한다. 모두 추려 내도록 하라." 하였다. 규 291 『어정대학유의』 권20을 보면, 이 항목과 구준의 안설, 다음에 나오는 '王莽時 匈奴入雲中塞 諸將在邊 未敢出擊 嚴尤諫曰 … 是爲無策'의 본문, 유황(劉貺)의 주석 및 구준의 안설이 모두 삭제되었다. |

| 『유의평례』 권첨 및 교열 항목 수 | 교열 항목 | 서형수 (A) | 윤광안 (B) | 정조(C) 최종 결정 및 선택 | 정조(C)의 최종 결정 내용 |
|---|---|---|---|---|---|
| 권2 卷21籤 (13) 馭夷狄 | ⑨ 秦始皇三十三年 | – | B | C(BO) | 『대학연의보』 권150 수변고어지략 상에 나오는 부분이다. 정조(C)는 윤(B)의 의견을 조정하여 "구씨의 설은 단지 만리장성의 내력만 채택하는 것이 좋겠다. 연경은 중국의 한 귀퉁이니 반드시 제왕이 살 만한 땅은 못 된다. '前代關隘' 이하는 추려 내는 편이 좋겠다." 하였다. 규 291 『어정대학유의』 권20을 보면, 본문은 '秦始皇三十三年 因河爲塞 築長城 因邊山險 塹谿谷 可繕者治之 起臨洮至遼東萬餘里' 부분만 발췌되었고, 구준의 안설은 거의 수록되었으며 뒷부분만 조정되었다. |
| | ⑩ 五代晉高祖 | – | B | C(BX) | 『대학연의보』 권151 수변고어지략 하에 나오는 부분이다. 정조(C)는 윤(B)의 의견에 반대하여 "앞의 단락을 이미 추려 내었으니 이 조목은 그대로 두어야 할 것이다." 하였다. 규 291 『어정대학유의』 권20을 보면, 본문은 실리고, 호삼성의 주석은 삭제되었으며, 구준의 안설은 일부의 내용을 제외하고 모두 수록되었다. |
| | ⑪ 漢更有三品 | – | B | C(BX) | 『대학연의보』 권152 열둔견수지제에 나오는 부분이다. 정조(C)는 윤(B)의 의견에 반대하여 "구씨의 설을 추려 내어서는 안 되며, 마단림의 설은 수록할 필요가 없다." 하였다. 규 291 『어정대학유의』 권20을 보면, 본문은 '漢過更 律所謂繇戍也 一歲一更 不行者出錢三百 入官以給戍者'만 발췌되어 실렸고, 마단림의 주석은 생략되었으며, 구준의 안설은 일부의 내용을 제외하고 모두 수록되었다. |
| | ⑫ 高祖十一年 | – | B | C(BX) | 『대학연의보』 권152 열둔견수지제에 나오는 부분이다. 정조(C)는 윤(B)의 의견에 반대하여 "한나라 초기의 변방을 수비하던 제도를 어찌 생략할 수 있겠는가." 하였다. 규 291 『어정대학유의』 권20을 보면, 본문은 '高祖十一年 發巴蜀材官衛軍霸上'만 발췌되어 실렸고, 구준의 안설도 '丘濬曰 此漢初遣軍戍邊' 부분만 발췌되어 수록되었다. |
| | ⑬ 以上劫誘窮黷之失 | – | B | C(BX) | 『대학연의보』 권156 겁유궁독지실에 실린 내용 전반에 대한 것이다. 정조(C)는 윤(B)의 의견에 반대하여 "단지 취한 조목들 내에서만 상의하는 것이 좋겠다." 하였다. 규 291 『어정대학유의』 권20을 보면, 윤(B)이 주장한 내용 중에 '陸贄言于德宗曰'과 구준의 안설이 발췌되어 실렸다. |

| 『유의평례』 권첨 및 교열 항목 수 | 교열 항목 | 서형수 (A) | 윤광안 (B) | 정조(C) 최종 결정 및 선택 | 정조(C)의 최종 결정 내용 |
|---|---|---|---|---|---|
| 권2 卷22籤 (4) 成功化 | ① 易乾元亨利貞 | – | B | C(BX) | 『대학연의보』 권157 성신공화지극 상지상에 나오는 부분이다. 정조(C)는 윤(B)의 의견에 반대하여 "건괘의 삼획과 사덕은 문자와 의리의 조종이 된다는 대목은 극히 정채로우니 추려 내어서는 안 된다. 추려 내려면 '流行' 이하를 추려 내는 것은 혹 가능할 것이다." 하였다. 규 291 『어정대학유의』 권21을 보면, 본문이 실려 있고, 정이와 주희의 주석은 삭제되었으며, 구준의 안설인 '丘濬曰 幹之三畫 萬世文字之祖 元亨利貞四字 萬世義理之宗 在天則爲春夏秋冬 在人則爲仁義禮智 流行於天地間 則爲元會運世'는 수록되었다. |
| | ② 賁之彖曰 觀乎天文 | – | B | C(BO) | 『대학연의보』 권157 성신공화지극 상지상에 나오는 부분이다. 정조(C)는 윤(B)의 의견을 조정하여 "과연 그렇다. '聖人久於其道' 이하를 초록하고, 정자의 설 역시 절록하여야 할 것이다. 그러나 구씨의 안설은 취할 필요가 없다." 하였다.<br>이 교감의 내용은 실제 '賁之彖曰 觀乎天文'이 아니고, 다음에 있는 "恒之彖曰 恒亨無咎利貞 久於其道也 天地之道 恒久而不已也 利有攸往 終則有始也 日月得天而能久照 四時變化而能久成 聖人久於其道而天下化成 觀其所恒而天地萬物之情 可見矣"부분이다. 정이, 주희의 주석과 구준의 안설이 함께 실려 있다. 규 291 『어정대학유의』 권21을 보면, 본문은 '恒之彖曰 天地之道 恒久而不已也 日月得天而能久照 四時變化而能久成 聖人久於其道而天下化成 觀其所恒而天地萬物之情 可見矣' 부분이 발췌되어 실렸다. 정자의 주석은 발췌되어 실렸고 주희의 주석은 삭제되었으며 구준의 안설은 수록되었다. |
| | ③ 中庸致中和 | – | B | C(BO) | 『대학연의보』 권160 성신공화지극 하에 나오는 부분이다. 정조(C)는 윤(B)의 의견을 조정하여 "그렇다면 명도술편을 추려 내는 것이 좋겠다. 다시 상고하여 수정하도록 하라." 하였다.[708] 규 291 『어정대학유의』 권21을 보면, 본문이 실렸고, 주희의 주석은 삭제되었으며 구준의 안설은 수록되었다 |

708) 정조,『홍재전서』 권128 類義評例 2 권22첨 中庸致中和. "中庸致中和 臣光顔籤曰 此條 已見於衍義明道術篇 似當刪 而此是學問極功 聖人能事 則正切於成功化之目 與丘說仍存 亦無妨 更商之 御籤曰 然則明道術篇 刪之爲可 更考釐正"

| 『유의평례』 권첨 및 교열 항목 수 | 교열 항목 | 서형수 (A) | 윤광안 (B) | 정조(C) 최종 결정 및 선택 | 정조(C)의 최종 결정 내용 |
|---|---|---|---|---|---|
| 권2 卷22籤 (4) 成功化 | ④ 張載曰爲天地立心 | – | B | C(BX) | 『대학연의보』 권160 성신공화지극 하에 나오는 부분이다. 정조(C)는 윤(B)의 의견에 반대하여 "경연에서도 피휘하지 않으니 고쳐서는 안 된다. 앞의 첨대로 부르도록 하라." 하였다. 규 291 『어정대학유의』 권21을 보면, 본문이 실렸고, 구준의 안설은 발췌되었다. |

위 〈표 10〉의 내용을 종합하면 다음과 같다.

어이적 14권(권143~권156)의 교감은 『유의평례』 2 권21첨 13항목이다. 내하외이지한 상 2건, 신덕회원지도 1건, 정토완화지의 상 1건, 정토완화지의 하 3건, 수양제어지책 상 1건, 수변고어지략 상 1건, 수변고어지략 하 1건, 열둔견수지제 2건, 겁유궁독지실 1건의 교감이 이루어졌다.

첫째, 내하외이지한 상은 ①, ② 2건이다. ①治國平天下之要十一은 본문, 주희주 및 구준의 안설은 모두 삭제되었다. ②僖公二十二年初 平王之東遷은 본문은 실렸고, 여조겸의 주석과 구준의 안설은 삭제되었다. 이와 관련하여 추가로 교감이 이루어져, 내하외이지한 하 권수에 나오는 『논어』 '微管仲' 조목은 "論語曰 管仲相桓公 霸諸侯 一匡天下 民到於今受其賜 微管仲 吾其被發左衽矣"의 본문과 김이상의 주석인 "金履祥曰 夫子傷周室之衰 諸夏之弱 夷狄之盛 而許管仲之仁 此聖人衰世之意也" 부분이 실렸고, 주희의 주석 및 구준의 안설은 삭제되었다. 『맹자』 '戎狄是膺'의 조목과 주희의 주석 및 구준의 안설은 모두 삭제되었다.

둘째, 신덕회원지도 1건은 ③中庸曰凡爲天下國家이다. 본문, 주희의 주석 및 구준의 안설은 모두 삭제되었다.

셋째, 정토완화지의 상 1건은 ④詩序采芑이다. 유월편은 '詩序六月'로 시작하는 수장의 본문만 실렸다. 채기편은 '詩序采芑'에서 '詩序采芑 宣王南征也'의 문장만 발췌되었고, 수장은 생략되었으며, 주희의 주석은 삭제되었다. 이어서 채기편의 졸장과 구준의 안설이 발췌되어 실렸다. 정토완화지의 하는 ⑤, ⑥, ⑦ 3건이다. ⑤左傳魏絳曰和戎은 '左傳 襄公四年'의 본문이 그대로 실리고, 구준의 안설은 생략되었다. 이어서 '襄公十一年'의 본문이 발췌되어 실리고, 구준의 안설이 수록되었다. ⑥賈誼

疏曰匈奴은 '賈誼疏曰匈奴'의 본문, 안사고의 주석과 구준의 안설은 모두 삭제되었다. ⑦ 唐文宗太和五年은 본문은 실리고, 사마광과 호인의 주석 및 구준의 안설은 삭제되었다.

넷째, 수양제어지책 상 1건은 ⑧ 建平中揚雄上書이다. 이 항목과 구준의 안설, 다음에 나오는 '王莽時 匈奴入雲中塞 諸將在邊 未敢出擊 嚴尤諫曰 … 是爲無策'의 본문, 유황의 주석 및 구준의 안설이 모두 삭제되었다.

다섯째, 수변고어지략 상 1건은 ⑨ 秦始皇三十三年이다. 본문은 '秦始皇三十三年 因河爲塞 築長城 因邊山險塹谿谷 可繕者治之 起臨洮至遼東萬餘里' 부분만 발췌되었고, 구준의 안설은 거의 수록되었으며 뒷부분만 조정되었다. 수변고어지략 하 1건은 ⑩ 五代晉高祖이다. 본문은 실리고, 호삼성의 주석은 삭제되었으며, 구준의 안설은 일부의 내용을 제외하고 모두 수록되었다.

여섯째, 열둔견수지제는 ⑪, ⑫ 2건이다. ⑪ 漢更有三品은 본문은 '漢過更 律所謂繇戍也 一歲一更 不行者出錢三百 入官以給戍者'만 발췌되어 실렸고, 마단림의 주석은 생략되었으며, 구준의 안설은 일부의 내용을 제외하고 모두 수록되었다. ⑫ 高祖十一年은 본문은 '高祖十一年 發 高祖十巴蜀材官衛軍霸上'만 발췌되어 실렸고, 구준의 안설도 '丘濬曰 此漢初遣軍戍邊' 부분만 발췌되어 수록되었다.

일곱째, 겁유궁독지실 1건은 ⑬ 以上刦誘窮黷之失이다. 겁유궁독지실에 실린 내용 전반에서 '陸贄言于德宗曰'과 구준의 안설이 선별·발췌되어 실렸다.

성공화 4권(권157~권160) 교감은『유의평례』2 권22첨 4항목이다. 성신공화지극 상지상 2건, 성신공화지극 하 2건이다.

첫째, 성신공화지극 상지상은 ①, ② 2건이다. ① 易乾元亨利貞은 본문이 실려 있고, 정이와 주희의 주석은 삭제되었으며, 구준의 안설인 '丘濬曰 幹之三畫 萬世文字之祖 元亨利貞四字 萬世義理之宗 在天則爲春夏秋冬 在人則爲仁義禮智 流行於天地間 則爲元會運世'는 수록되었다. ② 賁之彖曰 觀乎天文의 경우, 교감의 내용은 실제 다음에 있는 '恒之彖曰'이다. 본문은 '恒之彖曰 天地之道 恒久而不已也 日月得天而能久照 四時變化而能久成 聖人久於其道而天下化成 觀其所恒而天地萬物之情 可見矣' 부분이 발췌되어 실렸다. 정자의 주석은 발췌되어 실렸고 주희의 주석은 삭제되었으며 구준의 안설은 수록되었다.

둘째, 성신공화지극 하는 ③, ④ 2건이다. ③中庸致中和는 본문이 실렸고, 주희의 주석은 삭제되었으며 구준의 안설은 수록되었다. ④張載曰爲天地立心은 본문이 실렸고, 구준의 안설은 발췌되었다.

# 6. 『어정대학유의』의 간행 및 반사

## 6.1. 『어정대학유의』의 간행

『어정대학유의』의 간행에 대해서는 『순조실록』, 『일성록』 및 현존본에 그에 관한 내용이 실려 있어 기록 및 현존본[709]을 중심으로 살펴보고자 한다.

순조 2년(1802) 5월 30일 기사를 보면 규장각이 정조조에 편찬한 『어정대학유의』 10책 외의 다른 책을 필사하고, 기존에 필사하여 올린 책들과 함께 장황(粧纊)하여 순조에게 올리는 내용이 나온다.

> "내각에서 선조(先朝)서 정한 『대학유의』 10책, 『주공서(周公書)』 4책, 『장릉사보(莊陵史補)』 3책, 『군려대성(軍旅大成)』 3책을 써서 올렸는데, 『송사전(宋史筌)』 61책, 『주서분류(朱書分類)』 6책, 『좌전휘류(左傳彙類)』 4책도 종전에 이미 깨끗이 옮겨 썼기 때문에 같이 책으로 꾸며서 올렸다."라고 하였다.[710]

이때 필사된 서적은 간행을 위한 저본으로 편집된 것으로 여겨진다. 현재 규 2927 『어정대학유의』 필사본은 이때 이루어진 저본으로 여겨진다. 이 책은 권수 1권과 본

---

709) 『어정대학유의』의 현전본은 국립중앙도서관 한국고전적종합목록에 의거하면, 국립중앙도서관, 대구가톨릭대학교중앙도서관, 대구광역시립중앙도서관, 동아대학교 한림도서관, 서울대 규장각한국학연구원, 연세대학교 학술정보원, 일본동양문고 등에 소장되어 있다. 이들 자료 중 각 도서관의 사정으로 실물 조사를 할 수가 없어서 디지털화된 원문 자료에 의거하였음을 밝혀둔다.

710) 『순조실록』 4권, 순조 2년 5월 30일 己亥 2번째 기사. "內閣寫進先朝御定大學類義十冊 周公書四冊 莊陵史補三冊 軍旅大成三冊 而宋史筌六十一冊 朱書分類六冊左傳彙類四冊 前已繕寫 故一體粧纊以入"

문 21권 총 22권 10책으로 편집되었다. 책의 형태사항은 '四周雙邊, 半葉匡郭: 22.6×16cm, 10行 21字 注雙行, 上黑魚尾; 33.5×22cm'이다.

권수에는 '凡例', '目錄', '編校諸臣'에 이어 주자의 '大學章句序', 진덕수의 '大學衍義序', 구준의'大學衍義補序'가 들어 있다. 편교제신은 편차에 서형수, 윤광안이고, 참열(參閱)에 이만수, 김근순, 김이영, 홍석주, 김계온이다.

본문 21권은 대학의 원문과 8조목을 강(綱)으로 하고, 8조목을 목과 세목으로 다시 나누어 편집하였다. 『대학연의』는 43권이 6권으로 『대학연의보』는 160권이 15권으로 요약되었다.[711]

제1권이 제왕위치지서와 제왕위학지본이고, 제2권에서 제3권까지는 격물치지지요이고, 명도술·변인재·심치체·찰민정의 4항목이다. 제4권은 성의정심지요이고, 숭경외·계일욕·심기미의 3항목이다. 제5권은 수신지요이고, 근언행·정위의의 2항목이다. 제6권은 제가지요이고, 중비필·엄내치·정국본·교척속의 4항목이다. 제7권에서 제21권까지는 치국평천하지요로 정조정·정백관·고방본·제국용·명예악·질제사·숭교화·비규제·신형헌·엄무비·어이적·성공화의 12항목이다.

『어정대학유의』의 간행에 관한 논의는 순조 4년(1804) 12월 6일에 시작되었다. 순조는 검교 직각 심상규(沈象奎)를 불러 선조의 어제와 『군서표기(群書標記)』의 역사(役事)를 시작했는가를 물었다. 심상규는 『군서표기』는 정조의 『홍재전서』에 편입되었기 때문에 전서를 간행할 때 함께 간행될 것이니 지금은 적절하지 않다고 하였다. 그는 간행의 대상이 되는 책은 편질(編帙)이 많지 않아 곧 간행에 들어갈 것으로는 『사서집석(四書輯釋)』·『대학유의』·『심리록(審理錄)』이 있다 하였고, 그중에 『대학유의』가 권질이 적고 정교하게 교정되어서 간행의 대상으로 적합하다고 하여 순조의 허락을 얻었다.[712] 또한 『대학유의』가 간행대상으로 추천되면서 활판으로 인쇄하되

---

711) 김문식, 「正祖의 帝王學과 『大學類義』 편찬」, 『규장각』 21, 1998, 74쪽.

712) 『순조실록』 4권, 4년 12월 6일 辛酉 1번째 기사. "上召檢校直閣沈象奎 問先朝御製群書標記始役事 象奎言 群書標記 固合刊印 … 且此編已爲編入於先朝御製全書中 全書刊印時 自當同刊 今此先朝御纂書刊印之命 臣等誠不勝欽頌萬萬 因此成命 次第告功 誠是盛擧也 至如目下編帙不多 便於入印者 如四書輯釋大學類義審理錄諸書爲然 … 上曰 諸書中 先印四書輯釋爲好乎 奎曰 此亦好矣 而此書則卷帙稍多 亦多有不可不重加校正處 臣意則大學類義 已爲割付精校 最便於先印"

생생자[실제 초주정리자]로 인쇄할 것과 규장각 이문원이 인쇄 장소로 결정되었다.[713)]

순조는 4년(1804) 12월 8일에 성정각(誠正閣)에서 감인각신인 검교직각 심상규와 박종처(朴宗處) 및 대교 박종훈(朴宗薰)과 만나 인쇄에 관한 몇 가지 구체적인 내용을 결정하였다. 『어정대학유의』 간행은 15일부터 시작하기로 하였고 인쇄건수는 150건으로 정하였다. 공장(工匠)의 역가(役價)를 줄이는 방도로 주자소(鑄字所)의 남은 물력을 가져다 쓰는 것이 결정되었으며, 숙달된 감관(監官)에게 간역(看役)하도록 하여 공역을 신속하게 마칠 수 있도록 하였다. 종이는 100건은 백지로 하되 감인소(監印所)에 본래 비축해 둔 것을 가져다 쓰도록 하고, 백면지도 호조에만 있지만 역시 비축해 둔 것이 있으므로 그것을 사용하도록 하였으며 당지(唐紙)로 찍는 것은 5건으로 제한을 두었다. 직각과 대교는 '낭청'이라 쓰지 말고 '감인 각신'이라 써서 함께 계하받도록 하였고, 감인 각신에 전 직제학 서영보(徐榮輔)를 포함하도록 하였다. 감관은 유명표로 하고 감관의 급료는 규장각에서 지급하도록 하였다.[714)]

순조는 5년(1805) 8월 22일 어제서문에 관한 결정을 내렸다. 『어정대학유의』 간행은 5~6일 사이에 마칠 수 있다는 박종훈의 보고를 받았다. 정조의 어제서문의 장수는 6~7장으로 정하였다. 교지를 받들어 책을 편차하고 교열한 여러 신하를 편차 교열 제신의 명단에 넣었는데, 새로 감인에 참여한 신하들도 명단에 넣도록 하였다.[715)]

---

713) 『일성록』 순조 4년 12월 6일조. "… 然則此書先印爲可 而刊板與活印何者爲便 象奎曰 刊板固爲壽傳之道 而工役未可猝成 活字多印則亦可廣布 而工費甚省 此似較便矣 予曰以生生字印之也 象奎曰 印役處 所以何處爲 之乎 予曰摛文院爲之 …"

714) 『일성록』 순조 4년 12월 8일조. "召見監印閣臣于誠正閣 檢校直閣 沈象奎 朴宗處 待教 朴宗薰 予曰監印有稟定事則奏之也 象奎等曰 始役則將以十五日爲定 件數則假令以百五十件爲定 而此則筵退當錄入 待下教擧行矣 予曰依此爲之 象奎等曰 工匠役價 若以戶料兵布上下 則非但所入之夥然亦非省弊之道 以鑄字所所餘物力取用 則似好故敢達 予曰 依此爲之 象奎等曰 前此印役時有監印之熟習者使之看役矣 今番亦依前爲之 則非但工役之速就 似有精簡之效 故敢達 予曰依此爲之 教曰 一百五十件內 一百件以白紙印出 而五十件 則紙本當內下矣 象奎曰 白紙則監印所自有餘儲 白綿紙名色只於戶曹有之 而此亦多有舊儲可以取用 而唐紙件以五件印出似好矣 予曰依此爲之 又教曰 直閣 待教勿以郎廳書之 以監印閣臣同爲啓下也 象奎曰 每於歲初 監印閣臣二員啓下而專管 當年內印刊之役如有別般印役 則數員加爲啓下監董工役矣 予曰 前直提學 徐榮輔同爲啓下也 象奎曰別單更爲書入乎 予曰依此爲之 象奎曰監官限畢役間自本閣給料乎 予曰依此爲之 而此是柳明杓乎 象奎曰然矣"

715) 『일성록』 순조 5년 8월 22일조. "朴宗薰曰 大學類義印役五六日間 似可訖印矣 向以御製序文事既承待下教之命 而鋟印之役 自費多日 前期始工然後 可以趁訖役時故敢此更達矣 予曰 奉教書 則檢校提學爲之可也 序文當爲幾張乎 宗薰曰 似當爲六七張矣 仍奏曰 奉教編次參閱諸臣 當依草本列座目 而

규장각은 순조 5년(1805) 9월 18일 정조의 『어정대학유의』 150건을 인쇄하고 장황(粧績)하여 올렸다.[716]

규장각본 1970 『어정대학유의』를 참조하면, 순조 5년(1805)의 간행본에는 위에서 언급한 순조 2년(1802)의 필사본을 저본으로 하되, 표제지 내지에 '正廟己未重校御定大學類義 當宁乙丑(1799)活印' 간행기록과 권수에 김조순이 서사한 '正廟御製題大學類義' 서문이 보충되었다(〈그림 2〉 참조).

正廟己未重校
御定大學類義
當宁乙丑活印

'正廟己未重校御定大學類義
當宁乙丑(1799) 活印' 기록

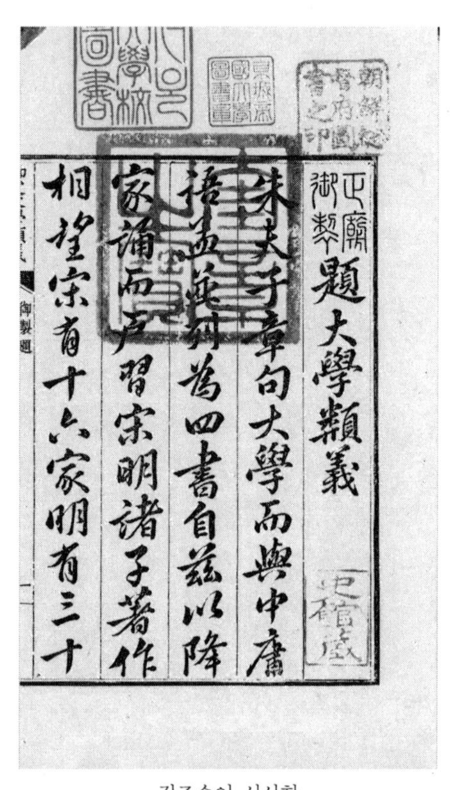
正廟御製題大學類義
朱夫子章句大學而與中庸
語孟並列為四書自茲以降
家誦而戶習宋明諸子著作
相望宋有十六家明有三十

김조순이 서사한
'正廟御製題大學類義' 서문

〈그림 2〉 순조 5년(1805)의 『어정대학유의』 간행기록 및 김조순의 서사 서문

今番監印諸臣亦當列書乎 予曰唯”

716) 『일성록』 순조 5년 9월 18일조. “奎章閣印進先朝御定大學類義 本閣啓言 先朝御定大學類義一百五十件 今已畢印 粧績以入”

또한 편교제신에 이어 간행에 관계한 감인각신인 서영보, 박종경, 심상규, 홍석주, 박종훈의 명단이 보충되었다(〈그림 3〉 참조).

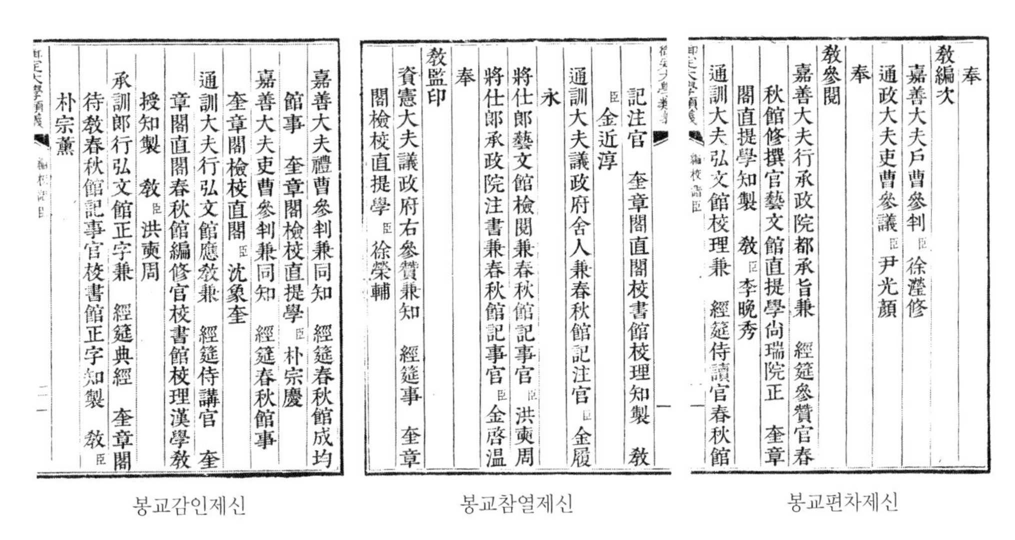
嘉善大夫禮曹參判兼同知 經筵春秋館成均
館事 奎章閣檢校直提學 臣 朴宗慶
嘉善大夫吏曹參判兼同知 經筵春秋館事
奎章閣檢校直閣 臣 沈象奎
通訓大夫行弘文館應敎兼 經筵侍講官 奎
章閣直閣春秋館編修官校書館校理漢學教
授知製 敎 臣 洪奭周
承訓郎行弘文館正字兼 經筵典經 奎章閣
待敎春秋館記事官校書館正字知製 敎 臣
朴宗薰

봉교감인제신

記注官 奎章閣直閣校書館校理知製 敎
臣 金近淳
通訓大夫議政府舍人兼春秋館記注官 臣 金履
永
將仕郎藝文館檢閱兼春秋館記事官 臣 洪奭周
將仕郎承政院注書兼春秋館記事官 臣 金啓温
奉
敎監印
資憲大夫議政府右參贊兼知 經筵事 奎章
閣檢校直提學 臣 徐榮輔

봉교참열제신

奉
敎編次
嘉善大夫戶曹參判 臣 徐瀅修
通政大夫吏曹參議 臣 尹光顔
奉
敎參閱
嘉善大夫行承政院都承旨兼 經筵參贊官春
秋館修撰官藝文館直提學尙瑞院正 奎章
閣直提學知製 敎 臣 李晚秀
通訓大夫弘文館校理兼 經筵侍讀官春秋館

봉교편차제신

〈그림 3〉 순조 5년(1805)의 『어정대학유의』 편차, 참열, 감인 관련자 기록

이 책은 22권 10책으로 판식은 '四周雙邊, 半葉匡郭: 22.4×15.5cm, 10行 20字 注雙行, 上黑魚尾 ; 35×22.2cm'이다. 순조 5년(1805)에 초주정리자(初鑄整理字)[717]로 간행되었다.

정조 16년(1792)에 청나라의 사고전서(四庫全書)에 들어 있던 취진판(聚珍版) 『강희자전(康熙字典)』의 글자를 자본으로 황양목을 사용하여 만들어진 크고 작은 나무활자 32만여 자가 생생자인데, 그 글자 모양이 인상적이어서 그것을 바탕글자로 정조 19년(1795)에 주성하기 시작하여 이듬해인 정조 20년(1796)에 완성시킨 큰자 16만 자와 작은 자 14만자의 동활자가 정리자이다. 이 정리자는 『정리의궤통편(整理儀軌通編)』을 찍기 위하여 주조한데서 그 명칭이 붙여졌으며, 뒤에 개주(改鑄)와 구별하기 위해

717) 본인은 강순애, 「『御定大學類義』의 편찬과 간행 및 반사에 관한 연구」, 『서지학연구』 85, 2021, 5~35쪽을 발표할 당시 『일성록』 순조 4년 12월 6일조에 '생생자'로 인출하도록 결정하는 내용에 의거 『어정대학유의』의 간행에 사용된 활자를 '생생자'로 보았다. 당시 코로나로 인해 규장각본을 조사할 수가 없어서 기록에 의거하였는데, 추후 실물을 조사해보니 초주정리자로 인출한 것이 확인되어 이번 글에서는 '초주정리자'로 정정하였다.

서 초주정리자라 부르고 그 활자로 직은 책을 초주정리자본이라 일컫고 있다. 큰 활자는 글자체가 넓적하고 글자 획이 굵은 인서체인 것이 특징이며, 작은 활자는 오늘날의 인서체와 같이 정교하고 해정하다.[718]

규장각본 1970『어정대학유의』의 초주정리자 간행본은 인쇄상태가 매우 정교하고 양호하다(〈그림 4〉 참조).

御定大學類義卷一
大學
程子曰大學孔氏之遺書而初學入德之門也於
今可見古人爲學次第者獨賴此篇之存而論孟
次之學者必由是而學焉則庶乎其不差矣
大學之道在明明德在親民在止於至善
程子曰親當作新○朱子曰大學者大人之學也
明明之也明德者人之所得乎天而虛靈不昧以
具衆理而應萬事者也但爲氣稟所拘人欲所蔽
則有時而昏然其本體之明則有未嘗息者故學

규 1970『어정대학유의』 권1 전면
초주정리자 큰자

君爲臣綱父爲子綱夫爲妻綱何謂綱紀綱者張也
紀者理也大者爲綱小者爲紀所以張理上下整齊
人道也
眞德秀曰天下之事衆矣聖人所以治之者厥有
要焉惟先正其本而已本者何人倫是也故三綱
正則六紀正六紀正則萬事皆正猶擧綱者提其
綱紀而衆目畢張也繇古洎今未有三綱正而天
下不安者亦未有三綱紊而天下不危者善計天
下者亦察乎此而已矣以上兼言五者大倫
孝經愛親者不敢惡於人敬親者不敢慢於人愛敬

규 1970『어정대학유의』 권2 15장 후면
초주정리자 큰자 및 작은자

**〈그림 4〉 규 1970『어정대학유의』 권1 전면 초주정리자 큰자,**
**규 1970『어정대학유의』 권2 15장 후면 초주정리자 큰자 및 작은자**

순조는 5년(1805) 10월 12일에『어정대학유의』를 편차한 여러 신하들에게 차등 있게 시상하였다.[719]

718) 천혜봉,『한국 서지학』, 민음사, 2006, 392~394쪽.

719)『일성록』 순조 5년 9월 18일조. "先朝御定大學類義編次諸臣以下施賞有差 別單 大學類義 編次諸臣 京畿監司 徐瀅修 刑曹參判 尹光顔 各熟馬一匹面給 參閱諸臣 原任提學 李晩秀 原任直提學 金近淳 行護軍 金履永 直閣 洪奭周 副修撰 金啓溫 各內下鹿皮一領賜給 序文書寫閣臣 檢校提學 金祖淳 內下虎皮一領賜給 監印閣臣 原任直提學 徐榮輔 檢校直提學 朴宗慶 檢校直閣 沈象奎 直閣 洪奭周 待敎朴宗薰 各內下虎皮一領賜給 監印檢書官 柳得恭 李功懋 李光葵 徐有殷 柳本藝 各內下上弦弓一

첫째, 편차한 경기 감사 서형수와 형조 참판 윤광안에게는 각각 숙마(熟馬) 1필씩을 면급하였다. 참조(參照)한 원임 제학 이만수, 원임 직제학 김근순, 행 호군 김이영, 직각 홍석주, 부수찬 김계온에게는 각각 대내에서 내린 녹비(鹿皮) 1벌(領)을 사급하였다.

둘째, 서문을 서사(書寫)한 각신인 검교제학 김조순에게는 대내에서 내린 호피(虎皮) 1벌을 사급하였다.

셋째, 감인(監印)한 각신인 원임 직제학 서영보, 검교직제학 박종경, 검교직각 심상규, 직각 홍석주, 대교 박종훈에게는 각각 대내에서 내린 호피 1벌을 사급하였다.

넷째, 감인한 검서관 유득공·이공무·이광규·서유은·유본예에게는 각각 대내에서 내린 상현궁(上弦弓) 1장(張)을, 간역한 감관 유명표에게는 대내에서 내린 상현궁 1장을 사급하였다.

다섯째, 창준 김진한 등 10명 보자관 정완철, 수장한 제원(諸員) 안종철 등 10명, 장책한 제원 이국관 등 16명, 인출장 한창득 등 12명, 균자장 강흥주 등 6명, 각수 박형번 등 4명, 소목장 김만재, 다회장 손놈(孫老味), 사환군 복이 등 3명, 각리 유상우 등 5명, 사령 김복흥 등 5명, 방지기(房直) 재돌(再乭) 등 3명, 군사 험쇠(驗金) 등 2명은 『사부수권(四部手圈)』을 인쇄할 때의 예대로 시상하였다.

## 6.2. 『어정대학유의』의 반사

순조 5년(1805) 10월 16일에 『어정대학유의』를 1차 반사하였다.[720]

---

張 看役監官 柳明杓 內下上弦弓一張 唱準 金鎭漢等十人 補字官 鄭完喆 守欌諸員安宗喆等十名 粧冊諸員李國觀等十六名 印出匠韓昌得等十二名 均字匠姜興周等六名 刻手朴亨蕃等四名 小木匠金萬載 多繪匠孫老味 使喚軍福伊等三名 閣吏 劉尙祐等五人 使令金福興等五名 房直再乭等三名 軍士驗金等二名 依四部手圈印役時例 施賞”

720) 『일성록』 순조 5년 10월 16일조. “頒賜大學類義 敎曰大學類義 內入華城紙一件 禮單紙三件 卷冊紙八件 別白紙十件 白紙三件 合二十五件 西庫各色紙八十四件 五處史庫 各白綿紙一件 內閣 卷冊紙一件 外奎章閣 白綿紙一件 白紙一件 卷冊紙一件 外閣 白紙一件 弘文館 白紙一件 成均館 白紙一件 春坊 白紙一件 監印閣臣五 各別白紙一件 時原任閣臣十三 各白紙一件 編次諸臣 京畿監司 徐瀅修 刑曹參

첫째, 대내에는 화성지(華城紙)로 찍은 1건, 예단지(禮單紙)로 찍은 3건, 권책지(卷冊紙)로 찍은 8건, 별백지(別白紙)로 찍은 10건, 백지(白紙)로 찍은 3건, 도합 25건을 들이도록 하였다.

둘째, 서고에는 각종 종이로 찍은 84건을, 사고 5곳에는 각각 백면지(白綿紙)로 찍은 1건씩을, 내각에는 권책지로 찍은 1건을, 외규장각에는 백면지로 찍은 1건과 백지로 찍은 1건과 권책지로 찍은 1건을, 외각(外閣)에는 백지로 찍은 1건을, 홍문관에는 백지로 찍은 1건을, 성균관에는 백지로 찍은 1건을, 춘방(春坊)에는 백지로 찍은 1건을 들이도록 하였다.

셋째, 감인한 각신 5명에게는 각각 별백지로 찍은 1건씩을, 시원임 각신 13명에게는 각각 백지로 찍은 1건씩을, 편차한 경기 감사 서형수와 형조 참판 윤광안, 참조한 호군 김이영과 부수찬 김계온에게는 각각 백지로 찍은 1건씩을, 감인한 검서관 유득공·이공무·이광규·서유은·유본예에게는 각각 백지로 찍은 1건씩을, 간역한 첨사 유명표에게는 백지로 찍은 1건을 사급하도록 하였다.

1차로 반사된 것은 대내 25건, 서고, 사고, 내각, 외규장각, 외각, 홍문관, 성균관 및 춘방에 96건, 편차 및 참조 제신, 감인 검서관 및 간역한 사람들에 28건으로 총 149건이다.

순조는 5년(1805) 11월 27일에 일부 신하들에게 백지에 인쇄한 『어정대학유의』를 각 1건씩 2차 반사하였다.[721]

첫째, 영중추부사 이시수, 판중추부사 김관주·서매수, 좌의정 이경일에게 1건씩 사급되었다.

둘째, 행 도승지 서미수, 행 좌승지 김재창, 행 우승지 서영보, 좌부승지 이우진, 우부승지 이호민, 동부승지 신현, 전 승지 이당·김종선·김시근·원재명·송지렴에게

---

判 尹光顔 參閱諸臣護軍 金履永 副修撰 金啓溫 各白紙一件 監印檢書官 柳得恭 李功懋 李光葵 徐有殷 柳本藝 各白紙一件 看役僉使 柳明杓 白紙一件賜給"

721) 『일성록』 순조 5년 11월 27일조. "敎曰 先朝御定大學類義 領府事 李時秀 判府事 金觀柱 徐邁修 左議政 李敬一 行都承旨 徐美修 行左承旨 金在昌 行右承旨 徐英輔 左副承旨 李羽晉右副 承旨 李好敏 同副承旨 申絢前承旨 李溏 金宗善 金蓍根 元在明 宋知濂 假注書 李志淵 申在業前假注書 鄭度采 鄭元容 檢閱 徐淇修 鄭觀綏 應敎 徐有恂 校理 李寅采 李基慶 副校理 尹致鼎 李尙愚 修撰 李基崇 金相休 副修撰 李勉求前修撰 李惟命 各白紙一件賜給"

1건씩 사급되었다.

셋째, 가주서 이지연·신재업, 전 가주서 정도채·정원용에게 1건씩 사급되었다.

넷째, 검열 서기수·정관수, 응교 서유순, 교리 이인채·이기경, 부교리 윤치정·이상우, 수찬 이기숭·김상휴, 부수찬 이면구, 전 수찬 이유명에게 1건씩 사급되었다.

2차로 일부 신하들에게 반사된 것으로 총 30건이다.

순조 8년(1808) 2월 7일에는 경상감사 윤광안의 요청으로 경상감영의 낙육재(樂育齋)에 내부(內府)에 소장되어 있던『어정대학유의』1건이 반사되었다.[722]

2차로 반사된 것과 낙육재에 반사된 것은 규장각 서고의 소장본 중에서 하사된 것으로 여겨진다.

반사본 중에는 현존본이 일부 남아 있어 참고할 수 있다. 규장각에 소장되어 있는 규 1970은 '鼎足山城'에, 규 3527은 '五臺山城'에 반사된 것이다. 규 1970은 〈그림 1〉을 참조하면, '正廟御製題大學類義' 서문이 시작하는 페이지에 '奎章之寶'와 '史館藏'의 장서인이 찍혀 있고, 표지 이면에 '鼎足山城'의 묵서기가 남아 있다. 대구광역시립중앙도서관에『어정대학유의』권1~3, 5~6, 8, 10, 16~17이 남아 있는데, '上之八季 戊辰 二月 內賜 樂育齋 大學類義 一件 檢校直閣 臣 洪'이라는 내사기가 기재되어 있어 순조 8년(1808) 2월 7일에 경상감사 윤광안의 요청으로 낙육재에 반사되었던 책임을 알 수 있다.

---

722)『순조실록』11권, 순조 8년 2월 7일 癸酉 1번째 기사. "癸酉 召見前慶尙監司尹光顔 光顔啓曰 嶺營有樂育齋 選道內才俊之士 啓接肄業 英廟壬子 故相臣趙顯命 定爲學規 陳疏進之 請頒書 特賜大學近思錄心經三書 傳爲盛事 臣建閣奉藏 今若以內府書冊頒給 則一方人士 必聳勸矣 命賜大學類義"

# 7. 결론

위에서 살펴본 2장, 3장, 4장, 5장, 6장의 내용을 종합하면 다음과 같다.

1. 정조와 『어정대학유의』 연구를 종합하면 다음과 같다.

1) 정조는 영조의 황극정치를 본인이 계승하여 이루어 낼 것을 선언했다. 즉, 정조는 황극의 가치를 채침(蔡沉)의 『황극내편(皇極內篇)』에 기반하고, 황극정치의 근원을 영조에게 둔 것이다. 정조의 황극관은 정조 22년(1798) 12월 3일에 쓴 「만천명월주인옹자서」에 명백하게 드러난다. 정조는 태극이 곧 자신임을 선언하고, 군사인 우임금으로부터 비롯된 황극론을 내세움으로써 계통적·존재론적으로 우위를 점하고 이를 활용하여 탕평 정국을 실현하는 정치적 효과도 함께 이루고자 했다. 이러한 정조의 작업은 '군(君)'으로서의 위상을 확립하였다.

2) 정조는 '사(師)'로서의 책임과 역할을 다하기 위해서 새로운 패러다임에 걸맞은 '수기치인(修己治人)'과 '전체대용(全體大用)'의 학문체계를 수립하고자 하였다. 유학의 강목과 틀을 제시하고 있는 『대학』에 기본하고, 주자가 『대학장구』에서 『대학』 삼강령인 '명명덕(明明德)', '친민(親民)', '지어지선(止於至善)' 중에서 '친민'을 '신민(新民)'으로 수정한 것을 수용하였으며, 명덕의 의미는 본심(本心)으로 보았다. 정조는 『대학』의 의미를 강조하면서 주자학을 적극적으로 평가하였지만 주자의 경학 성과를 모두 수용한 것은 아니었다. 정조는 『대학』의 핵심인 평천하에 이르기 위해서는 백성을 다스릴 구체적인 방책이 필요했는데 그것이 없다고 지적하였다. 이의 대안으로 진덕수의 『대학연의』와 구준의 『대학연의보』를 군주가 치국·평천하를 이룩하기 위한 구체적인 방안이 담겨 있는 경세학 교과서로 판단하였다. 따라서 정조는 『대학』·『대학연의』·『대학연의보』를 통합하고 『대학』의 8조목 체제에 따라 편집하

여 『어정대학유의』를 편찬함으로써 '사(師)'로서의 위상을 확립하고 새로운 통치체계에 걸맞은 서적을 만들었다.

2. 『어정대학유의』의 편찬에 대해 종합하면 다음과 같다.

1) 정조는 『어정대학유의』의 편찬을 위해 「제대학유의」에 편찬에 관한 몇 가지 지침을 밝혔다. 정조는 주자가 『대학』의 장구를 정한 이후의 송·명 전문 서적을 모두 조사하였고, 그중 『대학연의』와 『대학연의보』를 100번이나 읽으면서 30년간 주묵으로 비점을 쳤다. 정조가 『대학』 원편에 각각의 전 아래에 두 책의 내용을 연결시키고, 『대학』의 글을 따로 한 줄로 잡아 쓴 것은 경전을 높이려 한 것이고, 『대학연의』와 『대학연의보』의 글을 한 글자 낮춘 것은 경을 높이고 전을 낮추려는 뜻을 담은 것이다. 이 책은 유(類)를 모아 편집하였기 때문에 서명을 『대학유의』라 하였다.

2) 정조가 『어정대학유의』를 편찬하는 과정은 왕세손 시절부터 재위 23년(1799)까지 계속되었다. 그는 왕세손 시절부터 『대학』의 원편에 관심을 기울였고, 등극 후에는 정조 5년(1781)부터 7년(1783), 8년(1784), 10년(1786), 11년(1787)까지 초계문신을 대상으로 『대학』의 조문을 내려 다섯 차례 조문과 조대가 행해졌다. 정조는 9년(1785)에 초계문신 서형수에게 명하여 5년(1781)의 조문과 조대를 『대학강의』 제1권에, 7년(1783)과 8년(1784)의 것을 『대학강의』 제2권에 각각 편찬하게 하였고, 15년(1791)에 초계문신 서유구에게 명하여 10년(1786) 및 11년(1787)의 것을 『대학강의』 제3권에 편찬하도록 하였다. 정조는 『경사강의』와는 반대로 11명의 문신이 묻고 본인이 직접 대답한 『대학』의 내용을 18년(1794)에 『고식』으로 편찬하였고, 23년(1799)에는 각신 윤행임과 문대한 내용을 『증전추록』으로 편찬하였다.

정조는 『대학연의』와 『대학연의보』의 두 책에서 가장 긴요하고 감계가 될 만한 내용을 붉은색으로 비점을 쳐서 채집하였다. 5년(1781)에 『대학연의보』를, 11년(1787)에 『대학연의』의 비점을 마쳤다. 정조는 20년(1796)에 다시 권점을 찍었는데, 권점을 찍는 데 참여한 이는 각신 이만수와 윤행임이다. 정조는 23년(1799)에 서형수와 윤광안에게 왕명을 받들어 다시 교열하여 편찬하도록 하는데, 재교한 필사본의 저본을 대상으로 왕과 두 신하 사이에 교열에 관한 격렬한 토론이 이루어졌다. 정조가 두 사람의 의견을 절충하여 교열에 대한 내용을 결정하여 편집하도록 한 것이 『유의평례』 2권이다. 『유의평례』 권1과 권2의 권수첨부터 22권첨까지의 총 235항목의 결과를 보면, 정조의 단독첨은 35항목(14.89%), 서형수의 단독첨은 18항목(7.65%), 윤광안의 단독첨은 129항목(54.89%), 서형수와 윤광안의 공동의견첨은 45항목(19.14%), 각 권첨에서 1항목에 2건 이상의 의견이 제시된 것은 8항목(3.40%) 15건이다.

이와 같이 『어정대학유의』는 초계문신들이 비점 및 권점본 초안을 필사하였고, 내각과 근밀제신들이 초교를 담당하였다. 재교는 호남 공령생들이 담당하였고, 삼교 및 편찬은 서영수와 윤광안이 담당하였다. 정조 23년(1799)에 필사본이 완성되었지만 간행되지 않았다.

3. 『어정대학유의』의 교감에서 『유의평례』에 나타난 『대학연의』의 교감에 대해 종합하면 다음과 같다.

정조는 23년(1799)에 서형수와 윤광안에게 왕명을 받들어 『어정대학유의』를 다시 교열하여 편찬하도록 하는데, 이미 교열한 필사본의 저본을 대상으로 왕과 두 신하 사이에 세밀한 토론이 이루어졌다. 정조가 두 사람의 의견을 절충하여 교열에 대한 내용을 결정하여 편집하도록 한 것이 『유의평례』 2권이다. 『유의평례』에 나타난 『대학연의』의 교감에 관한 연구를 종합하면 다음과 같다.

1) 정조는 서형수를 정조 7년(1783) 4월 24일에, 윤광안은 정조 11년(1787) 1월 26일 초계문신에 발탁하여 정조의 문헌 편찬 사업과 관련된 일에 깊이 관여하도록 하였다. 정조는 23년(1799)에 『어정대학유의』의 최종 교열에 합류하도록 하였다. 정조는 1차 서형수와 윤광안에게 『대학연의』의 교감 내용을 항목별로 받아서 모두 검토하여 최종 결정을 하였다. 『대학연의』의 교감 내용은 『유의평례』 1, 권수첨/3항목, 권1첨/4항목, 권2첨/5항목, 권3첨/6항목, 권4첨/13항목 권5첨/12항목, 권6첨/3항목, 권7첨/7항목으로 총 8권첨 53항목이다.

2) 첫째, 권수첨의 3개 항목에서는 『어정대학유의』의 체재에 대한 것이 결정되었다.

둘째, 권1첨의 4개 항목에서는 진덕수 주석 부분은 간략하게 처리되었다. 순황과 양웅의 학설은 이단으로 보고 삭제되도록 하였다.

셋째, 권2첨의 5개 항목에서는 『어정대학유의』 권1의 체재가 결정되었다. 호굉의 설은 삭제되었으며, 한·당 황제들의 패도에 관한 내용도 위학지본의 측면이 아니어서 채택되지 않았다.

넷째, 권3첨의 6개 항목에서는 진덕수의 주석을 그대로 두는 것에 무게를 두어 결정되었고, 내용 추가는 대부분 채택되지 않았다.

다섯째, 권4첩의 13개의 항목을 보면, 우선 「격물치지지요」 1, 2, 3, 4의 순서를 정하였다. '洪範五皇極'의 안건에 대하여 본문 다음에 주희의 주에서 간략하게 선별하여 싣고, 나머지 주는 생략되었다. '子曰 吾道一以貫之'에서는 진덕수의 주석 중 끝머리에 있는 "誠能卽先儒之說 探窮其指而力行之 則一心可以宰萬物 一理可以貫萬事 而聖門之功用在我矣"를 추가하기를 제안하자, 정조(C)는 이 대목이 이일분수(理一分殊)의 뜻을 밝힐 수 있으니 첨가하도록 허락하였다. '舜典象以典刑'은 서(A)와 윤(B)은 일부 내용의 삭제를 주장하였고, 정조(C)가 동의했는데, 실제 규 1970 『어정대학유의』에는 본문과 진덕수의 주석까지 모두 삭제되었다. '以上論義利輕重之別'은 윤(B)이 순자의 염철론과 육지가 말한 세 조목의 추가를 제안했는데, 정조(C)는 수용하지 않았다. 실제 규 1970 『어정대학유의』에는 『맹자』 뒤에 『순자』가 있는 것을 보면 다시 조정된 것으로 여겨진다. '唐德宗貞元二年 上畋於新店'은 윤(B)은 섭이중의 시를 넣기를 청하였고, 정조(C)는 그 의견을 수용하지 않고 당 정원 2년의 사적까지도 추려 내도록 하였다. 실제 규 1970 『어정대학유의』에는 이 내용이 완전히 빠져 있다.

여섯째, 권5첩의 12개 항목을 보면, '孔子觀周'는 윤(B)이 '無所行悔'를 '無行所悔'로 바꿀 것을 제안했고, 서(A)는 그대로 둘 것을 제안하였다. 정조(C)는 본문을 따르도록 하라고 지시하여 서(A)의 의견을 수용하였다. 실제 규 1970 『어정대학유의』에는 윤(B)이 제시했던 '無行所悔'로 되어 있다. '晉獻公卜伐驪戎'은 윤(B)이 의화와 자산의 설을 일부 초록해 넣기를 제안했는데, 정조(C)는 화려하고 과장된 글이라고 하여 수용하지 않았다. 정조(C)는 '晉侯疾 求醫於晉'과 '鄭子産如晉問疾'의 본문과 주석을 모두 삭제하도록 하였고, 실제 규 1970 『어정대학유의』에는 모두 빠져 있다.

일곱째, 권6첩의 3개 항목의 경우, '衛侯在楚'는 윤(B)이 제안한 일부 내용의 선별 수록에 대해, 정조(C)는 선별의 체제는 근엄함을 높이 치니, 훈고한 부분을 적절히 줄여야 한다는 주장은 과연 옳다고 하였다.

여덟째, 권7첩의 7개 항목에서는 대부분의 내용이 간략하게 선집되었다. '內臣忠勤之福'은 윤(B)이 일부 내용 몇 조목을 초출하여 추가하는 것에 대한 의견을 제시하였다. 정조(C)는 환관에게는 충근하다는 이유로 조정의 정치를 맡겨서는 안 될 것이라는 이유를 들어 수용하지 않았다. 실제 규 1970『어정대학유의』에는 내신충근지복의 관련 내용은 모두 삭제되었다. '李輔國以閹奴'는 윤(B)의 내용 추가 및 '협자(俠者)'의 오자 제기가 있었고, 서(A)는 '협(俠)' 자는『당서』본전에 '협(俠)' 자로 되어 있으니, 오자가 아니라고 하였다. 이에 대해 정조(C)는 서(A)의 의견은 수용하고, 윤(B)의 의견은 부분적으로 수용하여 '불평(不平)' 아래에 네 글자를 당연히 보충하여야 할 것이며, '협(俠)' 자는『당서』본전을 따라야 할 것이며, 번다한 부분은 당연히 추려서 적절히 줄이라고 하였다. 실제 규 1970『어정대학유의』에는 '李輔國以閹奴'의 항목은 간략하게 발췌되었고, '불평(不平)' 아래 '不欲顯戮'의 네 글자가 들어가 있으며, '협(俠)' 자는 그대로 사용되었다.

4.『어정대학유의』의 교감에서『유의평례』에 나타난『대학연의보』의 교감에 대해 종합하면 다음과 같다.

4-1.『유의평례』에 나타난『대학연의보』의 체재에 대해 종합하면 다음과 같다.

1)『대학연의보』의 체재에 대해 종합하면, 첫째, 구준의『대학연의보』는 본문 160권, 보전서 1권, 목록 3권 총 164권 40책이다. 구준은『대학』을 유학자의 전체대용의 학문으로 보았다. 그는 진덕수가 저술한『대학연의』의 격물치지·성의정심·수신제가를 본받고, 제가 아래에 치국·평천하의 요점을 보완하여『대학연의보』를 저술하였다. 둘째, 구준은『대학』에서 언급한 전체대용의 체계를 국가조직론의 이상사회에 맞추어 국가조직의 중심인 군주의 정심, 국가조직의 최고 중심체인 조정, 국가조직을 집행하는 백관, 정치의 대상인 만민과 사방, 치평의 효과의 6개 영역으로 체계화하였다. 셋째, 제1영역은 치평의 체인 정심으로 심기미(권수) 4세목이다. 제2영역은 조정으로 육부의 총론에 해당되며 정조정 4권(권1~권4) 6세목이다. 제3영역은 백관으로 이부에 해당되며 정백관 8권(권5~권12) 11세목이다. 제4영역은 만민으로 호부, 예부, 공부, 형부에 해당된다. 고방본 7권(권13~권19) 11세목과 제국용 16권(권20~권35) 11세목은 호부에, 명예악 18권(권36~권53) 6세목, 질제사 13권(권54~권66) 7세목, 숭교화 18권(권67~권84) 11세목은 예부에, 비규제 15권(권85~권99) 16세목은 공부에, 신형헌 14권(권100~권113) 14세목은 형부에 해당된다. 제5영역은 엄무비 29권(권114~권142) 16세목과 어이적 14권(권143~권156) 9세목은 병부에 해당된다. 제6영역은 치평의 효과에 해당되며 성공화 4권(권157~권160) 1세목이다.

4-2. 심기미의 교감에 관한 연구를 종합하면 다음과 같다.

1) 심기미의 교감 항목은 『유의평례』 1 권5첨 8항목으로 ①'大學傳六章第一節', ②'中庸首章第三節', ③'以上謹理欲之初分', ④'知幾其神乎', ⑤'象曰 天與水違行訟', ⑥'帝庸作歌曰 勑天之命', ⑦'周書嗣若功', ⑧'禮記曰 禮之敎'이다.

2) 심기미의 교감 내용 및 결과는 ①'大學傳六章 第一節'에서는 구준이 '審幾微'한 절목을 보충한 공을 평가하여 본문 다음에 구준의 안이 수록되도록 결정되었다. ②'中庸首章 第三節'은 체재에 대한 것으로 경전의 명칭 다음에 몇 장 몇 절은 생략하도록 결정되었다. ③'以上謹理欲之初分'은 체재에 대한 것으로 '以上' 아래에 '論' 자를 넣는 것은 생략하도록 결정되었다. ④'知幾其神乎'는 그 아래 실린 조목에 관한 교감 결과이다. '知幾其神乎'에 이어 『주역』「계사」 하전 제5장의 본문 중에 "君子見幾而作 不俟終日 易曰 介于石 不終日 貞吉 介如石焉 寧用終日 斷可識矣 君子知微知彰知柔知剛 萬夫之望" 부분이 인용되어 있고, 정이, 호인의 주석, 그리고 구준의 안이 차례로 실려 있다. 정조(C)는 호인의 주석에 대한 부정적인 생각을 제시하였다. 규 1970 『어정대학유의』에는 이 부분이 모두 빠져 있다. ⑤'象曰 天與水違行訟'은 본문 다음의 도결(都潔)의 주석에 관한 교감 결과이다. 정조(C)는 도결의 주장을 매우 긍정적으로 평가하였다. 구준의 『대학연의보』에는 본문 다음에 정이, 도결, 및 구준의 안이 실려 있는데, 규 1970 『어정대학유의』에는 본문 다음에 정이의 주석은 빠져 있고, 도결의 주석 및 구준의 안이 실려 있다. ⑥'帝庸作歌曰 勑天之命'은 내용의 중복에 대한 교감 결과이다. 정조(C)는 본문과 구준의 안까지 삭제하자는 서(A)의 의견을 수용하였다. 규 1970 『어정대학유의』에는 완전히 빠져 있다. ⑦'周書嗣若功'은 구씨(丘氏)의 설 중 '以' 자의 '而' 용례에 대한 교감 결과이다. 정조(C)의 의견대로 '以' 자와 '而' 자를 대로 놓는 것으로 결정되었다. ⑧'禮記曰 禮之敎'는 본문 다음에 오징(吳澄)의 주석에 대한 교감 결과이다. 구준의 『대학연의보』에는 '禮記曰 禮之敎'의 본문 다음에 섭몽득과 오징의 주석이 있고, 이어 구준의 안이 있는데, 정조(C)는 오징의 주석에 대한 부정적인 생각을 제시하였다. 규 1970 『어정대학유의』에는 본문 다음에 섭몽득과 오징의 주석은 빠져 있고, 구준의 안만 실려 있다.

4-3. 정조정과 정백관의 교감에 관한 연구를 종합하면 다음과 같다.

1) 정조정 4권(권1~권4)은 육부의 총론에 해당하며 6세목이다. 권1 총론, 권2 정강

기지상, 정명분지등, 권3 공상벌지시, 근호령지반, 권4 광진언지로 등이다. 정백관 8권(권5~권12)은 육부 중 이부에 해당하며 11세목이다. 권5 총론임관지도와 정직관지품, 권6 반작록지제와 경대신지례, 권7 간시종지신, 권8 중대간지임, 권9 청입사지로, 권10 공전선지법, 권11 엄고과지법과 숭추천지도, 권12 계남용지실 등이다.

2) 『대학연의보』 중 정조정의 교감은 『유의평례』 1 권8첨 4항목이다. ①'易曰 天地之大德曰生'에서는 곽옹, 소철, 오징의 주가 모두 삭제되었고, 주희의 주와 구준의 안만 실렸다. ②'以上總論朝廷之政'에서는 이 조목 아래 구씨의 설을 모두 수록하도록 하였는데, 치국평천하의 요점이 총괄해서 언급되었기 때문이다. ③'禮記大傳曰名著'에서는 '論語 子路曰' 부분, 사량좌(謝良佐)의 주석 및 구준의 안이 완전히 생략되었다. ④'春秋穀梁傳'의 경우 『춘추곡량전』의 원문과 구준의 안이 실렸고 주관(周官) 이하는 모두 생략되었다.

3) 정백관의 교감은 『유의평례』 1 권9첨 26항목이다. 내용의 선별 수록 7건, 내용 추가 10건, 내용 조정 4건, 내용 삭제 4건, 글자 수정 1건이다.

첫째, 내용의 선별 수록 7건은 ①, ⑨, ⑩, ⑫, ⑳, ㉔, ㉖이다. ①'說命 惟治亂在庶官'에는 『서경』 「무성편」에서 발췌한 '周書武成 建官惟賢 位事惟能'의 부분만 실렸다. ⑨'國語 近臣進規'에는 이 항목 위에 『서경』 「경명편」의 본문의 내용과 임지기의 주석이 실렸다. ⑩'周禮 太史掌建邦之六典'에는 정조(C)는 윤(B)이 제안한 이 항목 앞의 '漢武帝建元五年 初置五經博士'의 본문과 구준의 안을 일부 절취하여 수록하자는 주장에 반대하였다. 실제 규 1970 『어정대학유의』 권8을 보면, 윤(B)이 주장한 '漢武帝建元五年 初置五經博士'의 본문이 이 항목 앞에 실렸고, 구준의 안은 '丘濬曰 此五經博士之始'의 내용이 발췌되어 실렸다. 이는 윤(B)의 주장이 관철된 것으로 여겨진다. ⑫'睿宗時侍御史楊孚'에는 이 항목은 실렸고, 구준의 안은 생략되었다. ⑳'陸贄言於其君'에는 심기제가 덕종에게 올리는 글의 본문 및 호인의 주는 생략되었고, 육지의 글은 일부만 발췌되어 실렸다. ㉔'荀卿曰下臣事君以貨'에는 이 항목 다음에 효무제(孝武帝)의 조서인 '漢武帝詔曰'의 본문이 실렸다. ㉖'唐高祖以舞胡安叱奴 爲散騎侍郎'은 관직을 남용하는 폐단에 관한 것으로 이 항목 앞에 정조(C)가 언급한 『논어』, 한 문제 및 한 무제의 본문이 선별되어 실렸다.

둘째, 내용 추가의 10건은 ②, ⑤, ⑦, ⑬, ⑭, ⑲, ㉑, ㉒, ㉓, ㉕이다. ②'禮記緇

衣'의 경우, 이 항목 다음에 공영달(孔穎達)의 주석은 생략되었고, 구준의 안이 일부 조율되어 실렸다. ⑤'冢宰掌邦治'의 경우, 정조(C)는 윤(B)이 주장한 통정사(通政司)의 내용 아래 순전(舜典), 그 주와 안설까지 추가하는 것에 반대하였다. 규 1970『어정대학유의』 권8을 보면,『서경』「주서」 주관 제7장부터 13장까지의 본문이 합쳐지고, 각 장에 붙인 주석은 모두 생략되었으며, 마지막에 있는 여조겸 및 구준의 안만 실렸다. ⑦'詩大雅卷阿首章'의 경우, 권아장 수장(首章)의 주석, 다음에 나오는 3장, 5장, 졸장(卒章)의 본문 및 주석은 모두 생략되었고, 졸장에 붙은 구준의 안 중 일부만 발췌되어 실렸다. ⑬'唐太宗制曰 自今中書門下'의 경우, 이 항목 다음에 '宋歐陽修曰 諫官者'의 본문이 연결되었고, 구준의 안 중 사마광이 언급한 부분이 발췌되어 실렸다. ⑭'宋蔡襄告其君'의 경우, 이 항목 중 '任諫非難 聽諫爲難 聽諫非難 用諫爲難'은 삭제되었고, 다음에 '蘇軾言於其君曰'의 내용이 발췌하여 연결되었으며, 각 본문 아래에 있던 주석과 구준의 안은 모두 삭제되었다. ⑲'開元十八年 裴光庭爲吏部尙書'의 경우, 이 항목 중 '人年三十而出身 四十乃得從事 更造格以方正爲差 若循新格則六十未離一尉'는 생략되었고, 윤(B)이 주장한 구씨의 안은 정조가 반대하여 실리지 않았다. ㉑'漢郡守辟除'는 내용 추가에 관한 건이다. 이 항목은 실렸고, 구준의 안은 생략되었다. 이 항목 다음에 '宣帝始親政事'의 본문이 연결되었으며, 그 다음에 구준의 안은 일부 내용만 선별되어 실렸다. ㉒'以上嚴考課之法'의 경우, 이 항목 위의 사마광의 두 조목 중 사마광이 인종에게 올리는 글인 한 조목만 실렸고, 이 항목의 뒤에 실린 구준의 안은 일부 내용만 발췌되어 실렸다. ㉓'春秋穀梁傳曰 學問無方'에서는 두 의견이 제시되었다. 하나는『주역』태괘(泰卦) 초구(初九)의 효사(爻辭)만을 싣는 것이고, 또 하나는 좌씨(左氏)의 본전(本傳) 부분을 싣는 것이다. 규 1970『어정대학유의』 권8을 보면, 이 항목 다음에 구준의 안은 생략되었고,『좌전』양공(襄公) 3년조의 내용이 실렸다. ㉕'崔祐甫爲相 薦擧惟其人'에 윤(B)이 주장한, 당 문종, 주 세종, 송의 단공, 송 진종 시의 천거에 관한 내용은 모두 삭제되었다.

셋째, 내용 조정의 4건은 ③, ⑥, ⑧, ⑯이다. ③'周禮 小宗伯掌三族之別'의 경우, 이 항목 다음에 진부량(陳傅良)의 주석 및 구준의 안은 모두 삭제되었다. ⑥'周禮 馮相氏掌十有二歲'를 보면, 이 항목은 삭제되었고, 이 항목의 앞에 있는 '堯典 乃命羲和 欽若昊天 曆象日月星辰 敬授人時'의 본문 중에서 '堯典 乃命羲和 欽若昊天'만이 실렸고, 이 항목의 다음에 실려 있는 구준의 안 중 일부만 발췌되어 '堯典 乃命羲和 欽若昊天' 다음에 실렸다. ⑧'史漸曰 忠厚近迂闊'의 경우, 정조(C)는 필명편(畢命篇)에 수록하지 않고 소고편(召誥篇) 아래에 억지로 붙여 놓은 것은 조목을 나눌 때 잘못 조검(照檢)했음을 인정하였다. 따라서 '畢命 惟公懋德'의 본문 다음에 채침(蔡沈)의 주석은 생략되었고 구준의 안설 중 사점을 인용한 부분만 발췌되어 실렸다. ⑯'漢武帝時 太常孔臧等'의 경우, 이 항목 중 '漢武帝時 太常孔臧等議 請太常博士置弟子 詣太常得受業 能通一藝以上 補文學掌故缺 其高弟可以郎中者 太常籍奏' 부분만 선별되어 실렸다.

넷째, 내용 삭제의 4건은 ④, ⑮, ⑰, ⑱이다. ④'周官立太師太傅'의 경우 이 항목 다음에 호안국, 여조겸, 진부량의 주석이 모두 삭제되었고 구준의 안이 일부 조정되어 실렸다. ⑮'光武始詔三公'의 항목은 정조의 의견대로 '光武始詔三公'의 본문 다음에 구준의 안 중 '丘濬曰 前此擧士無常時 至此始歲一擧'의 부분만 발췌되어 실렸다. ⑰'以上淸入仕之路'의 경우 구준의 안 중 정조(C)가 언급한 대로 '丘濬曰 本朝雖大封拜 百官亦未嘗具服拜賀 惟於策士傳臚之後 群臣致辭慶賀曰 天開文運 賢俊登庸'의 내용만이 선별되어 실렸다. ⑱'自唐制庶官五品以上 至丘說法也'의 경우, 정조(C)는 이 항목은 "한때의 제도(制度)이니 실을 것이 없다." 하였다. 규 1970 『어정대학유의』 권8에 보면, '唐制庶官五品以上'부터 구씨의 설 중 '法也'까지의 항목은 모두 삭제되었다.

다섯째, 글자 수정은 ⑪의 1건이다. ⑪'唐改內史舍人'의 경우 서(A)의 의견대로 구준 안의 끝줄 소주에 '以上中書舍人'은 '此中書舍人'으로 바뀌었다.

4-4. 고방본과 제국용의 교감에 관한 연구를 종합하면 다음과 같다.

1) 고방본 7권(권13~권19)은 11세목이다. 권13 총론고본지도, 번민지생, 권14 제민지산, 권15 중민지사, 관민지력, 민민지궁, 권16 휼민지환, 권17 제민지해, 권18 택민지장, 권19 분민지목, 순민지막 등이다.

2) 고방본의 교감은 『유의평례』 1 권10첨 7항목이다. 내용 선택 1건, 내용 연결 1건, 내용 조정 3건, 내용 발췌 1건, 내용 추가 1건이다.

첫째, ①'孟子曰 得天下有道'는 내용 선택 건이다. 이 항목 위에 고방본의 핵심취지로 윤(B)은 『서경』 우서(虞書)의 대우모(大禹謨)를, 정조(C)는 『서경』 하서(夏書) 오자지가 편을 주장하였다. 규 1970『어정대학유의』 권9에는 이 항목 위에 실제로 오자지가 편은 빠져 있고, 대우모 편이 실려 있어 윤(B)의 주장대로 되었다.

둘째, ②'章帝元和二年'은 항목 간의 내용 연결 건이다. 정조(C)는 서(A)가 이 항목 위에 "'한 혜제(漢惠帝)'부터 '오산(五筭)'까지의 한 단락을 초록해 넣어야 구준의 안과 내용이 서로 연결된다."는 주장에 동의하였다. 규 1970『어정대학유의』 권9에는 '漢惠帝六年…'의 항목이 '章帝元和二年' 위에 있다.

셋째, 내용 조정은 ③, ④, ⑦의 3건이다. ③'以上蕃民之生'의 경우, 정조(C)는 윤(B)의 의견을 수용하여 이 조목 위에, 본서 중 서씨(徐氏)의 설과 두씨(杜氏)의 설을 구씨의 안설과 함께 초록하여 싣도록 하였다. 규 1970『어정대학유의』 권9에는 '以上蕃民之生'의 위에 서간의 글은 본문만 싣고, 구준의 안은 생략되었다. 두우(杜佑)의 글은 본문은 절록하고, 역시 구준의 안은 생략되었다. ④'漢武帝時董仲舒說上'의 경우, 정조(C)는 윤(B)이 주장한 "이 조목 아래에, '한 효애제 때[漢孝哀帝時]'로 시작하는 한 조목을 초록해 싣는 것이 좋을 듯합니다."라는 의견에 반대하였다. 규 1970『어정대학유의』 권9에는 '漢武帝時董仲舒說上'은 "漢武帝時 董仲舒說上曰 古井田法 雖難猝行 宜少近古 限民名田 以贍不足 塞兼並之路 然後可善治也"의 내용만 발췌해 수록되었고, 윤(B)이 주장한 한나라 효애제때의 사단과 공광의 논의가 들어 있는 "漢孝哀時 師丹請建限田 下其議 孔光何武 請吏民名田 無過三十頃"의 본문은 삭제되었다. ⑦'以上除民之害'의 경우, 정조(C)는 윤(B)과 서(A)가 주장한 "황하의 재해에 관한 조목의 삭제 건에 대해 반대하고, 가양(賈讓)의 황하를 다스리는 세 가지 방책(方策)을 발췌해 싣도록 하였다. 규 1970『어정대학유의』 권9를 보면, 정조(C)의 의견대로 치수와 관련된 '孟子曰 當堯之時 天下猶未平'의 본문, '史記 禹抑鴻水十三年'의 본문, 가양의 방책인 哀帝初卽位 待詔賈讓奏言 治河有上中下三策'의 본분 및 '至正四年夏 久雨河溢決堤'의 본문에 대한 구준의 안이 발췌되어 실렸다.

넷째, ⑤'魏史起 爲鄴令'은 내용 발췌 건이다. 정조(C)는 윤(B)이 주장한 "정국거(鄭國渠)라는 수로는 고금을 통하여 수리(水利)의 원조(元祖)이니, 본서 중 그 한 조목을 취하여 이 조목 아래에 첨가해 넣는 것이 옳을 듯합니다."라는 의견을 수용하였다. 규 1970『어정대학유의』 권9에는 '魏史起爲鄴令'의 본문이 수록되었다.

다섯째, ⑥'唐貞觀二年 遣使賑飢民'은 내용 추가 건이다. 정조(C)는 윤(B)의 내용 첨가에 대한 의견에 반대하였다. 규 1970『어정대학유의』 권9를 보면, 윤(B)이 주장한 '唐貞觀二年遣使賑飢民'의 앞의 항목인 이회의 '魏李悝平糴法'과 조조의 '鼂錯言於漢文帝曰' 및 장손평의 '隋開皇五年 度支尙書長孫平'의 항목은 모두 삭제되었다.

3) 제국용 16권(권20~권35)은 11세목이다. 권20 총론이재지도 상, 권21 총론이재지도 하, 권22 공부지상, 권23 경제지의 상, 권24 경제지의 하, 권25 시적지령, 권26 동저지폐 상, 권27 동저지폐 하, 권28 산택지리 상, 권29 산택지리 하, 권30 정각지과, 권31 부산지적, 권32 죽산지실, 권33 조만지의 상, 권34 조만지의 하, 권35 둔영지전 등이다.

4) 제국용의 교감은『유의평례』1 권11첨 12항목이다. 범례 1건, 내용 조정 3건, 내용 수정 1건, 내용 추가 5건, 소주쌍행처리 1건, 1항목 2개의 안건 1건이다.

첫째, ⑦'太宗置景福殿庫'는 범례 건이다. 정조(C)는 윤(B)과 서(A)의 논의 중 서(A)의 의견을 수용하였다. 서(A)는 "이 책의 범례는, 지금 사신의 의논을 실으면서 '사신왈'을 잘라 내고 곧바로 '송자중세(宋自中世)'로 써 내려간다면 이는 누구의 논설이 될 것이며 어찌 범례에 어긋나지 않겠습니까. 구씨(丘氏)의 설까지 모두 추려 내는 것보다 못할 것입니다." 하였다. 규 1970『어정대학유의』 권10에는 '太宗置景福殿庫'의 본문 및 주석이 모두 삭제되었다.

둘째, 내용 조정은 ①, ④, ⑫의 3건이다. ①'漢興天下旣定高祖約法'의 겨우, 정조(C)는 윤(B)의 의견을 일부 수용하여 "문제 12년에 조명을 내려 천하 백성들의 조세의 반을 견감케 하였다는 부분을 첨가해 싣고, 안설(按說)에서는 '한문제재위(漢文帝在位)'부터 '명효야(明效也)'까지를 뽑아 첨가해야 할 것이다." 하였다. 규 1970『어정대학유의』 권10에는 '漢興天下旣定高祖約法' 다음에 '文帝十二年 詔賜天下民租之半'의 본문이 실리고, 구준의 안설은 일부 내용이 발췌되어 실렸으며 호인의 글은 실리지 않았다. ④'玉府掌王之金玉玩好'의 경우, 정조(C)는 윤(B)의 의견에 여지를 두었다. 규 1970『어정대학유의』를 보면, 윤(B)의 의견이 수용되었다. '王府掌王之金玉玩好' 다음에 '사회(司會)' 조항의 본문이 발췌되어 실렸고, '사회(司會)' 본문 다음에 '늠인(廩人)' 항목 다음의 구씨의 설 중 '주례(周禮)'의 내용이 발췌되어 실렸다. ⑫'漢興高祖時 漕運山東之粟'의 경우, 정조(C)의 단독 의견이 반영되었다. 규 1970

『어정대학유의』 권10을 보면, '漢興高祖時漕運山東之粟'의 본문 다음에는 '元封元年' 다음에 있는 구준의 안설이 절록되어 실렸고, 이어 '宣帝五鳳中'에 나오는 경수창은 생략되고, 조충국의 관련 본문인 '趙充國 條留屯十二便 其五曰 至春省甲士卒循河湟漕穀至臨羌 以威羌虜 揚武折衝之具也'가 실렸다.

셋째, ②'唐初 始定租庸調之法'은 내용 수정 건이다. 정조(C)는 윤(B)과 서(A)의 문장 수정에 대한 의견에 반대하여 의례대로 싣도록 하였다. 규 1970 『어정대학유의』 권10에는 '唐初始定租庸調之法'의 원문 그대로 실렸다.

넷째, 내용 추가는 ⑤, ⑥, ⑧, ⑨, ⑪의 5건이다. ⑤'漢賈山作至言'의 경우, 정조(C)는 윤(B)의 의견을 조건부로 수용하여 "첨가하고자 한다면 『시경』 보전편 1장 외에 주자의 설부터는 초록할 필요가 없을 것이다." 하였다. 하지만, 규 1970 『어정대학유의』 권10에는 실리지 않았다. ⑥'唐故事 天下財賦歸左藏'의 경우, 정조(C)는 윤(B)이 "이 조목 아래에, 본서 중 양염(楊炎), 이필(李泌)이 덕종에게 간한 말, 두 조목을 첨가해 넣는 것이 좋을 듯합니다."라는 의견에 반대하였다. 규 1970 『어정대학유의』 권10에는 '唐故事天下財賦歸左藏'의 본문만 실려 있다. ⑧'魏李悝曰 糴甚貴傷人'의 경우, 정조(C)는 윤(B)의 "'제민(濟民)' 아래에, 본문 중 '관중(管仲)'부터 '차설(此說)'까지의 40자를 첨가해 넣는 것이 좋을 듯합니다."라는 의견에 반대하였다. 『대학연의보』 권25 제국용 시적지령에는 '魏李悝曰糴甚貴傷人'의 본문 다음에 마단림(馬端臨)의 주와 구준의 안이 실려 있는데, 규 1970 『어정대학유의』 권10에는 '魏李悝曰糴甚貴傷人'의 본문 다음에 마단림의 주석이 모두 실려 있어 윤(B)의 의견이 관철된 것으로 여겨진다. ⑨'宋神宗用王安石'의 경우, 정조(C)는 윤(B)의 의견에 반대하여 "경산(瓊山)의 의논은 통투(通透)하지 않음이 없지만 이따금 한만(汗漫)한 부분도 있다. 이런 까닭에 초록할 때 매양 여의(餘義)를 두어 이 책을 보는 이로 하여금 여의를 궁구하는 즈음에 다소의 자미(滋味)를 깨달을 수 있도록 한 것이니, 굳이 더 초록할 필요는 없다." 하였다. 규 1970 『어정대학유의』 권10에는 정조(C)의 의견대로 구준의 안은 발췌되어 실렸다. ⑪'宋初諸路未盡禁酒'의 경우, 정조의 단독 의견이다. 규 1970 『어정대학유의』 권10에는 정조(C)의 의견대로 이 조목 아래에 구씨의 안설 중 '今日化民厚俗'부터 '一端也'까지의 내용이 발췌되어 실렸다.

다섯째, ⑩'管子曰 今鐵官之數'는 소주쌍행 건이다. 정조(C)는 서(A)가 "이 조목 끝줄에, 소주 쌍행으로 '이상언철(以上言鐵)' 넉 자를 써야 할 것입니다."라고 한 의견에 여지를 두었다. 규 1970『어정대학유의』 권10에는 서(A)의 의견대로 '管子曰今鐵官之數'의 본문이 끝난 다음에 소주쌍행으로 '以上言鐵' 넉 자가 삽입되었다.

여섯째, ③'漢和帝時 南海獻荔支龍眼'은 1항목 2개의 안건이다. 하나는 정조(C)가 윤(B)의 의견을 일부 수용하여 "태재(太宰)에 관한 내용 한 조목은 첨가해야 할 것이다." 하였다. 또 하나는 정조(C)는 윤(B)의 의견인 "이 조목 아래에, 본서 중 순제(順帝)가 문롱(文聾)을 책망한 조서(詔書)를 첨가해 싣는 것이 좋을 듯합니다."를 수용하지 않았다. 규 1970『어정대학유의』 권10에는 '漢和帝時南海獻荔支龍眼'의 본문만이 실렸고, 태재(太宰)에 관한 내용의 한 조목은 첨가되지 않았다. 이 항목은 정조(C)의 의견이 관철되지 않은 것으로 여겨진다.

4-5. 명예악, 질제사와 숭교화의 교감에 관한 연구를 종합하면 다음과 같다.

1) 명예악 18권(권36~권53)은 6세목이다. 이의 교감은『유의평례』2 권12첨 6항목과 권13첨 7항목이다. 그중 권12첨 6항목은 명예악 총론예악지도 1건, 악률지제에 관련된 5건의 교감이 이루어졌고, 권13첨 7항목은 왕조지례 2건, 군국지례 1건, 가향지례 4건의 교감이 이루어졌다.

첫째, 권12첨 6항목의 교감을 살펴보면, 총론예악지도 1건은 ①'論語 有子曰禮之用 和爲貴'이다. 이 항목 다음에 정이의 주석을 넣고, 범조우 및 주희의 주석은 삭제하였으며, '又曰'로 이어지는 부분은 정이의 주석이 추가되었다. 악률지제에 관한 것은 ②, ③, ④, ⑤, ⑥의 5건이다. ②'典同掌六律六同之和'의 경우 전동(典同)에 관한 한 조목은 그대로 실었다. ③'是故先王發以聲音'의 경우, 두우의 자성(子聲)에 관한 설인 '杜佑通典曰 十二律相生之法' 항목은 그대로 싣도록 하였다. ④'杜佑通典曰 十二律相生之法'은 3가지 의견이 조율되었다. 두우의 자성(子聲)에 관한 설인 '杜佑通典曰 十二律相生之法' 항목은 그대로 싣도록 하였고, 본문의 내용 중에 '부씨(鳧氏)' 이하는 주단청의『율려정의』중에 인용된『통전』에 근거하여 정조가 조율한 내용을 싣도록 하였으며, 본문 다음에 채원정의 주석을 싣고, 주희의 주는 삭제하도록 하였다. ⑤'孔穎達禮疏曰黃鍾'의 경우, 이 항목의 본문 및 채원정의 주석이 실리고, 구준의 안은 삭제되었다. ⑥'張子曰 聲音之道'의 경우, 장자의 이름은 피휘(避諱)하지 않고 장재(張載)로 실렸다.

둘째, 권13첨 7항목을 살펴보면, 왕조지례는 ①, ②의 2건이다. ①'大僕掌正王之服位'의 경우, 이 항목의 본문 다음에 구준의 안은 간략하게 발췌되어 실렸다. ②'唐書 玄宗以帝生日爲千秋節'의 경우, 구씨의 안 중 일부 내용이 발췌되어 실렸다. 군국지례는 ③의 1건이다. ③'月令季冬之月'의 경우, 이 항목 다음에 진호와 진상도의 주가 생략되고, 대신 '宋志立春前五日'의 항목 다음에 있는 구준의 주석이 발췌되어 실렸다. 가향지례는 ④, ⑤, ⑥, ⑦의 4건이다. ④'文中子曰 冠禮廢'의 경우, 2가지 의견이 조율되었다. 이 항목 다음에 주자의 『가례』 서문 첫째 단락과 둘째 단락이 실리고 의견의 일치를 보지 못했던 구준의 안은 모두 삭제되었다. ⑤'曲禮曰 凡爲人子之禮'의 경우, 이 항목 다음에 『예기』에서 인용된 5개 항목의 본문이 모두 합쳐지고, 각 본문에 붙인 주석은 모두 생략되었다. ⑥'士冠禮曰 筮于廟門'의 경우 이 항목과 축사가 실렸다. ⑦'左傳莊公二十七年'의 경우, 이 항목의 내용은 물론 '女子歸寧之禮'의 항목이 모두 삭제되어 윤(B)의 의견이 관철된 것으로 여겨진다.

2) 질제사 13권(권54~권66)은 7세목이다. 이의 교감은 『유의평례』 2 권14첨 9항목이다. 교사천지지례 1건, 종묘향사지례 2건, 국가상사지례 2건, 내외군사지례 1건, 제고기도지례 1건, 석전선사지례 1건, 기타 1건 등이다.

첫째, 교사천지지례 1건은 ①'大司樂凡樂圜鍾爲宮'이다. 이 항목의 위에 '周禮 大宗伯以禋祀 祀昊天上帝'의 본문이 실렸고, 이 항목 다음에 호굉 및 오징의 주석은 생략되었으며, 구준의 안이 발췌되어 실렸다. 둘째, 종묘향사지례는 ③, ④ 2건이다. ③'月令仲春之月天子乃鮮'의 경우, 이 항목 앞에 '王制 天子七廟 三昭三穆 與太祖之廟而七'의 본문 및 구준의 안이 실렸고, 주희의 주석은 삭제되었다. 이 항목 다음에 진상도(陳祥道)의 주석 및 구준의 안이 실렸다. ④'致齋於內 散齋於外'의 경우, 이 항목은 삭제되었다. 셋째, 국가상사지례는 ⑤, ⑥ 2건이다. ⑤'祭義 祭日於壇 祭月於坎'의 경우, 이 항목 다음에 방각(方慤)의 주 및 구준의 안, '大宗伯 以槱燎祀中司命 飌師雨師'의 본문, '天府 若祭天之司民司錄 而獻民數穀數 則受而藏之'의 본문 및 구준의 안이 실렸다. ⑥'宋眞宗大中祥符五年'의 경우, 서(A)의 의견이 반영되어 이 항목 다음에 진순(陳淳)의 주 및 구준의 안이 발췌되어 실렸다. 넷째, 내외군사지례는 ⑦'以上內外羣祀之禮'이다. 이 항목 위의 구준의 안은 삭제되어 윤(B)의 의견은 수용되지 않은 것으로 여겨진다. 다섯째, 제고기도지례는 ⑧'大雅生民曰厥 初生民'

이다. 이 항목과 주희의 주석이 생략되었고, 대신 '禮記月令'의 항목이 실렸고, '三代世表曰'의 항목 다음에 나오는 구준의 안은 발췌되어 실렸다. 여섯째, 석전선사지례 1건은 ⑨'歐陽脩曰 古者士之見師'이다. 이 항목과 구준의 안은 삭제되었고, 그 아래의 웅화의 본문 및 송렴의 주석이 발췌되어 실렸다. 일곱째, 기타 1건은 ②'禮器條以下諸條之當添'이다. 이 항목은 정조(C)가 방첨으로 뽑았다가 없앤 것이어서 어느 내용인지 알 수 없다.

3) 숭교화의 교감은 『유의평례』 2 권15첨 24항목이다. 총론교화지도 1건, 설학교이입교 6건, 명도학이성교 5건, 본경술이위교 4건, 궁효제이돈화 2건, 근호상이솔민 1건, 광교화이변속 4건, 거증익이권충 1건 등이다.

첫째, 총론교화지도 1건은 ①'周禮大司徒'이다. 이 항목 앞에 순전의 오교인 '書舜典 帝曰 契 百姓不親 五品不遜 汝作司徒敬敷五教在寬'의 본문만 실렸다. 둘째, 설학교이입교는 ②, ③, ④, ⑤, ⑥, ⑦의 6건이다. ②'文王有聲曰鎬京辟廱'의 경우, 이 항목 다음에 나오는 '子衿'과 '菁菁者莪'의 두 시는 생략되었다. ③'大司樂掌成均之法'의 경우, 경문에 소주는 달지 않았고, 이 항목 다음에 정현, 가공언, 여조겸의 주석 및 구준의 안이 생략되었고, 오징의 주석은 발췌되어 실렸다. ④'禮記王制曰天子命之教'의 경우, 이 항목 다음에 '學正崇四術'로 시작하는 본문은 삭제되고, 다음에 나오는 '王太子王子 群后之太子'의 본문이 연결되었다. ⑤'比年入學中年考校'의 경우, 『학기』에서 인용된 5항목의 본문들이 발췌되어 합쳐지고 각 주석은 생략되었다. ⑥'漢董仲舒對策曰 王者南面而治'의 경우, 이 항목 위에 '尙書大傳'의 본문 및 구준의 안이 실렸고, 이어서 '孟子設爲庠序'의 본문이 발췌되어 실렸다. 정조(C)가 주장한 이 항목은 삭제되지 않았고, 본문 및 구준의 안이 발췌되어 실렸다. ⑦'朱子感興詩曰 聖人司教化'의 경우, 이 건은 범례에 관한 것으로 정조(C)의 의견대로 이 항목 위에 '朱子曰'로 시작하는 항목이 있어도 '朱子' 두 자는 그대로 두었다. 셋째, 명도학이성교는 ⑧, ⑨, ⑩, ⑪, ⑫의 5건이다. ⑧'書說命曰 學于古訓'의 경우, 「열명」에서 인용된 3항목의 본문들이 합쳐지고, 각 항목에 붙은 채침의 주석은 생략되었으며 구준의 안은 발췌되어 실렸다. ⑨'論語子曰 學而時習之'의 경우 『논어』에서 인용된 공자의 말씀 13항목의 본문 가운데 2개의 본문만 발췌되었고, 나머지 본문 및 주석들은 모두 삭제되었으며, '君子博學於文'에 붙은 구준의 안설은 발췌되어 실렸다. ⑩'子曰 弟子入則孝'의 경우, 이 항목은 채택되지 않았다. ⑪'中庸曰 天下之達道五'의 경우, 이 항목은 삭제되어 윤(B)의 의견이 관철된 것으로 여겨진다. ⑫'周子曰或問'의 경우, 주자의 말씀 3항목의 본문 가운데 '周子曰或問'의 본문의 전문이 수록되었고, 주석은 삭제되었으며, 나머지 2항목인 '聖希天' 조목과 '聖人之道'의 본문 및 주석들도 모두 삭제되었다. 넷째, 본경술이위교는 ⑬, ⑭, ⑮, ⑯의 4건이다. ⑬'周易易有太極'의 경우, 『주역』에서 인용한 4항목의 본문이 수록되었고, 주석은 모두 생략되었으며, 다만 4번째 인용 본문인 '天地定位' 다음에 주희가 인용한 부분 중 소자(邵子)가 언급한 부분만 발췌되어 수록되었다. 이는 『주역』「계사」상, 11장 '易有太極'장의 내용이 종합되고, 소강절의 선천 역학을 주석으로 넣은 것이다. ⑭'吳澂曰 漢興得先儒所記'의 경우, 이 항목 및 '子所雅言章'의 항목, '興於詩章'의 항목과 주자 및 정자의 주석, '經解 孔子曰'의 항목이 모두 수록되지 않아서 정조(C)가 결정한 내용이 반영되지 않은 것으로 여겨진다. ⑮'或問論語以何爲要'의 경우, 이 항목과 이어서 '又曰 論語之書 其辭近 其指遠 辭有盡 指無窮 有盡者索之訓詁 無窮者要當會之以神' 항목이 연결되어 실렸다. ⑯'程子曰學者'의 경우, 이 항목 중에서는 '子頤曰 學者當以論語孟子 爲本 論語孟子旣治 則六經可不治而明矣' 부분만 발췌되어 실렸고, 구준의 안은 생략되었다. 주자가 언급한 내용은 본문 중에서 '朱子曰 不先乎大學 …論天下之事哉'가 발췌되어 실렸다. 다섯째, 궁효제이돈화는 ⑰, ⑱의 2건이다. ⑰'王制凡養老'의 경우, 이 항목만 실렸고, '有虞氏養國老' 항목은 실리지 않았다. ⑱'漢明帝帥羣臣養三老'의 경우, 이 항목과 '中元元年'의 항목이 발췌되어 실리고, 마단림의 주석과 구준의 안설도 발췌되어 수록되었다. 여섯째, 근호상이솔민 1건은 ⑲'季康子問政於孔子'이다. 이 항목의 본문만 실렸고, 윤(B)이 주장한 '春秋左氏傳'의 항목 및 장무중과 육지의 주석은 삭제되었다. 일곱째, 광교화이변속은 ⑳, ㉑, ㉒, ㉓의 4건이다. ⑳'文翁爲蜀郡守仁愛好敎化'의 경우, 이 항목과 구준의 안설이 발췌되었고, 한연수와 황패의 조목은 본문만 발췌되었다. ㉑'韓延壽爲潁川太守'의 경우, '數十人' 이하에 '設酒食接以禮意' 일곱 자를 넣어 다음 문장의 '因'과 연결되도록 하였다. ㉒'秦彭遷山陽太守'의 경우, 이 항목과 허형, 구람, 제소경, 진양의 사적이 발췌되어 실렸다. ㉓'朱子知漳州'의 경우, 이 항목과 구준의 안설은 모두 삭제되었다. 여덟째, 거증익이권충 1건은 ㉔'唐楊綰卒太常謚文貞'이다. 이 항목은 삭제되었다.

4-6. 비규제와 신형헌의 교감에 관한 연구를 종합하면 다음과 같다.

1) 비규제 15권(권85~권99)의 교감은 『유의평례』 2 권16첨 9항목, 권17첨 20항목, 권18첨 1항목이다. 『유의평례』 2 권16첨 9항목은 도읍지건 상 1건, 궁궐지거 1건, 유유지설 4건, 여위지의 3건이다, 교감 결과는 '書禹貢曰冀州'와 '丘濬曰所貴乎人主者'는 구준의 안설이 발췌되었다. '詩靈臺篇曰經始靈臺'는 『시경』 대아의 문왕지십 8편 영대 4장 중 제2장의 부분만 발췌되었고, 구준의 안설이 실렸다. '左傳襄公十七年宋皇國父'는 본문, 두예의 주석 및 구준의 안설이 모두 삭제되었다. '國語楚靈王爲章華之臺'는 본문 중 "國語伍擧曰 … 於是乎用之" 부분만 발췌되었다. '齊宣王問曰文王之囿'는 '齊宣王問曰文王之囿'의 본문과 구준의 안설만 실렸다. '易坤爲大輿'는 주역의 본문과 오징의 주석이 실렸다. '考工記曰軫之方也'는 본문과 정현의 주석만 실렸다. '凡天子之車曰玉路'는 옥로와 관련된 본문만 실렸다. 권17첨 20항목은 역상지법 상 5건, 역상지법 하 3건, 도적지저 6건, 권량지근 5건, 보옥지기 1건이다. 교감 결과 역상지법 상을 보면, '書帝曰咨汝羲曁和'는 본문, 주희의 주석, 구준의 안설이 모두 실렸다. '在璿璣玉衡' 본문은 그대로 실렸고, 주희의 주석 및 구준의 안설은 발췌되었다. '周禮馮相氏掌十有二歲'와 '保章氏掌天星'은 본문과 오징의 주석만 실렸다. '左傳文公元年'은 본문과 두예, 공영달의 주석과 및 구준의 안설은 모두 삭제되었다. 역상지법 하를 보면, '史記太史公曰神農以前'은 사마천의 역서에 대한 논평 중 "史記 太史公曰 神農以前尙矣 … 乃改元 更官號"의 내용만 실렸다. '蔡邕天文志曰言天體' 본문과 왕번의 주석 및 구준의 안설이 실렸다. '唐志曰曆法尙矣'는 본문과 주자의 주석이 발췌되었다. 도적지저를 보면, '周禮大司徒之職'은 본문과 구준의 안설 중 『대명일통지』 편찬 내력만 발췌되었다. '孔安國曰孔子生於周末' "史記 孔子之時"로 시작하는 본문과 구준의 안설만 실렸다. '漢書藝文志序는 본문이 발췌되었다. '丘濬曰此漢書籍之始末'은 '光武中興'의 본문과 구준의 안설인 '此後漢書籍之始末'의 전문이 수록되었다. '唐分書爲四類'는 본문만 발췌되었다. '宋初有書萬餘卷'은 본문이 발췌되었고, 사신의 주석과 구준의 안설은 삭제되었다. 대신 '宋初有書萬餘卷' 다음에 '仁宗嘉祐中詔曰'에 붙인 구준의 '宋朝以文爲治' 안설이 실렸다. 권량지근을 보면, '舜典同律度量衡'은 본문이 실렸고, 구준의 안설은

발췌되었다. '周禮典瑞璧羨以起度'는 본문은 실렸고, 채원정의 주석과 구준의 안설은 발췌되었다. '栗氏爲量'은 왕소우의 주석만 발췌되었다. '王制古者以周尺八尺爲步'는 본문은 실렸고, 구준의 안설은 발췌되었다. '程子曰爲政'은 '程頤曰'이 '程子曰'로 바뀌어 그대로 실렸고, 구준의 안설은 발췌되었다. 보옥지기의 '典瑞掌玉瑞'는 본문만 발췌되어 실렸다. 정현의 주석과 구준의 안설은 삭제되었고, 대신 '典瑞掌玉瑞' 다음에 '玉人之事'에 붙인 구준의 안설이 발췌되었다. 권18첨 1항목은 우전지치 1건이다. '遺人掌郊野之委積'는 본문과 구준의 안설이 실렸다.

2) 신형헌의 교감은 『유의평례』 2 권19첨 9항목이다. 총론제형지의 하 1건, 정율령지례 상 2건, 정율령지례 하 1건, 상청단지법 1건, 존흠휼지심 2건, 계남종지실 2건 등이다. '輕重諸罰有權'은 본문이 실렸고, 채침의 주석은 발췌되었다. '周禮正月之吉'은 본문, 정현, 왕소우의 주석 및 구준의 안설은 모두 삭제되었다. '十三年除肉刑'은 본문이 발췌되었고, 마단림의 주석과 구준의 안설이 실렸다. '唐之刑書 其用刑有五'는 '唐之刑書'와 '其用刑有五' 사이에 '有四曰律令格式 … 十二曰斷獄'의 부분이 보충되었고, 구준의 안설은 발췌되었다. '小司寇以五聲'은 본문, 정현, 왕안석의 주석 및 구준의 안설이 실렸고, 바로 다음에 '士師之職 凡以財獄訟者 正之以傅別於約劑'의 본문 및 주희의 주석인 '朱 申曰 聽稱責以傅別 聽買賣以約劑 二者皆券書之名 所以正實僞者也'가 실렸고 주희의 주석 끝에 소주로 '以上聽獄訟'이 기재되었다. '唐太宗嘗覽明堂針灸圖'는 본문과 구준의 안설이 빠져 있어 정조의 의견이 반영되지 않은 것으로 보인다. '太宗時有失入者'의 본문은 '太宗時 有失入者不加罪'와 '此在主上 不在群臣'만 생략되었고 나머지는 모두 실렸으며, 다음에 있는 본문 중 '憲宗時 李吉甫李絳爲相 … 帝以爲然'의 부분이 발췌되어 연결되었다. '武帝卽位之後'의 본문은 '武帝卽位之後 … 而廢格沮誹窮治之獄用' 부분만 발췌되었고, 다음에 있는 본문 중 '武帝以法制御下 … 以文辭避法焉' 부분만 발췌되어 연결되었고, 구준의 안설 중 '呂刑云 民之亂罔不中 … 而群聚競起以犯罪' 부분만 발췌되었다. '以上戒濫縱之失'은 남종에 관한 사례가 선별되어 실렸다.

4-7. 엄무비의 교감에 관한 연구를 종합하면 다음과 같다.

엄무비 29권(권114~권142) 16세목의 교감은 『유의평례』 2 권20첨 23항목이다. 총론위무지도 1건, 군오지제 5건, 본병지병 1건, 기계지리 9건, 간열지교 1건, 장수지임

1건, 전진지법 2건, 찰군지정 1건, 알도지기 1건, 상공지격 1건인데 교감 결과는 다음과 같다.

첫째, 본문, 주석 및 구준의 안설이 조정되어 수록된 경우는 11건이다. ① 史記 兵者 聖人所以討彊暴의 본문은 '史記 兵者 聖人所以討彊暴 … 遂執不移等哉' 부분이 발췌되어 실렸고, 구준의 안설은 삭제되었다. ③ 漢志 京師有南北軍은 본문이 발췌되어 실렸고, 역발의 주석은 삭제되었으며, 임경의 주석과 구준의 안설은 발췌되었다. ⑧ 考工記曰 函人爲甲은 '眡其鑽空而窓' 이하의 중첩되는 부분이 삭제되어 실렸고, 구준의 안설은 발췌되었다. ⑩ 矢人爲矢 鍭矢參分은 본문은 그대로 실렸고, 오징의 주석은 삭제되었으며, 구준의 안설은 발췌되었다. ⑪ 廬人 爲廬器는 본문에서 '過三其身 弗能用也 而無已 又以害人' 부분이 삭제되어 실렸고, 오징의 주석은 삭제되었으며, 구준의 안설은 '戈戟皆刺兵也 … 卽古人之矛遺制也' 부분이 발췌되었다. ⑫ 荀子曰 魏氏武卒은 본문과 구준의 안설은 실렸고, 여순의 주석은 삭제되었다. ⑬ 六韜曰 陷堅陳은 본문은 그대로 실렸고, 『주례』의 본주는 삭제되었으며, 구준의 안설은 '有能射疏及遠者 已爲奇矣'만 제외되고 모두 실렸다. ⑯ 眞宗咸平五年石普言은 본문은 채택되었고, 구준의 안설은 발췌되었다. ⑰ 唐制 仲冬之月講武는 본문은 『당서』의 참고 내용이 그대로 수정 없이 실렸고, 구준의 안설은 발췌되었다. ㉑ 詩小雅采薇首章은 본문이 그대로 실렸고, 본문 끝의 소주인 '詳見眞氏前書'는 삭제되었다. 주희의 주석과 구준의 안설은 삭제되었고, 범씨의 주석인 '范氏曰 予於采薇 見先王以人道使人 後世則牛羊而已'의 내용만 실렸다. ㉓ 司勳掌六卿賞地之法은 본문은 실렸고, 왕소우의 주석인 "王昭禹曰 先王於有功之臣 銘書於王之太常 使與日月同其光 識之於不忘也 祭於太烝 使與先王同其榮 報之而致厚也"는 채택되었으며, 구준의 안설은 삭제되었다.

둘째, 본문의 관련 항목들을 선별하여 연결하고 주석과 구준의 안설이 선별되어 수록된 경우는 9건이다.

② 周禮 小司徒 乃會萬民之卒伍는 '周禮 小司徒'의 본문이 그대로 채택되었고, 정현(鄭玄)의 주석과 구준의 안설은 삭제되었으며, 다음에 나오는 '大司馬凡制軍'의 본문이 연결되고 구준의 안설인 '成周之制 兵籍於大司徒'의 내용이 발췌되었다. ④ 府兵之制 起自西魏後周는 『부병제』의 본문 3항목이 합쳐졌고, 그에 합당한 주석

및 안설이 발췌되었다. 이 항목의 위에 있는 '唐志云 … 曰禁軍'이 먼저 실렸고, 이어 '又曰'로 연결하여 '府兵之制 起自西魏後周'의 내용이 발췌되어 실렸으며, 다음에 있는 본문인 '民年二十爲兵 … 排攢手步射'까지 실렸다. 다음에 구양수의 주석과 구준의 안설이 발췌되었다. ⑤民年二十爲兵은 '府兵之制 起自西魏後周'의 본문 다음에 연결되었다. ⑥宋之兵 制 大槩有三은 바로 앞에 있는 '自高宗武后時 天下久不用兵 … 明年更號曰彍騎'와 '德宗與李泌 議復府兵 … 上曰 俟平河中 當與卿議之' 두 개의 본문 다음에 연결되어 모두 실렸다. ⑦周官曰 司馬掌邦政은 실제 이 항목의 본문과 여조겸의 주석 및 구준의 안설은 모두 삭제되었고, 다음에 나오는 '大司馬卿一人 … 徒三百有二十人'의 본문이 실렸으며, 구준의 안설은 약간 수정되어 실렸다. ⑨凡爲弓 冬析幹은 실제 이 조목 앞에 있는 "弓人爲弓 取六材必以其時 … 然後可以爲良"의 본문에 "凡爲弓 冬折幹 而春液角 夏治筋 秋合三材 冬折幹則易 春液角則合 夏治筋則不煩 秋合三材則合" 부분이 발췌되어 연결되었고, 정현, 왕소우의 주석은 생략되었으며, 구준의 안설은 발췌되었다. ⑭漢武帝元狩二年 李廣將四千騎는 본문과 복건의 주는 삭제되었고, 앞에 있는 '鼂錯言於文帝曰'의 본문이 그대로 실렸으며, 구준의 안설이 발췌되었다. ⑮唐府兵之法 人具弓一은 이 항목 위의 '明帝永平中 北匈奴攻金浦城 耿恭爲戊己校尉 以毒藥傅矢'의 항목과 구준의 안설은 삭제되었고, 본 항목인 '唐府兵之法 人具弓一'은 채택되었으며 구준의 안설은 삭제되었다. ⑲唐馬燧爲河東節度使는 본문의 '馬燧爲河東節度使 造戰車冒以狻猊象' 만 발췌되어 실렸다. '唐馬燧爲河東節度使' 다음에 있는 안설이 실렸고, '魏勝創爲如意戰車' 다음에 나오는 안설이 '又曰'로 연결된 다음에 발췌되었다.

셋째, 본문과 주석 및 구준의 안설이 모두 삭제된 경우는 3건이다. ⑱丘濬曰 轍此言은 삭제되었다. ⑳左傳桓公五年은 본문과 두예, 이정의 주석 및 구준의 안설이 모두 삭제되었다. ㉒靈帝時 鉅鹿張角事黃老는 본문과 구준의 안설이 삭제되었다.

4-8. 어이적과 성공화의 교감에 관한 연구를 종합하면 다음과 같다.

1) 어이적 14권(권143~권156)의 교감은 『유의평례』 2 권21첨 13항목이다. 내하외이지한 상 2건, 신덕회원지도 1건, 정토완화지의 상 1건, 정토완화지의 하 3건, 수양제어지책 상 1건, 수변고어지략 상 1건, 수변고어지략 하 1건, 열둔견수지제 2건, 겁유궁독지실 1건인데, 그 교감 결과는 다음과 같다.

첫째, 본문, 주석 및 구준의 안설이 조정되어 수록된 경우는 6건이다. ⑦ 唐文宗太和五年은 본문이 수록되었고, 사마광과 호인의 주석 및 구준의 안설은 삭제되었다. ⑨ 秦始皇三十三年은 본문에서 '秦始皇三十三年 因河爲塞 築長城 因邊山險塹谿谷 可繕者治之 起臨洮至遼東萬餘里' 부분만 발췌되었고, 구준의 안설은 거의 수록되었으며 뒷부분만 조정되었다. ⑩ 五代晉高祖는 본문이 수록되었고, 호삼성의 주석은 삭제되었으며, 구준의 안설은 일부의 내용을 제외하고 모두 수록되었다. ⑪ 漢更有三品은 본문에서 '漢過更 律所謂繇戍也 一歲一更 不行者出錢三百 入官以給戍者'만 발췌되어 실렸고, 마단림의 주석은 생략되었으며, 구준의 안설은 일부의 내용을 제외하고 모두 수록되었다. ⑫ 高祖十一年은 본문에서 '高祖十一年 發 高祖十巴蜀材官衛軍霸上'만 발췌되어 실렸고, 구준의 안설도 '丘濬曰 此漢初遣軍戍邊' 부분만 발췌되어 수록되었다. ⑬ 以上劫誘窮黷之失은 겁유궁독지실에 실린 내용 전반에서 '陸贄言于德宗曰'과 구준의 안설이 선별·발췌되어 실렸다.

둘째, 본문의 관련 항목들을 선별하여 연결하고 주석과 구준의 안설이 선별되어 수록된 경우는 3건이다. 내하외이지한 상에 나오는 ② 僖公二十二年初 平王之東遷은 본문이 실렸고, 여조겸의 주석과 구준의 안설은 삭제되었다. 이와 관련하여 이루어진 교감은 내하외이지한 하 권수에 나오는 『논어』 '微管仲' 조목의 경우, "論語曰 管仲相桓公 霸諸侯 一匡天下 民到於今受其賜 微管仲 吾其被發左衽矣"의 본문과 김이상의 주석인 "金履祥曰 夫子傷周室之衰 諸夏之弱 夷狄之盛 而許管仲之仁 此聖人衰世之意也" 부분이 실리고, 주희의 주석 및 구준의 안설은 삭제되었다. 『맹자』 '戎狄是膺'의 경우, 본문과 주희의 주석 및 구준의 안설은 모두 삭제되었다. ④ 詩序采芑의 경우, 유월편은 '詩序六月'로 시작하는 수장의 본문만 실렸다. 채기편은 '詩序采芑'에서 '詩序采芑 宣王南征也'의 문장만 발췌되었고, 수장은 생략되었으며, 주희의 주석은 삭제되었다. 이어서 채기편의 졸장과 구준의 안설이 발췌되어 실렸다. ⑤ 左傳魏絳曰和戎은 '左傳 襄公四年'의 본문이 실리고, 구준의 안설은 생략되었다. 이어서 '襄公十一年'의 본문이 발췌되어 실리고, 구준의 안설이 수록되었다.

셋째, 본문과 주석 및 구준의 안설이 모두 삭제된 경우는 4건이다. ① 治國平天下之要十一과 ③ 中庸曰凡爲天下國家는 본문, 주희 주석 및 구준의 안설이 모두 삭제되었다. ⑥ 賈誼疏曰匈奴은 '賈誼疏曰匈奴'의 본문, 안사고의 주석과 구준의 안설은 모두 삭제되었다. ⑧建平中揚雄上書는 본문과 구준의 안설, 다음에 나오는 '王莽時匈奴入雲中塞 諸將在邊 未敢出擊 嚴尤諫曰 … 是爲無策'의 본문, 유황의 주석 및 구준의 안설이 모두 삭제되었다.

2) 성공화 4권(권157~권160) 교감은 『유의평례』 2 권22첨 4항목이다. 성신공화지극 상지상 2건, 성신공화지극 하 2건인데, 그 교감 결과는 다음과 같다.

첫째, 본문, 주석 및 구준의 안설이 조정되어 수록된 경우는 3건이다. ①易乾元亨利貞은 본문이 실려 있고, 정이와 주희의 주석은 삭제되었으며, 구준의 안설인 '丘濬曰 幹之三畫 萬世文字之祖 元亨利貞四字 萬世義理之宗 在天則爲春夏秋冬 在人則爲仁義禮智 流行於天地間 則爲元會運世'는 수록되었다. ③中庸致中和는 본문이 실렸고, 주희의 주석은 삭제되었으며 구준의 안설은 수록되었다. ④張載曰爲天地立心은 본문이 실렸고, 구준의 안설은 발췌되었다

둘째, 본문과 실제 다른 항목을 교감하고 주석과 구준의 안설이 선별되어 수록된 경우는 1건이다. ②賁之彖曰 觀乎天文의 경우, 실제 교감의 내용은 다음에 나오는 '恒之彖曰'이다. 본문은 '恒之彖曰 天地之道 恒久而不已也 日月得天而能久照 四時變化而能久成 聖人久於其道而天下化成 觀其所恒而天地萬物之情 可見矣' 부분이 발췌되어 실렸다. 정자의 주석은 발췌되어 실렸고 주희의 주석은 삭제되었으며 구준의 안설은 수록되었다.

5. 『어정대학유의』의 간행 및 반사에 관해 종합하면 다음과 같다.

1) 『어정대학유의』의 간행을 위해 순조 2년(1802) 5월 30일 필사본이 편집되었다. 이때 필사된 서적은 간행을 위한 저본으로 편집된 것으로 여겨진다. 현재 규 2927 『어정대학유의』 필사본은 이때 이루어진 저본으로 여겨진다. 이 책은 권수 1권, 본문 21권, 총 22권 10책으로 편집되었다. 권수에는 '凡例', '目錄', '編校諸臣'에 이어 '大學章句序', '大學衍義序', '大學衍義補序'가 들어 있다. 편교제신은 편차에 서형수, 윤광안이고, 참열에 이만수, 김근순, 김이영, 홍석주, 김계온이다. 본문 21권은 『대학』의 원문과 8조목을 강으로 하고, 8조목을 목과 세목으로 다시 나누어 편집하였다. 『대학연의』는 43권이 6권으로 『대학연의보』는 160권이 15권으로 요약되었다.

2) 순조 5년(1805) 9월 18일 정조의 『어정대학유의』 150건이 인쇄되었다. 규 1970 『어정대학유의』를 참조하면, 순조 5년(1805)의 간행본에는 위에서 언급한 순조 2년

(1802)의 필사본을 저본으로 하되, 표제지 내지에 '正廟己未重校御定大學類義 當宁乙丑(1799)活印' 간행기록과 권수에 김조순이 서사한 '正廟御製題大學類義' 서문이 보충되었다. 또한 편교제신에 이어 간행에 관계한 감인각신인 서영보, 박종경, 심상규, 홍석주, 박종훈의 명단이 보충되었다. 이 책은 22권 10책으로 판식은 '四周雙邊, 半葉匡郭: 22.4×15.5cm, 10行 20字 注雙行, 上黑魚尾 ; 35×22.2cm'이다. 순조 5년(1805)에 초주정리자로 간행되었다. 순조는 5년(1805) 10월 12일에 『어정대학유의』를 편차한 여러 신하 이하에게 차등 있게 시상하였다.

3) 순조 5년(1805) 10월 16일에 『어정대학유의』를 1차 반사하였다. 1차로 반사된 것은 대내 25건, 서고, 사고, 내각, 외규장각, 외각, 홍문관, 성균관 및 춘방에 96건, 편차 및 참조 제신, 감인 검서관 및 간역한 사람들에 28건으로 총 149건이다. 순조는 5년(1805) 11월 27일에 일부 신하들 30명에게 백지에 인쇄한 『어정대학유의』를 각 1건씩 2차 반사하였다. 순조 8년(1808) 2월 7일에는 경상감사 윤광안의 요청으로 경상감영의 낙육재에 내부에 소장되어 있던 『어정대학유의』 1건이 반사되었다. 2차로 반사된 것과 낙육재에 반사된 것은 규장각 서고의 소장본 중에서 하사된 것으로 여겨진다. 규장각에 소장되어 있는 규 1970은 정족산성에, 규 3527은 오대산성에 반사된 것이다. 대구광역시립중앙도서관본에는 '上之八季 戊辰 二月 內賜 樂育齋 大學類義 一件 檢校直閣 臣 洪'이라는 내사기가 기재되어 있어 순조 8년(1808) 2월 7일에 경상감사 윤광안의 요청으로 낙육재에 반사되었던 책임을 알 수 있다.

# 부록

## 『유의평례』 1·2의 서형수, 윤광안, 정조의 교열에 관한 기록

| 『유의평례』 권첨 및 교열 항목 수 | 교열 항목 | 서형수(A) | 윤광안(B) | 정조(C)의 최종 결정 및 선택 | 정조(C)의 최종 결정 내용 |
|---|---|---|---|---|---|
| 권1 卷首籤 (3) | ① 大學章句序 | A | B | C(AX, B) | 정조(C)는 『어정대학유의』의 체재를 결정하였다. 윤(B)의 의견을 수용하여 『대학』의 서명은 글 줄의 맨 위 칸에 표기하였고, 『대학장구』 서의 제목은 한 자 낮추어 쓰도록 하였으며, 『대학연의』와 『대학연의보』 서의 제목을 이미 두 자 낮추어 쓰도록 하였다. 『대학장구』 서, 『대학연의』 서, 및 『대학연의보』 서의 내용은 모두 수록하도록 하였다. 서(A)의 의견을 수용하여 주는 모두 수록하지 않는 것으로 하였다. |
| | ② 衍義序 衍義補序 | A | B | C(AX, B) | |
| | ③ 小註 | A | B | C(A, BX) | |
| 권1 第1卷籤 (4) | ① 伊訓曰 今王嗣厥德 | – | B | C(BX) | 진덕수의 『대학연의』 권1 「제왕위치지서」에 나오는 내용이다. 정조(C)는 윤(B)이 제시한 진덕수의 주석 중 일부 추가 의견을 수용하지 않았다. |
| | ② 荀子請問爲國 | – | – | C | 『대학연의』 권1 「제왕위치지서」에 나오는 내용이다. '荀子請問爲國'은 어떤 이가 국가 다스리는 것을 묻자 순자가 대답한 것이다. 정조(C)는 이 부분을 삭제하였다. |
| | ③ 董仲舒曰 爲人君者 | A | B | C(AX, BX) | 『대학연의』 권1 「제왕위치지서」에 나오는 내용이다. 정조(C)는 윤(B)과 서(A)의 의견을 받아들이지 않았다. 「제왕위치지서」에서 인용한 본문중 동중서는 선별하였고 양자의 본문은 삭제하였으며 진덕수의 주석도 선별과 삭제가 이루어졌다. |
| | ④ 周子曰 治天下有本 | – | B | C(BX) | 『대학연의』 권1 「제왕위치지서」에 나오는 내용이다. 정조(C)는 윤(B)이 제시한 진덕수의 설 중 '부계(符契)'란 대목 아래의 본문 중 '개심(蓋心)'부터 '의야(疑也)'까지의 한 단락을 첨가해 넣는 것에 대한 의견을 받아들이지 않았다. |

| 『유의평례』 권첨 및 교열 항목 수 | 교열 항목 | 서형수 (A) | 윤광안 (B) | 정조(C)의 최종 결정 및 선택 | 정조(C)의 최종 결정 내용 |
|---|---|---|---|---|---|
| 권1 第2卷籤 (5) | ① 傳首章 至傳四章 | A | B | C(AX, B) | 정조(C)는 윤(B)의 주장대로 『어정대학유의』 卷1의 체재를 '大學經一章, 傳首章, 傳2章, 傳3章, 傳4章, 衍義 권1 帝王爲治之序, 衍義 권2~권4 帝王爲學之本'으로 결정하였다. |
| | ② 仲虺之誥曰 德日新 | – | B | C(BX) | 『대학연의』 권2 「제왕위학지본」에 나오는 글이다. 정조(C)는 윤(B)이 제시한 일부 내용의 삭제와 추가에 대한 의견을 수용하지 않았다. |
| | ③ 漢高帝初定天下 | A | B | C(A, BX) | 『대학연의』 권3 「제왕위학지본」에 나오는 글이다. 정조(C)는 서(A)가 제시한 대로 호굉의 설은 삭제하였다. |
| | ④ 宣帝詔曰 朕不明六藝 | A | B | C(A, BX) | 『대학연의』 권3 「제왕위학지본」에 나오는 글이다. 정조(C)는 윤(B)이 제시한 왕도와 패도를 섞어 썼다는 조목의 추가에 대한 내용을 수용하지 않았다. |
| | ⑤ 憲宗留意典墳 | – | B | C(BX) | 『대학연의』 권4 「제왕위학지본」에 나오는 글이다. 정조(C)는 윤(B)이 제시한 한 고조 이하의 여러 조목 및 아래 진씨의 설을 추가하는 항목 건에 대해, 패도는 위학지본의 측면이 아니고, 경전과 역사의 선집은 관점이 다르며, 진덕수의 취사 방식은 너무 관대한 데 문제점이 있다고 하여 수용하지 않았다. |
| 권1 第3卷籤 (6) | ① 劉康公曰 民受天地之中以生 | A | B | C(A, BX) | 『대학연의』 권5 「격물치지지요」 1 명도술 천성인심지선에 나오는 문장이다. 정조(C)는 서(A)가 제시한 내용을 받아들여 주석의 내용을 그대로 두는 것으로 결정하였다. |
| | ② 乾文言曰 元者善之長 | A | B | C(A, BX) | 『대학연의』 권5 「격물치지지요」 1 명도술 천성인심지선에 나오는 문장이다. 정조(C)는 서(A)가 제시한 내용을 받아들여 진덕수의 주석을 그대로 두었다. |
| | ③ 中庸曰 天命之謂性 | A | B | C(A, BX) | 『대학연의』 권5 「격물치지지요」 1 명도술 천성인심지선에 나오는 문장이다. 정조(C)는 서(A)가 제시한 내용을 받아들여 진덕수의 정론을 그대로 따르기로 하였다. |
| | ④ 大學傳三章 | – | B | C(BX) | 『대학연의』 권6 「격물치지지요」 1 명도술 천리인륜지정에 나오는 문장이다. 정조(C)는 윤(B)이 제시한 내용 추가 건을 수용하지 않았다. |
| | ⑤ 孟武伯問孝 | – | B | C(BX) | 『대학연의』 권6 「격물치지지요」 1 명도술 천리인륜지정에 나오는 문장이다. 정조(C)는 윤(B)이 제시한 내용 추가 건을 수용하지 않았다. |

| 『유의평례』 권첨 및 교열 항목 수 | 교열 항목 | 서형수 (A) | 윤광안 (B) | 정조(C)의 최종 결정 및 선택 | 정조(C)의 최종 결정 내용 |
| --- | --- | --- | --- | --- | --- |
| 권1 第3卷籤 (6) | ⑥ 萬章問曰 舜往于田 | A | B | C(A, B0) | 『대학연의』 권7 「격물치지지요」 1 명도술 천리인륜지정 2에 나오는 문장이다. 정조(C)는 내용 추가와 삭제에 대해 삭제에 무게를 두고 윤(B)의 의견은 부분적으로, 서(A)의 의견은 전부 받아들였다. |
| 권1 第4卷籤 (13) | ① 格物致知之要二 | – | B | C(B) | 정조(C)는 윤(B)이 체재를 수정해야 한다는 의견에 동의하여 「격물치지지요」 1은 명도술 상, 명도술 하, 「격물치지지요」 2는 변인재, 「격물치지지요」 3은 심치체, 「격물치지지요」 4는 찰민정으로 순서를 정하였다. |
| | ② 洪範五皇極 | A | B | C(AX, B) | 『대학연의』 권11 「격물치지지요」 1 명도술 오도원류지정에 나오는 문장이다. 정조(C)는 서(A)의 의견을 받아들이지 않고 윤(B)의 의견을 받아들였다. '洪範五皇極'의 본문 다음에 주희의 주에서 간략하게 선별하여 싣고, 나머지 주희의 주와 진덕수의 주는 생략하였다. |
| | ③ 子曰 吾道一以貫之 | A | B | C(A, BX) | 『대학연의』 권11 「격물치지지요」 1 명도술 오도원류지정에 나오는 문장이다. 주자의 집주 중에 윤(B)은 충서에 관한 내용을 추가하기를 제안했고, 이에 대해 서(A)는 "『집주』에는 '인위적인 충서[有爲之忠恕]'를 말하여, 주자의 본의(本意)를 잃은 듯합니다."라 하여 반대하였다. 정조(C)는 서(A)의 의견에 찬성하였다. |
| | | – | B | C(B) | 정조(C)는 윤(B)이 진덕수의 주석 중 끝머리에 있는 "誠能卽先儒之說 探窮其指而力行之 則一心可以宰萬物 一理可以貫萬事 而聖門之功用在我矣"를 추가하기를 제안하자 이 대목이 이일분수(理一分殊)의 뜻을 밝힐 수 있어 첨가하도록 허락하였다. |
| | ④ 或問誠之爲義 | – | B | C(BX) | 『대학연의』 권12 「격물치지지요」 1 명도술 오도원류지정에 나오는 문장이다. 정조(C)는 윤(B)이 혹문(或問) 아래 단지 성인의 성(誠)만 말하고 성하게 하는 공부에 대해서는 언급하지 않아 본문 중 여덟 행(行)을 반드시 모두 수록하기를 청한 것인데, 수용하지 않았다. |
| | ⑤ 子曰孟 夫仁 天之尊爵 | A | B | C(A, BX) | 『대학연의』 권12 「격물치지지요」 1 명도술 오도원류지정에 나오는 문장이다. 정조(C)는 윤(B)이 진덕수의 주석의 일부를 첨가할 것을 주장하였고, 서(A)가 반대하자 서(A)의 의견을 수렴하였다. |

| 『유의평례』 권첨 및 교열 항목 수 | 교열 항목 | 서형수 (A) | 윤광안 (B) | 정조(C)의 최종 결정 및 선택 | 정조(C)의 최종 결정 내용 |
|---|---|---|---|---|---|
| 권1 第4卷籤 (13) | ⑥ 漢郊祀志 自齊威宣 | – | – | C | 『대학연의』 권13 「격물치지지요」 1 명도술 이단학술지차에 나오는 문장이다. 노자 또는 신선의 설을 이단시 한 내용이다. 정조(C)는 적절하게 줄일 것을 제안하였다. 규 1970 『어정대학유의』에는 한의 「교사지」 본문의 내용도 거의 줄이고, 진덕수의 주의 일부도 삭제되었다. |
| | ⑦ 子曰 剛毅木訥 | – | B | C(B) | 『대학연의』 권15 「격물치지지요」 2 변인재 성현찰인지방에 나오는 문장이다. 윤(B)이 진덕수의 주석 중 "若好其言 善其色 致飾於外 求以悅人 則其僞而不誠 華而不實 去本心也 遠矣 其能爲仁者 幾希 兩章之言 實相表裏 樸忠難合而巧佞易親 故不仁者 往往得志於世 治亂存亡 常必由此 嗚呼 人主其謹所擇哉"의 부분을 첨가해 넣기를 주장하자 정조(C)가 수용하였다. |
| | ⑧ 以上論帝王知人之事 | – | B | C(B) | 『대학연의』 권16 「격물치지지요」 2 변인재 제왕지인지사에 나오는 문장이다. 한 고조 때의 기록이다. 정조(C)는 윤(B)이 제안한 일부 추가 내용을 모두 수용하였다. |
| | ⑨ 以上論憸邪罔上之情讒臣 | – | B | C(B) | 『대학연의』 권17 「격물치지지요」 2 변인재 간웅절국지술에 나오는 문장이다. 참신에 관한 내용이다. 정조(C)는 윤(B)이 건의한 내용 중에 영행하는 신하와 취렴하는 신하, 두 부류에 대한 조목을 추가해 넣었으면 좋겠다는 건의를 받아들였다. |
| | ⑩ 舜典象以典刑 | A | B | C(A, B) | 『대학연의』 권25 「격물치지지요」 3 심치체 덕형선후지분에 나오는 문장이다. 순임금이 섭위할 때 '형법을 일정하게 하다'라는 내용이다. 서(A)와 윤(B)은 일부 내용을 삭제해야 한다는 의견을 제시하였고, 정조(C)가 이에 따르겠다는 것이었는데, 규 1970 『어정대학유의』에는 본문과 진덕수의 주석까지 모두 삭제되었다. |
| | ⑪ 唐太宗嘗覽明堂針灸圖 | – | B | C(BX) | 『대학연의』 권25 「격물치지지요」 3 심치체 덕형선후지분에 나오는 문장이다. 정조(C)는 윤(B)이 진덕수의 주석 중 수 양제의 형벌을 아울러 말하여 걸주에 비긴 부분을 보충할 것을 청했으나 수용하지 않았다 |
| | ⑫ 以上論義利輕重之別 | – | B | C(BX) | 『대학연의』 권26 「격물치지지요」 3 심치체 의리경중지별에 나오는 문장이다. 의리를 중히 여기고 이익을 가볍게 여기는 분별의 내용이다. 윤(B)은 이 |

| 『유의평례』 권첨 및 교열 항목 수 | 교열 항목 | 서형수(A) | 윤광안(B) | 정조(C)의 최종 결정 및 선택 | 정조(C)의 최종 결정 내용 |
|---|---|---|---|---|---|
| 권1 第4卷籤 (13) | | | | | 에 대해 순자의 염철론과 육지가 말한 세 조목을 추가하기를 제안하였는데, 정조(C)가 수용하지 않았다. 규 1970『어정대학유의』에는『맹자』뒤에『순자』가 있는 것을 보면 다시 조정된 것으로 여겨진다. |
| | ⑬ 唐德宗貞元二年上畋於新店 | – | B | C(BX) | 『대학연의』권27「격물치지지요」4 찰민정 전리척후지실에 나오는 문장이다. 당 덕종 때 시작된 세법에 대한 것이다. 윤(B)은 섭이중의 시를 넣기를 청하였고, 정조(C)는 그 의견을 수용하지 않고 당 정원(貞元) 2년의 사적까지도 추려 내도록 하였다. 규 1970『어정대학유의』에는 이 내용이 완전히 빠져 있다. |
| 권1 第5卷籤 (12) | ① 皐陶謨 天叙有秩 | – | B | C(B) | 『대학연의』권28「성의정심지요」1 숭경외 사천지경에 나오는 문장이다.『서경』고요모의 내용이다. 정조(C)는 윤(B)이 제시한 "진덕수의 설 중 천서, 천질, 천명, 천토에 대하여, 두 가지만 설명하는 것은 불가하니 더 추려 내는 것이 좋겠다."는 의견을 수용하였다. 규 1970『어정대학유의』에는 군신 위주의 내용만 선별되고 나머지는 모두 생략되었다. |
| | ② 眞德秀曰文王 | – | – | C | 『대학연의』권28「성의정심지요」1 숭경외 사천지경에 나오는 문장이다. 정조(C)가『대학연의』를 선집할 때, 본문의 경우『시경』권16「대아」문왕지십 대명편의 제1장과 3장, 권19「주송」민자소자지십 경지 편의 제1장을 합치고, 주석의 경우 경지편의 일부만 선별하였다. |
| | ③ 召誥嗚呼有王雖小、元子哉 | A | – | C(A) | 『대학연의』권29「성의정심지요」1 숭경외 임민지경에 나오는 문장이다.『서경』소고편의 내용이다. 정조(C)는 서(A)가 제시한 "'소공차편(召公此篇)'으로 서두를 일으키는 것이 좋을 듯합니다."라는 의견을 수용하였다. |
| | ④ 堯典乃命羲和 | A | – | C(AX) | 『대학연의』권29「성의정심지요」1 숭경외 치사지경에 나오는 문장이다.『서경』요전의 내용이다. 정조(C)는 서(A)가 제시한 '흠약(欽若)'과 '경수(敬授)'의 삭제에 대한 것을 수용하지 않았다. 규 1970『어정대학유의』를 보면, 본문은 "堯典 乃命羲和 欽若昊天 曆象日月星辰 敬受人時"이고, 주석은 "眞德秀曰 奉天時 興農功事之至重 故命羲和 敬以受民 敬之見於經者始此"의 부분만 선별되었고 나머지 내용은 모두 생략되었다. |

| 『유의평례』 권첨 및 교열 항목 수 | 교열 항목 | 서형수 (A) | 윤광안 (B) | 정조(C)의 최종 결정 및 선택 | 정조(C)의 최종 결정 내용 |
|---|---|---|---|---|---|
| 권1 第5卷箴 (12) | ⑤ 武王席四端銘 | – | – | C | 『대학연의』 권30 「성의정심지요」 1 숭경외 규경잠계지조에 나오는 문장이다. 정조(C)는 '武王席四端銘'부터 '鑑銘', '盤銘', '楹銘', '杖銘', '牖銘', '劍銘', '矛銘'까지의 본문만 합쳐서 싣고, 진덕수의 주석은 모두 삭제하였다. |
| | ⑥ 孔子觀周 | A | B | C(A, BX) | 『대학연의』 권30 「성의정심지요」 1 숭경외 규경잠계지조에 나오는 문장이다. 『공자가어』 「관주」에 나온다. 윤(B)이 '無所行悔'를 '無行所悔'로 바꿀 것을 제안했고, 서(A)는 그대로 둘 것을 제안하였다. 정조(C)는 본문을 따르도록 하라고 지시하여 서(A)의 의견을 수용하였다. 규 1970 『어정대학유의』에는 윤(B)이 제시했던 '無行所悔'로 되어 있음. |
| | ⑦ 眞德秀曰 斯文大略 | – | – | C | '孔子觀周'에 대한 진덕수의 주석이다. 정조(C)의 지시로 이 항목에 대한 진덕수의 주석은 삭제되었다. |
| | ⑧ 周公作無逸 | – | B | C(BX) | 『대학연의』 권33 「성의정심지요」 2 계일욕 일욕지계에 나오는 문장이다. 『서경』 무일편의 내용이다. 정조(C)는 윤(B)이 진덕수의 주석중 한 단락을 첨가하기를 제시했는데 수용하지 않았다. 진덕수가 주석에 넣은 여조겸이 말한 부분 중 일부의 내용만 싣고 나머지는 생략하였다. |
| | ⑨ 晉獻公卜伐驪戎 | – | B | C(BX) | 『대학연의』 권33 「성의정심지요」 2 계일욕 황음지계에 나오는 문장이다. 『국어』에 나오는 내용이다. 윤(B)이 의화와 자산의 설을 일부 초록해 넣기를 제안했는데 정조(C)는 한유가 화려하고 과장된 글이라고 공격한 것이 바로 이러한 글이라고 하여 수용하지 않았다. 정조(C)는 '晉侯疾 求醫於晉'과 '鄭子產如晉問疾'의 본문과 주석을 모두 삭제하도록 하였고, 규 1970 『어정대학유의』에는 모두 빠져 있다. |
| | ⑩ 唐玄宗貴妃號太眞 | – | – | C | 『대학연의』 권33 「성의정심지요」 2 계일욕 황음지계에 나오는 문장이다. 양귀비에 관한 내용이다. 정조(C)는 '唐玄宗貴妃號太眞'의 본문을 일부 발췌하여 수록하고, 주석은 구양수의 평만 실었다. |
| | ⑪ 春秋昭八年有石言于晉 | – | B | C(BO) | 『대학연의』 권34 「성의정심지요」 2 계일욕 사치지계에 나오는 문장이다. 『춘추좌전』 소공 8년의 기사이다. 윤(B)이 위유(魏楡)와 숙향(叔向)에 관련된 한 단락을 첨가하기를 제시했는데, 정조(C)는 숙향에 관한 것을 고려하라고 하였다. 규 1970 『어 |

| 『유의평례』 권첨 및 교열 항목 수 | 교열 항목 | 서형수 (A) | 윤광안 (B) | 정조(C)의 최종 결정 및 선택 | 정조(C)의 최종 결정 내용 |
|---|---|---|---|---|---|
| | | | | | 정대학유의』에는 위유는 삭제되었고, '진후방축사기지궁숙향왈(晉侯方築虒祁之宮叔向曰)'부터 '이심(貳心)'까지의 단락은 발췌되었다. |
| 권1 第5卷籤 (12) | ⑫ 漢文帝時賈山言 | A | B | C(A, BX) | 『대학연의』 권34 「성의정심지요」 2 계일욕 사치지계에 나오는 문장이다. 가산이 문제 때 「지언(至言)」을 지어 진나라의 흥망을 근거로 정치의 원리를 논한 내용이다. 정조(C)는 윤(B)과 서(A)의 노대에 관한 의견에 대해 서(A)의 의견을 받아들여 다음에 나오는 '漢文帝卽位二十三年 宮室苑囿車騎服御 無所增益'에 관한 기사는 싣지 않았다. |
| 권1 第6卷籤 (3) | ① 抑之五章 愼爾出話 | – | B | C(B) | 『대학연의』 권35 「수신지요」 1 근언행에 나오는 문장이다. 『시경』 「억」의 5장에 나오는 내용이다. 정조(C)는 윤(B)이 '駟不及舌'의 항목의 삭제를 제시한 의견을 수용하였다. 규 1970 『어정대학유의』에는 본문에서 『시경』 「억」의 6장은 생략되었고, 진덕수의 주는 간략하게 선별하여 실렸다. |
| | ② 衛侯在楚 | – | B | C(B0) | 『대학연의』 권35 「수신지요」 1 근언행에 나오는 문장이다. 『춘추좌전』 노양공 31년 기사의 일부가 발췌된 것이다. 정조(C)는 윤(B)이 제안한 일부 내용의 선별 수록에 대해 동의하였다. 정조(C)는 윤(B)의 의견에 대해 선별의 체제는 근엄함을 높이 치니, 훈고한 부분을 적절히 줄여야 한다는 주장은 과연 옳다고 하였다. |
| | ③ 曾子曰君子 | – | B | C(B) | 『대학연의』 권35 「수신지요」 1 근언행에 나오는 문장이다. 『논어』 「태백」에 나오는 문장이다. 정조(C)는 윤(B)이 주장한 광형의 상소를 넣는데 동의하였다. 규 1970 『어정대학유의』에는 '漢成帝卽位 丞相匡衡上書曰'의 내용이 발췌되어 있다. |
| 권1 第7卷籤 (7) | ① 眞德秀曰 元祐中 | – | – | C | 『대학연의』 권37 「제가지요」 1 중비필 근선립지도에 나오는 문장이다. 원우 5년(1089) 11월 18일에 범조우가 선인성렬왕후에게 상소한 내용이다. 정조(C)는 이 조목은 너무 번거롭다하여 일부만 발췌한 것이다. |
| | ② 眞德秀曰此詩 | – | – | C | 『대학연의』 권37 「제가지요」 1 중비필 뇌규경지익에 나오는 문장이다. 『시경』의 「제풍 · 계명」인데 어진 후비를 그리워하는 내용이다. 정조(C)는 이 시의 다음에 나오는 진덕수의 주석에 대해 긴절하지 않으니, 다른 조목도 이에 비추어 함께 추려 내도록 하였는데, 규 1970 『어정대학유의』를 보면, 이 항목에 대한 진덕수의 주는 빠져 있다. |

| 『유의평례』 권첨 및 교열 항목 수 | 교열 항목 | 서형수 (A) | 윤광안 (B) | 정조(C)의 최종 결정 및 선택 | 정조(C)의 최종 결정 내용 |
|---|---|---|---|---|---|
| 권1<br>第7卷籤<br>(7) | ③ 漢呂后爲皇太后 | – | B | C(BX) | 『대학연의』 권38 「제가지요」 2 엄내치 궁위예정지계에 나오는 문장이다. 한나라 여후의 이야기이다. 정조(C)는 윤(B)아 본문과 진씨의 설 중의 일부를 추록하자고 하였으나 수용하지 않았다. |
| | | – | B | C(BX) | 정조(C)는 또한 윤(B)이 이 조목 다음에 본서 중 효원황후에 관한 한 조목 및 반표의 찬과 후한황후기 한 조목을 추가하자고 하였으나 허락하지 않았다. |
| | ④ 內臣忠勤之福 | – | B | C(BX) | 『대학연의』 권39 「제가지요」 2 엄내치 내신충근지복에 나오는 문장이다. 진덕수가 일곱 명의 환관을 이상적인 모델로 제시한 내용이다. 윤(B)은 원서에 따라 한의 양하와 여강, 당의 마존량과 엄준미 등에 관한 내용 몇 조목을 초출하여 추가하는 것에 대한 의견을 제시하였다. 정조(C)는 환관의 입장에 있어서는 진실로 좋은 본보기가 되겠지만 환관을 멀리해야 하는 임금의 도리에 있어서는, 아마 충근하다는 이유로 조정의 정사를 맡겨 주어서는 안 될 것이라는 이유를 들어 수용하지 않았다. 규 1970 『어정대학유의』에는 내신충근지복의 관련 내용은 모두 삭제되었다. |
| | ⑤ 初李膺等雖廢錮 | – | B | C(BX) | 『대학연의』 권39 「제가지요」 2 엄내치 내신예정지화에 나오는 문장이다. 한 영제 때의 고사이다. 윤(B)은 일부 기사의 삭제와 추가를 주장했는데, 정조(C)는 모두 추려 내도록 하였다. 규 1970 『어정대학유의』에는 이응에 관한 기사가 '漢宦官傳序'와 '河內張成善風角'에 실려 있고, '初李膺等雖廢錮'의 기사는 삭제되었다. |
| | ⑥ 李輔國以閹奴 | A | B | C(A, B0) | 『대학연의』 권39 「제가지요」 2 엄내치 내신예정지화에 나오는 문장이다. 『신당서』 권 208에서 인용된 것이다. 이 항목에 대해 윤(B)의 내용 추가 및 '협자(俠者)'의 오자 제기가 있었고, 서(A)는 '협(俠)' 자는 『당서』 본전에 '협(俠)' 자로 되어 있으니, 오자가 아니라고 하였다. 이에 대해 정조(C)는 서(A)의 의견은 수용하고, 윤(B)의 의견은 부분적으로 수용하여 '불평(不平)' 아래에 네 글자를 당연히 보충하여야 할 것이며, '협(俠)' 자는 『당서』 본전을 따라야 할 것이며, 번다한 부분은 당연히 추려서 적절히 줄이라고 하였다. 규 1970 『어정대학유의』에는 '李輔國以閹奴'의 항목은 간략하게 발췌되었고, '불평(不平)' 아래 '不欲顯戮'의 네 글자가 들어가 있으며, '협(俠)' 자는 그대로 사용되었다. |